arihant
SUCCESS AND NOTHING LESS

AF825549

All in one®
संपूर्ण अध्ययन | संपूर्ण अभ्यास | संपूर्ण मूल्यांकन

संस्कृत

नवीनतम NCERT पर आधारित

कक्षा 8

लेखकगण
उर्मिला सिंघल
नवीन शर्मा

Allinone
संपूर्ण अध्ययन | संपूर्ण अभ्यास | संपूर्ण मूल्यांकन

arihant
SUCCESS AND NOTHING LESS

अरिहन्त प्रकाशन
(स्कूल डिवीज़न सीरीज़)

रजि. कार्यालय

'रामछाया' 4577/15, अग्रवाल रोड, दरिया गंज, नई दिल्ली-110002
फोन: 011-47630600, 43518550; फैक्स: 011-23280316

मुख्य कार्यालय

कालिन्दी, टी०पी० नगर, मेरठ (यूपी)-250002 फोन: 0121-7156203, 7156204

शाखा कार्यालय

आगरा, अहमदाबाद, बरेली, बंगलुरु, चेन्नई, दिल्ली, गुवाहाटी, हैदराबाद, जयपुर, झाँसी, कोलकाता, लखनऊ, नागपुर तथा पुणे

PO No : TXT-XX-XXXXXXX-X-XX

Published By Arihant Publications (India) Ltd.
'अरिहन्त' की पुस्तकों के बारे में अधिक जानकारी के लिए हमारी वेबसाइट **www.arihantbooks.com** पर लॉग इन करें या **info@arihantbooks.com** पर सम्पर्क करें।
Follow us on

प्रोडक्शन टीम

पब्लिशिंग मैनेजर
महेन्द्र सिंह रावत, केशव मोहन
प्रोजेक्ट हैड
करिश्मा यादव
प्रोजेक्ट कॉर्डिनेटर
मोहित महरोल
कवर डिज़ाइनर
बिलाल
इनर डिज़ाइनर
अंकित त्यागी
पेज लेआउट
रवि सागर, दिवाकर गौड़
प्रूफ रीडर
दीपक, कृतिका

विषय-सूची

खंड 'क'

अपठितांश–अवबोधनम्

अध्याय 1

गद्य का ऐसा अंश जिसका पहले अध्ययन नहीं किया गया हो, वह अपठित गद्यांश कहलाता है। प्राय: अपठित गद्यांश का उद्देश्य किसी विषय को समझना, भाषा और शैली के बीच के संबंधों को खोजना तथा विद्यार्थियों की अवबोधन क्षमता को परखना होता है।

अपठित गद्यांश को हल करते समय ध्यान रखने योग्य बातें

- सर्वप्रथम दिए गए अपठित गद्यांश को दो-तीन बार ध्यानपूर्वक पढ़ना चाहिए जब तक उसका अर्थ या भाव स्पष्ट न हो जाए तत्पश्चात् उसके उत्तर लिखना चाहिए।
- अपठित गद्यांश में दिए गए अव्ययों और विभक्तियों को ध्यानपूर्वक से पढ़ें, क्योंकि इनका अर्थ ज्ञात न होने पर उत्तर प्राय: गलत हो सकता है।
- शीर्षक संबंधी प्रश्न पर विशेष ध्यान देना चाहिए तथा पूरे गद्यांश को पढ़ने व समझने के पश्चात् ही उचित शीर्षक का चयन करना चाहिए।
- अंत में एक बार सभी प्रश्नों के उत्तरों को पुन: ध्यानपूर्वक पढ़कर जाँच लेना चाहिए।

साधित उदाहरणम्

अधोदत्तम् प्रत्येकं गद्यांश पठत प्रश्नान् च उत्तरत।
(नीचे दिए गए प्रत्येक गद्यांश को ध्यानपूर्वक पढ़कर प्रश्नों के उत्तर दीजिए।)

1. **'संस्कृत भाषाया: वैज्ञानिकतां विचार्य एव सङ्गणक-विशेषज्ञा: कथयन्ति यत् संस्कृतम् एव सङ्गणकस्य कृते सर्वोत्तमा भाषा विद्यते। कालिदास सदृशानां विश्व कवीनां काव्य सौन्दर्यम् अनुपमम्। चाणक्य रचितम् अर्थशास्त्रं जगति प्रसिद्धमस्ति। गणितशास्त्रे शून्यस्य प्रतिपादनं सर्वप्रथमं भास्कराचार्य: अकरोत् भारत सर्वकारस्य सर्वे विभागेषु सूक्तय: ध्येयवाक्यरूपेण स्वीकृता: सन्ति। भारत सर्वकारस्य राजचिह्ने प्रयुक्तां सूक्तिं– 'सत्यमेव जयते' सर्वे जानन्ति।'**

I. **एकपदेन उत्तरत। एक पद में उत्तर दीजिए।)**
(i) अर्थशास्त्रं केन रचितम्?
(ii) भारत सर्वकारस्य राजचिह्नं किमस्ति?
(iii) कस्य कृते संस्कृतमेव सर्वोत्तमा भाषा विद्यते?
(iv) शून्यस्य प्रतिपादनं सर्वप्रथमं भास्कराचार्य: कुत्र अकरोत्?

II. **पूर्णवाक्येन उत्तरत। (पूर्ण वाक्य में उत्तर दीजिए।)**
(i) केषां कविनां काव्य सौन्दर्यम् अनुपमम्?
(ii) किम् जगति प्रसिद्धमस्ति?

III. **यथानिर्देशम् उत्तराणि लिखत। (निर्देशानुसार उत्तर लिखिए।)**
(i) अकरोत् = ········ धातु:, ········ लकार:, ········ पुरुष:, ········ वचनम् ।
(ii) विभागेषु = ········ विभक्ति, ········ वचनम् ।

IV. **बहुविकल्पात्मक प्रश्ना: (बहुविकल्पीय प्रश्न)**
(i) 'विद्वाना:' इति पदस्य क: पर्याय अनुच्छेदे आगत:?
(अ) वैज्ञानिकता (ब) विशेषज्ञा:
(स) सङ्गणक (द) कवीनां
(ii) 'अविचार्य:' इति पदस्य विलोम पदं किम् अस्ति?
(अ) विचार्य: (ब) चिन्तय
(स) चिन्ताग्रस्त: (द) करणीय:
(iii) 'सत्यमेव जयते सर्वे जानान्ति।' अस्मिन वाक्ये कर्तृपदम् किम् अस्ति?
(अ) सत्यम् (ब) एव (स) जानान्ति (द) सर्वे

V. **अस्य गद्यांशस्य कृते समुचितं शीर्षकं लिखत।**
(इस गद्यांश का उचित शीर्षक लिखिए।)

उत्तराणि

I. (i) चाणक्येन (ii) सत्यमेव जयते
(iii) सङ्गणकस्य (iv) गणितशास्त्रे

II. (i) कालिदास: सदृशानां कविनां काव्य सौन्दर्यम् अनुपमम्।
(ii) चाणक्य रचितम् अर्थशास्त्रं जगति प्रसिद्धमस्ति।

III. (i) कृ = धातु:, लङ् = लकार:, प्रथम = पुरुष:, एकवचनम्
(ii) सप्तमी = विभक्ति, बहुवचनम्

IV. (i) (ब) विशेषज्ञा: (ii) (अ) विचार्य: (iii) (द) सर्वै

V. संस्कृतस्यमाहात्म्यम्

2. स्वामी विवेकानन्दस्य जन्म कोलकातानगरे अभवत्। तस्य पिता विश्वनाथदत्त: माता च भुवनेश्वरी देवी आस्ताम्। तस्य प्रथमं नाम नरेन्द्रनाथ: आसीत्। नरेन्द्र: बाल्याद् एव क्रीडापटु:, दयालु:, विचारशील: च आसीत्। तस्य मनसि 'ईश्वर: अस्ति न वा इति शङ्का आसीत्। शास्त्राणाम् अध्ययनेन बहूनां साधूनां च समीपं गत्वा अपि तस्य शङ्का परिहार: न अभवत्। अन्ते च श्री रामकृष्ण परमहंसस्य सकाशात् तस्य सन्देह-परिहार: अभवत्। परमहंसस्य दिव्य प्रभावेण आकृष्ट: स: तस्य शिष्य: अभवत्। स: विश्वधर्म सम्मेलने भागं ग्रहीतुम् अमेरिका देशस्य शिकागो नगरं गतवान्। तत्र स: विविधदेशीयान् जनानुद्दिश्य हिन्दू-धर्म-विषये भाषणं कृतवान। स: भारतीयान् 'उत्तिष्ठ जाग्रत, दीनदेवो भव, दरिद्र देवोभव'-इति संबोधितवान्। अमूल्या: तस्योपदेशा:।

I. एकपदेन उत्तरत। (एक पद में उत्तर दीजिए।)
(i) विवेकानन्दस्य जन्म कुत्र अभवत्?
(ii) विवेकानन्दस्य प्रथमं नाम किम् आसीत्?
(iii) नरेन्द्र: कस्य प्रभावेण आकृष्ट: अभवत्?
(iv) विश्वधर्म सम्मेलन: कुत्र आयोजित:?

II. पूर्णवाक्येन उत्तरत। (पूर्ण वाक्य में उत्तर लिखिए।)
(i) शिकागोनगरे विश्वधर्मसम्मेलने भारतस्य प्रतिनिधि: क: अभवत्?
(ii) विवेकानन्द: भारतीयान् कथम् संबोधितवान्?

III. यथानिर्देशम् उत्तराणि लिखत। (निर्देशानुसार उत्तर लिखिए।)
(i) आसीत् = ········ धातु: ········ लकार:, ········ पुरुष:, ········ वचनम्।
(ii) देशस्य = ········ विभक्ति, ········ वचनम्।

IV. बहुविकल्पात्मक प्रश्ना: (बहुविकल्पीय प्रश्न)
(i) विवेकानन्दस्य पिता क: आसीत्?
(अ) विश्वनाथदत्त: (ब) विश्वनाथ शर्मण:
(स) रामकृष्ण (द) परम हंस:
(ii) नरेन्द्रस्य मनसि कस्य विषये शंङ्का आसीत्?
(अ) धर्मस्य (ब) ईश्वरस्य
(स) संसारस्य (द) मानवस्य
(iii) 'अमूल्या: तस्य उपदेशा:' अत्र 'तस्य' सर्वनाम पदम् कस्मै प्रयुक्तम्?
(अ) विश्वनाथाय (ब) परमहंसाय
(स) विवेकानन्दाय (द) ईश्वराय

V. अस्य गद्यांशस्य कृते समुचितं शीर्षकं लिखत।
(इस गद्यांश का उचित शीर्षक लिखिए।)

उत्तराणि

I. (i) कोलकातानगरे (ii) नरेन्द्रनाथ:
(iii) परमहंसस्य (iv) शिकागो नगरे

II. (i) शिकागोनगरे विश्वधर्मसम्मेलने भारतस्य प्रतिनिधि: स्वामी विवेकानन्द: अभवत्।
(ii) विवेकानन्द: भारतीयान् 'उतिष्ठ जाग्रत, दीन देवो भव, दरिद्र देवो भव' इति संबोधितवान।

III. (i) अस् = धातु:, लङ् = लकार: प्रथम = पुरुष:, एक = वचनम्
(ii) षष्ठी = विभक्ति, एक = वचनम्

IV. (i) (अ) विश्वनाथदत्त: (ii) (ब) ईश्वरस्य
(iii) (स) विवेकानन्दाय

V. स्वामी विवेकानन्द:

3. परेषां प्राणिनामुपकार: परोपकारोऽस्ति। परस्य हित सम्पादनं मनसा वाचा कर्मणा च अन्येषां हितानुष्ठानमेव परोपकार शब्देन गृह्यते। संसारे परोपकार: एव स: गुणो विद्यते, येन मनुष्येषु सुखस्य प्रतिष्ठा वर्तते। परोपकारेण हृदयं पवित्रं, सरलं, सरसं, सदयं च भवति। सत्पुरुषा कदापि स्वार्थपरा: न भवन्ति। ते परेषां दु:खं स्वीयं दु:खं मत्वा तन्नाशाय यतन्ते। सज्जना: परोपकारेण एव प्रसन्ना: भवन्ति। परोपकार-भावनैव दधीचि: देवानां हिताय स्वकीयानि अस्थीनि ददौ। महाराजशिवि: कपोत रक्षणार्थ स्वमांसं श्येनाय प्रादात्। अस्माकं शास्त्रेषु परोपकारस्य महत्ता वर्णिता। प्रकृतिरपि परोपकारस्यै शिक्षां ददाति। अत: सर्वैरपि सर्वदा परोपकार: करणीय:।

I. एकपदेन उत्तरत। (एक पद में उत्तर दीजिए।)
(i) के स्वार्थतत्परा: न भवन्ति?
(अ) दुर्जना: (ब) पण्डित: (स) सज्जना: (द) कोऽपि न
(ii) देवानां हिताय स्वकीयानि अस्थीनि क: ददौ?
(अ) शिवि (ब) कपोत: (स) मनुष्य: (द) दधीचि:
(iii) परेपकार: क: अस्ति?
(अ) परेषामुपकार: (ब) परस्य कार्यम्
(स) मनुष्येषु सुख: (द) कोऽपि नास्ति
(iv) परोपकारेण हृदयं कीदृश: भवति?
(अ) कठोर: (ब) रुग्ण:
(स) पवित्र, सरलं, सदयं (द) कोमल

III. बहुविकल्पात्मक प्रश्ना: (बहुविकल्पीय प्रश्न)
(i) 'पवित्र' इति शब्द: क: सन्धि:?
(अ) यण सन्धि (ब) गुण सन्धि
(स) अयादि सन्धि (द) पररुप सन्धि
(ii) 'ददाति' इति पदे क: लकार अस्ति?
(अ) लट् लकार (ब) लोट लकार
(स) लृट लकार (द) लिट् लकार
(iii) 'यतन्ते' अस्या: क्रियाया: कर्तृपदम् गद्यांशे किम्?
(अ) ते (ब) ये (स) सज्जना: (द) सत्पुरुषा:

IV. अस्य गद्यांशस्य कृते समुचितं शीर्षकं लिखत।
(इस गद्यांश का उचित शीर्षक लिखिए।)
(अ) परोपकार: (ब) उपकारस्य
(स) कर्पणस्य (द) उपकारौ

उत्तराणि

I. (i) (स) सज्जना: (ii) (द) दधीचि:
II. (i) (अ) परेषामुपकार: (ii) (स) पवित्रं, सरलं, सदयं
III. (i) (स) अयादि सन्धि (ii) (अ) लट् लकार
(iii) (अ) ते
IV. (अ) परोपकार:

अभ्यास प्रश्नाः

बहुविकल्पीय एवं वर्णनात्मक प्रश्नोत्तर

1. अस्मिन् जगति विद्यायाः अतिमहत्त्वम् अस्ति। विधत्ते सद्सद्ज्ञानम्, सा हि विद्या कथ्यते। विद्या विनयं ददाति। अतः विद्यायुक्ताः मानवाः विनीताः भवन्ति। मानवाः विनयात् पात्रतां प्राप्नुवन्ति। पात्रत्वात् धनं प्राप्यते। ततः च सुखम् इति। कथञ्च या विद्या स विमुक्तये विद्यया एव कारणात् अस्माकं देशस्य महिमा जगति विख्यातमस्ति अनेन कारणेनः एषः राष्ट्र विश्वगुरुं उपाधिं प्राप्तवान्। अस्य देशस्य विद्वांसः, संसारे अतीव विख्याताः सन्ति महान् विद्वान् चाणक्यः अस्यैव देशस्य सुविख्यात् प्रधानमन्त्री आसीत्।

I. एकपदेन उत्तरत। (एक पद में उत्तर दीजिए।)
- (i) अस्मिन् जगति कस्याः महत्त्वम् अस्ति?
- (ii) विद्या किम् ददाति?
- (iii) विद्यायुक्ताः मानवाः कीदृशाः भवन्ति?
- (iv) मानवाः विनयात् किं प्राप्नुवन्ति?

II. पूर्णवाक्येन उत्तरत। (पूर्ण वाक्य में उत्तर दीजिए।)
- (i) 'विद्या' का अस्ति?
- (ii) पात्रत्वात् किम् प्राप्यते?

III. यथानिर्देशम् उत्तराणि लिखत। (निर्देशानुसार उत्तर लिखिए।)
- (i) ददाति = ········ धातुः, ········ लकारः ········ पुरुषः, ········ वचनम्।
- (ii) जगति = ········ विभक्ति, ········ वचनम्।

IV. बहुविकल्पात्मक प्रश्नाः (बहुविकल्पीय प्रश्न)
- (i) कस्मात् सुखम् भवति?
  - (अ) विनयात् (ब) पात्रत्वात्
  - (स) धनात् (द) विद्याया
- (ii) केन युक्ताः मानवाः विनीताः भवन्ति?
  - (अ) विद्यायाः (ब) परोपकारेण
  - (स) सुखेन (द) धनेन
- (iii) 'संसारे' इत्यस्य पदस्य कः पर्यायः गद्यांशे प्रयुक्तम्?
  - (अ) प्राप्यते (ब) जगति
  - (स) अस्मिन (द) पात्रता

V. अस्य गद्यांशस्य कृते उचितं शीर्षकं लिखत। (इस गद्यांश का उचित शीर्षक लिखिए।)

2. दीपावली अस्माकं राष्ट्रियोत्सवः वर्तते। अस्मिन् उत्सवे सर्वे जनाः परस्परं भेदभावं विस्मृत्य आनन्दमग्नाः भवन्ति। त्रेतायुगे कैकेय्याः वरयाचनात् अयोध्यायाः राज्ञा दशरथेन रामाय चतुर्दशानां वर्षाणां वनवासः प्रदत्तः। श्रीरामः अस्मिन् एव दिने सीतालक्ष्मणाभ्यां सह अयोध्यां प्रत्यावर्तितवान्। तेषां स्वागतं व्याहर्तुम् अयोध्यावासिनः नगरे सर्वत्र दीपान् प्रज्वालितवन्तः। तदा आरभ्य अद्यावधिः प्रतिवर्षं कार्तिकमासे अमावस्यायां तिथौ भारते दीपावली–महोत्सवः महता उत्साहेन आयोजितः भवति। दीपावल्यां जनाः गृहाणि परिष्कुर्वन्ति।

I. एकपदेन उत्तरत। (एकपद में उत्तर दीजिए।)
- (i) कस्याः वरयाचनात् दशरथेन रामाय वनवासः प्रदत्तः?
- (ii) श्रीरामः काभ्यां सह अयोध्यां प्रत्यावर्तितवान्?
- (iii) कदा जनाः गृहाणि परिष्कुर्वन्ति?
- (iv) दशरथेन रामाय कति वर्षाणां वनवासः प्रदत्तः?

II. पूर्णवाक्येन उत्तरत। (पूर्ण वाक्य में उत्तर दीजिए।)
- (i) भारते कदा दीपावली–महोत्सवः आयोजितः भवति?
- (ii) कस्मिन् उत्सवे जनाः परस्परं भेदभावं विस्मृत्य आनन्दमग्नाः भवन्ति?

III. निर्देशानुसारम् उत्तराणि लिखत। (निर्देशानुसार उत्तर लिखिए।)
- (i) उत्साहेन = ········ विभक्तिः, ········ वचनम्
- (ii) प्रकृति प्रत्यय संयोजता। (प्रकृति प्रत्यय जोडिए।)
  वि + स्मृ + ल्यप् = ...

IV. बहुविकल्पात्मक प्रश्नाः (बहुविकल्पीय प्रश्न)
- (i) दीपावली अस्माकं कीदृशः उत्सवः वर्तते?
  - (अ) धार्मिकोत्सवः (ब) राष्ट्रियोत्सवः
  - (स) प्रादेशिकोत्सवः (द) स्थानीयोत्सवः
- (ii) कस्मिन युगे रामाय बनवासः प्रदत्तः?
  - (अ) सतयुगे (ब) द्वापरे
  - (स) त्रेतायुगे (द) वर्तमान काले
- (iii) 'दीपावली अस्माकं राष्ट्रियोत्सव वर्तते' अस्मिन वाक्ये कर्तृपदं किम्?
  - (अ) दीपावली (ब) राष्ट्रियोत्सवः
  - (स) वर्तते (द) अस्माकं

V. अस्य गद्यांशस्य कृते उचितम् शीर्षकं लिखत। (इस गद्यांश का उचित शीर्षक लिखिए।)

3. तथा कृते ते मार्गे अरण्यस्य अन्ते कतिचिद् अस्थीनि अपश्यन्। ततः एकेनोक्तम्– "अहो अद्य विद्या प्रत्ययः कर्त्तव्यः। किञ्चिद् सत्वम् एतद् मृतं तिष्ठति। तद् विद्या प्रभावेण जीवन सहितं कुर्मः। अहम् अस्थिसञ्चयं करोमि।" ततः तेनोत्सुकतया अस्थि सञ्चयः कृतः। एकः वृक्षोपरि अतिष्ठत्। अस्थि संञ्चयनं कृत्वा सःनदीतटे जलम् आनयत्। तदुपरान्तः सः जलं मन्त्रपूतेन कृत्वा ततः पञ्जरम् अक्षिपत्। तद् मन्त्रपूतेन जल प्रभावेण सः सिंहः जीवितः अभूत् तथा तान् ब्राह्मण कुमारान् अखादत्। एकः कुमारः एव जीवितं शेषं आसीत्।

I. एकपदेन उत्तरत। (एक पद में उत्तर दीजिए।)
- (i) मार्गे ते अरण्यस्य अन्ते कानि अपश्यन्?
- (ii) तत्र किं मृतं तिष्ठति स्म?
- (iii) ते विद्याप्रभावेण किं कर्त्तुम् इच्छन्ति?
- (iv) तेन उत्सुकतया किं कृतः?

II. पूर्णवाक्येन उत्तरत। (एक वाक्य में उत्तर दीजिए।)

(i) एकेनोक्तं किम्?

(ii) 'अहम् अस्थि, सञ्चयं करोमि' इति केन उक्तम्?

III. निर्देशानुसारम् उत्तरत। (निर्देशानुसार उत्तर दीजिए।)

(i) 'अपश्यन्'—इत्यत्र कः लकारः?

(ii) 'कर्त्तव्यः'—इति पदे कः प्रत्यय?

IV. बहुविकल्पात्मक प्रश्नाः (बहुविकल्पीय प्रश्न)

(i) ते कुत्र कतिचिद् अस्थीनि अपश्यन्?

(अ) अरण्ये (ब) मार्गे

(स) मार्गस्य अन्ते (द) अरण्यस्य अन्ते

(ii) विद्या प्रत्यय कदा कर्त्तव्य?

(अ) अद्य (ब) श्वः

(स) ह्य (द) परश्वः

(iii) 'एकेनोक्तम्' इति पदस्य सन्धि-विच्छेदम् किम्?

(अ) एकेनो + क्तम् (ब) एक + नोक्तम्

(स) एकेन + उक्तम् (द) एकेन + ओक्तम्

V. अस्य गद्यांशस्य कृते उचितम् शीर्षकं लिखत।
(इस गद्यांश का उचित शीर्षक लिखिए।)

4. **'इति विचार्य सा सेवकम् आह–"सेवक ! स्थालीमानय। अपि च अभिज्ञान चिन्हं नय।" इति उक्त्वा सा खड्गमादाय स्वशिरच्छेदं कृत्वा स्थालीमध्ये अपातयत्। हतप्रभः सेवकः तां स्थालीं वस्त्रावृत्तं कृत्वा रत्नसिंह प्रति नीतवान्।" गृहणातु महाराज! इदम् अभिज्ञानचिन्हं' इति उक्त्वा वाष्पकुलेक्षणेः सेवकः रोदितुं प्रारभत्।**

I. एकपदेन उत्तरत। (एक पद में उत्तर दीजिए।)

(i) महाराज्ञी सेवकं किम् आनेतुं कथयति?

(ii) सा स्थालीमध्ये किम् अपातयत्?

(iii) कः हतप्रभः जातः?

(iv) सेवकः किं प्रारभत्?

II. पूर्णवाक्येन उत्तरत। (पूर्ण वाक्य में उत्तर दीजिए।)

(i) सेवकः तां स्थालीं कुत्र नीतवान्?

(ii) महारानी स्थाल्या सह किं नेतुम् अकथयत्?

III. निर्देशानुसारम् उत्तरत। (निर्देशानुसार उत्तर दीजिए।)

(i) 'विचार्य' इति पदे कः उपसर्गः?

(ii) 'कृत्वा' इति पदे कः प्रत्ययः?

IV. बहुविकल्पात्मक प्रश्नाः (बहुविकल्पीय प्रश्न)

(i) का सेवकं स्थालीम् आनेतुम् कथयति?

(अ) सेविका (ब) महारानी

(स) राज्ञी (द) न कोऽपि

(ii) महारानी खड्गेन किम् कृतम्?

(अ) स्वहस्तच्छेदम् (ब) सेवकस्य शिरच्छेदम्

(स) स्वशिरच्छेदम् (द) रात्रेः शिरच्छेदम्

(iii) 'अपातयत्' इति पदे कः लकारः?

(अ) लट् लकार (ब) लोट् लकार

(स) लृट लकार (द) लङ् लकार

V. अस्य गद्यांशस्य कृते उचितं शीर्षकं लिखत।
(इस गद्यांश का उचित शीर्षक लिखिए।)

5. **स एकदा स्वमित्रं 'गोनू झा' नामकं पण्डितं पृष्टवान् भोः! किं करोमि? सदा वञ्चितः अस्मि। गोनू झा प्रेमदत्ताय समुचितं परामर्शं दत्तवान्। गृहं गत्वा सः मित्रस्य कथनानुसारेण कम्बलं प्रक्षालनार्थम् अपराह्नो सूर्यास्त समये जले स्थापितवान्। सायंकाले सोमदत्तः पृष्टवान् कम्बलं कुत्रास्ति? "तत् मलिनं जातम्। अतः मया प्रक्षालितं।" कम्बलं विना एव सोमदत्तः रात्रिशयनं कृतवान्।**

I. एकपदेन उत्तरत। (एक पद में उत्तर दीजिए।)

(i) गोनू झा प्रेमदत्ताय किं दत्तवान्?

(ii) प्रेमदत्तेन कम्बलं कुत्र स्थापितम्?

(iii) कं विना एव सोमदत्तः रात्रिशयनं कृतवान्?

(iv) कम्बलं केन प्रक्षालितम्?

II. पूर्णवाक्येन उत्तरत। (पूर्ण वाक्य में उत्तर दीजिए।)

(i) प्रेमदत्तः कं पृष्टवान्?

(ii) प्रेमदत्तः एकदा स्वमित्रं किम् पृष्टवान्?

III. निर्देशानुसारम् उत्तरत। (निर्देशानुसार उत्तर दीजिए।)

(i) गत्वा पदे कः प्रत्ययः?

(ii) 'अस्मि' पदे...... धातु,...... लकारः,...... पुरुष,...... वचनं।

IV. बहुविकल्पात्मक प्रश्नाः (बहुविकल्पीय प्रश्न)

(i) 'कुत्र + अस्ति' अत्र संधि किम्?

(अ) कुत्रस्ति (ब) कुत्रास्ति

(स) कुत्र अस्ति (द) कुत्रस्ती

(ii) 'मया' अस्मिन् पदे किम् वचनम्?

(अ) एकवचन

(ब) द्विवचन

(स) बहुवचन

(द) न कोऽपि वचन

(iii) 'प्रक्षालितं' अत्र कः उपसर्ग?

(अ) प्र (ब) प्रक्षा

(स) लित (द) इत

V. अस्य गद्यांशस्य कृते उचितं शीर्षकं लिखत।
(इस गद्यांश का उचित शीर्षक लिखिए।)

6. **कालचक्रं सततं प्रचलति। भारते कालविषयिनी गणना वैदिक कालात् प्रचलिता अस्ति। अत्र विभिन्नाः संवत्सराः प्रचलिताः अभवन्। व्यवहारे अनेके संवत्सराः प्रमुखाः सन्ति। ईसवीय संवत् अस्माकं राष्ट्रिय संवत् विद्यते। संवत्, संवत्सरः वर्ष चेति शब्दाः पर्यायवाचिनः सन्ति। अद्यत्वे चः संवत्सरः प्रचलितः ख्रीष्टाब्दे सन् इति कथ्यते। अस्मात्षट् पंचाशत वर्षम् पूर्णम् विक्रम संवत् अचलत्। अस्यैवपूर्वे अस्माकं देशी यौधिष्ठिर संवत्सरः प्रचलितः आसीत्। अस्यैव पूर्वकाले प्रह्लाद सम्राटेन स्वकीयः संवत्सर अचालयत्।**

I. एकपदेन उत्तरत। (एक पद में उत्तर दीजिए।)

(i) भारते कालविषयिनी गणना कुतः प्रचलिता अस्ति?

(ii) किम् अस्माकं राष्ट्रिय संवत् विद्यते?

(iii) अत्र कति संवत्सराः प्रमुखाः सन्ति?

(iv) किं सततं प्रचलति?

II. पूर्णवाक्येन उत्तरत। (पूर्ण वाक्य में उत्तर दीजिए।)
(i) के शब्दा: पर्यायवाचिन: सन्ति?
(ii) भारते का वैदिक कालात् प्रचलिता अस्ति?

III. निर्देशानुसारम् उत्तरत। (निर्देशानुसार उत्तर दीजिए।)
(i) प्रचलति पदे क: उपसर्ग: किञ्च धातु:?
(ii) संवत् शब्दस्य पर्याय क: अस्ति?

IV. बहुविकल्पात्मक प्रश्ना: (बहुविकल्पीय प्रश्न)
(i) कालचक्रं कीदृशं प्रचलति?
(अ) यदा-कदा (ब) सततम्
(स) अधुना (द) न कदापि
(ii) भारते के प्रचलिता: अभवन्?
(अ) काला: (ब) युगानि
(स) संवत्सरा: (द) विभिन्ना: संवत्सरा:
(iii) 'अभवन्' इति पदे क: लकार:?
(अ) लट् लकार (ब) लङ् लकार
(स) लोट् लकार (द) लृट् लकार

V. अस्य गद्यांशस्य कृते उचितम् शीर्षकं लिखत।
(इस गद्यांश का उचित शीर्षक लिखिए।)

7. चन्द्रगुप्त: मगधदेशस्य नृप: आसीत्। तस्य मन्त्री चाणक्य: तपोधन: राजतन्त्रज्ञ चासीत्। स: अर्थशास्त्रं जनकरपि कथ्यते। तस्य तपश्चर्यां दृष्ट्वा सिकंदर: अपि अतीव प्रभावित: अभवत्। स: अकथत्– वस्तुत: महात्मना चाणक्य: अस्य राष्ट्रस्य महान् विभूति अस्ति। स सम्यग्अर्धेन अस्य राष्ट्रस्य रक्षक: अस्ति। मन्त्री अपि स: एकस्मिन् उटजे निवसति स्म। वैराग्यभावनया स: पूर्ण: आसीत्। एकदा नृपेण चाणक्याय कम्बला: समर्पिता:। तान् कम्बलान् दरिद्रेभ्य: दातुं नृप: सूचितवान्।

I. एकपदेन उत्तरत। (एक पद में उत्तर दीजिए।)
(i) मगधदेशस्य नृप: क: आसीत्?
(ii) चाणक्य: कीदृश: आसीत्?
(iii) चाणक्य: कस्य मन्त्री आसीत्?
(iv) नृपेण कस्मै कम्बला: समर्पिता:?

II. पूर्णवाक्येन उत्तरत। (पूर्ण वाक्य में उत्तर दीजिए।)
(i) मन्त्री कुत्र निवसति स्म?
(ii) चाणक्य: कया भावनया पूर्ण: आसीत्?

III. निर्देशानुसारम् उत्तरत। (निर्देशानुसार उत्तर दीजिए।)
(i) 'दातुम्' पदे क: प्रत्यय:?
(ii) 'दरिद्रेभ्य:' इति पदे क: विभक्ति?

IV. बहुविकल्पात्मक प्रश्ना: (बहुविकल्पीय प्रश्न)
(i) कम्बलान् दरिद्रेभ्य: दातुम् क: सूचितवान्?
(अ) नृप: (ब) मन्त्री
(स) अरण्य वासी (द) राज्ञी
(ii) चन्द्रगुप्त: कस्य देशस्य नृप: आसीत्?
(अ) भारत देशस्य (ब) मगध देशस्य
(स) अवन्तिकाया: (द) बिहार प्रदेशस्य
(iii) 'मन्त्री अपि स: एकस्मिन् उटजे निवसति स्म।' अस्मिन वाक्ये क्रिया पदं किम् अस्ति?
(अ) स्म (ब) स:
(स) मन्त्री (द) तान्

V. अस्य गद्यांशस्य कृते उचितम् शीर्षकं लिखत।
(इस गद्यांश का उचित शीर्षक लिखिए।)

8. विष्णो: परमधाम्नि भूरिश्रृङ्गा धेनव: न्यवसन्। भगवत: ऋषभदेवस्य चिह्नम् अपि धेनो: अपत्यं वृषभ: एव। भगवत: शिवस्य वाहनोऽपि नन्दी वृषभ: एव। भूपते: दिलीपस्य अनपत्यताया: निराकरणमपि महर्षे: वशिष्ठय धेनुना नन्दिन्या एव कृतं। कामधेनु: एतादृशी गौ–रूपेण वर्णिता यस्याराधनमात्रेण मानवस्य सकलानां मनोरथानां पूर्तिर्जायते। धेनूनां गाथामाकर्ण्य वयमपि चिन्तयाम तासां कृते किमपि कुर्याम। तस्या: कृते समाजस्य उपेक्षावृत्ति: निराकणीया:। तद्वंशजासु धेनुषु स्व श्रद्धां प्रदर्शयाम।
उक्तञ्च–

तृणं खादति केदारे, जलं पिबति पल्वले।
दुग्धं यच्छति लोकेभ्य:, धेनुर्नो जननी प्रिया।।

I. एकपदेन उत्तरत। (एकपद में उत्तर दीजिए।)
(i) विष्णो: परमधाम्नि कीदृशी धेनव: न्यवसन्?
(अ) उत्तुङ्गश्रृङ्गा: (ब) भूरिश्रृङ्गा
(स) कपिलाधेनु: (द) कामधुक्
(ii) नन्दी वृषभ: कस्य वाहन: अस्ति?
(अ) शिवस्य (ब) गणेशस्य
(स) पार्वत्या: (द) स्कन्हस्य
(iii) कस्या: आराधनमात्रेण मनोरथानां पूर्ति: जायते?
(अ) नन्दिनी (ब) कामधेनो:
(स) सुशीला: (द) कल्पतरु:
(iv) भगवत: ऋषभदेवस्य चिह्नम् क: अस्ति?
(अ) शावक: (ब) महिष:
(स) वृषभ: (द) सिंह:

II. भाषिककार्यम् (भाषाकार्य)
(i) 'शिवस्य' अस्य पदस्य विभक्ति: किम्?
(अ) प्रथम (ब) तृतीया
(स) षष्ठी (द) चतुर्थी
(ii) 'खादति' इति पदे क: लकार:?
(अ) लट् (ब) लङ
(स) लोट् (द) लृट्
(iii) 'भूपते' अस्य पदस्य एकवचनम् किम्?
(अ) भूपती (ब) भूपति:
(स) भूपत्या (द) भूपतौ

III. अस्य गद्यांशस्य कृते उचितम् शीर्षकं लिखत।
(इस गद्यांश का उचित शीर्षक लिखिए।)
(अ) धनेनां गाथा (ब) धेनौ महत्वं
(स) कामधुक् वर्दानम् (द) अस्माकं धेनु

9. कस्मिंश्चिन्नगरे एकं महत् मन्दिरमासीत्। तत्र एको महात्मा निवसति स्म। स सदा शास्त्राभ्यासम् अकरोत्। लोकानां कल्याणाय शास्त्रकथाश्चाश्रावयत्। तत्र अनेके महिलापुरुषाः कथां श्रोतुं सङ्गीभूय प्रतिदिनं प्रयान्ति स्म देव प्रतिमां च पूजयन्ति स्म। एकस्मिन् दिवसे एकः मुनिः कुसीराद् पर्वतस्य उपत्यकामं अवतरत्। उत्थितः उत्थितः अनेके जनाः विस्मितः आसन् महात्मन् मुनिः सकाशो अगच्छत्-अवदत् च धन्य भाग्यो अहम् हे मुनिः आगच्छः सनाथयाताम् एषः कुटीरः।

I. एकपदेन उत्तरत। (एक पद में उत्तर दीजिए।)

(i) मन्दिरं कीदृशम् आसीत्?
(अ) सुन्दरम् (ब) रमकीकः
(स) महत् (द) लघुः

(ii) मन्दिरं कुत्र आसीत्?
(अ) अरण्ये (ब) वनप्रान्तरे
(स) ग्रामे (द) कस्मिचित् नगरे

(iii) महिलापुरुषाः प्रतिदिनं किमर्थं प्रयान्ति स्म?
(अ) कथाश्रवणार्थम् (ब) प्रवचन भाषणार्थं
(स) प्रसादर्षम् (द) भोजनार्थम्

(iv) महात्मा लोकानां कल्याणाय काः अश्रावयत्?
(अ) लोककथा (ब) भजनोपदेशः
(स) शास्त्र कथा (द) पुराण कथा

II. भाषिककार्यम् (भाषाकार्य)

(i) 'महिलाः' इति पदस्य गद्यांशे विलोम पदम् किमस्ति?
(अ) नरः (ब) मनुष्याः
(स) पुरुषाः (द) जनाः

(ii) 'महत् मन्दिरम् आसीत्' इति वाक्ये विशेषण पदम् किम्?
(अ) महत् (ब) मन्दिरम्
(स) आसीत् (द) न कोऽपि

(iii) 'अकरोत्' इति पदे कः लकारः?
(अ) लोट् लकार (ब) लङ् लकार
(स) आज्ञार्थ (द) लट् लकार

III. अस्य गद्यांशस्य कृते उचितम् शीर्षकं लिखत।
(इस गद्यांश का उचित शीर्षक लिखिए।)
(अ) कन्दरायाः मुनि
(ब) अरण्य मन्दिरम्
(स) आरण्यकः
(द) दैव मन्दिरम्

10. ये सत्यं पालयन्ति, ते सर्वोत्तम् धर्मं कुर्वन्ति। ये च सत्यं परित्यज्य असत्यं भजन्ते, ते महापातकं कुर्वन्ति। यतो हि असत्य भाषणेन स्वस्य हानिः नाशश्च भवतः। समाजस्य लोकश्च मिथ्याभाषणेन नाशः भवति। अतएव उच्यते नहि सत्यात् परो धर्मों नानृतात् पातकं परम्। राजा हरिश्चन्दः सत्य पालनार्थमेव सर्वाणि दुःखानि असहत। युधिष्ठिरः सत्यभाषणस्य प्रभावादेव विजयमलभत।

I. एकपदेन उत्तरत। (एक पद में उत्तर दीजिए।)

(i) कस्मात् परः परम् पातकं न अस्ति?
(अ) असत्यात् (ब) धर्मम्
(स) विवादम (द) प्रलायं

(ii) मिथ्याभाषणेन कस्य नाशः भवति?
(अ) परस्य
(ब) प्रतिवेश्याः
(स) स्वस्य
(द) कोऽपि न

(iii) ये असत्यं भजन्ते ते किं कुर्वन्ति?
(अ) धर्म कुर्वन्ति (ब) महापातकम्
(स) नाशं कुर्वन्ति (द) सत्यं कुर्वन्ति

(iv) समाजस्य लोकश्च नाशः केन भवति?
(अ) असत्य भाषणेन (ब) विवादेन
(स) मधुरभाषणेन (द) दुर्वचनेन

II. भाषिककार्यम् (भाषाकार्य)

(i) 'कुर्वन्ति' इति पदे कः धातुः?
(अ) कृ धातु (ब) कुर्व धातु
(स) कुर धातु (द) कृ धातु

(ii) 'भाषणेन' अस्य पदस्य बहुवचनं किम्?
(अ) भाषणाय (ब) भाषणे
(स) भाषणैः (द) भाषणाभ्या

(iii) 'सत्यम्' इति पदस्य गद्यांशे विलोम पदं किम् अस्ति?
(अ) असत्यम् (ब) धर्मम्
(स) महापातकम् (द) विजयम्

III. अस्य गद्यांशस्य कृते उचितम् शीर्षकं लिखत।
(इस गद्यांश का उचित शीर्षक लिखिए।)
(अ) ऋतंभाषणम्
(ब) सत्यं वद
(स) मिथ्या मा चर
(द) सत्यं वादिता

उत्तराणि

1. I. (i) विद्याया: (ii) विनयं
(iii) विनीता: (iv) पात्रतां

II. (i) विधत्ते सदसद्ज्ञानम् सा हि विद्या कथ्यते।
(ii) पात्रत्वात् धनम् प्राप्यते।

III. (i) दा धातु:, लट् लकार:, प्रथम पुरुष:, एक वचनम्।
(ii) सप्तमी विभक्ति, एकवचनम्

IV. (i) (स) धनात् (ii) (अ) विद्याया:
(iii) (ब) जगति

V. विद्याया: महत्त्वम्

2. I. (i) कैकेय्या: (ii) सीतालक्ष्मणाभ्याम्
(iii) दीपावल्याम् (iv) चतुर्दशानां

II. (i) प्रतिवर्षं कार्तिक मासे अमावस्यायां तिथौ भारते दीपावली—महोत्सव: आयोजित: भवति।
(ii) दीपावल्याम् उत्सवे जना: परस्परं भेदभावं विस्मृत्य आनन्द मग्ना: भवन्ति।

III. (i) तृतीया विभक्ति; एकवचनम्
(ii) विस्मृत्य

IV. (i) (ब) राष्ट्रियोत्सव: (ii) (स) त्रेतायुगे
(iii) (द) अस्माकं

V. दीपोत्सव:

3. I. (i) अस्थीनि (ii) सत्वम्
(iii) जीवनसहितम् (iv) अस्थिसञ्चय:

II. (i) एकेनोक्तम्—"अहो अद्य विद्याप्रत्यय: कर्त्तव्य:।"
(ii) 'अहम् अस्थिसञ्चयं करोमि' इति एकेन उक्तम्।

III. (i) लङ् लकार: (ii) तव्यत् प्रत्यय:

IV. (i) (द) अरण्यस्य अन्ते (ii) (अ) अद्य
(iii) (स) एकेन + उक्तम्

V. 'विद्याया: प्रयोग:'

4. I. (i) स्थालीम् (ii) स्वशिरं
(iii) सेवक: (iv) रोदितुं

II. (i) सेवक: तां स्थालीं रत्नसिंहं प्रति नीतवान्।
(ii) महारानी स्थाल्या सह अभिज्ञान चिह्नम नेतुम् अकथयत्।

III. (i) वि (ii) क्त्वा

IV. (i) (ब) महारानी (ii) (स) स्वशिरच्छेदम्
(iii) (द) लङ् लकार

V. 'अभिज्ञानचिह्नम्'

5. I. (i) परामर्शं (ii) जले
(iii) कम्बलं (iv) प्रेमदत्तेन

II. (i) प्रेमदत्त: स्वमित्रं 'गोनू झा' नामकं पण्डितं पृष्ट्वान्।
(ii) प्रेमदत: एकदा स्वमित्रं प्रष्ट्वान्। किंम् करोमि? सदा वञ्चित: अस्मि।

III. (i) क्त्वा
(ii) अस् धातु, लट् लकार:, उत्तम पुरुष:, एकवचनम्।

IV. (i) (ब) कुत्रास्ति (ii) (अ) एकवचन
(iii) (अ) प्र

V. मित्रस्य परामर्शम्

6. I. (i) वैदिककालात् (ii) ईसवीयसंवत्
(iii) अनेके (iv) कालचक्रं

II. (i) संवत्, संवत्सर:, वर्ष चेति शब्दा: पर्यायवाचिन: सन्ति।
(ii) भारते कालविषयिनी गणना वैदिक कालात् प्रचलिता अस्ति।

III. (i) प्र उपसर्ग:, चल् धातु
(ii) वर्षं

IV. (i) (ब) सततम् (ii) (द) विभिन्ना: संवत्सरा:
(iii) (ब) लङ् लकार

V. 'संवत्सरा:'

7. I. (i) चन्द्रगुप्त: (ii) राजतन्त्रज्ञ
(iii) चन्द्रगुप्तस्य (iv) चाणक्याय

II. (i) मन्त्री एकस्मिन् उटजे निवसति स्म।
(ii) चाणक्य: वैराग्य भावनया पूर्ण: आसीत्।

III. (i) तुमुन् (ii) चतुर्थी

IV. (i) (अ) नृप: (ii) (ब) मगध देशस्य
(iii) (अ) स्म

V. 'धर्म परायण: चन्दगुप्त:'

8. I. (i) (ब) भूरिशृङ्गा (ii) (अ) शिवस्य
(iii) (ब) कामधेनो: (iv) (स) वृषभ:

II. (i) (स) षष्ठी (ii) (अ) लट् लकार
(iii) (ब) भूपति:

III. (अ) 'धेनूनां गाथा'

9. I. (i) (स) महत् (ii) (द) कस्मिंश्चित् नगरे
(iii) (अ) कथाश्रवणार्थम् (iv) (स) शास्त्र कथा

II. (i) (स) पुरुषा: (ii) (अ) महत्
(iii) (ब) लङ् लकार

III. (द) दैव मन्दिरम्

10. I. (i) (अ) असत्यात् (ii) (स) स्वस्य
(iii) (ब) महापातकं (iv) (अ) असत्य भाषणेन

II. (i) (द) कृ धातु (i) (स) भाषणै:
(iii) (अ) असत्यम्

III. (ब) सत्यं वद

खंड 'ख' लेखनम्

अध्याय 1

चित्रवर्णनम्

चित्रवर्णन के अंतर्गत किसी विशेष स्थान, व्यक्ति आदि से संबंधित चित्र दिए जाते हैं। जिनका सामान्यतः पाँच वाक्यों में विद्यार्थियों को वर्णन करना होता है।

चित्रवर्णन करते समय ध्यान रखने योग्य बातें

- दिए गए चित्र को भली-भाँति देख लेना चाहिए, जिससे चित्र में स्थित प्रत्येक बिंदु ठीक-ठीक समझ में आ जाए।
- चित्र के साथ दी गई (मञ्जूषा) का अधिक से अधिक प्रयोग करें।
- मञ्जूषा में दिए गए शब्दों में आवश्यकतानुसार लिङ्ग, वचन, पुरुष, विभक्ति आदि में परिवर्तन किया जा सकता है।
- वाक्य लिखते समय वाक्यों की भाषा सरल, शुद्ध व स्पष्ट होनी चाहिए।
- वाक्य व्याकरण की दृष्टि से शुद्ध तथा चित्र से सम्बन्धित होने चाहिए।

साधित उदाहरणम्

निम्न प्रदत्तं चित्रमाधारिकृत्य मञ्जूषायां प्रदत्तपद सहायतया संस्कृते पञ्चवाक्यानि लिखत।
(नीचे दिए गए चित्र पर आधारित मञ्जूषा में दिए गए शब्दों की सहायता से पाँच वाक्य संस्कृत में लिखिए।)

1.

- **मञ्जूषा** योगादिवसः, सन्ति, योगासनानि, त्रयः शिक्षादातारः, प्राणायाम, पद्मासनं, महिलाः, विविधानि, समीपे, सूर्यनमस्कारः, उष्ट्रासनं, करोति।

उत्तराणि

(i) अत्र योग दिवसः कश्चित् सार्वजनिकस्थाने प्रचलितः।
(ii) अत्र केचन् पुरुषाः पद्मासनं कुर्वन्ति।

(iii) एका महिला वृक्षासनं करोति।
(iv) केचन् ध्यान मुद्रायामपि तिष्ठन्ति।
(v) केचन् जनाः सूर्यनमस्कारम् अपि कुर्वन्ति।

2.

- **मञ्जूषा** क्षेत्रस्य, कृषकः, कर्षति, बलिवर्दाभ्याम्, जलेन, बीजानि, वपति, कूपस्य, एकः, वातावरणं, वृक्षान्, शस्यान, परिश्रमेण।

उत्तराणि

(i) इदं चित्रं क्षेत्रस्य अस्ति।
(ii) एकः कृषकः अत्र बलिवर्दाभ्यां क्षेत्रं कर्षति।
(iii) सः क्षेत्रे बीजानि वपति।
(iv) क्षेत्रे विविधा वृक्षाः शस्यानि च सन्ति।
(v) अधुना आकाशे मेघाः सन्ति।

3.

- **मञ्जूषा** गुरुकुलस्य, ऋषिः, शिष्यः, कुटिरः, रम्यं, दृश्यं, मयूरः, वृक्षा, परितः, उपदिशति, ज्ञानं, उपदेशं, अवधानेन, श्रृण्वन्ति, वृक्षस्य, अधः, तिष्ठति।

उत्तराणि

(i) इदं गुरुकुलस्य चित्रम् अस्ति।
(ii) अत्र ऋषिः स्वशिष्यान् उपदिशति।
(iii) शिष्याः अवधानेन उपदेशं श्रृण्वन्ति।
(iv) ऋषिः विशालवृक्षस्य अधः उपविशति।
(v) पृष्ठभागे पर्णकुटिरौ स्तः।

4.

- **मञ्जूषा** होलिकोत्सवस्य, फाल्गुनमासे, पूर्णिमायां, रंगोत्सवः, परस्परं, प्रेम्णा, मिलन्ति, मिष्टानानि, गृहे, जनाः, नवानां यवानां, दहन्ति, भूर्जयन्ति, बालकाः, क्रीडन्ति, होलिकां, गोधूमानां, रक्तपीतादिवर्णान्।

उत्तराणि

(i) इदम् चित्रं होलिकोत्सवस्य अस्ति।
(ii) होलिकोत्सवः फाल्गुनमासस्य पूर्णिमायाम् तिथौ मन्यते।
(iii) जनाः रात्रौ होलिका दहनं कुर्वन्ति नवानां यवानां च अग्नौ भूर्जन्ति।
(iv) सर्वे परस्परं मिलन्ति मिष्टानानि च खादन्ति।
(v) बालकाः रक्तपीतादिवर्णान् परस्परम् क्षिपन्ति।

अभ्यास प्रश्ना:

मञ्जूषा की सहायता से चित्र वर्णन

- अधोदत्तचित्रस्य वर्णनं मञ्जूषायां प्रदत्तपदानां सहायतया पञ्चवाक्येषु कुरुत।
(दिए गए चित्र का वर्णन मञ्जूषा में दिए गए शब्दों की सहायता से पाँच वाक्यों में कीजिए।)

1.

- **मञ्जूषा** चित्रं, इदं स्वच्छ भारत अभियान, अस्मिन्, बालकाः, चित्रे, हस्ते, स्व-स्व, सम्मार्जनी अवकारं, स्वयं सेवकाः, स्थानेषु सर्वे, योगदानं, यच्छन्ति, उपयोगः।

2.

- **मञ्जूषा** अस्मिन्, दृश्यते, चित्रे, भारतस्य, यशस्वी, प्रधानमन्त्री अस्ति, नेता, सः, भारतीयदेशे, राष्ट्रीयः, महोदयः, सर्वकारः वक्ता, गठबंधनस्य, कुशलः, मन्त्रणाकारः, श्री नरेन्द्रमोदी, ग्रामीण समानं, नागरिकानां, स्नेह।

3.

- **मञ्जूषा** मातुः, पितुः, जन्म, इदं, चित्रम्, गुरुः, रामकृष्ण परमहंसः, कोलकातानगरे, भुवनेश्वरी, विश्वनाथः, कुशाग्रबुद्धिः, बाल्यकाले, अभवत्, स्वामी विवेकानन्दस्य

4.

- **मञ्जूषा** छात्राः, खेलोत्सवस्य, दृश्यम्, धावन्ति, हस्तम्, उत्थाय, चत्वारः, धावकाः, वृक्षाः, अग्रे, रज्जुः।

5.

- **मञ्जूषा** स्तः, उपनेत्रं, जनान्, एकः, ग्रंथालयस्य, दर्शयति, पुस्तकानि, चित्रं, जनाः, इदं, पठन्ति, अत्र, अनेकानि, दृश्यं, समाचार-पत्राणि, व्यजनानि, पंक्तिबद्धानि, ग्रंथपालौ, एतत्, पुस्तककपाटिका, द्वौ, धारयन्, ईक्षत, उपरि, अध, पठन्ति, चलन्ति, सज्जितानि, ग्रंथपाल।

6.

- **मञ्जूषा** एतत्, चित्रं, पुष्पधानम्, जलपात्रम्, महिला, कार्यं, बालिका, मार्जनम्, गृहस्य, अस्मिन्, स्वच्छतां, क्रोधेन, करोति, अपि, सम्बोधयति, गृहम्, उत्पीठिकायां, अस्ति।

7.

- **मञ्जूषा** विद्यालयस्य, अयं, प्रवेशद्वारे, वृक्षाः, छात्राः, विद्यायाः मन्दिरम्, विद्यालयः, अत्र, पठनाय, अपि, आगच्छन्ति, अस्ति, सन्ति, भवति, क्षेत्रम्, आदर्शविद्यालयः चित्रे, बहवः, एकः, दृश्यन्ते, विद्यालयः।

8.

- **मञ्जूषा** भारतस्य, मिशनम्, तृतीय, वर्षस्य, जुलाई-मासस्य हरिकोटतः अन्तरिक्ष, प्रक्षेपणम्, अभवत्, अनुसन्धान सङ्गठनेन, लेण्डरः, भवतु, 3900 किलोग्राम, दक्षिणधुव्रं, अस्ति, प्रेषितः, अगस्तमासस्य, सफलतया, शोधार्थं, प्रेषितवान्।

9. **अधोदत्तं चित्रं दृष्ट्वा मञ्जूषायाः शब्दं चित्वा लिखत।**
(निम्न दिए गए चित्र को देखकर मञ्जूषा से शब्द चुनकर लिखिए।)

(i)

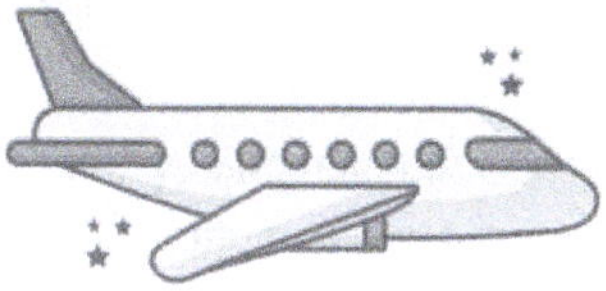

(ii)

(iii)

- **मञ्जूषा** गजः, विमानम्, शिक्षकः, सैनिकः, कृष्णफलकम् करदीपः।

उत्तराणि

1. (i) इदं स्वच्छ भारत अभियानस्य चित्रम् अस्ति।
(ii) अस्मिन् चित्रे सर्वे हस्ते सम्मार्जनी अस्ति।
(iii) केचन् कर्मचारी अपि दृश्यन्ते।
(iv) प्लास्टिकस्य उपयोगः न्यूनं कर्त्तव्यम्।
(v) सार्वजनिकः स्थानेषु स्वयं स्वच्छतायाः पालनं कर्त्तव्यम्।

2. (i) अस्मिन् चित्रे नरेन्द्रमोदी दृश्यते।
(ii) भारतस्य प्रधानमन्त्री श्रीमान् नरेन्द्रः दामोदरदासः मोदी अस्ति।
(iii) सः यशस्वी प्रधानमन्त्री अस्ति।
(iv) सः भारतीयः जनता पार्टी दलस्य नेता अस्ति।
(v) महोदयः कुशलः वक्ता निपुणः मन्त्रणाकारः चास्ति।

3. (i) इदं चित्रं स्वामी विवेकानन्दस्य अस्ति।
(ii) तस्य जन्म कोलकातानगरे अभवत्।
(iii) बाल्यकाले सः कुशाग्रबुद्धिः आसीत्।
(iv) तस्य माता भुवनेश्वरी पितुः च विश्वनाथः आसीत्।
(v) स्वामी विवेकानन्दस्य गुरुः रामकृष्णपरमहंसः आसीत्।

4. (i) इदम् खेलोत्सवस्य दृश्यम् अस्ति।
(ii) चत्वारः बालकाः धावनप्रतियोगितां कुर्वन्ति।
(iii) प्रथमः छात्रः हस्तम् उत्थाय धावति
(iv) क्रीडाक्षेत्रं परितः वृक्षाः दृश्यन्ते।
(v) प्रथमस्थानं प्राप्तः छात्रः रज्जोः समीपम् अस्ति।

5. (i) एतत् चित्रं ग्रंथालयस्य अस्ति।
(ii) पुस्तककपाटिकायाम् पंक्तिबद्धानि पुस्तकानि सज्जितानि।
(iii) उपरि व्यजनानि चलन्ति अधः च जनाः पुस्तकानि समाचार-पत्राणि वा पठन्ति।
(iv) उपनेत्रं धारयन् एकः ग्रंथपालः जनान् ईक्षते।
(v) अत्र द्वौ ग्रंथपालौ स्तः।

6. (i) एतत् चित्रं एकस्य गृहस्य अस्ति।
(ii) बालिका मार्जनं करोति।
(iii) अस्मिन् चित्रे एकम् जलपात्रम् अस्ति।
(iv) महिला क्रोधेन बालिकाम् संबोधयति।
(v) उत्पीठिकायां पुष्पधानम् अपि अस्ति।

7. (i) अस्मिन चित्रे एकः विद्यालयः अस्ति।
(ii) विद्यालयस्य प्रवेशद्वारे छात्राः सन्ति।
(iii) विद्यालयः विद्यायाः मन्दिरम् भवति।
(iv) छात्राः अत्र पठनाय आगच्छन्ति।
(v) चित्रे बहवः वृक्षाः अपि दृश्यन्ते।

8. (i) चन्द्रयान-3 भारतस्य तृतीयं मिशनम् अस्ति।
(ii) अतः 2023 तमस्य वर्षस्य जुलाई-मासस्य 14 दिनाङ्के हरिकोटातः अस्य प्रक्षेपणम् अभवत्।
(iii) भारतीयः अन्तरिक्ष अनुसन्धान सङ्गठनेन (ISRO) अस्य प्रक्षेपणं कृतम्।
(iv) अस्मिन् एकः लेण्डरः रोवरः च आस्ताम्।
(v) चन्द्रयानः 3 भार 3900 किलोग्रामः अस्ति।
(vi) चन्द्रयानः चन्द्रस्य दक्षिणध्रुवं प्रति प्रेषितः अस्ति।
(vii) चन्द्रयानः अगस्तमासस्य 23 दिनाङ्के चन्द्रे सफलतया अवतरत।

9. (i) विमानम् (ii) गजः (iii) सैनिकः

अध्याय 2

संवाद-लेखनम्

जब दो या दो से अधिक व्यक्ति किसी विषय पर परस्पर बातचीत करते हैं, तो उस बातचीत को संवाद कहते हैं। इसी बातचीत को यदि लिखित रूप दे दिया जाए, तो यह संवाद-लेखन कहलाता है। सामान्यतः संवाद लेखन किसी विशेष विषय पर प्रश्नोत्तर शैली में लिखा जाता है।

संवाद लेखन करते समय ध्यान रखने योग्य बातें

- संवाद लेखन की भाषा सरल, संक्षिप्त और रचनात्मक होनी चाहिए।
- संवाद लेखन में पात्रों का संबोधन उनके संबंध के अनुकूल करना चाहिए अर्थात् हमें अपने मित्र के लिए **समानता सूचक शब्द** और अपने से बड़ों के लिए आदरसूचक शब्दों का प्रयोग करना चाहिए।
- संवाद लेखन में **विराम चिह्नों** का यथासंभव उचित प्रयोग किया जाना चाहिए।
- संवाद लेखन करते समय संवाद किस अवसर पर लिखा जा रहा है यह विशेष रूप से ध्यान रखना चाहिए।
- संवाद में प्रश्न जिस लकार अथवा वाच्य में होता है, उत्तर भी उसी लकार अथवा वाच्य में दिया जाना चाहिए।
- आदेशात्मक शैली में दिए जाने वाले उत्तर प्रायः भूतकाल अथवा वर्तमान काल में होते हैं।
- परीक्षा में मञ्जूषा की सहायता से संवाद पूर्ण करने के लिए दिए जाते हैं। संवाद का विषय समझते हुए मञ्जूषा से उचित शब्दों का चयन करना चाहिए।

साधित उदाहरणम्

- **मञ्जूषायां प्रदत्तानां पदानां सहायतया अधोदत्तान् संवादान् पूरयत।**
  (मञ्जूषा में दिए गए शब्दों की सहायता से नीचे दिए गए संवादों को पूरा कीजिए।)

1. रामः गुरुवर! अहं पश्यामि विद्यालये केचन छात्रा (i) ······· कुर्वन्ति।

गुरुः वत्स! धूम्रपानं (ii) ······· विनाशकमस्ति।

रामः गुरुवर! कोऽस्य (iii) ······· निवारणोपायः।

गुरुः पुत्र! जन-जागर्तिदेव (iv) ······· दुर्व्यसनस्य निवारणोपायः।

रामः गुरुवर! (v) ······· किं करणीयम्।

गुरुः त्वया छात्राः (vi) ······· यत् अस्माभिः धूम्रपानं न करणीयम्।

रामः गुरुवर! एवमेव करोमि अधुना अहं (vii) ······· इच्छामि।

गुरुः वत्स! महत्त्वपूर्ण विषयोपरि वार्तां कर्तुं (viii) ······· धन्यवादं ददामि।

- **मञ्जूषा** तुभ्यं, गन्तुम्, प्रेरणीयाः, मया, अस्य, दुर्व्यसनस्य, स्वास्थ्य, धूम्रपानं।

उत्तराणि

(i) धूम्रपानं	(ii) स्वास्थ्य
(iii) दुर्व्यसनस्य	(iv) अस्य
(v) मया	(vi) प्रेरणीयाः
(vii) गन्तुम्	(viii) तुभ्यं

2. श्यामः (i) ······ नाम किम्?

गोविन्दः मम नाम (ii) ······ ।

श्यामः भवान् (iii) ······ आगच्छति?

गोविन्दः अहं गृहतः (iv) ······ ।

श्यामः भवान् कदा (v) ······ गच्छति?

गोविन्दः अहं प्रातः (vi)······ विद्यालयं गच्छामि।

श्यामः विद्यालये किं किं (vii) ······ ?

गोविन्दः (viii)······ गणितं, विज्ञानं संस्कृतादिविषयान् पठामि।

- **मञ्जूषा** अहं, पठति, सप्तवादने, विद्यालयं, आगच्छामि, कुतः, गोविन्दः, भवतः।

उत्तराणि

(i) भवतः	(ii) गोविन्दः
(iii) कुतः	(iv) आगच्छामि
(v) विद्यालयं	(vi) सप्तवादने
(vii) पठति	(viii) अहं

3. आचार्यः अत्र चित्रे त्रयः (i)······ स्थिताः।

ते (ii)······ सन्ति?

अर्चना मन्ये एते तु रामः (iii)······ सीता च।

आचार्यः कोऽयं उपविष्टः?

रजनी अयं ननु (iv)······ यस्य हस्ते।

(v)······ स्तः।

आचार्यः किं करोति भरतः पादुके (vi)······ ?

रजनी यदा रामः (vii)······ गतः तदा भरतः

(viii)······ प्रत्यानेतुं गच्छति।

अर्चना (ix)······ रामः तत् न स्वीकरोति

(x)······ भरतः पादुके गृहीत्वा आगच्छति।

- **मञ्जूषा** अतः, दृढ़प्रतिज्ञः, तं, वनं, गृहीत्वा, पादुके, भरतः, लक्ष्मणः, के, जनाः।

उत्तराणि

(i) जनाः	(ii) के
(iii) लक्ष्मणः	(iv) भरतः
(v) पादुके	(vi) गृहीत्वा
(vii) वनं	(viii) तं
(ix) दृढ़प्रतिज्ञः	(x) अतः

4. रमेशः भो महेश! मासे कति चित्राणि (i) ······ ?

रमेशः इदानीं कम् (ii)······ दृष्टम्?

महेशः (iii)······ मुद्राराक्षसं चित्रं दृष्टम्।

रमेशः चित्रं कथं आसीत्?

महेशः समीचीनं/संवाद (iv)······ समीचीना आसीत्।

रमेशः (v)······ पूर्णम् न वा आसीत्?

महेशः महान् सम्मर्दः आसीत्। चित्र मन्दिरं (vi)······ आसीत्।

रमेशः चिटिका न (vii)······ किम्?

महेशः आम् (viii)······ लब्धा।

रमेशः सर्वे (ix)······ इदं चित्रं प्रक्ष्यामः।

महेशः पूर्वं एव आरक्षणं (x)······।

- **मञ्जूषा** मिलित्वा, कृतवान्, लब्धा, पूर्णम्, चित्रमन्दिरं, कथा, इदानीं, चित्रं, पश्यसि।

उत्तराणि

(i) पश्यसि	(ii) चित्रं
(iii) इदानीं	(iv) कथा
(v) चित्रमन्दिरं	(vi) पूर्णम्
(vii) लब्धा	(viii) चिटिका
(ix) मिलित्वा	(x) कृतवान्

अभ्यास प्रश्नाः

मञ्जूषा की सहायता से संवाद पूर्ति

- मञ्जूषायां प्रदत्तानां पदानां सहायतया अधोदत्तान् संवादान् पूरयत।
(मञ्जूषा में दिए गए शब्दों की सहायता से नीचे दिए गए संवादों को पूरा कीजिए।)

1. राकेशः भो दिनेशः! कस्मिन् (i).····· जनाः (ii)······ ज्वालयन्ति?

दिनेशः दीपावलीपर्वणि (iii)······ दीपाः प्रज्वाल्यन्ते।

राकेशः (iv)······ ते मिष्टान्नम् अपि खादन्ति?

दिनेशः आम् तैः (v).····· अपि (vi)······ ।

राकेशः किं बालाः (vii)······ चित्राणि न (viii)······ ?

दिनेशः आम्! (ix)······ नूनं गृहेषु (x)······ आनीयन्ते।

- **मञ्जूषा** चित्राणि, बालैः, आनंयन्ति, गृहेषु, खाद्यन्ते, मिष्टान्नम्, किं, जनैः, दीपान्, पर्वणि।

2. रमेशः मित्र! सुप्रभातम्।

सुरेशः (i)······ मित्र।

रमेशः भवान् अधुना (ii)······ गच्छति?

सुरेशः अहं भ्रमणार्थं (iii)······ प्रति गच्छामि।

रमेशः प्रातः काले (iv)······ मह्यम् अपि रोचते।

सुरेशः तर्हि भवान् (v)······ सह एव चलतु।

रमेशः क्षम्यताम्, अहं (vi)······ सह अन्यस्मिन् (vii)······ गच्छामि।

सुरेशः उचितं, श्वः आवां सहैव प्रातः (viii)⋯⋯ गमिष्यावः।

रमेशः साधु, साधु।

- **मञ्जूषा** भ्रमणार्थं, उपवने, स्वपित्रा, मया, भ्रमणं, उद्यानं, कुत्र, सुप्रभातं।

3. **राघवः** ललिते! (i)⋯⋯ कस्यां (ii)⋯⋯ पठसि?

ललिता (iii)⋯⋯ तु (iv)⋯⋯ पठ्यते।

राघव/ किं त्वं (v)⋯⋯ पदानुशीलनीम् अपि (vi)⋯⋯ ?

ललिता आम् मया प्रज्ञायाः (vii)⋯⋯ अपि दृश्यते।

राघवः किम् (viii)⋯⋯ अपि उत्तराणि लिखसि?

ललिता (ix)⋯⋯! मया अभ्यासपुस्तके अपि उत्तराणि (x)⋯⋯ ।

- **मञ्जूषा** लिख्यन्ते, आम्, अभ्यासपुस्तके, पदानुशीलनीम्, पश्यसि, प्रज्ञायाः, नवमकक्षायां, मया, कक्षायां, अधुना।

4. **गिरिशा** त्वम् (i) ⋯⋯ विद्यालयं कथं न आगच्छः?

माधुरी मम (ii)⋯⋯ अस्वस्थः आसीत्।

गिरिशा तव जनकः केन रोगेण (iii)⋯⋯ आसीत्?

माधुरी सः (iv)⋯⋯ पीडितः आसीत्।

गिरिशा (v)⋯⋯ सः स्वस्थः अस्ति न वा?

माधुरी आम् (vi)⋯⋯ सः स्वस्थः अस्ति।

गिरिशा (vii)⋯⋯ किं त्वं श्वः विद्यालयम् आगमिष्यसि?

माधुरी अहम् (viii)⋯⋯ अवश्यं विद्यालयम् आगमिष्यामि।

गिरिशा (ix)⋯⋯ अहम्।

माधुरी (x)⋯⋯ पुनः अपि शीघ्रम् आगच्छ।

- **मञ्जूषा** शोभनं, गच्छामि, श्वः, मुग्धे, अधुना, इदानीं, प्रतिश्यायिन, पीडितः, जनकः, ह्यः।

5. **राघवः** एतत् उपवनम् (i) ⋯⋯ वृक्षाः शोभन्ते।

शिवायः पश्य, अत्र बालकाः (ii)⋯⋯ क्रीडन्ति।

मेधावी आम्, तत्र एका कन्या अपि (iii)⋯⋯ सह क्रीडति।

कुनालः अत्र केचन जनाः तु (iv)⋯⋯ भ्रमन्ति केचन च शीघ्रं चलन्ति।

भास्करः पश्य, एकतः मालाकारः (v)⋯⋯ खनति बीजं च (vi)⋯⋯ ।

मनोहरः सर्वत्र केदारेषु अनेकवर्णानि (vii)⋯⋯ ।

मनीषा पुष्पैः सह (viii)⋯⋯ अपि भवन्ति, किन्तु (ix)⋯⋯ तानि सदा प्रसन्नाः एव भवन्ति।

राघव वयं अपि पुष्पाणि इव सदा (x)⋯⋯ भवेम।

- **मञ्जूषा** प्रसन्नाः, परितः, वपति, सखीभिः, कण्टकानि, पादकन्दुकेन, प्रसन्नचित्तानि, शनैः-शनैः, पुष्पाणिविकसन्ति, खनित्रेण भूमिं।

उत्तराणि

1. (i) पर्वणि (ii) दीपान्
(iii) जनैः (iv) किं
(v) मिष्टान्नम् (vi) खाद्यन्ते
(vii) गृहेषु (viii) आनयन्ति
(ix) बालैः (x) चित्राणि

2. (i) सुप्रभातं (ii) कुत्र
(iii) उद्यानं (iv) भ्रमणं
(v) मया (vi) स्वपित्रा
(vii) उपवने (viii) भ्रमणार्थं

3. (i) अधुना (ii) कक्षायां
(iii) मया (iv) नवमकक्षायां
(v) प्रज्ञायाः (vi) पश्यसि
(vii) पदानुशीलनीम् (viii) अभ्यासपुस्तके
(ix) आम् (x) लिख्यन्ते

4. (i) ह्यः (ii) जनकः
(iii) पीडितः (iv) प्रतिश्यायिन
(v) इदानीं (vi) अधुना
(vii) मुग्धे! (viii) श्वः
(ix) गच्छामि (x) शोभनं

5. (i) परितः (ii) पादकन्दुकेन
(iii) सखीभिः (iv) शनैः-शनैः
(v) खनित्रेणभूमिं (vi) वपति
(vii) पुष्पाणि, विकसन्ति (viii) कण्टकानि
(ix) प्रसन्नचित्तानि (x) प्रसन्नाः

निबंध-लेखनम्

अध्याय 3

निबंध मनुष्य के संपूर्ण भावों और विचारों को प्रकट करने का एक सशक्त माध्यम है।

निबंध लेखन करते समय में ध्यान रखने योग्य बातें

- निबंध का विषय पाठकों के स्तर के अनुरूप होना चाहिए। किसी निम्न स्तरीय तथा महत्त्वहीन विषय पर निबंध नहीं लिखना चाहिए।
- शब्दों का चुनाव तथा वाक्यों की रचना भी व्याकरण के अनुसार होनी चाहिए।
- सूक्तियाँ तथा मुहावरे विषय के अनुसार प्रयोग किए जाने चाहिए।
- निबंधों की भाषा तार्किक, भावपूर्ण एवं भावुकता से युक्त होनी चाहिए।
- कक्षा के स्तर को ध्यान में रखते हुए यहाँ छात्रों को केवल निबन्ध में मञ्जूषा की सहायता से वाक्य पूर्ति करने के लिए दी जाती है।

साधित उदाहरणम्

- **प्रदत्तः मञ्जूषायाः सहायतया अधोलिखित निबन्ध लेखनम् रिक्तस्थानानि पूरयत।**
(दिए गए मञ्जूषा की सहायता से निम्नलिखित लेखन के रिक्त स्थानों को पूरा कीजिए।)

1. उद्यानम्

अस्माकं (i).......... समीपे एकम् उद्यानम् अस्ति। उद्याने अनेकाः (ii).......... बहु पादपानि च अपि सन्ति। अत्र एक (iii).......... वटवृक्षः अपि तिष्ठति। अस्य शाखासु अनेके (iv).......... कलरवं (v).......... । उद्याने पादपेषु (vi).......... विकसन्ति। जनाः प्रातःकाले उद्याने भ्रमणाय (vii).......... ।

प्रातः कालस्य भ्रमणं (viii).......... भवति। (ix).......... प्राक् उत्थाय प्रकोष्ठाय बहिः आगत्य (x).......... विचरणम् उत्तमा औषधि। उद्याने विविधानि (xi) .... पुष्पाणि अपि सन्ति। जनाः उद्याने (xii) .... अनुभवन्ति। उद्याने बालकाः कन्दुकेन क्रीडन्ति प्रभाते (xiii) .... च। उद्यानम् अत्यन्तं (xiv) .... भवति। पुष्पेषु भ्रमराः गुञ्जन्ति (xv) .... च कुर्वन्ति।

- **मञ्जूषा** विशालः, खगाः, विद्यालयस्य, वृक्षाः, कुर्वन्ति, गच्छन्ति, पुष्पाणि, सूर्योदयात्, उद्याने, स्वास्थ्यवर्धकं, सायंकाले, मधुपानं, रमणीयं, वर्णानि, शान्तिम्।

उत्तराणि

(i) विद्यालयस्य	(ii) वृक्षाः
(iii) विशालः	(iv) खगाः
(v) कुर्वन्ति	(vi) पुष्पाणि
(vii) गच्छन्ति	(viii) स्वास्थ्यवर्धकं
(ix) सूर्योदयात्	(x) उद्याने
(xi) वर्णानि	(xii) शान्तिम्
(xiii) सायंकाले	(xiv) रमणीयं
(xv) मधुपानं	

2. संस्कृत भाषायाः महत्त्वम्

संस्कृत भाषा विश्वस्य प्राचीनतमा (i)·········· अस्ति। प्राचीनकाले इयं जनसाधारणस्य भाषा आसीत्। तदा सर्वे जनाः संस्कृत एव वदन्ति स्म। (ii) ·········· सर्वाः भाषाः शब्ददानेन (iii)··········। अतः संस्कृत भाषा सर्वासां भाषाणां जननी अस्ति। भारतीया संस्कृतिः अस्याम् एव भाषायां (iv)·········· अस्ति। ये एतां 'मृतभाषा' इति कथयन्ति, ते एव मृताः सन्ति। ते अस्याः भाषायाः महत्त्वं न जानन्ति। अस्माकं (v)·········· पुराणानि (vi)·········· अस्यां भाषायाम् एव सन्ति। अतः अस्माभिः अस्याः (vii)·········· प्रसारः च कर्त्तव्यः। संस्कृतमेव (viii)·········· कृते सर्वोत्तमा भाषा विद्यते। कालिदास सदृशानां विश्वकवीनां काव्यसौन्दर्यम् (ix)··········। चाणक्य रचितम् (x)·········· जगति प्रसिद्धमस्ति। संस्कृतभाषायाः स्वरूपं पूर्णरूपेण (xi)······· अस्ति। अधुनाऽपि (xii)······· कृते संस्कृतभाषा अति उपयुक्ता अस्ति। (xiii) ...... भारतस्य प्राणभूता भाषा अस्ति। संस्कृतभाषा भारतराष्ट्रस्य (xiv) ······ आधारः अस्ति। अतएव उच्चते-संस्कृतिः (xv)······।

- **मञ्जूषा** महाकाव्यानि, संङ्गणकस्य, प्रचारः, भाषा, संस्कृतभाषा, पोषयति, अनुपमम्, सुरक्षिता, अर्थशास्त्रं, वेदाः, वैज्ञानिक, संस्कृतभाषैव, सङ्गणकस्य, एकतायाः संस्कृताश्रिता।

उत्तराणि

(i) भाषा	(ii) संस्कृतभाषा
(iii) पोषयति	(iv) सुरक्षिता
(v) वेदाः	(vi) महाकाव्यानि
(vii) प्रचारः	(viii) संङ्गणकस्य
(ix) अनुपमम्	(x) अर्थशास्त्रं
(xi) वैज्ञानिक	(xii) सङ्गणकस्य
(xiii) संस्कतभाषैव	(xiv) एकतायाः
(xv) संस्कृताश्रिता	

3. सत्संगतिः

सतां (i)·········· संगतिः सत्संगतिः कथ्यते। मानवः यादृशैः जनैः सह वसति तादृशः एव भवति। सज्जनानां सम्पर्केण (ii)·········· सज्जनः भवति। उन्नतिं (iii)·········· च अलंकरोति। दुर्जनानां संगत्या मनुष्यः (iv)·········· भवति। पतनं विनाशं च प्राप्नोति। बाल्यकाले विशेषतोः बालकस्योपरि (v)·········· प्रभावो भवति। यै यादृशैः बालकैः सह (vi)··········, उत्तिष्ठन्ति खादन्ति च ते तथैव (vii)·········· धारयन्ति। अतः बाल्यकालेः दुर्जनैः सह संगतिः कदापि न (viii)··········। सज्जनानां संगत्याः मनुष्यः (ix)·········· प्राप्नोति। तस्य विद्या (x)·········· च वर्धते। अतः सत्संगतिः करणीया दुर्जनसंगतिः परिहर्त्तव्या। सत्संगतिः (xi)······ भवति। सत्संगत्याः प्रभाव (xii) ······ शीघ्रमेव भवति। यः सत्संगतिम् करोति तस्य (xiii) ······ सफल भवति। (xiv) ...... सर्वत्र सम्मानं भवति। न केवलं मनुष्येषु अपितु (xv) ······ अपि सङ्गतेः स्पष्टः प्रभावः दृश्यते।

- **मञ्जूषा** मनुष्यः, दुर्जनो, उपविशन्ति, संसर्गस्य, कीर्तिः, स्वभावं, करणीया, महत्पदं, उन्नतिं, जनानां, कल्याणकारी, जीवनं, बालकेषु, सज्जनानां, मनुष्येषु, जडवस्तुषु।

उत्तराणि

(i) जनानां	(ii) मनुष्यः
(iii) महत्पदं	(iv) दुर्जनो
(v) संसर्गस्य	(vi) उपविशन्ति
(vii) स्वभावं	(viii) करणीया
(ix) कीर्तिः	(x) उन्नतिं
(xi) कल्याणकारी	(xii) बालकेषु
(xiii) जीवनं	(xiv) सज्जनानां
(xv) जडवस्तुषु	

अभ्यास प्रश्नाः

मञ्जूषा की सहायता से निबंध लेखन

- **प्रदत्तः मञ्जूषायाः सहायतया अधोलिखित निबन्ध लेखनम् रिक्तस्थानानि पूरयत।**
  (दिए गए मञ्जूषा की सहायता से निम्नलिखित लेखन के रिक्त स्थानों को पूरा कीजिए।)

1. दीपावलिः

दीपावली (i)·········· राष्ट्रियोत्सवः वर्तते। अस्मिन् उत्सवे सर्वेजनाः परस्परं भेदभावं विस्मृत्य आनन्दमग्नाः भवन्ति। त्रेतायुगे (ii)·········· वरयाचनात् अयोध्यायाः राज्ञा दशरथेन रामाय चतुर्दशानां (iii)·········· वनवासः प्रदत्तः। श्रीरामः अस्मिन् एव दिने सीतालक्ष्मणाभ्यां सह (iv)·········· प्रत्यावर्तितवान्। तान् स्वागतम् अयोध्यावासिनः नगरे सर्वत्र (v)·········· प्रज्वालितवन्तः। तदा प्रतिवर्षं (vi)·········· अमावस्यायां तिथौ भारते दीपावली-महोत्सवः महता (vii)·········· आयोजितः भवति। अस्मिन् अवसरे ते स्वमित्रेभ्यः बन्धुभ्यश्च उपहारान् (viii)··········, परस्परम् अभिनन्दति च बालकेभ्यः (ix)·········· यच्छन्ति। सर्वेजनाः लक्ष्मी-गणेशयोः पूजनं कुर्वन्ति। अस्मिन् महोत्सवे सर्वे सर्वेभ्यः सुखाय समृद्धये च। (x)·········· प्रकटयन्ति। दीपावल्युत्सवो भारतस्य सर्व (xi) ······ उत्सवः अस्ति।

प्रमुखतयाऽस्य सम्बन्धो (xii) ······ सह वर्तते। भारतीयाः इमम् उत्सवं प्रतिवर्षं (xiii) ······· समायोजयन्ति।

- मञ्जूषा कार्तिक मासे, वर्षाणां, कैकेय्याः, अस्माकं, उत्साहेन, यच्छन्ति, दीपान्, अयोध्यां, शुभेच्छाः, मिष्ठान्नं, प्रसिद्धः, सोल्लसं, रामकथया।

2. मम प्रिय पुस्तकम्

पुस्तकानि ज्ञानस्य (i)·········· भवन्ति। ज्ञान प्रदानेन सहैव एतानि अस्माकं मनोरंजनमपि (ii)·········· । प्रेरणादायक पुस्तकानि मह्यम् अतीव (iii)··········। ईदृशमेव एकं (iv)·········· श्रीमद्भगवद्गीता अस्ति। अस्मिन् पुस्तके (v)·········· कल्याण सन्देशः निहितः। इदम् अस्मान् श्रेष्ठसफलजीवनस्य मार्गं दर्शयति। अत्र निहितः (vi)·········· मानवान् उद्योगिनः करोति। अस्य अध्ययनं (vii)·········· कर्म प्रति (viii)·········· जनयति। स्वार्थहीन कर्मकरणेन मनुष्याः श्रेष्ठसन्तुष्टजीवनं (ix)·········· । एवं इदं पुस्तकं (x)·········· जीवनदर्शनम् अस्ति। गीतायां सरल पथ (xi) ····· सहैव पद्यस्य उत्कृष्टा स्वरूपम् दृश्यते। संस्कृत साहित्ये प्रचलिता विषयवस्तु (xii) ······ अत्यन्तम् विशद्रूपेण विद्यते।

- मञ्जूषा पुस्तकं, मानवमात्रस्य, कर्मयोगः, जनेषु, निधयः, कुर्वन्ति, रोचन्ते, रुचिं, यापयन्ति, सम्पूर्णं, विवेचनम्, दर्शनेन।

3. विद्या

विद्या धनं सर्वधनं प्रधानं अस्ति। सर्वेः स्वीक्रियन्ते, यतोहि (i)·········· एव सर्वेजनाः सर्वाणि कार्याणि (ii)·········· समर्थाः भवन्ति। विद्यां प्राप्य, उन्नतिं, कीर्तिं, (iii)·········· च लभन्ते। विद्वासः यदुक्तं केनचित्–

"अपूर्वः कोऽपि कोषोऽयं विद्यते तव भारती।

व्ययतो वृद्धिमायाति क्षयमायाति (iv)············ ।।"

विद्या आधुनिके युगे (v)·········· अस्ति। विद्याविहीनः नरः (vi)·········· समानः। विद्या एव मनुष्याः (vii)·········· सर्वश्रेष्ठाः प्राणिनः भवन्ति। विद्यया अध्ययेन मनुष्यस्य बुद्धिः (viii)·········· भवति। विद्या (ix)·········· ददाति। विद्यया मनुष्यः धनं आप्नोति। (x)·········· सर्वाणि सुखानि लभन्ते। विद्यायाः निरन्तरम् अभ्यासेन (xi) ······ प्राप्तुं शक्यते। या विद्या सर्वेषां (xii) ······ भवति सा एव विद्या। विद्या रूपस्य धनस्य (xiii) ······ वृद्धिः भवति।

- मञ्जूषा विद्यया, संचयात्, साधयितुं, सुखसमृद्धिं, पशुभिः, अत्यावश्यकं, तीव्रा, संसारस्य, विनयं, धनात्, कल्याणं, परिश्रमेण, दानेन।

4. धेनुः

धेनुः अस्मभ्यं (i)·········· पशुः अस्ति। भारतीयाः तु इमां (ii)·········· मन्यन्ते। यथा माता बालकान् (iii)·········· । तथैव धेनुरपि स्वदुग्धेन अस्मान् पोषयति। अस्याः (iv)·········· नानाविधमिष्ठान्नानि पच्यन्ते। अस्याः दुग्धम् अन्ये च दुग्धोत्पादाः पुष्टिकशः (v)·········· । अस्याः (vi)·········· अद्यापि ग्रामेषु गृहाणि लिम्पयन्ते, शुष्यन्ते च। गोमूत्रेण (vii)·········· उपचारं क्रियते। अस्याः वत्साः क्षेत्रेषु (viii)·········· कर्षन्ति। अस्याः महत्त्वं (ix)·········· अपि वर्णितम्। अस्माभिः सर्वैरपि धेनुः सर्वदा (x)·········· । गौः मनुष्याणां महान्तम् (xi) ······· करोति। (xii) ·········· प्रयोग इंधने अपि भवति। अतः वयं गाम् (xiii) ······· अपि कथयामः।

- मञ्जूषा मातृवत्, महदुपयोगी, दुग्धेन, पालयति, नानाविधरोगान्, गोमयेन, भवन्ति, शास्त्रेषु, हलं, पूज्येत, उपकारं, गोमाता, उपलानां।

5. प्रातःकाल वर्णनम्

प्रातःकाल भ्रमणेन लभते स्वास्थ्यं दीर्घायुष्यं (i)·········· । प्रातः काले उद्यानस्य मध्ये (ii)·········· कन्दुकेन क्रीडन्ति। प्रातः उत्थाय अध्ययनं (iii)·········· ददाति। सूर्य प्रातःकालस्य वेला सर्वेषु (iv)·········· नव जीवनं संचरति। प्रातःकालः अति (v)·········· भवति। तस्मिन् काले उदितः सूर्यः अन्धकारं नाशयति। अस्मिन् (vi)·········· मन्दं-मन्दं शीतलः पवनः वहति। (vii)·········· कूजन्ति। पुष्पाणि विकसन्ति। सर्वे जनाः स्वकार्ये (viii)·········· भवन्ति। प्रातःकाले (ix)·········· स्वास्थ्यवर्धकं (x)·········· च भवति। छात्राः (xi) ······ प्रति गच्छति। जनाः निद्रां (xii) ······ प्रातः काले जागरणं कुर्वन्ति। कृषकः हलं (xiii) ······· च गृहीत्वा ······· प्रति गच्छति।

- मञ्जूषा भ्रमणं, उत्साहप्रदं, संलग्नाः, समये, खगाः, शोभनं, जनेषु, लाभं, बालकाः, बलंसुखं, त्यक्त्वा, स्वविद्यालयं, वृषभं, क्षेत्रं।

6. महात्मा गाँधी

महात्मा गाँधी भारत राष्ट्रस्य महान् (i)·········· आसीत्। एष एव आंग्लशासनस्य विरोधे स्वाधीनतान्दोलनं (ii)··········। अयमेव स्वतंत्रता संग्रामस्य प्रधानः (iii)·········· आसीत्। अयं (iv)·········· इत्यपि कथ्यते। अस्य पूर्णनाम (v)·········· कर्मचन्द गाँधी आसीत्। अयं महापुरुषः 1869 तमे ईस्वीयाब्दे अक्टूबरमासस्य द्वितीयतिथौ (vi)·········· अलभत्। अस्य जन्म पोरबन्दरनाम्नि स्थाने गुर्जरप्रान्ते (vii)··········। अस्यः पितुः नाम (viii)·········· गाँधी आसीत्। महात्मा गाँधी स्वजीवनं (ix)·········· समर्पितवान्। अयं सत्यस्य अहिंसायाश्च (x)·········· आसीत्। महात्मा गाँधीः विश्वमानवतायाः (xi) ······ आसीत्। महात्मा गाँधीः सर्वेभ्यः (xii) ······ योग्यः आसीत्। तस्मात् तस्य प्रेमदर्शने (xiii) ······· भवन्ति।

- मञ्जूषा देशसेवायै, पूजकः, कर्मचन्द, अभवत्, जन्म, मोहनदास, सेनानी, राष्ट्रपिता, नेता, संचालितवान्, आर्दशः, प्रेम प्रतिवादने, सर्वे।

7. व्यायाम

एतत् कथ्यते शरीरमाद्यं (i)·········· धर्मसाधनम्। स्वस्थशरीरेण एव धर्माचरणं कर्तुं प्रभवति नरः। अस्य स्वास्थ्याय (ii)·········· साधनानि सन्ति। तेषु (iii)'··········' अति महत्त्वपूर्णं साधनमस्ति। यदि मनुष्यः (iv)·········· वाञ्छति, तर्हि तेन नियमित व्यायाम (v)·········· । स्वास्थ्य रक्षायै व्यायामः अतीव आवश्यकः अस्ति। नियमित व्यायामेनैव शरीरं (vi)·········· जायते। व्यायामस्य अनेके लाभाः सन्ति। अनेन बलं वर्धते, शरीरस्य सर्वेषां अंगानां विकासो भवति। (vii)·········· रुधिरं संचारः सम्यक् भवति। (viii)·········· वायुः प्रदूषणरहितः अस्ति। अतः प्रतिदिनं व्यायामेन (ix)·········· लभते। स्वस्थ शरीरेण मानवः (x)·········· भवति। ये स्वस्थ जीवनं वाञ्छन्ति तैः व्यायामः अवश्यमेव करणीयः। स्वस्थे शरीरे एवं स्वस्थं (xi) ·······

भवति। देशसेवां स्वस्थाः एव (xii) ·······। कुर्वन्ति। आरोग्यं परमं (xiii) ·······। स्वास्थ्यं सर्वधर्मसाधनम्।

- मञ्जूषा व्यायाम, स्वस्थ शरीरं, खलु, अनेकानि, कार्यकुशलः, दीर्घायु, करणीयः, शरीरे, निरोगं, अवश्यमेव, नागरिकाः, मस्तिकं, भाग्यं।

8. पर्यावरण-प्रदूषणम्

सम्प्रति काले निखिलेऽस्मिन् (i)·········· मानवः सभ्यतायाः समक्षमनेके समस्यात्मका (ii)·········· दृश्यन्ते। पर्यावरणस्य (iii)·········· तथैव मुख्या (iv)·········· मानवसभ्यतायैः परिदृश्यते। (v)·········· औद्योगिक प्रसारेण न केवलं जलं, वायुः, फलम्, अन्नादिकं च प्रदूषितमपितु समग्रमपि (vi)·········· दूषितं भवति। प्रतिदिनं परमाणुयन्त्राणां रेडियोधर्मिता सर्वत्र प्रसरति, विविधानां (vii)·········· धूमपुञ्जैश्च तथैवान्यैः भूलोकस्य वायुमण्डलं (viii)·········· भवति। अस्मिन् युगेऽपि यदि पर्यावरणस्य प्रदूषणस्य निरोधोपायः समुचितो न स्यात्, तदा (ix)·········· युगे भविष्यति? विविध (x)·········· एव पर्यावरणस्य संरक्षणं भवितुमर्हति। एवमेव (xi) ······ पर्यावरणेन विवधाः रोगाः जायन्ते। पर्यावरणरक्षायै (xii) ······ रोपणीयाः। वयं नदीषु तडागेषु च (xiii) ······ जलं न पतेम्।

- मञ्जूषा जगति, प्रदूषणमपि, दुष्प्रभावाः, भूमण्डलं, अधुना, समस्या, उपायैः, कस्मिन्, प्रदूषितं, यानादीनां, वृक्षाः, प्रदूषित, दूषितं।

उत्तराणि

1. (i) अस्माकं (ii) कैकेय्याः
(iii) वर्षाणां (iv) अयोध्यां
(v) दीपान् (vi) कार्तिक मासे
(vii) उत्साहेन (viii) यच्छन्ति
(ix) मिष्ठान्नं (x) शुभेच्छाः
(xi) प्रसिद्धः (xii) समकथया
(xiii) सोल्लांस

2. (i) निधयः (ii) कुर्वन्ति
(iii) रोचन्ते (iv) पुस्तकं
(v) मानवमात्राय (vi) कर्मयोगः
(vii) जनेषु (viii) रुचिं
(ix) यापयन्ति (x) सम्पूर्णां।
(xi) दर्शनेन (xii) विवेचनम्

3. (i) विद्यया (ii) साधयितुं
(iii) सुखसमृद्धिं (iv) संचयात्
(v) अत्यावश्यकं (vi) पशुभिः
(vii) संसारस्य (viii) तीव्रा
(ix) विनयं (x) धनात्
(xi) कल्याणं (xii) परिश्रमेण
(xiii) दानेन

4. (i) महदुपयोगी (ii) मातृवत्
(iii) पालयति (iv) दुग्धेन
(v) भवन्ति (vi) गोमयेन
(vii) नानाविधरोगान् (viii) हलं
(ix) शास्त्रेषु (x) पूज्येत।
(xi) उपकारं (xii) उपलानां
(xiii) गोमाता

5. (i) बलंसुखं (ii) बालकाः
(iii) लाभं (iv) जनेषु
(v) शोभनं (vi) समये
(vii) खगाः (viii) संलग्नाः
(ix) भ्रमणं (x) उत्साहप्रदं
(xi) स्वविधालयम् (xii) त्यक्त्वा
(xiii) वृषभं, क्षेत्रं

6. (i) नेता (ii) संचालितवान्
(iii) सेनानी (iv) राष्ट्रपिता
(v) मोहनदास (vi) जन्म
(vii) अभवत् (viii) कर्मचन्द
(ix) देशसेवायै (x) पूजकः
(xi) आदर्शः (xii) प्रेम प्रतिवादने
(xiii) सर्वे

7. (i) खलु (ii) अनेकानि
(iii) व्यायाम (iv) स्वस्थ शरीरं
(v) करणीयः (vi) निरोगं
(vii) शरीरे (viii) अवश्यमेव
(ix) दीर्घायु (x) कार्यकुशलः
(xi) मस्तिकं (xii) नागरिकांः
(xiii) भाग्यं

8. (i) जगति (ii) दुष्प्रभावाः
(iii) प्रदूषणमपि (iv) समस्या
(v) अधुना (vi) भूमण्डलं
(vii) यानादीनां (viii) प्रदूषितं
(ix) कस्मिन् (x) उपायैः
(xi) प्रदूषित (xii) वृक्षाः
(xiii) दूषितं

अध्याय 4

अनुच्छेद-लेखनम्

अनुच्छेद लेखन को लघु निबंध भी कहा जा सकता है। इसमें सीमित शब्दों का प्रयोग सुगठित एवं समग्र दृष्टिकोण से किया जाता है। शब्द संख्या सीमित होने के कारण लिखते समय थोड़ी सावधानी रखनी चाहिए। निबंध और अनुच्छेद लेखन में मुख्य अंतर यह है कि जहाँ निबंध में प्रत्येक बिंदु को अलग-अलग अनुच्छेद में लिखा जाता है, वहीं अनुच्छेद लेखन में एक ही पैराग्राफ में प्रस्तुत विषय को सीमित शब्दों में प्रस्तुत किया जाता है।

अनुच्छेद लेखन में ध्यान रखने योग्य बातें

- अनुच्छेद पूर्ति में रिक्त स्थानों को मञ्जूषा की सहायता से भरना चाहिए।
- मञ्जूषा में दिए गए शब्दों को आवश्यकतानुसार लिंग, वचन और लकार में परिवर्तित करके लिखना चाहिए।
- मञ्जूषा के शब्दों को उनके उचित व सबसे सही स्थान पर ध्यानपूर्वक पढ़कर ही लिखना चाहिए।
- अनुच्छेद पूर्ति में रिक्त स्थानों की पूर्ति करने के पश्चात् एक बार पुनः अनुच्छेद को ध्यानपूर्वक पढ़ना चाहिए।

साधित उदाहरणम्

- **मञ्जूषायां दत्तानां पदानां सहायतया अधोदत्तान् अनुच्छेदान् पूरयत्।**
(मञ्जूषा में दिए गए पदों की सहायता से नीचे दिए गए अनुच्छेदों को पूरा कीजिए।)

1. विद्यालयः

अस्माकं विद्यालयः (i).......... बहिः रम्यप्रदेशे अस्ति। अस्य नाम राजकीयः आदर्शः माध्यमिक विद्यालयः अस्ति। अस्माकं विद्यालये (ii).......... अध्यापकाः पञ्चाशत् (iii).......... च सन्ति। सर्वे अध्यापकाः विविध विषयेषु (iv).......... सन्ति। अध्ययने तत्पराः छात्राः (v).......... अपि कुशलाः सन्ति कन्दुकक्रीड़ायाम् अस्मांक (vi).......... प्रथम अस्ति। विद्यालयम् परितः एकं रमणीयम् उद्यानम् अस्ति। अस्माकं विद्यालये एकः (vii).......... पुस्तकालयः अपि अस्ति। (viii).......... दशसहस्त्रानि पुस्तकानि सन्ति। अयं विद्यालयः (ix).......... विद्यायाः मन्दिरम् एवं अस्ति।

- **मञ्जूषा** छात्राः, पुस्तकालये, विशालः, क्रीडायाम्, विद्यालयः, साक्षात्, निपुणाः, नगरात्, पञ्चदश।

उत्तराणि

(i) नगरात्	(ii) पञ्चदश	(iii) छात्राः
(iv) निपुणाः	(v) क्रीडायाम्	(vi) विद्यालयः
(vii) विशालः	(viii) पुस्तकालये	(ix) साक्षात्

2. भारतवर्षः

पुण्योऽस्माकं देशः (i).......... । न केवलं भौगोलिकदृष्ट्या अपितु सांस्कृतिकदृष्ट्या अपि अस्य देशस्य (ii).......... स्थानं वर्तते। विश्वेऽस्मिन् भारतीयसंस्कृतिः (iii).......... सर्वग्राह्यश्च। भारतदेशे विभिन्न सम्प्रदायानां, भिन्न भिन्नानां (iv).......... च प्रसारः प्रचलत्येव। भारतदेशः (v).......... सर्वोत्कृष्टं वृहत्स्वरूपात्मकं जनतन्त्रात्मकं राष्ट्रं वर्तते। अत्र देवस्वरूपः (vi).......... मुकुटमणिरिव शोभते। भारते मधुरजलयुक्ताः गंगायमुनाकृष्णादयः नद्यः (vii).......... । अयं देशः नानातीर्थैः रमणीयः मुनिजनदेवैः च (viii).......... । भारतदेशः देवैरूपास्यः मुनिभिश्च सेव्यः वर्तते। (ix).......... अपि अस्य (x).......... वर्णिता। वस्तुतः धन्योतमोऽयं भारतदेशः।

- **मञ्जूषा** महत्त्वपूर्णं, भारतवर्षः, विश्ववन्द्या, दर्शनानां, विश्वस्य, हिमालयः, वहन्ति, महिमा, वेदपुराणेषु , वन्दनीयोऽस्ति।

उत्तराणि

(i) भारतवर्षः (ii) महत्त्वपूर्णं (iii) विश्ववन्द्या
(iv) दर्शनानां (v) विश्वस्य (vi) हिमालयः
(vii) वहन्ति (viii) वन्दनीयोऽस्ति (ix) वेदपुराणेषु
(x) महिमा।

3. मम दिनचर्या

प्रात:काले षड्वादनसमये अहं (i).......... त्यागं करोमि। तत: अहं (ii).......... मुख प्रक्षालनं च करोमि। तत्पश्चात् (iii).......... कृत्वा अहं द्विघटीपर्यन्तं स्वाध्यायम् अनुतिष्ठामि। तत: भोजनानन्तरं (iv).......... प्रतिष्ठे। पाठशालाया: प्रारम्भ: मध्याह्ने द्वादश वादने भवति, संध्याकाले षड्वादनसमये च (v).......... भवति। विद्यालये विविधान् विषयान् (vi).......... । तत: अहं गेहं प्रतिनिवर्ते, किञ्चित भक्षयामि च। तदन्तरम् घटिकापर्यन्तं क्रीड़ाङ्गने (vii)..........। अष्टवादन समये च अहं (viii).......... करोमि। तत्पश्चात् अहं स्वाध्याय् कृत्वा दशवादन समये निद्राधीनः भवामि।

- **मञ्जूषा** स्नानम्, शयनं, दन्तधावनं, पाठशालां, समापनं, पठामि, खेलामि, रात्रिभोजनं।

उत्तराणि

(i) शयनं (ii) दन्तधावनं (iii) स्नानम्
(iv) पाठशालां (v) समापनं (vi) पठामि
(vii) खेलामि (viii) रात्रिभोजनं

अभ्यास प्रश्ना:

मञ्जूषा की सहायता से अनुच्छेद लेखन

- मञ्जूषायां दत्तानां पदानां सहायतया अधोदत्तान् अनुच्छेदान् पूरयत्।
(मञ्जूषा में दिए गए पदों की सहायता से नीचे दिए गए अनुच्छेदों को पूरा कीजिए।)

1. परोपकारः

परेषाम् (i).......... 'परोपकार:' भवति। यदा मानव: (ii).......... हितं करोति, स: एव परोपकार: कथ्यते। परोपकार: महान् गुण: अस्ति। (iii).......... एव सुखं भवति। परोपकारिण: (iv).......... निर्धनेभ्य: धानं, भोजनं, वस्त्राणि च यच्छन्ति। परोपकारिण: जना: (v).......... दु:खानि दूरीकुर्वन्ति। संसारे इदम् एव महत् (vi).......... अस्ति। परोपकारिण: जना: अन्येषां (vii).......... स्वप्राणान् अपि (viii)..........। अस्य उदाहरणं महाराज: (ix).......... अस्ति। अत: अस्माभि: सदैव परोपकार: (x)..........।

- **मञ्जूषा** उपकारः, परोपकारेण, परेषां, कर्त्तव्यः शिविः, जनाः, दुःखितानां, त्यजन्ति, प्राणरक्षणाय, पुण्यम्।

2. रक्षाबन्धम्

रक्षाबन्धनं (i).......... प्रधानमहोत्सव: अस्ति। अयं हिन्दुनां प्रमुख: उत्सव: अस्ति। एष: महोत्सव: श्रावणमासस्य पूर्णिमायां मन्यते। अस्मिन् (ii).......... हिन्दुजना: (iii).......... वध्नन्ति। वस्तुत: रक्षाबन्धनं रक्षाया: एवं प्रतीकम् अस्ति। भगिन्य: भातृगृहं गत्वा तेषां दक्षिणे (iv).......... रक्षा सूत्रं बध्नाति। भ्रातर: भगिनीभ्य: यथाशक्ति: दक्षिणां (v).......... । अयम् उत्सव: भ्रातृभगिन्यो: एव अस्ति। एतत् (vi).......... परस्परप्रेम्ण: (vii).......... च सूचकम् अस्ति। वयं रक्षासूत्रस्य महत्त्वं ज्ञात्वा एकताया: सूत्रे (viii).......... भवेम।

- **मञ्जूषा** दिने, हिन्दूनां, रक्षासूत्रं, एकतायाः, हस्ते, रक्षासूत्रं, यच्छन्ति, बद्धाः।

3. भीमराम अम्बेडकर

डॉ. भीमराम अम्बेडकर: (i).......... पठितुम् इष्टवान् आसीत्, परन्तु स: अस्पृश्य: आसीत् इति कारणात् कश्चन संस्कृतज्ञ: (ii).......... संस्कृतं पाठयितुं निराकृतम्—इति विषय: तु अम्बेडकर-महोदयस्य जीवनसम्बन्धि (iii).......... लिखित: अस्ति। स: संस्कृतस्य प्रचारे अपि उत्सुक: अस्ति। (iv).......... राजभाषा संस्कृतं भवेत् इति संविधान-सभायां संशोधन: प्रस्ताव: (v).......... आसीत्। यस्य (vi).......... हस्ताक्षर-कर्तृषु प्रस्तावोपस्थापकेषु च डॉ. अम्बेडकर: अपि अन्यतम: (vii).......... । डॉ. अम्बेडकर: (viii).......... मैत्रेण (ix).......... संस्कृतेन वार्तालापं कृतवान्।

- **मञ्जूषा** अम्बेडकरं, संस्कृतं, भारतस्य, पुस्तकेषु, आनीतः, सह, आसीत्, पण्डितलक्ष्मीकान्त, प्रस्तावस्य।

4. मम प्रियः कविः अथवा महाकविः कालिदासः

संस्कृत (i).......... अनेके काव्यकारा:, नाटककारा: गीतिकाराश्च सन्ति। कविषु कालिदास: मम प्रिय: (ii).......... अस्ति। एष: कवि (iii).......... कथ्यते। न केवलं भारतेऽपितु समस्तसंसारे तस्य (iv).......... अस्ति। कालिदास: युवावस्थायां (v).......... आसीत्। परं केनापि प्रकारेण तस्य विवाह: परमविदुष्या विद्योत्तमा सह अभवत्। यदा (vi).......... अजानात् यत् स: मूर्ख: अस्ति। तदा सा तं गृहात् (vii).......... । तदन्तरं स: कालीदेव्या: उपासनया (viii).......... च सप्त खण्डकाव्य, गीतिकाव्य, नाटकश्च अलिखत्।

- **मञ्जूषा** कविः, साहित्ये, प्रसिद्धिः, कविकुलगुरुः, बहिरकरोत्, मूर्खः, महत्परिश्रमेण, विद्योत्तमा।

5. पादकन्दुक-खेलः

पादकन्दुकखेलः अति रुचिकरः (i)………. अस्ति। एतस्मिन् खेले द्वौ पक्षौ भवतः। प्रत्येक पक्षे (ii)………. क्रीड़काः सन्ति। एकः क्रीड़कः पादेन कन्दुकं क्षिपति। एकः (iii)………. गोल प्रान्तं (iv)………. । क्रीड़काः (v)………. पादेन क्षिप्त्वा गोलप्रान्तं नयन्ति। यः (vi)………. अधिकान् गोलान् करोति सः विजयी (vii)………. । पादकन्दुकः खेलः अन्तर्राष्ट्रीयः खेलः। परं यथा (viii)………. देशे (ix)………. खेलः लोकप्रियः न तथा एषः खेलः।

- **मञ्जूषा** एकादश, गोलकीपरः, खेलः, भवति, रक्षति, पक्षः, कन्दुकम्, अस्माकं, क्रिकेटः।

6. सदाचारः

सज्जनाः यानि यानि सत्कार्याणि (i)………., सः सदाचारः उच्यते। सदाचारी नरः (ii)………. भूतिं च लभते। प्रातःकाले (iii)………. मातापितरौ, विद्वान्, गुरुन् च (iv)………. । तेषां आज्ञां पालयेत्, तान् सेवेत च। सदाचारिणः सर्वेषां प्राणिनामुपकारं कुर्वन्ति। सदाचारेण (v)………. सर्वविधा उन्नतिः भवति। अतएव सदाचारः उन्नत्याः द्वारमस्ति। सदाचारणैव (vi)………. हितं मधुरं च वदन्ति। सदाचारयुक्तः जनः सर्वत्र (vii)………. लभते। सादाचारेण हीनो जनः सर्वत्र पशुतुल्यः भवति। अतो (viii)………. सदाचारस्य पालनं करणीयः।

- **मञ्जूषा** जनैः, आदरं, मानवजीवनस्य, अस्माभिः, उत्थाय, प्रणमेत्, कुर्वन्ति, कीर्तिं।

7. वसंत ऋतु

भारतवर्षे (i)………. भवन्ति। तेषां वसन्तः प्रथमः अस्ति। वसंतकालः (ii)………. वर्तते। एतस्मिन् समये न अति (iii)………. न वा अति शीतलता। वसंत-काले सुखदायकः (iv)………. प्रवहतिः। वृक्षेषु लतासु सुन्दराणि विविधवर्णानि कुसुमानि (v)………. । पलाशपुष्पैः वनस्थली आरम्भा जायते। (vi)………. काले क्षेत्राणि सस्यपूर्णानि दृश्यन्ते। जनाः नवीन दर्शनेन (vii)………. भवन्ति। ते फाल्गुन मासे होलिकोत्सव मन्यन्ते। ते सोल्लासपूर्वं (viii)………. मिलन्ति रागैः क्रीड़न्ति। एतस्मिन् ऋतौ प्रातः (ix)………. स्वास्थ्यं पुष्टं जायते, वसंतकालः आनन्दोल्लासस्य (x)………. अस्ति।

- **मञ्जूषा** मनोरमः, ऊष्मा, षड्ऋतवः, अनिलः, अस्मिन्, शोभन्ते, परस्परं, प्रमुदिताः, परिपूर्णः, भ्रमणेन।

8. सत्यस्य महत्त्वम्

ये सत्यं पालयन्ति, ते सर्वोत्तमं (i)………. कुर्वन्ति। ये च सत्यं परित्यज्य असत्यं भजन्ते, ते (ii)………. कुर्वन्ति। यतो हि असत्य भाषणेन (iii)………. हानिः नाशश्च भवतः। समाजस्य (iv)………. देशस्य च मिथ्याभाषणेन नाशः भवति। अत एव उच्चते नहि सत्यात् परमोधर्मो नानृतात् (v)………. परम्। सत्यस्य पालनार्थमेव (vi)………. दशरथः प्रियं पुत्रं रामं वनं प्रेषयत्। राजा हरिश्चन्द्रः (vii)………. पालनार्थमेव सर्वाणि दुःखानि (viii)………. । युधिष्ठिरः सत्यभाषणस्य प्रभावादेव विजयमलभत। भारतस्य राजचिह्नेऽपि "सत्यमेव (ix)………." इत्यादरेण उल्लिख्यते।

- **मञ्जूषा** धर्मं, स्वस्य, महापातकं, लोकस्य, सत्य, महाराजो, पातकं, जयते, असहत।

9. कम्प्यूटरः

कम्प्यूटरः शब्दः (i)………. गणनार्थकात् कम्प्यूट शब्दाद् निष्पद्यते। अतः कम्प्यूटरस्य कृते (ii)………. शब्दः प्रयुज्यते। आधुनिकेषु (iii)………. कम्प्यूटरस्य विशिष्टं महत्त्वं वर्तते। वर्तमान (iv)………. सङ्गणक-युग इति निगद्यते। संङ्गणकेन मानव जीवने नवीनाः क्रान्तिः (v)………. । सङ्गणक ज्ञानविज्ञानवर्धकं यन्त्र विद्यते। सर्वप्रथमं (vi)………. निर्माणं पेनसिलवेनिया विश्वविद्यालये (vii)………. ई. अभवन्। तदा एतस्य भारः त्रिंशत्-टन-परिमितम् आसीत्। (viii)………. कम्प्यूटरः अतिद्रुतगत्या विकासं कुर्वन् लोकस्य उपयोगितां (ix)……….।

- **मञ्जूषा** संङ्गणक, युगः, आंग्लभाषायाः, आविष्कारेषु, विहिता, सांख्यिकी- कम्प्यूटरस्य, साम्प्रतम्, 1946, साधयति।

उत्तराणि

1. (i) उपकारः (ii) परेषां (iii) परोपकारेण (iv) जनाः (v) दुःखितानां (vi) पुण्यम् (vii) प्राणरक्षणाय (viii) त्यजन्ति (ix) शिविः (x) कर्त्तव्यः

2. (i) हिन्दूनां (ii) दिने (iii) रक्षासूत्रं (iv) हस्ते (v) यच्छन्ति (vi) रक्षासूत्रं (vii) एकतायाः (viii) बद्धाः

3. (i) संस्कृतं (ii) अम्बेडकरं (iii) पुस्तकेषु (iv) भारतस्य (v) आनीतः (vi) प्रस्तावस्य (vii) आसीत् (viii) पण्डितलक्ष्मीकान्त (ix) सह

4. (i) साहित्ये (ii) कविः (iii) कविकुलगुरुः (iv) प्रसिद्धिः (v) मूर्खः (vi) विद्योत्तमा (vii) बहिरकरोत् (viii) महत्परिश्रमेण

5. (i) खेलः (ii) एकादशः (iii) गोलकीपरः (iv) भवति (v) कन्दुकम् (vi) पक्षः (vii) भवति (viii) अस्माकं (ix) क्रिकेटः

6. (i) कुर्वन्ति (ii) कीर्तिं (iii) उत्थाय (iv) प्रणमेत् (v) मानवजीवनस्य (vi) अस्माभिः (vii) आदरं (viii) जनैः

7. (i) षड्ऋतवः (ii) मनोरमः (iii) ऊष्मा (iv) अनिलः (v) शोभन्ते (vi) अस्मिन् (vii) प्रमुदिताः (viii) परस्परं (ix) भ्रमणेन (x) परिपूर्णः

8. (i) धर्मं (ii) महापातकं (iii) स्वस्य (iv) लोकस्य (v) पातकं (vi) महाराजो (vii) सत्य (viii) असहत (ix) जयते

9. (i) संङ्गणक (ii) आंग्लभाषायाः (iii) आविष्कारेषु (iv) युगः (v) विहिता (vi) सांख्यिकी-कम्प्यूटरस्य (vii) 1946 (viii) साम्प्रतम् (ix) साधयति

पत्र-लेखनम्

अध्याय 5

पत्र लेखन का उपयोग हम अपने दैनिक जीवन के विचारों एवं भावों को अभिव्यक्त करने के लिए करते हैं। हम अपने सगे-संबंधियों, पदाधिकारियों, मित्रों, संपादको आदि को अपने विचारों से लिखित रूप में अवगत कराना पत्र लेखन कहलाता है। पत्र लेखन लोगों को समाज से जोड़कर रखता है।

पत्र के प्रकार

पत्र सामान्यत: दो प्रकार के होते हैं।

1. औपचारिक पत्र
2. अनौपचारिक पत्र

औपचारिक व अनौपचारिक पत्र लिखते समय ध्यान रखने योग्य बातें

- पत्र लिखते समय लिखने वाले तथा पत्र प्राप्त करने वाले का नाम व पता, दिनांक के साथ लिखा जाना चाहिए।
- पत्र का विषय स्पष्ट होना चाहिए। अनावश्यक बातों को पत्र में नहीं लिखना चाहिए।
- पत्र लिखते समय क्रमबद्धता का विशेष ध्यान दिया जाना चाहिए।
- पत्र का आकार संक्षिप्त होना चाहिए तथा विषय के अनुकूल होना चाहिए। कम शब्दों में अधिक बात कहने की कोशिश करनी चाहिए।
- पत्र की भाषा सरल, सामान्य, मधुर, आदर सूचक एवं शुद्ध होनी चाहिए।
- पत्र अधूरा नहीं होना चाहिए। पत्र को इस प्रकार समाप्त किया जाना चाहिए कि पत्र का संदेश स्पष्ट हो सके।

साधित उदाहरणम्

- **मञ्जूषाया: उचितं पदं चित्वा अधोदत्तेषु पत्रेषु रिक्तस्थानानि पूरयत।**
  (मञ्जूषा से उचित पद चुनकर नीचे दिए गए पत्रों में रिक्त स्थानों को पूरा कीजिए।)

1. **अस्वस्थताया: कारणात् दिवसत्रयस्य अवकाशार्थं स्व प्रधानाचार्यं प्रति लिखितं प्रार्थनापत्र मञ्जूषाया: उचित पदै: पूरयत।**
   (अस्वस्थ होने के कारण अपने प्रधानाचार्य को अवकाश हेतु लिखे गए प्रार्थना पत्र को मञ्जूषा से उचित शब्द चुनकर पूरा कीजिए।)

परीक्षाभवनात्
नव दिल्लीत:

दिनाङ्क: 20-7-20XX
सेवायाम्,
श्रीमन्त: प्रधानाध्यापक महोदय:,
रा. उ. प्रा. विद्यालय:,
(i)…………।

विषय दिनत्रयस्य अवकाशार्थं प्रार्थना-पत्रम्।

महोदय:,

सविनयं (ii)……… यद् अहं शीतज्वेरण पीडितोऽस्मि। अस्मात् कारणात् दिनत्रय यावत् (iii)……… उपस्थातुं न शक्नोमि। अत: प्रार्थये यत् दिनाङ्क: 20-07-20XX त: 22-7-20XX यावत दिनत्रयस्य अवकाशं स्वीकृत्य माम् अनुगृहीष्यन्ति (iv) ……… ।

धन्यवाद:

भवदाज्ञाकारी शिष्यः
(v) ·········
कक्षा 8

• **मञ्जूषा** सुदर्शनः, विद्यालये, भवन्तः, भरतपुरम्, निवेदयामि।

उत्तराणि

(i) भरतपुरम् (ii) निवेदयामि
(iii) विद्यालये (iv) भवन्तः
(v) सुदर्शनः

2. समाजसेवार्थं ग्रामगमनं निवेदयितुं मातरं प्रति लिखिते पत्रे मञ्जूषायाः उचित पदैः पूरयत।
(समाजसेवा के लिए गाँव जाने के अनुरोध हेतु माँ को लिखे गए पत्र को मञ्जूषा से उचित शब्द चुनकर पूरा कीजिए।)

छात्रावासः
नव दिल्ली

दिनाङ्कः 2-4-20XX

विषय समाज सेवार्थं निवेदयितुं मातरं प्रति पत्रम्।

पूजनीया (i)······
सादरं प्रणतिः।
अत्र कुशलं तत्रास्तु।
आगामिनि शरदवकाशे अहं गृहम् (ii)········ न शक्नोमि। यतो हि विद्यालयस्य समाजसेवासमितेः सदस्याः ग्राम-विकास-योजना कार्यस्य कृते (iii)········ गच्छन्ति। अहमपि तैः सह गमिष्यामि। (iv)········ कार्यं मह्यम् अतीव रोचते। (v)········ मम प्रणामाः। शेष पुनः लेखिष्यामि।
भवदीय पुत्रः
मयंकः

• **मञ्जूषा** ग्रामसेवा, पितृचरणयोः, मातृचरणाः, आगन्तुं, रामपुर ग्रामं।

उत्तराणि

(i) मातृचरणाः (ii) आगन्तुं
(iii) रामपुर ग्रामं (iv) ग्रामसेवा
(v) पितृचरणयोः

अभ्यास प्रश्नाः
मञ्जूषा की सहायता से पत्र लेखन

औपचारिक पत्र

• **मञ्जूषायाः उचितं पदं चित्वा अधोदत्तेषु पत्रेषु रिक्तस्थानानि पूरयत।**
(मञ्जूषा से उचित पद चुनकर नीचे दिए गए पत्रों में रिक्त स्थानों को पूरा कीजिए।)

1. शैक्षिकं-शिविरस्य आयोजनार्थं प्रधानाचार्य प्रति लिखितं प्रार्थना पत्रं मञ्जूषायाः उचित पदैः पूरयत।
(शैक्षिक-शिविर को आयोजन करने के लिए प्रधानाचार्य को लिखे गए पत्र को मञ्जूषा से उचित शब्द चुनकर पूरा कीजिए।)

परीक्षा भवनात्
नवदिल्लीतः

दिनाङ्कः 18-6-20XX

सेवायाम्,
श्रीमन्तः प्रधानाध्यापक महोदयः,
रा. उ. मा. विद्यालयः,
नव दिल्ली।

विषय शैक्षिक शिविरस्य आयोजनार्थं प्रार्थना-पत्रम्।

महोदयः,
(i)········ निवेदनम् अस्ति यत् अस्मद् विद्यालये शिक्षणव्यवस्था (ii).········ वर्तते। तथापि अस्माकं ज्ञान पिपासा (iii).········ न एति। अतः प्रार्थयामो वयं यद् अस्मद्-कृते 15 दिनात्मकम् एकं शैक्षिक-शिविरम् (iv)········ अनुग्रहणन्तु श्रीमन्तः।
धन्यवादः
भवदाज्ञाकारी शिष्यः
(v)······
कक्षा 8

• **मञ्जूषा** मोहनः, आयोजनेन, पूर्ति, सविनयं, समीचीना।

2. स्वप्रधानाचार्य चरित्रं-प्रमाण-पत्रं प्राप्त्यर्थं लिखितं प्रार्थनां पत्रं मञ्जूषायाः उचित पदैः पूरयत।
(चरित्र प्रमाण-पत्र प्राप्त करने हेतु प्रधानाचार्य को लिखे गए पत्र को मञ्जूषा से उचित शब्द चुनकर पूरा कीजिए।)

परीक्षा भवनात्
नवदिल्लीतः

दिनांङ्कः 15-8-20XX

सेवायाम्,
(i)········ प्रधानाध्यापक महोदयः,
रा. उ. मा. विद्यालयः,
जयपुरम्।

विषय चरित्र प्रमाण-पत्र प्राप्त्यर्थं प्रार्थना-पत्रम्।

महोदयः,
सविनयं निवेदनम् (ii)········ यत् अहम् (iii)········
वाद-विवादप्रतियोगितायां भागं ग्रहीतुम् इच्छामि। एतत् (iv)······
चरित्र प्रमाण-पत्रस्य आवश्यकता वर्तते। अतः प्रार्थना अस्ति यत्
मह्यं चरित्र-प्रमाण-पत्रं (v)······अनुग्रहीष्यन्ति भवन्तः।

धन्यवादः
भवदाज्ञाकारी शिष्यः
अनूप
कक्षा 8

• **मञ्जूषा** अस्ति, श्रीमन्तः, आंग्लभाषायाः, प्रदाय, कारणात्।

3. स्वप्रधानाचार्य अर्थदण्डस्य क्षमार्थं लिखितं प्रार्थना पत्रं मञ्जूषायाः उचित पदैः पूरयत।
(आर्थिक दण्ड माफी हेतु प्रधानाचार्य को याचिका के लिए लिखे गए पत्र को मञ्जूषा से उचित शब्द चुनकर पूरा कीजिए।)

परीक्षा भवनात्
नवदिल्लीतः

दिनाङ्कः 20-6-20XX

सेवायाम्,
(i)········ महोदयः,
डी. ए. वी. विद्यालयः,
नव दिल्ली।

विषय अर्थदण्डस्य क्षमार्थं प्रार्थना-पत्रम्।
महोदयः,
सादरं विनिवेद्यते (ii)········ अहं अष्टम्यां श्रेण्यां पठामि। (iii)········ विद्यालयस्य वार्षिकोत्सवः आसीत्। (iv)········ व्यथितः अहं प्रार्थना-पत्रं न प्रेषितवान्। अतः रूप्यकद्वयेन (v)········ । श्रीमन्तः अहं विवशः आसम्। अतोऽहंप्रार्थये यत् मम अर्थदण्डः क्षन्तव्यः।
धन्यवादः
आज्ञाकारी शिष्यः
मनोजः
कक्षा 8

• **मञ्जूषा** ह्यः, ज्वरवेगेन, यत्, प्रधानाचार्यः, दण्डितः।

4. स्वप्रधानाचार्य ज्येष्ठ भ्रातुः विवाहकारणात् दिनद्वयस्य अवकाशार्थं लिखितं प्रार्थनां पत्रं मञ्जूषायाः उचित पदैः पूरयत।
(बड़े-भाई के विवाह हेतु दो दिन के अवकाश के लिए प्रधानाचार्य को लिखे गए पत्र को मञ्जूषा से उचित शब्द चुनकर पूरा कीजिए।)

परीक्षा भवनात्
नवदिल्लीतः

दिनाङ्कः 26-09-20XX

सेवायाम्,
श्रीमन्तः प्रधानाचार्य महोदयः,
रा. उ. मा. विद्यालयः,
जोधपुरम्।

विषय विवाहकारणात् दिनद्वियस्य अवकाशार्थं प्रार्थना-पत्रम्।

महोदयः,
सविनय निवेदनम् (i)········ यत् मम ज्येष्ठभ्रातुः पाणिग्रहणः (ii)········ 28-09-23 दिनाङ्कः निश्चितः। एतत् (iii)········ दिनद्वयं यावत् अहं स्वकक्षायाम् उपस्थातुं न शक्नोमि।
अतः दिनद्वियस्य (iv)········ स्वीकृत्य माम् अनुग्रहीष्यन्ति श्रीमन्तः।

सधन्यवादः
(v)········ शिष्यः
भरतः गोयलः
कक्षा 8

• **मञ्जूषा** कारणात्, अवकाशं, संस्कारः, अस्ति, भवदीय।

5. स्वप्रधानाचार्य स्थानान्तरण-प्रमाण-पत्रं प्राप्तुं लिखितं प्रार्थना पत्रं मञ्जूषायाः उचित पदैः पूरयत।
(स्थान परिवर्तन प्रमाण-पत्र प्राप्त करने हेतु प्रधानाचार्य को लिखे गए पत्र को मञ्जूषा से उचित शब्द चुनकर पूरा कीजिए।)

परीक्षा भवनात्
राजस्थानतः

दिनाङ्कः 14-7-20XX

(i)········
श्रीमन्तः प्रधानाचार्य महोदयः,
रा. उ. मा. विद्यालयः,
दौसानगरम्।

विषय स्थानान्तरण-प्रमाण-पत्रं प्राप्तुं प्रार्थना-पत्रम्।
महोदयः,
सविनयं निवेदनम् अस्ति यत् मम पिता अत्र (ii)········ अस्ति। अधुना तस्य स्थानान्तरणं भरतपुरम् अभवत्। मम परिवारः मम (iii)········ सह भरतपुरं गमिष्यति। अहम् अस्मात् विद्यालयात् सप्तकक्षाम् (iv)·······। अष्टकक्षायाम् अहं भरतपुरे पठिष्यामि। अतः मह्यम् स्थानान्तरण-प्रमाण-पत्रं प्रदाय अनुग्रहीष्यन्ति (v)········ इति।
धन्यवादः
भवदाज्ञाकारी शिष्यः
राकेशः
कक्षा 8

• **मञ्जूषा** भवन्तः, उत्तीर्णवान्, पित्रा, लिपिकः, सेवायाम्।

6. समस्तः छात्राः स्वविद्यालये स्वच्छतायाः व्यवस्थायै लिखितं प्रार्थना पत्रं मञ्जूषायाः उचित पदैः पूरयत।
(सभी विद्यार्थी अपने विद्यालय की स्वच्छता की व्यवस्था हेतु लिखे गए प्रार्थना पत्र को मञ्जूषा से उचित शब्द चुनकर पूरा कीजिए।)

परीक्षा भवनात्
राजस्थानतः

दिनाङ्कः 16-8-20XX

सेवायाम्,
श्रीमन्तः प्रधानाध्यापकः महोदयः,
रा. उ. मा. विद्यालयः,
दिल्लीतः।

विषय विद्यालये स्वच्छतायाः व्यवस्थायै प्रार्थना-पत्रम्।

महोदयः,
(i)······· निवेदयामि यत् अस्माकं विद्यालये (ii)····· अस्वच्छतायाः साम्राज्यं वर्तते। अस्मिन् वातावरणे छात्राः शिक्षकाश्च (iii)······· जायन्ते। अध्ययने अस्माकं मनांसि न रमन्ते। अतः कृपया (iv)······· समुचित-व्यवस्थायै कर्मकरान् (v)······· भवन्तः।

धन्यवादः

भवताम् आज्ञानुवर्ती

समस्तः छात्रवृन्दः

- **मञ्जूषा** सर्वत्र, सविनयं, निर्देशयंतु, स्वच्छतायाः, रुग्णाः।

7. स्वप्रधानाचार्य विवाहे गमनकारणात् दिवसद्वियस्य अवकाशार्थं लिखित प्रार्थना पत्रं मञ्जूषायाः उचित पदैः पूरयत्।
(विवाह में जाने हेतु अपने प्रधानाचार्य को दो दिन के अवकाश के लिए लिखे गए प्रार्थना पत्र को मञ्जूषा से उचित शब्द चुनकर पूरा कीजिए।)

5/6, भगतसिंहः पार्क,
नव दिल्ली-26

दिनाङ्कः 16-3-20XX

श्रीमन्तः प्रधानाचार्य महोदयः,
डी. पी. एस. उ. मा. विद्यालयः
दिल्लीः।

विषय विवाहे कारणात् दिवसद्वयस्य अवकाशार्थं प्रार्थना-पत्रम्।

(i)······· महोदयाः,

सविनयं निवेदनम् अस्ति यत् मम अग्रजस्य (ii)······· मम गमनम् आवश्यकम् अस्ति। अतः विद्यालयम् आगन्तुं न (iii)······· । कृपया दिवसद्वयस्य (iv)······· दत्त्वा अनुगृहीतं कुर्वन्तु (v)·······।

सधन्यवादः

भवताम् शिष्यः

सुशील कुमारः
कक्षा 8

- **मञ्जूषा** भवन्तः, पारयामि, अवकाशम्, विवाहे, आदरणीयाः।

8. स्वक्षेत्रस्य नगरनिगम-आयुक्ताय क्षेत्रे भ्रमणं कुर्वन्तः पशून् ग्राहयितुं लिखिते पत्रे मञ्जूषायाः उचित पदैः पूरयत्।
(अपने क्षेत्र के नगर निगम आयुक्त को क्षेत्र में घूमने वाले पशुओं को पकड़ने हेतु लिखे गए पत्र को मञ्जूषा से उचित शब्द चुनकर पूरा कीजिए।)

परीक्षा भवनात्
गाजियाबादः (उ. प्र.)

दिनाङ्कः 17-3-20XX

सेवायम्,
श्रीमन्तः (i)·········,
नगरनिगम गाजियाबाद।

विषयः क्षेत्रे अनावश्यकं भ्रमणं कुर्वन्तः स्वामिहीनान् (ii)········· ग्राहयितुं पत्रम्।

महोदय,

निवेदनम् अस्ति यत् अस्मिन् क्षेत्रे विगत केभ्यश्चित् (iii)········· केचित् स्वामिहीनाः पशवः इतस्ततः भ्रमन्ति। ते कदाचिदपि आगत्य जनानां (iv)········· हानिं कुर्वन्ति। केचित्तु गृहेषु अपि बलपूर्वक प्रविश्य (v)········· खादन्ति इतस्ततश्च विस्तीरयन्ति। कदाचित्तु मार्गेषु चलतः (vi)········· प्रहृत्य रुग्णान् अपि कुर्वन्ति।

अनेन तु क्षेत्रस्य जनाः अतीव (vii)········· सन्ति। अतः भवतां सेवायां निवेदनमस्ति यत् (viii)········· शीघ्रमेव स्वजनान् सम्प्रेष्य तान् पशून् ग्राह्यन्तु भवन्तः येन क्षेत्रे (ix)········· भवेत्। वयं भवताम् आभारिणः भविष्यामः।

सधन्यवादम्।

निवेदक

(x)·········

- **मञ्जूषा** भयग्रस्ताः पशून्, आयुक्तमहोदयः, शरीरान्, शान्तिः, क्षेत्रे, अन्नानि, जनान्, धनराजः, समयेभ्यः।

9. स्थानान्तरणप्रमाणपत्रं प्राप्तुं प्रधानाचार्यं प्रति लिखितं पत्रं पूरयत।

परीक्षा भवनम्
नवदिल्लीतः

दिनाङ्कः 9-2-20XX

श्री मन्तः (i) ·········
केन्द्रीयविद्यालय
रोहिणी, दिल्ली।

विषयः स्थानान्तरण प्रमाण-पत्र प्राप्त्यर्थम्।

महोदयः,

सेवायाम् निवेदयामि यत् अहम् भवतः (ii) ········· दशम्यां कक्षायां पठामि। मम पितुः (iii)········· हिमाचलप्रदेश सञ्जातम्। मम सम्पूर्णः (iv) ········ तत्रैव निवत्स्यति। मया अपि तत्रैव गत्वा (v) ········ अनिवार्यम्। पितरौ (vi) ········ मया अत्र स्थातुम् न शक्यते। अतः (vii) ········ यत् कृपया मह्यं स्थानान्तरण-प्रमाणपत्रं (viii) ·········।

(ix) ···········

(x) ··········· शिष्यः तिशांतः

- **मञ्जूषा** सधन्यवाद, प्रार्थये, भवदीयः, पठनं, अनुगृहणन्तु, विद्यालये, प्रधानाचार्यः, परिवारः, विना, स्थानान्तरणं।

10. शुल्कमुक्त्यर्थं स्वप्रधानाचार्य लिखितं प्रार्थना पत्रं मञ्जूषायाः उचित पदैः पूरयत।
(फीस माफी हेतु अपने प्रधानाचार्य को लिखे गए पत्र को मञ्जूषा से उचित शब्द चुनकर पूरा कीजिए।)

परीक्षा भवनात्
राजस्थानतः

दिनाङ्कः 5-7-20XX

सेवायाम्,
श्रीमन्तः प्रधानाध्यापक महोदयः,
रा. उ. मा. विद्यालयः
अलवरम्।

विषय शिक्षण शुल्कमुक्तये प्रार्थना-पत्रम्।

महोदयः,

सविनयं प्रार्थये यत् अहं (i)········ विद्यालये अष्टम कक्षायाः छात्रोऽस्मि। मम पितुः आर्थिकस्थितिः शोचनीयाऽस्ति। प्रतिदिनं पञ्चाशत् रूप्यकाणाम् अर्जनम् एव भवति। तेन (ii)······ पालन पोषणञ्च कथमपि भवितुं न शक्नोति। अतः (iii)·····शिक्षण शुल्कं प्रदातुं असमर्थोऽस्मि।

अहम् पुनः निवेदयामि यत् भवन्तः (iv)········ मम रुचिं विलोक्य मह्यं शिक्षण-शुल्कात् मुक्तिं प्रदाय अनुग्रहीष्यन्ति।

धन्यवादः

(v)········ शिष्यः

सुरेश चन्द्रः

कक्षा 8

- **मञ्जूषा** परिवारस्य, भवतां, भवतामाज्ञाकारी, अहं, अध्ययने।

11. **पुस्तक प्रेषणाय प्रकाशकं प्रति लिखिते पत्र मञ्जूषायाः उचित पदैः पूरयत।**

(पुस्तक भेजने हेतु प्रकाशक को लिखे गए पत्र को मञ्जूषा से उचित शब्द चुनकर पूरा कीजिए।)

परीक्षा भवनात्

नव दिल्लीतः

दिनाङ्कः 5-6-20XX

प्रबन्धक महोदयः,
पल्लव प्रकाशनम्
'अक्षरम्' वेङ्गलूरु 85

विषय पुस्तक प्रेषणाय प्रकाशक प्रति पत्रम्।

श्रीमन्तः,

सेवायां निवदेनम् अस्ति भवद्भिः (i)········ कानिचन पुस्तकानि मया दृष्टानि। तानि सर्वाणि संस्कृताध्ययनार्थम् अति (ii)········ सन्ति। अतः भवद्भिः प्रकाशितानां सर्वेषां पुस्तकानां एकैकां प्रतिकृतिं (iii)········ द्वारा प्रेष्यन्तु। तेषां निमित्तं कियत् धनं प्रेषणीयम् इति विवरणं च प्रेषयन्तु। अहं (iv)········ शीघ्रमेव प्रेषयिष्यामि। अविलम्बेन भवतां पत्रोत्तरं निरीक्षे।

भवदीयः

(v)········

- **मञ्जूषा** सन्दीपः, धनं, वि.पी.पी., उपयोगिनी, प्रकाशितानि।

अनौपचारिक पत्र

12. **भवान् अनुजः स्वसंस्कृत दिवस समारोहस्य भगिनीं प्रति निवेदनाय लिखिताय पत्रं मञ्जूषायाः उचित पदैः पूरयत।**

(आप अनुज है अपने संस्कृत समारोह के दिन हेतु अपनी बहन से अनुरोध के लिए लिखे गए पत्र को मञ्जूषा से उचित शब्द चुनकर पूरा कीजिए।)

50/360, जनकपुरी
कुरुक्षेत्रम्।

दिनाङ्कः 3-4-20XX

प्रिय भगिनी

(i)········ नमस्कारः।

अहम् भवत्यै इदं (ii)········ इच्छामि। यत् अस्माकं विद्यालये (iii)········ अभवत्। एतस्मिन् अवसरे क्रीड़ा-प्रतियोगिता आयोजिता। इदं ज्ञात्वा भवती हर्षम् अनुभविष्यति यत् अहं प्रतियोगितायां प्रथमं (iv)········ प्राप्तवान्। अन्य सर्वंकुशलम्। शेष पुनः (v)········

भवदीयः अनुजः

हिमांशुः

- **मञ्जूषा** लेखिष्यामि संस्कृतदिवस-समारोहः, निवेदयितुं, सप्रेमः, पुरुस्कारं।

13. **भवानः सुधीरः। पर्वतयात्रा निमन्त्रण विषयकं मित्रं प्रति लिखितं पत्रे रिक्तस्थानानि मञ्जूषायां प्रदत्तशब्दैः पूरयत।**

(आप सुधीर है। पर्वतयात्रा निमन्त्रण के विषय में मित्र को लिखे गए पत्र के रिक्त स्थानों को मञ्जूषा में दिए गए शब्दों से पूरा करो।)

परीक्षा भवनात्
भोपालतः

दिनाङ्कः 7-4-20XX

प्रिय मित्रं

(i)·········· नमोनमः।

अत्र कुशलं (ii)······· मार्चमासस्य पञ्चदश तिथौ (iii)········ परीक्षा समाप्ता भविष्यति तदन्तरं मार्चमासस्य एकविंशति दिनाङ्कतः (iv)·········· पञ्चविंशति दिनांकयावत् पञ्चदिनपरिमितम् (v)········ अस्माकं मित्रैः आयोजितम्। अयं कार्यक्रमः (vi) ········ रुचिकरः आनंददायकः शिक्षाप्रदश्च भविष्यति। अस्मिन् अवसरे वयं सर्वे भवतः (vii)········ अपि इच्छामः। आशासे भवान् अस्य प्रस्तावस्य (viii)········ अवश्यमेव करिष्यति। अहम् अतीव उत्सुकतया भवदीय पत्रस्य प्रतीक्षां (ix)·········· ।

भवदीयः

मित्रं (x)·········

- **मञ्जूषा** पर्वतयात्रा-कार्यक्रमः, आरभ्य, मम, सप्रेम, तत्रास्तु, अतीव, सुधीरः, दर्शनम्, अनुमोदनम्, करिष्यामि।

14. **भवान् राकेशः। भवतः मित्रं प्रति नववर्षस्य शुभकामनायैः लिखिते पत्रे मञ्जूषायाः उचित पदैः पूरयत।**

(आप राकेश है। अपने मित्र को नववर्ष की शुभकामना हेतु लिखे गए पत्र को मञ्जूषा से उचित शब्द चुनकर पूरा कीजिए।)

रोहिणी
नव दिल्लीतः।

दिनाङ्कः 4-6-20XX

प्रिय मित्र (i)……

सस्नेह नमस्ते।

अत्र सर्वविधं (ii)……तत्रापि अस्तु। अग्रिम (iii)……… नववर्षस्य शुभारम्भः भविष्यति। एतस्मिन् अवसरे तुभ्यं (iv)……… प्रेष्यामि। गृहे सर्वेभ्यः मम नववर्षस्य हार्दिक-शुभाशंसः ददातु। नववर्षं (v)……… भवतु।

अग्रजेभ्यः सादरं प्रणामाः अनुजेभ्यः स्नेहाशीषः।

भवदीयः राकेशः

- **मञ्जूषा** मंगलमयं, मोहनः, सप्ताहे, कुशलम्, शुभकामनाः।

15. स्व-अध्ययनस्य कृते पुस्तकानां क्रीणाय पञ्चाशत् रूप्यकाणि अपेक्षते अतः जनकं प्रति लिखिते पत्रे मञ्जूषायाः उचित पदैः पूरयत।
(अपने अध्ययन के लिए पुस्तक खरीदने हेतु पिता से 500 रुपए माँगने के लिए लिखे गए पत्र को मञ्जूषा से उचित शब्द चुनकर पूरा कीजिए।)

56, अर्यनगर
कुरुक्षेत्रम्

दिनाङ्कः 10-8-23XX

पूज्येषु पितृचरणेषु,
सादरं (i)……… ।

भवदीयं कृपापत्रं मया अद्य लब्धम्। अहम् अत्र सर्वथा प्रसन्नोऽस्मि। पूज्येन पित्रा प्रेषितेन (ii)……… मम निर्वाहः सुखेन सम्पद्यते। किन्तु अध्ययनाय अतिरिक्त-पुस्तकानां (iii)……… आवश्यकम् अस्ति।

अतः अहं पञ्चाशत् रूप्यकाणि अपेक्षे। एतत् धनम् अविलम्बं धनादेश-माध्यमेन प्रेषयतु, मातृ चरणाभ्यां मे प्रणामाञ्जलिः (iv)………।

भवत्याः स्नेहभाजनम्
(v)………

- **मञ्जूषा** विभूतिः, मह्यम्, धनेन, प्रणमामि, निवेदयतु।

16. तव मित्रं प्रथम श्रेण्यां परीक्षा उत्तीर्णानि स्वमित्रस्य वर्धापनं लिखिते पत्रे मञ्जूषायाः उचित पदैः पूरयत।
(मित्र को प्रथम श्रेणी में परीक्षा उत्तीर्ण करने हेतु बधाई पत्र को मञ्जूषा से उचित शब्द चुनकर पूरा कीजिए।)

परीक्षा भवनात्
आगरातः

दिनाङ्कः 1-9-20XX

अभिन्नहृदय सुहृद्वर्य।
(i)……… नमस्कारः।

अत्र सर्वं कुशलम्। (ii)……… तव कुशलं-पत्रं प्राप्तम्। त्वं प्रथम श्रेण्यां (iii)……… उत्तीर्ण कृत्वा स्वजनपदे प्रथमं स्थानम् अधिगतवान् इतिहर्षस्य विषयः। तव (iv)……… सर्वथा साधुवादार्हः। स्वपितृभ्यां मम (iv)……… निवेदय।

तव स्निग्धं मित्रं
राहुलः

- **मञ्जूषा** अद्यैव, सप्रेम, प्रणाम्, परीक्षाम्, प्रयासः।

17. स्व-जन्मदिवसे मित्रं लिखितं निमन्त्रण-पत्रं मञ्जूषायाः उचित पदैः पूरयत।
(अपने जन्मदिन के लिए मित्र को निमन्त्रण हेतु लिखे गए पत्र को मञ्जूषा से उचित शब्द चुनकर पूरा कीजिए।)

राजनगर
बेंगलुरुतः

दिनाङ्कः 21-6-20XX

प्रिय मित्र रामः
नमस्ते।

शुभ (i)……… यत् प्रतिवर्षम् इव मम (ii)……… जुलाई मासस्य द्वितारिकायां भविष्यति। अतः तुभ्यं (iii)……अस्ति। सपरिवारः उचित समये आगत्य (iv)……… शोभां वर्धस्व। 'मातृ-पितृ चरणयोः मम प्रणामः'

(v)……….
आनन्दः कुमार

- **मञ्जूषा** भवदीयः, निमन्त्रणम्, समारोहस्य,जन्मदिवस, समाचारं।

उत्तराणि

1. (i) सविनयं (ii) समीचीना (iii) पूर्ति (iv) आयोजनेन (v) मोहनः

2. (i) श्रीमन्तः (ii) अस्ति (iii) आंग्लभाषायाः (iv) कारणात् (v) प्रदाय

3. (i) प्रधानाचार्यः (ii) यत् (iii) ह्यः (iv) ज्वरवेगेन (v) दण्डितः

4. (i) अस्ति (ii) संस्कारः (iii) कारणात् (iv) अवकाशं (v) भवदीय

5. (i) सेवायाम् (ii) लिपिकः (iii) पित्रा (iv) उत्तीर्णवान् (v) भवन्तः

6. (i) सविनयं (ii) सर्वत्र (iii) रुग्णाः (iv) स्वच्छतायाः (v) निर्देशयंतु

7. (i) आदरणीया: (ii) विवाहे
(iii) पारयामि (iv) अवकाशम्
(v) भवन्त:

8. (i) आयुक्तमहोदय: (ii) पशून्
(iii) समयेभ्य: (iv) शरीरान्
(v) अन्नानि (vi) जनान्
(vii) भयग्रस्ता: (viii) क्षेत्रे
(ix) शान्ति (x) धनराज:

9. (i) प्रधानाचार्य: (ii) विद्यालये
(iii) स्थानान्तरणं (iv) परिवार:
(v) पठनं (vi) विना
(vii) प्रार्थये (viii) अनुगृह्णन्तु
(ix) सधन्यवाद (x) भवदीय:

10. (i) भंवतां (ii) परिवारस्य
(iii) अहं (iv) अध्ययने
(v) भवतामाज्ञाकारी

11. (i) प्रकाशितानि (ii) उपयोगिनी
(iii) वि.पी.पी. (iv) धनं
(v) सन्दीप:

12. (i) सप्रेम: (ii) निवेदयितुं
(iii) संस्कृतदिवस-समारोह: (iv) पुरुस्कारं
(v) लेखिष्यामि।

13. (i) सप्रेम (ii) तत्रास्तु
(iii) मम (iv) आरभ्य
(v) पर्वतयात्रा-कार्यक्रम: (vi) अतीव
(vii) दर्शनम् (viii) अनुमोदनम्
(ix) करिष्यामि (x) सुधीर:

14. (i) मोहन: (ii) कुशलम्
(iii) सप्ताहे (iv) शुभकामना:
(v) मंगलमयं

15. (i) प्रणमामि (ii) धनेन
(iii) मह्यम् (iv) निवेदयतु
(v) विभूति:

16. (i) सप्रेम (ii) अद्यैव
(iii) परीक्षाम् (iv) प्रयास:
(v) प्रणाम्

17. (i) समाचारं (ii) जन्मदिवस:
(iii) निमन्त्रणम् (iv) समारोहस्य
(v) भवदीय:

अध्याय 1

वर्णविचार:

भाषा ध्वनि एवं प्रतीकों की एक ऐसी व्यवस्था है, जिसके माध्यम से हम अपने मन के भावों अथवा विचारों को दूसरों के समक्ष प्रकट करने तथा दूसरों के भावों अथवा विचारों को जानने में सक्षम (समर्थ) होते हैं। भाषा शब्द 'भाष्' धातु से बना है। भाष धातु का अर्थ है– बोलना। दूसरों के भावों को समझने का प्रयास ही भाषा कहलाता है।

1.1 संस्कृत भाषा

संस्कृत विश्व की सबसे प्राचीन भाषा है। संस्कृत को लिखने की प्रणाली 'देवनागरी' लिपि है। संस्कृत भाषा के व्याकरण को समझने के लिए उसके वर्णों/अक्षरों का ज्ञाना होना आवश्यक है।

भाषा के भेद

भाषा के मुख्यत: तीन भेद होते हैं

1. **मौखिक भाषा** जब हम अपने भावों और विचारों को बोलकर प्रकट करते हैं, तो उसे मौखिक भाषा कहते हैं।
2. **लिखित भाषा** जब हम लेखन के माध्यम से अपने विचार प्रकट करते हैं, तो उसे लिखित भाषा कहते हैं।
3. **सांकेतिक भाषा** जब हम अपने भावों को संकेत के माध्यम से प्रकट करते हैं, तो उसे सांकेतिक भाषा कहते हैं।

1.2 वर्णमाला

देववाणी संस्कृत भाषा के मूल में महादेव (शिव) के डमरू की ध्वनि से 14 (माहेश्वर) शिवसूत्र उत्पन्न हुए, जो संस्कृत के विशेष उद्देश्य के लिए व्यवस्थित वर्णमाला के स्वरूप का बोध कराते हैं। वर्णों के समूह को ही वर्णमाला कहते हैं।

वर्ण

मुख से उच्चारण की जाने वाली सबसे छोटी ध्वनि वर्ण कहलाती है। इनके टुकड़े नहीं किए जा सकते हैं; जैसे—अ, इ, च्, ग् आदि।

वर्णों के प्रकार

संस्कृत भाषा में प्रयोग में आने वाले वर्ण दो प्रकार के होते हैं

1. **स्वर (अच्) वर्ण** जिन वर्णों का उच्चारण स्वतंत्र रूप से किया जाता है अर्थात् जिनके उच्चारण में किसी अन्य वर्ण की सहायता न लेनी पड़े, वे स्वर वर्ण कहे जाते हैं। ये संख्या में तेरह (13) होते हैं; जैसे—अ, आ, इ, ई, उ, ऊ, ऋ, ॠ, लृ, ए, ऐ, ओ, औ।

   स्वर के भेद

   स्वर निम्न प्रकार के होते हैं

   (i) **ह्रस्व स्वर** जो कम समय में बोले जाते हैं अर्थात् जिनके उच्चारण में एक मात्रा का समय लगे, वे ह्रस्व स्वर कहलाते हैं। इन्हें मूल स्वर भी कहा जाता है। ये संख्या में पाँच होते हैं; जैसे—अ, इ, उ, ऋ, लृ।

   (ii) **दीर्घ स्वर** जो स्वर ह्रस्व स्वर से दो गुने समय में बोले जाते हैं, दीर्घ स्वर कहलाते हैं। ये स्वर दो स्वरों के योग से बनते हैं; जैसे—अ + ए = ऐ, अ + अ = आ, अ + ओ = औ आदि। ये संख्या में आठ होते हैं; जैसे—आ, ई, ऊ, ॠ, ए, ऐ, ओ, औ।

   (iii) **मिश्रित** (प्लुत) **स्वर** जिनके उच्चारण में दीर्घ से भी अधिक अर्थात् तीन मात्रा का समय लगे, उन्हें मिश्रित (प्लुत) स्वर कहते हैं। इस प्रकार के स्वरों का प्रयोग प्राय: पुकारने में होता है। जैसे—ओउम्।

2. **व्यञ्जन वर्ण** व्यञ्जन वर्ण वे वर्ण हैं, जिनका उच्चारण बिना किसी स्वर की सहायता के संभव नहीं होता है। इन वर्णों को स्वतंत्र रूप से हलंत लगाकर लिखा जा सकता है। जैसे—क् + अ = क।

व्यञ्जन के भेद

व्यञ्जन तीन प्रकार के होते हैं

(i) **स्पर्श व्यञ्जन** जिन वर्णों के उच्चारण में हमारी जिह्वा मुख के किसी भी भाग; जैसे—कंठ, तालु, मूर्धा, दंत, ओष्ठ आदि स्वर तंत्रियों का स्पर्श करती है, वे स्पर्श व्यञ्जन कहे जाते हैं। ये संख्या में पच्चीस (25) होते हैं;

जैसे— क वर्ग—क्, ख्, ग्, घ, ङ्।
च वर्ग—च्, छ्, ज्, झ्, ञ्।
ट वर्ग—ट्, ठ्, ड्, ढ्, ण्।
त वर्ग—त्, थ्, द्, ध्, न्।
प वर्ग—प्, फ्, ब्, भ्, म्।

(ii) **अन्तःस्थ व्यञ्जन** जिन वर्णों के उच्चारण में हमारी जिह्वा, कण्ठ आदि मुख के किसी भाग को थोड़ा स्पर्श करती हैं, वे अन्तःस्थ व्यञ्जन कहे जाते हैं। ये संख्या में चार (4) होते हैं; जैसे—य् व्, र्, ल्।

(iii) **ऊष्म वर्ण** जिन वर्णों के उच्चारण में जिह्वा मुख के किसी भाग से रगड़कर ऊष्म वायु बाहर निकालती है, वे ऊष्म वर्ण कहे जाते हैं। ये संख्या में चार (4) होते हैं;
जैसे—श्, ष्, स्, ह्।

इस प्रकार व्यंजनों की संख्या 33 होती है। स्वर और व्यंजनों को मिलाकर ही संस्कृत वर्णमाला का निर्माण होता है। इस वर्णमाला में वर्णों की संख्या (13+33) 46 मानी गई है।

1.3 अयोगवाह

जिन वर्णों का प्रयोग पृथक् रूप से नहीं किया जा सकता अर्थात् जिन वर्णों का उच्चारण स्वरों की सहायता के बिना करना असंभव है, उन्हें अयोगवाह कहते हैं। इनके प्रयोग से ध्वनियों में भी परिवर्तन आ जाता है। ये वर्ण निम्नलिखित रूप में जाने जाते हैं।

(i) **अनुस्वार** नासिका से उच्चारित होने वाले वर्ण अनुस्वार कहे जाते हैं। इनका चिह्न (ं) होता है; जैसे—पंखा, गंगा आदि।

(ii) **अनुनासिक** इसका प्रयोग स्वर के बाद होता है। इसका चिह्न (ँ); जैसे—धुँआ, चाँदनी आदि।

(iii) **विसर्ग** स्वर वर्णों के बाद लगने वाला चिह्न (:) विसर्ग कहलाता है। इसके उच्चारण में 'ह्' की ध्वनि होती है; जैसे—रामः, मोहनः, सिंहः आदि।

संयुक्त वर्ण

जब कोई स्वर रहित वर्ण दूसरे वर्ण से जुड़ जाता है, तो इनके मेल से संयुक्त वर्ण बन जाता है।

जैसे— त् + र = त्र = त्रिशूलः, त्रयस्वः।
श् + र = श्र = परिश्रमः, विश्रामः।
द् + य = द्य = नद्यः, विद्यालयः।
प् + र = प्र = प्रातः, प्रकाशः।
क् + ष = क्ष = क्षत्रियः, क्षेत्रं।
ज् + ञ = ज्ञ = ज्ञानी, ज्ञातः।

(i) **वर्णसंयोग** स्वर या व्यञ्जन वर्णों के संयोग से नए शब्दों का निर्माण होता है।

जैसे— र् + अ + म् + ए + श् + अः = रमेशः।
क् + अ + म् + अ + ल् + अ = कमल।
अ + व् + अ + स् + अ + र् + अ = अवसर।

(ii) **वर्ण-विन्यास** (वर्ण-विच्छेद) जब किसी शब्द में आए हुए वर्णों को अलग-अलग कर देते हैं, तो वह वर्ण-विन्यास कहलाता है।

जैसे— फलम् = फ् + अ + ल् + अ + म्
रामः = र् + आ + म् + अः
प्रतिष्ठा = प् + र् + अ + त् + इ + ष् + ठ् + आ।

1.4 उच्चारण स्थानानि

वर्णों का उच्चारण करते समय मुख के अन्दर का कोई-न-कोई स्थान विशेष भूमिका निभाता है। वर्ण के उच्चारण में जिस स्थान की विशेष भूमिका होती है वही उसका उच्चारण स्थान कहलाता है।

इन उच्चारण स्थानों की सहायता से उच्चरित किए जाने वाले वर्ण निम्नलिखित हैं

- अ, आ, क् वर्ग, ह्, विसर्ग—कण्ठः
- इ, ई, च वर्ग, य्, श्—तालुः
- ऋ, ॠ, ट वर्ग, र्, ष्—मूर्धाः
- ऌ, त वर्ग, ल्, स्—दन्त्य
- उ, ऊ, प वर्ग—ओष्ठौ
- ङ्, ञ्, ण्, न्, म्—नासिका
- अनुस्वार (ं)—नासिका
- 'व्' कार—दन्तौष्ठ
- ए, ऐ—कण्ठ, तालु
- ओ, औ—कण्ठौष्ठम्
- क्, ख्—जिह्वामूलम्

अभ्यास प्रश्नाः

बहुविकल्पीय एवं वर्णनात्मक प्रश्नोत्तर

1. प्रदत्त विकल्पेभ्यः उचितं विकल्पं चित्वा लिखत।
(दिए गए विकल्पों में से उचित विकल्प चुनकर लिखिए।)

(i) भाषायाः प्रमुख भेदाः सन्ति
(अ) त्रयः (ब) चतुर
(स) पञ्च (द) षड्

(ii) वर्णानां स्वतंत्र उच्चारणं कथ्यते
(अ) व्यञ्जन (ब) स्वर
(स) शब्द (द) वर्ण

(iii) स्वरस्य भेदौ स्तः
(अ) षड् (ब) पञ्च
(स) द्वौ (द) त्रयः

(iv) स्पर्श व्यञ्जनानां संख्या भवन्ति
(अ) 25 (ब) 26
(स) 28 (द) 33

(v) ………… ऊष्म वर्णाः भवन्ति
(अ) य् व् र् ल् (ब) श् ष् स् ह्
(स) इ उ ऋ ल् (द) क् ख् ग् घ्

(vi) अन्तःस्थ वर्णानां संख्या अस्ति
(अ) 4 (ब) 12
(स) 6 (द) 8

(vii) विसर्गस्य उच्चारण स्थानं भवति
(अ) दन्ताः (ब) कण्ठः
(स) तालुः (द) मूर्धाः

(viii) अनुस्वारस्य उच्चारण स्थानं भवति
(अ) नासिका (ब) तालुः
(स) कण्ठः (द) दन्ताः

(ix) 'च वर्गस्य' उच्चारण स्थानं भवति
(अ) कण्ठः (ब) दन्ताः
(स) तालुः (द) नासिका

(x) 'कण्ठ तालु' उच्चारण स्थानं अस्ति
(अ) क् (ब) ऐ
(स) अ (द) आ

उत्तराणि
(i) (अ) त्रयः (ii) (ब) स्वर
(iii) (स) द्वौ (iv) (अ) 25
(v) (ब) श्, ष्, स्, ह् (vi) (अ) 4
(vii) (ब) कण्ठः (viii) (अ) नासिका
(ix) (स) तालुः (x) (ब) ऐ

2. अधोलिखित वर्णेषु स्वर वर्णानां चयनं कुरुत।
(निम्नलिखित वर्णों में स्वर वर्णों को चुनिए।)
अ, क्, प्, ऋ, ऐ, ऊ, ह्, द्, स्

3. अधोलिखितेषु वर्णेषु व्यञ्जन् वर्णानाम् चयनं कुरुत।
(निम्नलिखित वर्णों में से व्यञ्जन वर्णों को चुनिए।)
य्, र्, श्, ह्, इ, ऋ, औ, थ्, व्

उत्तराणि
2. अ, ऋ, ऐ, ऊ
3. य्, र्, श्, ह्, थ्, व्

4. कोष्ठकात् उचितं विकल्पं चित्वा रिक्तस्थानानि पूरयत।
(कोष्ठक से उचित विकल्प चुनकर रिक्त स्थानों को पूरा कीजिए।)
(i) 'प्' ………… का व्यंञ्जन है। (ओष्ठौ, नासिका, मूर्धा)
(ii) अयोगवाह में ………… होता है। (र् , क्, :)
(iii) 'श, ष, ह' ………… वर्ण हैं। (ऊष्म, अन्तःस्थ, स्पर्श)
(iv) संस्कृत में स्वरों की संख्या ………… हैं। (12, 13, 14)

उत्तराणि
(i) ओष्ठौ (ii) : (विसर्ग)
(iii) ऊष्म (iv) 13

5. अधोलिखितेषु वर्णानां संयोगं पूरयत।
(निम्नलिखित में वर्ण संयोग पूरा कीजिए।)
वर्ण-संयोग पूरा कीजिए।
(i) र् + आ + म् + अः = ………।
(ii) ग् + ओ + प् + आ + ल् + अः = ………।
(iii) क् + ऋ + ष् + ण् + अः = ………।
(iv) स् + ई + त् + आ = ………।
(v) स् + इ + न् + ह् + अः = ………।

उत्तराणि
(i) रामः (ii) गोपालः (iii) कृष्णः
(iv) सीता (v) सिंहः

6. अधो लिखितेषु वर्ण विन्यासं पूरयत।
(निम्नलिखित में वर्ण विन्यास पूरा कीजिए।)
(i) व्याकरण = …………।
(ii) संस्कृतम् = …………।
(iii) ज्ञानी = …………।
(iv) विद्यालयः = …………।
(v) परोपकारः = …………।

उत्तराणि

(i) व् + य् + आ + क् + अ + र् + अ + ण् + अ
(ii) स् + म् + स् + क् + ऋ + त् + अ + म्
(iii) ज् + ञ् + आ + न् + ई
(iv) व् + इ + द् + य् + आ + ल् + अ + य् + अः
(v) प् + अ + र् + ओ + प् + अ + क् + आ + र् + अः

7. **अधोलिखितानां वर्णनानां क्रमेषु रिक्तस्थानानि पूरयत।**
(निम्नलिखित वर्णों के क्रम में रिक्त स्थानों की पूर्ति कीजिए।)

(i) त् ···· द् ···· न् ।
(ii) ···· ठ्, ड ···· ···· ।
(iii) य् ····, ···· ,व् ।
(iv) क् ···· ग् ···· ङ।
(v) प् ···· ब्, भ् ····।

उत्तराणि

(i) थ्, ध् (ii) ट्, ढ्, ण्
(iii) र्, ल् (iv) ख्, घ्
(v) फ्, म्

8. **अधोलिखितानां प्रश्नानाम् उत्तरत।**
(निम्नलिखित प्रश्नों के उत्तर दीजिए।)

(i) संस्कृत में व्यंज्जन् वर्णों की संख्या कितनी है?
(ii) अन्तःस्थ वर्णों को लिखिए।
(iii) अयोगवाह वर्ण किसे कहते हैं?
(iv) 'क वर्ग' का उच्चारण स्थान क्या है?
(v) भाषा कितने प्रकार की होती है? लिखिए।

उत्तराणि

(i) 33
(ii) य्, व्, र्, ल्
(iii) जिन वर्णों का प्रयोग पृथक् रूप से नहीं किया जा सकता है, अयोगवाह वर्ण कहलाते हैं।
(iv) कण्ठः
(v) भाषा तीन प्रकार की होती; जैसे—लिखित भाषा, मौखिक भाषा एवं सांकेतिक भाषा।

9. **अधोलिखित तालिकायाम् ऊष्म अन्तःस्थ च वर्णनामां पृथक्-पृथक् लिखत।**
(निम्नलिखित तालिका में से ऊष्म तथा अन्तःस्थ वर्णों को पृथक्-पृथक् करके लिखिए।)

य् श् र् ष् ल् स् व् ह्

ऊष्म वर्ण	**अन्तःस्थ वर्ण**
....	....
....	....
....	....
....	....

उत्तराणि

ऊष्म वर्ण	**अन्तःस्थ वर्ण**
श्	य्
ष्	र्
स्	ल्
ह्	व्

10. **मञ्जूषात् स्पर्श व्यञ्जनानां चित्वा लिखत।**
(मञ्जूषा से स्पर्श व्यञ्जनों को चुनकर लिखिए।)

मञ्जूषाः क्, ख्, य्, ऊ, च्, ट्, प्, फ्, स्, ह्, ऋ, त्

स्पर्श व्यञ्जन

....
....
....
....

उत्तराणि

क्, ख्, च्, ट्, प्, फ्, त्

अध्याय 2

पद-विचार:

एक या एक से अधिक वर्णों के सार्थक मेल को शब्द कहते हैं अर्थात वर्णों से शब्द बनता है और शब्दों को व्याकरण के नियमों के अनुसार वाक्य में प्रयुक्त करने पर वह पद कहलाता है। प्रत्येक शब्दों के मूल रूप को प्रातिपदिक कहा जाता है।

2.1 शब्द के भेद

प्रयोग के आधार पर शब्दों के दो भेद होते हैं

विकारी शब्द

ऐसे शब्द जिनका रूप काल, वचन, लिंग, कारक और पुरुष के अनुसार बदल जाता है अर्थात् जिन शब्दों को वाक्यानुसार बदल सकते हैं, उन्हें विकारी शब्द कहते हैं। जैसे—सीता, बालक:।

संज्ञा, सर्वनाम, विशेषण पद विकारी होते हैं, क्योंकि वाक्य निर्माण में इनमें परिवर्तन आ जाता है।

जैसे— (i) राम: = राम: पठति।
(ii) रामम् = अध्यापक: रामम् पृच्छति।
(iii) रामेण = सुरेश: रामेण सह खेलति।

इस प्रकार 'राम' शब्द राम:, रामम् और रामेण आदि रूप धारण कर लेता है। अत: राम एक विकारी शब्द है।

विकारी शब्द के भेद

विकारी शब्द के दो भेद हैं

1. **सुबन्त** संज्ञा, सर्वनाम व विशेषण विकारी शब्द होते हैं अर्थात् संज्ञा, सर्वनाम व विशेषण पद सुबन्त कहलाते हैं। इनमें सुप् प्रत्यय जुड़ता है। इनकी संख्या (21) होती है।
2. **तिङन्त** क्रियापद अर्थात् धातुओं के साथ जुड़ने वाले (ति, त:, अन्ति इत्यादि प्रत्यय) तिङन्त कहलाते हैं। इनकी संख्या (18) होती है।

अविकारी शब्द

ऐसे शब्द जिनमें कोई भी परिवर्तन नहीं होता है, अविकारी शब्द कहे जाते हैं। इन्हें अव्यय या निपात शब्द भी कहा जाता है। जैसे—कुत्र, अद्य, अधुना।

2.2 विकार उत्पन्न करने वाले तत्त्व

वाक्य प्रयोग में पदों में आने वाला परिवर्तन जिन तत्त्वों पर निर्भर करता है, उन्हें विकार जनक तत्त्व कहते हैं। ये तत्त्व निम्नलिखित हैं

1. **लिङ्ग** संस्कृत में लिङ्ग तीन होते हैं
   (i) पुल्लिंग (जैसे-राम:)
   (ii) स्त्रीलिङ्ग (जैसे-बालिका)
   (iii) नपुंसकलिङ्ग (जैसे-फलानि)
2. **वचन** संस्कृत में निम्नलिखित तीन वचन होते हैं।
   (i) **एकवचन** एक का बोध कराने के लिए एकवचन का प्रयोग किया जाता है; जैसे— राम:, बालक:, लता, फलम्।
   (ii) **द्विवचन** दो का बोध कराने के लिए द्विवचन का प्रयोग किया जाता है; जैसे— रामौ, बालकौ, लते, फले।
   (iii) **बहुवचन** दो से अधिक का बोध कराने के लिए बहुवचन का प्रयोग किया जाता है; जैसे— रामा:, बालका:, लता, फलानि।
3. **पुरुष** पुरुष को श्रोता और वक्ता के आधार पर वर्गीकृत किया गया है। सामान्य संकेत के लिए प्रथम पुरुष, श्रोता के लिए मध्यम पुरुष और वक्ता के लिए उत्तम पुरुष का प्रयोग होता है।
4. **लकार** पदों में आने वाला परिवर्तन लकार अर्थात् काल पर निर्भर करता है। संस्कृत में काल (लकार) तीन होते हैं
   (i) वर्तमानकाल: (लट् लकार) —बालका: धावन्ति।
   (ii) भूतकाल: (लङ् लकार) —बालका: अधावन्।
   (iii) भविष्यकाल: (लृट लकार)—बालका: धाविष्यन्ति।

5. **कारक:** संज्ञा अथवा सर्वनाम का रूप वाक्य में कारक के आधार पर निर्धारित किया जाता है।

वाक्य में क्रियापद की सहायता के लिए अन्य पद होते हैं, उन्हें कारक कहते हैं। किसी भी वाक्य में इन तत्त्वों में से कुछ तत्त्व अवश्य शामिल होते हैं। जैसे—

कर्ता — क्रिया करने वाला।
कर्म — क्रिया का जिस पर प्रभाव पड़े।
करण — जिसकी सहायता से क्रिया हो।
सम्प्रदान — जिसके लिए वह हो।
अपादान — जिससे अलग हो।
अधिकरण — क्रिया का आधार।

इनके कुछ वाक्य इस प्रकार हैं

(i) छात्रा: विद्यालयं गच्छति।
(ii) राकेश: पठति।
(iii) नृपाय धनं ददाति।

संक्षिप्त रूप से हम कह सकते हैं कि कर्ता कारक में प्रथमा, कर्म कारक में द्वितीया विभक्ति का प्रयोग होता है। इसी तरह सातों विभक्तियों का प्रयोग होगा।

6. **विशेषण/विशेष्य** संज्ञा, सर्वनाम शब्दों की विशेषता बताने वाले शब्दों को विशेषण कहते हैं तथा जिन शब्दों की विशेषता बताई जा रही है, उन शब्दों को विशेष्य कहते हैं। जो वचन तथा लिङ्ग विशेष्य का होता है, वही विशेषण का भी होता है;

जैसे— (i) सुन्दर: बालक:। (ii) शोभना: नार्य:। (iii) कृष्ण: सर्प:।

अभ्यास प्रश्ना:

बहुविकल्पीय एवं वर्णनात्मक प्रश्नोत्तर

1. प्रदत्तविकल्पेभ्य: उचितं विकल्पं चित्वा लिखत।
(दिए गए विकल्पों में से उचित विकल्प चुनकर लिखिए।)

(i) **'काल' इति संस्कृतभाषायां कथ्यते**
(अ) विकार: (ब) लकार:
(स) वचन: (द) पुरुष:

(ii) **अत्र अव्ययपदं अस्ति**
(अ) राम: (ब) रमा
(स) अद्य (द) त्वम्

(iii) **शब्दानां ········ प्रातिपदिकं कथ्यते।**
(अ) मूलरूपं (ब) वचनं
(स) पुरुषं (द) शब्दं

(iv) **शब्दस्य कति भेदौ स्त:?**
(अ) पञ्च (ब) श्रय:
(स) दौ (द) द्वे

(v) **संस्कृते पुरुषा: भवन्ति।**
(अ) त्रय: (ब) पञ्च
(स) षड् (द) द्वौ

(vi) **अविकारी शब्दा: ··········· अपि कथ्यते।**
(अ) पुरुष (ब) निपात
(स) लकार (द) पद

(vii) **'सुन्दर: बालक' अत्र विशेषण पदं अस्ति।**
(अ) सुन्दर (ब) बालक:
(स) सुन्दर बालक: (द) कोऽपिन

(viii) **अधोलिखितेषु विकल्पेषु क्रियापदं अस्ति।**
(अ) सीता (ब) लता
(स) फल (द) गच्छति

(ix) **नपुंसकलिङ्ग पदम् अस्ति।**
(अ) अहम् (ब) पिता
(स) कलमम् (द) माता

(x) **बहुवचनान्त पदम् अस्ति।**
(अ) रामाणाम् (ब) रामात्
(स) रामौ (द) रामेण

उत्तराणि

(i) (ब) लकार: (ii) (स) अद्य
(iii) (अ) मूलरूपं (iv) (स) दौ
(v) (अ) त्रय: (vi) (ब) निपात
(vii) (अ) सुन्दर (viii) (द) गच्छति
(ix) (स) कलमम् (x) (अ) रामाणाम्

2. अधोलिखितानां पदानां विशेषणपदं चित्वा लिखत।
(निम्नलिखित पदों में से विशेषण पद चुनकर लिखिए।)
लघु, पुस्तकम्, सुन्दर:, कृष्ण:, भवनम्, धेनु:।
....।

3. अधोलिखितेषु प्रथमं पुरुषं क्रियापदं चित्वा लिखत।
(निम्नलिखित पदों में से प्रथम पुरुष क्रिया पद चुनकर लिखिए।)
पठति, धावति, क्रीडसि, क्रीडाव:, रुदन्ति।
....।

4. अधोलिखितेषु नपुंसकलिङ्ग पदं चित्वा लिखत।
(निम्नलिखित में से नपुंसकलिंग पद चुनकर लिखिए।)
फलानि, महिमा, मधुः, क्व, नेत्रम्, कलमम्।
....।

5. अधोलिखितेषु बहुवचनान्तं शब्दानां चित्वा लिखत।
(निम्नलिखित में से बहुवचन शब्दों को चुनकर लिखिए।)
हरयः, बालकैः, सीतया, पुस्तके, चलचित्राणि लताः साधवः।
....।

उत्तराणि

2. लघु, सुन्दरः, कृष्णः।
3. पठति, धावति, रुदन्ति।
4. फलानि, नेत्रम्, कलमम्।
5. बालकैः चलचित्राणि, लताः, हरयः, साधवः।

6. मञ्जूषायां उचितं शब्दं चित्वा रिक्तस्थानानि पूरयत।
(मञ्जूषा में से उचित शब्द चुनकर रिक्त स्थानों को पूरा कीजिए।)

(i) पठतः एक .... है।
(ii) रामः एक .... है।
(iii) खलु एक .... है।
(iv) परि एक .... है।
(v) पद् एक .... है।

- **मञ्जूषा** अव्यय, उपसर्ग, क्रियापद, पद, धातु।

उत्तराणि

(i) क्रियापद (ii) पद
(iii) अव्यय (iv) उपसर्ग
(v) धातु

7. अधोलिखितेषु धातुनां पृथक्-पृथकं लिखत।
(निम्नलिखित में से धातुओं को अलग-अलग करके लिखिए।)
गम्, राम, भू, रक्ष्, लता, कवि, पा, स्था, फल, चल्, वद्, गृह, हस्, वर्ध, नृत्।

....
....
....

उत्तराणि

गम्	भू
रक्ष्	पा
स्था	चल्
वद्	हस्
वर्ध	नृत्

8. अधोलिखितेषु एकवचनम्, द्विवचनम्, बहुवचनम् च शब्दानां चित्वा लिखत।
(निम्नलिखित में से एकवचन, द्विवचन तथा बहुवचन शब्दों को चुनकर लिखिए।)

रामौ, फलानि, रमाभ्यः, फलम्, गृहात्, बालकः, बालकेन, लताभिः, कस्मै, रामात्, फलस्य, ग्रामेण, रमानाम्, मोदकानि, अहम्, त्वम्, अस्मासु, अस्माकं, युवाम्, आवाम्, तौ, फले।

एकवचन	द्विवचन	बहुवचन
....	....	
....	....	
....	....	
....	....	
....	....	
....	....	
....	....	
....	....	
....	....	
....	....	

उत्तराणि

एकवचन	द्विवचन	बहुवचन
फलम्	रामौ	फलानि
गृहात्	युवाम्	रमाभ्यः
बालकः	आवाम्	लताभिः
बालकेन	तौ	रमानाम
कस्मै	फले	मोदकानि
रामात्		अस्माकं
फलस्य		अस्मासु
ग्रामेण		
त्वम्		
अहम्		

अध्याय 3

सन्धि-प्रकरणम्

3.1 सन्धि से अभिप्राय

दो वर्णों (अक्षर) के परस्पर मेल से होने वाले परिवर्तन (विकार) को सन्धि कहते हैं। जैसे—हिमालयः = हिम + आलयः। इस उदाहरण में अ + आ वर्णों के मेल से 'आ' रूप बना है, इसे ही सन्धि कहते हैं।

व्यंजन तथा स्वरों के जुड़ जाने को संयोग कहते हैं;

जैसे—विद्यालयम् + अगच्छत् = विद्यालयमगच्छत्।

सन्धि-विच्छेद

यदि परस्पर मिले हुए वर्णों (अक्षर) को अलग-अलग करके सन्धि से पूर्व (पहले की तरह) की स्थिति में पहुँचा दिया जाए, तो यह प्रक्रिया 'सन्धि-विच्छेद' कहलाती है; जैसे—

सदैव	=	सदा	+	एव
दिनेशः	=	दिन	+	ईशः
सूर्योदयः	=	सूर्य	+	उदयः

सन्धि के भेद

सन्धि के भेद

स्वर सन्धि	**व्यंजन सन्धि**	**विसर्ग सन्धि**
इस सन्धि में स्वरों का स्वरों के साथ मेल होता है।	इस सन्धि में व्यंजन का स्वरों अथवा व्यंजन के साथ मेल होता है।	इस सन्धि में विसर्ग का व्यंजन या स्वर के साथ मेल होता है।
जैसे-दीक्षा+अंतः=दीक्षांतः	**जैसे**-सत्+चित्=सच्चित्	**जैसे**-क्षीणः+भवति=क्षीणो भवति

1. **स्वर सन्धि**

इसके छः भेद होते हैं

(i) दीर्घ सन्धि
(ii) गुण सन्धि
(iii) वृद्धि सन्धि
(iv) यण् सन्धि
(v) अयादि सन्धि
(vi) पूर्वरूप सन्धि

(i) **दीर्घ स्वर सन्धि** (अकः सवर्णे दीर्घः)

यदि ह्रस्व अथवा दीर्घ स्वर 'अ', 'आ', 'इ', 'ई', 'उ', 'ऊ' एवं 'ऋ' के बाद ह्रस्व या दीर्घ स्वर आए, तो दोनों मिलकर दीर्घ स्वर 'आ', 'ई', 'ऊ' और 'ॠ' हो जाते हैं; जैसे—

अ	+	अ	=	आ	अ	+	आ	=	आ
आ	+	अ	=	आ	आ	+	आ	=	आ
इ	+	इ	=	ई	इ	+	ई	=	ई
ई	+	इ	=	ई	ई	+	ई	=	ई
उ	+	उ	=	ऊ	उ	+	ऊ	=	ऊ
ऊ	+	उ	=	ऊ	ऊ	+	ऊ	=	ऊ
ऋ	+	ऋ	=	ॠ					

दीर्घ सन्धि के उदाहरण

अधिक	+	अधिकः	=	अधिकाधिकः
आयत	+	आकारः	=	आयताकारः
दीक्षा	+	अंतः	=	दीक्षांतः
महा	+	आत्मा	=	महात्मा
कवि	+	इंद्रः	=	कवींद्रः
मुनि	+	ईश्वरः	=	मुनीश्वरः
नारी	+	इष्टः	=	नारीष्टः
मही	+	ईशः	=	महीशः
भानु	+	उदयः	=	भानूदयः
सिंधु	+	ऊर्मिः	=	सिंधूर्मिः
वधू	+	उत्सवः	=	वधूत्सवः
भू	+	ऊर्ध्वः	=	भूर्ध्वः
पितृ	+	ऋणम्ः	=	पितॄणम्ः

(ii) **गुण सन्धि** (आद्गुणः)

यदि ह्रस्व या दीर्घ अ/आ के बाद ह्रस्व या दीर्घ इ, ई/उ, ऊ/ऋ/लृ आए तब उन दोनों के स्थान पर ए, ओ, अर्, अल् हो जाता है; अर्थात् गुण सन्धि हो जाती है;

जैसे—

अ + इ = ए		अ + ई = ए
आ + इ = ए		आ + ई = ए
अ + उ = ओ		अ + ऊ = ओ
आ + उ = ओ		आ + ऊ = ओ
अ + ऋ = अर्		आ + ऋ = अर्
अ + लृ = अल्		आ + लृ = अल्

गुण सन्धि के उदाहरण

नर + इंद्र: = नरेंद्र:	परम + ईश्वर: = परमेश्वर:
राजा + इंद्र: = राजेंद्र:	लंका + ईश: = लंकेश:
सूर्य + उदय: = सूर्योदय:	नव + ऊढ़ा = नवोढ़ा
महा + उत्सव: = महोत्सव:	गंगा + ऊर्मि: = गंगोर्मि:
सप्त + ऋषि: = सप्तर्षि:	राजा + ऋषि: = राजर्षि:
तव + लृकार: = तवल्कार:	मम + लृकार: = ममल्कार:
महा + लृकार: = महाल्कार:	माला + लृकार: = मालाल्कार:

(iii) **वृद्धि सन्धि** (वृद्धि रेचि)

यदि 'अ', 'आ' के बाद 'ए' या 'ऐ' आए तो दोनों के स्थान पर 'ऐ' और यदि 'ओ' या 'औ' आए तो दोनों के स्थान पर 'औ' हो जाता है; जैसे—

अ + ए = ऐ	अ + ऐ = ऐ
आ + ए = ऐ	आ + ऐ = ऐ
अ + ओ = औ	अ + औ = औ
आ + ओ = औ	आ + औ = औ

वृद्धि सन्धि के उदाहरण

एक + एक: = एकैक:	मत + ऐक्य: = मतैक्य:
सदा + एव = सदैव	महा + ऐश्वर्यम् = महैश्वर्यम्
वन + ओषधि: = वनौषधि:	परम + औषध: = परमौषध:
महा + ओजस्वी = महौजस्वी	महा + औषध: = महौषध:

(iv) **यण् सन्धि** (इकोयणचि)

जब इक् स्वर (इ, उ, ऋ, लृ) के साथ कोई भी अन्य स्वर जोड़ा जाए, तो वहाँ यण् सन्धि होती है; जैसे—

इ + अ = य्	इ + आ = या
उ + अ = व	ऊ + औ = वौ
ऋ + अ = र	लृ + अ = ल

यण् सन्धि के उदाहरण

यदि + अपि = यद्यपि	नदी + अर्पण = नद्यर्पण
अति + आनंद = अत्यानंद	नदी + आगम: = नद्यागम:
उपरि + उक्त: = उपर्युक्त:	नि + ऊनम् = न्यूनम्
नदी + ऊर्मि = नद्यूर्मि	प्रति + एकम् = प्रत्येकम्
देवी + ऐश्वर्य: = देव्यैश्वर्य:	अनु + अय: = अन्वय:
सु + आगत: = स्वागत:	वधू + आगमनम् = वध्वागमनम्
अनु + इति = अन्विति	अनु + ईक्षण: = अन्वीक्षण:
अनु + एषणम् = अन्वेषणम्	वधू + ऐश्वर्य: = वध्वैश्वर्य:
सरयू + ओघ = सरवोघ	वधू + औदार्यम् = वध्वौदार्यम्
पितृ + अनुमति = पित्रनुमति	पितृ + आज्ञा = पित्राज्ञा
मातृ + इच्छा = मात्रिच्छा	

(v) **अयादि सन्धि** (एचोऽयवायाव:)

यदि ए, ऐ, ओ, औ के बाद इनसे अतिरिक्त कोई स्वर आ जाता है, तो 'ए' के स्थान पर 'अय्', 'ए' के स्थान पर 'आय्' 'ओ' के स्थान पर 'अव्' तथा 'औ' के स्थान पर 'आव्' हो जाता है। यह अयादि सन्धि कहलाती है।

ए + अ = अय	ओ + अ = अव
ऐ + अ = आय	औ + अ = आव
अय् + अ = अय	अव् + अ = अव
आय् + अ = आय	आव् + अ = आव

अयादि सन्धि के उदाहरण

ने + अनम् = नयनम् (ए + अ = अय्)

नै + अक: = नायक: (ऐ + अ = आय्)

पो + अनम् = पवनम् (ओ + अ = अव्)

पौ + अक: = पावक: (औ + अ = आव्)

(vi) **पूर्वरूप सन्धि** (एङ: पदान्तादति)

जब किसी शब्द के अंत में 'ए' या 'ओ' होता है और उसके सामने 'अ' आता है, तो ह्रस्व स्वर 'अ' अपना रूप छोड़कर पूर्व वर्ण जैसा हो जाता है और 'अ' का संकेत (ऽ) अवग्रह रह जाता है। जैसे—

ए + अ = ऽ ओ + अ = ऽ

पूर्वरूप सन्धि के उदाहरण

एते + अपि = एतेऽपि	हरे + अव = हरेऽव
रमे + अत्र = रमेऽत्र	को + अपि = कोऽपि
को + अवादीत् = कोऽवादीत्	बालको + अपि = बालकोऽपि

पररूप सन्धि

जब किसी उपसर्ग के साथ ए अथवा ओ से प्रारंभ होने वाले शब्द जोड़े जाते हैं, तो उपसर्ग के अंतिम वर्ण को हल् मानकर ऐ और ओ की मात्रा लगा दी जाती है।

उदाहरण
प्र + एजते = प्रेजते
अव + एहि = अवेहि
उप + ओषति = उपोषति

प्रकृतिभाव

जहाँ सन्धि की स्थिति होते हुए भी यदि वहाँ सन्धि न हो, तो उसे प्रकृतिभाव कहते हैं।

उदाहरण
मुनी + इमौ = मुनी इमौ
लते + अमू = लते अमू
कवी + एतौ = कवी एतौ
गुरु + इमौ = गुरु इमौ

2. **व्यंजन सन्धि**

व्यंजन सन्धि के भेद निम्न हैं

(i) **अनुस्वार सन्धि** (मोऽनुस्वार:)

यदि किसी शब्द के अंत में 'म' आए और आगे कोई भी व्यंजन आए, तो सन्धि करने पर या तो उसका अनुस्वार (ं) हो जाता है या विकल्प से पाँचवाँ वर्ण बन जाता है।

जैसे—

हरिम्	+	वन्दे	=	हरिंवन्दे
शाम्	+	तः	=	शांतः
सम्	+	बंध	=	संबंध
धर्मम्	+	चर	=	धर्मंचर
कुम्	+	ठितः	=	कुण्ठितः

(ii) **जश्त्व सन्धि** (झलां जशोऽन्ते)

यदि शब्द के अंत में किसी वर्ग का प्रथम अक्षर क्, च्, ट्, त्, प् हो और उसके आगे कोई भी स्वर या वर्ग का तीसरा, चौथा या पाँचवाँ वर्ण हो, तो प्रथम अक्षर उसी वर्ग का तीसरा अक्षर बन जाता है; जैसे—

जगत्	+	ईशः	=	जगदीशः
दिक्	+	गजः	=	दिग्गजः
सुप्	+	अन्तः	=	सुबन्तः
वाक्	+	दानम्	=	वाग्दानम्
वाक्	+	ईशः	=	वागीशः

(iii) **परसवर्ण सन्धि** (अनुस्वारस्य ययि पर सवर्णः)

यदि किसी शब्द के अंत में अनुस्वार आए और उसके बाद श् ष, स, ह के अतिरिक्त कोई अन्य व्यंजन आए, तो अनुस्वार के स्थान पर अगले वर्ण के वर्ग का पाँचवाँ वर्ण आएगा; जैसे—

मुं	+	चति	=	मुञ्चति
मुं	+	डनम्	=	मुण्ड्नम्
नं	+	दति	=	नन्दति
कं	+	पते	=	कम्पते
शाम् (शां)	+	तः	=	शान्तः
शं	+	कते	=	शङ्कते
गुं	+	जति	=	गुञ्जति
लुं	+	ठति	=	लुण्ठति
वं	+	दे	=	वन्दे
कुं	+	ठितः	=	कुण्ठितः
गं	+	तव्यम्	=	गन्तव्यम्।

(iv) **तुगागम सन्धि** (तुक् + आगम)

जब दो वर्णों के मध्य एक नए वर्ण का आगम होता है अर्थात् किसी शब्द के अंत में न् आता है और उसके बाद श आता है तो उन दोनों के बीच में न् के स्थान पर ञ् और श के स्थान पर 'छ' हो जाता है; जैसे—

तिष्ठन्	+	शब्दायते	=	तिष्ठञ्छब्दायते
सन्	+	शम्भू	=	सञ्छम्भू

(v) **छत्व सन्धि** (शश्छोऽटि)

जब किसी शब्द के अंत में किसी वर्ग का प्रथम, द्वितीय, तृतीया, चतुर्थ वर्ण आए और उसके बाद श आए तथा इसके पश्चात् य्, र्, ल्, व आए, तो 'श्' वर्ण 'छ' वर्ण में परिवर्तित हो जाता है; जैसे—

तत्	+	श्रृणोति	=	तच्छृणोति
तत्	+	शिवम्	=	तच्छिवम्

(vi) **प्रथम वर्ण का पंचम वर्ण में परिवर्तन**
(भरोऽनुनासिकोऽनुनासिको वा)

किसी वर्ग के प्रथम वर्ण के बाद अन्य किसी वर्ग का पंचम वर्ण आ जाए, तो सन्धि करते समय पहले शब्द के अंतिम वर्ण के वर्ग का पंचम वर्ण हो जाएगा; जैसे—

षट् + नाम = षण्णाम्   षट् + नवतिः = षण्णवतिः

3. विसर्ग सन्धि

इस सन्धि के मुख्य भेद उत्व सन्धि, सत्वं सन्धि, रुत्वं सन्धि एव लुप्त सन्धि है।

(i) **उत्व सन्धि** (विसर्जस्य 'उ')

यदि 'अ' के बाद विसर्ग हो और उसके बाद वर्ग का तीसरा, चौथा, पाँचवा अक्षर अथवा य, र, ल, व, ह हो, तो विसर्ग का 'उ' हो जाता है तथा 'अ' व 'उ' मिलकर 'ओ' बन जाता है;
जैसे—अ + उ = ओ

उत्व सन्धि के उदाहरण

नृपः	+	रक्षति	=	नृपो रक्षति
कः	+	वर्तते	=	को वर्तते
रामः	+	जयति	=	रामो जयति
क्षीणः	+	भवति	=	क्षीणो भवति

(ii) **सत्वं सन्धि** (विसर्जस्य श्, ष्, स्)

इस सन्धि में विसर्ग के बाद च, छ आने पर विसर्ग का 'श्' तथा ट, ठ आने पर 'ष्' और त, थ आने पर 'स्' होता है; जैसे—

कः	+	चित्	=	कश्चित्
धनुः	+	टंकारः	=	धनुष्टंकारः
निः	+	ठुरः	=	निष्ठुरः
मनः	+	तापम्	=	मनस्तापम्
इतः	+	ततः	=	इतस्ततः
रामः	+	चलतिः	=	रामश्चलति

(iii) **रुत्वं सन्धि** (विसर्जस्य 'र्')

विसर्ग से पहले 'अ', 'आ' को छोड़कर कोई अन्य स्वर हो और बाद में वर्ग का तीसरा, चौथा और पाँचवाँ वर्ण या य, र, ल, व अथवा कोई अन्य स्वर हो, तो विसर्ग के स्थान पर 'र' हो जाता है; जैसे—

निः	+	धनम्	=	निर्धनम्
कवेः	+	वाणी	=	कवेर्वाणी
आयुः	+	वेदः	=	आयुर्वेदः
मुनिः	+	अयम्	=	मुनिरयम्

(iv) **लुप्त सन्धि** (विसर्जस्य लोपः)

यदि विसर्ग से पूर्व 'अ' या 'आ' हो और विसर्ग के बाद में 'अ' से भिन्न कोई स्वर या वर्ग का तीसरा, चौथा, पाँचवाँ व अन्तःस्थ वर्ण हो, तो विसर्ग का लोप हो जाता है; जैसे—

अतः	+	एव	=	अतएव
रामः	+	इति	=	रामइति
बालकाः	+	गच्छन्ति	=	बालका गच्छन्ति
कृष्णः	+	उवाचं	=	कृष्ण उवाच

अभ्यास प्रश्ना:

बहुविकल्पीय एवं
वर्णनात्मक प्रश्नोत्तर

1. प्रदत्तविकल्पेभ्य: रेखाङ्कितपदानाम् उचितम् उत्तरं चित्वा लिखत। (दिए गए विकल्पों में से रेखांकित पदों के उचित उत्तर चुनकर लिखिए।)

(i) मुनीन्द्रा: वने वसन्ति।
(अ) मुनि + इन्द्रा: (ब) मुनी + इन्द्रा:
(स) मुनी + ईन्द्रा: (द) मुनय: + इन्द्रा:

(ii) नर + ईश: प्रजां पालयति।
(अ) नरीश: (ब) नरेश:
(स) नरिश: (द) नरैश:

(iii) महर्षि सर्वत्र पूज्य:।
(अ) महा + ऋषि (ब) महर् + षि:
(स) महार् + षि (द) महा + ऋर्षी

(iv) परम + ईश्वर: एक: एव भवति।
(अ) परमीश्वर (ब) परमिश्वर:
(स) परमेश्वर: (द) परैश्वर:

(v) गण + ईश: अत्र सन्धिपदं किम्?
(अ) गणिश: (ब) गणेश:
(स) गणईश: (द) गणीश:

(vi) यथोचितं कार्यं क्रियताम्।
(अ) यथा + उचितं (ब) यथो + उचितम्
(स) यथा: + चितं (द) यथाम् + उचितम्

(vii) विद्या समं चक्षु: न + अस्ति।
(अ) नास्ती (ब) नअस्ति
(स) नास्ति (द) नसीत्

(viii) भगतसिंह: अद्य + अपि सर्वत्र प्रथितम् अस्ति।
(अ) अद्यापि (ब) अद्यअपि
(स) अद्यपि (द) अद्यापी

(ix) 'स्वागतम्' इत्यस्मिन् पदे सन्धि: अस्ति।
(अ) दीर्घ (ब) यण्
(स) गुण (द) अयादि

(x) परेषाम् उपकार: एव परोपकार: कथ्यते।
(अ) पर + उपकार (ब) परो + कार:
(स) पर: + उपकार: (द) परोप + कार:

उत्तराणि

(i) (अ) मुनि + इन्द्रा:
(ii) (ब) नरेश:
(iii) (अ) महा + ऋषि
(iv) (स) परमेश्वर:
(v) (ब) गणेश:
(vi) (अ) यथा + उचितं
(vii) (स) नास्ति
(viii) (अ) अद्यापि
(ix) (ब) यण्
(x) (अ) पर + उपकार

2. अधोलिखितेषु पदेषु सन्धि:/सन्धि-विच्छेद: वा क्रियताम्। (निम्नलिखित पदों की सन्धि अथवा सन्धि-विच्छेद कीजिए।)

(i) मुनि + ईश्वर: = ...
(ii) नारीष्ट: = ...
(iii) यथा + इष्ट: = ...
(iv) एक + एक: = ...
(v) सूर्यास्त: = ...
(vi) अति + आचार: = ...
(vii) नयनम् = ...
(viii) प्रति + उपकार: = ...

उत्तराणि

(i) मुनीश्वर: (ii) नारी + इष्ट:
(iii) यथेष्ट: (iv) एकैक:
(v) सूर्य + अस्त: (vi) अत्याचार:
(vii) ने + अनम् (viii) प्रत्युपकार:

3. अधोलिखित पदानां सन्धि:/सन्धि विच्छेदं वा कृत्वा प्रयुक्त सन्धे: नामपि लिखत। (निम्नलिखित पदों की सन्धि अथवा सन्धि विच्छेद करके सन्धि का नाम भी लिखिए।)

पदानि	सन्धि:/सन्धि-विच्छेद:	सन्धे: नाम
(i) प्रति + आगत:	....	....
(ii) खल्वियम्	....	....
(iii) कदा + अपि	....	....
(iv) अस्तीति	....	....
(v) तथा + एव	....	......
(vi) सहसैव	....	....

उत्तराणि

पदानि	सन्धि:/सन्धि-विच्छेद:	सन्धे: नाम
(i) प्रति + आगत:	प्रत्यागत:	यण् सन्धि:
(ii) खल्वियम्	खलु + इयम्	यण् सन्धि:
(iii) कदा + अपि	कदापि	दीर्घ सन्धि:

(iv) अस्तीति	अस्ति + इति	दीर्घ सन्धिः
(v) तथा + एव	तथैव	वृद्धि सन्धिः
(vi) सहसैव	सहसा + एव	वृद्धि सन्धिः

4. अधोलिखित पदानां सन्धिः कृत्वा प्रयुक्त सन्धेः नामपि लिखत।
(निम्नलिखित पदों की सन्धि करके प्रयुक्त सन्धि का नाम भी लिखिए।)

		सन्धि	सन्धि का नाम
(i) पौ + अकः	=	………	………
(ii) गङ्गा + ओघः	=	………	………
(iii) पितृ + आदेशः	=	………	………
(iv) पाठ + आरम्भः	=	………	………
(v) तथा + एव	=	………	………
(vi) पर + उपकारः	=	………	………

उत्तराणि

	सन्धि	सन्धि का नाम
(i) पौ + अकः	पावकः	अयादि सन्धिः
(ii) गङ्गा + ओघः	गङ्गौघः	वृद्धि सन्धिः
(iii) पितृ + आदेशः	पित्रादेशः	यण् सन्धिः
(iv) पाठ + आरम्भः	पाठारम्भः	दीर्घ सन्धिः
(v) तथा + एव	तथैव	वृद्धि सन्धि
(vi) पर + उपकारः	परोपकारः	गुण सन्धिः

5. अधोलिखितेषु पदेषु सन्धि-विच्छेदम् कृत्वा सन्धेः नामपि लिखत।
(निम्नलिखित पदों की सन्धि-विच्छेद करके सन्धि का नाम भी लिखिए।)

पदम्	सन्धि-विच्छेदः	सन्धेःनाम
(i) भानूदयः	……+……	……
(ii) मध्वरिः	……+……	……
(iii) महौषधिः	……+……	……
(iv) गायकः	……+……	……
(v) सुरेशः	……+……	……
(vi) परीक्षा	……+……	……

उत्तराणि

पदम्	सन्धि-विच्छेदः	सन्धेःनाम
(i) भानूदयः	भानु + उदयः	दीर्घ सन्धिः
(ii) मध्वरिः	मधु + अरिः	यण् सन्धिः
(iii) महौषधिः	महा + ओषधिः	वृद्धि सन्धिः
(iv) गायकः	गै + अकः	अयादि सन्धिः
(v) सुरेशः	सुर + ईशः	गुण सन्धिः
(vi) परीक्षा	परि + ईक्षा	दीर्घ सन्धिः

6. कोष्ठकात् उचितपदं चित्वा रिक्तस्थानानि पूरयत।
(कोष्ठक से उचित पद चुनकर रिक्त स्थानों की पूर्ति कीजिए।)

(i) मातृ + आज्ञा = …… (मात्राज्ञा/मतृज्ञा/मातृाज्ञा)
(ii) चन्द्र + उदयः = …… (चन्द्रुदय/चन्द्रोदयः/चन्द्रयः)
(iii) पितृ + ऋणम् = …… (पितृणम्/पित्रणम्/पितृणाम्)
(iv) प्रति + एकम् = …… (प्रतीकम्/प्रतेकम्/प्रत्येकम्)
(v) इति + अलम् = …… (इत्यलम्/इतीलम्/इतिलम्)
(vi) भो + अनम् = …… (भोनम्/भवनम्/भावनम्)
(vii) महती + इच्छा = …… (महतीच्छा/महतिछा/महीतीच्छा)

उत्तराणि

(i) मात्राज्ञा (ii) चन्द्रोदयः
(iii) पितृणम् (iv) प्रत्येकम्
(v) इत्यलम् (vi) भवनम्
(vii) महतीच्छा

7. अधोलिखित वाक्येषु रेखांकितपदेषु सन्धिं/सन्धि विच्छेदं वा कुरुत।
(निम्नलिखित वाक्यों में रेखांकित पदों की सन्धि अथवा सन्धि-विच्छेद लिखिए।)

(i) सन्तोष एव सत् + निधानम्।
(ii) कीटोऽपि सुमनः सङ्गाद् आरोहति सतां शिरः।
(iii) यत्करिण्ये तच्छ्रुयताम्।
(iv) विद्या मानवः विपुलां कीर्तिं 'धनम् + च' लभते।
(v) भवेत् अत्र नित्यं प्रभो + अनुगृहः ते।

उत्तराणि

(i) सन्निधानम् (ii) कीटः + अपि
(iii) तत् + श्रृयताम् (iv) धनञ्च
(v) प्रभोऽनुग्रहः।

8. अधोलिखित वाक्येषु रेखांकित पदेषु सन्धिं/सन्धि विच्छेदं वा कुरुत
(निम्नलिखित वाक्यों में रेखांकित पद का सन्धि-विच्छेद करके लिखिए।)

(i) पावकः (……+……) सर्व रहित।
(ii) खगाः आकाशे स्वच्छन्दम् (……+……) विहरन्ति।
(iii) तावत्र (……+……) आगच्छतः।
(iv) कपी इतस्ततः (……+……) भ्रमतः।
(v) परोपदेश (……+……) पाण्डित्यं सर्वेषां सुकरं नृणाम्।

उत्तराणि

(i) पौ + अकः
(ii) स्व + छन्दम्
(iii) तौ + अत्र
(iv) इतः + ततः
(v) पर + उपदेशे

9. अधोलिखित वाक्येषु रेखांकित पदेषु सन्धिं/सन्धि-विच्छेद का कुरुत। (निम्नलिखित वाक्यों में रेखांकित पद का सन्धि-विच्छेद करके लिखिए।)

(i) यथोचितं (यथा +······) क्रियताम् इति नृप: अवदत्।

(ii) सर्वदा सर्वदाऽस्मांक (सर्वदा +······) सन्निधिं सन्निधिं क्रियात्।

(iii) सुप्तोधित: (······+ उस्थित) प्रच्छन्न भाग्य: अवदत्।

(iv) गुरूपदेशेन (······+ उपदेशेन) इव मम् चक्षुषी समुन्मीलिते।

(v) अहं तस्य निग्रहं वायोरिव (वायो: + ······) सुदुष्कर मन्ये।

उत्तराणि

(i) उचितं (ii) अस्माकं (iii) सुप्त

(iv) गुरु (v) इव

10. अधोलिखित वार्तालापे रेखांकितपदानां सन्धि-विच्छेदं क्रियताम् (निम्नलिखित वार्तालाप में रेखांकित पद का सन्धि-विच्छेद कीजिए।)

युधिष्ठर: - नकुल! अहम् वने (i) पिपासाकुल: अस्मि।

नकुल: - भ्राते! अहम् अपि (ii) तृषार्त: अस्मि।

युधिष्ठर: - किञ्चिद् दूरं गच्छ। तत्र (iii) गत्वैकम् तड़ागम् पश्यसि। तडागात् जलं आनय।

उत्तराणि

(i) पिपासा + आकुल: (ii) तृषा + आर्त:

(iii) गत्वा + एकं

11. अधोलिखित अनुच्छेदे रेखांकित पदानां सन्धिं/सन्धि-विच्छेदं का कृत्वा लिखत। (निम्नलिखित अनुच्छेद में रेखांकित पद की सन्धि/विच्छेद करके लिखिए।)

क्रीडानाम् उपयोगितां सर्वे स्वीकुर्वन्ति। (i) एता: + क्रीडा (············)केवलं शरीरं सबलं न कुर्वन्ति अपितु (ii) मनोऽपि (······+······) (iii) एताभि: + परस्परं (······+······)अस्माकम् (iv) वृद्धि र्जायते (······+······) (v) मन: + रञ्जनं (············) तु भवति एव!

उत्तराणि

(i) एता क्रीडा

(ii) मन: + अपि

(iii) एताभि परस्परं

(iv) वृद्धि: + जायते

(v) मनोरञ्जनम्

शब्द रूपाणि

(अजन्त, हलन्त, सर्वनाम्, संख्यावाचकाः)

अध्याय 4

4.1 शब्द की परिभाषा एवं प्रकार

संस्कृत भाषा में शब्दों के अंत में कुछ प्रत्यय जोड़कर रूप बनाए जाते हैं। इन प्रत्ययों को 'सुप् प्रत्यय' कहते हैं। तथा प्रत्यय लगाकर बने हुए शब्द सुबन्त कहलाते हैं।

उदाहरण—बालः, बालौ, बालाः ये सुबन्त शब्द हैं।

शब्दों को तीन भागों में विभक्त किया गया है

1. **अजन्त** (स्वरान्त) इन शब्दों के अन्त में कोई स्वर या अच् होता है; जैसे—अ, आ, इ, ई।
2. **हलन्त** (व्यञ्जनान्त) इन शब्दों के अंत में कोई व्यंजन होता है; जैसे—क, च, ट्, त।
3. **सर्वनाम** इनमें वे शब्द होते हैं, जो संज्ञा का स्थान लेते हैं; जैसे—रामः के लिए सः, सीता के लिए सा।

उपरोक्त दिए गए शब्दों के प्रयोग से पुल्लिङ्ग, स्त्रीलिङ्ग तथा नपुंसकलिङ्ग के रूप बनते हैं। इसके लिए मूल शब्द में निम्नलिखित 21 सुप् प्रत्ययों को लगाकर विभक्तियों तथा वचनों में रूप बनाते हैं।

विभक्ति	कारक	एकवचन	द्विवचन	बहुवचन
प्रथमा	कर्ता	सु (सः)	औ	जस् (अः)
द्वितीया	कर्म	अम्	औट्	शस् (अः)
तृतीया	करण	टा (आ)	भ्याम्	भिस् (भिः)
चतुर्थी	सम्प्रदान	ङे (ए)	भ्याम्	भ्यस् (भ्यः)
पञ्चमी	अपादान	ङसि (अः)	भ्याम्	भ्यस् (भ्यः)
षष्ठी	संबंध	ङस् (अः)	ओस् (औः)	आम्
सप्तमी	अधिकरण	ङि (इ)	ओस् (औः)	सुप् (सु)

शब्दों का विभाजन

शब्दों को उपरोक्त के अतिरिक्त उनके उच्चारण के समय उत्पन्न होने वाली अन्तिम ध्वनि के आधार पर भी विभक्त किया जाता है

ध्वनि के आधार पर विभाजन निम्न प्रकार है

1. **अकारान्त पुल्लिङ्ग** तथा **नपुंसकलिङ्ग** इनमें तृतीया में एन/एण, चतुर्थी में आय, पञ्चमी में आत्, षष्ठी में स्य, सप्तमी में 'ए' मिलाकर शब्द रूप बनाते हैं; जैसे—

तृतीया में	रामेण, धनेन, केन, येन, गृहेण, मोहनेन
चतुर्थी में	रामाय, धनाय, गृहाय, मोहनाय
पञ्चमी में	रामात्, धनात्, गृहात्, मोहनात्
षष्ठी में	रामस्य, धनस्य, गृहस्य, मोहनस्य
सप्तमी में	रामे, धने, गृहे, मोहने

   विशेष कुछ शब्दों में तृतीया में टा प्रत्यय का (आ) शेष रहता है तथा शब्दों में जुड़कर रूप निर्माण में सहयोग करता है; जैसे—नदी-नद्या, वधू-वध्वा, यत् (स्त्री) यया, किम् (स्त्री) कया, तत् (स्त्री) तया, मातृ-मात्रा, पितृ-पित्रा, गुरु-गुरुणा, हरि-हरिणा, मति-मत्या, रमा-रमया आदि।

2. **स्त्रीलिङ्ग** इसमें तृतीया, चतुर्थी तथा पञ्चमी विभक्ति के द्विवचन और बहुवचन में कोई भी परिवर्तन नहीं होता केवल प्रत्यय को जोड़ते हैं; जैसे—**रमा** रमाभ्याम्, रमाभिः, रमाभ्यः **यत्** याभ्याम्, **याभि**, याभ्यः, **नदीः** नदीभ्याम्, नदीभिः, नदीभ्यः आदि।

   उपरोक्त भिन्न रूपों का स्मरण तथा उन्हें समझना आवश्यक है।

   जैसे—सप्तमी बहुवचन में सुप् प्रत्यय है तथा उसे मिलाकर शब्दरूप बनाते हैं। रमा-रमासु, कवि-कविषु, नदी-नदीषु, यत्-येषु (पु.) यासु (स्त्री.) आदि।

   षष्ठी, सप्तमी द्विवचन में ओस् प्रत्यय को जोड़कर निम्न रूप बनाते हैं—रमा-रमयोः, धन-धनयोः, गृह-गृहयोः, किं-कयोः, तत्-तयोः, यत्-ययोः, इदम्-अनयोः आदि।

3. **सर्वनाम** इन शब्दों में चतुर्थी में स्मै, पञ्चमी में स्मात्, षष्ठी में स्य तथा **सप्तमी में** स्मिन् लगाते हैं; जैसे—

चतुर्थी में	सर्वस्मै, तस्मै, कस्मै, यस्मै।
पञ्चमी में	सर्वस्मात्, तस्मात्, कस्मात्, यस्मात्।
षष्ठी में	सर्वस्य, तस्य, कस्य।
सप्तमी में	सर्वस्मिन्, तस्मिन्, कस्मिन्, यस्मिन्।

शब्दरूप

- अजन्त पुल्लिङ्ग — अ, इ, उकारान्त
- स्त्रीलिङ्ग — आ, इकारान्त
- नपुंसकलिङ्ग — अ, इकारान्त
- सर्वनाम — यत्, तत्, किम्, इदम्, (तीनों लिङ्गों में) अस्मद् एवं युष्मद्

4.2 अजन्त शब्द रूपाणि

जिन शब्दों को अंत में कोई स्वर अथवा अच् होता है, उन्हें अजन्त शब्द कहते हैं।

1. राम शब्द (अकारान्त) पुल्लिग

विभक्ति	एकवचन	द्विवचन	बहुवचन
प्रथमा	रामः	रामौ	रामाः
द्वितीया	रामम्	रामौ	रामान्
तृतीया	रामेण	रामाभ्याम्	रामैः
चतुर्थी	रामाय	रामाभ्याम्	रामेभ्यः
पञ्चमी	रामात्	रामाभ्याम्	रामेभ्यः
षष्ठी	रामस्य	रामयोः	रामाणाम्
सप्तमी	रामे	रामयोः	रामेषु
सम्बोधन	हे राम!	हे रामौ!	हे रामाः!

['राम' शब्द की तरह ही अन्य अकारान्त पुल्लिग शब्द; जैसे—मोहन, सोहन, कृष्ण, रहीम, नृप, जनक, सुत, बालक, पुत्र, ग्राम, विद्यालय, नर, मनुष्य, अश्व, वृक्ष, पुरुष, सूर्य, चंद्र, सज्जन, विप्र, लोक (संसार), उपाध्याय, सिंह, शिष्य, धर्म, सागर, कृषक (किसान), छात्र, मानव, भ्रमर, सरोवर, युवक, ईश्वर, गज, शिव आदि के सभी रूप चलते हैं।]

2. कवि शब्द (इकारान्त) पुल्लिग

विभक्ति	एकवचन	द्विवचन	बहुवचन
प्रथमा	कविः	कवी	कवयः
द्वितीया	कविम्	कवी	कवीन्
तृतीया	कविना	कविभ्याम्	कविभिः
चतुर्थी	कवये	कविभ्याम्	कविभ्यः
पञ्चमी	कवेः	कविभ्याम्	कविभ्यः
षष्ठी	कवेः	कव्योः	कवीनाम्
सप्तमी	कवौ	कव्योः	कविषु
सम्बोधन	हे कवे!	हे कवी!	हे कवयः!

[कवि शब्द की तरह ही अन्य सभी ह्रस्व 'इ' से अंत होने वाले पुल्लिग शब्द; जैसे—हरि, नृपति (राजा), भूपति (राजा), कपि (वानर), अग्नि, मुनि, रवि (सूर्य), यति, विधि (ब्रह्मा), सेनापति, जलधि (समुद्र), गिरि (पर्वत), अरि (शत्रु), गणपति, धनपति, विद्यापति (विद्वान्), मरीचि (किरण), ऋषि आदि शब्दों के रूप चलेंगे।]

3. भानु शब्द (उकारान्त) पुल्लिग

विभक्ति	एकवचन	द्विवचन	बहुवचन
प्रथमा	भानुः	भानू	भानवः
द्वितीया	भानुम्	भानू	भानून्
तृतीया	भानुना	भानुभ्याम्	भानुभिः
चतुर्थी	भानवे	भानुभ्याम्	भानुभ्यः
पञ्चमी	भानोः	भानुभ्याम्	भानुभ्यः
षष्ठी	भानोः	भान्वोः	भानूनाम्
सप्तमी	भानौ	भान्वोः	भानुषु
सम्बोधन	हे भानो!	हे भानू!	हे भानवः!

[भानु शब्द की तरह ही अन्य उकारान्त पुल्लिग शब्द; जैसे—गुरु, बंधु, प्रभु, साधु, वायु, शत्रु, रिपु, पशु, तरु, मनु, धातु, राहु, केतु, मृत्यु, ऋतु, शिशु, इंदु आदि के रूप चलेंगे।]

4. पितृ (पिता) शब्द (ऋकारान्त) पुल्लिग

विभक्ति	एकवचन	द्विवचन	बहुवचन
प्रथमा	पिता	पितरौ	पितरः
द्वितीया	पितरम्	पितरौ	पितॄन्
तृतीया	पित्रा	पितृभ्याम्	पितृभिः
चतुर्थी	पित्रे	पितृभ्याम्	पितृभ्यः
पञ्चमी	पितुः	पितृभ्याम्	पितृभ्यः
षष्ठी	पितुः	पित्रोः	पितृणाम्
सप्तमी	पितरि	पित्रोः	पितृषु
सम्बोधन	हे पितः!	हे पितरौ!	हे पितरः!

[पितृ शब्द की तरह ही अन्य ह्रस्व 'ऋ' से अन्त होने वाले पुल्लिग शब्द; जैसे—भ्रातृ, कर्तृ (कर्ता) जामातृ (दामाद) आदि के रूप चलते हैं।]

5. चन्द्रमस् (चन्द्रमा) शब्द (सकारान्त पुल्लिग)

विभक्ति	एकवचन	द्विवचन	बहुवचन
प्रथमा	चन्द्रमाः	चन्द्रमसौ	चन्द्रमसः
द्वितीया	चन्द्रमसम्	चन्द्रमसौ	चन्द्रमसः
तृतीया	चन्द्रमसा	चन्द्रमोभ्याम्	चन्द्रमोभिः
चतुर्थी	चन्द्रमसे	चन्द्रमोभ्याम्	चन्द्रमोभ्यः
पञ्चमी	चन्द्रमसः	चन्द्रमोभ्याम्	चन्द्रमोभ्यः
षष्ठी	चन्द्रमसः	चन्द्रमसोः	चन्द्रमसाम्
सप्तमी	चन्द्रमसि	चन्द्रमसोः	चन्द्रमस्सु
सम्बोधन	हे चन्द्रमः!	हे चन्द्रमसौ!	हे चन्द्रमसः!

6. राजन् (राजा) शब्द (नकारान्त) पुल्लिग

विभक्ति	एकवचन	द्विवचन	बहुवचन
प्रथमा	राजा	राजानौ	राजानः
द्वितीया	राजानम्	राजानौ	राज्ञः
तृतीया	राज्ञा	राजभ्याम्	राजभिः
चतुर्थी	राज्ञे	राजभ्याम्	राजभ्यः

पञ्चमी	राज्ञः	राजभ्याम्	राजभ्यः
षष्ठी	राज्ञः	राज्ञोः	राज्ञाम्
सप्तमी	राज्ञि	राज्ञोः	राजसु
सम्बोधन	हे राजन्!	हे राजानौ!	हे राजानः!

7. लता शब्द (अकारान्त) स्त्रीलिंग

विभक्ति	एकवचन	द्विवचन	बहुवचन
प्रथमा	लता	लते	लताः
द्वितीया	लताम्	लते	लताः
तृतीया	लतया	लताभ्याम्	लताभिः
चतुर्थी	लतायै	लताभ्याम्	लताभ्यः
पञ्चमी	लतायाः	लताभ्याम्	लताभ्यः
षष्ठी	लतायाः	लतयोः	लतानाम्
सप्तमी	लतायाम्	लतयोः	लतासु
सम्बोधन	हे लते!	हे लते!	हे लताः!

[लता शब्द की तरह ही अन्य अकारान्त स्त्रीलिंग शब्द; जैसे— रमा, बाला, कन्या, बालिका, शिक्षा, कमला, विमला, सीता, गीता, पाठशाला, महिला, शीला, कक्षा, विद्या, वसुधा, शाखा, सभा, राधा, शोभा, मृत्तिका, गङ्गा, यमुना, आकांक्षा, प्रभा, विभा, माया, क्रीडा, माला, क्षमा, सरिता, सविता, कविता आदि के रूप चलेंगे।]

8. मति शब्द (इकारान्त) **स्त्रीलिंग**

विभक्ति	एकवचन	द्विवचन	बहुवचन
प्रथमा	मतिः	मती	मतयः
द्वितीया	मतिम्	मती	मतीः
तृतीया	मत्या	मतिभ्याम्	मतिभिः
चतुर्थी	मत्यै, मतये	मतिभ्याम्	मतिभ्यः
पञ्चमी	मत्याः, मतेः	मतिभ्याम्	मतिभ्यः
षष्ठी	मत्याः, मतेः	मत्योः	मतीनाम्
सप्तमी	मत्याम्, मतौ	मत्योः	मतिषु
सम्बोधन	हे मते!	हे मती!	हे मतयः!

[मति शब्द के समान ही इकारान्त स्त्रीलिंग शब्द; जैसे—बुद्धि (मति), भक्ति, प्रीति, श्रुति (वेद), कीर्ति (यश), कान्ति, रात्रि, भूमि, शक्ति, गति, रीति, वृष्टि (वर्षा) आदि के रूप चलेंगे।]

9. नदी शब्द (इकारान्त) **स्त्रीलिंग**

विभक्ति	एकवचन	द्विवचन	बहुवचन
प्रथमा	नदी	नद्यौ	नद्यः
द्वितीया	नदीम्	नद्यौ	नदीः
तृतीया	नद्या	नदीभ्याम्	नदीभिः
चतुर्थी	नद्यै	नदीभ्याम्	नदीभ्यः
पञ्चमी	नद्याः	नदीभ्याम्	नदीभ्यः
षष्ठी	नद्याः	नद्योः	नदीनाम्
सप्तमी	नद्याम्	नद्योः	नदीषु
सम्बोधन	हे नदि!	हे नद्यौ!	हे नद्यः!

[नदी शब्द के समान ही इकारान्त स्त्रीलिंग शब्द; जैसे—गौरी, पार्वती, भवानी, लक्ष्मी, कुमारी, नारी, जननी, नगरी, पत्नी, पृथ्वी, पुत्री आदि के रूप चलेंगे।]

10. धेनु (गाय) **शब्द** (उकारान्त स्त्रीलिंग)

विभक्ति	एकवचन	द्विवचन	बहुवचन
प्रथमा	धेनुः	धेनु	धेनवः
द्वितीया	धेनुम्	धेनू	धेनूः
तृतीया	धेनवा	धेनूभ्याम्	धेनूभिः
चतुर्थी	धेन्वै	धेनूभ्याम्	धेनुभ्यः
पञ्चमी	धेन्वाः	धेनूभ्याम्	धेनुभ्यः
षष्ठी	धेन्वाः	धेन्वोः	धेनूनाम्
सप्तमी	धेन्वाम्	धेन्वोः	धेनुषु
सम्बोधन	हे धेनु!	हे धेनू!	हे धेनवः!

11. मातृ (माता) **शब्द (ऋकारान्त) स्त्रीलिंग**

विभक्ति	एकवचन	द्विवचन	बहुवचन
प्रथमा	माता	मातरौ	मातरः
द्वितीया	मातरम्	मातरौ	मातृः
तृतीया	मात्रा	मातृभ्याम्	मातृभिः
चतुर्थी	मात्रे	मातृभ्याम्	मातृभ्यः
पञ्चमी	मातुः	मातृभ्याम्	मातृभ्यः
षष्ठी	मातुः	मात्रोः	मातृणाम्
सप्तमी	मातरि	मात्रोः	मातृषु
सम्बोधन	हे मातः!	हे मातरौः!	हे मातरः!

12. फलं शब्द (अकारान्त) **नपुंसकलिंग**

विभक्ति	एकवचन	द्विवचन	बहुवचन
प्रथमा	फलम्	फले	फलानि
द्वितीया	फलम्	फले	फलानि
तृतीया	फलेन	फलाभ्याम्	फलैः
चतुर्थी	फलाय	फलाभ्याम्	फलेभ्यः
पञ्चमी	फलात्	फलाभ्याम्	फलेभ्यः
षष्ठी	फलस्य	फलयोः	फलानाम्
सप्तमी	फले	फलयोः	फलेषु
सम्बोधन	हे फल!	हे फले!	हे फलानि!

['फलं' शब्द के समान ही अकारान्त नपुंसकलिंग शब्द; जैसे—वनं, पुस्तकं, जलं, मित्रं, वस्त्रं, आम्रं, गृहं, उद्यानं, पुष्पं आदि के रूप चलेंगे।]

4.3 व्यञ्जनान्त (हलन्त) शब्द-रूपाणि

जिन शब्दों के अंत में कोई व्यञ्जन् होता है, उन्हें हलन्त या व्यञ्जनान्त शब्द कहते हैं।

1. आत्मन् (आत्मा) **शब्द** (नकारान्त) **पुल्लिङ्गः**

विभक्तिः	एकवचन	द्विवचन	बहुवचन
प्रथमा	आत्मा	आत्मानौ	आत्मानः
द्वितीया	आत्मानम्	आत्मानौ	आत्मनः

तृतीया	आत्मना	आत्मभ्याम्	आत्मभिः
चतुर्थी	आत्मने	आत्मभ्याम्	आत्मभ्यः
पञ्चमी	आत्मनः	आत्मभ्याम्	आत्मभ्यः
षष्ठी	आत्मनः	आत्मनोः	आत्मनाम्
सप्तमी	आत्मनि	आत्मनोः	आत्मसु
सम्बोधन	हे आत्मन्!	हे आत्मानौ!	हे आत्मानः!

2. महात्मन् (महात्मा) **शब्द** (नकारान्त) **पुल्लिंग**

विभक्ति	एकवचन	द्विवचन	बहुवचन
प्रथमा	महात्मा	महात्मानौ	महात्मानः
द्वितीया	महात्मनम्	महात्मानौ	महात्मनः
तृतीया	महात्मना	महात्मभ्याम्	महात्मभिः
चतुर्थी	महात्मने	महात्मभ्याम्	महात्मभ्यः
पञ्चमी	महात्मनः	महात्मभ्याम्	महात्मभ्यः
षष्ठी	महात्मनः	महात्मनोः	महात्मनाम्
सप्तमी	महात्मनि	महात्मनोः	महात्मसु
सम्बोधन	हे महात्मन्!	हे महात्मानौ:!	हे महात्मानः!

3. मनस् (मन) **शब्द** (नकारान्त) **नपुंसकलिङ्ग**

विभक्तिः	एकवचन	द्विवचन	बहुवचन
प्रथमा	मनः	मनसी	मनांसि
द्वितीया	मनः	मनसी	मनांसि
तृतीया	मनसा	मनोभ्याम्	मनोभिः
चतुर्थी	मनसे	मनोभ्याम्	मनोभ्यः
पञ्चमी	मनसः	मनोभ्याम्	मनोभ्यः
षष्ठी	मनसः	मनसोः	मनसाम्
सप्तमी	मनसि	मनसोः	मनःसु
सम्बोधन	हे मनस्!	हे मनसी!	हे मनांसि!

समान शब्द वचस्, तपस्, रजस आदि।

4. भवत् शब्द (तकारान्त) **पुल्लिंग**

विभक्तिः	एकवचन	द्विवचन	बहुवचन
प्रथमा	भवान्	भवन्तौ	भवन्तः
द्वितीया	भवन्तम्	भवन्तौ	भवतः
तृतीया	भवता	भवद्भ्याम्	भवद्भिः
चतुर्थी	भवते	भवद्भ्याम्	भवद्भ्यः
पञ्चमी	भवतः	भवद्भ्याम्	भवद्भ्यः
षष्ठी	भवतः	भवतोः	भवताम्
सप्तमी	भवति	भवतोः	भवत्सु
सम्बोधन	हे भवन्!	हे भवन्तौ!	हे भवन्तः!

4.3 सर्वनाम शब्द-रूपाणि

1. **सर्व** (सब) **शब्द पुल्लिंग**

विभक्ति	एकवचन	द्विवचन	बहुवचन
प्रथमा	सर्वः	सर्वौ	सर्वे
द्वितीया	सर्वम्	सर्वौ	सर्वान्
तृतीया	सर्वेण	सर्वाभ्याम्	सर्वैः
चतुर्थी	सर्वस्मै	सर्वाभ्याम्	सर्वेभ्यः
पञ्चमी	सर्वस्मात्	सर्वाभ्याम्	सर्वेभ्यः
षष्ठी	सर्वस्य	सर्वयोः	सर्वेषाम्
सप्तमी	सर्वस्मिन्	सर्वयोः	सर्वेषु

नोट सर्वनाम शब्द रूपों में संबोधन नहीं होता।

सर्व (सब) **शब्द स्त्रीलिंग**

विभक्ति	एकवचन	द्विवचन	बहुवचन
प्रथमा	सर्वा	सर्वे	सर्वाः
द्वितीया	सर्वाम्	सर्वे	सर्वाः
तृतीया	सर्वया	सर्वाभ्याम्	सर्वाभिः
चतुर्थी	सर्वस्यै	सर्वाभ्याम्	सर्वाभ्यः
पञ्चमी	सर्वस्याः	सर्वाभ्याम्	सर्वाभ्यः
षष्ठी	सर्वस्याः	सर्वयोः	सर्वासाम्
सप्तमी	सर्वस्याम्	सर्वयोः	सर्वासु

सर्व (सब) **शब्द नपुंसकलिंग**

विभक्ति	एकवचन	द्विवचन	बहुवचन
प्रथमा	सर्वम्	सर्वे	सर्वाणि
द्वितीया	सर्वम्	सर्वे	सर्वाणि

नोट शेष विभक्तियों के रूप पुल्लिंग शब्द सर्व के समान होते हैं।

2. **इदम्** (यह) **शब्द पुल्लिंग**

विभक्ति	एकवचन	द्विवचन	बहुवचन
प्रथमा	अयम्	इमौ	इमे
द्वितीया	इमम्	इमौ	इमान्
तृतीया	अनेन	आभ्याम्	एभिः
चतुर्थी	अस्मै	आभ्याम्	एभ्यः
पञ्चमी	अस्मात्	आभ्याम्	एभ्यः
षष्ठी	अस्य	अनयोः	एषाम्
सप्तमी	अस्मिन्	अनयोः	एषु

इदम् (यह) **शब्द स्त्रीलिंग**

विभक्ति	एकवचन	द्विवचन	बहुवचन
प्रथमा	इयम्	इमे	इमाः
द्वितीया	इमाम्	इमे	इमाः
तृतीया	अनया	आभ्याम्	आभिः
चतुर्थी	अस्यै	आभ्याम्	आभ्यः
पञ्चमी	अस्याः	आभ्याम्	आभ्यः
षष्ठी	अस्याः	अनयोः	आसाम्
सप्तमी	अस्याम्	अनयोः	आसु

इदम् (यह) **नपुंसकलिंग**

विभक्ति	एकवचन	द्विवचन	बहुवचन
प्रथमा	इदम्	इमे	इमानि
द्वितीया	इदम्	इमे	इमानि

नोट शेष विभक्तियों के रूप इदम् पुल्लिंग के समान बनते हैं।

3. **तत्** (वह) **शब्द पुल्लिग**

विभक्ति	**एकवचन**	**द्विवचन**	**बहुवचन**
प्रथमा	स:	तौ	ते
द्वितीया	तम्	तौ	तान्
तृतीया	तेन	ताभ्याम्	तै:
चतुर्थी	तस्मै	ताभ्याम्	तेभ्य:
पञ्चमी	तस्मात्	ताभ्याम्	तेभ्य:
षष्ठी	तस्य	तयो:	तेषाम्
सप्तमी	तस्मिन्	तयो:	तेषु

तद् (वह) **शब्द स्त्रीलिंग**

विभक्ति	**एकवचन**	**द्विवचन**	**बहुवचन**
प्रथमा	सा	ते	ता:
द्वितीया	ताम्	ते	ता:
तृतीया	तया	ताभ्याम्	ताभि:
चतुर्थी	तस्यै	ताभ्याम्	ताभ्य:
पञ्चमी	तस्या:	ताभ्याम्	ताभ्य:
षष्ठी	तस्या:	तयो:	तासाम्
सप्तमी	तस्याम्	तयो:	तासु

तद् (वह) **शब्द नपुंसकलिंग**

विभक्ति	**एकवचन**	**द्विवचन**	**बहुवचन**
प्रथमा	तत्	ते	तानि
द्वितीया	तत्	ते	तानि

नोट शेष विभक्तियों के रूप पुल्लिग तत् के समान होते हैं।

4. **यत्** (जो) **शब्द पुल्लिग**

विभक्ति	**एकवचन**	**द्विवचन**	**बहुवचन**
प्रथमा	य:	यौ	ये
द्वितीया	यम्	यौ	यान्
तृतीया	येन	याभ्याम्	यै:
चतुर्थी	यस्मै	याभ्याम्	येभ्य:
पञ्चमी	यस्मात्	याभ्याम्	येभ्य:
षष्ठी	यस्य	ययो:	येषाम्
सप्तमी	यस्मिन्	ययो:	येषु

यत् (जो) **शब्द (स्त्रीलिंग)**

विभक्ति	**एकवचन**	**द्विवचन**	**बहुवचन**
प्रथमा	या	ये	या:
द्वितीया	याम्	ये	या:
तृतीया	यया	याभ्याम्	याभि:
चतुर्थी	यस्यै	याभ्याम्	याभ्य:
पञ्चमी	यस्या:	याभ्याम्	याभ्य:
षष्ठी	यस्या:	ययो:	यासाम्
सप्तमी	यस्याम्	ययो:	यासु

यत् (जो) **शब्द (नपुंसकलिंग)**

विभक्ति	**एकवचन**	**द्विवचन**	**बहुवचन**
प्रथमा	यत्	ये	यानि
द्वितीया	यत्	ये	यानि

नोट शेष विभक्तियों के रूप पुल्लिग यत् के समान होते हैं।

5. **युष्मद्** (तुम) **शब्द (तीनों लिंगों में समान)**

विभक्ति	**एकवचन**	**द्विवचन**	**बहुवचन**
प्रथमा	त्वम्	युवाम्	यूयम्
द्वितीया	त्वाम्	युवाम्	युष्मान्
तृतीया	त्वया	युवाभ्याम्	युष्माभि:
चतुर्थी	तुभ्यम्	युवाभ्याम्	युष्मभ्यम्
पञ्चमी	त्वत्	युवाभ्याम्	युष्मत्
षष्ठी	तव	युवयो:	युष्माकम्
सप्तमी	त्वयि	युवयो:	युष्मासु

6. **अस्मद्** (मैं) **शब्द (तीनों लिंगों में समान)**

विभक्ति	**एकवचन**	**द्विवचन**	**बहुवचन**
प्रथमा	अहम्	आवाम्	वयम्
द्वितीया	माम्	आवाम्	अस्मान्
तृतीया	मया	आवाभ्याम्	अस्माभि:
चतुर्थी	मह्यम्	आवाभ्याम्	अस्मभ्यम्
पञ्चमी	मत्	आवाभ्याम्	अस्मत्
षष्ठी	मम	आवयो:	अस्माकम्
सप्तमी	मयि	आवयो:	अस्मासु

7. **एतत्** (यह, इस, इन) **शब्द पुल्लिंग**

विभक्ति	**एकवचन**	**द्विवचन**	**बहुवचन**
प्रथमा	एष:	एतौ	एते
द्वितीया	एतम्	एतौ	एतान्
तृतीया	एतेन	एताभ्याम्	एतै:
चतुर्थी	एतस्मै	एताभ्याम्	एतेभ्य:
पञ्चमी	एतस्मात्	एताभ्याम्	एतेभ्य:
षष्ठी	एतस्य	एतयो:	एतेषाम्
सप्तमी	एतस्मिन्	एतयो:	एतेषु

एतत् (यह, इस, इन) **शब्द स्त्रीलिंग**

विभक्ति	**एकवचन**	**द्विवचन**	**बहुवचन**
प्रथमा	एषा	एते	एता:
द्वितीया	एताम्	एते	एता:
तृतीया	एतया	एताभ्याम्	एताभि:
चतुर्थी	एतस्यै	एताभ्याम्	एताभ्य:
पञ्चमी	एतस्या:	एताभ्याम्	एताभ्य:
षष्ठी	एतस्या:	एतयो:	एतासाम्
सप्तमी	एतस्याम्	एतयो:	एतासु

एतत् (यह, इस, इन) **शब्द नपुंसकलिंग**

विभक्ति	एकवचन	द्विवचन	बहुवचन
प्रथमा	एतत्	एते	एतानि
द्वितीया	एतत्	एते	एतानि

नोट शेष विभक्तियों के रूप पुल्लिग एतत् के समान होते हैं।

8. **किम्** (कौन) **शब्द पुल्लिग**

विभक्ति	एकवचन	द्विवचन	बहुवचन
प्रथमा	कः	कौ	के
द्वितीया	कम्	कौ	कान्
तृतीया	केन	काभ्याम्	कैः
चतुर्थी	कस्मै	काभ्याम्	केभ्यः
पञ्चमी	कस्मात्	काभ्याम्	केभ्यः
षष्ठी	कस्य	कयोः	केषाम्
सप्तमी	कस्मिन्	कयोः	केषु

किम् (कौन) **शब्द स्त्रीलिंग**

विभक्ति	एकवचन	द्विवचन	बहुवचन
प्रथमा	का	के	काः
द्वितीया	काम्	के	काः
तृतीया	कया	काभ्याम्	काभिः
चतुर्थी	कस्यै	काभ्याम्	काभ्यः
पञ्चमी	कस्याः	काभ्याम्	काभ्यः
षष्ठी	कस्याः	कयोः	कासाम्
सप्तमी	कस्याम्	कयोः	कासु

किम् (कौन) **नपुंसकलिंग**

विभक्ति	एकवचन	द्विवचन	बहुवचन
प्रथमा	किम्	के	कानि
द्वितीया	किम्	के	कानि

नोट शेष सभी विभक्तियों के रूप पुल्लिग के समान ही होते हैं।

4.4 संख्यावाचकाः शब्दाः

संख्यावाचक शब्द दो प्रकार के होते हैं

1. **गणनावाचक** गणनावाचक संख्या शब्दों से सामान्यतया किसी वस्तु की संख्या का ज्ञान होता है; जैसे—एक, द्वि, त्रि, चतुर, पञ्चम आदि।
2. **क्रमवाचक** क्रमवाचक संख्यावाची शब्दों से क्रम को बोध होता है; जैसे—प्रथम, द्वितीय, तृतीय, चतुर्थ, पञ्चम इत्यादि।

1 तः 100 पर्यन्तं संख्यावाचक पदानि

1. एकः/एका/एकम्	2. द्वौ/द्वे/द्वे	3. त्रयः/तिस्र/त्रीणि
4. चत्वारः/चतस्र/चत्वारि	5. पञ्च	6. षट्
7. सप्त	8. अष्ट	9. नव
10. दश	11. एकादश	12. द्वादश
13. त्रयोदश	14. चतुर्दश	15. पञ्चदश
16. षोडशः	17. सप्तदश	18. अष्टादश
19. नवदश	20. विंशतिः	21. एकविंशतिः
22. द्वाविंशतिः	23. त्रयोविंशतिः	24. चतुर्विंशतिः
25 पञ्चविंशतिः	26. षड्विंशतिः	27. सप्तविंशतिः
28. अष्टविंशतिः	29. नवविंशतिः	30. त्रिंशत्
31. एकत्रिंशत्	32. द्वात्रिंशत्	33. त्रयत्रिंशत्
34. चतुत्रिंशत्	35. पञ्चत्रिंशत्	36. षट्त्रिंशत्
37. सप्तत्रिंशत्	38. अष्टात्रिंशत्	39. नवत्रिंशत्
40. चत्वारिंशत्	41. एकचत्वारिंशत्	42. द्विचत्वारिंशत्
43. त्रिचत्वारिंशत्	44. चतुश्चत्वारिंशत्	45. पञ्चचत्वारिंशत्
46. षड्चत्वारिंशत्	47. सप्तचत्वारिंशत्	48. अष्टचत्वारिंशत्
49. नवचत्वारिंशत्	50. पञ्चाशत्	51. एकपञ्चाशत्
52. द्विपञ्चाशत्	53. त्रिपञ्चाशत्	54. चतुःपञ्चाशत्
55. पञ्चपञ्चाशत्	56. षट्पञ्चाशत्	57. सप्तपञ्चाशत्
58. अष्टपञ्चाशत्	59. नवपञ्चाशत्	60. षष्टिः
61. एकषष्टिः	62. द्विषष्टिः	63. त्रिषष्टिः
64. चतुःषष्टिः	65. पञ्चषष्टिः	66. षट्षष्टिः
67. सप्तषष्टिः	68. अष्टषष्टिः	69. नवषष्टिः
70. सप्ततिः	71. एकसप्ततिः	72. द्विसप्ततिः
73. त्रिसप्ततिः	74. चतुस्सप्ततिः	75. पञ्चसप्ततिः
76. षट्सप्ततिः	77. सप्तसप्ततिः	78. अष्टसप्ततिः
79. नवसप्ततिः	80. अशीतिः	81. एकाशीतिः
82. द्वयशीतिः	83. त्र्यशीतिः	84. चतुरशीतिः
85. पञ्चाशीतिः	86. षडशीतिः	87. सप्ताशीतिः
88. अष्टाशीतिः	89. नवाशीतिः	90. नवतिः
91. एकनवतिः	92. द्विनवतिः	93. त्रिनवतिः
94. चतुर्नवतिः	95. पञ्चनवतिः	96. षण्णवतिः
97. सप्तनवतिः	98. अष्टनवतिः	99. नवनवतिः
100. शतम्		

1 तः 10 पर्यन्तम् संख्यावाचक शब्द-रूपाणि

1. **'एक' शब्द** [एक के अर्थ में]

'एक' शब्द के रूप तीनों लिंगों में केवल एकवचन में ही चलते हैं। इसके रूप 'सर्व' (सब)' शब्द के एकवचन के समान तीनों लिंगों में बनते हैं। संख्यावाची शब्दों में सम्बोधन विभक्ति नहीं होती।

विभक्ति	पुल्लिग	स्त्रीलिंग	नपुंसकलिंग
प्रथमा	एकः	एका	एकम्
द्वितीया	एकम्	एकाम्	एकम्
तृतीया	एकेन	एकया	एकेन
चतुर्थी	एकस्मै	एकस्यै	एकस्मै
पञ्चमी	एकस्मात्	एकस्याः	एकस्मात्
षष्ठी	एकस्य	एकस्याः	एकस्य
सप्तमी	एकस्मिन्	एकस्याम्	एकस्मिन्

2. **'द्वि' शब्द** [दो के अर्थ में]

'द्वि' शब्द के रूप तीनों लिंगों में केवल द्विवचन में ही चलते हैं। इसके स्त्रीलिंग के एवं नपुंसकलिंग के सभी रूप एक जैसे चलते हैं।

विभक्ति	**पुल्लिग**	**स्त्रीलिंग**	**नपुंसकलिंग**
प्रथमा	द्वौ	द्वे	द्वे
द्वितीया	द्वौ	द्वे	द्वे
तृतीया	द्वाभ्याम्	द्वाभ्याम्	द्वाभ्याम्
चतुर्थी	द्वाभ्याम्	द्वाभ्याम्	द्वाभ्याम्
पञ्चमी	द्वाभ्याम्	द्वाभ्याम्	द्वाभ्याम्
षष्ठी	द्वयो:	द्वयो:	द्वयो:
सप्तमी	द्वयो:	द्वयो:	द्वयो:

3. **'त्रि' शब्द** [तीन के अर्थ में]

3 से 18 तक की संख्याओं के रूप केवल बहुवचन में ही चलते हैं। 'त्रि' शब्द के रूप तीनों लिंगों में होते हैं।

विभक्ति	**पुल्लिग**	**स्त्रीलिंग**	**नपुंसकलिंग**
प्रथमा	त्रय:	तिस्र:	त्रीणि
द्वितीया	त्रीन्	तिस्र:	त्रीणि
तृतीया	त्रिभि:	तिसृभि:	त्रिभि:
चतुर्थी	त्रिभ्य:	तिसृभ्य:	त्रिभ्य:
पञ्चमी	त्रिभ्य:	तिसृभ्य:	त्रिभ्य:
षष्ठी	त्रयाणाम्	तिसृणाम्	त्रयाणाम्
सप्तमी	त्रिषु	तिसृषु	त्रिषु

4. **'चतुर्' शब्द** [चार के अर्थ में]

'चतुर्' शब्द के रूप तीनों लिंगों में केवल बहुवचन में ही चलते हैं।

विभक्ति	**पुल्लिग**	**स्त्रीलिंग**	**नपुंसकलिंग**
प्रथमा	चत्वार:	चतस्त्र:	चत्वारि
द्वितीया	चतुर:	चतस्र:	चत्वारि
तृतीया	चतुर्भि:	चतसृभि:	चतुर्भि:
चतुर्थी	चतुर्भ्य:	चतसृभ्य:	चतुर्भ्य:
पञ्चमी	चतुर्भ्य:	चतसृभ्य:	चतुर्भ्य:
षष्ठी	चतुर्णाम्	चतसृणाम्	चतुर्णाम्
सप्तमी	चतुर्षु	चतसृषु	चतुर्षु

5. **पञ्चन्** [पाँच], **(6) षट्** [छः], **(7) सप्तन्** [सात]

5 से 18 तक के शब्द-रूप केवल बहुवचन में होते हैं तथा ये तीनों लिंगों में एक समान चलते हैं।

विभक्ति	**पञ्चन्**	**षट्**	**सप्तन्**
प्रथमा	पञ्च	षट्	सप्त
द्वितीया	पञ्च	षट्	सप्त
तृतीया	पञ्चभि:	षड्भि:	सप्तभि:
चतुर्थी	पञ्चभ्य:	षड्भ्य:	सप्तभ्य:
पञ्चमी	पञ्चभ्य:	षड्भ्य:	सप्तभ्य:
षष्ठी	पञ्चानाम्	षण्णाम्	सप्तानाम्
सप्तमी	पञ्चसु	षट्सु	सप्तसु

8. **अष्टम्** [आठ], **(9) नवम्** [नौ], **(10) दशम्** [दस]

अष्टम् से दशम् तक के शब्द रूप केवल बहुवचन में चलते हैं तथा ये सभी तीनों लिंगों में एक समान चलते हैं।

विभक्ति	**अष्टन्**	**नवन्**	**दशन्**
प्रथमा	अष्ट, अष्टौ	नव	दश
द्वितीया	अष्ट, अष्टौ	नव	दश
तृतीया	अष्टभि:, अष्टाभि:	नवभि:	दशभि:
चतुर्थी	अष्टभ्य:, अष्टाभ्य:	नवभ्य:	दशभ्य:
पञ्चमी	अष्टभ्य:, अष्टाभ्य:	नवभ्य:	दशभ्य:
षष्ठी	अष्टानाम्	नवानाम्	दशानाम्
सप्तमी	अष्टसु, अष्टासु	नवसु	दशसु

विशेष दशन् शब्द के रूप के समान ही एकादशन् (ग्यारह), द्वादशन् (बारह), त्रयोदशन् (तेरह), चतुर्दशन् (चौदह), पञ्चदशन् (पंद्रह), षोडशन् (सोलह), सप्तदशन् (सत्रह) और अष्टादशन् (अठारह) शब्दों के रूप चलते हैं।

क्रमवाची शब्द (प्रथम से पञ्चदश तक)

ये क्रमवाची शब्द तीनों लिंगों में इस प्रकार प्रयुक्त होते हैं

संख्यावाची शब्द	**क्रमवाची** (पुल्लिग) **शब्द**	**क्रमवाची** (स्त्रीलिंग) **शब्द**	**क्रमवाची** (नपुंसकलिंग) **शब्द**
एकम् (एक)	प्रथम: (पहला)	प्रथमा (पहली)	प्रथमम् (पहला)
द्वि (दो)	द्वितीय: (दूसरा)	द्वितीया (दूसरी)	द्वितीयम् (दूसरा)
त्रीणि (तीन)	तृतीय: (तीसरा)	तृतीया (तीसरी)	तृतीयम् (तीसरा)
चत्वारि (चार)	चतुर्थ: (चौथा)	चतुर्थी (चौथी)	चतुर्थम् (चौथा)
पंञ्च (पाँच)	पंचम: (पाँचवाँ)	पञ्चमी (पाँचवीं)	पंचमम् (पाँचवाँ)
षट् (छ:)	षष्ठ: (छठा)	षष्ठी (छठी)	षष्ठम् (छठा)
सप्त (सात)	सप्तम: (सातवाँ)	सप्तमी (सातवीं)	सप्तमम् (सातवाँ)
अष्ट (आठ)	अष्टम: (आठवाँ)	अष्टमी (आठवीं)	अष्टमम् (आठवाँ)
नव (नौ)	नवम: (नौवाँ)	नवमी (नौवीं)	नवमम् (नौवाँ)

संख्यावाची शब्द	क्रमवाची (पुल्लिंग) शब्द	क्रमवाची (स्त्रीलिंग) शब्द	क्रमवाची (नपुंसकलिंग) शब्द
दश (दस)	दशमः (दसवाँ)	दशमी (दसवीं)	दशमम् (दसवाँ)
एकादश (ग्यारह)	एकादशः (ग्यारहवाँ)	एकादशी (ग्यारहवीं)	एकादशम् (ग्यारहवाँ)
द्वादश (बारह)	द्वादशः (बारहवाँ)	द्वादशी (बारहवीं)	द्वादशम् (बारहवाँ)
त्रयोदश (तेरह)	त्रयोदशः (तेरहवाँ)	त्रयोदशी (तेरहवीं)	त्रयोदशम् (तेरहवाँ)
चतुर्दश (चौदह)	चतुर्दशः (चौदहवाँ)	चतुर्दशी (चौदहवीं)	चतुर्दशम् (चौदहवाँ)
पञ्चदश (पंद्रह)	पंचदशः (पंद्रहवाँ)	पंचदशी (पंद्रहवीं)	पंचदशम् (पंद्रहवाँ)

अभ्यास प्रश्नाः

बहुविकल्पीय एवं वर्णनात्मक प्रश्नोत्तर

1. प्रदत्तविकल्पेभ्यः उचितम् उत्तरं चित्वा लिखत।
(दिए गए विकल्पों में से उचित उत्तर चुनकर लिखिए।)

(i) वेदाः……(4) सन्ति।
(अ) चत्वारः (ब) चतस्रः (स) चत्वारि (द) चतुर्थ

(ii) मम पार्श्वे……(4) पुस्तकानि सन्ति।
(अ) चतुर् (ब) चत्वारि
(स) चतस्रः (द) चत्वारः

(iii) मम स्यूते……(3) त्रीणि पुस्तकानि सन्ति।
(अ) तृतीय (ब) तिस्र (स) त्रीणि (द) त्रयः

(iv) ……(2) बालकौ अत्र आगच्छतः।
(अ) द्वौ (ब) द्वे (स) द्वय (द) द्वयम्

(v) ……(5) बालकाः खादन्ति।
(अ) पाँचन् (ब) पञ्च (स) पञ्चन् (द) पंचम्

(vi) ……(1) व्याधः तत्र आसीत्।
(अ) एकतः (ब) एकम् (स) एका (द) एकः

(vii) …… कालिदासः श्रेष्ठः।
(अ) कविभ्यः (ब) कविभिः
(स) कवीन् (द) कविषु

(viii) वृक्षे …… वानराः कूर्दन्ते।
(अ) इमे (ब) इमान् (स) एभिः (द) एभ्यः

(ix) अहं …… आपणं गच्छामि।
(अ) फलान् (ब) फलेभ्यः
(स) फलानाम् (द) फलेषु

(x) बालकः …… निवेदयति।
(अ) माता (ब) मात्रा
(स) मात्रे (द) मातुः

(xi) …… बालकेन सह तौ पठतः।
(अ) यम (ब) येन
(स) यस्यै (द) यस्मात्

(xii) …… विद्यालये भवान् पठति।
(अ) कस्मात् (ब) कस्य
(स) कस्मिन् (द) केन

(xiii) …… अभितः नगरम् अस्ति।
(अ) नदीम् (ब) नद्या
(स) नद्याः (द) नद्याम्

(xiv) वृक्षेषु मधुराणि …… उद्भवन्ति।
(अ) फले (ब) फलानि
(स) फलाद् (द) फलानाम्

(xv) राधिका …… जलम् आनयति।
(अ) मात्रा (ब) मातरम्
(स) मात्रे (द) मातुः

उत्तराणि

(i) (अ) चत्वारः (ii) (ब) चत्वारि (iii) (स) त्रीणि
(iv) (अ) द्वौ (v) (ब) पञ्च (vi) (द) एकः
(vii) (द) कविषु (viii) (अ) इमे (ix) (ब) फलेभ्यः
(x) (स) मात्रे (xi) (ब) येन (xii) (स) कस्मिन्
(xiii) (अ) नदीम् (xiv) (ब) फलानि (xv) (स) मात्रे

2. अधोलिखित तालिकां उचित विभक्ति रूपेण पूरयत।
(निम्नलिखित तालिका को उचित विभक्ति रूप से पूरा कीजिए।)

(क)

मूलशब्दः	विभक्ति	एकवचनम्	द्विवचनम्	बहुवचनम्
(i) राम	प्रथमा	……	रामौ	रामाः
(ii) कवि	द्वितीया	कविम्	……	कवीन्
(iii) भानु	तृतीया	भानुना	भानुभ्याम्	……
(iv) लता	चतुर्थी	……	लताभ्याम्	……
(v) पिता	पञ्चमी	पितुः	पितृभ्याम्	……
(vi) मति	षष्ठी	……	मत्योः	मतीनाम्
(vii) माता	सप्तमी	मातरि	……	मातृणाम्
(viii) नदी	सम्बोधन	……	हे नद्यौ!	हे नद्यः!

उत्तराणि

(i) रामः (ii) कवी (iii) भानुभिः
(iv) लतायै-लताभ्यः (v) पितृभ्यः (vi) मत्याः
(vii) मात्रोः (viii) हे नदि!

(ख)

	मूलशब्दः	विभक्ति	एकवचनम्	द्विवचनम्	बहुवचनम्
(i)	फल	प्रथमा	फलम्	......	......
(ii)	स्वसा	द्वितीया	....	स्वसारौ	.....
(iii)	राजा	तृतीया	राज्ञा	......	राजभिः
(iv)	सर्व (पु.)	चतुर्थी	सर्वस्मै	सर्वाभ्याम्	.....
(v)	तत् (स्त्री.)	पञ्चमी	......	......	......
(vi)	अस्मद्	षष्ठी	मम	.....	......
(vii)	युष्मद्	सप्तमी	.....	......	युष्मासु
(viii)	मति	सम्बोधन	हे मते!	.....	.....

उत्तराणि

(i) फले, फलानि (ii) स्वसारम्-स्वसृः
(iii) राजभ्याम् (iv) सर्वेभ्यः
(v) तस्याः, ताभ्याम्, ताभ्यः
(vi) आवयोः, अस्माकम्
(vii) त्वयि, युवयोः
(viii) हे मती!, हे मतयः!

3. 'फल' शब्द प्रयोगेण अधोलिखितानि रिक्तस्थानानि पूरयत।
('फल' शब्द के प्रयोग से निम्नलिखित रिक्त स्थानों की पूर्ति कीजिए।)

(i) उद्याने बहूनि ······· सन्ति।
(ii) सः एकम् ······· खादति।
(iii) वृक्षात् ······· पतन्ति।
(iv) इदम् ······· वृक्षम् अस्ति।
(v) अस्मिन् करण्डे मधुराणि ······· सन्ति।
(vi) अत्र द्वे ······· स्तः।
(vii) खगाः मधुराणि आम्र ······· खादन्ति।
(viii) आम्र ······· वृक्षोपरि चटकाः तिष्ठन्ति।

उत्तराणि

(i) फलानि (ii) फलम् (iii) फलानि
(iv) फलस्य (v) फलानि (vi) फले
(vii) फलानि (viii) फलस्य

4. कोष्ठके प्रदत्तेषु विकल्पेषु उचित रूपेण रिक्तस्थानानि पूरयत।
(कोष्ठक में दिए गए विकल्पों के उचित रूप से रिक्त स्थानों की पूर्ति कीजिए।)

(i) इमे ······· विद्यालये पठन्ति। (बालकाः/बालके/बालकः)
(ii) अस्यै ······· पुष्पं रोचते। (रमायाः/रमायै/रमया)
(iii) ······· किं रोचते। (तुभ्यम्/त्वत्/तव)
(iv) रामः······· पठति। (वेदः/वेदम्/वेदाय)
(v) रामः ······· सह गच्छति। (सीतया/सीता/सीताः)
(vi) छात्रः ······· नमति। (गुरुः/गुरोः/गुरवे)
(vii) शिशु ······· निवेदयति। (मात्रे/माता/मातुः)
(viii) ······· अभितः नगरम् अस्ति। (नदी/नदीम्/नद्याः)
(ix) ······· कालिदासः श्रेष्ठः अस्ति। (कविषु/कवी/कवीन्)
(x) अहं ······· आपणं गच्छामि। (फलेभ्यः/फलान्/फलेषु)
(xi) वन्दे भारत ·······। (मातृः/मातरम्/मात्रा)
(xii) ······· विद्यालये बुद्धिमन्तः छात्राः सन्ति। (अस्माकं/अस्मद्/अस्माभिः)
(xiii) सः बालकः······· पतति। (अश्वम्/अश्वात्/अश्वः)
(xiv) द्वारपालः ······· आगमनं लक्ष्मणाय विवेदयति। (रामस्य/रामः/रामात्)

उत्तराणि

(i) बालकाः (ii) रमायै (iii) तुभ्यम्
(iv) वेदम् (v) सीतया (vi) गुरवे
(vii) मात्रे (viii) नदीम् (ix) कविषु
(x) फलेभ्यः (xi) मातरम् (xii) अस्माकं
(xiii) अश्वात् (xiv) रामस्य

5. निर्देशानुसारं शब्द रूपाणि लिखत।
(निर्देशानुसार शब्द रूप लिखिए।)

(i) पितृ – (षष्ठी-एकवचनम्)
(ii) युष्मद् – (पञ्चमी-बहुवचनम्)
(iii) अस्मद् – (चतुर्थी-एकवचनम्)
(iv) मति – (षष्ठी-बहुवचनम्)
(v) सर्व – (स्त्री.) तृतीया-बहुवचनम्)
(vi) आत्मन् – (सप्तमी-एकवचनम्)
(vii) राजन् – (चतुर्थी-एकवचनम्)
(viii) मातृ – (द्वितीया-एकवचनम्)
(ix) धेनु – (तृतीया-बहुवचनम्)

उत्तराणि

(i) पितुः (ii) युष्मभ्यम् (iii) मह्यम्
(iv) मतीनाम् (v) सर्वाभिः (vi) आत्मनि
(vii) राज्ञे (viii) मातरम् (ix) धेनुभिः

6. अधोलिखित शब्दरूपेषु शुद्ध रूपाणि चित्वा लिखत।
(निम्नलिखित शब्दरूपों में से शुद्ध रूप चुनकर लिखिए।)

(i) कविसु, कविषु, कविशु
(ii) भानूनाम्, भानुणाम्, भानूणाम्
(iii) लतासु, लताषु, लताशु
(iv) नधीषु, नदिषु, नदीषु
(v) मातृणाम्, मातरिणाम्, मातंऋणाम्
(vi) मतिनाम्, मतीणाम्, मतीनाम्

उत्तराणि

(i) कविषु (ii) भानूनाम् (iii) लतासु
(iv) नदीषु (v) मातृणाम् (vi) मतीनाम्

7. अधोलिखित संख्यावाचकपदानां संस्कृत रूपाणि लिखत। (निम्नलिखित संख्यावाचक पदों के संस्कृत रूप लिखिए।)

(i) 30 (ii) 60 (iii) 76 (iv) 13 (v) 36
(vi) 55 (vii) 96 (viii) 90 (ix) 82
(x) 41 (xi) 75 (xii) 28

उत्तराणि

(i) त्रिंशत् (ii) षष्टिः (iii) षट्सप्ततिः
(iv) त्रयोदश (v) षड्त्रिंशत् (vi) पञ्चपञ्चाशत्
(vii) षण्णवतिः (viii) नवतिः (ix) द्वयशीतिः
(x) एकचत्वारिंशत् (xi) पञ्चसप्ततिः (xii) अष्टविंशतिः

8. कोष्ठकात् उचित संख्यावाचकपदानि चित्वा रिक्तस्थानानि पूरयत। (कोष्ठक से उचित संख्यावाचक पद चुनकर रिक्त स्थानों की पूर्ति कीजिए।)

(i) (2)...... बालिके। (द्वौ/द्वे/द्वय)
(ii) (3)...... स्त्रियः। (तिस्त्रः/त्रयः/त्रीणि)
(iii) (4)...... आम्र फलानि। (चत्वारः/चतस्त्रः/चत्वारि)
(iv) (1)...... मनुष्यः गच्छति। (एकः/एका/एकम्)
(v) (5)...... कपोताः तिष्ठन्ति। (पञ्च/पञ्चन्/पञ्चम्)

उत्तराणि

(i) द्वे (ii) तिस्रः (iii) चत्वारि
(iv) एकः (v) पञ्च

9. कोष्ठक प्रदत्तेषु उचितं विभक्तिं प्रयुज्य वाक्यानि पूरयत। (कोष्ठक में दिए गए शब्दों में उचित विभक्तियों का प्रयोग करके वाक्य पूरा कीजिए।)

(i) ...... नरस्य संसारे गौरवं वर्धते। (विद्या)
(ii) ...... मा विलपत। (युष्मद्)
(iii) ...... किं नाम? (युष्मद्)
(iv) भोजः ...... आदिशत्। (सेवक)
(v) ...... अहम् ...... अत्रास्मि। (गुरु)

उत्तराणि

(i) विद्यया (ii) यूयम् (iii) तव
(iv) सेवकान् (v) हे गुरो।

10. कोष्ठकदत्तस्य सर्वनाम-शब्दस्य उचितं रूपं निर्दिष्ट स्थानेषु पुनः लिखत। (कोष्ठक में दिए गए सर्वनाम शब्दों का उचित रूप निश्चित स्थान पर पुनः लिखिए।)

(i) व्याघ्रः ...... श्रृगालम् अपृच्छत्। (तत्)
(ii) अहं ...... वचनेन एवं प्रीतः अस्मि। (युष्मद्)
(iii) ...... भूगोलस्य ज्ञानं भवति। (इदम्)
(iv) ...... दुग्धं रोचते। (अस्मद्)।
(v) ...... छात्रः अहर्निशम् पठति। (इदम)

उत्तराणि

(i) तम् (ii) तव (iii) अनेन
(iv) मह्यम् (v) अयम्

11. अधोलिखितानाम् वाक्यानाम् पूर्ति संकेतितैः पदैः क्रियताम्। (नीचे दिए गए वाक्यों की पूर्ति निर्देशानुसार कीजिए।)

(i) वृक्षणाम् सुरक्षा ...... परम् कर्त्तव्यम्। (अस्मद्, षष्ठी विभक्ति, बहुवचन)
(ii) राजा दशरथस्य ...... पुत्राः आसन्। (चतुर, प्रथमा, बहुवचन)
(iii) जननी जन्मभूमिश्च ...... अपि गरीयसी। (स्वर्ग, पंचमी, एकवचन)
(iv) ...... गंगा सर्वश्रेष्ठा। (नदी, सप्तमी, बहुवचन)
(v) चन्द्रमा ...... प्रकाशं लभते। (भानु, पंचमी, एकवचन)

उत्तराणि

(i) अस्माकम् (ii) चत्वारः (iii) स्वर्गात्
(iv) नदीषु (v) भानोः

12. कोष्ठदत्तानाम् शब्दानाम् उचितं रूपं निर्माय वाक्यानि पूरयत। (कोष्ठक में दिए गए शब्दों का उचित रूप निर्माण करके वाक्य पूरे कीजिए।)

(i) ...... (राम) गृहे कः आगच्छत्? (ii) ...... (एक) गृहे एकः बालकः स्व (iii) ...... (पितृ) सह वसति। सः सर्वेषाम् (ऋषि) (iv) ...... अतीव सेवां करोति। ऋषयः (v) ...... (तद्) आशीर्वादं यच्छन्ति। (vi) ...... (महत्) जनानाम् आशीर्वादेन (vii) ...... (आत्मन) उद्धारः भवति।

उत्तराणि

(i) रामस्य (ii) एकस्मिन् (iii) पित्रा
(iv) ऋषीणाम् (v) तस्मै (vi) महताम्
(vii) आत्मनः।

13. अधोलिखित-वाक्येषु अङ्कानां स्थाने संख्यावाचक विशेषणैः, रिक्त स्थानपूर्तिः क्रियताम्। (नीचे लिखे गए वाक्यों के अंकों के स्थान पर संख्यावाचक विशेषण के द्वारा रिक्त स्थानों की पूर्ति कीजिए।)

(i) एकस्मिन तडागे (4) ...... मत्स्याः आसन्।
(ii) (1) ...... व्याधः तत्र आगतवान्।
(iii) अवदत् च श्वः अस्माकम् (3) ...... भगिन्यः आगमिष्यन्ति सर्वान् मत्स्यान् गृहीत्वा नेष्यति।
(iv) एक वृद्धः मत्स्यः सर्वान् (4) ...... मत्स्यान् अकथयत। "नास्ति चिन्ता।" श्व कदापि न आगमिष्यति।"

उत्तराणि

(i) चत्वारः (ii) एकः
(iii) तिस्त्रः (iv) चतुरः।

धातुरूपाणि

अध्याय 5

जिन शब्दों से कार्य के होने या करने को बोध हो उसे क्रिया कहते हैं तथा उसके मूल रूप को धातु कहते हैं। जैसे—लिखना क्रिया का मूल रूप 'लिख्' है। अत: लिखना क्रिया की धातु 'लिख्' है। धातु के रूप पाँच लकारों में बनते हैं।

1. लट् लकार: (वर्तमानकाल) — अहम् पठामि।
2. लृट लकार: (भविष्यत्काल) — सूर्य: अस्तं गमिष्यति।
3. लङ् लकार: (भूतकाल) — ते अखेलन्।
4. लोट् लकार: (आज्ञा) — त्वम् खाद।
5. विधिलिङ् लकार: (इच्छार्थक/आदेशात्मक) — स: लिखेत्।

इसके अतिरिक्त संस्कृत की समस्त धातुओं को दस गणों में बाँटा गया है। ये गण निम्न प्रकार से हैं

	गण	धातुएँ
1.	भ्वादि गण	भू आदि धातुएँ (भू, पठ्, हस्, नम्, गम्)
2.	अदादिगण	अद् आदि धातुएँ (अस्, हन्)
3.	जुहोत्यादि गण	हु आदि धातुएँ
4.	दिवादि गण	दिव् आदि धातुएँ (क्रुध्, नश्, नृत्)
5.	स्वादिगण	सु आदि धातुएँ (आप्, शक्)
6.	तुदादिगण	तुद् आदि धातुएँ (इष्, पृच्छ)
7.	रुधादि गण	रुध् आदि धातुएँ
8.	तनादिगण	तन् आदि धातुएँ (कृ)
9.	क्रयादिगण	क्री आदि धातुएँ (ज्ञा)
10.	चुरादिगण	चुर् आदि धातुएँ (भक्ष्, चिन्त्)

- अनेक गणों की धातुओं के साथ एक विशेष प्रत्यय लगता है। इस प्रत्यय को 'विकिरण' कहते हैं।

5.1 धातु के भेद

धातु के तीन भेद होते हैं, जो निम्न हैं

I. परस्मैपदी II. आत्मनेपदी III. उभयपदी

जो धातुएँ परस्मैपद में प्रयुक्त होती हैं। वे परस्मैपदी, जो आत्मनेपद में प्रयुक्त होती हैं, वे आत्मनेपदी तथा जो दोनों (परस्मैपद, आत्मनेपद) में प्रयुक्त होती हैं, वे उभयपदी कहलाती हैं।

नोट यहाँ केवल परस्मैपदी और आत्मनेपदी धातु का वर्णन किया गया है—

परस्मैपदी धातुएँ (प्रथम पुरुष एकवचन)

क्र.सं.	धातुएँ	अर्थ	लट्	लृट्	लङ्	लोट्	विधिलिङ्
1.	भू (भव)	होना	भवति	भविष्यति	अभवत्	भवतु	भवेत्
2.	गम् (गच्छ)	जाना	गच्छति	गमिष्यति	अगच्छत्	गच्छतु	गच्छेत्
3.	धाव्	दौड़ना	धावति	धाविष्यति	अधावत्	धावतु	धावेत्
4.	खाद्	खाना	खादति	खादिष्यति	अखादत्	खादतु	खादेत्
5.	चल्	चलना	चलति	चलिष्यति	अचलत्	चलतु	चलेत्
6.	हस्	हँसना	हसति	हसिष्यति	अहसत्	हसतु	हसेत्
7.	नृत्	नाचना	नृत्यति	नर्तिष्यति	अनृत्यत्	नृत्यतु	नृत्येत्
8.	नश्	नष्ट होना	नश्यति	नशिष्यति	अनश्यत्	नश्यतु	नश्येत्
9.	स्मृ (स्मर्)	याद रखना	स्मरति	स्मरिष्यति	अस्मरत्	स्मरतु	स्मरेत्
10.	क्रीड्	खेलना	क्रीडति	क्रीडिष्यति	अक्रीडत्	क्रीडतु	क्रीडेत्
11.	रक्ष्	रक्षा करना	रक्षति	रक्षिष्यति	अरक्षत्	रक्षतु	रक्षेत्
12.	लिख्	लिखना	लिखति	लेखिष्यति	अलिखत्	लिखतु	लिखेत्
13.	नी (नय)	ले जाना	नियति	नेष्यति	अनयत्	नयतु	नयेत्
14.	स्था	ठहरना	तिष्ठति	स्थास्यति	अतिष्ठत्	तिष्ठतु	तिष्ठेत्
15.	घ्रा	सूँघना	जिघ्रति	घ्रास्यति	अजिघ्रत्	जिघ्रतु	जिघ्रेत्
16.	प्रच्छ्	पूछना	पृच्छति	प्रक्ष्यति	अपृच्छत्	पृच्छतु	प्रच्छेत्
17.	पच्	पकाना	पचति	पक्ष्यति	अपचत्	पचतु	पचेत्
18.	रच्	निर्माण करना	रचयति	रचिष्यति	अरचयत्	रचयतु	रचयेत्
19.	दृश्	देखना	पश्यति	द्रक्ष्यति	अपश्यत्	पश्यतु	पश्येत्
20.	कृ	करना	करोति	करिष्यति	अकरोत्	करोतु	कुर्यात्

महत्वपूर्ण परस्मैपदी धातवः

1. **पठ्** (पढ़ना) **धातु के रूप**

लट्लकार (वर्तमानकाल)

पुरुषः	एकवचनम्	द्विवचनम्	बहुवचनम्
प्रथम	पठति (एक पढ़ता है)	पठतः (दो पढ़ते हैं)	पठन्ति (बहुत पढ़ते हैं)
मध्यम	पठसि (तुम पढ़ते हो)	पठथः (तुम दो पढ़ते हो)	पठथ (तुम सब पढ़ते हो)
उत्तम	पठामि (मैं पढ़ता हूँ)	पठावः (हम दो पढ़ते हैं)	पठामः (हम सब पढ़ते हैं)

लोट्लकार (आज्ञार्थक काल)

पुरुषः	एकवचनम्	द्विवचनम्	बहुवचनम्
प्रथम	पठतु (वह पढ़े)	पठताम् (वे दोनों पढ़ें)	पठन्तु (वे सब पढ़ें)
मध्यम	पठ (तुम पढ़ो)	पठतम् (तुम दोनों पढ़ो)	पठत (तुम सब पढ़ो)
उत्तम	पठानि (मैं पढ़ूँ)	पठाव (हम दोनों पढ़ें)	पठाम (हम सब पढ़ें)

लङ्लकार (भूतकाल)

पुरुषः	एकवचनम्	द्विवचनम्	बहुवचनम्
प्रथम	अपठत् (उसने पढ़ा)	अपठताम् (उन दोनों ने पढ़ा)	अपठन् (उन सबने पढ़ा)
मध्यम	अपठः (तुमने पढ़ा)	अपठतम् (तुम दोनों ने पढ़ा)	अपठत (तुम सबने पढ़ा)
उत्तम	अपठम् (मैंने पढ़ा)	अपठाव (हम दोनों ने पढ़ा)	अपठाम (हम सबने पढ़ा)

विधिलिङ्लकार ('चाहिए' अर्थ में)

पुरुषः	एकवचनम्	द्विवचनम्	बहुवचनम्
प्रथम	पठेत् (उसे पढ़ना चाहिए)	पठेताम् (उन दोनों को पढ़ना चाहिए)	पठेयुः (उन सबको पढ़ना चाहिए)
मध्यम	पठेः (तुमको पढ़ना चाहिए)	पठेतम् (तुम दोनों को पढ़ना चाहिए)	पठेत (तुम सबको पढ़ना चाहिए)
उत्तम	पठेयम् (मुझे पढ़ना चाहिए)	पठेव (हम दोनों को पढ़ना चाहिए)	पठेम (हम सबको पढ़ना चाहिए)

लृट्लकार (भविष्यकाल)

पुरुषः	एकवचनम्	द्विवचनम्	बहुवचनम्
प्रथम	पठिष्यति (वह पढ़ेगा)	पठिष्यतः (वे दो पढ़ेंगे)	पठिष्यन्ति (वे सब पढ़ेंगे)
मध्यम	पठिष्यसि (तू पढ़ेगा)	पठिष्यथः (तुम दो पढ़ोगे)	पठिष्यथ (तुम सब पढ़ोगे)
उत्तम	पठिष्यामि (मैं पढ़ूँगा)	पठिष्यावः (हम दो पढ़ेंगे)	पठिष्यामः (हम सब पढ़ेंगे)

2. **भू** (होना) **धातु**

लट्लकार (वर्तमानकाल)

पुरुषः	एकवचनम्	द्विवचनम्	बहुवचनम्
प्रथम	भवति	भवतः	भवन्ति
मध्यम	भवसि	भवथः	भवथ
उत्तम	भवामि	भवावः	भवामः

लङ्लकार (भूतकाल)

पुरुषः	एकवचनम्	द्विवचनम्	बहुवचनम्
प्रथम	अभवत्	अभवताम्	अभवन्
मध्यम	अभवः	अभवतम्	अभवत्
उत्तम	अभवम्	अभवाव	अभवाम

लृट्लकार (भविष्यकाल)

पुरुषः	एकवचनम्	द्विवचनम्	बहुवचनम्
प्रथम	भविष्यति	भविष्यतः	भविष्यन्ति
मध्यम	भविष्यसि	भविष्यथः	भविष्यथ
उत्तम	भविष्यामि	भविष्यावः	भविष्यामः

लोट्लकार (आज्ञार्थक काल)

पुरुषः	एकवचनम्	द्विवचनम्	बहुवचनम्
प्रथम	भवतु	भवताम्	भवन्तु
मध्यम	भव	भवतम्	भवत
उत्तम	भवानि	भवाव	भवाम

विधिलिङ्लकारः ('चाहिए' अर्थ में)

पुरुषः	एकवचनम्	द्विवचनम्	बहुवचनम्
प्रथम	भवेत्	भवेताम्	भवेयुः
मध्यम	भवेः	भवेतम्	भवेत
उत्तम	भवेयम्	भवेव	भवेम

3. **अस्** (रहना, होना) **धातु**

लट्लकार (वर्तमानकाल)

पुरुषः	एकवचनम्	द्विवचनम्	बहुवचनम्
प्रथम	अस्ति	स्तः	सन्ति
मध्यम	असि	स्थः	स्थ
उत्तम	अस्मि	स्वः	स्मः

लङ्लकार (भूतकाल)

पुरुषः	एकवचनम्	द्विवचनम्	बहुवचनम्
प्रथम	आसीत्	आस्ताम्	आसन्
मध्यम	आसीः	आस्तम्	आस्त
उत्तम	आसम्	आस्व	आस्म

लृट्लकार (भविष्यकाल)

पुरुषः	एकवचनम्	द्विवचनम्	बहुवचनम्
प्रथम	भविष्यति	भविष्यतः	भविष्यन्ति
मध्यम	भविष्यसि	भविष्यथः	भविष्यथ
उत्तम	भविष्यामि	भविष्यावः	भविष्यामः

लोट्लकार (आज्ञार्थक काल)

पुरुषः	एकवचनम्	द्विवचनम्	बहुवचनम्
प्रथम	अस्तु, स्तात्	स्ताम	सन्तु
मध्यम	एधि, स्तात्	स्तम्	स्त
उत्तम	असानि	असाव	असाम

विधिलिङ्लकार ('चाहिए' अर्थ में)

पुरुषः	एकवचनम्	द्विवचनम्	बहुवचनम्
प्रथम	स्यात्	स्याताम्	स्युः
मध्यम	स्याः	स्यातम्	स्यात
उत्तम	स्याम्	स्याव	स्याम

आत्मनेपदी धातुएँ (प्रथम पुरुष, एकवचन)
(केवल लट् व लृट् लकार में)

धातु	अर्थ	लट्	लृट्
सेव्	सेवा करना	सेवते	सेविष्यते
लभ्	प्राप्त करना	लभते	लप्स्यते
मुद्	प्रसन्न करना	मोदते	मोदिष्यते
कम्प्	काँपना	कम्पते	कम्पिष्यते
वन्द्	प्रणाम करना	वन्दते	वन्दिष्यते
याच्	माँगना	याचते	याचिष्यते
वृत्	होना	वर्तते	वर्तिष्यते
सह्	सहन करना	सहते	सहिष्यते
शोभ्	शोभा देना	शोभते	शोभिष्यते
वृध्	बढ़ना	वर्धते	वर्धिष्यते

महत्वपूर्ण आत्मनेपदी धातवः

1. **सेव्** (सेवा करना) **धातु**

लट्लकार (वर्तमानकाल)

पुरुषः	**एकवचनम्**	**द्विवचनम्**	**बहुवचनम्**
प्रथम	सेवते	सेवेते	सेवन्ते
मध्यम	सेवसे	सेवेथे	सेवध्वे
उत्तम	सेवे	सेवावहे	सेवामहे

लृट्लकार (भविष्यत् काल)

पुरुषः	**एकवचनम्**	**द्विवचनम्**	**बहुवचनम्**
प्रथम	सेविष्यते	सेविष्येते	सेविष्यन्ते
मध्यम	सेविष्यसे	सेविष्येथे	सेविष्यहवे
उत्तम	सेविष्ये	सेविष्यावहे	सेवेष्यामहे

2. **लभ्** (प्राप्त करना) **धातु**

लट्लकार (वर्तमानकाल)

पुरुषः	**एकवचनम्**	**द्विवचनम्**	**बहुवचनम्**
प्रथम	लभते	लभेते	लभन्ते
मध्यम	लभसे	लभेथे	लभध्वे
उत्तम	लभे	लभावहे	लभामहे

लृट्लकार (भविष्यत् काल)

पुरुषः	**एकवचनम्**	**द्विवचनम्**	**बहुवचनम्**
प्रथम	लभिष्यते	लभिष्येते	लभिष्यन्ते
मध्यम	लभिष्यसे	लभिष्येथे	लभिष्यध्वे
उत्तम	लभिष्ये.	लभिष्यावहे	लभिष्यामहे

अभ्यास प्रश्नाः

बहुविकल्पीय एवं वर्णनात्मक प्रश्नोत्तर

1. प्रदत्तविकल्पेभ्यः उचितम् उत्तरं चित्वा लिखत।
(दिए गए विकल्पों में से उचित उत्तर चुनकर लिखिए।)

(i) 'पठ्' धातु, लट् लकार, प्रथम पुरुष बहुवचनस्य रूपं भविष्यति?
(अ) पठथः (ब) पठसि
(स) पठन्ति (द) पठामि

(ii) 'पास्यामि' इत्यस्मिन् क्रियापदे लकारः अस्ति?
(अ) लट् (ब) लृट्
(स) लोट् (द) लङ्

(iii) 'वदति' अत्र कः लकारः?
(अ) लट् (ब) लोट्
(स) लृट् (द) लङ्

(iv) 'लिख्' धातु, लट् लकार, उत्तम पुरुष, एकवचनस्य रूपं भविष्यति?
(अ) लिखसि (ब) लिखति
(स) लिखामि (द) लख्

(v) 'अकरोत्' अत्र वचनम् अस्ति?
(अ) द्विवचनम् (ब) बहुवचनम्
(स) एकवचनम् (द) प्रथम पुरुष

(vi) 'क्रीडेयुः' अत्र कः लकारः?
(अ) विधिलिङ्ग (ब) लृट्
(स) लोट् (द) लट्

(vii) 'खादाम्' इत्यस्मिन् क्रियापदे का धातुः?
(अ) दा (ब) खादम्
(स) वद् (द) खाद्

(viii) 'धाविष्यन्ति' अत्र कः लकारः अस्ति?
(अ) लृट् (ब) लोट्
(स) लट् (द) लङ

(ix) 'अचलन्' इत्यस्मिन् क्रियापदे कः लकारः?
(अ) लोट् (ब) लृट्
(स) लङ् (द) लट्

(x) 'गम्' धातु, विधिलिङ, प्रथम पुरुष, द्विवचनस्य रूपं भविष्यति।
(अ) गच्छेताम् (ब) गच्छेयुः
(स) गच्छ (द) गच्छानि

(xi) रामः लक्ष्मणम् ....।
(अ) वदन्ति (ब) वदति
(स) वदतः (द) वदामि

(xii) राज्ञः दशरथस्य ज्येष्ठ पुत्रः रामः ......।
(अ) आस्व (ब) आसन्
(स) आसीत् (द) आस्ताम्

(xiii) रामः सीतया सह विवाहम् ....।
(अ) अभवत् (ब) अकुर्वन्
(स) अकरोत् (द) अकुर्व

(xiv) पुत्राः पितरम् ....।
(अ) नमति (ब) नमन्ति
(स) नमतः (द) नमामि

(xv) छात्राः विद्यालयम् ......।
(अ) गच्छन्ति (ब) गच्छावः
(स) गमिष्यति (द) गमिष्यामः

उत्तराणि

(i) (स) पठन्ति (ii) (ब) लृट्
(iii) (अ) लट् (iv) (स) लिखामि
(v) (स) एकवचनम् (vi) (अ) विधिलिङ्ग
(vii) (द) खाद् (viii) (अ) लृट्
(ix) (स) लङ् (x) (अ) गच्छेताम्।
(xi) (ब) वदति (xii) (स) आसीत्
(xiii) (स) अकरोत् (xiv) (ब) नमन्ति
(xv) (अ) गच्छन्ति।

2. अधोलिखितेषु वाक्येषु लट्लकारस्य उचितरुपेण रिक्तस्थानानि पूरयत। (निम्नलिखित वाक्यों में लट्लकार के उचित रूप से रिक्त स्थानों की पूर्ति कीजिए।)

(i) अहं विद्यालयं ....। (गम्)
(ii) त्वं कुत्र ....? (गम्)
(iii) अहं सत्यं ....। (वद्)
(iv) सा पत्रं ....। (लिख्)
(v) बालकाः तीव्रं ....। (धाव्)
(vi) तौ भोजनं ....। (खाद्)
(vii) वयं दुग्धं ....। (पिब्)

उत्तराणि

(i) गच्छामि (ii) गच्छसि (iii) वदामि (iv) लिखति
(v) धावन्ति (vi) खादतः (vii) पिबामः

3. निर्देशानुसारं धातु रूपाणि लिखत। (निर्देशानुसार धातु रूप लिखिए।)

(i) 'गम्' धातु-लट्-उत्तम पु.-एकवचनम्
(ii) 'पा' (पिब्) धातु-लृट्लकार-प्रथम पु.-एकवचनम्
(iii) 'वद्' धातु-लोट्लकार-मध्यम पु.-एकवचनम्
(iv) 'लिख्' धातु-विधिलिङ्गलकार-उत्तम पु.-बहुवनचम्
(v) 'कृ' धातु-लङ्गलकार-प्रथम पु.-एकवचनम्
(vi) 'सेव' धातु-लट्लकार-प्रथम पु.-द्विवचनम्
(vii) 'मुद्' धातु-लट्लकार-मध्यम पु.-एकवचनम्
(viii) 'भू' धातु-लृट्लकार-प्रथम पु.-बहुवचनम्
(ix) 'खाद्' धातु-लङ्गलकार-प्रथम पु.-बहुवचनम्
(x) 'क्रीड' धातु-विधिलिङ्गलकार-प्रथम पु.-बहुवचनम्

उत्तराणि

(i) गच्छामि (ii) पास्यति (iii) वद
(iv) लिखेम (v) अकरोत् (vi) सेवेते
(vii) मोदसे (viii) भविष्यन्ति (ix) अखादन्
(x) क्रीडेयुः

4. अधोलिखितेषु वाक्येषु लृट्लकारस्य उचित रूपेण रिक्तस्थानानि पूरयत। (निम्नलिखित वाक्यों में लृट्लकार के उचित रूप से रिक्त स्थानों को पूरा कीजिए।)

(i) अहं श्वः हरिद्वारं ....। (गम्)
(ii) किं त्वं भोजनं न ....? (खाद्)
(iii) बालकाः उद्याने ....। (क्रीड्)
(iv) सः भोजनं ....। (कृ)
(v) अहं सूर्योदयं ....। (दृश्)
(vi) सा बालिका पत्रं ....। (लिख्)
(vii) सः दुग्धं ....। (पा)
(viii) वृद्ध वृक्षस्य अधः ....। (स्था)
(ix) अहं असत्यं न ....। (वद्)
(x) अहं स्वपाठं श्वः ....। (पठ्)

उत्तराणि

(i) गमिष्यामि (ii) खादसि (iii) क्रीडिष्यन्ति
(iv) करिष्यति (v) द्रक्ष्यामि (vi) लेखिष्यति
(vii) पास्यति (viii) स्थास्यति (ix) वदिष्यामि
(x) पठिष्यामि

5. अधोलिखितेषु वाक्येषु लङ्गलकारस्य उचित रूपेण रिक्तस्थानानि पूरयत। (निम्नलिखित वाक्यों में लङ्लकार के उचित रूप से रिक्त स्थानों की पूर्ति कीजिए।)

(i) सः ग्रामं ....। (गम्)
(ii) तौ भोजनं ....। (खाद्)
(iii) ते सत्यं ....। (वद्)
(iv) त्वं किं ....। (कृ)
(v) युवां दुग्धं ....। (पा)
(vi) अहं पत्रं ....। (लिख्)
(vii) आवां मेलापकं ....। (दृश्)
(viii) वयं उद्याने ....। (क्रीड्)

उत्तराणि

(i) अगच्छत् (ii) अखादताम् (iii) अवदन्
(iv) अकरोः (v) अपिबतम् (vi) अलिखम
(vii) अपश्याव (viii) अक्रीडाम

6. अधोलिखितेषु क्रियापदेषु बहुवचनान्त रूपाणि लिखत। (निम्नलिखित क्रियापदों के बहुवचन रूप लिखिए।)

(i) गच्छति = ... (ii) पास्यामि = ...
(iii) पश्यसि = ... (iv) खादावः = ...
(v) क्रीडेत् = ... (vi) तिष्ठामि = ...
(vii) अवदत् = ... (viii) लिखतु = ...
(ix) करोति = ... (x) आस्ताम् = ...

उत्तराणि

(i) गच्छन्ति (ii) पास्यामः (iii) पश्यथ
(iv) खादामः (v) क्रीडेयुः (vi) तिष्ठामः
(vii) अवदन् (viii) लिखन्तु (ix) कुर्वन्ति
(x) आसन्

7. अधोलिखितेषु क्रियापदेषु शुद्धरूपाणि चित्वा लिखत। (निम्नलिखित क्रियापदों में से शुद्ध रूप चुनकर लिखिए।)

(i) खादमि, खादामि, खदमि = ...
(ii) वदन्ति, बदन्ती, बन्दन्ती = ...

(iii) क्रीडसि, क्रिडासी, क्रिडाति = ·········

(iv) लिखन्तु, लिखुन्तु, लीखन्तु = ·········

(v) गमिष्यन्ती, गमष्यन्ति, गमिष्यन्ति = ·········

(vi) कथयति, कथति, कथती = ·········

(vii) अधावत्, आधवत्, आधावत् = ·········

(viii) द्रक्ष्यन्ति, दृक्ष्यन्ती, दर्शियन्ति = ·········

(ix) सेवध्वे, सेवेधवे, सेवेधेवे = ·········

(x) पिबन्ती, पीबन्ती, पिबन्ति = ·········

उत्तराणि

(i) खादामि (ii) वदन्ति (iii) क्रीडसि
(iv) लिखन्तु (v) गमिष्यन्ति (vi) कथयति
(vii) अधावत् (viii) द्रक्ष्यन्ति (ix) सेवध्वे
(x) पिबन्ति

8. कोष्ठकदत्तस्य धातुरूपेण शुद्धरूपाणि चित्वा लिखत।
(कोष्ठक में दिए गए धातुरूप में से शुद्ध रूप चुनकर लिखिए।)

(i) गीता प्रकोष्ठे ·········। (नृत्यति/नृत्यतः/नृत्यन्ति)

(ii) रामः श्वः जोधपुरं ·········। (गमिष्यतः/गमिष्यति/गमिष्यन्ति)

(iii) उद्याने बालकाः ·········। (धावन्ति/धावतः/धावति)

(iv) सर्वे छात्राः भोजनं ·········। (खादतु/खादताम्/खादन्तु)

(v) किं त्वं जलं न ·········? (पिबसि/पिबथः/पिबथ)

(vi) भोः त्वं किमपि भोजनं ·········? (खादसि/खादकः/खादक)

(vii) अहं स्व पुस्तकं ·········। (पठति/पठामि/पठसि)

उत्तराणि

(i) नृत्यति (ii) गमिष्यति (iii) धावन्ति
(iv) खादन्तु (v) पिबसि (vi) खादसि
(vii) पठामि

9. अधोलिखिते संवादे उचित-धातु रूपैः वाक्यानि पूरयत।
(निम्नलिखित संवाद को उचित धातु रूप के प्रयोग से पूर्ण करें।)

(i) पिता-पुत्र! विलम्बेन त्वं कुतः ····· ? (आगच्छसि)।

(ii) पुत्र-पितः! मम मित्रं चिकित्सालये अस्वस्थः आसीत्। ततः ······। (आगच्छत/आगच्छम्)

(iii) पिता-पुत्र! शोभनम्, परस्परं स्नेहेन ·······। (वसत/वसतम्)

(iv) पुत्रः पिताः! अहं श्वः अपि विद्यालयं न ·······। (गमिष्यामि/गमिष्यति)

उत्तराणि

(i) आगच्छसि (ii) आगच्छम् (iii) वसत
(iv) गमिष्यामि

10. अधोलिखितेषु वाक्येषु क्रियापदेन रिक्तस्थानानि पूरयत।
(निम्नलिखित वाक्यों के क्रिया पद चुनकर रिक्त स्थानों की पूर्ति करें।)

(i) त्वम् शिक्षकं प्रश्नं ·····। (पृच्छ-लोट लकारे)

(ii) अहम् तु गृहम् ······। (गम्-लृट लकारे)

(iii) वयं सदा अध्यापकानाम् आज्ञापालनं ······। (कृ-विधिलिङ्)

(iv) ये परिश्रमं कुर्वन्ति ते सफलतां ······। (लभ्-लट् लकारे)

(v) अम्बा भोजनम् ······। (पच्-लङ् लकारे)

उत्तराणि

(i) पृच्छ (ii) गमिष्यामि (iii) कुर्याम
(iv) लभन्ते (v) अपचत्।

11. अधोलिखितेषु वाक्येषु निर्देशानुसारं धातुरूपं लिखत्।
(निम्नलिखित वाक्यों निर्देशानुसार धातु रूप में लिखिए।)

(i) कदापि असत्यं न ·······। (वद्-विधिलिङ्-प्रथम पुरुष-एकवचन)

(ii) ह्यः त्वम् कुत्र ······। (अस्-लङ् लकार-मध्यम पुरुष-एकवचन)

(iii) माता आदिशत्-पुत्र! पठनाय ·····। (उप + विश् - लोट लकार-मध्यम पुरुष-एकवचन)

(iv) लक्ष्मणः-भ्रातः! अहम् अपि त्वया सह ······। (चल् -लट्लकार-उत्तम पुरुष-एकवचन)

(v) रामः-नहि, त्वम् अत्र स्थित्वा पितुः सेवाम् ·····। (कृ-लोट लकार-मध्यम पुरुष-एकवचन)

उत्तराणि

(i) वदेत् (ii) आसीः (iii) उपविश
(iv) चलामि (v) कुरु।

12. अधोलिखितेषु वाक्येषु रेखांकित पदानि शुद्धं कृत्वा लिखत
(निम्नलिखित वाक्यों में रेखांकित पदों को शुद्ध करके लिखिए।)

(i) सः जलं पास्यसि।

(ii) तत्र पत्रं पीत वर्तन्ते।

(iii) गङ्गा हिमालयात् उद्भवसि।

(iv) भक्ताः ईश्वरं भजते।

(v) नरः विद्यया एवं शोभन्ते।

उत्तराणि

(i) पास्यति (ii) वर्तते (iii) उद्भवति
(iv) भजन्ते (v) शोभते

13. अधोलिखितेषु वाक्येषु लोटलकारात् लट् लकारे-परिवर्तनम् कुरुत।
(निम्नलिखित वाक्यों में लोट् लकार से लट् लकार में परिवर्तन करके लिखिए।)

(i) एषा स्वयं गच्छतु भरतम् आनेतुम्।

(ii) त्वं शिक्षकं प्रश्नं पृच्छ।

(iii) त्वम् आज्ञाकारी भव।

(iv) कार्य विलम्बेन न कुरु।

(v) माता भोजनं पचतु।

उत्तराणि

(i) गच्छति (ii) पृच्छसि (iii) भवसि
(iv) करोषि (v) पचति

अध्याय

6

उपसर्गाः प्रत्ययाः च

6.1 उपसर्ग की परिभाषा

ऐसे शब्दांश जो किसी संज्ञा, धातु आदि से पूर्व जुड़कर उनके अर्थ में परिवर्तन कर देते हैं, उपसर्ग कहलाते हैं।

जैसे— प्र + भवति = प्रभवति

परा + भवः = पराभवः

अनु + गच्छति = अनुगच्छति

अति + क्रमः = अतिक्रमः

उपसर्ग किसी शब्द में जुड़कर उसमें पूरा परिवर्तन न करके उसके अर्थ में कुछ विशेषता लाते हैं;

जैसे— आ + गच्छ (जाना) = आगच्छ (आना)

संस्कृत में उपसर्गों की संख्या 22 मानी गई है; ये निम्न हैं

उपसर्ग	अर्थ	बनने वाले शब्द
प्र	अधिक, आगे	प्रसारः, प्रभूतः, प्रयत्नः, प्रभवति
परा	उल्टा, पीछे	पराभवः, पराजयः
अप्	दूर	अपकर्ष, अपहारः, अपवादः
सम्	अच्छी तरह	संस्कारः, संहारः, संगतिः
अनु	पीछे	अनुचरः, अनुभवः, अनुगमनम्
अव	नीचे, दूर	अवनतिः, अवगच्छति
निस्	बिना, बाहर	निष्कपटः, निष्पापः
निर्	बाहर	निरादरः, निर्गमनम्, निर्गच्छति
दुस्	कठिन	दुष्करः, दुस्सहः, दुष्प्रयोजनम्
दुर्	बुरा	दुर्लभः, दुर्बोध्यः
वि	बिना, अलग	विशिष्टः, विगतः, विनयः
आङ् आ	तक, कम, सहित	आजन्म, आजीवनः, आकर्षणम्
नि	नीचे	निवारणम्, निपातः, निवासः
अधि	ऊपर	अध्यक्षः, अधिकारः, अधिपतिः
अपि	निकट	अपिधानम्, अपिदधाति
अति	बहुत	अतिक्रमः, अतिनिद्रा, अतिदीनः
सु	सुंदर	सुगमः, सुविचारः, सुकरः, सुनाम
अभि	ओर	अभिज्ञानम्, अभिमुखम्, अभियोगः, अभिशापः
उद्	ऊपर	उद्भव, उन्नति, उन्नयनम्, उद्गमः
प्रति	ओर, उल्टा	प्रतिकारः, प्रतिवादः, प्रतिष्ठा, प्रत्युपकारः
परि	चारों ओर	परिवहनम्, परिचयः, परिवर्तनम्
उप्	निकट	उपवनम्, उपासना, उपनयनम्, उपहरति

उपसर्गों का वाक्यों में प्रयोग

(i) अधि (अधि + राजते) — विद्वानः सर्वत्र अधिराजते।

(ii) दुर् (दुर् + आचार) — दुराचारः न कर्त्तव्यः।

(iii) प्रति (प्रति + दिनं) — सः प्रतिदिनं विद्यालयं गच्छति।

(iv) वि (वि + जयते) — सत्यं सदा विजयते।

(v) सु (सु + शोभन्ते) — उद्याने कमलानि सुशोभन्ते।

(vi) परि (परि + वर्तनम्) — संसारे सदैव परिवर्तनं जायते।

6.2 प्रत्यय की परिभाषा

जो शब्दांश किसी भी धातु के अंत (बाद) में जुड़कर उसका अर्थ परिवर्तित कर देते हैं उसे प्रत्यय कहते हैं। संस्कृत में प्रत्यय पाँच भागों में विभक्त किए जाते हैं।

प्रत्यय
- तिङ् प्रत्यय
- सुप् प्रत्यय
- कृत् प्रत्यय
- तद्धित प्रत्यय
- स्त्री प्रत्यय

1. **तिङ् प्रत्यय** धातुओं से लकारों के रूप में बनाने के लिए जोड़े जाने वाले प्रत्यय तिङ् प्रत्यय कहलाते हैं। ये 18 प्रत्यय हैं। इनमें से 9 आत्मनेपद के और 9 परस्मैपद के प्रत्यय हैं।
   जैसे—पठ् + ति = पठति आदि।
2. **सुप् प्रत्यय** संज्ञा, सर्वनाम, विशेषण, संख्यावाची शब्दों से विभक्तियों के रूप बनाने के लिए जोड़े जाने वाले प्रत्यय सुप् प्रत्यय कहलाते हैं। ये 21 प्रत्यय हैं।
   जैसे—बाल + सु = बाल: आदि।
3. **कृत् प्रत्यय** धातुओं से संज्ञा, विशेषण, सर्वनाम, अव्यय शब्द बनाने के लिए जोड़े जाने वाले प्रत्यय कृत् प्रत्यय कहलाते हैं। जैसे—क्त, क्तवतु, अनीयर आदि।
4. **तद्धित प्रत्यय** संज्ञाओं से विशेषण, विशेषण से संज्ञा, सर्वनाम से विशेषण तथा संख्यावाची शब्दों से विशेषण बनाने के लिए जोड़े जाने वाले प्रत्यय तद्धित प्रत्यय कहलाते हैं; जैसे—मतुप्, इन आदि।
5. **स्त्री प्रत्यय** पुल्लिंग शब्दों से स्त्रीलिंग शब्द बनाने के लिए जो प्रत्यय जोड़े जाते हैं, वे स्त्री प्रत्यय कहलाते हैं; जैसे—टाप्, ङीप आदि।

6.3 कृत (प्रत्यय)

कृत प्रत्यय के अन्तर्गत अव्यय बनाने के लिए धातुओं में कत्वा, ल्यप् व तुमुन प्रत्यय का प्रयोग किया जाता है

1. **क्त्वा** (त्वा)

जब दो क्रियाओं का कर्ता एक ही होता है और एक क्रिया की समाप्ति के बाद दूसरी क्रिया आरंभ होती है, वहाँ क्त्वा प्रत्यय होता है। वाक्य की पहली क्रिया में क्त्वा जोड़ा जाता है। यह प्रत्यय 'कर' तथा 'करके' अर्थ में प्रयोग होता है;

जैसे— पठ् + क्त्वा = पठित्वा भू + क्त्वा = भूत्वा

क्त्वा धातु के उदाहरण

धातु	(अर्थ)	प्रत्यय	धातु	(अर्थ)	प्रत्यय
क्री	(खरीदकर)	क्रीत्वा	गै	(गाकर)	गीत्वा
हु	(हवन करके)	हुत्वा	घ्रा	(सूँघकर)	घ्रात्वा
भी	(डरकर)	भीत्वा	चुर्	(चुराकर)	चोरयित्वा
श्रु	(सुनकर)	श्रुत्वा	ज्ञा	(जानकर)	ज्ञात्वा
इष्	(चाहकर)	इष्ट्वा	तन्	(फैलाकर)	तनित्वा

क्त्वा प्रत्यय के वाक्य प्रयोग

(i) राम: <u>पठित्वा</u> ग्रामं गच्छति। (पठ् + क्त्वा)
(ii) पण्डित: कथां <u>कथयित्वा</u> हसति। (कथ् + क्त्वा)
(iii) सीता आपणं <u>गत्वा</u> वस्तूनि क्रीणाति। (गम् + क्त्वा)
(iv) शिक्षक: <u>चिन्तयित्वा</u> एव वदति। (चिन्त् + क्त्वा)
(v) स: भोजनं <u>खादित्वा</u> गच्छति। (खाद् + क्त्वा)

2. **ल्यप्** (य)

यदि धातु से पूर्व कोई उपसर्ग लगा हो, तो उस स्थिति में क्त्वा प्रत्यय के स्थान पर 'ल्यप् प्रत्यय' होता है। ल्यप् प्रत्यय का 'य' धातु रूप के बाद में प्रयोग होता है।

ल्यप् धातु के उदाहरण

धातु	(अर्थ)	प्रत्यय	धातु	(अर्थ)	प्रत्यय
क्री	(खरीदना)	विक्रीय	गै	(गाना)	प्रगाय
हु	(हवन करना)	आहुत्य	घ्रा	(सूँघना)	आघ्राय
भी	(डरना)	संभीय	चुर्	(चुराना)	संचोर्य
श्रु	(सुनना)	संश्रुत्य	ज्ञा	(जानना)	विज्ञाय
इष्	(चाहना)	समिष्य	तन्	(फैलाना)	वितत्य

ल्यप् प्रत्यय के वाक्य प्रयोग

(i) द्वारपाल: <u>आगत्य</u> राजानं निवेदितवान्। (आ + गम् + ल्यप्)
(ii) एव <u>विचिन्त्य</u> सा वदति। (वि + चिन्त् + ल्यप्)
(iii) शाकं <u>आदाय</u> सा गृहं गच्छति। (आ + दा + ल्यप्)
(iv) स: हस्तं <u>प्रसार्य</u> वदति। (प्र + सृ + ल्यप्)
(v) बालक: <u>प्रणम्य</u> वदति। (प्र + नम् + ल्यप्)

3. **तुमुन्** (तुम)

जब एक ही कर्ता द्वारा एक क्रिया वर्तमान में तथा दूसरी क्रिया भविष्य में की जाती है वहाँ भविष्य में होने वाली क्रिया में तुमुन् प्रत्यय लगाया जाएगा। तुमुन् का अर्थ है 'के लिए'। 'तुमुन्' के 'उन' का लोप होकर 'तुम' शेष रहता है, जो धातु रूप में अंत में जुड़ता है।

तुमुन् धातु के उदाहरण

धातु	(अर्थ)	प्रत्यय	धातु	(अर्थ)	प्रत्यय
क्री	(खरीदने के लिए)	क्रेतुम्	गै	(गाना)	गातुम्
हु	(हवन करने के लिए)	होतुम्	घ्रा	(सूँघना)	घ्रातुम्
भी	(डरने के लिए)	भेतुम्	चुर्	(चुराना)	चोरयितुम
श्रु	(सुनने के लिए)	श्रोतुम्	ज्ञा	(जानना)	ज्ञातुम्
इष्	(चाहने के लिए)	एषितुम्	तन्	(फैलाना)	तनितुम्

तुमुन् प्रत्यय के वाक्य प्रयोग

(i) बालक: संस्कृतं <u>पठितुं</u> गच्छति। (पठ् + तुमुन्)
(ii) लता <u>भ्रमितुम्</u> उद्यानं गच्छति। (भ्रम् + तुमुन्)
(iii) राघव: कथां <u>श्रोतुं</u> धावति। (श्रु + तुमुन्)

(iv) रमेशः भोजनं खादितुं पाकशालां गच्छति। (खाद् + तुमुन्)
(v) सः वस्तूनि क्रेतुम् आपणं गच्छति। (कृ + तुमुन्)

4. क्त, क्तवतु प्रत्यय

क्त प्रत्यय भाववाच्य व कर्म वाच्य में होता है और क्तवतु प्रत्यय कर्तृवाच्य में होता है। क्त प्रत्ययान्त क्रिया का कर्ता तृतीया में और कर्म प्रथमा में होता है, क्तवतु प्रत्ययान्त क्रिया का कर्ता प्रथमा में और कर्म द्वितीया में होता है। 'क्त, क्तवतु' प्रत्ययों से बनने वालों के शब्द-रूप तीनों लिङ्गों व सातों विभक्तियों में चलते हैं।

क्त प्रत्यय के उदाहरण
(प्रत्ययान्त रूप)

धातु	अर्थ	प्रत्यय	पुल्लिङ्ग	स्त्रीलिङ्ग	नपुंसकलिङ्ग
पठ्	(पढ़ा हुआ)	+ क्त	= पठितः	पठिता	पठितम्
मन्	(माना हुआ)	+ क्त	= मतः	मता	मतम्
गम्	(गया हुआ)	+ क्त	= गतः	गता	गतम्
शीङ्	(सोया हुआ)	+ क्त	= शयितः	शयिता	शयितम्
त्यज्	(त्यागा हुआ)	+ क्त	= त्यक्तः	त्यक्ता	त्यक्तम्
सिच्	(सींचा हुआ)	+ क्त	= सिक्तः	सिक्ता	सिक्तम्
गृह	(ग्रहण किया)	+ क्त	= गृहीतः	गृहीता	गृहीतम्
भू	(होना)	+ क्त	= भूतः	भूता	भूतम्

क्तवतु प्रत्यय के उदाहरण
(प्रत्ययान्त रूप)

धातु	अर्थ	प्रत्यय	पुल्लिङ्ग	स्त्रीलिङ्ग	नपुंसकलिङ्ग
ग्रह	(ग्रहण किया)	+ क्तवतु	= ग्रहीतवान्	ग्रहीतवती	ग्रहीतवत्
भू	(हुआ)	+ क्तवतु	= भूतवान्	भूतवती	भूतवत्
त्यज्	(त्यागा)	+ क्तवतु	= त्यक्तवान्	त्यक्तवती	त्यक्तवत्
स्ना	(स्नान किया)	+ क्तवतु	= स्नातवान्	स्नातवती	स्नातवत्
गम्	(गया)	+ क्तवतु	= गतवान्	गतवती	गतवत्
प्रच्छ्	(पूछा)	+ क्तवतु	= पृष्टवान्	पृष्टवती	पृष्टवत्
पठ्	(पढ़ा)	+ क्तवतु	= पठितवान्	पठितवती	पठितवत्
कृ	(किया)	+ क्तवतु	= कृतवान्	कृतवती	कृत्वत्
शक्	(सका)	+ क्तवतु	= शक्तवान्	शक्तवती	शक्तवत्

क्त, क्तवतु प्रत्यय के वाक्य प्रयोग

(i) सा ओदनं ग्रहीतवती। (ग्रह् + क्तवतु)
(ii) बालकः धावितः अश्वात् पतति। (धाव् + क्त)
(iii) रमेशः धूम्रपानम् त्यक्तवान्। (त्यज् + क्तवतु)
(iv) पठिता बालिका गच्छति। (पठ् + क्त)
(v) पण्डितः कथां कथितवान्। (कथ् + क्तवतु)
(vi) दुग्धं पीता बालिका रुदती। (पा + क्त)

5. शतृ प्रत्यय

जब एक कर्ता एक ही समय में दो क्रियाएँ करता है, तो वहाँ शतृ प्रत्यय होता है। इस स्थिति में प्रथम क्रिया के साथ शतृ प्रत्यय का 'नं' के रूप में प्रयोग होता है।

शतृ प्रत्यय के उदाहरण

धातु	अर्थ	प्रत्यय	पुल्लिङ्ग	स्त्रीलिङ्ग	नपुंसकलिङ्ग
पठ्	(पढ़ना)	+ शतृ	= पठन्	पठन्ती	पठत्
अस्	(होना)	+ शतृ	= सन्	सती	सत्
प्रच्छ्	(पूछना)	+ शतृ	= पृच्छन्	पृच्छन्ती	पृच्छत्
पा	(पीना)	+ शतृ	= पिबन्	पिबन्ती	पिबत्
नृत्	(नाचना)	+ शतृ	= नृत्यन्	नृत्यन्ती	नृत्यत्
दा	(देना)	+ शतृ	= यच्छन्	यच्छन्ती	यच्छत्
लिख्	(लिखना)	+ शतृ	= लिखन्	लिखन्ती	लिखत्
पच्	(पकाना)	+ शतृ	= पचन्	पचन्ती	पचत्
घ्रा	(सूँघना)	+ शतृ	= जिघ्रन्	जिघ्रन्ती	जिघ्रत्
चिन्त्	(चिन्ता करना)	+ शतृ	= चिन्तयन्	चिन्तयन्ती	चिन्तयत्
दृश्	(देखना)	+ शतृ	= पश्यन्	पश्यन्ती	पश्यत्
गम्	(जाना)	+ शतृ	= गच्छन्	गच्छन्ती	गच्छत्

शतृ प्रत्यय के वाक्य प्रयोग

(i) भोजनं पचन्ती बालिका रुदती। (पच् + शतृ)
(ii) प्रश्नं पृच्छन् बालकः धावति। (पृच्छ् + शतृ)
(iii) गच्छन् बालकः तृणं पश्यति। (गम् + शतृ)
(iv) बालिका मोदकानि गणयन्ती। (गण् + शतृ)
(v) खादन् बालकः नृत्यति। (खाद् + शतृ)

अभ्यास प्रश्न: बहुविकल्पीय एवं वर्णनात्मक प्रश्नोत्तर

1. प्रदत्तविकल्पेभ्यः उचितं विकल्पं चित्वा लिखत।
(दिए गए विकल्पों में से उचित विकल्प चुनकर लिखिए।)

(i) सा अत्र आ + गम् + ल्यप् क्रीडति।
(अ) आगम (ब) आगत्य
(स) आगमन् (द) आहूय

(ii) अहं तस्मै रुप्यकाणि दा + तुमुन् इच्छामि।
(अ) दातुम् (ब) ददति
(स) दाती (द) ददामि

(iii) मोदकानि दृश् + क्त्वा बालाः प्रसन्नाः भवन्ति।
(अ) दर्शनम् (ब) दृष्ट्वा
(स) दृश्वा (द) दर्शवा

(iv) खाद् + शतृ रामः धावति।
(अ) खादिम (ब) खादशतृ
(स) खादन् (द) खादः

(v) उद्याने धाव् + क्त बालकः पतति।
(अ) धावितः (ब) धावम्
(स) धावतम् (द) धावः

(vi) मालाकारः पुष्पाणि ग्रह + क्तवतु।
(अ) गृहम् (ब) ग्रहीतवान्
(स) ग्रहमाण (द) गृहत्

(vii) रोगस्य प्र + सारः भवति।
(अ) प्रवाह (ब) प्रसारः
(स) प्रमाणः (द) प्रयोगः

(viii) 'आजीवनम्' अत्र उपसर्गः अस्ति।
(अ) आ (ब) आज्
(स) जीव् (द) नम्

(ix) 'अध्यक्षः' अत्र उपसर्ग अस्ति।
(अ) अधी (ब) अधि
(स) अह (द) अध्य

(x) उपवने पुष्पाणि विकसन्ति। रेखांकित पदे कः उपसर्गः?
(अ) उपवन् (ब) वनम्
(स) उप (द) वनः

उत्तराणि

(i) (ब) आगत्य (ii) (अ) दातुम्
(iii) (ब) दृष्ट्वा (iv) (स) खादन्
(v) (अ) धावितः (vi) (ब) ग्रहीतवान्
(vii) (ब) प्रसारः (viii) (अ) आ
(ix) (ब) अधि (x) (स) उप

2. अधोलिखितेषु पदेषु रेखाङ्कितपदानाम् उपसर्गान् चित्वा लिखत।
(निम्नलिखित पदों में रेखांकित पदों के उपसर्गों को चुनकर लिखिए।)

(i) इदं सुन्दरम् उपवनम् अस्ति।
(अ) उप (ब) वन
(स) नम् (द) वनम्

(ii) एकः विचित्र काकः समुड्डीय आगच्छति।
(अ) विचि (ब) वि
(स) चित्र (द) चित्रम्

(iii) हे बालः अपशब्दं मा वद।
(अ) दम् (ब) शब्
(स) अप् (द) शब्द्

(iv) प्रकोष्ठात् प्रतिध्वनिः आगच्छति।
(अ) प्रती (ब) प्रति
(स) ध्वनि (द) वनि

(v) संतोषे परमं सुखं भवति।
(अ) सम् (ब) संत्
(स) तोष् (द) तुष्

उत्तराणि

(i) (अ) उप (ii) (ब) वि
(iii) (स) अप् (iv) (ब) प्रति
(v) (अ) सम्

3. निम्नलिखितेषु शब्देषु उपसर्गान् धातु च पृथक् कृत्वा लिखत।
(नीचे लिखे शब्दों के उपसर्ग व धातु को अलग करके लिखिए।)

(i) अधिपति = ······· + ·······
(ii) व्यवहरति = ······· + ·······
(iii) अपनयति = ······· + ·······
(iv) अधिरोहति = ······· + ·······
(v) आगच्छति = ······· + ·······
(vi) निर्गच्छति = ······· + ·······
(vii) प्रभवति = ······· + ·······
(viii) सम्भवति = ······· + ·······

उत्तराणि

(i) अधि + पति (ii) वि + अव् + हृ (हरति
(iii) अप + नी (iv) अधि + रुह्
(v) आ + गम् (vi) निर् + गम्
(vii) प्र + भू (viii) सम् + भू

4. निम्नलिखितार्थेषु के उपसर्गाः प्रयोक्तव्याः।
(निम्नलिखित अर्थों में कौन-से उपसर्ग प्रयुक्त किए जाते हैं।)

(i) समीप (ii) चारों ओर
(iii) विपरीत (iv) ऊपर
(v) अच्छा (vi) अधिक
(vii) तक (viii) बुरा
(ix) दूर (x) नीचे

उत्तराणि

(i) उप (ii) परि
(iii) प्रति (iv) उद्
(v) सु (vi) अति
(vii) आ (vii) दुस्
(ix) अप् (x) नि

5. निम्नलिखित वाक्येषु यथानिर्दिष्ट रूपेण रिक्तस्थानानि पूरयत।
(निम्नलिखित वाक्यों में बताए गए रूप से रिक्त स्थानों की पूर्ति कीजिए।)

(i) सः विद्याम् ······· (अधि + गम्)
(ii) पुत्रः पितरम् ······ (अनु + गम्)
(iii) गंगा हिमालयात् ······ (निर् + गम्)
(iv) पृथिव्यां त्रीणि रत्नानि जलमग्नं ······· (सु + भाषित)
(v) वानरः वृक्षम् ······ (आ + रुह्)

उत्तराणि

(i) अधिगच्छति (ii) अनुगच्छति
(iii) निर्गच्छति (iv) सुभाषितानि
(v) आरोहति

6. अधोलिखित उपसर्गानाम् वाक्येषु प्रयोगम् कुरुत।
(निम्नलिखित उपसर्गों का वाक्यों में प्रयोग कीजिए।)

(i) अधि + इ (ii) प्रति
(iii) सु (iv) नि + वार्
(v) परि + त्यज्

उत्तराणि

(i) छात्राः अध्यापकात् <u>अधीते</u>।
(ii) <u>प्रतिदिनं</u> विद्यालयं गच्छ।
(iii) <u>सुयोग्यः</u> अस्ति अयं बालकः।
(iv) सन्मित्र पापात् <u>निवारयति</u>।
(v) ज्ञानी संसारं <u>परित्यजति</u>।

7. अधोलिखित वाक्येषु रेखांकितपदानां प्रकृति-प्रत्ययं संयोज्य विभज्य वा पुनः लिखत।
(नीचे लिखे हुए वाक्यों में रेखांकित पदों के प्रकृति व प्रत्यय को मिलाकर अथवा अलग करके पुनः लिखिए।)

(i) संचिकायां किं <u>लिखितव्यम्</u>?
(ii) <u>कम्प + शानच्</u> वानरः अगच्छत्।
(iii) मया पत्रं <u>पठ् + अनीयर्</u>।
(iv) रामस्य स्वभावे <u>सरलता</u> आसीत्।

उत्तराणि

(i) लिख् + तव्यत् (ii) कम्पमानः
(iii) पठनीयम (iv) सरल + तल्

8. 'अ' भागे लिखितानाम् प्रकृति प्रत्ययनां 'ब' भागे लिखितानां पदैः सह उचितं मेलनं कृत्वा 'स' भागे लिखत।
('अ' भाग में लिखे हुए प्रकृति व प्रत्ययों का उचित मिलान 'ब' भाग में लिखे हुए पदों के साथ करके उन्हें 'स' भाग में लिखिए।)

(अ)	(ब)	(स)
(i) रमणीय + तल्	(क) बुद्धिमान्	.....
(ii) चपल + त्व	(ख) कर्त्तव्यः	.....
(iii) बुद्धि + मतुप्	(ग) चपलत्वम्	.....
(iv) कृ + तव्यत्	(घ) रमणीयता	.....

उत्तराणि

(i) (घ) रमणीयता (ii) (ग) चपलत्वम्
(iii) (क) बुद्धिमान् (iv) (ख) कर्त्तव्यः

9. प्रत्यय-प्रयोगेन द्वे वाक्ये योजयित्वा एकवाक्यं कुरुत।
(प्रत्यय के प्रयोग से दो वाक्यों को मिलाकर एक वाक्य बनाओ।)

(i) (अ) रमेशः पठति।
(ब) रमेशः खेलति। (क्त्वा)
(ii) (अ) कन्या पठति।
(ब) सा विद्यालयं गच्छति। (तुमुन्)
(iii) (अ) छात्रः गच्छति।
(ब) छात्र गीतं गायति। (शतृ)
(iv) (अ) सुधा नाटकं पश्यति।
(ब) सा रंङ्गायनं गच्छति। (तुमुन्)

उत्तराणि

(i) रमेशः पठित्वा खेलति।
(ii) कन्या पठितुम् विद्यालयं गच्छति।
(iii) छात्रः गच्छन् गीतं गायति।
(iv) सुधा नाटकं द्रष्टुं रङ्गायनं गच्छति।

10. अधोलिखित पदेषु प्रकृति प्रत्ययः पृथक्-पृथक् कृत्वा लिखत।
(निम्नलिखित पदों में प्रकृति व प्रत्यय को अलग-अलग करके लिखिए।)

(i) अवलोक्य = ·········· (ii) जीवितुम् = ··········
(iii) दृष्ट्वा = ·········· (iv) कर्तुम् = ··········
(v) गत्वा = ·········· (vi) विहस्य = ··········

उत्तराणि

(i) अव + लोक् + ल्यप् (ii) जीव् + तुमुन्
(iii) दृश् + क्त्वा (iv) कृ + तुमुन्
(v) गम् + क्त्वा (vi) वि + हस् + ल्यप्

11. मञ्जूषात उचित पदानि चित्वा रिक्तस्थानानि पूरयत।
(मञ्जूषा से उचित शब्द चुनकर रिक्त स्थानों की पूर्ति कीजिए।)

(i) सः ·········· उद्याने गच्छति।
(ii) बालिका चलचित्रं ·········· इच्छति।
(iii) अहं पत्रं ·········· इच्छामि।
(iv) सा देवालये ईश्वरं ·········· गच्छति।
(v) जलं विना ·········· न शक्नोति।
(vi) अहं गृहं ·········· पठामि।
(vii) त्वं किं ·········· इच्छसि?

- **मञ्जूषा** कर्तुम्, गत्वा, जीवितुम्, प्रणम्य, लेखितुम्, दृष्टुम्, क्रीडितुम्।

उत्तराणि

(i) क्रीडितुम् (ii) दृष्टुम्
(iii) लेखितुम् (iv) प्रणम्य
(v) जीवितुम् (vi) गत्वा
(vii) कर्तुम्

12. प्रकृति-प्रत्ययः संयोज्य-विभज्य वा लिखत।
(प्रकृति प्रत्यय को जोड़कर अथवा अलग करके लिखिए।)

(i) भूत्वा = ·········· + ··········
(ii) उपकृत्य = ·········· + ·········· + ··········
(iii) अत्तुम् = ·········· + ··········
(iv) क्षिप् + क्त्वा = ··········
(v) वि + ज्ञा + ल्यप् = ··········
(vi) गम् + तुमुन् = ··········
(vii) दृश् + तुमुन् = ··········
(viii) क्री + क्त्वा = ··········
(ix) सम् + चुर् + ल्यप् = ··········
(x) हत्वा = ·········· + ··········
(xi) मुक्त्वा = ·········· + ··········

उत्तराणि

(i) भू + क्त्वा (ii) उप + कृ + ल्यप्
(iii) अद् + तुमुन् (iv) क्षिप्त्वा
(v) विज्ञाय (vi) गन्तुम्
(vii) द्रष्टुम् (viii) क्रीत्वा
(ix) संचोर्य (x) हन् + क्त्वा
(xi) मुच् + क्त्वा

13. कोष्ठकात् उचित पदं चित्वा रिक्तस्थानानि पूरयत।
(कोष्ठक से उचित पद चुनकर रिक्त स्थानों की पूर्ति कीजिए।)

(i) सा ·········· (पठ् + क्त्वा) गृहं गच्छति।
(पठित्वा/पठ्वा/पठत्वा)

(ii) काकः ·········· (हस् + तुमुन्) तण्डुलान् खादति।
(हस्तुम्/हसितुम्/हत्तुम्)

(iii) सा आपणे वस्तूनि ·········· (वि + क्री + ल्यप्) गृहं आगच्छति। (विक्रीय/विक्रीत्वा/विक्रीतुम्)

(iv) चोरः धनं ·········· (चुर् + क्त्वा) पलायितः।
(चोरित्वा/चोरयित्वा/चोरितुम्)

(v) अहं गृह कार्यं ·········· (कृ + तुमुन्) इच्छामि।
(कृतुमुन्/कर्तुम्/कृतुम्)

(vi) माता भोजनं ·········· (पच् + तुमुन्) महानसं गच्छति।
(पक्तुम्/पचामि/पचम्)

उत्तराणि

(i) पठित्वा (ii) हसितुम्
(iii) विक्रीय (iv) चोरयित्वा
(v) कर्तुम् (vi) पक्तुम्

14. अधोलिखितेषु पदेषु क्त्वा, तुमुन्, ल्यप् प्रत्यान्त शब्दाः पृथक्-पृथक् कृत्वा लिखत।
(निम्नलिखित शब्दों में से क्त्वा, तुमुन्, ल्यप् प्रत्यान्त शब्दों को अलग-अलग करके लिखिए।)

कृत्वा, विक्रीय, प्रगाय, गृहीत्वा, क्रेतुम्, पातुम्, क्रीडित्वा, संरक्ष्य, रक्षित्वा, छेत्तुम्, ज्ञातुम्, उपकृत्य, गणयित्वा, संपूज्य, प्रष्टुम्।

उत्तराणि

क्त्वा प्रत्यान्त	ल्यप् प्रत्यान्त	तुमुन् प्रत्यान्त
कृत्वा	विक्रीय	क्रेतुम्
गृहीत्वा	प्रगाय	पातुम्
क्रीडित्वा	संरक्ष्य	छेत्तुम्
रक्षित्वा	उपकृत्य	ज्ञातुम्
गणयित्वा	संपूज्य	प्रष्टुम्

समास-प्रकरणम्

अध्याय 7

7.1 समास का अर्थ

जब परस्पर संबंध रखने वाले दो या दो से अधिक स्वतंत्र सार्थक पदों को संक्षिप्त रूप दिया जाता है, तो वह समास कहलाता है।

इस विधि से बने शब्दों को **समस्त पद** कहते हैं। समास शब्द का शाब्दिक अर्थ है— संग्रह, सम्मिलन, संक्षेप, मिश्रण आदि।

समास पद		**समास विग्रह**
गंगाजलम्	—	गंगाया: जलम् (गंगा का जल)
रामावतार:	—	रामस्य अवतार: (राम का अवतार)
पत्रोत्तरम्	—	पत्रस्य उत्तरम् (पत्र का उत्तर)
कृष्णावतार:	—	कृष्णस्य अवतार: (कृष्ण का अवतार)

समास में दो पद होते हैं— पूर्व पद और उत्तर पद। कभी पूर्व पद, कभी उत्तर पद और कभी दोनों पद प्रधान होते हैं। कभी-कभी दोनों ही पद अप्रधान हो जाते हैं और उनका एक विशिष्ट अर्थ महत्त्वपूर्ण हो जाता है।

7.2 समास के भेद

समास के मुख्यत: छ: भेद होते हैं।

1. तत्पुरुष समास:
2. कर्मधारय समास:
3. द्विगु समास:
4. द्वन्द्व समास:
5. अव्ययीभाव समास:
6. बहुव्रीहि समास:

1. तत्पुरुष समास:

तत्पुरुष समास में (विभक्ति: नञ्, उपपद:) सम्मिलित होते हैं। इसमें उत्तर पद प्रधान होता है तथा पूर्वपद गौण होता है। समस्तपद का पहला पद संज्ञा या सर्वनाम होता है। इस समास में समस्तपद करते समय कारक-विभक्ति या एकाधिक शब्दों का लोप होता है।

तत्पुरुष समास के पूर्वपद द्वितीय से सप्तमी तक किसी भी विभक्ति में हो सकते हैं। इसके आधार पर तत्पुरुष समास के निम्नलिखित भेद किए जाते हैं

(i) **कर्म तत्पुरुष:** (द्वितीया तत्पुरुष)

कर्म तत्पुरुष के अंतर्गत पूर्व पद द्वितीया विभक्ति में होता है तथा समस्तपद में कर्म कारक की द्वितीया विभक्ति **'को'** का लोप होता है; जैसे—

समस्तपद	**विग्रह**
आतिथ्यर्पण:	अतिथिं अर्पण: (अतिथि को अर्पण)
गृहागत:	गृहम् आगत: (गृह को आया हुआ)
मरणासन्न:	मरण आसन्न: (मरण को पहुँचा हुआ)

(ii) **करण तत्पुरुष** (तृतीया तत्पुरुष)

करण तत्पुरुष के अंतर्गत पूर्व पद तृतीया विभक्ति में होता है तथा समस्तपद में करण कारक की तृतीया विभक्ति **'से, द्वारा'** का लोप होता है; जैसे—

समस्तपद	**विग्रह**
अकालपीड़ित:	अकालेन पीड़ित: (अकाल से पीड़ित)
हरित्रात:	हरिणा त्रात: (हरि द्वारा रक्षित)
विष्णुत्रात:	विष्णुना त्रात: (विष्णु द्वारा रक्षित)

(iii) **संप्रदान तत्पुरुष** (चतुर्थी तत्पुरुष)

संप्रदान तत्पुरुष के अंतर्गत पूर्व पद चतुर्थी विभक्ति में होता है तथा समस्तपद में संप्रदान कारक की चतुर्थी विभक्ति **'के लिए'** का लोप होता है; जैसे—

समस्तपद	**विग्रह**
युद्धक्षेत्रम्	युद्धाय क्षेत्रम् (युद्ध के लिए क्षेत्र)
देवबलि:	देवाय बलि (देव के लिए बलि)
देशभक्ति:	देशाय भक्ति (देश के लिए भक्ति)

(iv) **अपादान तत्पुरुष** (पंचमी तत्पुरुष)

अपादान तत्पुरुष के अंतर्गत पूर्व पद पंचमी विभक्ति में होता है तथा समस्तपद में अपादान कारक की पंचमी विभक्ति **'से'** का लोप होता है एवं पूर्वपद का उत्तरपद से संबंध स्थापित नहीं किया जाता है;

जैसे—

समस्तपद	विग्रह
ऋणमुक्त:	ऋणात् मुक्त: (ऋण से मुक्त)
जन्मांध:	जन्मात् अन्ध: (जन्म से अंधा)
धर्मभ्रष्ट:	धर्मात् भ्रष्ट: (धर्म से भ्रष्ट)

(v) **संबंध तत्पुरुष** (षष्ठी तत्पुरुष)

संबंध तत्पुरुष के अंतर्गत पूर्व पद षष्ठी विभक्ति में होता है तथा समस्तपद में संबंध कारक की षष्ठी विभक्ति **'का, के, की'** का लोप होता है; जैसे—

समस्तपद	विग्रह
देवपति:	देवानां पति: (देवों के पति)
भारतरत्नम्	भारतस्य रत्नम् (भारत का रत्न)
जलधारा:	जलस्य धारा (जल की धारा)

(vi) **अधिकरण तत्पुरुष** (सप्तमी तत्पुरुष)

अधिकरण तत्पुरुष के अंतर्गत पूर्व पद सप्तमी विभक्ति में होता है तथा समस्तपद में अधिकरण कारक की सप्तमी विभक्ति **'में, पर'** का लोप होता है; जैसे—

समस्तपद	विग्रह
कलाप्रवीण:	कलायां प्रवीण: (कला में प्रवीण)
घुड़सवार	घुड़सवार: (घोड़े पर सवार)
आत्मविश्वास	आत्मनि विश्वास: (आत्म पर विश्वास)

(vii) **नञ तत्पुरुष**

जिस समस्तपद में पहला पद अभावात्मक होता है, उसे नञ् तत्पुरुष कहते हैं; जैसे—

समस्तपद	विग्रह
अनिच्छा	न इच्छा (न इच्छा)
अयोग्य:	न योग्य: (न योग्य)
अनदेखी	न देखी (न देखी)

2. कर्मधारय समास:

कर्मधारय समास में पहला पद विशेषण तथा दूसरा पद विशेष्य होता है। पूर्व पद तथा उत्तर पद में उपमेय-उपमान का एक साथ प्रयोग होता है। समास विग्रह करते समय दोनों पदों में प्रथमा विभक्ति होती है। कर्मधारय समास के निम्न भेद हैं

(i) विशेषण-विशेष्य कर्मधारय समास:

इस समास में प्राय: पूर्व पद विशेषण तथा उत्तर पद विशेष्य होता है।

समस्तपद	विग्रह
नीलकंठम्	नील कंठम् (नीला है जो कंठ)
महाजन:	महान् चासौ जन: (महान् है जो जन)
मुख्याध्यापक:	मुख्य चासौ अध्यापक: (मुख्य है जो अध्यापक)

(ii) उपमेय-उपमान कर्मधारय समास:

इस समास में विग्रह पद में उपमान तथा उपमेय को जोड़ने के लिए 'इव' तथा 'एव' अव्यय का प्रयोग किया जाता है तथा समस्त पद में इनका लोप हो जाता है।

जैसे—

समस्तपद	विग्रह
क्रोधाग्नि:	क्रोध: अग्निइव (क्रोध रूपी अग्नि)
नरसिंह:	नर: सिंह इव (सिंह रूपी नर)
घनश्याम	घन इव श्याम: (घन के समान श्याम)

3. द्विगु समास:

जिस समास का पूर्व पद संख्यावाची हो और उससे किसी समूह का बोध होता हो, उसे द्विगु समास कहते हैं। विग्रह करते समय दोनों पदों में षष्ठी विभक्ति होती है; जैसे—

समस्तपद	विग्रह	वाक्य
सप्तदिनम्	दिनानां समाहार:	(सात दिनों का समूह)
पंचपात्रम्	पंचानां पात्राणाम् समाहार:	(पाँच बर्तनों का समूह)
नवरात्रम्	नवानां रात्रीणां समाहार:	(नौ रातों का समूह)

4. द्वन्द्व समास:

इस समास में पूर्वपद और उत्तरपद दोनों ही पदों की समान रूप से प्रधानता होती है। द्वन्द्व समास में दो पदों के मध्य में 'च' (और, अथवा) आता है; जैसे—

समस्त पद	विग्रह
हरिहरौ	हरिश्चि हरश्च
ईशकृष्णौ	ईशश्च कृष्णाश्च
शिरोग्रीवम्	शिरश्च ग्रीवा च अनयो: समाहार:

5. अव्ययीभाव समास:

इस समास का प्रथम पद अव्यय और द्वितीय पद संज्ञा होता है। अव्यय शब्द के आदि की अर्थात् पूर्व पद की प्रधानता होती है। समास के दोनों पद मिलकर अव्यय हो जाता है। अव्ययीभाव समास नपुंसकलिङ्ग के एकवचन में होता है; जैसे—

अव्ययपद	समस्तपद	विग्रह
उप (समीप अर्थ में)	उपकृष्णम्	कृष्णस्य समीपम्
अनु (योग्यता अर्थ में)	अनुरूपम्	रूपस्य योग्यम्
प्रति (वीप्सा अर्थ में)	प्रतिदिनम्	दिनं दिनं प्रति

6. बहुव्रीहि समास:

जिस समास में अन्य पद की प्रधानता होती है तब वह बहुव्रीहि समास कहा जाता है अर्थात् इस समास में न तो पूर्व पद की प्रधानता होती है और न ही उत्तर पद की, अपितु दोनों पद मिलकर अन्य पद का बोध कराते हैं। समस्त पद का प्रयोग अन्य पद के विशेषण के रूप में होता है।

समानाधिकरण बहुव्रीहि समास:

जब समास के पूर्व व उत्तर पद में समान विभक्ति (प्रथमा विभक्ति) होती है, तब वह समानाधिकरण बहुव्रीहि समास होता है; जैसे-

समस्तपद		विग्रह
दशानन: (रावण:)	=	दश आननानि यस्य स:
चतुर्मुख: (ब्रह्मा)	=	चत्वारि मुखानि यस्य स:
दतभोजन: (भिक्षुक)	=	दतं भोजनं यस्मै स:

अभ्यास प्रश्नाः

बहुविकल्पीय एवं वर्णनात्मक प्रश्नोत्तर

1. प्रदत्त विकल्पेभ्यः उचितम् उत्तरं चित्वा लिखत।
(नीचे दिए गए विकल्पों में से उचित उत्तर चुनकर लिखिए।)

(i) सः शक्तिम अनतिक्रम्य परिश्रमं करोति।
(अ) यथाशक्ति (ब) यथाशक्तिम्
(स) शक्तियथा (द) यथाम् शक्ति

(ii) आम्रस्य वृक्षे कोकिला गायति।
(अ) आम्रवृक्षाः (ब) आम्रवृक्षे
(स) अमस् वृक्षे (द) आम्रवृक्षम्

(iii) सरोवरे नीलानि कमलानि शोभते।
(अ) नीलकमलानि (ब) नीलाकमला
(स) निलकमलानि (द) नीलकमल्

(iv) भारतभूमिः वीरजननी अस्ति।
(अ) वीरस्य जननी (ब) वीरेषु जननी
(स) वीराणां जननी (द) वीरात् जननी

(v) सप्ताहे कार्यपूर्णम् भविष्यति।
(अ) सप्तानां अह्नानां समाहारः
(ब) सप्ते समाहारः
(स) सप्तानां समाहारः
(द) अहनां समाहारः

(vi) शिक्षकः अष्टाध्यायी पाठयति।
(अ) अष्ट अध्यायानां सः
(ब) अष्टे अध्यायानाम्
(स) समाहारः अष्ट अध्यायानां
(द) अष्टानाम् अध्यायानां समाहारः

(vii) अस्मांक राष्ट्रपक्षी मयूरः अस्ति।
(अ) राष्ट्राणां पक्षी (ब) राज्ञः पक्षी
(स) राष्ट्रस्य पक्षी (द) राष्ट्रेः पक्षी

(viii) रामलक्ष्मणौ सीतया सह पञ्चवटी इति स्थाने अवसत्।
(अ) पञ्चानां वटानां इति (ब) पञ्च वटस्य इति
(स) पाँच वटस्य समाहार (द) पञ्चानां वटानां समाहारः

(ix) श्रीरामः मृगस्य पश्चात् गच्छति।
(अ) अनुमृगम् (ब) अनुमृगः (स) उपमृगम् (द) प्रतिमृगम्

(x) अवकरं स्थानम् अनतिक्रम्य क्षेपणीयम्।
(अ) यथास्थानम् (ब) अस्थानम्
(स) अनति स्थाने (द) स्थाने क्रम्य

उत्तराणि

(i) (अ) यथाशक्ति
(ii) (ब) आम्रवृक्षे
(iii) (अ) नीलकमलानि
(iv) (स) वीराणां जननी
(v) (अ) सप्तानां अह्नानां समाहारः।
(vi) (द) अष्टानाम् अध्यायानां समाहारः।
(vii) (स) राष्ट्रस्य पक्षी।
(viii) (द) पञ्चानां वटानां समाहारः।
(ix) (ब) अनुमृगः
(x) (अ) यथास्थानम्

2. अधोलिखितानां विग्रहपदानां समस्तपदानि लिखत।
(निम्नलिखित विग्रहपदों के समस्तपद लिखिए।)

विग्रहपद	समस्तपद
(i) त्रयाणां लोकानां समाहारः	....
(ii) पाणी च पादौ च	....
(iii) वनस्य समीपम्	....
(iv) राज्ञः पुरुषः	....
(v) चक्रः पाणौ यस्य सः	....
(vi) दश आननानि यस्य सः	....
(vii) शिवश्च केशवश्च	....
(viii) जलस्य धारा	....
(ix) शक्तिम् अनतिक्रम्य	....
(x) भारतस्य रत्नम्	....
(xi) रोगेन मुक्तः	....
(xii) लम्बं उदरं यस्य सः	....

उत्तराणि

(i) त्रिलोकी (ii) पाणिपादम्
(iii) उपवनम् (iv) राजपुरुषः
(v) चक्रपाणिः (vi) दशाननः
(vii) शिवकेशवौ (viii) जलधारा
(ix) यथाशक्ति (x) भारतरत्नम्
(xi) रोगमुक्तः (xii) लम्बोदरः

3. अधोलिखितानां समस्तपदानां विग्रहं लिखित्वा समासस्य नामपि लिखत। (निम्नलिखित समस्त पदों के विग्रह पद लिखकर समास का नाम भी लिखिए।)

समस्तपद	विग्रहपद	समासस्य नाम
(i) उपनगरम्	....	....
(ii) हस्तलिखितम्	....	....
(iii) मातापितरौ	....	....
(iv) पञ्चपात्रम्	....	....
(v) शताब्दी	....	....
(vi) प्रतिदिनम्	....	....

(vii) राजपुत्रः ....
(viii) हरिहरौ ....
(ix) नीलकंठम् ....
(x) चर्तुमुखः ....
(xi) वीणापाणि ....
(xii) नीलांबरम् ....

उत्तराणि

(i) नगरस्य समीपम्—अव्ययीभाव समासः
(ii) हस्तेन लिखितम्—तत्पुरुष समासः (करण तत्पुरूषः)
(iii) माता च पिता च—द्वन्द्व समासः
(iv) पञ्चानां पात्राणां समाहारः—द्विगु समासः
(v) शतानाम् अब्दानां समाहारः—द्विगु समासः
(vi) दिनं-दिनं प्रति—अव्ययीभाव समासः
(vii) राज्ञः पुत्रः—तत्पुरुष समासः (संबंध तत्पुरूषः)
(viii) हरिश्च हरश्च—द्वन्द्व समासः
(ix) नीलं कंठम्—कर्मधारय समासः
(x) चत्वारि मुखानि यस्य सः—बहुव्रीहि समासः
(xi) वीणा पाणौ यस्य सः—बहुव्रीहि समासः
(xii) नीलम् अम्बरं—कर्मधारय समासः

4. अधोलिखितेषु रेखाङ्कितपदेषु समासम्ः कृत्वा लिखत।
(निम्नलिखित रेखांकित पदों के समास करके लिखिए)

(i) युष्माकं विद्यालये महान् उत्सवः कदा अस्ति?
(ii) त्वं समयम् अनतिक्रम्य विद्यालयं गच्छसि।
(iii) सः एव धन्यः यः शरणम् आगतस्य रक्षां करोति।
(iv) जनाः देशस्य भक्तान् पूजयन्ति।
(v) माता च पिता च आगच्छतः।
(vi) सः पीतम् अम्बरं धारयति।
(vii) कूपम् प्राप्तः काकः जलम् अलभत्।
(viii) सा विधिम् अनतिक्रम्यः गणितं शिक्षते।

उत्तराणि

(i) महोत्सवः (ii) यथासमयम्
(iii) शरणागतस्य (iv) देशभक्तान्
(v) मातपितरौ (vi) पीतांबरम्
(vii) कूपप्राप्तः (viii) यथाविधि

5. अधोलिखित रेखाङ्कित पदेषु समास-विग्रहं कृत्वा लिखत।
(निम्नलिखित रेखांकित पदों का समास-विग्रह करके लिखिए।)

(i) पश्यतु इदं सचित्रं पुस्तकम्।
(ii) नीलकण्ठः हिमालये वसति।
(iii) बालकः अष्टाध्यायीं स्मरति।
(iv) चक्रपाणि सागरे शेते।
(v) अयं संसारः मरणशीलः अस्ति।
(vi) सरोवरे नील कमलानि शोभन्ते।
(vii) सः प्रतिदिनं दानं करोति स्म।
(viii) 'पञ्चवटी' इति स्थाने वने रामः लक्ष्मणेन सीतया च सह अवसत्।

उत्तराणि

(i) चित्रेण सहितम्।
(ii) नीलः कंठः यस्य सः।
(iii) अष्टानाम् अध्ययानाम् समाहारः।
(iv) चक्रम् पाणौ यस्य सः।
(v) मरणम् एवं शीलं यस्म सः।
(vi) नीलानि कमलानि।
(vii) दिने दिने इति।
(viii) पञ्चानाम् वटानाम् समाहारः।

6. उचित-समस्त पदेन रिक्तस्थानानि पूरयत।
(उचित समस्त पदों से रिक्त स्थानों को पूरा कीजिए।)

(i) .... गच्छतः। (रामलक्ष्मणौ/रामलक्ष्णम्)
(ii) कृष्णः .... अस्ति। (घनश्यामः/घनश्यामम्)
(iii) .... वाल्मीकिः अवदत्। (महर्षिः/महर्षिणा)
(iv) .... कैलाशे वसति। (चन्द्रशेखरः/चन्द्रशेखरम्)
(v) अहम् .... पठामि। (प्रतिदिनं/प्रतिदिने)

उत्तराणि

(i) रामलक्ष्मणौ (ii) घनश्यामः
(iii) महर्षिः (iv) चन्द्रशेखरः
(v) प्रतिदिनं

समय-लेखनम्

अध्याय 8

समय संबंधी ध्यान रखने योग्य महत्त्वपूर्ण नियम

समय संबंधी नियम में मुख्यत: निम्नलिखित चार बिन्दुओं को ध्यान में रखा जाता है

1. **पूर्ण** पूरे के लिए 'पूर्ण' शब्द का प्रयोग किया जाता है; जैसे— 'सात बजे' लिखना है, तो इसके लिए हम लिखेंगे-'*सप्तवादनम्*'।
2. **सपाद** 'सवा' के लिए 'सपाद' का प्रयोग किया जाता है; जैसे—यदि हमें 'सवा पाँच बजे' लिखना है, तो इसके लिए हम लिखेंगे—'*सपादपञ्चवादनम्*'।
3. **सार्द्ध** 'आधे' के लिए 'सार्द्ध' का प्रयोग किया जाता है; जैसे—यदि हमें 'साढ़े पाँच बजे' लिखना है, तो इसके लिए हम लिखेंगे—'*सार्द्धपञ्चवादनम्*'।
4. **पादोन** 'पौने' के लिए 'पादोन' का प्रयोग किया जाता है; जैसे—यदि हमें पौने पाँच (चार बजकर पैंतालीस मिनट) लिखना है, तो इसके लिए हम लिखेंगे— '*पादोनपञ्चवादनम्*' ।

वादनम्, वादनत: और वादने

घड़ी में समय देखकर बताते समय 'वादनम्' का प्रयोग किया जाएगा; जैसे—

अधुना क: समय:? अभी क्या समय हुआ है?

अधुना पञ्चवादनम्। अभी पाँच बजे हैं।

'बजे से' 'बजे के लिए' 'वादनत:' का प्रयोग किया जाएगा। 'तक' के लिए 'पर्यन्तं' का प्रयोग किया जाएगा; जैसे —

राम: पञ्चवादनत: षड्वादनपर्यन्तं पठिष्यति।

राम पाँच बजे से छ: बजे तक पढ़ेगा।

समय सारिणी बताते समय 'वादने' का प्रयोग किया जाएगा; जैसे—

त्वं कतिवादने विद्यालयं गच्छसि? तुम कितने बजे विद्यालय जाते हो?

अहं पञ्चवादने विद्यालयं गच्छामि। मैं पाँच बजे विद्यालय जाता हूँ।

पञ्चवादनम्

सप्तवादनम्

चतुर्वादनम्

सपादपञ्चवादनम्

सपादसप्तवादनम्

सपादचतुर्वादनम्

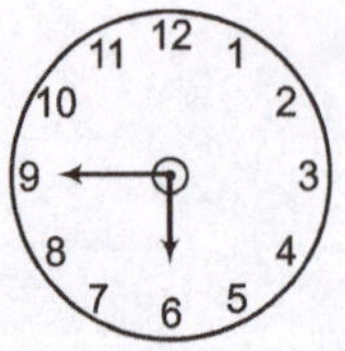

पादोनषड्वादनम्

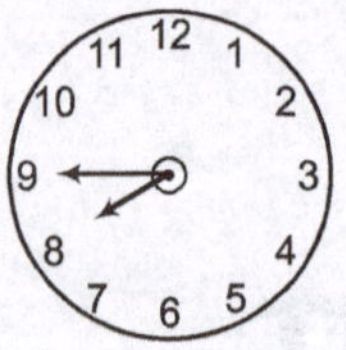

पादोनअष्टवादनम्

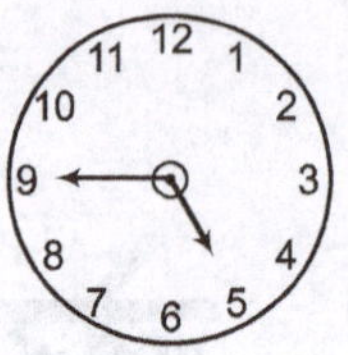

पादोनपञ्चवादनम्

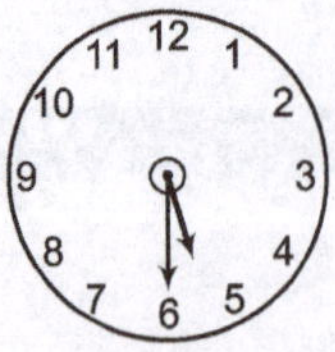

सार्द्धपञ्चवादनम्

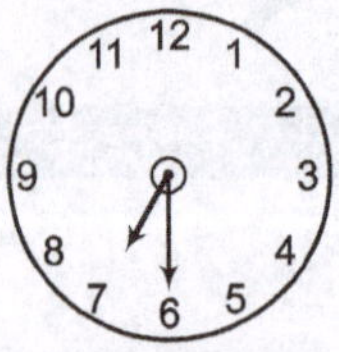

सार्द्धसप्तवादनम्

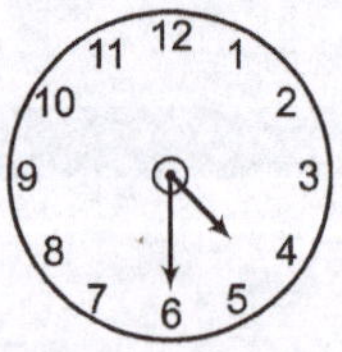

सार्द्धचतुर्वादनम्

समयं कृते संख्या– एक, द्वि, त्रि, चतुर्, पञ्च, षड्, सप्त, अष्ट, नव, दश, एकादश, द्वादश शब्दानां प्रयोगः क्रियते।

उदाहरण

05:00	पञ्चवादनम्	08:15	सपादअष्टवादनम्
05:15	सपादपञ्चवादनम्	11:30	सार्द्धैकादशवादनम्
05:30	सार्द्धपञ्चवादनम्	12:45	पादोनैकवादनम्
05:45	पादोनषड्वादनम्	01:30	सार्द्धैकवादनम्
06:00	षड्वादनम्	01:45	पादोनद्विवादनम्
06:15	सपादषड्वादनम्	04:30	सार्द्धचतुर्वादनम्
06:30	सार्द्धषड्वादनम्	03:30	सार्द्धत्रिवादनम्
06:45	पादोनसप्तवादनम्		

नोट (i) यदि समय-संख्या वाक्य के बिना दी गई है, तो उसके साथ केवल 'वादनम्' शब्द का प्रयोग होगा।
जैसे—5:00-पंचवादनम्

(ii) इसके विपरीत यदि समय-संख्या पूर्ण वाक्य के साथ दी गई है, तो वादनम् के स्थान पर वादने लिखा जाएगा।
जैसे—श्याम प्रातः (7:00) सप्तवादने उत्तिष्ठति।

अभ्यास प्रश्ना:

बहुविकल्पीय एवं वर्णनात्मक प्रश्नोत्तर

1. प्रदत्त विकल्पेभ्यः शुद्धपदानि चित्वा रिक्तस्थानानि पूरयत।
(दिए गए विकल्पों में से शुद्ध शब्द चुनकर रिक्त स्थानों की पूर्ति कीजिए।)

(i) राधिका प्रातः (5:00) .... वादने उत्तिष्ठति।
(अ) पञ्च (ब) पाँच
(स) पञ्चमम् (द) पञ्चन्

(ii) सा (6:30) .... वादने भ्रमणार्थं गच्छति।
(अ) षड् (ब) सार्धषड्
(स) सर्धेषड् (द) षड्सार्ध

(iii) सा (7:00) .... वादने दुग्धं आनयति।
(अ) सप्त (ब) सप्तम्
(स) सप्तमी (द) सात

(iv) राधिका मोहनेन सह (8:45) .... वादने विद्यालयं गच्छति।
(अ) नववादने (ब) पादोननव
(स) अष्टपादोन (द) नवपादम्

(v) (11:00) .... वादने सा भोजनं करोति।
(अ) दशएका (ब) सार्धकादशः
(स) एकादश (द) एकादशम्

(vi) (12:45) .... वादने सा विद्यालयात् गृहं आगच्छति।
(अ) द्वादश (ब) पादोनैकादश
(स) पादोनैक (द) एकपादोन

(vii) गृहं आगत्य सा (5:00) .... वादन पर्यन्तं अध्ययनं करोति।
(अ) पञ्च (ब) पंचम्
(स) पञ्चन् (द) पञ्चदशम्

उत्तराणि

(i) (अ) पञ्च (ii) (ब) सार्धषड्
(iii) (अ) सप्त (iv) (ब) पादोननव
(v) (स) एकादश (vi) (स) पादोनैक
(vii) (अ) पञ्च

2. प्रदत्त विकल्पेभ्यः उचितं विकल्पं चित्वा रिक्त स्थानानि पूरयत।
(दिए गए विकल्पों में से उचित विकल्प चुनकर रिक्त स्थानों को पूरा कीजिए।)

(i) राजकुमारः (5:30) .... वादने वनं गच्छति।
(अ) पञ्चसार्ध (ब) सार्द्धपञ्च
(स) पञ्चन् (द) सार्धपञ्चन्

(ii) (7:15) .... वादने सा भोजनं पचति।
(अ) सपादसप्त (ब) सप्तम्
(स) सपासप्त (द) सप्ते

(iii) अहं (9:45) .... वादने ग्रामं गमिष्यामि।
(अ) पादोननव (ब) पादोनदश
(स) नव (द) पादोनव

(iv) सः (1:00) .... वादने पादकन्दुकेन क्रीडति।
(अ) पादोनैक (ब) एकम्
(स) एक (द) एका

उत्तराणि

(i) (ब) सार्द्धपञ्च
(ii) (अ) सपादसप्त
(iii) (ब) पादोनदश
(iv) (स) एक

3. घटिकां दृष्ट्वा स्वदिनचर्यायस्य अनुसारं रिक्तस्थानेषु समयं लिखत।
(घड़ी को देखकर अपनी दिनचर्या के अनुसार रिक्त स्थानों में समय लिखिए।)

(i)  अहं प्रातः (7:15) .... वादने विद्यालयं गच्छामि।

(ii)  विद्यालये (7:30) .... वादने अहं सभागारे गच्छामि।

(iii)  मध्याह्ने (12:45) .... वादने भोजनं करोमि।

(iv)  (2:30) .... वादने विद्यालयात् गृहं आगच्छामि।

उत्तराणि

(i) सपादसप्त
(ii) सार्धसप्त
(iii) पादोनैक
(iv) सार्धद्वि

4. घटिकां दृष्ट्वा बसयानस्य प्रस्थानं समयं लिखत।
(घड़ी को देखकर बस के प्रस्थान का समय लिखिए।)

(i)  (9:30 AM) प्रातः .... वादने।

(ii)  (5:15 PM) सायं .... वादने।

(iii)  (11:00 AM) प्रातः .... वादने।

(iv)  (3:45 PM) सायं .... वादने।

(v)  (8:00 AM) प्रातः .... वादने।

उत्तराणि

(i) सार्धनव
(ii) सपादपञ्च
(iii) एकादश
(iv) पादोनचतुर्
(v) अष्ट

5. समाचार-समयसारिणम् उचित समय वादकैः पदैः पूरयत्।
(समाचार-समय तालिका को समुचित समयबोधक शब्दों से पूरा करो।)

(i) उर्दू समाचाराः (2:45) .... वादने प्रसार्यन्ते।
(ii) समयसारिणी अनुसारं संस्कृत समाचाराणां प्रसारणं (10:00) .... वादने भवति।
(iii) हिन्दी समाचाराः (8:30) .... वादने प्रसारिताः भवन्ति।
(iv) आंग्ल समाचाराणां प्रसारण समयः (2:15) .... वादने अस्ति।

उत्तराणि

(i) पादोनत्रयो (ii) दश
(iii) सार्धअष्ट (iv) सपाद द्वि

6. विद्यालय-समय सारिणम् उचित समय वादकैः पदैः पूरयत।
(विद्यालय की समय तालिका को उचित समय वादक शब्दों से पूरा करो।)

(i) प्रातः (7:30) .... वादने प्रार्थना-सभा।
(ii) प्रातः (10:00) .... वादने अर्धावकाशः।
(iii) मध्यान्हेः (11:45) .... वादने विविधाः क्रीड़ाः।
(iv) मध्यान्हेः (1:15) .... वादने पूर्वावकाशः।

उत्तराणि

(i) सार्धसप्त (ii) दश
(iii) पादोन द्वादश (iv) सपाद एक

अध्याय 9

कारक उपपद विभक्तयश्च

9.1 कारक

किसी वाक्य में जिन पदों या शब्दों का सीधा संबंध क्रिया से होता है, तो उन्हें कारक कहते हैं।

जैसे–राम जाता है, रामः गच्छति।

यहाँ 'रामः' कर्ता का सीधा संबंध क्रिया 'गच्छति' से है। अतः 'रामः' पद कारक हुआ।

कारक के प्रकार

संस्कृत में छः कारक होते हैं जिन्हें कर्ता, कर्म, करण, सम्प्रदान, अपादान और अधिकरण के नाम से जाना जाता है। संस्कृत में संबंध तथा सम्बोधन को कारक नहीं माना गया है।

विभक्तिः	कारक	चिह्न	एकवचन	द्विवचन	बहुवचन
प्रथमा	कर्ता	ने	बालकः	बालकौ	बालकाः
द्वितीया	कर्म	को	बालकम्	बालकौ	बालकान्
तृतीया	करण	से, के द्वारा	बालकेन	बालकाभ्याम्	बालकैः
चतुर्थी	सम्प्रदान	के लिए	बालकाय	बालकाभ्याम्	बालकेभ्यः
पञ्चमी	अपादान	से (अलग होना)	बालकात्	बालकाभ्याम्	बालकेभ्यः
षष्ठी	संबंध	का की के, रा री रे, ना नी ने	बालकस्य	बालकयोः	बालकानाम्
सप्तमी	अधिकरण	में, पर	बालके	बालकयोः	बालकेषु
सम्बोधन	सम्बोधन	हे!, अरे! ओ! इत्यादि	हे बालक!	हे बालकौ!	हे बालका!

संस्कृत में विभक्ति प्रयोग

संस्कृत में दो प्रकार से विभक्तियों का प्रयोग होता है

1. **कारक विभक्ति** जब कर्ता और क्रिया का आपस में संबंध होता है तब उनके आधार पर जिस विभक्ति का प्रयोग होता है, वही कारक विभक्ति कहलाती है।
2. **उपपद विभक्ति** जब वाक्य में किसी पद विशेष के कारण विभक्ति का प्रयोग होता है, तो उसे उपपद विभक्ति कहते हैं।

9.2 कारक–विभक्ति

1. **कर्ता कारक** (प्रथमा विभक्ति)

जो क्रिया करने में स्वतंत्र होता है, उसे कर्ता कहा जाता है। कर्ता में प्रथमा विभक्ति होती है।

जैसे—रामः पठति।

यहाँ पठन क्रिया का स्वतंत्र रूप से सम्पादक 'राम' है। अतः राम ही कर्ता है और कर्ता में प्रथमा विभक्ति होती है।

2. **कर्म कारक** (द्वितीया विभक्ति)

जिस वस्तु या पुरुष के ऊपर क्रिया का प्रभाव पड़ता है, उसे कर्म कारक कहते हैं तथा कर्म में द्वितीया विभक्ति होती है।

जैसे—

(i) **उभयतः** (दोनों ओर) राजमार्गम् उभयतः वृक्षाः सन्ति।
(ii) **अभितः** (चारों ओर) प्रयागम् अभितः नद्यौ स्तः।
(iii) **परितः** (चारों ओर) मंदिरं परितः भक्ताः सन्ति।
(iv) **समया** (समीप) ग्रामं समया जलाशयं वर्तते।
(v) **निकषा** (समीप) लङ्कां निकषा समुद्रम् अस्ति।
(vi) **प्रति** (की ओर) दीनानां प्रति दयां कुरू।
(vii) **धिक्** (धिक्कार) धिक् कृपणम्।
(viii) **विना** (बिना) मातरं विना शिशु सुखी न भवति।

3. **करण कारक** (तृतीया विभक्ति)

क्रिया की सिद्धि में जो सर्वाधिक सहायक होता है, उसे कारक की 'करण' संज्ञा कहते हैं और इसमें तृतीया विभक्ति प्रयुक्त होती है। जैसे—

(i) **काणः** (कान) रमेशः नेत्रेण काणः अस्ति।
(ii) **बधिरः** (न सुनना) सुरेशः कर्णाभ्याम् बधिरः अस्ति।
(iii) **हीनः** (रहित) ज्ञानेन हीनः जनः सम्मानं न लभते।
(iv) **सह** (साथ) पुत्रः पित्रा सह गच्छति।
(v) **साकम्** (साथ) अहं जनकेन् साकं गृहं गच्छामि।

(vi) **समं** (समान) अहं भ्रात्रा समं खादामि।
(vii) **सार्धम्** (साथ) सः मोहनेन सार्धं वार्तालापं करोति।
(viii) **विना** (बिना) यानेन विना यात्रा न भवति।
(ix) **अलं** (मत) अलं विवादेन।

4. **सम्प्रदान कारक** (चतुर्थी विभक्ति)
दान कर्म के द्वारा कर्ता जिसको संतुष्ट करना चाहता है। वह सम्प्रदान कारक कहा जाता है और इसमें चतुर्थी विभक्ति प्रयुक्त होती है।
जैसे—

(i) **रूच्** (अच्छा लगना) विप्राय मधुरं फलं रोचते।
(ii) **दा** (देना) (यच्छ्) माता बालकाय मोदकं यच्छति।
(iii) **कुप्** (क्रोध करना) नृपः सेवकाय कुप्यति।
(iv) **क्रुध्** (क्रोध करना) श्रीरामः रावणायं क्रुध्यति।
(v) **नमः** (नमस्कार) श्रीगुरवे नमः।
(vi) **स्वाहा** (देवताओं की आहूति) देवाय स्वाहा।
(vii) **स्वधा** (पूर्वजों की आहूति) पितृभ्यः स्वधा।
(viii) **अलम्** (पर्याप्त) एषा भिक्षा याचकाय अलम्।

5. **अपादान कारक** (पंचमी विभक्ति)
जो पृथक् होने पर भी स्थिर रहे, उसकी अपादान संज्ञा होती है और अपादान में पंचमी विभक्ति होती है।
जैसे—

(i) **विना** (बिना) रामः लक्ष्मणात् विना अयोध्यां गन्तुं नेच्छति स्म।
(ii) **ऋते** (बिना) ज्ञानात् ऋते मुक्तिः नास्ति।
(iii) **बहिः** (बाहर) विद्यालयात् बहिः राजमार्गम् अस्ति।
(iv) **परः** (बाद) चैत्रमासात् परः वैशाखमासः भवति।
(v) **पूर्वः** (पहले) चैत्रमासः वैशाखमासाः पूर्वः अस्ति।
(vi) **अनन्तरम्** (के बाद) बालकः अध्ययनात् अनन्तरं क्रीडति।
(vii) **आरभ्य** (शुरू होना) आषाढमासात् आरभ्यः भाद्रपदमास पर्यन्तम् वर्षा भवति।
(viii) **भी (बिभेति)** (डरना) मूषकः बिडालात् विभेति।
(ix) **रक्ष् (रक्षति/निवारयति)** (रक्षा करना) गुरुः शिष्यं कुमार्गात् रक्षति।

6. **संबंध कारक** (षष्ठी विभक्ति)
संबंध में षष्ठी विभक्ति प्रयुक्त होती है;
जैसे—

(i) **उपरि** (ऊपर) वृक्षस्य उपरि खगाः तिष्ठन्ति।
(ii) **अधः** (नीचे) मञ्चस्य अधः कूपः अस्ति।
(iii) **पुरतः** (सामने से) गृहस्य पुरतः कूपः अस्ति।
(iv) **पृष्ठतः** (पीछे से) मंदिरस्य पृष्ठतः उद्यानम् अस्ति।
(v) **तुल्यः** (तुलना करना) हरिश्चंद्रस्य तुल्यः गान्धी आसीत्।
(vi) **अंतः** (अन्त में) महलस्य अन्तः प्रकोष्ठाः सन्ति।
(vii) **पश्चात्** (के बाद) कार्यस्य पश्चात् अहं भोजनं करोमि।

7. **अधिकरण कारक** (सप्तमी विभक्ति)
क्रिया की सिद्धि में जो आधार होता है, उसकी अधिकरण संज्ञा होती है और अधिकरण में सप्तमी विभक्ति होती है।
जैसे—

(i) **स्निह्** (स्नेह करना) शकुन्तलायां दुष्यन्तस्य स्नेहः।
(ii) **आसक्तिः** (लगाव) पुत्रे पितुः आसक्तिः।
(iii) **निपुणः** (सक्षम) अहं कन्दुकं क्रीडने निपुणः।
(iv) **कुशलः** (कुशल) भीमः भोजनपाचने कुशलः।
(v) **विश्वसः** (विश्वास करना) ईश्वरे विश्वसति।
(vi) **श्रेष्ठः** (श्रेष्ठ) कविषु कालिदासः श्रेष्ठः।
(vii) **प्रवीणः** (कुशल) मम मित्रं श्लोक गायने प्रवीणः।

विशेष विभक्तियों का प्रयोग

संस्कृत की कुछ धातुओं के योग में विशेष विभक्ति प्रयोग का नियम है, जो निम्नलिखित है

द्वितीया विभक्ति
- सः ईश्वरं भवति।
- बालकः अध्यापकं प्रश्नं पृच्छति।
- सः अजां ग्रामं नयति।
- भिक्षुकः भोजनं याचते।
- माता बालकं रक्षति।
- बालकः पर्वतम् आरोहति।

चतुर्थी विभक्ति
- माता बालकेभ्यः कथां कथयति।
- बालकः फलेभ्यः स्पृहयति।

पंचमी विभक्ति
- बीजात् पादपाः जायन्ते।
- गङ्गा हिमालयात् निर्गच्छति।

सप्तमी विभक्ति
- जीवेषु दयाम् कुरु।

अभ्यास प्रश्नाः

बहुविकल्पीय एवं वर्णनात्मक प्रश्नोत्तर

1. प्रदत्तविकल्पेभ्यः उचितम् उत्तरं चित्वा लिखत।
(दिए गए विकल्पों में से उचित उत्तर चुनकर लिखिए।)

(i) राजमार्गम् .... वृक्षाः सन्ति।
(अ) विना (ब) उभयतः
(स) धिक् (द) बहिः

(ii) .... निकषा उद्यानम् अस्ति।
(अ) जलाशयः (ब) जलाशयात्
(स) जलाशचे (द) जलाशयं

(iii) .... परितः आम्रवृक्षाः सन्ति।
(अ) उद्याने (ब) उद्यानस्य
(स) उद्यानं (द) उद्यानेन

(iv) .... प्रति दयां कुरु।
(अ) जनान् (ब) जने
(स) जनस्य (द) जनः

(v) गंगा .... प्रभवति।
(अ) हिमालयस्य (ब) हिमालयात्
(स) हिमालयम् (द) हिमालये

(vi) .... पुरतः मा तिष्ठ् ।
(अ) मम (ब) त्वं
(स) अहं (द) आवां

(vii) 'बहिः' इति शब्दस्य योगे विभक्तिः भवति।
(अ) प्रथमा (ब) पंचमी
(स) सप्तमी (द) द्वितीया

(viii) 'नमः' इति शब्द योगे विभक्तिः भवति।
(अ) द्वितीया (ब) पंचमी
(स) चतुर्थी (द) षष्ठी

(ix) <u>कृष्णं</u> परितः गोपाः सन्ति। अत्र रेखांङ्कितपदे का विभक्तिः?
(अ) द्वितीया (ब) तृतीया
(स) चतुर्थी (द) पंचमी

(x) सः <u>गायने</u> निपुणः अस्ति। अत्र रेखांङ्कितपदे का विभक्तिः?
(अ) चतुर्थी (ब) द्वितीया
(स) सप्तमी (द) षष्ठी

(xi) 'पृष्ठतः' इति शब्दस्य योगे का विभक्तिः भवति?
(अ) षष्ठी (ब) सप्तमी
(स) प्रथमा (द) द्वितीया

(xii) 'अलम् कोलाहलेन' अत्र अलम् शब्दस्य योगे का विभक्तिः?
(अ) द्वितीया (ब) तृतीया
(स) षष्ठी (द) चतुर्थी

(xiii) 'भूमेः अधः जलम् अस्ति।' इत्यस्मिन् वाक्ये 'अधः' इति शब्द योगे का विभक्तिः?
(अ) तृतीया (ब) पंचमी
(स) षष्ठी (द) सप्तमी

(xiv) 'भी' इति धातु योगे का विभक्तिः?
(अ) पंचमी (ब) तृतीया
(स) द्वितीया (द) चतुर्थी

(xv) 'सः <u>युद्धे</u> कुशलः अस्ति।' अत्र रेखाङ्कित पदे का विभक्तिः?
(अ) सप्तमी (ब) तृतीया
(स) पंचमी (द) द्वितीया

उत्तराणि

(i) (ब) उभयतः (ii) (द) जलाशयं
(iii) (स) उद्यानं (iv) (अ) जनान्
(v) (ब) हिमालयात् (vi) (अ) मम
(vii) (ब) पंचमी (viii) (स) चतुर्थी
(ix) (अ) द्वितीया (x) (स) सप्तमी
(xi) (अ) षष्ठी (xii) (ब) तृतीया
(xiii) (स) षष्ठी (xiv) (अ) पंचमी
(xv) (अ) सप्तमी।

2. अधोलिखितेषु वाक्येषु कोष्ठकात् उचितपदं चित्वा रिक्तस्थानानि पूरयत।
(निम्नलिखित वाक्यों में कोष्ठक से उचित पद चुनकर रिक्त स्थानों की पूर्ति कीजिए।)

(i) .... अभितः वृक्षाः सन्ति। (ग्रामम्/ग्रामे/ग्रामेषु)
(ii) तस्मै श्री .... नमः। (गुरुः/गुरौः/गुरवे)
(iii) .... साकं त्वं गच्छसि। (मया/आवां/वयं)
(iv) .... परितः क्षेत्राणि सन्ति। (गृहाणि/गृहे/गृहं)
(v) सा बालिका .... लिखति। (कलमेन/कलमस्य/कलमः)
(vi) रामः .... अलम्। (रावणं/रावणाय/रावणात्)

उत्तराणि

(i) ग्रामम् (ii) गुरवे (iii) मया
(iv) गृहं (v) कलमेन (vi) रावणाय

3. कोष्ठकप्रदत्तशब्देषु समुचितविभक्तिं प्रयुज्य रिक्तस्थानानि पूरयत।
(कोष्ठक में दिए गए शब्दों में उचित विभक्ति का प्रयोग करके रिक्त स्थानों की पूर्ति कीजिए।)

(i) .... परितः छात्राः सन्ति। (शिक्षक)
(ii) बालकः .... सह क्रीडति। (मित्र)
(iii) .... नमः। (देव)

(iv) अहं ……… समम् गच्छामि। (रमा)

(v) ……… स्वधा। (पितृ)

उत्तराणि

(i) शिक्षकं (ii) मित्रेण (iii) देवाय

(iv) रमया (v) पितृभ्यः

4. अधोलिखित उपपद शब्दानां योगे प्रयुक्त विभक्तिं लिखत।
(निम्नलिखित उपपद शब्दों के योग में प्रयुक्त विभक्ति लिखिए।)

(i) ऋते =……… (ii) प्रवीणः =………

(iii) पुरतः =……… (iv) पूर्वम् =………

(v) सह =……… (vi) रुच् =………

(vii) उभयतः =……… (viii) स्वाहा =………

(ix) प्रति =……… (x) क्रुध् =………

उत्तराणि

(i) पंचमी (ii) सप्तमी (iii) षष्ठी

(iv) पंचमी (v) तृतीया (vi) चतुर्थी

(vii) द्वितीया (viii) चतुर्थी (ix) द्वितीया

(x) चतुर्थी

5. अधोलिखितेषु वाक्येषु रेखाङ्कित पदानि शुद्धं कृत्वा लिखत।
(निम्नलिखित वाक्यों में रेखांकित पदों को शुद्ध करके लिखिए।)

(i) विद्यालस्य परितः पुष्पाणि सन्ति।

(ii) अयं चिकित्सालयः अलं कोलाहलम्।

(iii) आशा सीतायाः सह उद्यानं गच्छति।

(iv) शिवे नमः।

(v) कक्षया बहिः मा गच्छ।

उत्तराणि

(i) विद्यालयं (ii) कोलाहलेन (iii) सीतया

(iv) शिवाय (v) कक्षायाः

6. उपपदविभक्त्यानुसारं कोष्ठकात् उचित पदं निर्मीय वाक्यानि पूरयत। (उपपद विभक्ति के अनुसार कोष्ठक से उचित पद का निर्माण करके वाक्यों को पूरा कीजिए।)

(i) …… (ग्राम) अभितः वृक्षाः सन्ति।

(ii) …… (ईश्वर) ऋते कोऽपि न मित्रम्।

(iii) …… (कवि) कालिदासः श्रेष्ठः।

(iv) बालकः …… (क्रीडनक) स्पृह्यति।

(v) ममं …… (गृह) उभयत्! एकम् उद्यानम् अस्ति।

उत्तराणि

(i) ग्रामम् (ii) ईश्वरात् (iii) कविषु

(iv) क्रीडनकाय (v) गृहम्

7. उपपद विभक्त्यानुसारं कोष्ठकात् उपयुक्तं पदं चित्वा रिक्त स्थानं पूरयत। (उपपद विभक्ति के अनुसार कोष्ठक से उपयुक्त पद का चयन करके रिक्त स्थानों को पूरा कीजिए।)

(i) …… परितः आम्रवृक्षाः सन्ति। (तड़ागं/तड़ागेन)

(ii) देवदत्तः …… बधिरः अस्ति। (कर्णयोः/कर्णाभ्यां)

(iii) …… नमः। (रामम्/रामाय)

(iv) सः …… पतति। (वृक्षात्/वृक्षेण)

(v) धिक् …… यः ईश्वरलीला न पश्यति (नास्तिके/नास्तिकं)

उत्तराणि

(i) तड़ागं (ii) कर्णाभ्यां (iii) रामाय

(iv) वृक्षात् (v) नास्तिकं

8. कोष्ठगत-पदेषु-उचित-विभक्तिं प्रयुज्य वाक्यानि पूरयत।
(कोष्ठक में दिए गए पदों में उचित विभक्ति का प्रयोग करके वाक्यों को पूरा कीजिए।)

अद्य गणतन्त्र दिवसः अस्ति। इदं क्षेत्रम् अतीव विशालम् अस्ति।

(i) …… (क्षेत्र) परितः पुलिस-बलमस्ति। अद्य मुख्यमन्त्री महोदय।

(ii) …… (राज्यपाल महोदय) सह अत्र आगच्छत्।

(iii) …… (राज्यपाल) नमः।

(iv) …… (कोलाहल) अलम् सैनिकाः।

(v) …… (जन समुदाय) क्रुध्यन्ति। गणतंत्र दिवस राष्ट्रीय पर्वास्ति।

उत्तराणि

(i) क्षेत्रं

(ii) राज्यपाल-महोदयेन

(iii) राज्यपालाय

(iv) कोलाहलेन

(v) जनसमुदायाय

अव्यया:

अध्याय 10

10.1 अव्यय की परिभाषा

जिसके रूप में परिवर्तन या विकार न आते हों, वह अव्यय कहलाता है। अव्यय को 'अविकारी' शब्द भी कहा जाता है। लिङ्ग विभक्ति, वचन आदि के रूपों में परिवर्तन होने के पश्चात् भी अव्यय शब्दों में कोई परिवर्तन नहीं होता है। हमने यहाँ कुछ महत्त्वपूर्ण शब्दों का वर्णन किया है, जो इस प्रकार है

अव्यय शब्द	अर्थ	अव्यय शब्द	अर्थ	अव्यय शब्द	अर्थ	अव्यय शब्द	अर्थ
तर्हि	= तब	तावत्	= तब तक	श्वः	= कल (आने वाला)	शतसः	= सैकड़ों
तूष्णीम्	= चुप	तथापि	= तो भी	हि	= वस्तुतः	स्म	= था
न	= नहीं	धिक्	= धिक्कार	सम्प्रति	= इस समय	शनैः शनैः	= धीरे-धीरे
नो	= नहीं	दिवा	= दिन	सह	= साथ	कति	= कितने
ततः	= तब	तथा	= उस तरह	उपरि	= ऊपर	उच्चै	= जोर से
अन्यत्र	= अन्य कहीं	इतः	= इधर	एव	= ही	एकदा	= एक समय
आम्	= हाँ	शीघ्रम	= जल्दी	एवं	= इस प्रकार	कदा	= कब
सहसा	= अचानक	सर्वत्र	= सब जगह	कथम्	= क्यों	कुत्र	= कहाँ
व्यर्थ	= अर्थहीन	अति	= अधिक	अत्र	= यहाँ	अद्य	= आज
अहो	= अहा	आशु	= जल्दी	अधुना	= अब	अथवा	= या
पुनः	= फिर	परम्	= परंतु	ननु	= ही	नित्यम्	= रोज
सांयम्	= शाम (का समय)	अतः	= इसलिए	नूनम्	= निश्चय ही	निकटे	= पास में
भूयः	= फिर	बाढ़म्	= हाँ	नाना	= भिन्न-भिन्न प्रकार	विना	= बिना
किम्	= क्या	अधः	= नीचे	नमः	= नमस्कार	नहि	= नहीं
इव	= तरह	इतस्ततः	= इधर-उधर	यथा	= जैसे	यत्र	= जहाँ
इदानीम्	= इस समय	तदा	= तब	प्रातः	= सुबह	पुरा	= पहले
चेत्	= यदि	तत्र	= वहाँ	बहुधा	= बहुत बार	मा	= नहीं
च	= और	खलु	= निश्चय ही	मिथ्या	= झूठ	यदा	= जब
कुतः	= कहाँ से	यत	= कि	यतः	= क्योंकि	यावत्	= जब तक
				यदि	= अगर		

महत्त्वपूर्ण अव्यय शब्द और उनका वाक्य प्रयोग

अव्यय	अर्थ	वाक्य प्रयोग
1. पुनः	दोबारा/बार-बार	बालकः पुनः आपणं गच्छति। (बालक फिर बाजार जाता है।)
2. कदापि	कभी भी	कदापि असत्यं मा वदत। (कभी झूठ मत बोलो।)
3. नीचैः	नीचे	सर्पः नीचैः चलति। (साँप नीचे चलता है।)
4. उच्चैः	जोर से	मूर्खः उच्चैः हसति। (मूर्ख जोर से हँसते हैं।)
5. उपरि	ऊपर	भवनस्य उपरि काकः तिष्ठति। (भवन के ऊपर कौआ बैठा है।)
6. अधः	नीचे	वृक्षस्य अधः वृद्धः तिष्ठति। (वृक्ष के नीचे बूढ़ा बैठा है।)
7. बहिः	बाहर	गृहात् बहिः श्वानः उपविष्टः। (घर से बाहर कुत्ता बैठा है।)
8. अन्तः	अंदर	देवालयस्य अन्तः देवः तिष्ठति। (मंदिर में देवता हैं।)
9. अलम्	निषेध/पर्याप्त	अलं कोलाहलेन। (शोर मत करो)
10. तत्र	वहाँ	तत्र एकः खगः कूजति। (वहाँ एक पक्षी कूकता है।)
11. यत्र	जहाँ	यत्र राम तत्र भक्ति। (जहाँ राम है वहाँ भक्ति है।)
12. अत्र	यहाँ	हे पुत्र! अत्र तिष्ठ। (हे पुत्र! यहाँ बैठो।)
13. कुत्र	कहाँ	त्वम् अधुना कुत्र गच्छसि? (तुम अब कहाँ जाते हो?)
14. सर्वत्र	सब जगह	ईश्वरः सर्वत्र वर्तते। (ईश्वर सब जगह है।)
15. अन्यत्र	और जगह	त्वम् गृहात् अन्यत्र कुत्र गमिष्यसि? (तुम घर से अन्यत्र कहाँ जाओगे?)
16. यदा	जब	यदा गुरु वदति तदा शिष्यः शृणोति। (जब गुरु बोलता है तब ही शिष्य सुनो।)
17. तदा	तब	यदा विद्यालयं गच्छसि तदा शिक्षां प्राप्स्यसि। (जब विद्यालय जाते हो तब शिक्षा प्राप्त करते हो।)
18. एकदा	एक बार	एकदा एकः शक्तिशाली नृपः आसीत्। (एक बार एक शक्तिशाली राजा था।)
19. सदा	हमेशा	सदा सत्कार्यं कुरु। (सदैव सत्कार्य करो।)
20. सहसा	अचानक	सहसा कदापि कार्यं मा कुरु। (अचानक कोई कार्य मत करो।)
21. सर्वदा	हमेशा	ईश्वरं सर्वदा स्मरत। (सदैव ईश्वर का स्मरण करो।)
22. यथा	जैसा	यथा कार्यं तथा फलम्। (जैसा कर्म वैसा फल।)
23. अद्य	आज	अद्य कः वासरः अस्ति? (आज कौन-सा दिन है?)
24. श्वः	कल (आने वाला)	मम् माता श्व मेलकम् गमिष्यति। (कल मेरी माता मेले में जाएगी।)
25. ह्यः	बीता हुआ कल	ह्यः त्वं कुत्र आसीः? (तुम कल कहाँ थे?)
26. परश्वः	परसो	परश्वः तव भ्राता कुत्र गमिष्यति? (तुम्हारे भाई परसो कहाँ जाएँगे।)
27. प्रातः	सुबह	अहः प्रातः ईश्वरं नमामि। (मैं प्रातः ईश्वर को नमन करता हूँ।)
28. सायं	शाम को	सांयकाले सूर्यः अस्ताचलं गच्छति। (शाम के समय ईश्वर अस्ताचल को जाता है।
29. आहर्निशाम्	रात-दिन	मोहनः अहर्निशं परिश्रमं करोति। (मोहन रात-दिन परिश्रम करता है।)
30. इतस्ततः	इधर-उधर	वानराः इतस्ततः कूर्दन्ति। (बंदर इधर-उधर कूदते हैं।)

अभ्यास प्रश्नाः

बहुविकल्पीय एवं वर्णनात्मक प्रश्नोत्तर

1. अधोलिखितानां अव्ययपदानां अर्थं लिखत।
(निम्नलिखित अव्यय पदों का अर्थ लिखिए।)

(i) अलम् ········ (ii) बहिः ········
(iii) अन्तः ········ (iv) अधः ········
(v) उपरि ········ (vi) पुनः ········
(vii) कदापि ········ (viii) उच्चै ········

उत्तराणि

(i) पर्याप्त (ii) बाहर (iii) अन्दर
(iv) नीचे (v) ऊपर (vi) बार-बार
(vii) कभी भी (viii) जोर से

2. मञ्जूषातः उचित अव्ययपदानि चित्वा रिक्तस्थानानि पूरयत।
(मञ्जूषा से उचित अव्यय पदों को चुनकर रिक्त स्थानों की पूर्ति कीजिए।)

(i) सिंहः वृक्षस्य ······ तिष्ठति।
(ii) सा ग्रामात् ······ अगच्छत्।
(iii) कपोताः वृक्षस्य ······ तिष्ठन्ति।
(iv) असत्यं ······ मा वद।
(v) बालकाः ······ कोलाहलं कुर्वन्ति।
(vi) माता गृहस्य ······ अस्ति।

- मञ्जूषा अन्तः, उच्चै, कदापि, उपरि, बहिः, अधः।

उत्तराणि

(i) अधः (ii) बहिः (iii) उपरि
(iv) कदापि (v) उच्चै (vi) अन्तः

3. प्रदत्तविकल्पेभ्यः उचितम् उत्तरं चित्वा लिखत।
(दिए गए विकल्पों में से उचित उत्तर चुनकर लिखिए।)

(i) सिंहः वने ······ गर्जति।
(अ) उच्चैः (ब) इतस्ततः
(स) नूनम् (द) विना

(ii) वृक्षणाम् ······ वानराः कूर्दन्ति।
(अ) शनैः (ब) उपरि
(स) कदा (द) अत्र

(iii) शिशुः मातरं ······ व्याकुलः अस्ति।
(अ) विना (ब) यथा
(स) तदा (द) कदा

(iv) आम्रवृक्षस्य ······ एकः नरः उपविष्टः आसीत्।
(अ) कदापि (ब) इतस्ततः
(स) अधः (द) तत्र

(v) ······ एक नटी नृत्यं करोति।
(अ) तथा (ब) बहिः
(स) तदा (द) यथा

(vi) नटः ······ गायति नृत्यति च।
(अ) उच्चैः (ब) शनैः
(स) मा (द) वृथा

(vii) वृक्षाणाम् ······ मयूराः नृत्यन्ति।
(अ) तत्र (ब) अद्य
(स) सदैव (द) अधः

(viii) मञ्चस्य ······ वनराज सिंहः तिष्ठति।
(अ) उपरि (ब) सर्वत्र
(स) विना (द) मा

(ix) विद्यां प्राप्य मानवाः गृहाद् ······ गच्छन्ति।
(अ) यावत् (ब) तावत्
(स) अपि (द) बहिः

(x) भवनस्य ······ बालकाः क्रीडन्ति।
(अ) अन्तः (ब) न (स) मा (द) वृथा

उत्तराणि

(i) (अ) उच्चैः (ii) (ब) उपरि (iii) (अ) विना
(iv) (स) अधः (v) (ब) बहिः (vi) (अ) उच्चैः
(vii) (द) अधः (viii) (अ) उपरि (ix) (द) बहिः
(x) (अ) अन्तः

4. उचित अव्ययपदेन अधोलिखितम् अनुच्छेदम् पूरयत।
(उचित अव्यय पद से नीचे लिखे हुए अनुच्छेद को पूरा करो।)
नगरात् (i) ······ एकं वनं अस्ति। तत्र दिने (ii) ······ सर्वदा अन्धकारः भवति। जनाः प्रायः कुक्कुरै (iii) ······ एव तत्र प्रविशन्ति। कुक्कुराश्च जीवान् दृष्ट्वा (iv) ····· शब्दं कुर्वन्ति। तच्छुत्वा वन्याः पशवः (v) ······ धावन्ति।

- मञ्जूषा उच्चैः, बहि, यत्र-तत्र, अपि, सह।

उत्तराणि

(i) बहि (ii) अपि (iii) सह
(iv) उच्चैः (v) यत्र-तत्र

5. निम्नलिखितानाम् अव्ययानाम् अर्थान् निर्देश्य वाक्यानि रचयत।
(निम्नलिखित अव्ययों का अर्थ बताकर वाक्य बनाओ।)

(i) उच्चैः (ii) सहसा
(iii) कदापि (iv) श्वः
(v) बहिः

उत्तराणि

(i) उच्चैः-ऊँचा, मेघाः उच्चैः गर्जन्ति।

(ii) सहसा-अचानक, सहसा रामः अवदत्।

(iii) कदापि-कभी-भी, अहं कदापि असत्यं न वदिष्यामि।

(iv) श्वः-आने वाला कल, अहं श्वः विद्यालयं न आगमिष्यामि।

(v) बहिः-बाहर, ग्रामात् बहिः देवालयः अस्ति।

6. **अधोलिखितं वार्तालापं मञ्जूषातः शब्दान् गृहीत्वा रिक्तस्थानानि रचयत। (निम्नलिखित वार्तालाप को मञ्जूषा से शब्द लेकर रिक्त स्थानों को पूरा कीजिए)**

अर्णवः – (i) ····· **एकं विशालम् उपवनं अस्ति।**

सुमेधा– **तत्र वृक्षेषु वानराः** (ii) ······ **कूर्दन्ति।**

अर्णवः –**पश्य,** (iii) ····· **मयूराः अपि नृत्यन्ति।**

सुमेधा–**श्रृणु, वृक्षशाखासु कोकिलाः** (iv) ······ **मधुरं गायन्ति।**

अर्णवः:–**आगच्छ, अधुना गृहं गच्छाव।** (v) ····· **पुनः आगमिष्यावः।**

• मञ्जूषा श्वः, तत्र, अत्र, इतस्ततः, अपि।

उत्तराणि

(i) अत्र (ii) इतस्ततः

(iii) तत्र (iv) अपि

(v) श्व

7. **अधोलिखितेभ्यः वाक्येभ्यं अव्ययपदानि पृथक् कृत्वा लिखत। (निम्नलिखित वाक्यों से अव्यय पद अलग करके लिखो।)**

(i) **श्वः रविवासरः भविष्यति।**

(ii) **बहिः एका नटी स्वनृत्य कौशलं प्रदर्शयति।**

(iii) **नटः उच्चैः गायति, ढक्का वादयति च।**

(iv) **भागतः अस्मि, श्रीमन्तः ! अलं विवादेन।**

(v) **एतं पाठं शनैः न पठ, शीघ्र पठ।**

उत्तराणि

(i) श्वः (ii) बहिः

(iii) उच्चैः (iv) अलम्

(v) शनैः

8. **वर्धापनं दातुं मित्रं प्रति लिखिते पत्रे उचितं अव्यय पदेन रिक्त स्थानानि पूरयत।**
(बधाई देने के लिए मित्र को लिखे गए पत्र में उचित अव्यय पदों से रिक्त स्थान भरो।)

प्रिय मित्र आशुतोषः

(i) ······ **प्रसन्नः भव**

(ii) ······· **कुशलं तत्रास्तु। आशासे भवान्**

(iii) ······ **कुशलपूर्वकं भविष्यसि।**

(iv) ······ **तव पत्रं प्राप्तम्। त्वम् अष्टं कक्षायां परीक्षायां प्रथम स्थानं प्राप्वान्, इति ज्ञात्वा अहं प्रसन्नः अस्मि।**

(v) **त्वम्** ······ **वर्धापनं प्रेषयामि।**

• मञ्जूषा पुनः, ह्यः, सदा, अपि, अत्र।

उत्तराणि

(i) सदा (ii) अत्र

(iii) अपि (iv) ह्यः

(v) पुनः

अशुद्धि संशोधनम्

अध्याय 11

11.1 कर्ता तथा क्रिया संबंधी अशुद्धियाँ

कर्ता तथा क्रिया किसी भी वाक्य का महत्त्वपूर्ण तत्त्व है। इनमें आपस में समन्वय होना आवश्यक है। अत: इनके प्रयोग में किसी भी प्रकार की त्रुटि नहीं होनी चाहिए। इनके अतिरिक्त संस्कृत में वाक्य संशोधन करते समय व्याकरण के महत्त्वपूर्ण नियमों को ध्यान में रखना चाहिए।

वचन-लिङ्ग-पुरुष-लकार आदि की दृष्टि से अशुद्ध वाक्यों को शुद्ध करने के लिए निम्नलिखित नियमों को ध्यान में रखना चाहिए

1. एकवचन कर्ता के साथ एकवचन, द्विवचन के साथ द्विवचन तथा बहुवचन के साथ बहुवचन की क्रिया का प्रयोग किया जाता है।
2. वाक्य किस काल का है? जिस काल का वाक्य होगा, क्रिया भी उसी काल की लगानी चाहिए।
3. वाक्य में कर्ता कौन है? कर्ता जिस पुरुष और वचन का होगा, क्रिया भी उसी वचन और पुरुष की लगानी चाहिए।
4. अप्रत्यक्ष कर्ता अर्थात् स:, तौ, ते, सा, ते, ता: आदि के लिए प्रथम पुरुष के कर्ता का ही प्रयोग करना चाहिए।
5. यदि प्रथम और मध्यम पुरुष के कर्ताओं का एक साथ प्रयोग हुआ है, तो क्रिया मध्यम पुरुष के कर्ता के अनुसार प्रयोग की जाती है।
6. क्रिया सभी लिङ्गों के लिए समान होती है, जैसे—

- सा रमा अस्ति
- स: राम: अस्ति
- एतत् पत्रम् अस्ति
- राम: गच्छति
- सीता गच्छति।

कर्ता तथा क्रिया का प्रयोग

जिस प्रकार वाक्य निर्माण करते समय कर्ता और क्रिया महत्त्वपूर्ण भूमिका रखते हैं ठीक उसी प्रकार अशुद्धि-संशोधन करते समय भी ये महत्त्वपूर्ण भूमिका निभाते हैं। वाक्य में कर्ता पुल्लिङ्ग, स्त्रीलिङ्ग और नपुंसकलिङ्ग के साथ एकवचन, द्विवचन तथा बहुवचन के रूप में होता है। कर्ता के अनुसार ही वाक्य में क्रिया का प्रयोग किया जाता है तथा क्रिया के मूल रूप में कर्ता के वचन पुरुष के अनुसार ही विभिन्न प्रत्ययों को जोड़ा जाता है। इसका संक्षिप्त अध्ययन हम निम्न तालिका द्वारा कर सकते हैं

वचन	कर्ता पुल्लिङ्ग	कर्ता स्त्रीलिङ्ग	कर्ता नपुंसकलिङ्ग	धातुओं के अंत में प्रयुक्त प्रत्यय
एकवचन	भवान, स: कोई भी संज्ञा शब्द (नाम)	सा, लता, भवती, नदी	फलम्, तत्, इदम्	ति
द्विवचन	तौ, श्यामौ, भवन्तौ	ते, लते, भवत्यौ	फले, ते, इमे	त:
बहुवचन	ते, श्यामा:, भवन्त:	ता:, लता:, भवत्य:	फलानि, तानि, इमानि	अन्ति

मध्यम तथा उत्तम पुरुष के लिए वचनों में निम्न प्रकार परिवर्तन किया जाएगा—

	एकवचन	**द्विवचन**	**बहुवचन**
मध्यम पुरुष कर्ता	त्वम्	युवाम्	यूयम्
	↓	↓	↓
धातु के अंत में प्रयुक्त प्रत्यय	सि	थ:	थ
	एकवचन	**द्विवचन**	**बहुवचन**
उत्तम पुरुष कर्ता	अहम्	आवाम्	वयम्
	↓	↓	↓
धातु के अंत में प्रयुक्त प्रत्यय	आमि	आव:	आम:

कर्ता तथा क्रिया संबंधी अशुद्धय:

कर्ता तथा क्रिया संबंधी अशुद्धियों के उदाहरण और शुद्ध रूप निम्नलिखित हैं

अशुद्धवाक्यम्	हिंदी अनुवाद	शुद्धवाक्यम्
रामः कृष्णः च गच्छति।	राम और कृष्ण जाते हैं।	रामः कृष्णः च गच्छतः।
ते वृक्षात् पतेम।	उन्हें वृक्ष से गिरना चाहिए।	ते वृक्षात् पतेयुः।
भवान् कुत्र गच्छन्ति?	तुम कहाँ जाते हो?	भवान् कुत्र गच्छति?
रमा गीता वा पठत।	रमा या गीता पढ़ती हैं।	रमा गीता वा पठति।
कमलानि विकसतः।	कमल के फूल खिलते हैं।	कमलानि विकसन्ति।
भवन्तौ तत्र पठतम्।	तुम दोनों वहाँ पढ़ते हो।	भवन्तौ तत्र पठतः।
वयं छात्राः सन्ति।	हम सब छात्र हैं।	वयं छात्राः स्मः।
त्वम् कुत्र पठामि?	तुम कहाँ पढ़ते हो?	त्वं कुत्र पठसि?

लिङ्ग संबंधी अशुद्धय:

लिङ्ग संबंधी अशुद्धियों के उदाहरण और शुद्ध रूप निम्नलिखित हैं

अशुद्धवाक्यम्	हिंदी अनुवाद	शुद्धवाक्यम्
मोहनः मम मित्रः अस्ति।	मोहन मेरा मित्र है।	मोहनः मम मित्रम् अस्ति।
इदं मम विद्यालयम् अस्ति।	यह मेरा विद्यालय है।	अयं मम विद्यालयमः अस्ति।

वचन संबंधी अशुद्धय:

वचन संबंधी अशुद्धियों के कुछ उदाहरण एवं शुद्ध रूप निम्नलिखित हैं

अशुद्धवाक्यम्	हिंदी अनुवाद	शुद्धवाक्यम्
मम समीपे त्रयः पुस्तकानि सन्ति।	मेरे पास तीन पुस्तके हैं।	मम समीपे त्रीणि पुस्तकानि सन्ति।
बालकाः उद्याने विचरति।	बालक उद्यान में घूमते हैं।	बालकाः उद्याने विचरन्ति।

लकार संबंधी अशुद्धय:

लकार संबंधी अशुद्धियों के कुछ उदाहरण एवं शुद्ध रूप निम्नलिखित हैं

अशुद्धवाक्यम्	हिंदी अनुवाद	शुद्धवाक्यम्
सः पुस्तकम् ददासि।	वह पुस्तक देता है।	सः पुस्तकं ददाति।
दौ छात्रौ आगच्छन्ति।	दो छात्र आते हैं।	दौ छात्रौ आगच्छतः।

गणना संबंधी अशुद्धय:

अशुद्धियों के कुछ उदाहरण एवं शुद्ध रूप निम्नलिखित हैं

अशुद्धवाक्यम्	हिंदी अनुवाद	शुद्धवाक्यम्
एकम् बालकम् पठति।	एक बालक पढ़ता है।	एकः बालकः पठति।
एकम् बालिकाः पठति।	एक बालिका पढ़ती है।	एका बालिका पठति।

अभ्यास प्रश्ना:

बहुविकल्पीय एवं
वर्णनात्मक प्रश्नोत्तर

1. प्रदत्तविकल्पेभ्यः रेखांङ्कितपदानि उचितम् उत्तरं चित्वा लिखत।
(दिए गए विकल्पों में से रेखांकित पदों के उचित उत्तर चुनकर लिखिए।)

(i) सः बालकं पश्यसि।
(अ) युवाम् (ब) त्वम्
(स) यूयम् (स) अहम्

(ii) भवान् कुत्र गच्छसि?
(अ) गच्छतः (ब) गच्छन्ति
(स) गच्छति (द) गच्छथः

(iii) सः मोहनस्य सह गच्छति।
(अ) मोहनेन (ब) मोहनाय
(स) मोहनम् (द) मोहनात्

(iv) जलं शुद्धः अस्ति।
(अ) शुद्धाः (ब) शुद्धम्
(स) शुद्धया (द) शुद्धैः

(v) सा बालिका स्तः।
(अ) सन्ति (ब) अस्ति
(स) असि (द) अस्मि

(vi) अहं पत्रं लिखावः।
(अ) सः (ब) तौ
(स) युवाम् (द) आवाम्

(vii) श्यामः अतीव वीराः अस्ति।
(अ) वीरम् (ब) वीरः
(स) वीरेण (द) वीरौ

(viii) तत्र तिस्रः फलानि सन्ति।
(अ) त्रयः (ब) त्रीन्
(स) त्रीणि (द) त्रिभिः

(ix) सः कलमात् लिखति।
(अ) कलमं (ब) कलमस्य
(स) कलमे (द) कलमेन

(x) अयं सुन्दरं वनम् अस्ति।
(अ) तत् (ब) इदं
(स) इयम् (द) इमौ

(xi) छात्राः विद्यालयं गच्छसि।
(अ) गच्छति (ब) गच्छथः
(स) गच्छतः (द) गच्छन्ति

(xii) तेन पुस्तकं पठितवान्।
(अ) सः (ब) तौ
(स) ते (द) ताः

(xiii) मम मित्रं मूर्खम् अस्ति।
(अ) मूर्खेण (ब) मूर्खाः
(स) मूर्खः (द) मूर्खान्

(xiv) इदं मम विद्यालयः अस्ति।
(अ) अयं (ब) इयम्
(स) इमाः (द) इमम्

(xv) तौ बालिके क्रीडतः।
(अ) सा (ब) ताः
(स) ते (द) तौ

2. अधोलिखितेषु वाक्येषु रेखाङ्कितपदानि शुद्धं कृत्वा लिखत।
(निम्नलिखित वाक्यों में रेखांकित पदों को शुद्ध करके लिखिए।)

(i) मह्यं मधुरं कदलीफलं रोचन्ते।
(ii) छात्राः विद्यालयं गच्छति।
(iii) चत्वारः वेदाः अस्ति।
(iv) रामश्यामौ रामायणम् अपठन्।
(v) ताः उद्याने क्रीडतः।
(vi) लता पुस्तकं ददति।
(vii) पक्वानि पर्णानि पतति।
(viii) तौ उद्याने भ्रमन्ति।
(ix) पञ्च पाण्डवा आसीत्।
(x) जनाः गृहे सीदति।

3. कोष्ठकात् शुद्धः पदानि चित्वा रिक्तस्थानानि पूरयत।
(कोष्ठक से शुद्ध शब्द चुनकर रिक्त स्थानों की पूर्ति कीजिए।)

(i) एकदा ………… वृद्धा अपतत्। (एक/एका/एकम्)
(ii) संस्कृतभाषा अद्यापि ……… अस्ति। (जीविता/जीवति/जीवितः)
(iii) चन्द्रस्य प्रकाशः ………… भवति। (शीतलः/शीतला/शीतलं)
(iv) तस्य वस्त्राणि ………… सन्ति। (सुन्दरं/सुन्दरे/सुन्दराणि)
(v) धनात् ज्ञानं ………… । (गुरुतरम्/गुरुतरे/गुरुतरो)
(vi) वृक्षोपरि ………… खगाः सन्ति। (चत्वारि/चत्वारः/चतस्रः)
(vii) ………… पुस्तकं कस्य अस्ति। (इदं/इयं/अयं)
(viii) ………… बालकाः हसन्ति। (सर्वाः/सर्वे/सर्वम्)

4. अधोलिखितेषु वाक्येषु लकार दृष्ट्या अशुद्धवाक्यानि शुद्धं कृत्वा लिखत। (निम्नलिखित वाक्यों में लकार की दृष्टि से अशुद्ध वाक्यों को शुद्ध करके लिखिए।)

(i) अहं गृहं गच्छिष्यामि।
(ii) यः सत्यं भाषते सः सुखं लभति।

(iii) धृतेन आयुः वर्धति।
(iv) सा जलं पिबिष्यति।
(v) ते बालकाः तत्र अद्य न तिष्ठियन्ति।
(vi) सेवकः हसते।
(vii) अपि भारं बाधति।
(viii) भृत्यः स्वामिनं सेवति।
(ix) धर्माचरणेन सुखं लभति।
(x) राधा भोजनं पच्यते।

5. कोष्ठकात् उचितं क्रियापदं चित्वा रिक्तस्थानानि पूरयत। (कोष्ठक से उचित क्रियापद चुनकर रिक्त स्थानों की पूर्ति कीजिए।)
(i) अहम् आपणं ....। (गच्छामि/गच्छावः/गच्छामः)
(ii) सा गीतं .... । (गायतः/गायन्ति/गायति)
(iii) रामः श्वः भरतपुरं .... । (गमिष्यति/गमिष्यतः/गमिष्यन्ति)
(iv) मालाकारः मालाम् .... । (आनयतः/आनयति/आनयन्ति)
(v) गोपालः दुग्धं .... । (पिबन्ति/पिबतः/पिबति)
(vi) सीता पाकशालायाँ भोजनं .... । (पचति/पचतः/पचन्ति)
(vii) किं त्वं भोजनं ....? (खादसि/खादथः/खादथ)
(viii) अहं चलचित्रं .... । (पश्यामः/पश्यावः/पश्यामि)

6. कोष्ठकात् उचितं कर्तृपदं चित्वा रिक्तस्थानानि पूरयत। (कोष्ठक से उचित कर्तृपद चुनकर रिक्त स्थानों की पूर्ति कीजिए।)
(i) .... बालकौ विद्यालयं गच्छतः। (सः/तौ/ते)
(ii) .... श्वः ग्रामं गमिष्यामि। (अहं/आवां/वयं)
(iii) .... बालिकाः नृत्यन्ति। (सा/ते/ताः)
(iv) .... मोदकाः रोचते। (रामाय/रामेण/रामस्य)
(v) .... इतस्ततः कूर्दन्ते। (वानराः/वानरौ/वानरायः)
(vi) .... देवलयं गच्छामः। (अहं/आवां/वयं)
(vii) .... कुत्र गच्छसि? (त्वं/युवां/यूयं)
(viii) .... छात्राः कार्यं कुर्वन्ति। (ते/तौ/सा)

उत्तरमाला

1. (i) (ब) त्वम् (ii) (स) गच्छति (iii) (अ) मोहनेन
(iv) (ब) शुद्धम् (v) (ब) अस्ति (vi) (द) आवाम्
(vii) (ब) वीरः (viii) (स) त्रीणि (ix) (द) कलमेन
(x) (ब) इदं (xi) (द) गच्छन्ति (xii) (अ) सः
(xiii) (स) मूर्खः (xiv) (अ) अयं (xiiv) (स) ते

2. (i) मह्यं मधुरं कदलीफलं रोचते।
(ii) छात्राः विद्यालयं गच्छन्ति।
(iii) चत्वारः वेदाः सन्ति।
(iv) रामश्यामौ रामायणम् अपठताम्।
(v) ताः उद्याने क्रीडन्ति।
(vi) लता पुस्तकं ददाति।
(vii) पक्वानि पर्णानि पतन्ति।
(viii) तौ उद्याने भ्रमतः।
(ix) पञ्च पाण्डवाः आसन्।
(x) जनाः गृहे सीदन्ति।

3. (i) एका (ii) जीविता (iii) शीतलः
(iv) सुन्दराणि (v) गुरुतरम् (vi) चत्वारः
(vii) इदं (viii) सर्वे

4. (i) अहं गृहं गमिष्यामि।
(ii) यः सत्यं भाषते सः सुखं लभते।
(iii) धृतेन आयुः वर्धते।
(iv) सा जलं पास्यति।
(v) ते बालकाः तत्र अद्य न स्थास्यन्ति।
(vi) सेवकः हसति।
(vii) अपि भारं बाधते।
(viii) भृत्यः स्वामिनं सेवते।
(ix) धर्माचरणेन सुखं लभते।
(x) राधा भोजनं पचति।

5. (i) गच्छामि (ii) गायति
(iii) गमिष्यति (iv) आनयति
(v) पिबति (vi) पचति
(vii) खादसि (viii) पश्यामि

6. (i) तौ (ii) अहं
(iii) ताः (iv) रामाय
(v) वानराः (vi) वयं
(vii) त्वं (viii) ते

अनुवादः

अध्याय 12

किसी एक भाषा को दूसरी भाषा में रूपान्तरित करने को 'अनुवाद' कहते हैं। इसी प्रकार किसी भी भाषा का संस्कृत भाषा में अनुवाद करने को संस्कृत अनुवाद कहते हैं; जैसे-राम पढ़ता है। इस हिन्दी वाक्य का संस्कृत अनुवाद 'रामः पठति' होगा।

हिन्दी वाक्यों का संस्कृत में अनुवाद करते समय इनका क्रम हिंदी के समान ही होता है; जैसे-सर्वप्रथम 'कर्ता' इसके पश्चात् 'कर्म' और अंत में क्रिया।

12.1 संस्कृत अनुवाद के अंग

हिन्दी से संस्कृत अनुवाद के आवश्यक अंग निम्नलिखित हैं

1. **वचन** संस्कृत में तीन वचन होते हैं
   - एकवचन
   - द्विवचन
   - बहुवचन
2. **पुरुष** संस्कृत में तीन पुरुष होते हैं
   - प्रथम पुरुष
   - मध्यम पुरुष
   - उत्तम पुरुष

   प्रत्येक पुरुष के रूप तीनों वचनों में चलते हैं। ये संख्या में नौ होते हैं, जो निम्न प्रकार हैं

पुरुष	एकवचन	द्विवचन	बहुवचन
प्रथम पुरुष	पठति	पठतः	पठन्ति
मध्यम पुरुष	पठसि	पठथः	पठथ
उत्तम पुरुष	पठामि	पठावः	पठामः

   क्रियाओं (लकार) के साथ प्रत्येक पुरुष के वचन में जुड़ने वाले कर्ता भी संख्या में नौ होते हैं, जो निम्न प्रकार हैं

पुरुष	एकवचन	द्विवचन	बहुवचन
प्रथम पुरुष	सः (वह)	तौ (वे दोनों)	ते (वे सब)
मध्यम पुरुष	त्वम् (तुम)	युवाम् (तुम दोनों)	यूयम् (तुम सब)
उत्तम पुरुष	अहम् (मैं)	आवाम् (हम दोनों)	वयम् (हम सब)

3. **कर्ता** जो क्रिया को सम्पादित करता है, वह कर्ता कहलाता है।
4. **क्रिया** जिससे किसी भी कार्य के करने या होने का बोध हो, वह क्रिया कहलाती है।
5. **काल** काल तीन प्रकार के होते हैं
   (i) **वर्तमान काल** इस काल में लट् लकार का प्रयोग होता है। इसमें वर्तमान में चल रहे कार्यों का बोध होता है।
   (ii) **भूतकाल** इसमें लङ्ग लकार का प्रयोग होता है। इसमें बीते हुए समय का बोध होता है।
   (iii) **भविष्यत् काल** इस काल में लृट् लकार का प्रयोग होता है। इसमें आने वाले समय का बोध होता है।
6. **लिङ्ग** संस्कृत भाषा में लिङ्ग तीन प्रकार के होते हैं, लेकिन यहाँ लिङ्ग का क्रिया (लकार) पर कोई प्रभाव नहीं पड़ता है; यथा-
   (i) पुल्लिङ्ग पुरुष जाति का बोध कराने वाले शब्द, पल्लिङ्ग शब्द कहलाते हैं।
   (ii) स्त्रीलिङ्ग स्त्री जाति का बोध कराने वाले शब्द, स्त्रीलिङ्ग कहलाते हैं।
   (iii) नपुंसकलिङ्ग जिनसे न तो पुरुष जाति और न ही स्त्री जाति का बोध होता है, वे नपुंसकलिङ्ग कहलाते हैं।
7. **कारक** कारक संख्या में आठ होते हैं, जो निम्नलिखित हैं

कारक	चिह्न	विभक्ति
कर्ता	ने	प्रथमा
कर्म	को	द्वितीया
करण	से	तृतीया
सम्प्रदान	के लिए	चतुर्थी
अपादान	से, अलग	पञ्चमी
सम्बन्ध	का, की, के, रा, री, रे	षष्ठी
अधिकरण	में, पर	सप्तमी
सम्बोधन	हे, रे, अरे	सम्बोधन (प्रथमा)

उदाहरणार्थ क्रियाओं को जोड़कर निम्न प्रकार से वाक्य रचना करते हैं।

वाक्य	संस्कृत में अनुवाद
वह जाता है।	सः गच्छति।
वे दोनों जाते हैं।	तौ गच्छतः।
वे सब जाते हैं।	ते गच्छन्ति।
तुम जाते हो।	त्वम् गच्छसि।
तुम दोनों जाते हो।	युवाम् गच्छथः।
तुम सब जाते हो।	यूयम् गच्छथ।
मैं जाता हूँ।	अहं गच्छामि।
हम दोनों जाते हैं।	आवां गच्छावः।
हम सब जाते हैं।	वयं गच्छामः।

अभ्यास प्रश्ना:

बहुविकल्पीय एवं वर्णनात्मक प्रश्नोत्तर

1. अधोदत्तानां वाक्यांशानां संस्कृत अनुवादं कुरुत।
(निम्नलिखित दिए हुए वाक्यों का संस्कृत में अनुवाद कीजिए।)

(क) (i) मोर बाग में नाचते हैं।
(ii) मैं विद्यालय जाता हूँ।
(iii) बालक पुस्तक पढ़ता है।
(iv) हम सूर्य की प्रार्थना करते हैं।
(v) छात्र पत्र लिखें।

(ख) (i) भारत देश सदा बढ़े।
(ii) बालिका जल लाती है।
(iii) मैं भारत में रहता हूँ।
(iv) तालाब में कमल खिलते हैं।
(v) तुम सब वृक्षारोपण करो।
(vi) पर्यावरण शुद्धि आवश्यक है।

(ग) (i) मैं गाँव की ओर जाता हूँ।
(ii) बालकों का कल्याण हो।
(iii) गुरु को नमस्कार।
(iv) वह पैर से लँगड़ा है।
(v) गंगा हिमालय से निकलती है।

(घ) (i) बालक मित्रों के साथ खेलते हैं।
(ii) वे दोनों घर जा रहे हैं।
(iii) हमें सदा सत्य बोलना चाहिए।
(iv) तुम वहाँ क्या कर रहे हो?
(v) यह हमारा विद्यालय है।

(ङ) (i) आप कहाँ रहते हैं?
(ii) मुझे बीस रुपये दो।
(iii) मेरी कक्षा में 50 छात्र हैं।
(iv) हमारे गाँव में मेला लगता है।
(v) मैं प्रतिदिन पिता को प्रणाम करता हूँ।
(vi) बड़े भाई पूज्य होते हैं।

उत्तराणि

(क) (i) मयूराः उद्याने नृत्यन्ति।
(ii) अहं विद्यालयं गच्छामि।
(iii) बालकः पुस्तकं पठति।
(iv) वयं सूर्यस्य प्रार्थनां कुर्मः।
(v) छात्राः पत्रं लिखन्तु।

(ख) (i) भारत देशः सदा वर्धताम्।
(ii) बालिका जलम् आनयति।
(iii) अहं भारते वसामि।
(iv) तड़ागे कमलानि विकसन्ति।
(v) यूयं वृक्षारोपणं कुरुत।
(vi) पर्यावरणं शुद्धिः आवश्यकम् अस्ति।

(ग) (i) अहं ग्रामं प्रति गच्छामि।
(ii) बालकेभ्यः स्वस्ति।
(iii) गुरवे नमः।
(iv) सः पादेन खञ्जः अस्ति।
(v) गंगा हिमालयात् निर्गच्छति।

(घ) (i) बालकाः मित्रैः सह क्रीडन्ति।
(ii) तौ गृहं गच्छतः।
(iii) वयं सदा सत्यं वदेम्।
(iv) त्वं तत्र किं करोषि?
(v) अयं अस्माकं विद्यालयः अस्ति।

(ङ) (i) भवान् कुत्र वसति?
(ii) मह्यं विंशति रूप्यकाणि ददातु।
(iii) मम कक्षायां पञ्चाशत छात्राः सन्ति।
(iv) अस्माकं ग्रामे मेलापकः लगति।
(v) अहं प्रतिदिनं पितरं प्रणमामि।
(vi) ज्येष्ठ भ्रातरः पूज्याः भवन्ति।

खंड 'घ'
पठित अवबोधनम् : रुचिरा भाग-3

सुभाषितानि
(सुंदर/मधुर वचन)

अध्याय 1

पाठ का सार 'सुभाषित' शब्द 'सु + भाषित' इन दो शब्दों के मेल से सम्पन्न होता है। सु का अर्थ सुंदर, मधुर तथा भाषित का अर्थ वचन है। इस तरह सुभाषित का अर्थ सुंदर/मधुर वचन है। प्रस्तुत पाठ में सूक्तिमंजरी, नीतिशतकम्, मनुस्मृतिः, शिशुपालवधम्, पंचतंत्रम् से रोचक और विचारपरक श्लोकों को संगृहीत किया गया है।

श्लोकों का हिंदी अनुवाद

1. गुणा गुणज्ञेषु गुणा भवन्ति
ते निर्गुणं प्राप्य भवन्ति दोषाः।
सुस्वादुतोयाः प्रभवन्ति नद्यः
समुद्रमासाद्य भवन्त्यपेयाः।।

शब्दार्थाः गुणज्ञेषु = गुणवान व्यक्ति, भवन्ति = होते हैं, निर्गुणम् = गुणहीन, प्राप्य = प्राप्त करके, दोषाः = दोष/अवगुण, सुस्वादुतोयाः = स्वादिष्ट जल वाली, प्रभवन्ति = निकलती हैं, नद्यः = नदियाँ, समुद्रम् = समुद्र को, आसाद्य = प्राप्त करके, भवन्त्यपेयाः = पीने योग्य नहीं होना।

संदर्भ प्रस्तुत श्लोक हमारी पाठ्य-पुस्तक संस्कृत रुचिरा भाग-3 के प्रथम अध्याय 'सुभाषितानि' नामक पाठ से संकलित है।

अन्वयः गुणा गुणज्ञेषु गुणाः भवन्ति, ते (गुणाः) निर्गुणं प्राप्य दोषाः भवन्ति। (यथा) नद्यः सुस्वादुतोयाः प्रभवन्ति (परं) समुद्रम् आसाद्य (ताः) अपेयाः भवन्ति।

हिंदी अनुवाद गुण जब तक गुणवान व्यक्ति के पास रहते हैं, तब तक वे गुण ही रहते हैं, लेकिन जब उन गुणों को निर्गुण अर्थात् गुणहीन व्यक्ति प्राप्त करता है, तो वे दोष बन जाते हैं। जिस प्रकार नदियाँ (पर्वतों से) स्वादिष्ट जल से युक्त होकर ही निकलती हैं, परंतु समुद्र में पहुँचने पर वे पीने योग्य नहीं रह जाती हैं।

2. साहित्यसङ्गीतकलाविहीनः
साक्षात्पशुः पुच्छविषाणहीनः।
तृणं न खादन्नपि जीवमानः
तद् भागधेयं परमं पशूनाम्।।

शब्दार्थाः विहीनः = रहित, साक्षात् = वास्तव में, पुच्छः = पूँछ, विषाणहीनः = सींग के बिना, तृणं = घास/तिनका, खादन्नपि = खाते हुए भी, जीवमानः = जीवित है, भागधेयं = सौभाग्य, परमं = महान, पशूनाम् = पशुओं का।

अन्वयः साहित्यसङ्गीतकलाविहीनः (जनः) पुच्छविषाणहीनः साक्षात् पशुः (अस्ति)। (सः) तृणं न खादन्नपि जीवमानः (अस्ति)। तत् पशूनां परमं भागधेयम् (अस्ति)।

हिंदी अनुवाद साहित्य, संगीत, कला आदि से रहित मनुष्य वास्तव में बिना पूँछ और सींग वाले पशु के समान है, जो घास (तिनका) न खाते हुए भी (पशु के समान) जीवित है। यह उन पशुओं (प्राणियों) का परम सौभाग्य है कि मनुष्य घास नहीं खाता है।

3. लुब्धस्य नश्यति यशः पिशुनस्य मैत्री
नष्टक्रियस्य कुलमर्थपरस्य धर्मः।
विद्याफलं व्यसनिनः कृपणस्य सौख्यं
राज्यं प्रमत्तसचिवस्य नराधिपस्य।।

शब्दार्थाः लुब्धस्य = लालची व्यक्ति का, नश्यति = नष्ट हो जाता है, यशः = कीर्ति, पिशुनस्य = चुगलखोर की, मैत्री = मित्रता, नष्टक्रियस्य = क्रिया नष्ट हो जाती है उसका, कुलम् = वंश/कुल, अर्थपरस्य = धन का लोभी, व्यसनिनः = बुरी आदत वाले व्यक्ति की, कृपणस्य = कंजूस का, सौख्यं = सुख, राज्यं = राज्य, प्रमत्तसचिवस्य = आलसी मंत्रियों वाले, नराधिपस्य = राजा का।

अन्वयः लुब्धस्य यशः, पिशुनस्य मैत्री, नष्टक्रियस्य कुलम्, अर्थपरस्य धर्मः, व्यसनिनः विद्याफलं, कृपणस्य सौख्यम्, प्रमत्तसचिवस्य नराधिपस्य राज्यं नश्यति।

हिंदी अनुवाद लालची व्यक्ति का यश (कीर्ति), चुगलखोर की मित्रता, अकर्मण्य अर्थात् कर्महीन व्यक्ति का वंश, धन के लोभी व्यक्ति का धर्म, बुरी आदत वाले व्यक्ति की विद्या, कंजूस का सुख और प्रमाद तथा आलस्य से पूर्ण मंत्रियों वाले राजा का राज्य नष्ट हो जाता है।

4. पीत्वा रसं तु कटुकं मधुरं समानं
माधुर्यमेव जनयेन्मधुमक्षिकासौ।
सन्तस्तथैव समसज्जनदुर्जनानां
श्रुत्वा वचः मधुरसूक्तरसं सृजन्ति।।

शब्दार्थाः पीत्वा = पीकर, कटुकम् = कड़वा, मधुरम् = मीठा, माधुर्यमेव = मीठा/मधुरता, एव = ही, जनयेत् = उत्पन्न करती है, मधुमक्षिका = मधुमक्खी, असौ = यह, सन्तः = सज्जन, तथैव = उसी प्रकार ही, सम = समान, श्रुत्वा = सुनकर, वचः = वाणी, मधुरसूक्तरसं = मीठा सूक्ति रूपी रस, सृजन्ति = निर्माण करते हैं।

अन्वयः असौ मधुमक्षिका तु कटुकं मधुरं (वा) रसं समानं पीत्वा माधुर्यम् एव जनयेत् तथैव सन्तः समसज्जनदुर्जनानां वचः श्रुत्वा मधुरसूक्तरसं (एव) सृजन्ति।

हिंदी अनुवाद मधुमक्खी जिस प्रकार कड़वा और मीठा रस समान रूप से पीकर मीठे शहद का निर्माण करती है, उसी प्रकार संत लोग भी सज्जन और दुर्जनों (दुष्ट लोग) की बातें समान रूप से सुनकर सदैव मधुर वाणी का सृजन करते हैं।

5. विहाय पौरुषं यो हि दैवमेवावलम्बते।
प्रासादसिंहवत् तस्य मूर्ध्नि तिष्ठन्ति वायसाः।।

शब्दार्थाः विहाय = छोड़कर, पौरुषं = परिश्रम को, यो = जो, हि = निश्चित रूप से, दैवम् = भाग्य को, अवलम्बते = सहारा लेते हैं, प्रासादसिंहवत् = महलों के शेर की तरह, तस्य = उसका, मूर्ध्नि = सिर पर, तिष्ठन्ति = बैठते हैं, वायसाः = कौवे।

अन्वयः यो पौरुषं विहाय दैवमेव हि अवलम्बते। प्रासादसिंहवत् तस्य मूर्ध्नि वायसाः तिष्ठन्ति।

हिंदी अनुवाद जो व्यक्ति अपने पौरुष अर्थात् परिश्रम को छोड़कर निश्चित रूप से भाग्य का सहारा लेता है, उस व्यक्ति की स्थिति महलों के द्वार पर बने हुए उस शेर की तरह हो जाती है, जिसके सिर पर कौवें बैठते हैं।

6. पुष्पपत्रफलच्छायामूलवल्कलदारुभिः।
धन्या महीरुहाः येषां विमुखं यान्ति नार्थिनः।।

शब्दार्थाः पुष्प = फूल, पत्र = पत्ते, मूल = जड़, वल्कल = पेड़ की छाल, दारुभिः = लकड़ियों से, धन्याः = धन्य हैं, महीरुहाः = पेड़/वृक्ष, येषां = जिनके, विमुखं = विमुख/खाली हाथ, यान्ति = जाते हैं, न = नहीं, अर्थिनः = याचक/माँगने वाले।

अन्वयः महीरुहाः पुष्पपत्रफलच्छायामूलवल्कलदारुभिः धन्याः (भवन्ति)। येषाम् अर्थिनः विमुखाः न यान्ति।

हिंदी अनुवाद फूल, पत्ते, फल, छाया, जड़, छाल, लकड़ी आदि से युक्त वृक्ष धन्य हैं, जिनसे माँगने वाले कभी निराश नहीं होते।

7. चिन्तनीया हि विपदाम् आदावेव प्रतिक्रियाः।
न कूपखननं युक्तं प्रदीप्ते वह्निना गृहे।।

शब्दार्थाः चिन्तनीया = चिंतन (सोचना) करना चाहिए, हि = निश्चित रूप से, विपदाम् = विपत्ति के, आदावेव = पहले ही, प्रतिक्रियाः = हल ढूँढना, न = नहीं, कूपखननं = कुआँ खोदना, युक्तं = उचित, प्रदीप्ते = लगने पर/प्रज्वलित होने पर, वह्निना = अग्नि द्वारा, गृहे = घर में।

अन्वयः विपदाम् आदावेव हि प्रतिक्रियाः चिन्तनीयाः। गृहे वह्निना प्रदीप्ते कूपखननं न युक्तम्।

हिंदी अनुवाद विपत्ति के आने से पहले ही मनुष्य को निश्चित रूप से उसका समाधान ढूँढ़ लेना चाहिए। विपत्ति के आने के बाद उसका समाधान ढूँढ़ना उसी प्रकार अनुचित है, जिस प्रकार घर में आग लगने पर कुआँ खोदना।

NCERT फोल्डर: पाठ्य-पुस्तक रुचिरा भाग-3 के प्रश्नोत्तर

प्र.1 पाठे दत्तानां पद्यानां सस्वरवाचनं कुरुत।
(पाठ में दिए गए श्लोकों का सस्वर वाचन कीजिए।)

उत्तराणि
छात्र स्वयं सस्वर वाचन करें।

प्र.2 श्लोकांशेषु रिक्तस्थानानि पूरयत।
(श्लोक के अंशों में रिक्त स्थानों की पूर्ति कीजिए।)

(i) समुद्रमासाद्य.........।
(ii) .... वचः मधुरसूक्तरसं सृजन्ति।
(iii) तद् भागधेयं .... पशूनाम्।
(iv) विद्याफलं .... कृपणस्य सौख्यम्।
(v) पौरुषं विहाय यः .... अवलम्बते।
(vi) चिन्तनीया हि विपदाम् .... प्रतिक्रियाः।

उत्तराणि
(i) भवन्त्यपेयाः (ii) श्रुत्वा
(iii) परमं (iv) व्यसनिनः
(v) दैवमेव (vi) आदावेव

प्र.3 अधोलिखितानां प्रश्नानाम् उत्तराणि एकपदेन लिखत।
(निम्नलिखित प्रश्नों के उत्तर एक पद में लिखिए।)

(i) व्यसनिनः किं नश्यति?
(ii) कस्य यशः नश्यति?
(iii) मधुमक्षिका किं जनयति?
(iv) मधुरसूक्तरसं के सृजन्ति?
(v) अर्थिनः केभ्यः विमुखा न यान्ति?

उत्तराणि

(i) विद्याफलम् (ii) लुब्धस्य
(iii) माधुर्यम् (iv) सन्तः
(v) महीरुहेभ्यः

प्र.4 अधोलिखित-तद्भव-शब्दानां कृते पाठात् चित्वा संस्कृतपदानि लिखत।
(निम्नलिखित तद्भव शब्दों के लिए पाठ में से संस्कृत शब्द चुनकर लिखिए।)

यथा कंजूस	कृपणः
(i) कड़वा	....
(ii) पूँछ	....
(iii) लोभी	....
(iv) मधुमक्खी	....
(v) तिनका	....

उत्तराणि

(i) कटुकम् (ii) पुच्छः
(iii) लुब्धः (iv) मधुमक्षिका
(v) तृणम्

प्र.5 अधोलिखितेषु वाक्येषु कर्तृपदं क्रियापदं च चित्वा लिखत।
(निम्नलिखित वाक्यों में से कर्तृपद और क्रियापदों का चयन करके लिखिए।)

वाक्यानि	कर्ता	क्रिया
यथा–सन्तः मधुरसूक्तरसं सृजन्ति।	सन्तः	सृजन्ति
(i) निर्गुणं प्राप्य भवन्ति दोषाः।	....	....
(ii) गुणज्ञेषु गुणाः भवन्ति।	....	....
(iii) मधुमक्षिका माधुर्यं जनयेत्।	....	....
(iv) पिशुनस्य मैत्री यशः नाशयति।	....	....
(v) नद्यः समुद्रमासाद्य अपेयाः भवन्ति।	....	....

उत्तराणि

	कर्ता	क्रिया
(i)	दोषाः	भवन्ति
(ii)	गुणाः	भवन्ति
(iii)	मधुमक्षिका	जनयेत्
(iv)	मैत्री	नाशयति
(v)	नद्यः	भवन्ति

प्र.6 अधोलिखित रेखाङ्कितानि पदानि आधृत्य प्रश्ननिर्माणं कुरुत।
(निम्नलिखित रेखांकित पदों के आधार पर प्रश्न निर्माण कीजिए।)

(i) <u>गुणाः</u> गुणज्ञेषु गुणाः भवन्ति।
(ii) <u>नद्यः</u> सुस्वादुतोयाः भवन्ति।
(iii) <u>लुब्धस्य</u> यशः नश्यति।
(iv) <u>मधुमक्षिका</u> माधुर्यमेव जनयति।
(v) तस्य <u>मूर्ध्नि</u> तिष्ठन्ति वायसाः।

उत्तराणि

(i) **के** गुणज्ञेषु गुणाः भवन्ति?
(ii) **काः** सुस्वादुतोयाः भवन्ति?
(iii) **कस्य** यशः नश्यति?
(iv) **का** माधुर्यमेव जनयति?
(v) तस्य **कुत्र** तिष्ठन्ति वायसाः?

प्र.7 उदाहरणानुसारं पदानि पृथक् कुरुत।
(उदाहरण अनुसार पदों को पृथक्-पृथक् करिए।)

यथा–समुद्रमासाद्य	समुद्रम्	+	आसाद्य
(i) माधुर्यमेव	....	+	....
(ii) अल्पमेव	....	+	....
(iii) सर्वमेव	....	+	....
(iv) दैवमेव	....	+	....
(v) महात्मनामुक्तिः	....	+	....
(vi) विपदामादावेव	....	+	....

उत्तराणि

(i) माधुर्यमेव = माधुर्यम् + एव
(ii) अल्पमेव = अल्पम् + एव
(iii) सर्वमेव = सर्वम् + एव
(iv) दैवमेव = दैवम् + एव
(v) महात्मनामुक्तिः = महात्मनाम् + उक्तिः
(vi) विपदामादावेव = विपदाम् + आदौ + एव

अभ्यास प्रश्नाः

पाठ्य-पुस्तक रुचिरा भाग-3 के प्रश्नोत्तर

भाग I

बहुविकल्पीय प्रश्न

1. (क) अधोलिखितानां प्रश्नानां कृते सम्यक् विकल्पं चिनुत।
(निम्नलिखित प्रश्नों के लिए सही विकल्प चुनिए।)

(i) पशूनां कीदृशं भागधेयम् सन्ति?
(अ) अल्पं (ब) परमं
(स) अविरमं (द) अतीव

(ii) साक्षात्पशुः कीदृशः अस्ति?
(अ) संङ्गीतविहीनः (ब) कलाविहीनः
(स) विषाणहीनः (द) पुच्छविषाणहीनः

(iii) सिंहस्य मूर्तिः कुत्र तिष्ठति?
(अ) प्रासादम् (ब) प्रासादे
(स) प्रासादस्य (द) प्रासादय

(iv) आदौ चिन्ता कदा न कर्त्तव्या?
(अ) आपदाम् (ब) आपदायाम्
(स) आपदे (द) आपदायाः

(v) कुत्र प्रदीप्तवह्निना कूप खननं उचितं नास्ति?
(अ) गृहे (ब) सार्वजनिक
(स) गृहम् (द) उद्योगे

उत्तराणि

(i) (ब) परमं (ii) (द) पुच्छविषाणहीनः
(iii) (ब) प्रासादे (iv) (ब) आपदायाम्
(v) (अ) गृहे

(ख) अधोलिखित कथनेषु रेखाङ्कितपदानां आधृत्य प्रश्नवाचकपदं चित्वा लिखत।
(निम्नलिखित कथनों में रेखांकित पदों के आधार पर प्रश्नवाचक शब्द चुनकर लिखिए।)

(i) लुब्धस्य यशः नश्यति।
(अ) कौ (ब) किम्
(स) कस्य (द) कः

(ii) पिशुनस्य मैत्री नश्यति।
(अ) कदा (ब) कुत्र
(स) कस्मिन् (द) कस्य

(iii) सिंहस्य मूर्ध्नि वायसाः तिष्ठन्ति।
(अ) के (ब) कः
(स) कौ (द) किम्

(iv) श्रुत्वा वचः मधुरसूक्तरसं सृजन्ति।
(अ) किम् (ब) कानि
(स) कः (द) कौ

उत्तराणि

(i) (स) कस्य (ii) (द) कस्य
(iii) (अ) के (iv) (अ) किम्

(ग) अधोलिखित सूक्तयोः शुद्धं अर्थं प्रदत्तविकल्पेभ्यः चित्वा लिखत।
(निम्नलिखित सूक्तियों के शुद्ध अर्थ को दिए गए विकल्पों में से चुनकर लिखिए।)

(i) पीत्वा कटुकं रसम्।
(अ) रसम् कटुकं भवति।
(ब) रसम् पीत्वा।
(स) मधुमक्षिका कटुकं रसं पिबति।
(द) सा रसं न पिबति।

(ii) समुद्रमासाद्य भवन्त्यपेयाः।
(अ) समुद्रमासाद्य नद्याः अपेयाः भवन्ति।
(ब) समुद्रः अपेयः भवति।
(स) अपेयः नद्यः भवन्ति।
(द) समुद्रस्य अपेयः भवन्ति।

(iii) कृपणस्य सौख्यं नश्यति।
(अ) कृपणस्य धर्मं नश्यति।
(ब) कृपणस्य जनस्य सौख्यं नश्यति।
(स) व्यसनिनः विद्यया फलं नश्यति।
(द) व्यसनिनः धनं नश्यति।

उत्तराणि

(i) (स) मधुमक्षिका कटुकं रसं पिबति।
(ii) (अ) समुद्रमासाद्य नद्याः अपेयाः भवन्ति।
(iii) (ब) कृपणस्य जनस्य सौख्यं नश्यति।

रिक्तस्थानम् पूयरत्

2. (क) प्रदत्तविकल्पेभ्यः शुद्धम् उत्तरम् चित्वा लिखतः।
(दिए गए विकल्पों में से शुद्ध उत्तर चुनकर लिखिए।)

(i) चिन्तनीया हि विपदाम् आदावेव (...... + ...)
(आदौ + एव/आदि + एव/आदि +व)

(ii) धन्या महीरुहाः .... विमुखा यान्ति नार्थिनः।
(येषां/तेषां/एषाम्)

(iii) (श्रु + क्त्वा) वचः मधुरसूक्त रसं सृजन्ति।
(श्रुत्वा/श्रुतवा/श्रुक्त्वा)

(iv) माधुर्यमेव (...... + ...) जनयेन्मधुमक्षिकासौ।
(माधुर्यम् + एव/मधर + एव/मधु + एवं)

उत्तराणि

(i) आदौ + एव (ii) येषां
(iii) श्रुत्वा (iv) माधुर्यम् + एव

(ख) समुचितपदेन रिक्तस्थानानि पूरयत, येन कथनानां भावः स्पष्टो भवेत्।
(उचित पदों से रिक्त स्थानों की पूर्ति कीजिए, जिससे कथनों का भाव स्पष्ट हो जाए।)

(i) चिन्तनीया हि विपदाम् आदावेव प्रतिक्रियाः।
न कूपखननं युक्तं प्रदीप्ते वह्निना गृहे।।
भावः यदा वह्निना ········ प्रदीप्ते अस्मिन् समये ········ न युक्तम्। हि ······· आदौ एव ······ चिन्तनीयाः, ······ गृहे ······· कूपर वननं न ······।

(ii) गुणा गुणज्ञेषु गुणा भवन्ति
ते निर्गुणं प्राप्य भवन्ति दोषाः।
सुस्वादुतोयाः प्रभवन्ति नद्यः
समुद्रमासाद्य भवन्त्यपेयाः।।
भावः गुणाः गुणज्ञेषु ······ भवन्ति। ते निर्गुणं प्राप्य ······· भवन्ति। सुस्वादुतोयाः ······ प्रभवन्ति, ······ समुद्रम् ······ भवन्त्यपेयाः।।

उत्तराणि

(i) यदा वह्निना **गृहे** प्रदीप्ते अस्मिन् समये **कूपखननं** न युक्तम्। हि **विपदाम्** आदौ एव **प्रतिक्रियाः** चिन्तनीयाः, **वह्निना गृहे प्रदीप्ते** कूपर वननं न **युक्तम्**।

(ii) गुणाः गुणज्ञेषु **गुणाः** भवन्ति। ते निर्गुणं प्राप्य **दोषाः** भवन्ति। सुस्वादुतोयाः **नद्यः** प्रभवन्ति, **ताः** समुद्रम **आसाद्य** भवन्त्यपेयाः।

सत्यं/असत्यं

3. प्रदत्तविकल्पेभ्यः सत्यं/असत्यं उत्तरम् चित्वा लिखत।
(दिए गए विकल्पों में से सत्य/असत्य उत्तर चुनकर लिखिए।)

(i) साहित्यसङ्गीतकलाविहीनः साक्षात्पण्डितः। (असत्यं/सत्यं)
(ii) तृणं न खादन्नपि पशूनाम्। (सत्यं/असत्यं)
(iii) पीत्वा रसं तु कटुकं मधुरं समान। (सत्यं/असत्यं)
(iv) श्रुत्वा कटुकं वचः मधुरसूक्तं सृजन्ति। (सत्यं/असत्यं)
(v) धन्या महीरुहाः येषां विमुख यान्ति नार्थिनः। (सत्यं/असत्यं)

उत्तराणि

(i) असत्यं (ii) असत्यं (iii) सत्यं
(iv) असत्यं (v) सत्यं

मेलनं कुर्वन्तु

4. (क) अधोलिखित श्लोकानाम् परस्परं मेलनं कृत्वा लिखत।
(निम्नलिखित श्लोकों का आपस में मिलान करके लिखिए।)

खंड (अ)	खंड (ब)
(क) लुब्धस्य नश्यति यशः	(i) तद्भागधेयं परमं पशूनाम्
(ख) तृणं न खादन्नपि जीवमानः	(ii) पिशुनस्य मैत्री
(ग) सुस्वादुतोयाः प्रभवन्ति नद्यः	(iii) प्रदीप्ते वह्निना गृहे
(घ) न कूपखननं युक्तं	(iv) हि दैवमेवावलम्बते
(ङ) विहाय पौरुषं यो	(v) समुद्रमासाद्य भवन्त्यपेयाः

उत्तराणि

खंड (अ)	खंड (ब)
(क) लुब्धस्य नश्यति यशः	(ii) पिशुनस्य मैत्री
(ख) तृणं न खादन्नपि जीवमानः	(i) तद् भागधेयं परमं पशूनाम्
(ग) सुस्वादुतोयाः प्रभवन्ति नद्यः	(v) समुद्रमासाद्य भवन्त्यपेयाः
(घ) न कूपखननं युक्तं	(iii) प्रदीप्ते वह्निना गृहे
(ङ) विहाय पौरुषं यो	(iv) हि दैवमेवावलम्बते

(ख) अधोलिखितानां शब्दानां समक्षं प्रदत्तैः अर्थैः सह मेलनम् कुरुत।
(निम्नलिखित शब्दों के समक्ष दिए गए अर्थों का आपस में मिलान कीजिए।)

शब्दाः	अर्थाः
(क) दारुभिः	*(i)* काकाः
(ख) वायसाः	*(ii)* अग्नि
(ग) वह्निना	*(iii)* वृक्षाः
(घ) समुद्रं	*(iv)* वहन्ति
(ङ) प्रभवन्ति	*(v)* सागरं

उत्तराणि

शब्दाः		अर्थाः
(क) दारुभिः	*(iii)*	वृक्षाः
(ख) वायसाः	*(i)*	काकाः
(ग) वह्निना	*(ii)*	अग्नि
(घ) समुद्रं	*(v)*	सागरं
(ङ) प्रभवन्ति	*(iv)*	वहन्ति

प्रश्ननिर्माणम्

5. अधोलिखितानां रेखाङ्कित पदानां आधृत्य कोष्ठकात् उचितं प्रश्नवाचक पदं चित्वा लिखत।
(निम्नलिखित रेखांकित पदों के आधार पर कोष्ठक से उचित प्रश्नवाचक शब्द चुनकर लिखिए।)

(i) कूपखननं न युक्तं प्रदीप्ते वह्निना गृहे। (किं/कः/का)
(ii) विद्याफलं व्यसनिनः नश्यति। (कस्य/कयों/केषु)
(iii) गुणा गुणज्ञेषु गुणा भवन्ति। (के/काः/कस्य)
(iv) सज्जनाः मधुरसूक्तरसं सृजन्ति। (कः/कौ/के)

उत्तराणि

(i) किं (ii) कस्य
(iii) के (iv) केः

भाग II

पठित-अवबोधनम्

1. अधोलिखितानां श्लोकानां पठित्वा श्लोकाधारितानां प्रश्नानां उत्तराणि निर्देशानुसारं लिखत।
(निम्नलिखित श्लोकों को पढ़कर श्लोक पर आधारित प्रश्नों के उत्तर निर्देशानुसार लिखिए।)

(क) गुणा गुणज्ञेषु गुणा भवन्ति
ते निर्गुणं प्राप्य भवन्ति दोषाः।
सुस्वादुतोयाः प्रभवन्ति नद्यः
समुद्रमासाद्य भवन्त्यपेयाः।।

I. अधोलिखितानां प्रश्नानाम् उत्तराणि एकपदेन लिखत।
(निम्नलिखित प्रश्नों के उत्तर एक पद में लिखिए।)
(i) समुद्रमासाद्य का अपेयाः भवन्ति?
(ii) चिन्तनीयां हि विपदाम् केन् प्रतिक्रिया:?
(iii) ते कं प्राय दोषाः भवन्तिः?
(iv) कीदृशाः दोषाः प्रभवन्ति नद्यः?

II. अधोलिखितानां प्रश्नानाम् उत्तराणि पूर्णवाक्येन लिखत।
(निम्नलिखित प्रश्नों के उत्तर पूर्णवाक्य में लिखिए।)
(i) कीदृशाः नद्यः प्रभवन्ति?
(ii) काः नद्यः प्रवहन्ति?

III. अधोलिखितानां प्रश्नानाम् उत्तराणि निर्देशानुसारं लिखत।
(निम्नलिखित प्रश्नों के उत्तर निर्देशानुसार लिखिए।)
(i) 'पीत्वा' इत्यस्मिन् पदे कः प्रत्यय अस्ति?
(ii) गुणाः केषु गुणाः भवन्ति?

IV. अधोलिखितानां प्रश्नानाम् उत्तराणि प्रदत्तविकल्पेभ्यः चित्वा लिखत।
(निम्नलिखित प्रश्नों के उत्तर दिए गए विकल्पों में से चुनकर लिखिए।)
(i) निर्गुणं प्राप्य गुणाः कीदृशाः भवन्ति?
(अ) दोषस्य (ब) दोषेण (स) दोषाः (द) दोषेणु
(ii) प्रभवन्ति पदे का धातु प्रयुक्ता?
(अ) ह्य (ब) भू (स) पद् (द) क्रीड
(iii) 'ते' इत्यस्य स्थाने संज्ञापदं चिनुत।
(अ) भवन्ति (ब) नद्यः (स) दोषाः (द) गुणाः
(iv) 'अवगुणाः' इति पदस्य समानार्थकं पदं किम्?
(अ) अप्रेया (ब) गुणाः (स) दोषाः (द) निर्गुणाः

उत्तराणि

I. (i) नद्यः (ii) आदावेव
(iii) निर्गुणः (iv) सुस्वादतोयाः
II. (i) सुस्वादुतोयाः नद्यः प्रभवन्ति।
(ii) सुस्वादुतोयाः नद्यः प्रवहन्ति।
III. (i) क्त्वा (ii) गुणज्ञेषु
IV. (i) (स) दोषाः (ii) (ब) भू
(iii) (द) गुणाः (iv) (द) निर्गुणाः

(ख) साहित्यसङ्गीतकलाविहीनः
साक्षात्पशुः पुच्छविषाणहीनः।
तृणं न खादन्नपि जीवमानः
तद्भागधेयं परमं पशूनाम्।।

I. अधोलिखितानां प्रश्नानाम् उत्तराणि एकपदेन लिखत।
(निम्नलिखित प्रश्नों के उत्तर एक पद में लिखिए।)
(i) मनुष्यः कीदृशः साक्षात्पशुः?
(ii) किम् न खादन्नपि जीवमानः अस्ति?
(iii) साहित्यसङ्गीत कला युक्तः कः?
(iv) पशूनाम् भागधेयं कीदृशः?

II. अधोलिखितानां प्रश्नानाम् उत्तराणि पूर्णवाक्येन लिखत।
(निम्नलिखित प्रश्नों के उत्तर पूर्णवाक्य में लिखिए।)
(i) केन विहीनः साक्षात्पशुः?
(ii) तृणं न खादन्नपि जीवमानः कस्य भागधेयं?

III. अधोलिखितानां प्रश्नानाम् उत्तराणि निर्देशानुसारम् लिखत।
(निम्नलिखित प्रश्नों के उत्तर निर्देशानुसार लिखिए।)
(i) रहितः इत्यस्य समानार्थकपदं श्लोके किम्?
(ii) 'तद्भागधेयं परमं पशूनाम्' रेखाङ्कितपदे का विभक्तिः प्रयुक्तः?

IV. अधोलिखितानां प्रश्नानाम् उत्तराणि प्रदत्तविकल्पेभ्यः चित्वा लिखत।
(निम्नलिखित प्रश्नों के उत्तर दिए गए विकल्पों से चुनकर लिखिए।)
(i) 'पशूनाम्' इत्यस्मिन् पदे का विभक्तिः?
(अ) षष्ठी (ब) सप्तमी (स) पंचमी (द) चतुर्थी
(ii) 'खादन्नपि' इत्यस्मिन् पदे सन्धि विच्छेदः किम्?
(अ) खादा + पि (ब) खाद् + अपि
(स) खादन् + अपि (द) खादान् + अपि
(iii) 'अवादन्' पदे कः लकारः प्रयुक्तः?
(अ) लट् (ब) लोट् (स) लङ् (द) लृट
(iv) कः श्रुत्वा मधुरसूक्तरसं सृजन्ति।
(अ) रसं (ब) कटुकं (स) मधुरं (द) वचः

उत्तराणि

I. (i) पुच्छ विषाणहीनः (ii) तृणं
(iii) मनुष्यः (iv) परमम्
II. (i) साहित्यसंङ्गीत कलाविहीनः साक्षात्पशुः।
(ii) तृणं न खादन्नपि जीवमानः परमं पशूनां भागधेयं।
III. (i) विहीनः
(ii) षष्ठी
IV. (i) (अ) षष्ठी
(ii) (स) खादन् + अपि
(iii) (स) लङ्
(iv) (द) वचः

(ग) लुब्धस्य नश्यति यशः पिशुनस्य मैत्री
नष्टक्रियस्य कुलमर्थपरस्य धर्मः।
विद्याफलं व्यसनिनः कृपणस्य सौख्यं
राज्यं प्रमत्तसचिवस्य नराधिपस्य।।

I. अधोलिखितानां प्रश्नानाम् उत्तराणि एकपदेन लिखत।
(निम्नलिखित प्रश्नों के उत्तर एक पद में लिखिए।)
(i) लुब्धस्य किं नश्यति?
(ii) मैत्री कस्य नश्यति?
(iii) प्रमत्तसचिवस्य नराधिपस्य किम् नश्यति?
(iv) कः सम्मानं न लभ्यते?

II. अधोलिखितानां प्रश्नानाम् उत्तराणि पूर्णवाक्येन लिखत।
(निम्नलिखित प्रश्नों के उत्तर पूर्णवाक्य में लिखिए।)
(i) धर्मः कस्य नश्यति?
(ii) राज्यं कस्य नश्यति?

III. अधोलिखितानां प्रश्नानाम् उत्तराणि निर्देशानुसारं लिखत।
(निम्नलिखित प्रश्नों के उत्तर निर्देशानुसार लिखिए।)
(i) 'लुब्धस्य' इत्यस्मिन् पदे का विभक्तिः?
(ii) 'नश्यति' इत्यस्मिन् पदे कः लकारः?

IV. अधोलिखितानां प्रश्नानाम् उत्तराणि प्रदत्तविकल्पेभ्यः चित्वा लिखत।
(निम्नलिखित प्रश्नों के उत्तर दिए गए विकल्पों में से चुनकर लिखिए।)
(i) 'अधर्मः' इति पदस्य विलोम पदं श्लोके किंम्?
(अ) धर्मः (ब) यशः
(स) कर्मः (द) राज्यः
(ii) 'सुखं' इति पदस्य समानार्थकं पदं श्लोके किं प्रयुक्तम्?
(अ) यशः (ब) धर्मः
(स) सौख्यं (द) राज्यः
(iii) 'अर्थपरस्यं' .... नश्यति।
(अ) यशः (ब) धर्मः
(स) मैत्रीः (द) भूपति
(iv) नराधिपस्य इत्यस्य पदस्य समानार्थकं पदं .... ।
(अ) नृपः (ब) राजा
(स) राज्ञः (द) इनि

उत्तराणि

I. (i) यशः (ii) पिशुनस्य
(iii) राज्यं (iv) लुब्धं
II. (i) अर्थपरस्य धर्मः नश्यति।
(ii) प्रमत्तसचिवस्य नराधिपस्य राज्यं नश्यति।
III. (i) षष्ठी
(ii) लट्
IV. (i) (अ) धर्मः
(ii) (स) सौख्यं
(iii) (ब) धर्मः
(iv) (स) राज्ञः

(घ) पीत्वा रसं तु कटुकं मधुरं समानं
माधुर्यमेव जनयेन्मधुमक्षिकासौ।
सन्तस्तथैव समसज्जनदुर्जनानां
श्रुत्वा वचः मधुरसूक्तरसं सृजन्ति।।

I. अधोलिखितानां प्रश्नानाम् उत्तराणि एकपदेन लिखत।
(निम्नलिखित प्रश्नों के उत्तर एक पद में लिखिए।)
(i) का कटुकं रसं पिबति?
(ii) मधुमक्षिका कीदृशं रसं जनयति?
(iii) सुवचनानां किं तात्पर्यम् अस्ति?
(iv) समसज्जन दुर्जनानां वचः आकर्ण्य के मधुरसूक्तरसं सृजन्ति?

II. अधोलिखितानां प्रश्नानाम् उत्तराणि पूर्णवाक्येन लिखत।
(निम्नलिखित प्रश्नों के उत्तर पूर्णवाक्य में लिखिए।)
(i) मधुमक्षिका किं करोति?
(ii) सज्जनाः किं सृजन्ति?

III. अधोलिखितानां प्रश्नानाम् उत्तराणि निर्देशानुसारम् लिखत।
(निम्नलिखित प्रश्नों के उत्तर निर्देशानुसार लिखिए।)
(i) 'पीत्वा' इत्यस्मिन् पदे कः प्रत्ययः अस्ति?
(ii) 'तथैव' इत्यत्र सन्धि विच्छेदः विधेयः।

IV. अधोलिखितानां प्रश्नानाम् उत्तराणि प्रदत्तविकल्पेभ्यः चित्वा लिखत।
(निम्नलिखित प्रश्नों के उत्तर दिए गए विकल्पों में से चुनकर लिखिए।)
(i) 'मधुरं' अत्र का विभक्तिः?
(अ) प्रथमा (ब) तृतीया (स) द्वितीया (द) चतुर्थी
(ii) 'सृजन्ति' इत्यत्र क्रियापदे वचनं किम्?
(अ) एकवचनम् (ब) बहुवचनम्
(स) द्विवचनम् (द) तृतीया बहुवचनम्
(iii) कटुकं रसं का पिबति?
(अ) मक्षिका (ब) मधुमक्षिका
(स) पिकः (द) काकः
(iv) सन्तः किम् सृजन्ति?
(अ) रसं (ब) मधुरं
(स) सूक्तं (द) मधुरसूक्तरसं

उत्तराणि

I. (i) मधुमक्षिका (ii) माधुर्यम्
(iii) मधुरसूक्तम् (iv) सन्तः
II. (i) मधुमक्षिका कटुकं रसं पीत्वा मधुरं रसं जनयति।
(ii) सज्जनाः मधुरसूक्तरसं सृजन्ति।
III. (i) क्त्वा
(ii) तथा + एव
IV. (i) (स) द्वितीया
(ii) (ब) बहुवचनम्
(iii) (ब) मधुमक्षिका
(iv) (द) मधुरसूक्तरसं

(ङ) विहाय पौरुषं यो हि दैवमेवावलम्बते।
प्रासादसिंहवत् तस्य मूर्ध्नि तिष्ठन्ति वायसा:।।

I. अधोलिखितानां प्रश्नानाम् उत्तराणि एकपदेन लिखत।
(निम्नलिखित प्रश्नों के उत्तर एक पद में लिखिए।)

(i) पौरुषं विहाय यो हि कं अवलम्बते?
(ii) देवम् एव किम् क्रियते?
(iii) प्रासाद सिंहवत्-कस्मिन् तिष्ठति?
(iv) वायसा: किम् कुर्वन्ति?

II अधोलिखितानां प्रश्नानाम् उत्तराणि पूर्णवाक्येन लिखत।
(निम्नलिखित प्रश्नों के उत्तर पूर्णवाक्य में लिखिए।)

(i) कै: प्रासादस्य सिंहवत् भवति?
(ii) प्रासादसिंहवत् तस्य मूर्ध्नि तिष्ठन्ति का:?

III. अधोलिखितानां प्रश्नानाम् उत्तराणि निर्देशानुसारं लिखत।
(निम्नलिखित प्रश्नों के उत्तर निर्देशानुसार लिखिए।)

(i) तस्य शब्दस्य विभक्ति: का?
(ii) देवमेवालम्बते सन्धिं प्रकार लिखत।

IV. अधोलिखितानां प्रश्नानाम् उत्तराणि प्रदत्तविकल्पेभ्य: चित्वा लिखत।
(निम्नलिखित प्रश्नों के उत्तर दिए गए विकल्पों में से चुनकर लिखिए।)

(i) जन: पौरुषं विहाय कस्य एव अवलम्बते?
(अ) देवस्य (ब) देवम्
(स) देव: (द) देवा:

(ii) 'तिष्ठन्ति' पदे क: धातु: प्रयुक्त:?
(अ) स्था धातु (ब) तिष्ठ धातु
(स) स्थ धातु (द) उपस्था धातु

(iii) 'विहाय' पदे क: उपसर्ग: प्रयुक्त:?
(अ) 'हा' उपसर्ग (ब) वि उपसर्ग
(स) 'य' उपसर्ग (द) 'विहा' उपसर्ग

(iv) वायसा: कुत्र तिष्ठन्ति?
(अ) मूर्ध्नि (ब) प्रासादे
(स) शिखरे (द) प्राचीरे

(v) वायसा: केन् रूपेण तिष्ठन्ति?
(अ) शुक रूपेण (ब) कपोत
(स) प्रासादसिंहवत् (द) गिद्ध

उत्तराणि

I. (i) दैवम् (ii) अवलम्बते
(iii) मूर्ध्नि (iv) तिष्ठन्ति

II. (i) यो जन: पौरुषं विहाय देवं एव लम्बते ते प्रासादस्य सिंहवत् भवति।
(ii) प्रासादसिंहवत् तस्य मूर्ध्नि तिष्ठन्ति वायसा:।

III. (i) षष्ठी एकवचन
(ii) दीर्घ सन्धि

IV. (i) (अ) देवस्य (ii) (अ) स्था धातु
(iii) (ब) वि उपसर्ग (iv) (अ) मूर्ध्नि
(v) (स) प्रासादसिंहवत्

(च) पुष्पपत्रफलच्छायामूलवल्कलदारुभि:।
धन्या महीरुहा: येषां विमुखं यान्ति नार्थिन:।।

I. अधोलिखितानां प्रश्नानाम् उत्तराणि एकपदेन लिखत।
(निम्नलिखित प्रश्नों के उत्तर एक पद में लिखिए।)

(i) महीरुहा: कीदृशा:?
(ii) महीरुहा: कीदृशं न यान्ति?
(iii) महीरुहा: किम् किम् कुर्वन्ति?
(iv) येषा कं यान्ति?

II. अधोलिखितानां प्रश्नानाम् उत्तराणि पूर्णवाक्येन लिखत।
(निम्नलिखित प्रश्नों के उत्तर पूर्ण वाक्य में लिखिए।)

(i) महीरुहा: किम्-किम् यच्छन्ति?
(ii) केषाम् महीरुहा: धन्या?

III. अधोलिखितानां प्रश्नानाम् उत्तराणि निर्देशानुसारं लिखत।
(निम्नलिखित प्रश्नों के उत्तर निर्देशानुसार लिखिए।)

(i) 'वृक्षा:' इति पदस्य क: लिङ्ग प्रयुक्त:?
(ii) नार्थिन: पदं वचनं लिखत।

IV. अधोलिखितानां प्रश्नानाम् उत्तराणि प्रदत्तविकल्पेभ्य: चित्वा लिखत।
(निम्नलिखित प्रश्नों के उत्तर दिए गए विकल्पों में से चुनकर लिखिए।)

(i) 'येषां' पदे का विभक्ति प्रयुक्ता:?
(अ) षष्ठी (ब) सप्तमी
(स) चतुर्थी (द) द्वितीया

(ii) महीरुहा: किं यच्छन्ति?
(अ) पुष्पफलं (ब) नर्थिन:
(स) अर्थिन: (द) याचक:

(iii) येषाम् पदस्य मूल शब्द: क:?
(अ) अस्मद् (ब) युष्मद्
(स) इदम् (द) अहस्

(iv) महीरुहा किं न यच्छन्ति।
(अ) धूपम् (ब) छाया
(स) फलम् (द) पुष्पम्

उत्तराणि

I. (i) धन्या:
(ii) विमुखम्
(iii) पुष्पपत्रफलच्छायामूलवल्कलदारुभि:।
(iv) विमुखम्

II. (i) पत्र, पुष्प, फल-छाया, मूलवत्कल-दारुभि: इत्यादीनि महीरुहा: यच्छन्ति।
(ii) महीरुहा: धन्या येषां अर्थिन: विमुखं न यान्ति।

III. (i) पुल्लिंग (ii) बहुवचनं

IV. (i) (अ) षष्ठी
(ii) (अ) पुष्पफलं
(iii) (ब) युष्मद्
(iv) (अ) धूपम्

अन्वय: पूर्ति

2. अधोलिखितानां श्लोकानाम् अन्वय लिखत।
(निम्नलिखित श्लोकों का अन्वय लिखिए।)

(i) चिन्तनीया हि विपदाम् आदावेव प्रतिक्रिया:।
न कूपखननं युक्तं प्रदीप्ते वह्निना गृहे।।

(ii) पुष्पपत्रफलच्छाया मूलवल्कलदारुभि:।
धन्या महीरुहा: येषां विमुखा यान्ति नार्थिन:।।

(iii) विहाय पौरुषं यो हि दैवमेवावलम्बते।
प्रासादसिंहवत् तस्य मूर्ध्नि तिष्ठन्ति वायसा:।।

उत्तराणि

(i) हि विपदाम् आदौ एव प्रतिक्रिया: चिन्तनीया:, वह्निना गृहे प्रदीप्ते कूपखननं न युक्तम्।

(ii) पुष्प-पत्र-फल-छाया-मूल-वल्कल-दारुभि: महीरुहा: धन्या: (भवन्ति) येषाम् अर्थिन: विमुख: न यान्ति।

(iii) यो पौरुषं विहाय दैवम् एव अवलम्बते। प्रासादसिंहवत् तस्य मूर्ध्नि वायसा: तिष्ठन्ति।

वाक्य प्रयोग

3. अधोलिखितानां शब्दानां अर्थ निर्दिश्य वाक्येषु प्रयोगं कुरुत।
(निम्नलिखित शब्दों के अर्थ लिखकर वाक्यों में प्रयोग कीजिए।)

(i) मधुमक्षिका (ii) तृणं (iii) अपेया:
(iv) श्रुत्वा (v) गृहे

उत्तराणि

(i) मधुमक्षिका = मधुमक्खी
मधुमक्षिका कटुकं रसं पिबति।

(ii) तृणं = तिनका/घास
पशु तृणं खादति।

(iii) अपेया: = न पीने योग्य
समुद्रस्य जलं अपेया: भवति।

(iv) श्रुत्वा = सुनकर
सा कोलाहलं श्रुत्वा धावति।

(v) गृहे = घर में
मम गृहे एक: शुक: अस्ति।

अतिलघु उत्तरीया: प्रश्ना:

1. व्यसनिन: किम् नश्यति?

2. मधुररसं का जनयति?

3. के धन्या:?

उत्तराणि

1. विद्याफलं 2. मधुमक्षिका: 3. महीरुहा:

लघु उत्तरीया: प्रश्ना:

1. गुणा: निर्गुणं प्राप्य किं भवन्ति?

2. प्रदीप्ते वह्निना गृहे किंम् न युक्तम्?

3. नद्य: कीदृश: तोया: प्रभवन्ति?

उत्तराणि

1. गुणा: निर्गुणं प्राप्य दोषा: भवन्ति।
2. प्रदीप्ते वह्निना गृहे कूपखननं न युक्तम्।
3. नद्य: सुस्वादुतोया: प्रभवन्ति।

दीर्घ उत्तरीया: प्रश्ना:

1. सन्त: किम् सृजन्ति?

2. वृक्षा: अर्थिनं किम् किम् यच्छन्ति?

उत्तराणि

1. सन्त: समसज्जनदुर्जनानां वच: श्रुत्वा मधुर सूक्तरसं सृजन्ति।
2. वृक्षा: अर्थिनं पुष्पपत्रं फलच्छाया मूलं वत्कललं दारुभि: यच्छन्ति।

अध्याय 2

बिलस्य वाणी न कदापि मे श्रुता

(मैंने बिल (गुफा) की वाणी कभी नहीं सुनी)

पाठ का सार प्रस्तुत पाठ संस्कृत के प्रसिद्ध कथाग्रंथ 'पंचतंत्रम्' के तृतीय तंत्र **काकोलूकीयम्** से संकलित है। पंचतंत्र के मूल लेखक विष्णुशर्मा हैं। इसमें पाँच खंड हैं जिन्हें 'तंत्र' कहा गया है। इनमें गद्य-पद्य रूप में कथाएँ दी गई हैं, जिनके पात्र मुख्यतः पशु-पक्षी हैं।

पाठ का हिंदी अनुवाद

1. कस्मिंश्चित् वने खरनखरः नाम सिंहः प्रतिवसति स्म। सः कदाचित् इतस्ततः परिभ्रमन् क्षुधार्तः न किञ्चिदपि आहारं प्राप्तवान्। ततः सूर्यास्तसमये एकां महतीं गुहां दृष्ट्वा सः अचिन्तयत्-"नूनम् एतस्यां गुहायां रात्रौ कोऽपि जीवः आगच्छति। अतः अत्रैव निगूढो भूत्वा तिष्ठामि" इति।

शब्दार्थाः कस्मिंश्चित् = किसी, वने = वन में, प्रतिवसति स्म = रहता था, कदाचित् = किसी समय, इतस्ततः = इधर-उधर, परिभ्रमन् = घूमता हुआ, क्षुधार्तः = भूख से व्याकुल, आहारं = भोजन, महतीं = विशाल, गुहां = गुफा को, दृष्ट्वा = देखकर, अचिन्तयत् = सोचा, नूनम् = निश्चय ही, निगूढो भूत्वा = छिपकर।

संदर्भ प्रस्तुत गद्यांश हमारी संस्कृत की पाठ्य-पुस्तक रुचिरा भाग-3 के द्वितीय अध्याय 'बिलस्य वाणी न कदापि मे श्रुता' नामक पाठ से लिया गया है। यह पाठ संस्कृत के प्रसिद्ध कथाग्रंथ 'पंचतंत्रम्' के तृतीय तंत्र 'काकोलूकीयम्' से संकलित है। पंचतंत्र के मूल लेखक विष्णु शर्मा हैं।

हिंदी अनुवाद किसी वन में खरनखर नामक शेर रहता था। किसी समय (एक दिन) भूख से व्याकुल होकर इधर-उधर घूमते हुए उसने कुछ भी भोजन प्राप्त नहीं किया। तब सूर्यास्त के समय उसने एक विशाल गुफा को देखकर सोचा—"निश्चित रूप से इस गुफा में रात को कोई जीव अवश्य आता होगा। इसलिए मैं यहीं पर छिपकर बैठ जाता हूँ।"

2. एतस्मिन् अन्तरे गुहायाः स्वामी दधिपुच्छः नामकः शृगालः समागच्छत्। स च यावत् पश्यति तावत् सिंहपदपद्धतिः गुहायां प्रविष्टा दृश्यते, न च बहिरागता। शृगालः अचिन्तयत्—"अहो विनष्टोऽस्मि। नूनम् अस्मिन् बिले सिंहः अस्तीति तर्कयामि। तत् किं करवाणि?" एवं विचिन्त्य दूरस्थः रवं कर्तुमारब्धः—"भो बिल! भो बिल! किं न स्मरसि, यन्मया त्वया सह समयः कृतोऽस्ति यत् यदाहं बाह्यतः प्रत्यागमिष्यामि तदा त्वं माम् आकारयिष्यसि? यदि त्वं मां न आह्वयसि तर्हि अहं द्वितीयं बिलं यास्यामि इति।"

शब्दार्थाः एतस्मिन् अन्तरे = इसी बीच में, शृगालः = गीदड़, समागच्छत् = आया, यावत् = जब तक, तावत् = तब तक, सिंहपदपद्धतिः = शेर के पैरों के चिह्न, दृश्यते = दिखाई देते हैं, बहिरागता = बाहर आते हुए, विनष्टोऽस्मि = नष्ट हो गया हूँ, तर्कयामि = सोचता हूँ, करवाणि = करूँ, विचिन्त्य = विचार करके, दूरस्थः = दूर स्थित होकर, रवः = आवाज, समयः = शर्त, बाह्यतः = बाहर से, प्रत्यागमिष्यामि = लौटूँगा/वापस आऊँगा, माम् = मुझको, आकारयिष्यसि = बुलाओगे, तर्हि = तो, यास्यामि = चला जाऊँगा।

हिंदी अनुवाद इसी बीच गुफा में गुफा का स्वामी दधिपुच्छ नामक गीदड़ आ गया। वह जहाँ तक देखता है, वहाँ तक उसे शेर के पैरों के चिह्न गुफा के अन्दर प्रवेश करते हुए तो दिखाई देते हैं, परंतु बाहर आते हुए नहीं। गीदड़ ने सोचा—अरे! मैं तो मर गया। निश्चय ही इस बिल (गुफा) में शेर है, ऐसा मैं सोच रहा हूँ। इसलिए अब मैं क्या करूँ?" इस प्रकार विचार करके वह (दधिपुच्छ गीदड़) दूर खड़े (स्थित) होकर आवाज (आह्वान) करने लगा—"हे बिल! हे बिल! क्या तुम्हें याद नहीं है कि मेरे द्वारा तुम्हारे साथ शर्त लगाई गई थी कि जब मैं बाहर से वापस आऊँगा (लौटुँगा), तब तुम मुझे बुलाओगे? यदि तुम मुझे नहीं बुलाओगे तो मैं दूसरे बिल (गुफा) में चला जाऊँगा।

3. अथ एतच्छ्रुवा सिंहः अचिन्तयत्—"नूनमेषा गुहा स्वामिनः सदा समाह्वानं करोति। परन्तु मद्भयात् न किञ्चित् वदति।"
अथवा साध्विदम् उच्यते—
भयसन्त्रस्तमनसां हस्तपादादिकाः क्रियाः।
प्रवर्तन्ते न वाणी च वेपथुश्चाधिको भवेत्।।

शब्दार्थाः अथ = इसके बाद, तच्छ्रुत्वा = यह सुनकर, गुहा = गुफा, समाह्वानं = बुलाना, मद्भयात् = मेरे भय से, साध्विदम् = यह ठीक ही, उच्यते = कहा गया है, भयसन्त्रस्तमनसाम् = डरे हुए मन वालों का, हस्तपादादिकाः = हाथ-पैर आदि से संबंधित, वेपथुः = कंपन।

अन्वयः भयसन्त्रस्तमनसां हस्तपादादिकाः क्रियाः वाणी च न प्रवर्तन्ते, वेपथुः च अधिकः भवेत्।

हिंदी अनुवाद इसके बाद यह (गीदड़ की आवाज) सुनकर शेर ने सोचा—"निश्चय ही यह गुफा अपने स्वामी का सदा आह्वान करती है, परंतु मेरे भय से कुछ भी नहीं बोल रही है।"

अतः ठीक ही कहा गया है कि—

डरे हुए मन वाले व्यक्ति के हाथ-पैर से संबंधित क्रियाएँ और उसकी वाणी भी रुक जाती है। घबराहट से उसके शरीर में कंपन उत्पन्न होने लगता है।

4. तदहम् अस्य आह्वानं करोमि। एवं सः बिले प्रविश्य मे भोज्यं भविष्यति। इत्थं विचार्य सिंहः सहसा शृगालस्य आह्वानमकरोत्। सिंहस्य उच्चगर्जन-प्रतिध्वनिना सा गुहा उच्चैः शृगालम् आह्वयत्। अनेन अन्येऽपि पशवः भयभीताः अभवन्। शृगालोऽपि ततः दूरं पलायमानः इममपठत्

शब्दार्थाः तदहम् = इसलिए मैं, आहानं करोमी = बुलाता हूँ, एवं = इस प्रकार, मे = मेरा, भोज्यम् = भोजन योग्य (पदार्थ), इत्थम् = इस प्रकार, विचार्य = विचार करके, सहसा = एकाएक, पलायमानः = भागते हुए, इमम् = यह, अपठत् = पढ़ने लगा।

हिंदी अनुवाद तो मैं (शेर) इसे (गीदड़ को) बुलाता हूँ। इस प्रकार वह बिल (गुफा) में प्रवेश करके मेरा भोजन बन जाएगा। यह विचार करके शेर ने एकाएक गीदड़ को बुलाया। शेर की उच्च गर्जना की प्रतिध्वनि के द्वारा उस गुफा ने उच्च स्वर से गीदड़ का आह्वान किया। इससे अन्य पशु भी भयभीत हो गए। गीदड़ भी वहाँ से (गुफा से) दूर भागता हुआ यह (नीचे दिया गया श्लोक) पढ़ने लगा।

5. अनागतं यः कुरुते स शोभते
स शोच्यते यो न करोत्यनागतम्।
वनेऽत्र संस्थस्य समागता जरा
बिलस्य वाणी न कदापि मे श्रुता।।

शब्दार्थाः अनागतम् = आने वाले (दुःख) को, कुरुते = (निराकरण) करता है, शोच्यते = चिंतनीय होता है, संस्थस्य = रहते हुए का समानता (प्राप्त) हो गई है, जरा = बुढ़ापा, बिलस्य = बिल की/गुफा की, न श्रुता = नहीं सुनी।

अन्वयः यः अनागतं कुरुते सः शोभते, यः अनागतम् न करोति सः शोच्यते। अत्र वने संस्थस्थ (में) जरा समागता (परं) में कदापि बिलस्प वाणी न श्रुता।

हिंदी अनुवाद वह व्यक्ति जो आने वाले कष्ट का पहले ही निराकरण (उपाय) कर लेता है, वह सुशोभित (सकुशल) होता है और जो आने वाले कष्ट का निराकरण नहीं करता है, वह चिंतनीय (दुःखी) होता है।

इस वन में रहते हुए मेरा बुढ़ापा आ गया, किंतु मैंने बिल (गुफा) की वाणी कभी नहीं सुनी।

NCERT फोल्डर: पाठ्य-पुस्तक रुचिरा भाग-3 के प्रश्नोत्तर

प्र.1 उच्चारणं कुरुत। (उच्चारण कीजिए।)

कस्मिंश्चित्	विचिन्त्य	साध्विदम्
क्षुधार्तः	एतच्छुत्वा	भयसन्त्रस्तमनसाम्
सिंहपदपद्धतिः	समाह्वोनम्	प्रतिध्वनिः

उत्तराणि

छात्र स्वयं करें।

प्र.2 एकपदेन उत्तरं लिखत। (एक पद में उत्तर लिखिए।)

(i) सिंहस्य नाम किम्?
(ii) गुहायाः स्वामी कः आसीत्?
(iii) सिंहः कस्मिन् समये गुहायाः समीपे आगतः?
(iv) हस्तपादादिकाः क्रियाः केषां न प्रवर्तन्ते?
(v) गुहा केन प्रतिध्वनिता?

उत्तराणि

(i) खरनखरः
(ii) दधिपुच्छः शृगालः
(iii) सूर्यास्तसमये
(iv) भयसन्त्रस्तमनसाम्
(v) सिंहस्य उच्चगर्जनेन

प्र.3 पूर्णवाक्येन उत्तरतं। (पूर्णवाक्य में उत्तर लिखिए।)

(i) खरनखरः कुत्र प्रतिवसति स्म?
(ii) महतीं गुहां दृष्ट्वा सिंहः किम् अचिन्तयत्?
(iii) शृगालः किम् अचिन्तयत्?

(iv) शृगालः कुत्र पलायितः?

(v) गुहासमीपमागत्य शृगालः किं पश्यति?

(vi) कः शोभते?

उत्तराणि

(i) खरनखरः कस्मिंश्चित् वने प्रतिवसति स्म।

(ii) महतीं गुहां दृष्ट्वा सिंहः अचिन्तयत्-'नूनम् एतस्यां गुहायां रात्रौ कोऽपि जीवः आगच्छति। अतः अत्रैव निगूढो भूत्वा तिष्ठामि'।

(iii) शृगालः अचिन्तयत्-'अहो विनष्टोऽस्मि। नूनम् अस्मिन् बिले सिंहः अस्तीति तर्कयामि। तत् किं करवाणि?

(iv) शृगालः दूरं पलायितः।

(v) गुहासमीपमागत्य शृगालः पश्यति यत् सिंह-पदपद्धतिः गुहायां प्रविष्टा दृश्यते, न बहिरागता।

(vi) यः अनागतं कुरुते स शोभते।

प्र.4 रेखाङ्कितपदानि आधृत्य प्रश्ननिर्माणं कुरुत।
(रेखांकित पदों के आधार पर प्रश्न निर्माण कीजिए।)

(i) क्षुधार्तः सिंहः कुत्रापि आहारं न प्राप्तवान्?

(ii) दधिपुच्छः नाम शृगालः गुहायाः स्वामी आसीत्?

(iii) एषा गुहा स्वामिनः सदा आह्वानं करोति?

(iv) भयसन्त्रस्तमनसां हस्तपादादिकाः क्रियाः न प्रवर्तन्ते?

(v) आह्वानेन शृगालः बिले प्रविश्य सिंहस्य भोज्यं भविष्यति?

उत्तराणि

(i) **कीदृशः** सिंहः कुत्रापि आहारं न प्राप्तवान्?

(ii) **कः** नाम शृगालः गुहायाः स्वामी आसीत्?

(iii) एषा गुहा **कस्य** सदा आह्वानं करोति?

(iv) भयसन्त्रस्तमनसां **काः** क्रियाः न प्रवर्तन्ते?

(v) आह्वाने शृगालः **कुत्र** प्रविश्य सिंहस्य भोज्यं भविष्यति?

प्र.5 घटनाक्रमानुसारं वाक्यानि लिखत।
(घटनाक्रम के अनुसार वाक्यों को लिखिए।)

(i) परिभ्रमन् सिंहः क्षुधार्तो जातः।

(ii) सिंहः एकां महतीं गुहाम् अपश्यत्।

(iii) गुहायाः स्वामी दधिपुच्छः नाम शृगालः समागच्छत्।

(iv) गुहायां कोऽपि अस्ति इति शृगालस्य विचारः।

(iv) दूरस्थः शृगालः रवं कर्त्तुमारब्धः।

(v) सिंहः शृगालस्य आह्वानमकरोत्।

(vi) दूरं पलायमानः शृगालः श्लोकम्।

उत्तराणि

(i) परिभ्रमन सिंहः क्षुधार्तो जातः।

(ii) सिंह एकां महतीं गुहाम् अपश्यत्।

(iii) गुहायाः स्वामी दधिपुच्छः नाम शृगालः समागच्छत्।

(iv) गुहायां कोऽपि अस्ति इति शृगालस्य विचारः।

(v) दूरस्थः शृगालः रवं कर्तुंमारब्धः।

(vi) सिंहः शृगालस्य आह्वानमकरोत्।

(vii) दूरं पलायमानः शृगालः श्लोकमपठत्।

प्र.6 यथानिर्देशमुत्तरत। (निर्देशानुसार उत्तर दीजिए।)

(i) 'एकां महतीं गुहां दृष्ट्वा सः अचिन्तयत्' अस्मिन् वाक्ये कति विशेषणपदानि, संख्यया सह पदानि अपि लिखत?

(ii) तदहम् अस्य आह्वानं करोमि-अत्र 'अहम्' इति पदं कस्मै प्रयुक्तम्?

(iii) 'यदि त्वं मां न आह्वायसि' अस्मिन् वाक्ये कर्तृपदं किम्?

(iv) 'सिंहपदपद्धतिः गुहायां प्रविष्टा दृश्यते' अस्मिन् वाक्ये क्रियापदं किम्?

(v) 'वनेऽत्र संस्थस्य समागता जरा' अस्मिन् वाक्ये अव्ययपदं किम्?

उत्तराणि

(i) दौ-एकां, महतीं   (ii) सिंहाय

(iii) त्वम्   (iv) दृश्यते

(v) अत्र

प्र.7 मञ्जूषातः अव्ययपदानि चित्वा रिक्तस्थानानि पूरयत।
(मञ्जूषा से अव्यय पदों को चुनकर रिक्त स्थानों को पूरा कीजिए।)

एकस्मिन् वने (i) .... व्याधः जालं विस्तीर्य (ii) .... स्थितः। क्रमशः आकाशात् सपरिवारः कपोतराजः (iii) .... आगच्छत्। (iv) .... कपोताः तण्डुलान् अपश्यन् (v) .... तेषां लोभो जातः। परं राजा सहमतः नासीत्। तस्य युक्तिः आसीत् (vi) .... वने कोऽपि मनुष्यः नास्ति। कुतः तण्डुलानाम् सम्भवः। (vii) .... राज्ञः उपदेशम् अस्वीकृत्य कपोताः तण्डुलान् खादितुं प्रवृत्ताः जाले (viii) .... निपतिताः। अतः उक्तम् (ix) '........ विदधीत न क्रियाम्'।

- मञ्जूषा दूरे, यदा, कश्चन, नीचैः, तदा, परम्, च सहसा, तर्हि, यदि।

उत्तराणि

(i) कश्चन्   (ii) दूरे

(iii) नीचैः   (iv) यदा

(v) तदा   (vi) यदि

(vii) तर्हि   (viii) परं

(ix) च सहसा

अभ्यास प्रश्ना:

पाठ्य-पुस्तक रुचिरा भाग-3
के प्रश्नोत्तर

भाग I

बहुविकल्पीय प्रश्ना:

1. (क) अधोलिखितानां प्रश्नानां कृते सम्यक् विकल्पं चिनुत।
(निम्नलिखित प्रश्नों के लिए सही विकल्प चुनिए।)

(i) कस्मिंश्चित् वने .... नाम सिंह: प्रतिवसति स्म।
(अ) खरनखर: (ब) दधिपुच्छ:
(स) सिंह (द) शृगाल:

(ii) नूनम् एतस्यां गुहायां रात्रौ कोऽपि .... आगच्छति।
(अ) मूषक: (ब) जीव:
(स) सिंह (द) जन:

(iii) नूनमेषा गुहा .... सदा समाह्वानं करोति।
(अ) बिल: (ब) खरनखर:
(स) स्वामिन: (द) सिंह:

(iv) क: एकां महतीं गुहाम् अपश्यत्।
(अ) सिंह: (ब) शृगाल
(स) वानर: (द) जन:

(v) परिभ्रमन् सिंह: कीदृश: जात:।
(अ) पिपासु (ब) क्लान्त:
(स) क्षुधार्तो (द) निद्रां गत:

(vi) गुहायां कोऽपि अस्ति इति कस्य विचार:।
(अ) शृगालस्य (ब) सिंहस्य
(स) वानरस्य (द) जीवस्य

(vii) दूरस्थ: शृगाल: किं कर्तुमारब्ध:।
(अ) कया (ब) रुद्
(स) हास: (द) रवं

(viii) सिंह: कस्य आह्वानम् अकरोत्।
(अ) शत्रुव: (ब) शृगालस्य
(स) मित्रस्य (द) पशुना:

(ख) अधोलिखित वाक्येषु रेखाङ्कितपदानां आधृत्य प्रश्नवाचक पदं चित्वा लिखत।
(निम्नलिखित वाक्यों में रेखांकित पदों के आधार पर प्रश्नवाचक शब्द चुनकर लिखिए।)

(i) सिंहस्य भयात् गुहा न किञ्चिदपि वदति स्म।
(अ) केभ्य: (ब) काभ्याम्
(स) केन (द) कस्य

(ii) गुहाया: स्वामी दधिपुच्छ: नामक: शृगाल: अस्ति।
(अ) कौ (ब) कानि
(स) क: (द) किम्

(iii) कस्मिंश्चित् वने एक: सिंह: प्रतिवसति स्म।
(अ) क: (ब) कस्य
(स) केषु (द) का

(iv) सिंह: सहसा शृगालस्य आह्वानमकरोत्।
(अ) केषाम् (ब) कस्य
(स) कस्मिन् (द) कयो:

(v) सिंह सूर्यास्तसमये महतीं गुहां दृष्टवान्।
(अ) केन (ब) किम्
(स) कुत्र (द) कदा

(vi) सा गुहा उच्चै: शृगालम् आह्वयत्।
(अ) कस्मात् (ब) कम्
(स) कानि (द) कस्मै

उत्तराणि

(क) (i) (अ) खरनखर: (ii) (स) सिंह
(iii) (स) स्वामिन: (iv) (अ) सिंह
(v) (स) क्षुधार्तो (vi) (अ) शृगालस्य
(vii) (द) रवं (viii) (ब) शृगालस्य

(ख) (i) (द) कस्य (ii) (स) क:
(iii) (अ) क: (iv) (ब) कस्य
(v) (द) कदा (vi) (ब) कम्

सत्यं/असत्यं

2. (क) प्रदत्तविकल्पेभ्य: सत्यं/असत्यं उत्तरम् चित्वा लिखत।
(दिए गए विकल्पों में से सत्य/असत्य उत्तर चुनकर लिखिए।)

(i) गुहाया: स्वामी दधिपुच्छ: नाम शृगाल: अस्ति। (सत्यं/असत्यं)
(ii) दूरस्थ: दधिपुच्छ: रवं कर्तुमारब्ध:। (असत्यं/सत्यं)
(iii) परिभ्रमन् सिंह: क्षुधार्तो जात:। (असत्यं/सत्यं)
(iv) सिंह: एकां महतीं गुहाम् अपश्यत्। (सत्यं/असत्यं)
(v) गुहायां कोऽपि अस्ति इति सिंह: विचार:। (असत्यं/सत्यं)
(vi) सिंह दधिपुच्छ: आह्वानमकरोत्। (असत्यं/सत्यं)

उत्तराणि

(i) सत्यं (ii) असत्यं
(iii) सत्यं (iv) सत्यं
(v) असत्यं (vi) असत्यं

(ख) अधोलिखितेषु वाक्येषु शुद्ध कथनानां समक्षं सही (✓) अशुद्ध कथनानां समक्षं च गलत (✗) इति अङ्कयत्।
(निम्नलिखित वाक्यों में शुद्ध कथनों के सामने सही (✓) तथा अशुद्ध कथनों के सामने गलत (✗) का चिह्न लगाइए।)

(i) गुहायाः स्वामी खरनखरः आसीत्।
(ii) गुहायां दधिपुच्छः आसीत्।
(iii) शृगालस्य नाम दधिपुच्छः आसीत्।
(iv) गुहा सदा स्वामिनः समाह्वानं करोति।
(v) शृगालः द्वितीयं बिलं गच्छति।
(vi) शृगालः दूरस्थः रवं कर्तुं आरब्धः।
(vii) सिंहस्य पाद पद्धतिः गुहायां प्रविष्टा दृश्यते।
(viii) सिंहस्य पद्धतिः बहिरागता अपि दृश्यते।
(ix) रात्रौ गुहायां कोऽपि जीवः न आगच्छति।
(x) सिंहः सहसा शृगालस्य आह्वानम् अकरोत्।

उत्तराणि

(i) (✗) (ii) (✗)
(iii) (✓) (iv) (✗)
(v) (✗) (vi) (✓)
(vii) (✓) (viii) (✗)
(ix) (✗) (x) (✓)

मेलनं कुर्वन्तु

3. अधोलिखितानां शब्दानां समक्षं प्रदत्तैः अर्थः सह मेलनम् कुरुत।
(निम्नलिखित शब्दों के समक्ष दिए गए अर्थों का आपस में मिलान कीजिए।)

(क)

शब्दाः	अर्थाः
(क) क्षुधार्तः	(i) कान्तारे
(ख) कथयति	(ii) विशाला
(ग) जीवः	(iii) प्राणी
(घ) महती	(iv) वदति
(ङ) वने	(v) बुभुक्षितः

(ख)

शब्दाः	अर्थाः
(क) गुहां	(i) शब्दम्
(ख) रात्रौ	(ii) सार्धम्
(ग) निगूढः	(iii) प्रच्छन्नः
(घ) सह	(iv) निशायां
(ङ) रवं	(v) बिलं

उत्तराणि

(क)

शब्दाः	अर्थाः
(क) क्षुधार्तः	(i) बुभुक्षितः
(ख) कथयति	(ii) वदति
(ग) जीवः	(iii) प्राणी
(घ) महती	(iv) विशाला
(ङ) वने	(v) कान्तारे

(ख)

शब्दाः	अर्थाः
(क) गुहां	(i) बिलं
(ख) रात्रौ	(ii) निशायां
(ग) निगूढः	(iii) प्रच्छन्नः
(घ) सह	(iv) सार्धम्
(ङ) रवं	(v) शब्दम्

4. अधोलिखितानां प्रश्नानाम् उचितं विकल्पं चित्वा एकपदेन उत्तरत।
(निम्नलिखित प्रश्नों के उचित विकल्प चुनकर एक पद में उत्तर दीजिए।)

(i) गुहायां रात्रौ कः वसति स्म? (शृगालः/सिंहः/खरनखरः)
(ii) कस्य नाम दधिपुच्छः? (सिंहस्य/शृगालस्य/गुहायाः)
(iii) गुहायाः समीपं कस्य पादपद्धतिः आसीत्? (सिंहस्य/शृगालस्य/नरस्य)
(iv) भयभीतः शृगालः किं कर्तुं आरब्धम्? (रवं/रोदितुं/खेलितुं)

उत्तराणि

(i) शृगालः (ii) शृगालस्य
(iii) सिंहस्य (iv) रवं

रिक्तस्थानं पूरयत्

5. प्रदत्तविकल्पेभ्यः उचित पदं चित्वा रिक्तस्थानानि पूरयत।
(दिए गए विकल्पों में से उचित पद चुनकर रिक्त स्थानों की पूर्ति कीजिए।)

(i) ततः सूर्यास्तसमये एकां ······· गुहा दृष्ट्वा सः अचिन्तयत्। (महतीं/सः/जीवः)।
(ii) गुहायां रात्रौ कोऽपि ········ आगच्छति। (जीवः/अत्रैव/एकां)
(iii) नूनम् अस्मिन् ········ सिंह अस्ति। (बिले/गृहे/ग्रामे)
(iv) अहं ········ बिलं यास्यामि। (द्वितीयं/प्रथमं/पञ्चमं)
(v) सर्वे पशवः ······· अभवन्। (भयभीताः/उच्चैः/शृगालम्)
(vi) अनागतं यः कुरुते स·······। (शोभते/जरा/श्रुता)

उत्तराणि

(i) महती (ii) जीवः
(iii) बिले (iv) द्वितीयं
(v) भयभीताः (vi) शोभते

पाठाशं पूरयत्

6. मञ्जूषातः उचितम् अव्ययः पदं चित्वा पाठांशं पूरयत्।
(मञ्जूषा से उचित अव्यय पद चुनकर पाठांश को पूरा कीजिए।)

कस्मिंश्चित् वने खरनखरः नाम सिंहः प्रतिवसति स्म। सः कदाचित् (i) ······· परिभ्रमन् क्षुधार्तः न किञ्चिद्। (ii) ·······आहारं प्राप्तवान्। तत्ः सूर्यास्तसमये एकां महतीं गुहां दृष्ट्वा सः अचिन्तयत् (iii) ······ एतस्यां गुहायां रात्रौ कोऽपि जीवः आगच्छति। अतः अत्रैव निगूढो भूत्वा तिष्ठामि (iv) ······। स च (v) ······· पश्यति (vi) ········ सिंहपदपद्धतिः गुहायां प्रविष्टा दृश्यते, न (vii) ······· बहिरागता।

- **मञ्जूषा** च, तावत्, यावत्, इति, नूनम्, अपि, इतस्ततः।

उत्तराणि

(i) इतस्ततः (ii) अपि (iii) नूनम्
(iv) इति (v) यावत् (vi) तावत्
(vii) च

भाग II

पठित-अवबोधनम्

1. अधोलिखितानां गद्यांशानां पठित्वा प्रश्नानाम् उत्तराणि निर्देशानुसारं लिखत।
(निम्नलिखित गद्यांशों को पढ़कर प्रश्नों के उत्तर निर्देशानुसार लिखिए।)

(क) कस्मिंश्चित् वने खरनखरः नाम सिंहः प्रतिवसति स्म। सः कदाचित् इतस्ततः परिभ्रमन् क्षुधार्तः न किञ्चिदपि आहारं प्राप्तवान्। ततः सूर्यास्तसमये एकां महतीं गुहां दृष्ट्वा सः अचिन्तयत्-"नूनम् एतस्यां गुहायां रात्रौ कोऽपि जीवः आगच्छति। अतः अत्रैव निगूढो भूत्वा तिष्ठामि" इति।

I. अधोलिखितानां प्रश्नानाम् उत्तराणि एकपदेन लिखत।
(निम्नलिखित प्रश्नों के उत्तर एक पद में लिखिए।)
(i) वने किम् नाम सिंहः प्रतिवसति स्म?
(ii) सिंहः कदा महतीं गुहां दृष्ट्वान्?
(iii) गुहा कीदृशी आसीत्?
(iv) सिंहः किं दृष्ट्वा अचिन्तयत?

II. अधोलिखितानां प्रश्नानाम् उत्तराणि पूर्णवाक्येन लिखत।
(निम्नलिखित प्रश्नों के उत्तर पूर्णवाक्य में लिखिए।)
(i) गुहायां रात्रौ कः आगच्छति?
(ii) सिंहः गुहायां कीदृशः भूत्वा तिष्ठति?

III. अधोलिखितानां प्रश्नानाम् उत्तराणि निर्देशानुसारं लिखत।
(निम्नलिखित प्रश्नों के उत्तर निर्देशानुसार लिखिए।)
(i) 'सः' इति सर्वनामपदस्य स्थाने संज्ञापदं किं भविष्यति?
(ii) 'क्षुधार्तः' इति विशेषणपदस्य कर्तृपदं किम्?

IV. अधोलिखितानां प्रश्नानाम् उत्तराणि प्रदत्तविकल्पेभ्यः चित्वा लिखत।
(निम्नलिखित प्रश्नों के उत्तर दिए गए विकल्पों में से चुनकर लिखिए।)

(i) 'महतीं गुहां' अत्र विशेषणपदम् अस्ति।
(अ) महतीं (ब) गुहां
(स) दृष्ट्वा (द) सः

(ii) 'आहारं' इत्यस्मिन् पदे कः उपसर्गः अस्ति?
(अ) आहम् (ब) हारम्
(स) आ (द) हार

(iii) 'अत्रैव' इत्यस्मिन् पदे संधि विच्छेदम् अस्ति?
(अ) अत्रे + व (ब) अत्र + एव
(स) अत्रा + व (द) अत्र + एवे

(iv) अत्रैव निगूढो ······ तिष्ठामि अस्ति।
(अ) गत्वा (ब) क्त्वा
(स) भूत्वा (द) दृष्ट्वा

(v) सः कदाचित् ·········· परिभ्रमन् क्षुधार्तः न किञ्चिदपि आहारं प्राप्तवान्।
(अ) इतस्ततः (ब) ततः
(स) अतः (द) सिंहः

उत्तराणि

I. (i) खरनखरः (ii) सूर्यास्तसमये
(iii) महती (iv) गुहाम्

II. (i) गुहायां रात्रौ कोऽपि जीवः आगच्छति।
(ii) सिंहः गुहायां निगूढो भूत्वा तिष्ठति।

III. (i) सिंहः (ii) सिंहः

IV. (i) (अ) महतीं (ii) (स) आ
(iii) (ब) अत्र + एव
(iv) (स) भूत्वा
(v) (अ) इतस्ततः

(ख) एतस्मिन् अन्तरे गुहायाः स्वामी दधिपुच्छः नामकः शृगालः समागच्छत्। स च यावत् पश्यति तावत् सिंहपदपद्धतिः गुहायां प्रविष्टा दृश्यते, न च बहिरागता। शृगालः अचिन्तयत्-"अहो विनष्टोऽस्मि। नूनम् अस्मिन् बिले सिंहः अस्तीति तर्कयामि। तत् किं करवाणि?" एवं विचिन्त्य दूरस्थः रवं कर्तुंमारब्धः।

I. अधोलिखितानां प्रश्नानाम् उत्तराणि एकपदेन लिखत।
(निम्नलिखित प्रश्नों के उत्तर एक पद में लिखिए।)
(i) शृगालस्य किम् नामः आसीत्?
(ii) 'अहो विनष्टोऽस्मि' इति कः अचिन्तयत्?
(iii) गुहायाः स्वामी कः आसीत्?
(iv) शृगालः किं कर्तुम् आरब्धः?

II. अधोलिखितानां प्रश्नानाम् उत्तराणि पूर्णवाक्येन लिखत।
(निम्नलिखित प्रश्नों के उत्तर पूर्णवाक्य में लिखिए।)
(i) गुहायां प्रविष्टा का दृश्यते?
(ii) यदि त्वं मां न आह्वयसि तर्हि अहं द्वितीयं बिलं यास्यामि इति।" कः इदं उक्तवान्।

III. अधोलिखितानां प्रश्नानाम् उत्तराणि निर्देशानुसारं लिखत।
(निम्नलिखित प्रश्नों के उत्तर निर्देशानुसार लिखिए।)

(i) 'अस्तीति' अत्र सन्धिविच्छेदः कुरुत।

(ii) "एतस्मिन् अन्तरे गुहायाः.......।" इत्यस्मिन् वाक्ये क्रियापदं किम्?

IV. अधोलिखितानां प्रश्नानाम् उत्तराणि प्रदत्तविकल्पेभ्यः चित्वा लिखत।
(निम्नलिखित प्रश्नों के उत्तर दिए गए विकल्पों में से चुनकर लिखिए।)

(i) 'बिले' इत्यस्मिन् पदे का विभक्ति?
(अ) सप्तमी (ब) षष्ठी
(स) चतुर्थी (द) पंचमी

(ii) 'मध्ये' इत्यस्य पदस्य पर्यायः कः प्रयुक्तः?
(अ) सहसा (ब) अन्तरे
(स) मध्येन (द) अन्तः

(iii) 'ततः किं करवाणि' कः अकथयत्?
(अ) शृगालः (ब) सिंहः
(स) दधिपुच्छः (द) खरनखरः

(iv) शृगालः कुत्र यास्यति?
(अ) वने (ब) द्वितीयबिले
(स) गुहायाम् (द) अन्यत्र

(v) गुहायाः स्वामी कः?
(अ) शृगालः (ब) सिंहः
(स) दधिपुच्छः (द) दूरस्थः

उत्तराणि

I. (i) दधिपुच्छः
(ii) शृगालः
(iii) शृगालः
(iv) रवं

II. (i) गुहायां प्रविष्टा सिंहपदपद्धतिः दृश्यते।
(ii) यदि त्वं मां न आह्वयसि तर्हि अहं द्वितीयं बिलं यास्यामि इति शृगालः अवदत्।

III. (i) अस्ति + इति
(ii) समागच्छत्

IV. (i) (अ) सप्तमी
(ii) (ब) अन्तरे
(iii) (अ) शृगालः
(iv) (ब) द्वितीयबिले
(v) (स) दधिपुच्छः

(ग) **तदहम् अस्य आह्वानं करोमि। एवं सः बिले प्रविश्य मे भोज्यं भविष्यति। इत्थं विचार्य सिंहः सहसा शृगालस्य आह्वानमकरोत्। सिंहस्य उच्चगर्जन-प्रतिध्वनिना सा गुहा उच्चैः शृगालम् आह्वयत्। अनेन अन्येऽपि पशवः भयभीताः अभवन्। शृगालोऽपि ततः दूरं पलायमानः।**

I. अधोलिखितानां प्रश्नानाम् उत्तराणि एकपदेन लिखत।
(निम्नलिखित प्रश्नों के उत्तर एक पद में लिखिए।)

(i) सिंहः सहसा कस्य आह्वानमकरोत्?
(ii) सा गुहा उच्चैः कम् आह्वायत्?
(iii) प्रतिध्वनिः कः अकरोत्?
(iv) किं सिंहः मूर्खताम् अकरोत्?

II. अधोलिखितानां प्रश्नानाम् उत्तराणि पूर्णवाक्येन लिखत।
(निम्नलिखित प्रश्नों के उत्तर पूर्णवाक्य में लिखिए।)

(i) सिंहस्य गर्जनेन अन्ये पशवः कीदृशः अभवन्।
(ii) सिंह गर्जनां श्रुत्वा कः ततः दूरं पलायमानः?

III. अधोलिखितानां प्रश्नानाम् उत्तराणि निर्देशानुसारं लिखत।
(निम्नलिखित प्रश्नों के उत्तर निर्देशानुसार लिखिए।)

(i) 'करोमि' इति पदे कः धातुः?
(ii) 'अकस्मात्' इति पदस्य समानार्थकं पदं गद्यांशे किमस्ति?

IV. अधोलिखितानां प्रश्नानाम् उत्तराणि प्रदत्तविकल्पेभ्यः चित्वा लिखत।
(निम्नलिखित प्रश्नों के उत्तर दिए गए विकल्पों में से चुनकर लिखिए।)

(i) 'मे भोज्यं भविष्यति' अत्र 'मे' पदस्य संज्ञा पदं किम्?
(अ) सिंहः (ब) शृगालः
(स) गुहा (द) प्रतिध्वनि

(ii) 'भविष्यति' इत्यस्मिन् क्रियापदे कः लकारः अस्ति?
(अ) लङ् (ब) लोट्
(स) लृट् (द) लट्

(iii) 'सिंहस्य' इत्यस्मिन् पदे विभक्तिः अस्ति।
(अ) पंचमी (ब) षष्ठी
(स) सप्तमी (द) द्वितीया

(iv) बिले प्रविश्य कस्य भोज्यं भविष्यति?
(अ) जनस्य (ब) जीवस्य
(स) शृगालस्य (द) सिंहस्य

उत्तराणि

I. (i) शृगालस्य (ii) शृगालम्
(iii) सिंहः (iv) आम्

II. (i) सिंहस्य गर्जनेन अन्ये पशवः भयभीताः अभवन्।
(ii) सिंह गर्जनां श्रुत्वा शृगालः ततः दूरं पलायितः।

III. (i) कृ धातुः (ii) सहसा

IV. (i) (अ) सिंहः (ii) (स) लृट्
(iii) (ब) षष्ठी (iv) (द) सिंहस्य

भावाबोधनम्

2. **समुचितपदेन रिक्तस्थानानि पूरयत, येन कथनानां भावः स्पष्टो भवेत्।**
(उचित पदों से रिक्त स्थानों की पूर्ति कीजिए, जिससे कथनों का भाव स्पष्ट हो जाए।)

(i) **कस्मिंश्चित् वने खरनखरः नाम सिंहः प्रतिवसति स्म।**

भाव: कस्मिंश्चित् वने एक: .... प्रतिवसति स्म। तस्य नाम .... आसीत्।

(ii) तदहम् अस्य आह्वानं करोमि।

भाव: सिंह: विचिन्तयति यत् अहं .... आह्वानं कृत्वा .... आह्वायामि।

उत्तराणि

(i) कस्मिंश्चित् वने एक: **सिंह:** प्रतिवसति स्म। तस्य नाम **खरनखर:** आसीत्।

(ii) सिंह: विचिन्तयति यत् अहं **श्रृगालस्य** आह्वानं कृत्वा **तम्** आह्वायामि।

अन्वय: पूर्ति

3. अधोलिखित श्लोकस्य अन्वय: लिखत।
(निम्नलिखित श्लोक का अन्वय लिखिए।)

भयसन्त्रस्तमनसां हस्तपादादिका: क्रिया:।
प्रवर्तन्ते न वाणी च वेपथुश्चाधिको भवेत्।।

उत्तराणि

अन्वय: भयसन्त्रस्तमनसां हस्तपादादिका: क्रिया: वाणी च न प्रवर्तन्ते, वेपथु: च अधिक: भवेत्।

4. अधोलिखित श्लोकस्य अन्वये समुचितपदेन रिक्तस्थानानि पूरयत्।
(निम्नलिखित श्लोक के अन्वय में उचित पद से रिक्त स्थानों की पूर्ति कीजिए।)

श्लोक अनागतं य: कुरुते स शोभते
स शोच्यते यो न करोत्यनागतम्।
वनेऽत्र संस्थस्य समागता जरा
बिलस्य वाणी न कदापि मे श्रुता।।

अन्वय: य: अनागतं (i) .... स: शोभते, य: अनागतम् न करोति स: (ii) ......। अत्र वने (iii) ....(मे) जरा समागता (परं) में कदापि (iv) ....वाणी न श्रुता।

उत्तराणि

(i) कुरुते (ii) शोच्यते
(iii) संस्थस्य (iv) बिलस्य

घटनाक्रमानुसारं प्रश्ना:

5. अधोलिखितानां वाक्यानाम् घटनाक्रमानुसारेण पुन: लिखत।
(निम्नलिखित वाक्यों को घटनाक्रमानुसार पुन: लिखिए।)

(i) अनेन अन्येऽपि पशव: भयभीता: अभवन्।
(ii) नूनमेषा गुहा स्वामिन: सदा समाह्वानं करोति।
(iii) तदहम् अस्य आह्वानं करोमि।
(iv) एतस्मिन् अन्तरे गुहाया: स्वामी दधिपुच्छ: नाम श्रृगाल: समागच्छत्।
(v) यदि त्वं मां न आह्वायसि तर्हि अहं द्वितीयं बिलं यास्यमि।
(vi) नूनम् एतस्यां गुहायां रात्रौ कोऽपि जीव: आगच्छति।
(vii) नूनम् अस्मिन् बिले सिंह: अस्तीति तर्कयामि।
(viii) कस्मिंश्चित् वने खरनखर: नाम सिंह: प्रतिवसति स्म।

उत्तराणि

(i) कस्मिंश्चित् वने खरनखर: नाम सिंह: प्रतिवसति स्म।
(ii) नूनम् एतस्यां गुहायां रात्रौ कोऽपि जीव: आगच्छति।
(iii) एतस्मिन् अन्तरे गुहाया: स्वामी दधिपुच्छ: नामक: श्रृगाल: समागच्छत्।
(iv) नूनम् अस्मिन् बिले सिंह: अस्तीति तर्कयामि।
(v) यदि त्वं मां न आह्वायसि तर्हि अहं द्वितीयं बिलं यास्यामि।
(vi) नूनमेषा गुहा स्वामिन: सदा समाह्वानं करोति।
(vii) तदहम् अस्य आह्वानं करोमि।
(viii) अनेन अन्येऽपि पशव: भयभीता: अभवन्।

वाक्यानि रचयत्

6. अधोलिखितानां शब्दानां अर्थान् निर्दिश्य वाक्येषु प्रयोग: कुरुत।
(निम्नलिखित शब्दों के अर्थ लिखकर वाक्यों में प्रयोग कीजिए।)

(i) गुहां (ii) इतस्तत:
(iii) पश्यति (iv) अहं
(v) सहसा (vi) सह

उत्तराणि

(i) गुहां = गुफा
सिंह गुहां तिष्ठति।
(ii) इतस्तत: = इधर-उधर
पशव: इतस्तत: विचरन्ति।
(iii) पश्यति = देखता है
स: माम् पश्यति।
(iv) अहं = मैं
अहं विद्यालयं गच्छामि।
(v) सहसा = अचानक
सहसा आकाशे मेघा: गर्जन्ति।
(vi) सह = साथ
पिता पुत्रेण सह गच्छति।

व्याकरणम्

7. अधोलिखितेषु पदेषु सन्धिं/सन्धि-विच्छेदं वा कुरुत।
(निम्नलिखित पदों में संन्धि अथवा सन्धि-विच्छेद कीजिए।)

(i) सूर्यास्त: = ... + ...
(ii) अत्र + एव = ...
(iii) अन्येऽपि = ... + ...

(iv) कदा + अपि = ...

(v) अस्तीति = ... + ...

(vi) वने + अत्र = ...

(vii) साध्विदम् = ... + ...

उत्तराणि

(i) सूर्य + अस्त:	(ii) अत्रैव
(iii) अन्ये + अपि	(iv) कदापि
(v) अस्ति + इति	(vi) वनेऽत्र
(vii) साधु + इदम्	

अतिलघु उत्तरीया: प्रश्ना:

1. शृंगाल: गुहायाम् कस्य पद पद्धति पश्यत्?

2. सिंह: सायंकाले कुत्र निगूढ़ों भूत्वा अतिष्ठत्?

3. विपत्तौ पूर्वात् प्रथमम् किं कर्त्तव्यम्?

4. वने निवसनेन क: वृद्ध: अभवत्?

उत्तराणि

1. सिंहस्य
2. गुहायाम्
3. समाधानम्
4. सिंह:

लघु उत्तरीया: प्रश्ना:

1. दधिपुच्छस्य शब्दं श्रुत्वा सिंह: किम् अचिन्तयत्?

2. सिंहस्य उच्चगर्जनेन किम् अभवत्?

3. किम् विचार्य सिंह: सहसाशृगालस्य आह्वानम् अकरोत्?

उत्तराणि

1. दधिपुच्छस्य शब्दं श्रुत्वा सिंह: अचिन्तयत्–नूनमेषा गुहा स्वामिन: सदा आह्वानं करोति।
2. सिंहस्य उच्चगर्जनेन अन्ये पशव: भयभीता: अभवन् शृगाल: अपि दूरं पलायित:।
3. शृगाल: बिले प्रविश्य मे भोज्यं भविष्यति इति विचार्य स: तस्य आह्वानाम् अकरोत्।

दीर्घ उत्तरीया: प्रश्ना:

1. अत्र वने संस्थस्य शृगाल: किम् अचिन्तयत्?

2. सिंह: वने परिभ्रमन् किम् अपश्यत्?

3. सिंहस्य उच्चगर्जन: प्रतिध्वनिना किम् अभवत्?

उत्तराणि

1. वने संस्थस्य शृगाल: अचिन्तयत् अत्र माम् जरा समागता बिलस्य वाणी न कदापि में श्रुता।
2. सिंह: वने परिभ्रमन् सूर्यास्तसमये एकां महतीं गुहां अपश्यत्।
3. सिहस्य उच्चगर्जन: प्रतिध्वनिना सा गुहा उच्चै: शृगालम् आह्वायत्।

डिजीभारतम्
(डिजीटल भारत)

अध्याय **3**

पाठ का सार प्रस्तुत पाठ 'डिजिटल इंडिया' के मूलभाव को लेकर लिखा गया एक निबंधात्मक पाठ है। इसमें वैज्ञानिक प्रगति के उन आयामों को बताया गया है, जिनमें हम एक 'क्लिक' द्वारा बहुत कुछ कर सकते हैं। आज इंटरनेट ने हमारे जीवन को बहुत सरल बना दिया है। हम इंटरनेट की सहायता से भौगोलिक दृष्टि से एक-दूसरे के अत्यंत निकट आ गए हैं। इसके द्वारा जीवन के प्रत्येक क्रिया-कलाप सुविधाजनक हो गए हैं। ऐसे ही भावों को यहाँ सरल संस्कृत में व्यक्त किया गया है।

पाठ का हिंदी अनुवाद

1. अद्य सम्पूर्णविश्वे 'डिजिटलइण्डिया' इत्यस्य चर्चा श्रूयते। अस्य पदस्य कः भावः इति मनसि जिज्ञासा उत्पद्यते। कालपरिवर्तनेन सह मानवस्य आवश्यकताऽपि परिवर्तते। प्राचीनकाले ज्ञानस्य आदान-प्रदानं मौखिकम् आसीत्, विद्या च श्रुतिपरम्परया गृह्यते स्म। अनन्तरं तालपत्रोपरि भोजपत्रोपरि च लेखनकार्यम् आरब्धम्। परवर्तिनि काले कर्गदस्य लेखन्याः च आविष्कारेण सर्वेषामेव मनोगतानां भावानां कर्गदोपरि लेखनं प्रारब्धम्। टङ्कणयन्त्रस्य आविष्कारेण तु लिखिता सामग्री टङ्किता सती बहुकालाय सुरक्षिता अतिष्ठत्।

शब्दार्थाः अद्य = आज, इत्यस्य = इसकी, श्रूयते = सुनी जाती है, पदस्य = शब्द का, मनसि = मन में, जिज्ञासा = जानने की इच्छा, उत्पद्यते = उत्पन्न होती है, कालपरिवर्तनेन = परिवर्तन के समय से, परिवर्तते = बदल जाती है, श्रुति = सुनना, अनन्तरम् = बाद में, आरब्धम् = प्रारम्भ हुआ, कर्गदस्य = कागज का, लेखन्याः = लेखनी (पेन) का, मनोगतानाम् = मन के, भावानाम् = भावों को, टङ्कणयन्त्र = टाइप की मशीन, आविष्कारेण = आविष्कार (खोज) से, टङ्किता सती = छपी हुई, अतिष्ठत् = रहती है।

संदर्भ प्रस्तुत गद्यांश हमारी संस्कृत की पाठ्य-पुस्तक रुचिरा भाग-3 के तृतीय अध्याय 'डिजीभारतम्' नामक पाठ से संग्रहीत है।

हिंदी अनुवाद आज संपूर्ण विश्व में 'डिजिटल इंडिया' शब्द की चर्चा सुनी जाती है। इस शब्द का क्या भाव है, ऐसी मन में जानने की इच्छा उत्पन्न होती है। समय परिवर्तन के साथ-साथ मनुष्य की आवश्यकताएँ भी बदल जाती हैं। प्राचीनकाल में ज्ञान का आदान-प्रदान मौखिक होता था और ज्ञान सुनकर ही ग्रहण किया जाता था। इसके पश्चात् तालपत्र और भोजपत्र पर लेखन कार्य आरंभ हुआ। समय बदलने पर कागज और कलम (पेन) के आविष्कार से सभी लोगों ने मन के भावों को कागज पर लिखना शुरू किया।
टंकण यंत्र (टाइपिंग मशीन) के आविष्कार से तो हस्तलिखित सामग्री को टाइप करने पर वह और भी अधिक समय तक सुरक्षित रहने लगी।

2. वैज्ञानिकप्रविधेः प्रगतियात्रा पुनरपि अग्रे गता। अद्य सर्वाणि कार्याणि सङ्गणकनामकेन यन्त्रेण साधितानि भवन्ति। समाचार-पत्राणि, पुस्तकानि च कंप्यूटरमाध्यमेन पठ्यन्ते लिख्यन्ते च। कर्गदोद्योगे वृक्षाणाम् उपयोगेन वृक्षाः कर्त्यन्ते स्म, परम् सङ्गणकस्य अधिकाधिक प्रयोगेण वृक्षाणां कर्तने न्यूनता भविष्यति इति विश्वासः। अनेन पर्यावरणसुरक्षायाः दिशि महान् उपकारो भविष्यति।

शब्दार्थाः वैज्ञानिकप्रविधेः = वैज्ञानिक तकनीक, अग्रे = आगे, अद्य = आज, सङ्गणक = कंप्यूटर, साधितानि = सिद्ध होते, कर्त्यन्ते = काटे जाते हैं, परम् = परंतु, न्यूनता = कमी, अनेन = इससे, दिशि = दिशा में, महान् = बहुत बड़ा।

हिंदी अनुवाद वैज्ञानिक तकनीक की प्रगतियात्रा और आगे बढ़ी। आज सभी कार्य संगणक अर्थात् कंप्यूटर नामक यंत्र से संपन्न किए जाते हैं। समाचार-पत्र और पुस्तकें कंप्यूटर के माध्यम से ही पढ़ी एवं लिखी जाती हैं।

कागज उद्योग में वृक्षों का अधिक उपयोग होने से बड़ी मात्रा में वृक्ष काटे जाते थे, परंतु संगणक (कंप्यूटर) के अधिकाधिक प्रयोग से भविष्य में वृक्षों की कटाई में कमी होगी ऐसा विश्वास है। इससे पर्यावरण सुरक्षा की दिशा में बहुत बड़ा उपकार होगा।

3. अधुना आपणे वस्तुक्रयार्थम् रूप्यकाणाम् अनिवार्यता नास्ति। 'डेबिट कार्ड', 'क्रेडिट कार्ड' इत्यादयः सर्वत्र रूप्यकाणां स्थानं गृहीतवन्तः। वित्तकोशस्य (बैंकस्य) चापि सर्वाणि कार्याणि सङ्गणकयन्त्रेण सम्पाद्यन्ते। बहुविधाः अनुप्रयोगाः मुद्राहीनाय विनिमयाय सहायकाः सन्ति।

शब्दार्थाः अधुना = अब, आपणे = बाजार में, वस्तुक्रयार्थम् = वस्तु खरीदने के लिए, रूप्यकाणाम् = रुपयों की, नास्ति = नहीं है, सर्वत्र = सभी जगह, गृहीतवन्तः = ले लिया है, वित्तकोश = बैंक, सम्पाद्यन्ते = संपन्न किए जाते हैं, बहुविधाः = अनेक प्रकार का, मुद्राहीनाय = रुपयों से रहित, विनिमय = लेन-देन।

हिंदी अनुवाद अब बाजार से वस्तुएँ खरीदने के लिए रुपयों की आवश्यकता नहीं है। 'डेबिट कार्ड' और 'क्रेडिट कार्ड' इत्यादि ने सभी जगह रुपयों का स्थान ले लिया है। बैंकों में भी सभी कार्य कंप्यूटर के माध्यम से संपन्न किए जाते हैं। अनेक प्रकार के अनुप्रयोग (ऐप) मुद्रारहित (कैशलेस) लेन-देन में सहायक होते हैं।

4. कुत्रापि यात्रा करणीया भवेत् रेलयानयात्रापत्रस्य, वायुयानयात्रापत्रस्य अनिवार्यता अद्य नास्ति। सर्वाणि पत्राणि अस्माकं चलदूरभाषयन्त्रे 'ई-मेल' इति स्थाने सुरक्षितानि भवन्ति यानि सन्दर्श्य वयं सौकर्येण यात्रायाः आनन्दं गृह्णीमः। चिकित्सालयेऽपि उपचारार्थं रूप्यकाणाम् आवश्यकताद्य नानुभूयते। सर्वत्र कार्डमाध्यमेन, ई-बैंकमाध्यमेन शुल्कं प्रदातुं शक्यते।

शब्दार्थाः कुत्रापि = कहीं भी, रेलयानयात्रापत्रम् = रेल का टिकट, वायुयानयात्रापत्रम् = हवाई जहाज का टिकट, सर्वाणि = सभी, चलदूरभाषयत्रम् = मोबाइल फोन, सन्दर्श्य = दिखाकर, सौकर्येण = सुगमता/आसानी से, उपचारार्थम् = इलाज के लिए, प्रदातुम् = देने के लिए।

हिंदी अनुवाद आज कहीं भी यात्रा करनी हो, तो रेल टिकट और हवाई जहाज टिकट की मुद्रित प्रति की अनिवार्यता नहीं है। सभी प्रकार के टिकट हमारे मोबाइल में 'ई-मेल' नामक स्थान पर सुरक्षित होते हैं, जिनको दिखाकर हम सरलता से यात्रा का आनंद ले सकते हैं। आज चिकित्सालय में भी उपचार के लिए रुपयों की आवश्यकता अनुभव नहीं होती है। सभी जगह कार्ड के माध्यम से तथा ई-बैंक के माध्यम से शुल्क (फीस) दे सकते हैं।

5. तद्दिनं नातिदूरम् यदा वयम् हस्ते एकमात्रं चलदूरभाषयन्त्रमादाय सर्वाणि कार्याणि साधयितुं समर्थाः भविष्यामः। वस्त्रपुटके रूप्यकाणाम् आवश्यकता न भविष्यति। 'पासबुक', चैक्बुक' इत्यनयोः आवश्यकता न भविष्यति। पठनार्थं पुस्तकानां समाचारपत्राणाम् अनिवार्यता समाप्तप्राया भविष्यति। लेखनार्थम् अभ्यासपुस्तिकायाः कर्गदस्य वा, नूतनज्ञानान्वेषणार्थं शब्दकोशस्याऽपि आवश्यकता न भविष्यति। अपरिचित-मार्गस्य ज्ञानार्थं मार्गदर्शकस्य मानचित्रस्य आवश्यकतायाः अनुभूतिः अपि न भविष्यति। एतत् सर्वं एकेनेव यन्त्रेण कर्तुं, शक्यते।

शब्दार्थाः तद्दिनम् = वह दिन, नातिदूरम् = अधिक दूर नहीं है, आदाय = लेकर, साधयितुम् = करने में, वस्त्रपुटके = जेब में, पठनार्थम् = पढ़ने के लिए, समाप्तप्राया = प्रायः समाप्त, लेखनार्थम् = लिखने के लिए, नूतन = नए, अन्वेषणार्थम् = खोजने के लिए, अपरिचित = अनजान।

हिंदी अनुवाद वह दिन अधिक दूर नहीं, जब हम हाथ में एकमात्र मोबाइल लेकर सभी कार्यों को करने में समर्थ हो जाएँगे। जेब में रुपयों की आवश्यकता नहीं रहेगी। पासबुक और चैकबुक इत्यादि की आवश्यकता भी नहीं होगी। पढ़ने के लिए पुस्तकों तथा समाचार-पत्रों की अनिवार्यता भी समाप्त हो जाएगी। लिखने के लिए अभ्यास पुस्तिका अथवा कागज की तथा नए ज्ञान को खोजने के लिए शब्दकोष की भी आवश्यकता नहीं होगी। अनजान रास्तों को जानने के लिए मार्गदर्शक और मानचित्रों की आवश्यकता नहीं होगी। अतः यह सब एक ही यंत्र के द्वारा किया जा सकता है।

6. 'शाकादिक्रयार्थम्, फलक्रयार्थम्, विश्रामगृहेषु कक्षं सुनिश्चितं कर्तुं, चिकित्सालये शुल्कं प्रदातुम्, विद्यालये महाविद्यालये चापि शुल्कं प्रदातुम्, किं बहुना दानमपि दातुं चलदूरभाषयन्त्रमेव अलम्। डिजीभारतम् इति अस्यां दिशि वयं भारतीयाः द्रुतगत्या अग्रेसरामः।

शब्दार्थाः शाकादि = सब्जी आदि, क्रयार्थम् = खरीदने के लिए, विश्रामगृहेषु = धर्मशाला/होटल आदि, प्रदातुम् = देने के लिए, चापि = भी, दानमपि = दान भी, अलम् = समर्थ, दिशि = दिशा में, द्रुतगत्या = तीव्र गति से, अग्रेसरामः = आगे बढ़े। शुल्कम् = फीस।

हिंदी अनुवाद सब्जियाँ खरीदने के लिए, फल खरीदने के लिए, विश्रामगृह (धर्मशाला/होटल आदि) में कमरा सुनिश्चित (बुक) करने के लिए, चिकित्सालय में फीस देने के लिए, विद्यालय और महाविद्यालय में फीस और दान देने के लिए भी मोबाइल ही पर्याप्त होगा। 'डिजिटल भारत' की इस दिशा में हम भारतीय तीव्र गति से आगे बढ़ रहे हैं।

NCERT फोल्डर: पाठ्य-पुस्तक रुचिरा भाग-3 के प्रश्नोत्तर

प्र.1 अधोलिखितानां प्रश्नानाम् उत्तराणि एकपदेन लिखत।
(निम्नलिखित प्रश्नों के उत्तर एक पद में लिखिए।)

(i) कुत्र 'डिजिटल इण्डिया' इत्यस्य चर्चा भवति?
(ii) केन सह मानवस्य आवश्यकता परिवर्तते?
(iii) आपणे वस्तूनां क्रयसमये केषाम् अनिवार्यता न भविष्यति?
(iv) कस्मिन् उद्योगे वृक्षाः उपयुज्यन्ते?
(v) अद्य सर्वाणि कार्याणि केन साधितानि भवन्ति?

उत्तराणि

(i) सम्पूर्णविश्वे (ii) कालपरिवर्तनेन
(iii) रूप्यकाणाम् (iv) कर्गदोद्योगे
(v) संगणकयन्त्रेण

प्र.2 अधोलिखितानां प्रश्नानाम् उत्तराणि पूर्णवाक्येन लिखत।
(निम्नलिखित प्रश्नों के उत्तर पूर्णवाक्य में लिखिए।)

(i) प्राचीनकाले विद्या कथं गृह्यते स्म?
(ii) वृक्षाणां कर्तनं कथं न्यूनतां यास्यति?
(iii) चिकित्सालये कस्य आवश्यकता अद्य नानुभूयते?
(iv) वयं कस्यां दिशि अग्रेसरामः?
(v) वस्त्रपुटके केषाम् आवश्यकता न भविष्यति?

उत्तराणि

(i) प्राचीनकाले विद्या श्रुतिपरम्परया गृह्यते स्म।
(ii) सङ्गणकस्य अधिकाधिक प्रयोगेण वृक्षाणां कर्तने न्यूनता यास्यति।
(iii) चिकित्सालये रूप्यकाणाम् आवश्यकता अद्य नानुभूयते।
(iv) वयं डिजीभारतम् इति दिशि अग्रेसरामः।
(v) वस्त्रपुटके रूप्यकाणाम् आवश्यकता न भविष्यति।

प्र.3 रेखाङ्कितपदान्यधिकृत्य प्रश्ननिर्माणं कुरुत।
(रेखांकित पदों के आधार पर प्रश्नों का निर्माण कीजिए।)

(i) भोजपत्रोपरि <u>लेखनम्</u> आरब्धम्।
(ii) लेखनार्थं <u>कर्गदस्य</u> आवश्यकतायाः अनुभूतिः न भविष्यति।
(iii) <u>विश्रामगृहेषु</u> कक्षं सुनिश्चितं भवेत्।
(iv) सर्वाणि पत्राणि <u>चलदूरभाषयन्त्रे</u> सुरक्षितानि भवन्ति।
(v) वयम् <u>उपचारार्थं</u> चिकित्सालयं गच्छामः।

उत्तराणि

(i) भोजपत्रोपरि **किं** आरब्धम्?
(ii) लेखनार्थम् **कस्य** आवश्यकतायाः अनुभूतिः न भविष्यति?
(iii) **कुत्र** कक्षं सुनिश्चितं भवेत्?
(iv) सर्वाणि पत्राणि **कस्मिन्** सुरक्षितानि भवन्ति?
(v) वयम् **किमर्थम्** चिकित्सालयं गच्छामः?

प्र.4 उदाहरणमनुसृत्य विशेषण-विशेष्यमेलनं कुरुत।
(उदाहरण के अनुसार विशेषण-विशेष्य पदों का मिलान कीजिए।)

	विशेषण पद		विशेष्य पद
यथा	सम्पूर्णे		भारते
(क)	मौखिकम्	(i)	ज्ञानम्
(ख)	मनोगताः	(ii)	उपकारः
(ग)	महान्	(iii)	भावः
(घ)	टङ्किता	(iv)	विनिमयः
(ङ)	मुद्राविहीनः	(v)	सामग्री

उत्तराणि

विशेषण पद	विशेष्य पद
(क) मौखिकम्	(i) ज्ञानम्
(ख) मनोगताः	(iii) भावः
(ग) महान्	(ii) उपकारः
(घ) टङ्किता	(v) सामग्री
(ङ) मुद्राविहीन	(iv) विनिमयः

प्र.5 अधोलिखितपदयोः सन्धिं कृत्वा लिखत।
(निम्नलिखित पदों की सन्धि करके लिखिए।)

(i) पदस्य + अस्य (ii) तालपत्र + उपरि
(iii) च + अतिष्ठत (iv) कर्गद + उद्योगे
(v) क्रय + अर्थम् (vi) इति + अनयोः
(vii) उपचार + अर्थम्

उत्तराणि

(i) पदस्य + अस्य = पदस्यास्य
(ii) तालपत्र + उपरि = तालपत्रोपरि
(iii) च + अतिष्ठत = चातिष्ठत्
(iv) कर्गद + उद्योगे = कर्गदोद्योगे
(v) क्रय + अर्थम् = क्रयार्थम्
(vi) इति + अनयोः = इत्यनयोः
(vii) उपचार + अर्थम् = उपचारार्थम्

प्र.6 उदाहरणमनुसृत्य अधोलिखितेन पदेन लघु वाक्य निर्माणं कुरुत।
(उदाहरण के अनुसार, निम्नलिखित पदों से छोटे वाक्यों का निर्माण कीजिए।)

यथा जिज्ञासा—मम मनसि वैज्ञानिकानां विषये जिज्ञासा अस्ति।

(i) आवश्यकता (ii) सामग्री
(iii) पर्यावरण सुरक्षा (iv) विश्रामगृहम्

उत्तराणि

(i) आवश्यकता—अद्य आपणे रूप्यकाणाम् आवश्यकता न अनुभूयते।
(ii) सामग्री—टङ्कणयन्त्रस्य आविष्कारेण लेखन सामग्री बहुकालाय सुरक्षिता अतिष्ठत्।
(iii) पर्यावरण सुरक्षा—सर्वेषां प्राणिनां कृते पर्यावरण सुरक्षा अत्यावश्यकी वर्तते।
(iv) विश्रामगृहम्—मम गृहस्य समीपे विश्रामगृहम् अस्ति।

प्र.7 **उदाहरणानुसारम् कोष्ठकप्रदत्तेषु पदेषु चतुर्थी विभक्तिः प्रयुज्य रिक्तस्थानपूर्तिं कुरुत।**
(उदाहरण के अनुसार कोष्ठक में दिए गए पदों का चतुर्थी विभक्ति में प्रयोग कर रिक्त स्थानों की पूर्ति कीजिए।)

यथा भिक्षुकाय धनं ददातु। (भिक्षुक)

(i) ······ पुस्तकं देहि। (छात्र)
(ii) अहम् ······ वस्त्राणि ददामि। (निर्धन)
(iii) ······ पठनं रोचते। (लता)
(iv) रमेशः ······· अलम्। (सुरेश)
(v) .... नमः। (अध्यापक)

उत्तराणि

(i) **छात्राय** पुस्तकं देहि। (छात्र)
(ii) अहम् **निर्धनाय** वस्त्राणि ददामि। (निर्धन)
(iii) **लतायै** पठनं रोचते। (लता)
(iv) रमेशः **सुरेशाय** अलम्। (सुरेश)
(v) **अध्यापकाय** नमः। (अध्यापक)

अभ्यास प्रश्नाः

पाठ्य-पुस्तक रुचिरा भाग-3 के प्रश्नोत्तर

भाग I

बहुविकल्पीय प्रश्नाः

1. (क) प्रदत्तविकल्पेभ्यः उचितं पदं चित्वा रिक्तस्थानानि पूरयत।
(दिए गए विकल्पों में से उचित पद चुनकर रिक्त स्थानों को पूरा कीजिए।)

(i) एतत् सर्वं एकेनेव ·········· कर्तुं शक्यते।
(अ) ग्रन्थेन (ब) यन्त्रेण
(स) कार्येण (द) पठनेन

(ii) वस्तुक्रयार्थम् अद्य ·········· रूप्यकाणाम् अनिवार्यता नास्ति।
(अ) आपणे (ब) गृहे
(स) विद्यालये (द) देवालये

(iii) वयं सर्वाणि ·········· साधयितुं समर्थाः भविष्यामः।
(अ) फलानि (ब) पठानि
(स) कार्याणि (द) गृहाणि

(iv) दानमपि दातुं ·········· दूरभाषयन्त्रमेण अलम्।
(अ) फल (ब) यन्त्रेण
(स) वयं (द) चल

(ख) अधोलिखित वाक्येषु रेखाङ्कितपदानां आधृत्य प्रश्नवाचकपदं चित्वा लिखत।
(निम्नलिखित वाक्यों में रेखांकित पदों के आधार पर प्रश्नवाचक शब्द चुनकर लिखिए।)

(i) सम्पूर्णविश्वे अद्य 'डिजिटलइण्डिया' इत्यस्य चर्चा श्रूयते।
(अ) कस्मिन् (ब) कः
(स) का (द) कुत्र

(ii) कालपरिवर्तनेन सह मानवस्य आवश्यकताऽपि परिवर्तते।
(अ) कस्य (ब) कयोः
(स) के (द) कौ

(iii) भोजपत्रोपरि लेखनकार्यम् प्रारब्धम्।
(अ) के (ब) काः
(स) का (द) किं

(iv) सर्वाणि कार्याणि सङ्गणक यन्त्रेण साधितानि भवन्ति।
(अ) केन (ब) कः
(स) कौ (द) के

(v) सङ्गणकस्य प्रयोगेण वृक्षाणां कर्तने न्यूनता भविष्यति।
(अ) काम् (ब) केषां
(स) कया (द) काश्यम्

(vi) टङ्कणयन्त्रस्य आविष्कारेण लिखिता सामग्री बहुकालाय सुरक्षिता अतिष्ठत्।
(अ) केषु (ब) कस्य (स) काभिः (द) कस्यै

(vii) कर्गद उद्योगे वृक्षाः उपयुज्यन्ते।
(अ) कः (ब) केषु
(स) कयो (द) कस्मिन्

(viii) प्राचीनकाले विद्या श्रुतिपरम्परया गृह्यते स्म।
(अ) किम् (ब) कथं
(स) कानि (द) काभिः

(ix) चिकित्सालये रूप्यकाणां आवश्यकता अद्य नानुभूयते।
(अ) केषां (ब) कः
(स) कौ (द) के

उत्तराणि

(क) (i) (ब) यन्त्रेण (ii) (अ) आपणे
(iii) (स) कार्याणि (iv) (द) चल
(ख) (i) (स) का (ii) (अ) कस्य
(iii) (द) किं (iv) (अ) केन
(v) (ब) केषां (vi) (ब) कस्य
(vii) (द) कस्मिन् (viii) (ब) कथं
(ix) (अ) केषां

रिक्तस्थानम् पूरयत्

2. कोष्ठकात् उचित पदानि चित्वा रिक्तस्थानानि पूरयत।
(कोष्ठक से उचित पद चुनकर रिक्त स्थानों की पूर्ति कीजिए।)

(i) कर्गदोद्योगे वृक्षाणाम् उपयोगेन ········· कर्त्यन्ते। (वृक्षः/वृक्षौ/वृक्षाः)

(ii) वायुयानपत्रस्य अनिवार्यता ········· नास्ति। (अद्य/ह्यः/श्वः)

(iii) सर्वाणि ········· सङ्गणकयन्त्रेण सम्पाद्यन्ते। (कायर्म्/कार्ये/कार्याणि)

(iv) ·········भारतीयाः द्रुतगत्या अग्रेसरामः। (अहं/आवां/वयं)

(v) एतत् सर्वम् एकेन ....कर्तुं शक्यते। (यन्त्रेण/यन्त्रेभ्यः/यन्त्रः)

(vi) परवर्तिनि ·········कर्गदस्य लेखन्याः च आविष्कारम् अभवत्। (कालम्/काले/कालानि)

उत्तराणि

(i) वृक्षाः (ii) अद्य
(iii) कार्याणि (iv) वयं
(v) यन्त्रेण (vi) काले

मेलनं कुर्वन्तु

3. (क) अधोलिखितानां शब्दानां समक्षं प्रदत्तैः अर्थैः सह मेलनं कुरुत।
(निम्नलिखित शब्दों के समक्ष दिए गए अर्थों का आपस में मिलान कीजिए।)

	शब्दाः		अर्थाः
(क)	चर्चा	(i)	आवश्यकता
(ख)	प्राचीने	(ii)	वस्तुक्रयस्थले
(ग)	जिज्ञासा	(iii)	ज्ञातुं इच्छा
(घ)	आपणे	(iv)	पूर्वस्मिन् काले
(ङ)	अनिवार्यता	(v)	वार्ता

उत्तराणि

	शब्दाः		अर्थाः
(क)	चर्चा	(v)	वार्ता
(ख)	प्राचीने	(iv)	पूर्वस्मिन् काले
(ग)	जिज्ञासा	(iii)	ज्ञातुं इच्छा
(घ)	आपणे	(ii)	वस्तुक्रयस्थले
(ङ)	अनिवार्यता	(i)	आवश्यकता

(ख) अधोलिखितानां वाक्यांशानां उचितं मेलनं कुरुत।
(निम्नलिखित वाक्यांशों का उचित मिलान कीजिए।)

खंड (अ)	खंड (ब)
(क) किं बहुना दानमपि दातुम्	(i) आवश्यकता न भविष्यति।
(ख) एतत् सर्व एकेनेव	(ii) रूप्यकाणाम् अनिवार्यता नास्ति।
(ग) वस्त्रपुटके रूप्यकाणाम्	(iii) चलदूरभाषयन्त्रमेव अलम्।
(घ) अधुना आपणे वस्तुक्रयार्थम्	(iv) महान् उपकारो भविष्यति।
(ङ) अद्य सम्पूर्णविश्वे 'डिजिटलइण्डिया'	(v) यन्त्रेण कर्तुं शक्यते।
(च) अनेन पर्यावरण सुरक्षायाः दिशि	(vi) पुनरपि अग्रे गता।
(छ) वैज्ञानिकप्रविधेः प्रगतियात्रा	(vii) इत्यस्य चर्चा श्रूयते।

उत्तराणि

खंड (अ)	खंड (ब)
(क) किं बहुना दानमपि दातुम्	(iii) चलदूरभाषयन्त्रमेव अलम्।
(ख) एतत् सर्व एकेनेव	(v) यन्त्रेण कर्तुं शक्यते।
(ग) वस्त्रपुटके रूप्यकाणाम्	(i) आवश्यकता न भविष्यति।
(घ) अधुना आपणे वस्तुक्रयार्थम्	(ii) रूप्यकाणाम् अनिवार्यता नास्ति।
(ङ) अद्य सम्पूर्णविश्वे 'डिजिटलइण्डिया'	(vii) इत्यस्य चर्चा श्रूयते।
(च) अनेन पर्यावरण सुरक्षायाः दिशि	(iv) महान् उपकारो भविष्यति।
(छ) वैज्ञानिकप्रविधेः प्रगतियात्रा	(vi) पुनरपि अग्रे गता।

सत्यं/असत्यं

4. (क) प्रदत्तविकल्पेभ्यः सत्यं/असत्यं उत्तरम् चित्वा लिखत।
(दिए गए विकल्पों में से सत्य/असत्य उत्तर चुनकर लिखिए।)

(i) प्राचीनकाले ज्ञानस्य आदानं-प्रदानं मौखिकम् आसीत्। (सत्यं/असत्यं)

(ii) अनन्तरं तालपत्रोपरि भोजपत्रोपरि च मौखिकार्यम् आरब्धम् (सत्यं/असत्यं)

(iii) विद्यालये महाविद्यालये चापि शुल्कं न प्रदातुम् (असत्यं/सत्यं)

(iv) चिकित्सालयेऽपि उपचारार्थ रूप्यकाणाम् आवश्यकताद्य नानुभूयते। (सत्यं/असत्यं)

(v) सर्वाणि कार्याणि साधयितुं समर्थाः भविष्यामः। (सत्यं/असत्यं)

उत्तराणि

(i) सत्यं
(ii) असत्यं
(iii) असत्यं
(iv) सत्यं
(v) सत्यं

(ख) अधोलिखितेषु वाक्येषु शुद्धकथनानां समक्षं (✓) अशुद्धकथनानां च समक्षं (✗) इति अङ्कयत्।
(निम्नलिखित वाक्यों में शुद्ध कथनों के सामने सही (✓) तथा अशुद्ध कथनों के सामने गलत (✗) का चिह्न लगाइए।)

(i) सम्पूर्ण विश्वे 'डिजिटलइण्डिया' इत्यस्य चर्चा श्रूयते।
(ii) आपणे अधुना वस्तुक्रयार्थम् रूप्यकाणाम् अनिवार्यता अस्ति।
(iii) वर्तमाने तालपत्रस्योपरि लेखनम् प्रचलितम्।
(iv) अद्य सर्वाणि कार्याणि सङ्गणकयन्त्र माध्यमेन सम्पादितानि।
(v) सर्वत्र ई-बैंकमाध्यमेन शुल्कं प्रदातुं शक्यते।
(vi) संङ्गणकस्य प्रयोगेण वृक्षाणां कर्तने न्यूनता भविष्यति।
(vii) वित्तकोशस्य सर्वाणि कार्याणि सङ्गणकयन्त्रेण न सम्पाद्यन्ते।

उत्तराणि

(i) (✓) (ii) (✗)
(iii) (✗) (iv) (✓)
(v) (✓) (vi) (✓)
(vii) (✗)

भाग II

पठित-अवबोधनम्

1. अधोलिखितानां गद्यांशानां पठित्वा प्रश्नानाम् उत्तराणि निर्देशानुसारं लिखत।
(निम्नलिखित गद्यांशों को पढ़कर प्रश्नों के उत्तर निर्देशानुसार लिखिए।)

(क) अद्य सम्पूर्णविश्वे 'डिजिटलइण्डिया' इत्यस्य चर्चा श्रूयते। अस्य पदस्य कः भावः इति मनसि जिज्ञासा उत्पद्यते। कालपरिवर्तनेन सह मानवस्य आवश्यकताऽपि परिवर्तते। प्राचीनकाले ज्ञानस्य आदान-प्रदानं मौखिकम् आसीत्, विद्या च श्रुतिपरम्परया गृह्यते स्म। अनन्तरं तालपत्रोपरि भोजपत्रोपरि च लेखनकार्यम् आरब्धम्। परवर्तिनि काले कर्गदस्य लेखन्याः च आविष्कारेण सर्वेषामेव मनोगतानां भावानां कर्गदोपरि लेखनं प्रारब्धम्। टङ्कणयन्त्रस्य आविष्कारेण तु लिखिता सामग्री टङ्किता सती बहुकालाय सुरक्षिता अतिष्ठत्।

I. अधोलिखितानां प्रश्नानाम् उत्तराणि एकपदेन लिखत।
(निम्नलिखित प्रश्नों के उत्तर एक पद में लिखिए।)
(i) विश्वे कस्य चर्चा श्रयूते?
(ii) मनसि का उत्पद्यते?
(iii) अनन्तरं तालपत्रोपरि भोजपत्रोपरि च किम् आरब्धम्?
(iv) प्राचीनकाले कस्य आदान-प्रदानं मौखिकम् आसीत्?

II. अधोलिखितानां प्रश्नानाम् उत्तराणि पूर्णवाक्येन लिखत।
(निम्नलिखित प्रश्नों के उत्तर पूर्णवाक्य में लिखिए।)
(i) केन सह मानवस्य आवश्यकताऽपि परिवर्तते?
(ii) कस्य आविष्कारेण लिखिता सामग्री बहुकालाय सुरक्षिता अतिष्ठत्?

III. अधोलिखितानां प्रश्नानां उत्तराणि निर्देशानुसारं लिखत।
(निम्नलिखित प्रश्नों के उत्तर पूर्णवाक्य में लिखिए।)
(i) 'अतिष्ठत्' इत्यस्मिन् क्रियापदे कः धातुः?
(ii) 'समाप्तम्' इति पदस्य विलोमपदं गद्यांशे किम्?

IV. अधोलिखितानां प्रश्नानाम् उत्तराणि प्रदत्तविकल्पेभ्यः चित्वा लिखत। (निम्नलिखित प्रश्नों के उत्तर दिए गए विकल्पों में से चुनकर लिखिए।)
(i) 'कालपरिवर्तनेन' अत्र का विभक्तिः?
(अ) प्रथमा (ब) द्वितीया
(स) तृतीया (द) पञ्चमी
(ii) 'इति + अस्य' सन्धिपदं गद्यांशे किं प्रयुक्तम्?
(अ) पत्रस्य (ब) जनस्य
(स) पदस्य (द) इत्यस्य
(iii) लेखनकार्यं कुत्र आरब्धम्?
(अ) पत्रोपरि (ब) टंकण यंत्रस्य
(स) तालपत्रोपरी (द) कर्जदस्य
(iv) प्राचीनकाले विद्या कथं ग्रह्यते स्म?
(अ) श्रुतिपरम्परया (ब) मौखिक
(स) ज्ञानस्य (द) आदानं-प्रदान
(v) प्राचीनकाले मौखिकं किम् आसीत्?
(अ) ज्ञानस्य आदानं-प्रदानं
(ब) वार्तालाप
(स) परिवर्तते
(द) अनुवाद

उत्तराणि

I. (i) डिजिटल इंडिया (ii) जिज्ञासा
(iii) लेखनकार्यम् (iv) ज्ञानस्य
II. (i) काल परिवर्तनेन सह मानवस्य आवश्यकताऽपि परिवर्तते।
(ii) टङ्कणयन्त्रस्य आविष्कारेण लिखिता सामग्री बहुकालाय सुरक्षिता अतिष्ठत्।
III. (i) स्था (ii) आरब्धम्
IV. (i) (स) तृतीया (ii) (द) इत्यस्य
(iii) (अ) पत्रोपरि (iv) (अ) श्रुतिपरम्परया
(v) (अ) ज्ञानस्य आदानं-प्रदानं

(ख) कुत्रापि यात्रा करणीया भवेत् रेलयानयात्रापत्रस्य, वायुयानयात्रापत्रस्य अनिवार्यता अद्य नास्ति। सर्वाणि पत्राणि अस्माकं चलदूरभाषयन्त्रे 'ई-मेल' इति स्थाने सुरक्षितानि भवन्ति यानि सन्दर्श्य वयं सौकर्येण यात्रायाः आनन्दं गृह्णीमः। चिकित्सालयेऽपि उपचारार्थं रूप्यकाणाम् आवश्यकताद्य नानुभूयते। सर्वत्र कार्डमाध्यमेन, ई-बैंकमाध्यमेन शुल्कं प्रदातुं शक्यते।

I. अधोलिखितानां प्रश्नानाम् उत्तराणि एकपदेन लिखत।
(निम्नलिखित प्रश्नों के उत्तर एक पद में लिखिए।)
(i) चिकित्सालये उपचारार्थं केषां आवश्यकताद्य नानुभूयते?

(ii) सर्वत्र कार्डमाध्यमेन, ई-बैंकमाध्यमेन किं प्रदातुं शक्यते?
(iii) रेलयानयात्रापत्रस्य इव कस्य अनिवार्यता नास्ति?
(iv) कुत्रापि उपचारार्थं रूप्यकाणाम् अनुभूयते?

II. अधोलिखितानां प्रश्नानाम् उत्तराणि पूर्णवाक्येन लिखत।
(निम्नलिखित प्रश्नों के उत्तर पूर्णवाक्य में लिखिए।)
(i) कुत्रापि यात्रा करणीया भवेत् कस्य अनिवार्यता अद्य नास्ति?
(ii) सर्वाणि पत्राणि कुत्र सुरक्षितानि भवन्ति?

III. अधोलिखितानां प्रश्नानाम् उत्तराणि निर्देशानुसारं लिखत।
(निम्नलिखित प्रश्नों के उत्तर निर्देशानुसार लिखिए।)
(i) वयं सौकर्येण कः आनन्दं गृह्णीमः?
(ii) सर्वत्र केन माध्यमेन शुल्कं प्रदांतु शक्यते?

IV. अधोलिखितानां प्रश्नानाम् उत्तराणि प्रदत्तविकल्पेभ्यः चित्वा लिखत।
(निम्नलिखित प्रश्नों के उत्तर दिए गए विकल्पों में से चुनकर लिखिए।)
(i) 'अस्माकं' अत्र का विभक्तिः?
(अ) पञ्चमी (ब) षष्ठी
(स) सप्तमी (द) प्रथमा
(ii) 'कुत्रापि यात्रा करणीया भवेत्' इत्यस्मिन् वाक्ये क्रियापदं किम्?
(अ) कुत्रापि (ब) भवेत्
(स) यात्रा (द) करणीया
(iii) 'सर्वाणि पत्राणि' अत्र विशेष्यपदं किम्?
(अ) सर्वम् (ब) किम्
(स) पत्राणि (द) सर्वाणि
(iv) 'प्रदातुं' अत्र कः प्रत्ययः?
(अ) दातुं (ब) क्त्वा
(स) ल्यप् (द) तुमुन्

उत्तराणि

I. (i) रूप्यकाणाम् (ii) शुल्कं
(iii) वायुयानयात्रापत्रस्य (iv) चिकित्सालयेऽपि

II. (i) कुत्रापि यात्रा करणीया भवेत् रेलयानयात्रापत्रस्य, वायुयानयात्रापत्रस्य च अनिवार्यता अद्य नास्ति।
(ii) सर्वाणि पत्राणि अस्माकं चलदूरभाषयन्त्रे 'ई-मेल' इति स्थाने सुरक्षितानि भवन्ति।

III. (i) यात्रायाः (ii) कार्ड-ई-बैंक

IV. (i) (ब) षष्ठी
(ii) (ब) भवेत्
(iii) (स) पत्राणि
(iv) (द) तुमुन्

(ग) तद्दिनं नातिदूरम् यदा वयम् हस्ते एकमात्रं चलदूरभाषयन्त्रमादाय सर्वाणि कार्याणि साधयितुं समर्थाः भविष्यामः। वस्त्रपुटके रूप्यकाणाम् आवश्यकता न भविष्यति। 'पास्बुक, चैक्बुक' इत्यनयोः आवश्यकता न भविष्यति। पठनार्थं पुस्तकानां समाचारपत्राणाम् अनिवार्यता समाप्तप्राया भविष्यति। लेखनार्थम् अभ्यासपुस्तिकायाः कर्गदस्य वा, नूतनज्ञानान्वेषणार्थं शब्दकोशस्याऽपि आवश्यकता न भविष्यति। अपरिचित-मार्गस्य ज्ञानार्थं मार्गदर्शकस्य मानचित्रस्य आवश्यकतायाः अनुभूतिः अपि न भविष्यति। एतत् सर्वं एकेनेव यन्त्रेण कर्तुं, शक्यते।

I. अधोलिखितानां प्रश्नानाम् उत्तराणि एकपदेन लिखत।
(निम्नलिखित प्रश्नों के उत्तर एक पद में लिखिए।)
(i) वयम् हस्ते किमादाय सर्वाणि कार्याणि साधयितुं समर्थाः भविष्यामः?
(ii) वस्त्रपुटके केषां आवश्यकता न भविष्यति?
(iii) ज्ञानार्थं मार्गदर्शकस्य कस्य आवश्यकतापि न भविष्यति?
(iv) कयोः आवश्यकता न भविष्यतः?

II. अधोलिखितानां प्रश्नानाम् उत्तराणि पूर्णवाक्येन लिखत।
(निम्नलिखित प्रश्नों के उत्तर पूर्णवाक्य में लिखिए।)
(i) पठनार्थं केषां अनिवार्यता समाप्तप्राया भविष्यति?
(ii) लेखनार्थं कस्य आवश्यकता न भविष्यति?

III. अधोलिखितानां प्रश्नानाम् उत्तराणि निर्देशानुसारं लिखत।
(निम्नलिखित प्रश्नों के उत्तर निर्देशानुसार लिखिए।)
(i) 'साधयितुम्' इत्यत्र कः प्रत्ययः?
(ii) 'मार्गस्य' इत्यस्मिन् पदे का विभक्तिः?

IV. अधोलिखितानां प्रश्नानाम् उत्तराणि प्रदत्तविकल्पेभ्यः चित्वा लिखत।
(निम्नलिखित प्रश्नों के उत्तर दिए गए विकल्पों में से चुनकर लिखिए।)
(i) 'परिचित' इति शब्दस्य विलोमपदं गद्यांशे किं प्रयुक्तम्?
(अ) अपरिचित (ब) समानः
(स) अनभिज्ञ (द) अज्ञात
(ii) 'भविष्यति' इत्यस्मिन् क्रियापदे कः लकारः?
(अ) लृट लकारः (ब) लोट लकारः
(स) लङ लकारः (द) लट् लकारः
(iii) सर्वं एकेनेव केन् कर्तुं शक्यते?
(अ) यन्त्रेण (ब) अनुभूतिः
(स) क्रमेण (द) यन्त्रो
(iv) कस्य अन्वेषणार्थम् शब्दोशस्य आवश्यकता न भविष्यति।
(अ) नूतनज्ञानस्य (ब) ज्ञानस्य
(स) मौखिकस्य (द) लेखनस्य

उत्तराणि

I. (i) चलदूरभाषयन्त्रम् (ii) रूप्यकाणाम्
(iii) मानचित्रस्य (iv) पासबुकस्य चैकबुकस्य च

II. (i) पठनार्थं पुस्तकानां समाचारपत्राणां च अनिवार्यता समाप्तप्राया भविष्यति।
(ii) लेखनार्थम् अभ्यासपुस्तिकायाः कर्गदस्य आवश्यकता न भविष्यति।

III. (i) तुमुन् (ii) षष्ठी

IV. (i) (अ) अपरिचित (ii) (अ) लृट लकारः
(iii) (अ) यन्त्रेण
(iv) (अ) नूतनज्ञानस्य

वाक्यानि पूरयत्

2. अधोदन्तानि पदानि प्रयुज्य वाक्यानि रचयत।
(निम्नलिखित दिए गए पदों का वाक्य-प्रयोग कीजिए।)

(i) विनिमयाय (ii) शुल्कं
(iii) उपकारो (iv) लेखानार्थम्

उत्तराणि

(i) विनिमयाय लेन-देन के लिए =
वाक्य प्रयोग बहुविधा: अनुप्रयोगा: मुद्राहीनाय विनिमयाय सहायका: सन्ति।

(ii) शुल्कं-फीस =
वाक्य प्रयोग सर्वत्र कार्डमाध्यमेन, ई-बैंकमाध्यमेन शुल्कं प्रदातु शक्यते।

(iii) उपकारो उपकार/दान =
वाक्य प्रयोग पर्यावरणसुरक्षाया: दिशि महान् उपकारो भविष्यति।

(iv) लेखानार्थम् लेखक के लिए =
वाक्य प्रयोग लेखनार्थम् अभ्यासपुस्तिकाया: कर्गदस्य वा, आवश्यकता न भविष्यति।

व्याकरणम्

3. अधोलिखितानां पदानां विलोमपदं लिखत।
(निम्नलिखित शब्दों के विलोम शब्द लिखिए।)

शब्दा:	विलोमपदं
(i) बहुकालाय	....
(ii) सुरक्षिता	....
(iii) विश्वास:	....
(iv) क्रयार्थम्	....
(v) प्राचीनकाले	....
(vi) दूरम्	....
(vii) ज्ञानार्थम्	....
(viii) सुनिश्चितम्	....

उत्तराणि

शब्दा:	विलोमपदं
(i) बहुकालाय	अल्पकालाय
(ii) सुरक्षिता	असुरक्षिता
(iii) विश्वास:	अविश्वास:
(iv) क्रयार्थम्	विक्रयार्थम्
(v) प्राचीनकाले	वर्तमानकाले
(vi) दूरम्	निकटम्
(vii) ज्ञानार्थम्	अज्ञानार्थम्
(viii) सुनिश्चितम्	अनिश्चितम्

4. अधोलिखितानां पदेषु सन्धि/सन्धि-विच्छेदं व कुरुत।
(निम्नलिखित पदों में सन्धि अथवा सन्धि-विच्छेद कीजिए।)

(i) अधिकाधिक = ... + ...
(ii) कुत्र + अपि = ...
(iii) ज्ञानार्थम् = ... + ...
(iv) परि + आवरण = ... + ...
(v) नानुभूयते = ... + ...
(vi) च + अपि = ...
(vii) तालपत्रोपरि = ... + ...
(viii) दानम् + अपि = ...

उत्तराणि

(i) अधिक + अधिक (ii) कुत्रापि
(iii) ज्ञान + अर्थम् (iv) पर्यावरण
(v) न + अनुभूयते (vi) चापि
(vii) तालपत्र + उपरि (viii) दानमपि

5. अधोलिखितानां पदानां पर्यायपदानि लिखत।
(निम्नलिखित पदों के पर्यायवाची पद लिखिए।)

(i) चर्चा = ...
(ii) यात्रापत्र = ...
(iii) जिज्ञासा = ...
(iv) गच्छाम: = ...
(v) हस्ते = ...
(vi) कक्षं = ...
(vii) वित्तम् = ...
(viii) काले = ...

उत्तराणि

(i) वार्ता (ii) चिटिका
(iii) ज्ञातुम् इच्छा (iv) चलाम:
(v) करे (vi) प्रकोष्ठम्
(vii) धनम् (viii) समये

घटनाक्रमानुसारं प्रश्ना:

(i) टङ्कणयन्त्रस्य आविष्कारेण तु लिखिता सामग्री टङ्किता सती बहुकालाय सुरक्षिता अतिष्ठत्।
(ii) तालपत्रोपरि भोजपत्रोपरि च लेखनकार्यम् आरब्धम्।
(iii) विद्या च श्रुतिपरम्परया गृह्यते स्म।
(iv) परवर्तिनि काले कर्गदस्य लेखन्या: च आविष्कारेण सर्वेषामेव मनोगतानां भावानां कर्गदोपरि लेखनं प्रारब्धम्।
(v) प्राचीनकाले ज्ञानस्य आदान-प्रदानं मौखिकम् आसीत्।

उत्तराणि

(i) प्राचीनकाले ज्ञानस्य आदान-प्रदानं मौखिकम् आसीत्,
(ii) विद्या च श्रुतिपरम्परया गृह्यते स्म।
(iii) तालपत्रोपरि भोजपत्रोपरि च लेखनकार्यम् आरब्धम्।
(iv) परवर्तिनि काले कर्गदस्य लेखन्या: च आविष्कारेण सर्वेषामेव मनोगतानां भावानां कर्गदोपरि लेखनं प्रारब्धम्।
(v) टङ्कणयन्त्रस्य आविष्कारेण तु लिखिता सामग्री टङ्किता सती बहुकालाय सुरक्षिता अतिष्ठत्।

अतिलघु उत्तरीया: प्रश्ना:

1. प्राचीन काले ज्ञानस्य आदान-प्रदानं कथ अभवत्?

2. लिखिता सामग्री केन सुरक्षिता: तिष्ठति?

3. कस्यां दिशि वयं भारतीया: द्रुत गत्या: अग्रेसराम:?

उत्तराणि

1. मौखिकम्
2. टंकण यन्त्रेण
3. डिजिटल इंडिया

लघु उत्तरीया: प्रश्ना:

1. प्राचीन भारते यात्रा कथं असंभवति?

2. कर्गदस्य उत्पादनम् केन आधारितं अस्ति?

3. आपणे वस्तु क्रयार्थम् का आवश्यकता?

उत्तराणि

1. प्राचीन भारते यात्रा पादेन एव असंभवति।
2. कर्गदस्य उत्पादनम् वृक्षस्य आधारितं अस्ति।
3. आपणे वस्तु क्रयार्थम् रूप्यकाणि आवश्यकता।

दीर्घ उत्तरीया: प्रश्ना:

1. प्राचीन भारते शिक्षा कथं सम्भवति।

2. आधुनिक युगे यात्रा कथम् सौकर्यं भवति?

उत्तराणि

1. प्राचीन भारते शिक्षा मौखिकं आसीत् विद्या च श्रुतिपरम्परया संभवति। अनन्तरं तालपत्रोपरि भोजपत्रोपरि च लेखनकार्यम् आरब्धम्। सा व्यवस्था कठिनतरा वर्तते।
2. अद्य रेलयान यात्रा पत्रस्य, वायुयान यात्रा पत्रस्य अनिवार्यता नास्ति। सर्वाणि पत्राणि चल दूरभाष यन्त्रे ई-मेल इति स्थाने सुरक्षितानि भवन्ति यानि सन्दर्श्य वयं सौकर्येण यात्राया: आनन्दं अनुभवाम:।

सदैव पुरतो निधेहि चरणम्

(हमेशा आगे कदम बढ़ाओ)

अध्याय 4

पाठ का सार श्रीधरभास्कर वर्णेकर द्वारा रचित प्रस्तुत गीत में चुनौतियों को स्वीकार करते हुए आगे बढ़ने का आह्वान किया गया है। इसके प्रणेता राष्ट्रवादी कवि हैं और इस गीत के द्वारा उन्होंने जन साधारण को जागरण तथा कर्मठता का संदेश दिया है।

पाठ का हिंदी अनुवाद

1. चल चल पुरतो निधेहि चरणम्।
सदैव पुरतो निधेहि चरणम्।।

शब्दार्थाः चल = चलो, पुरतो = आगे, निधेहि = रखो, चरणम् = पैर, सदैव = सदा/हमेशा।

संदर्भ प्रस्तुत श्लोक हमारी संस्कृत की पाठ्य-पुस्तक रुचिरा भाग-3 के चतुर्थ पाठ 'सदैव पुरतो निधेहि चरणम्' से लिया गया है। इस पाठ (गीत) के रचयिता 'श्रीधर भास्कर वर्णेकर' हैं।

अन्वयः चल चल पुरतः चरणम् निधेहि। सदैव पुरतः चरणम् निधेहि।

हिंदी अनुवाद चलो, चलो आगे पैर रखो। हमेशा आगे ही पैर बढ़ाओ अर्थात् हमें सदैव आगे की ओर ही अपना कदम बढ़ाना चाहिए, भले ही हमारा मार्ग कितनी ही चुनौतियों से भरा ही क्यों न हो।

2. गिरिशिखरे ननु निजनिकेतनम्।
विनैव यानं नगारोहणम्।।
बलं स्वकीयं भवति साधनम्।
सदैव पुरतो ....।।

शब्दार्थाः गिरिशिखरे = पर्वत की चोटी पर, ननु = निश्चय से, निजनिकेतनम् = अपना निवास, विनैव = बिना ही, यानम् = वाहन, नगारोहणम् = पर्वत पर चढ़ना, स्वकीयम् = अपना।

अन्वयः ननु गिरिशिखरे निजनिकेतनम् (वर्तते) विना यानं एव नग-आरोहणम् (अहं करोमि)। स्वकीयं बलं साधनम् भवति। सदैव पुरतः चरणम् निधेहि।

हिंदी अनुवाद निश्चित रूप से पर्वत की चोटी पर ही अपना निवास है और वाहन के बिना ही पर्वत पर चढ़ना है। ऐसे में स्वयं का बल (शारीरिक, मानसिक एवं आध्यात्मिक) ही अपना साधन होता है। हमेशा आगे ही पैर रखो अर्थात् आगे कदम बढ़ाओ।

3. पथि पाषाणाः विषमाः प्रखराः।
हिंस्राः पशवः परितो घोराः।।
सुदुष्करं खलु यद्यपि गमनम्।
सदैव पुरतो ....।।

शब्दार्थाः पथि = मार्ग में, पाषाणाः = पत्थर, विषमाः = असामान्य, प्रखराः = तीक्ष्ण/नुकीले, हिंस्राः = हिंसक, पशवः = पशु-पक्षी, परितो = चारों ओर, घोराः = भयंकर/भयानक, सुदुष्करम् = अत्यंत कठिनतापूर्वक साध्य, गमनम् = जाना/चलना।

अन्वयः पथि विषमाः प्रखरा च पाषाणाः परितः हिंस्राः घोराः पशवः भ्रमन्ति। यद्यपि गमनम् खलु सुदुष्करम् (अस्ति)। सदैव पुरतः चरणम् निधेहि।

हिंदी अनुवाद मार्ग में तेज धार वाले एवं ऊबड़-खाबड़ पत्थर हैं। चारों ओर भयानक हिंसक पशु हैं। यद्यपि मार्ग में चलना अत्यंत कठिन कार्य है, फिर भी हमेशा आगे ही पैर रखो अर्थात् जीवन में निरंतर आगे बढ़ते रहो। अतः जीवन में कितनी भी कठिनाई आए उन सब का साहस के साथ सामना करते हुए व्यक्ति को निरंतर आगे बढ़ते जाना चाहिए।

4. जहीहि भीतिं भज-भज शक्तिम्।
विधेहि राष्ट्रे तथाऽनुरक्तिम्।।
कुरु कुरु सततं ध्येय-स्मरणम्।
सदैव पुरतो........।।

शब्दार्थाः जहीहि = छोड़ो/छोड़ दो, भीतिम् = भय को, भज = भजो/जपो, विधेहि = करो, अनुरक्तिम् = प्रेम/स्नेह, सततम् = लगातार/निरंतर, ध्येय-स्मरणम् = उद्देश्य (लक्ष्य) का स्मरण।

अन्वयः भीतिं जहहि शक्तिम् भज तथा राष्ट्रे अनुरक्तिम् विधेहि सततं निरंतरं ध्यये स्मरणम्। कुरु-कुरु सदैव पुरतः चरणम् निधेहि।

हिंदी अनुवाद भय को छोड़ो शक्ति को याद रखो तथा अपने राष्ट्र से प्रेम करो। निरंतर अपने उद्देश्य का स्मरण करो। हमेशा आगे ही कदम रखो अर्थात् आगे कदम बढ़ाओ। अतः मन से भय (संकोच) को निकालकर पूर्ण इच्छा शक्ति के साथ अपने लक्ष्य की प्राप्ति के लिए जुट जाओ।

NCERT फोल्डर: पाठ्य-पुस्तक रुचिरा भाग-3 के प्रश्नोत्तर

प्र.1 पाठे दत्तं गीतं सस्वरं गायत।
(पाठ में दिए गए गीत को सस्वर गाइए।)

उत्तराणि

छात्र स्वयं उच्चारण करें।

प्र.2 अधोलिखितानां प्रश्नानाम् उत्तराणि एकपदेन लिखत।
(निम्नलिखित प्रश्नों के उत्तर एक शब्द में लिखिए।)

(i) स्वकीयं साधनं किं भवति?
(ii) पथि के विषमा: प्रखरा:?
(iii) सततं किं करणीयम्?
(iv) एतस्य गीतस्य रचयिता क:?
(v) स कीदृश: कवि: मन्यते?

उत्तराणि

(i) बलम्
(ii) पाषाणा:
(iii) ध्येय-स्मरणम्
(iv) श्रीधरभास्कर वर्णेकर:
(v) राष्ट्रवादी

प्र.3 मञ्जूषात: क्रियापदानि चित्वा रिक्तस्थानानि पूरयत।
(मञ्जूषा से क्रियापद चुनकर रिक्त स्थानों की पूर्ति कीजिए।)
यथा त्वं पुरत:चरणं निधेहि।

(i) त्वं विद्यालयं ....।
(ii) राष्ट्रे अनुरक्तिं ....।
(iii) मह्यं जलं ....।
(iv) मूढ! .... धनागमतृष्णाम्।
(v) .... गोविन्दम्।
(vi) सततं ध्येयस्मरणं ....।

• **मञ्जूषा** निधेहि, विधेहि, जहीहि, देहि, भज, चल, कुरु।

उत्तराणि

(i) चल
(ii) विधेहि
(iii) देहि
(iv) जहीहि
(v) भज
(vi) कुरु

प्र.4 (क) उचितकथनानां समक्षम् 'आम्', अनुचितकथनानां समक्षं 'न' इति लिखत।
(उचित कथन के सामने 'आम्' और अनुचित कथन के सामने 'न' लिखिए।)
यथा पुरत: चरणं निधेहि।

(i) निजनिकेतनं गिरिशिखरे अस्ति।
(ii) स्वकीयं बलं बाधकं भवति।
(iii) पथि हिंस्रा: पशव: सन्ति।
(iv) गमनं सुकरम् अस्ति।
(v) सदैव अग्रे एव चलनीयम्।

उत्तराणि

(i) आम्
(ii) न
(iii) न
(iv) न
(v) आम्

(ख) वाक्यरचनया अर्थभेदं स्पष्टीकुरुत।
(वाक्य रचना द्वारा अर्थ-भेद स्पष्ट कीजिए।)

(i) परित: — पुरत:
(ii) नग: — नाग:
(iii) आरोहणम् — अवरोहणम्
(iv) विषमा: — समा:

उत्तराणि

(i) ग्रामं परित: वृक्षा: सन्ति।
गृहस्य पुरत: देवालयम् अस्ति।
(ii) अरावली महान् नग: अस्ति।
गृहे-नाग: स्थितोऽस्ति।
(iii) सोपानानि आरोहणं कृत्वा आगच्छ।
वृक्षात् अवरोहणम् सरलं अस्ति।
(iv) पंथा: विषमा: सन्ति।
पर्वता: समा: न भवन्ति।

प्र.5 मञ्जूषात: अव्ययपदानां चित्वा रिक्तस्थानानि पूरयत।
(मञ्जूषा से अव्यय पदों को चुनकर रिक्त स्थानों को पूरा कीजिए।)

(i) विद्यालयस्य .... एकम् उद्यानम् अस्ति।
(ii) सत्यम् .... जयते।
(iii) किं भवान् स्नानं कृतवान् ....?
(iv) स: यथा चिन्तयति .... आचरति।
(v) ग्रामं .... वृक्षा: सन्ति।
(vi) विद्यां .... जीवनं वृथा।
(vii) .... भगवन्तं भज।

• **मञ्जूषा** एव, खलु, तथा, परित:, पुरत:, सदा, विना।

उत्तराणि

(i) पुरत:
(ii) एव
(iii) खलु
(iv) तथा
(v) परित:
(vi) विना
(vii) सदा

प्र.6 विलोमपदानि योजयत्। (विलोम पदों को मिलाइए।)

	पद		विलोम पद
(क)	पुरतः	(i)	विरक्तिः
(ख)	स्वीकयम्	(ii)	आगमनम्
(ग)	भीतिः	(iii)	पृष्ठतः
(घ)	अनुरक्तिः	(iv)	परकीयम्
(ङ)	गमनम्	(v)	साहसः

उत्तराणि

	पद		विलोम पद
(क)	पुरतः	(iii)	पृष्ठतः
(ख)	स्वीकयम्	(iv)	परकीयम्
(ग)	भीतिः	(v)	साहसः
(घ)	अनुरक्तिः	(i)	विरक्तिः
(ङ)	गमनम्	(ii)	आगमनम्

प्र.7 (क) लट्लकारपदेभ्यः लोट-विधिलिङ्लकारपदानां निर्माणं कुरुत। (लट्लकार पदों से लोट्लकार तथा विधिलिङ्लकार पदों का निर्माण कीजिए।)

लट्लकार	लोट्लकार	विधिलिङ्लकार
यथा पठति	पठतु	पठेत्
(i) खेलसि	....	....
(ii) खादन्ति	....	....
(iii) पिबामि	....	....
(iv) हसतः	....	....
(v) नयामः	....	....

उत्तराणि

(i) खेलसि	खेल	खेलेः
(ii) खादन्ति	खादन्तु	खादेयुः
(iii) पिबामि	पिबानि	पिबेयम्
(iv) हसतः	हसताम्	हसेताम्
(v) नयामः	नयाम	नयेम

(ख) अधोलिखितानि पदानि निर्देशानुसारं परिवर्तयत। (निम्नलिखित पदों को निर्देश के अनुसार परिवर्तित कीजिए।)

यथा	गिरिशिखर (सप्तमी-एकवचने)	गिरिशिखरे
(i)	पथिन् (सप्तमी-एकवचने)	....
(ii)	राष्ट्र (चतुर्थी-एकवचने)	....
(iii)	पाषाण (सप्तमी-एकवचने)	....
(iv)	यान (द्वितीया-बहुवचने)	....
(v)	शक्ति (प्रथमा-एकवचने)	....
(vi)	पशु (सप्तमी-बहुवचने)	....

उत्तराणि

(i) पथिन्	(सप्तमी-एकवचने)	पथिनि/पथि
(ii) राष्ट्र	(चतुर्थी-एकवचने)	राष्ट्राय
(iii) पाषाण	(सप्तमी-एकवचने)	पाषाणे
(iv) यान	(द्वितीया-बहुवचने)	यानानि
(v) शक्ति	(प्रथमा-एकवचने)	शक्तिः
(vi) पशु	(सप्तमी-बहुवचने)	पशुषु

अभ्यास प्रश्ना:

पाठ्य-पुस्तक रुचिरा भाग-3 के प्रश्नोत्तर

भाग I

बहुविकल्पीय प्रश्ना:

1. (क) प्रदत्त विकल्पेभ्यः उचितं पदं चित्वा लिखत।
(दिए गए विकल्पों में से उचित पद चुनकर लिखिए।)

(i) निम्नलिखितपदेषु किं अव्ययपदं न अस्ति?
(अ) सततं (ब) भज (स) परित: (द) सदैव

(ii) किं क्रियापदं लोट्लकारस्य न वर्तते?
(अ) भज (ब) कुरु (स) त्यजति (द) विधेहि

(iii) 'चल्' धातु विधिलिङ प्रथम पुरुषे, एकवचने किं रूपं भविष्यति?
(अ) चलन्तु (ब) चलेत् (स) चलेयु: (द) चलेताम्

(iv) विना एव ·········· आरोहणं करोतु?
(अ) शिखरे (ब) गृहं (स) पूर्वत (द) पर्वतेषु

(v) यद्यपि गमनं खलु ··········
(अ) प्रखरा: (ब) पाषाणा:
(स) सुदुष्करम् (द) हिंस्रा

(ख) अधोलिखितेषु कथनेषु रेखाङ्कितपदानां आधृत्य प्रश्नवाचक पदं चित्वा लिखत।
(निम्नलिखित कथनों में रेखांकित पदों के आधार पर प्रश्नवाचक पद चुनकर लिखिए।)

(i) सदैव पुरतो निधेहि चरणम्।
(अ) क: (ब) कुत्र (स) कदा (द) किम्

(ii) यानेन विना नगारोहणम्।
(अ) केन (ब) क: (स) कौ (द) कस्य

(iii) गिरिशिखरे निजनिकेतनम् अस्ति।
(अ) कम् (ब) के (स) कुत्र (द) का

(iv) गमनम् सुदुष्करं अस्ति।
(अ) कस्मिन् (ब) कौ (स) क: (द) कीदृशं

(v) पथि विषमा: प्रखरा: सन्ति।
(अ) के (ब) क: (स) किम् (द) कानि

(vi) राष्ट्रे अनुरक्तिं विधेहि।
(अ) कस्य (ब) किम् (स) कानि (द) क:

उत्तराणि

(क) (i) (ब) भज (ii) (स) त्यजति
(iii) (ब) चलेत् (iv) (अ) शिखरे
(v) (स) सुदुष्करम्

(ख) (i) (ब) कुत्र (ii) (अ) केन
(iii) (स) कुत्र (iv) (द) कीदृशं
(v) (अ) के (vi) (ब) किम्

रिक्तस्थानं पूरयत्

2. अधोलिखितानां रिक्तस्थानानां पूर्ति उचित विकल्पं चित्वा कुरुत।
(निम्नलिखित रिक्त स्थानों की पूर्ति उचित विकल्प चुनकर कीजिए।)

(i) चल चल ······· निधेहि चरणम्। (पुरतो/पुरत:/पृष्ठत:)
(ii) ······· पुरतो निधेहि चरणम्। (सदा/सदैव/अल्पैव)
(iii) हिंस्रा: ······· परितो घोरा:। (पशव:/बालक:/जन:)
(iv) गमनम् ······· अस्ति। (सुदुष्करं/सरलं/कठिनम्)
(v) राष्ट्रस्य प्रति ······· । (अनुरक्तिम्/विभक्तिम्/शक्तिम्)
(vi) पथि पाषाण ······· प्रखरा:। (विषमा:/सुषमा/कृष्णा)
(vii) सततं ······· स्मरणम् कुरु। (ध्येय/सदैव/किम्)

उत्तराणि

(i) पुरतो (ii) सदैव
(iii) पशव: (iv) सुदुष्करं
(v) अनुरक्तिम् (vi) विषमा:
(vii) ध्येय

3. कोष्ठकदत्तस्य उचित विकल्पेभ्य: रिक्तस्थानानि पूरयत।
(कोष्ठक में दिए गए उचित विकल्प से रिक्त स्थानों की पूर्ति कीजिए।)

(i) पिता ······· सह आपणं गच्छति। (पुत्रं/पुत्रेण/पुत्र:)
(ii) ······· परित: वृक्षा: सन्ति। (गृहं/गृहे/गृहाणि)
(iii) ······· पत्रं पतति। (वृक्षात्/वृक्षे/वृक्षं)
(iv) अहं ······· गच्छामि। (गृहाणि/गृहेषु/गृहं)
(v) श्री ······· नम:। (शिव:/शिवम्/शिवाय)
(vi) ······· राम: श्रेष्ठ:। (छात्रेषु/छात्रम्/छात्राय)

उत्तराणि

(i) पुत्रेण (ii) गृहं
(iii) वृक्षात् (iv) गृहं
(v) शिवाय (vi) छात्रेषु

सत्यं/असत्यं

4. (क) प्रदत्तविकल्पेभ्यः सत्यं/असत्यं उत्तरं चित्वा लिखत।
(दिए गए विकल्पों में से सत्य/असत्य उत्तर चुनकर लिखिए।)

(i) सदैव पुरतो चल चल निधेहि चरणम्। (सत्यं/असत्यं)
(ii) गिरिशिखरे ननु निजनिकेतनम् विनैव यानं नगारोहणम्। (सत्यं/असत्यं)
(iii) पथि पाषाणाः विषमाः प्रखराः, हिंस्त्राः पशवः परितो नास्ति घोरा। (सत्यं/असत्यं)
(iv) सुदुष्करं खलु यद्यपि गमनम्। (सत्यं/असत्यं)
(v) जहीहि भीतिं भज-भज शक्तिम् विधेहि राष्ट्रे नास्ति तथाऽनुरक्तिम्। (असत्यं/सत्यं)
(vi) बलं स्वकीयं भवति साधनम्। (सत्यं/असत्यं)
(vii) कुरु कुरु सततं ध्येय नास्ति स्मरणम्। (असत्यं/सत्यं)

उत्तराणि

(i) सत्यं (ii) सत्यं
(iii) असत्यं (iv) सत्यं
(v) असत्यं (vi) सत्यं
(vii) असत्यं

(ख) अधोलिखितेषु कथनेषु उचितकथनानां समक्षं (✓) अनुचितकथनानां समक्षं (✗) च इति लिखत।
(निम्नलिखित कथनों में उचित कथनों के सामने (✓) तथा अनुचित कथनों के सामने (✗) लिखिए।)

(i) बलं साधनम् न भवति।
(ii) मार्गे विषमाः पाषाणाः अस्ति।
(iii) निजनिकेतनम् गिरिशिखरे नास्ति।
(iv) सर्वे राष्ट्रे अनुरक्तिं विधेहि।
(v) सदैव पुरतः चरणम् निधेहि।
(vi) अहं यानं विना नगारोहरणम् करोमि।
(vii) परितः हिंस्राः पशवः नास्ति।

उत्तराणि

(i) (✗) (ii) (✓)
(iii) (✗) (iv) (✓)
(v) (✓) (vi) (✓)
(vii) (✗)

मेलनं कुर्वन्तु

5. अधोलिखितानां शब्दानां समक्षं प्रदत्तैः अर्थैः सह मेलनं कुरुत।
(निम्नलिखित शब्दों के समक्ष दिए गए अर्थों का आपस में मिलान कीजिए।)

शब्दाः	अर्थाः
(क) पुरतः	(i) स्नेहम्
(ख) प्रखराः	(ii) कठिनम्
(ग) यानम्	(iii) सदा
(घ) सदैव	(iv) वाहनम्
(ङ) दुष्करम्	(v) तीक्ष्णाः
(च) अनुरक्तिम्	(vi) अग्रे

उत्तराणि

शब्दाः	अर्थाः
(क) पुरतः	(vi) अग्रे
(ख) प्रखराः	(v) तीक्ष्णाः
(ग) यानम्	(iv) वाहनम्
(घ) सदैव	(iii) सदा
(ङ) दुष्करम्	(ii) कठिनम्
(च) अनुरक्तिम्	(i) स्नेहम्

वाक्यानि रचयत

6. अधोलिखितानां शब्दानां वाक्येषु प्रयोगं कुरुत।
(निम्नलिखित शब्दों का वाक्यों में प्रयोग कीजिए।)

(i) परितः .... (ii) यानम् ....
(iii) सततम् .... (iv) सदैव ....
(v) गिरिशिखरे .... (vi) स्मरणम् ....

उत्तराणि

(i) विद्यालयं परितः वृक्षाः सन्ति।
(ii) अहं यानम् उपविश्य गृहं आगच्छामि।
(iii) सफलतायै सततं प्रयासं करणीयम्।
(iv) सदैव सत्यम् वद।
(v) गिरिशिखरे राजप्रासादं वर्तते।
(vi) ईश्वरं सदैव स्मरणीयम्।

व्याकरणम्

7. अधोलिखितानां क्रियापदानां लकार परिवर्तनं कुरुत।
(निम्नलिखित क्रियापदों का लकार परिवर्तन कीजिए।)

(i) स्वकीयं साधनं किं **भवति**? (लृट्लकार)
(ii) विद्यालयस्य पुरतः उद्यानम् **अस्ति**। (लङ्लकार)
(iii) ग्रामं परितः वृक्षा **सन्ति**। (लोट्लकार)
(iv) त्वं विद्यालयं **चल**। (विधिलिङ्गलकार)
(v) अहं गृहं **गच्छामि**। (लृट्लकार)
(vi) अहं जयपुरं **गमिष्यामि**। (लट्लकार)

उत्तराणि

(i) भविष्यति (ii) आसीत्
(iii) सन्तु (iv) चले
(v) गमिष्यामि (vi) गच्छामि

भाग II

पठित-अवबोधनम्

1. अधोलिखितानां पद्यांशानां पठित्वा निर्देशानुसारम् उत्तरं लिखत। (निम्नलिखित पद्यांशों को पढ़कर निर्देशानुसार प्रश्नों के उत्तर लिखिए।)

(क) चल चल पुरतो निधेहि चरणम्।
सदैव पुरतो निधेहि चरणम्।।
गिरिशिखरे ननु निजनिकेतनम्।
विनैव यानं नगारोहणम्।।
बलं स्वकीयं भवति साधनम्।
सदैव् पुरतो········।।

I. अधोलिखितानां प्रश्नानाम् उत्तराणि एकपदेन लिखत। (निम्नलिखित प्रश्नों के उत्तर एक पद में लिखिए।)
(i) चरणम् कुत्र निधेहि?
(ii) स्वकीयं साधनं किं भवति?
(iii) गिरिशिखरे किम् स्थितं अस्ति?
(iv) यानं विनैव वयं किम् कुर्याम्?

II. अधोलिखितानां प्रश्नानाम् उत्तराणि पूर्णवाक्येन लिखत। (निम्नलिखित प्रश्नों के उत्तर पूर्णवाक्य में लिखिए।)
(i) निजनिकेतनम् कुत्र अस्ति?
(ii) यानेन विना कुत्र आरोहणम्?

III. अधोलिखितानां प्रश्नानाम् उत्तराणि निर्देशानुसारं लिखत। (निम्नलिखित प्रश्नों के उत्तर निर्देशानुसार लिखिए।)
(i) 'पादं' इति पदस्य पर्यायपदं पद्यांशे किम्?
(ii) बलं स्वकीयं भवति 'साधनम्' अस्मिन् वाक्ये क्रियापदं किम्?

IV. अधोलिखितानां प्रश्नानाम् उत्तराणि प्रदत्तविकल्पेभ्यः चित्वा लिखत। (निम्नलिखित प्रश्नों के उत्तर दिए गए विकल्पों में से चुनकर लिखिए।)
(i) 'सदैव' इति पदस्य सन्धि विच्छेदं विधेयः।
(अ) सद् + व (ब) सदा + व
(स) सदा + एव (द) सदे + व
(ii) 'परकीयं' इति पदस्य विलोमपदं पद्यांशे किं प्रयुक्तम्?
(अ) निधेहि (ब) स्वकीयं
(स) परकीयं (द) बलं
(iii) पुरतः किम् निधेहि?
(अ) चरणम् (ब) हस्तम् (स) नेत्रम् (द) करणम्
(iv) प्रस्तुत गीते कविः का प्रवृत्तेः अस्ति?
(अ) राष्ट्रवादी (ब) समाजवादी
(स) कर्मतावादी (द) साहसवादी

उत्तराणि

I. (i) पुरतो (ii) बलं
(iii) निजनिकेतनं (iv) नगारोहणम्
II. (i) निजनिकेतनम् गिरिशिखरे अस्ति।
(ii) यानेन विना नगारोहणम्।
III. (i) चरणम् (ii) भवति।
IV. (i) (स) सदा + एव (ii) (ब) स्वकीयं
(iii) (अ) चरणम् (iv) (अ) राष्ट्रवादी

(ख) पथि पाषाणाः विषमाः प्रखराः।
हिंस्राः पशवः परितो घोराः।।
सुदुष्करं खलु यद्यपि गमनम्।
सदैव पुरतो ········।।

I. अधोलिखितानां प्रश्नानाम् उत्तराणि एकपदेन लिखत। (निम्नलिखित प्रश्नों के उत्तर एक पद में लिखिए।)
(i) पाषाणाः विषमाः प्रखराः कुत्र अस्ति?
(ii) सदैव पुरतो किं निधेहि?
(iii) पाषाणाः कीदृशाः सन्ति?
(iv) पशवः कीदृशाः सन्ति?

II. अधोलिखितानां प्रश्नानाम् उत्तराणि पूर्णवाक्येन लिखत। (निम्नलिखित प्रश्नों के उत्तर पूर्णवाक्य में लिखिए।)
(i) परितो घोराः के?
(ii) गमनम् कीदृशम्?

III. अधोलिखितानां प्रश्नानाम् उत्तराणि निर्देशानुसारं लिखत। (निम्नलिखित प्रश्नों के उत्तर निर्देशानुसार लिखिए।)
(i) 'पन्थाः' इति पदस्य पर्यायपदं पद्यांशे किं प्रयुक्तम्?
(ii) 'हिंस्त्राः पशवः' इत्यनयो पदयोः कि विशेष्य पदम्?

IV. अधोलिखितानां प्रश्नानाम् उत्तराणि प्रदत्तविकल्पेभ्यः चित्वा लिखत। (निम्नलिखित प्रश्नों के उत्तर दिए गए विकल्पों में से चुनकर लिखिए।)
(i) 'सुकरम्' इति पदस्य विलोमपदं पद्यांशे किं प्रयुक्तम्?
(अ) खलु (ब) गमनम्
(स) दुष्करम् (द) यद्यपि
(ii) 'पशवः' इत्यस्मिन् पदे वचनम् अस्ति।
(अ) द्विवचनं (ब) एकवचनं
(स) बहुवचनं (द) कोऽपि न
(iii) सदैव चरणं कुत्र निधेहि?
(अ) पुरतः (ब) प्रथम
(स) पूर्वः (द) सम्मुखं
(iv) यद्यपि गमनम् खलु कीदृशं?
(अ) सुदुष्करं (ब) जमनम्
(स) कठिनम् (द) अनाचारम्

उत्तराणि

I. (i) पथि (ii) चरणम्
(iii) विषमाः (iv) हिंस्त्राः
II. (i) परितो घोराः हिंस्राः पशवः।
(ii) गमनम् सुदुष्करम्।
III. (i) पथि (ii) पशवः
IV. (i) (स) दुष्करम् (ii) (स) बहुवचनं
(iii) (अ) पुरतः (iv) (अ) सुदुष्करं

(ग) जहीहि भीतिं भज-भज शक्तिम्।
विधेहि राष्ट्रे तथाऽनुरक्तिम्।।
कुरु कुरु सततं ध्यये-स्मरणम्।
सदैव पुरतो ………।।

I. अधोलिखितानां प्रश्नानाम् उत्तराणि एकपदेन लिखत। (निम्नलिखित प्रश्नों के उत्तर एक पद में लिखिए।)
(i) सततं किं स्मरणम्?
(ii) किं जहीहि?
(iii) काम् भज?
(iv) विधेहि केन तथा अनुरक्तिम्?

II. अधोलिखितानां प्रश्नानाम् उत्तराणि पूर्णवाक्येन लिखत। (निम्नलिखित प्रश्नों के उत्तर पूर्णवाक्य में लिखिए।)
(i) राष्ट्रे किं विधेहि?
(ii) किं भज-भज जहीहि भीतिं?

III. अधोलिखितानां प्रश्नानाम् उत्तराणि निर्देशानुसारं लिखत। (निम्नलिखित प्रश्नों के उत्तर निर्देशानुसार लिखिए।)
(i) 'कुरु कुरु सततं ध्येयस्मरणम्' इति वाक्ये कः अव्ययः प्रयुक्तः?
(ii) '<u>सदैव</u> पुरतो निधेहि चरणम्' इति वाक्ये रेखाङ्कित पदे संधि विच्छेदं कुरुत।

IV. अधोलिखितानां प्रश्नानाम् उत्तराणि प्रदत्तविकल्पेभ्यः चित्वा लिखत। (निम्नलिखित प्रश्नों के उत्तर दिए गए विकल्पों में से चुनकर लिखिए।)
(i) 'बलं' इति पदस्य पर्यायपदं पद्यांशे किं प्रयुक्तम्?
(अ) भज (ब) शक्तिम्
(स) भीति (द) जहीहि
(ii) 'राष्ट्रे' अत्र का विभक्तिः?
(अ) पञ्चमी (ब) षष्ठी
(स) सप्तमी (द) चतुर्थी
(iii) 'सदैव पुरतो ……।' इत्यस्मिन् वाक्ये अव्यय पदं किम्?
(अ) चरणम् (ब) सदैव
(स) निधेहि (द) कोऽपि न
(iv) भीति किम् कुरु?
(अ) जहीहि (ब) परिहरं
(स) विधेहि (द) त्यागना

उत्तराणि

I. (i) ध्येयं (ii) भीतिं
(iii) शक्तिम् (iv) राष्ट्रे
II. (i) राष्ट्रे अनुरक्तिम् विधेहि।
(ii) शक्तिम् भज-भज जहीहि भीतिं।
III. (i) सततम् (ii) सदा + एव
IV. (i) (ब) शक्तिम्
(ii) (स) सप्तमी
(iii) (ब) सदैव
(iv) (अ) जहीहि

अन्वयः पूर्ति

2. मञ्जूषातः पदानि चित्वा श्लोकेषु अन्वयपूर्तिं कुरुत। (मञ्जूषा से शब्द चुनकर श्लोकों में अन्वय कि पूर्ति कीजिए।)

(क) चल चल पुरतो निधेहि चरणम्।
सदैव पुरतो निधेहि चरणम्।।

अन्वयः (i) ………, चल (ii) ……… चरणम्, (iii) ………। सदैव पुरतः (iv) ……… निधेहि।

• **मञ्जूषा** चरणम्, निधेहि, पुरतः, चल।

(ख) गिरिशिखरे ननु निजनिकेतनम्।
विनैव यानं नगारोहणम्।।
बलं स्वकीयं भवति साधनम्।
सदैव पुरतो ………।।

अन्वयः ननु गिरिशिखरे (i) ………, यानं विना एव (ii) ……… स्वकीयं बलं (iii) ……… भवति, सदैव पुरतः (iv) ……… निधेहि।

• **मञ्जूषा** चरणम्, साधनम्, नगारोहणम्, निजनिकेतनम्।

(ग) पथि पाषाणाः विषमाः प्रखराः।
हिंस्राः पशवः परितो घोराः।।
सुदुष्करं खलु यद्यपि गमनम्।
सदैव पुरतो ………।

अन्वयः पथि विषमाः (i) ……… च पाषाणाः, परितः हिंस्रा घोराः (ii) ……… भ्रमन्ति। यद्यपि गमनम् (iii) ………खलु अस्ति, सदैव पुरतः चरणम् (iv) ……… ।

• **मञ्जूषा** निधेहि, सुदुष्करं, पशवः प्रखराः।

(घ) जहीहि भीतिं भज-भज शक्तिम्।
विधेहि राष्ट्रे तथाऽनुरक्तिम्।।
कुरु कुरु सततं ध्येय-स्मरणम्।
सदैव पुरतो………।।

अन्वयः भीतिं जहीहि (i) ……… भज तथा राष्ट्रे (ii) ……… विधेहि। सततं ध्येय (iii) ……… कुरु कुरु, (iv) ……… पुरतः चरणम् निधेहि।

• **मञ्जूषा** स्मरणम्, अनुरक्तिम्, शक्तिम्, सदैव।

उत्तराणि

(क) (i) चल (ii) पुरतः
(iii) निधेहि (iv) चरणम्
(ख) (i) निजनिकेतनम् (ii) नगारोहणम्
(iii) साधनम् (iv) चरणम्
(ग) (i) प्रखराः (ii) पशवः
(iii) सुदुष्करं (iv) निधेहि
(घ) (i) शक्तिम् (ii) अनुरक्तिम्
(iii) स्मरणम् (iv) सदैव

कण्टकेनैव कण्टकम्

(काँटे को काँटे से ही निकाला जाता है)

अध्याय 5

पाठ का सार यह मध्यप्रदेश के डिंडोरी जिले में प्रधानों के बीच प्रचलित एक लोककथा है। यह कथा पंचतंत्र की शैली में रचित है। इस कथा में यह स्पष्ट किया गया है कि संकट में चतुराई, सहनशीलता और हाज़िर जवाब के माध्यम से बाहर निकला जा सकता है।

पाठ का हिंदी अनुवाद

1. आसीत् कश्चित् चञ्चलो नाम व्याधः। पक्षिमृगादीनां ग्रहणेन सः स्वीयां जीविकां निर्वाहयति स्म।। एकदा सः वने जालं विस्तीर्य गृहम् आगतवान्। अन्यस्मिन् दिवसे प्रातःकाले यदा चञ्चलः वनं गतवान्, तदा सः दृष्ट्वान् यत् तेन विस्तारिते जाले दौर्भाग्याद् एकः व्याघ्रः बद्धः आसीत्।

शब्दार्थाः आसीत् = था, कश्चित् = कोई, व्याधः = शिकारी (बहेलिया), ग्रहणेन = पकड़कर, स्वीयाम् = स्वयं की (अपनी), निर्वाहयति स्म = बिताता था, एकदा = एक बार, विस्तीर्य = फैलाकर, आगतवान् = आ गया, दृष्ट्वान् = देखा, दौर्भाग्यात् = दुर्भाग्य से, व्याघ्रः = बाघ, बद्धः = बँधा हुआ।

संदर्भ प्रस्तुत गद्यांश हमारी पाठ्य-पुस्तक संस्कृत के रुचिरा भाग 3 के पंचम पाठ 'कण्टकेनैव कण्टकम्' से लिया गया है।

हिंदी अनुवाद चंचल नामक कोई शिकारी था। वह पशु-पक्षी आदि को पकड़कर अपनी जीविका चलाता था। एक बार वह वन (जंगल) में जाल बिछाकर घर आ गया। दूसरे दिन प्रातः काल जब चंचल वन में गया, तब उसने देखा कि उसके द्वारा बिछाए गए जाल में दुर्भाग्य से एक बाघ बँधा (फँसा) हुआ था।

2. सोऽचिन्तयत्, 'व्याघ्रः मां खादिष्यति अतएव पलायनं करणीयम्।' व्याघ्रः न्यवेदयत् 'भो मानव! कल्याणं भवतु ते। यदि त्वं मां मोचयिष्यसि तर्हि अहं त्वां न हनिष्यामि।' तदा सः व्याधः व्याघ्रं जालात् बहिः निरसारयत्। व्याघ्रः क्लान्तः आसीत्। सोऽवदत्, 'भो मानव! पिपासुः अहम्। नद्याः जलमानीय मम पिपासां शमय।'' व्याघ्रः जलं पीत्वा पुनः व्याधमवदत्, 'शान्ता मे पिपासा। साम्प्रतं बुभुक्षितोऽस्मि। इदानीम् अहं त्वां खादिष्यामि।' चञ्चलः उक्तवान्, 'अहं त्वत्कृते धर्मम् आचरितवान्। त्वया मिथ्या भणितम्। त्वं मां खादितुम् इच्छसि?

शब्दार्थाः अचिन्तयत् = सोचा, पलायनम् = भाग जाना, न्यवेदयत् = निवेदन किया, माम् = मुझको, मोचयिष्यसि = मुक्त करोगे/छुड़ाओगे, निरसारयत् = निकाला, तर्हि = तो, न हनिष्यामि = नहीं मारूँगा, क्लान्तः = थका हुआ, पिपासुः = प्यासा, आनीय = लाकर, शमय = शांत करो, पीत्वा = पीकर, साम्प्रतम् = इस समय, बुभुक्षितः = भूखा, इदानीम् = अब/इस समय, उक्त्वान् = बोला, त्वत्कृते = तुम्हारे लिए, आचरितवान् = आचरण किया है, मिथ्या = झूठ, भणितम् = कहा है।

हिंदी अनुवाद उसने (शिकारी चंचल ने) सोचा 'यह बाघ मुझे खा जाएगा, इसलिए यहाँ से मुझे भाग जाना चाहिए।' उसी समय बाघ ने निवेदन किया 'हे मानव! तुम्हारा कल्याण हो। यदि तुम मुझे मुक्त करोगे (छुड़ाओगे), तो मैं तुम्हे नहीं मारूँगा।' तब उस शिकारी ने बाघ को जाल से बाहर निकाल दिया। बाघ थका हुआ था। वह बोला, हे मानव! मैं प्यासा हूँ। नदी का जल लाकर मेरी प्यास शांत करो। बाघ जल पीकर पुनः शिकारी से बोला, मेरी प्यास शांत हो गई। इस समय मैं भूखा हूँ, अब मैं तुम्हें खाऊँगा।' चंचल ने कहा, मैंने तुम्हारे प्रति धर्म (मानवता) का व्यवहार (आचरण) किया है। तुमने झूठ कहा था। तुम मुझको खाना चाहते हो?

3. व्याघ्रः अवदत् 'अरे मूर्ख! क्षुधार्ताय किमपि अकार्यम् न भवति। सर्वः स्वार्थं समीहते।'
चञ्चलः नदीजलम् अपृच्छत्! नदीजलम् अवदत्,
एवमेव भवति, जनाः मयि स्नानं कुर्वन्ति,
वस्त्राणि प्रक्षालयन्ति तथा च मल-मूत्रादिकं
विसृज्य निवर्तन्ते, वस्तुतः सर्वः स्वार्थं
समीहते।

शब्दार्थाः क्षुधार्ताय = भूखा होता है, अकार्यम् = गलत कार्य नहीं है, समीहते = प्रयास करते हैं, अपृच्छत् = पूछा, एवमेव = ऐसा ही, मयि = मुझमें (मेरे जल में), प्रक्षालयन्ति = धोते हैं, विसृज्य = छोड़कर, निवर्तन्ते = चले जाते हैं।

हिंदी अनुवाद बाघ बोला 'अरे मूर्ख! जो भूखा होता है उसके लिए कोई भी कार्य गलत (अनुचित) नहीं होता है। सभी अपने स्वार्थ के लिए प्रयास करते हैं।'

चंचल ने नदी के जल से पूछा! नदी के जल ने कहा, ऐसा ही होता है, लोग (जन) मुझमें (मेरे जल में) स्नान करते और वस्त्र धोते हैं तथा मल-मूत्र आदि विसर्जित करके चले जाते हैं। वस्तुतः सभी स्वार्थ के लिए ही प्रयास करते हैं अर्थात सभी स्वार्थी होते हैं।

4. चञ्चलः वृक्षम् उपगम्य अपृच्छत्। वृक्षः अवदत्, 'मानवाः अस्माकं छायायां विरमन्ति। अस्माकं फलानि खादन्ति, पुनः कुठारैः प्रहृत्य अस्मभ्यं सर्वदा कष्टं ददति। यत्र कुत्रापि छेदनं कुर्वन्ति। सर्वः स्वार्थं समीहते।'

शब्दार्थाः उपगम्य = पास जाकर, विरमन्ति = विश्राम करते हैं, खादन्ति = खाते हैं, कुठारैः = कुल्हाड़ी से, प्रहृत्य = प्रहार करके, अस्मभ्यं = हमें, छेदनम = काटते हैं।

हिंदी अनुवाद चंचल ने वृक्ष के पास जाकर पूछा, 'वृक्ष बोला कि मानव हमारी छाया में विश्राम करते हैं, हमारे फल को खाते हैं, फिर कुल्हाड़ी से प्रहार करके हमें सदैव कष्ट देते है। कहीं से भी काट देते हैं अर्थात् अपनी आवश्यकता के अनुरूप हमारा प्रयोग करते हैं। अतः सभी अपने स्वार्थ के लिए ही प्रयास करते हैं।'

5. समीपे एका लोमशिका बदरी-गुल्मानां पृष्ठे निलीना एतां वार्तां शृणोति स्म। सा सहसा चञ्चलमुपसृत्य कथयति "का वार्ता? माम् अपि विज्ञापय।" सः अवदत् "अहह मातृस्वसः! अवसरे त्वं समागतवती। मया अस्य व्याघ्रस्य प्राणाः रक्षिताः, परम् एषः मामेव खादितुम् इच्छति।" तदनन्तरं सः लोमशिकायै निखिलां कथां न्यवेदयत्।

शब्दार्थाः समीपे = पास ही, लोमशिका = लोमड़ी, बदरी = बेर, गुल्मानां = झाड़ियों के, पृष्ठे = पीछे, निलीना = छुपी हुई, वार्तां = बातचीत, शृणोति स्म = सुन रही थी, सहसा = अचानक, उपसृत्य = पास जाकर, विज्ञापय = बताओ, मातृस्वसः = मौसी, समागतवती = आई हो, तदनन्तरम् = इसके बाद, निखिलाम् = सम्पूर्ण, कथाम् = कहानी।

हिंदी अनुवाद एक लोमड़ी पास की बेर की झाड़ियों के पीछे छिपकर इस बात को सुन रही थी। वह अचानक चंचल के समीप जाकर बोलती है, "क्या बात है? मुझे भी बताओ।" चंचल ने कहा, "अरे मौसी! तुम सही समय पर आई हो। मैंने इस बाघ के प्राणों की रक्षा की है, परंतु अब यह मुझे ही खाना चाहता है।" इसके बाद उसने (चंचल ने) लोमड़ी को सारी कहानी बता दी।

6. लोमशिका चञ्चलम् अकथयत्-बाढम्, त्वं जालं प्रसारय। पुनः सा व्याघ्रम् अवदत् केन प्रकारेण त्वम् एतस्मिन् जाले बद्धः इति अहं प्रत्यक्षं द्रष्टुमिच्छामि। व्याघ्रः तद् वृत्तान्तं प्रदर्शयितुं तस्मिन् जाले प्राविशत्। लोमशिका पुनः अकथयत्-सम्प्रति पुनः पुनः कूर्दनं कृत्वा दर्शय। सः तथैव समाचरत्। अनारतं कूर्दनेन सः श्रान्तः अभवत्। जाले बद्धः सः व्याघ्रः क्लान्तः सन् निःसहायो भूत्वा तत्र अपतत् प्राणभिक्षामिव च अयाचत। लोमशिका व्याघ्रम् अवदत् सत्यं त्वया भणितम्, 'सर्वः स्वार्थं समीहते।'

शब्दार्थाः बाढम् = ठीक है, प्रसारय = फैलाओ, केन प्रकारेण = किस प्रकार से, एतस्मिन् = इस, प्रत्यक्षम् = अपने (समक्ष) सामने, द्रष्टुम् = देखना, इच्छामि = चाहती हूँ, वृत्तान्तम् = पूरी कहानी, प्रदर्शयितुम् = दिखाने के लिए, प्राविशत् = प्रवेश किया, कूर्दनम् = उछल-कूद, प्रत्यावर्तत = लौट गया, सम्प्रति = अब, समाचरत् = आचरण किया, अनारतम् = लगातार, श्रान्तः = थककर, निःसहायो = असहाय, भूत्वा = होकर, अपतत् = गिर गया, प्राणभिक्षामिव = अपने प्राणों की भिक्षा, अयाचत = माँगने लगा, भणितम् = कहा।

हिंदी अनुवाद लोमड़ी ने चंचल से कहा-ठीक है, तुम जाल को फैलाओ। फिर उसने (लोमड़ी ने बाघ से) कहा, तुम किस प्रकार से इस जाल में बँध गए थे, मैं वह प्रत्यक्ष रूप से देखना चाहती हूँ। बाघ ने उस वृत्तांत को दिखाने के लिए जाल में प्रवेश किया। फिर लोमड़ी ने कहा, अब बार-बार कूदकर दिखाओ। उसने (बाघ ने) वैसा ही किया। लगातार कूदने से वह थक गया। जाल में बँधा हुआ बाघ थककर असहाय (निढाल) होकर वहीं (जाल में) गिर गया और प्राणों की भिक्षा माँगने लगा। लोमड़ी ने बाघ से कहा कि तुमने सत्य ही कहा है, सभी अपने स्वार्थ पूर्ति के लिए ही प्रयास कर रहे हैं।

NCERT फोल्डर: पाठ्य-पुस्तक रुचिरा भाग-3 के प्रश्नोत्तर

प्र.1 अधोलिखितानां प्रश्नानाम् उत्तराणि एकपदेन लिखत।
(निम्नलिखित प्रश्नों के उत्तर एक पद में लिखिए।)

(i) व्याधस्य नाम किम् आसीत्?
(ii) चञ्चलः व्याघ्रं कुत्र दृष्ट्वान्?
(iii) कस्मै किमपि अकार्यं न भवति?
(iv) बदरी-गुल्मानां पृष्ठे का निलीना आसीत्?
(v) सर्वः किं समीहते?
(vi) निःसहायो व्याघ्रः किमयाचत्?

उत्तराणि

(i) चञ्चलः
(ii) वने (जाले)
(iii) क्षुधार्थै
(iv) लोमशिका
(v) स्वार्थम्
(vi) प्राणभिक्षाम्

प्र.2 अधोलिखितानां प्रश्नानाम् उत्तराणि पूर्णवाक्येन लिखत।
(निम्नलिखित प्रश्नों के उत्तर पूर्णवाक्य में लिखिए।)

(i) चञ्चलेन वने किं कृतम्?
(ii) व्याघ्रस्य पिपासा कथं शान्ता अभवत्?
(iii) जलं पीत्वा व्याघ्रः किम् अवदत्?
(iv) चञ्चलः 'मातृस्वसः'! इति कां सम्बोधितवान्?
(v) जाले पुनः बद्धं व्याघ्रं दृष्ट्वा व्याधः किम् अकरोत्?

उत्तराणि

(i) चञ्चलेन वने जालं प्रासारयत्।
(ii) व्याघ्रस्य पिपासा जलं पीत्वा शान्ता अभवत्।
(iii) जलं पीत्वा व्याघ्रः अवदत्-साम्प्रतम् अहम् बुभुक्षितः अस्मि, इदानीम् अहं त्वां खादिष्यामि।
(iv) चञ्चलः 'मातृस्वसः' इति लोमशिकाम् सम्बोधितवान्।
(v) जाले पुनः बद्धं व्याघ्रं दृष्ट्वा व्याधः प्रसन्नः भूत्वा गृहं प्रत्यावर्तत्।

प्र.3 अधोलिखितानि वाक्यानि कः/का, कं/कां प्रति कथयति?
(निम्नलिखित वाक्यों को किसने, किससे कहा?)

	कः/का	कं/कां
यथा इदानीम् अहं त्वां खादिष्यामि।	व्याघ्रः	व्याधम्
(i) कल्याणं भवतु ते।	....	....
(ii) जनाः मयि स्नानं कुर्वन्ति।	....	....
(iii) अहं त्वत्कृते धर्मम् आचरितवान् त्वया मिथ्या भणितम्।	....	....
(iv) यत्र कुत्रापि छेदनं कुर्वन्ति।	....	....
(v) सम्प्रति पुनः पुनः कूर्दनं कृत्वा दर्शय।	....	....

उत्तराणि

	कः/का	कं/कां
(i)	व्याघ्रः	व्याधम्
(ii)	नद्याःजलम्	व्याधम्
(iii)	चञ्चलः	व्याघ्रम्
(iv)	वृक्षः	व्याधम्
(v)	लोमशिका	व्याघ्रम्

प्र.4 रेखाङ्कितपदमाधृत्य प्रश्ननिर्माणं कुरुत।
(रेखांकित पदों के आधार पर प्रश्न निर्माण कीजिए।)

(i) व्याधः व्याघ्रं <u>जालात्</u> बहिः निरसारयत्।
(ii) चञ्चलः <u>वृक्षम्</u> उपगम्य अपृच्छत्।
(iii) व्याघ्रः <u>लोमशिकायै</u> निखिलां कथां न्यवेदयत्।
(iv) मानवाः <u>वृक्षाणां</u> छायायां विरमन्ति।
(v) व्याघ्रः <u>नद्याः</u> जलेन व्याधस्य पिपासामशमयत्।

उत्तराणि

(i) व्याधः व्याघ्रं <u>कस्मात्</u> बहिः निरसारयत्?
(ii) चञ्चलः <u>कम्</u> उपगम्य अपृच्छत्?
(iii) व्याघ्रः <u>कस्यै</u> निखिलां कथां न्यवेदयत्?
(iv) मानवाः <u>केषाम्</u> छायायां विरमन्ति?
(v) व्याघ्रः <u>कस्याः</u> जलेन व्याधस्य पिपासामशमयत्?

प्र.5 मञ्जूषातः पदानि चित्वा कथां पूरयत।
(मञ्जूषा में दिए गए शब्दों को चुनकर कहानी को पूरा करें।)

एकस्मिन् वने एकः (i) .... व्याघ्रः आसीत्। सः एकदा व्याधेन विस्तारिते जाले बद्धः अभवत्। सः बहुप्रयासं (ii) .... किन्तु जालात् मुक्तः नाभवत्। (iii) .... तत्र एकः मूषकः समागच्छत्। बद्धं व्याघ्रं (iv) .... सः तम् अवदत्-अहो! भवान् जाले बद्धः। अहं त्वां (v) .... इच्छामि। तच्छुत्वा व्याघ्रः (vi) .... अवदत्-अरे! त्वं (vii) .... जीवः मम साहाय्यं करिष्यसि। यदि त्वं मां मोचयिष्यसि (viii) .... अहं त्वां न हनिष्यामि। मूषकः (ix) .... लघुदन्तैः तज्जालस्य (x) .... कृत्वा तं व्याघ्रं बहिः कृतवान्।

- मञ्जूषा वृद्धः, कृतवान्, अकस्मात्, दृष्ट्वा, मोचयितुम् साट्टहासम्, क्षुद्रः, तर्हि, स्वकीयैः, कर्तनम्।

उत्तराणि

(i) वृद्धः
(ii) कृतवान्
(iii) अकस्मात्
(iv) दृष्ट्वा
(v) मोचयितुम्
(vi) साट्टहासम्

(vii) क्षुद्रः (viii) तर्हि
(ix) स्वकीयैः (x) कर्तनम्

प्र.6 अधोलिखितानां प्रश्नानाम् उत्तराणि निर्देशानुसारं लिखत।
(निम्नलिखित प्रश्नों के उत्तर निर्देशानुसार लिखिए।)

(i) सः लोमशिकायै सर्वां कथां न्यवेदयत्–अस्मिन् वाक्ये विशेषणपदं किम्?
(ii) अहं त्वत्कृते धर्मम् आचरितवान् – अत्र अहम् इति सर्वनामपदं कस्मै प्रयुक्तम्?
(iii) 'सर्वः स्वार्थं समीहते', अस्मिन् वाक्ये कर्तृपदं किम्?
(iv) सा सहसा चञ्चलमुपसृत्य कथयति–वाक्यात् एकम् अव्ययपदं चित्वा लिखत।
(v) 'का वार्ता? मम् अपि विज्ञापय' –अस्मिन् वाक्ये क्रियापदं किम्? क्रियापदस्य पदपरिचयमपि लिखत।

उत्तराणि
(i) सर्वाम्
(ii) चञ्चलाय
(iii) सर्वः
(iv) सहसा
(v) विज्ञापय = वि (उपसर्ग) + ज्ञा (धातु) + णिच् (प्रत्यय)

प्र.7 (क) उदाहरणानुसारं रिक्तस्थानानि पूरयत।
(उदाहरण के अनुसार रिक्त स्थानों को पूरा कीजिए।)

	एकवचनम्	द्विवचनम्	बहुवचनम्
यथा मातृ (प्रथमा)	माता	मातरौ	मातरः
स्वसृ (प्रथमा)	....	....	....
मातृ (तृतीया)	मात्रा	मातृभ्याम्	मातृभिः
स्वसृ (तृतीया)	....	....	....
स्वसृ (सप्तमी)	स्वसरि	स्वस्रोः	स्वसृषु
मातृ (सप्तमी)	....	....	....
स्वसृ (षष्ठी)	स्वसुः	स्वस्रोः	स्वसृणाम्
मातृ (षष्ठी)	....	....	....

उत्तराणि

	एकवचनम्	द्विवचनम्	बहुवचनम्
स्वसृ (प्रथमा)	स्वसा	स्वसारौ	स्वसारः
स्वसृ (तृतीया)	स्वस्त्रा	स्वसृभ्याम्	स्वसृभिः
मातृ (सप्तमी)	मातरि	मात्रोः	मातृषु
मातृ (षष्ठी)	मातुः	मात्रोः	मातृणाम्

(ख) धातुं प्रत्ययं च लिखत।
(धातु और प्रत्यय लिखिए।)

पदानि	धातुः	प्रत्यय
यथा गन्तुम्	गम् +	तुमुन्
(i) द्रष्टुम्	....	....
(ii) करणीयम्	....	....
(iii) पातुम्	....	....
(iv) खादितुम्	....	....
(v) कृत्वा	....	....

उत्तराणि
(i) द्रष्टुम् = दृश् + तुमुन्
(ii) करणीयम् = कृ + अनीयर्
(iii) पातुम् = पा + तुमुन्
(iv) खादितुम् = खाद् + तुमुन्
(v) कृत्वा = कृ + कत्वा

अभ्यास प्रश्नाः

पाठ्य-पुस्तक रुचिरा भाग-3
के प्रश्नोत्तर

भाग I

बहुविकल्पीय प्रश्नाः

1. (क) प्रदत्त विकल्पेभ्यः उचित पदं चित्वा रिक्तस्थानानि पूरयत। (दिए गए विकल्पों में से उचित पद चुनकर रिक्त स्थानों की पूर्ति कीजिए।)

(i) कश्चित् चञ्चलो नाम ········· आसीत्।
(अ) व्याघ्रः (ब) व्याधः
(स) जनः (द) बालकः

(ii) सः व्याधः ········· जालात् बहिः निरसारयत्।
(अ) व्याघ्रं (ब) चञ्चलम्
(स) मनुष्यम् (द) जनम्

(iii) व्याघ्रः जलं ········· पुनः व्याधमवदत्।
(अ) खादित्वा (ब) खात्वा
(स) पीत्वा (द) कृत्वा

(iv) त्वं मां ········· इच्छसि।
(अ) खादितुम् (ब) पातुम्
(स) पीत्वा (द) दृष्ट्वा

उत्तराणि

(i) (ब) व्याधः (ii) (अ) व्याघ्रं
(iii) (स) पीत्वा (iv) (अ) खादितुम्

(ख) अधोलिखितेषु वाक्येषु रेखाङ्कितपदानां आधृत्य प्रश्ननिर्माणं कुरुत। (निम्नलिखित वाक्यों में रेखांकित पदों के आधार पर प्रश्न निर्माण कीजिए।)

(i) व्याधः <u>व्याघ्रं</u> जालात् बहिः निरसारयत्।
(अ) कः (ब) कम् (स) किम् (द) कस्मात्

(ii) <u>व्याघ्रः</u> व्याधं खादितुमिच्छसि।
(अ) कः (ब) का (स) के (द) काः

(iii) व्याघ्रः <u>अनारतं कूर्दनेन</u> श्रान्तः अभवत्।
(अ) कस्मिन् (ब) कस्मात्
(स) केन (द) किम्

(iv) जाले <u>व्याघ्रः</u> बद्धः आसीत्।
(अ) कानि (ब) के (स) कः (द) किम्

(v) मानवाः <u>वृक्षाणां</u> छायायां विरमन्ति।
(अ) कः (ब) कानि (स) कम् (द) कुत्र

(vi) मानवाः <u>वृक्षेभ्यः</u> सर्वदा कष्टं ददति।
(अ) किम् (ब) कस्मिन्
(स) कानि (द) केभ्यः

(vii) व्याघ्रः <u>क्लान्तः</u> आसीत्।
(अ) कीदृशः (ब) किम्
(स) कः (द) कौ

उत्तराणि

(i) (ब) कम् (ii) (अ) कः
(iii) (स) केन (iv) (स) कः
(v) (द) कुत्र (vi) (द) केभ्यः
(vii) (अ) कीदृशः

(ग) अधोलिखितेषु भावार्थेषु समुचित भावार्थं विकल्पेभ्यः चित्वा लिखत।
(निम्नलिखित भावार्थों में से उचित भावार्थ विकल्पों में से चुनकर लिखिए।)

(क) चञ्चलो नाम व्याधः आसीत्।

भावार्थः

(i) एकः व्याधः आसीत्। तस्य नाम चञ्चलः।
(ii) चञ्चलः नाम लोमशिकाः आसीत्।
(iii) चञ्चलः नाम लोमशिकाः आसीत्।

(ख) अनारतं कूर्दनेन सः श्रान्तः अभवत्।

भावार्थः

(i) कूर्दनेन व्याधः श्रान्तः अभवत्।
(ii) निरन्तरं कूर्दनेन व्याघ्रः श्रान्तः अभवत्।
(iii) विश्रामेण सः व्याघ्रः श्रान्तः भवति।

(ग) दौर्भाग्याद् जाले एकः व्याघ्रः बद्धः आसीत्।

भावार्थः

(i) जाले एकः विडालः बद्धः अभवत्।
(ii) दुर्भाग्यवशात् एकः व्याघ्रः जाले बद्धः आसीत्।
(iii) वने एकः व्याघ्रः वसति स्म।

उत्तराणि

(क) (i) एकः व्याधः आसीत्। तस्य नाम चञ्चलः।
(ख) (ii) निरन्तरं कूर्दनेन व्याघ्रः श्रान्तः अभवत्।
(ग) (ii) दुर्भाग्यवशात् एकः व्याघ्रः जाले बद्ध आसीत।

सत्यं / असत्यं

2. (क) प्रदत्तविकल्पेभ्यः सत्यं/असत्यं उत्तरम् चित्वा लिखत।
(दिए गए विकल्पों में से सत्यं/असत्यं उत्तर चुनकर लिखिए।)

(i) पक्षिमृगादीनां गृहणेन सः स्वीयां जीविकां निर्वाहयति स्म।
(ii) एकदा सः वने जालं विस्तीर्य गृहम् न आगतवान्।

(iii) साम्प्रतं बुभुक्षितोऽस्मि। इदानीम् अहं त्वां खादिष्यामि।
(iv) क्षुधातार्य किमपि अकार्यम् न भवति। सर्वः स्वार्थ समीहते।
(v) वृक्षः अवदत् मानवाः अस्माकं छायायां किमऽपि न विरमन्ति।
(vi) समीपे एका लोमशिका बदरी-गुल्मानां पृष्ठे निलीना एतां वार्तां न शृणोति स्म।
(vii) लोमशिका पुनः अकथयत् सम्प्रति पुन-पुनः कूर्दनं कृत्वा दर्शय।

उत्तराणि

(i) सत्यं (ii) असत्यं
(iii) सत्यं (iv) सत्यं
(v) असत्यं (vi) असत्यं
(vii) सत्यं

(ख) अधोलिखितानां शुद्धं कथनानां समक्षं (✓) अशुद्ध कथनानां समक्षं (✗) च इति लिखत।
(निम्नलिखित शुद्ध कथनों के सामने (✓) तथा अशुद्ध कथनों के सामने (✗) लिखिए।)

(i) व्याघ्रस्य नाम चञ्चलः आसीत्।
(ii) जाले दौर्भाग्याद् एका लोमशिका बद्धा आसीत्।
(iii) 'अहं त्वां हनिष्यामि' इति व्याघ्रः कथयति।
(iv) लोमशिका नदी जलम् अपृच्छत्।
(v) लोमशिका बदरी-गुल्मानां पृष्ठे निलीना आसीत्।
(vi) सर्वः स्वार्थं समीहते।

उत्तराणि

(i) (✗) (ii) (✗)
(iii) (✓) (iv) (✗)
(v) (✓) (vi) (✓)

मेलनं कुर्वन्तु

3. अधोलिखितानां शब्दानां समक्षं प्रदत्तैः अर्थः सह मेलनं कुरुत।
(निम्नलिखित शब्दों के समक्ष दिए गए अर्थों का आपस में मिलान कीजिए।)

शब्दाः	अर्थाः
(क) विस्तीर्य	(i) वाञ्छति
(ख) क्षुधार्ताय	(ii) तरुः
(ग) व्याघ्रः	(iii) सिंहः
(घ) वृक्षम्	(iv) बुभुक्षिताय
(ङ) समीहते	(v) विस्तृतं कृत्वा

उत्तराणि

शब्दाः	अर्थाः
(क) विस्तीर्य	(v) विस्तृतं कृत्वा
(ख) क्षुधार्ताय	(iv) बुभुक्षिताय
(ग) व्याघ्रः	(iii) सिंहः
(घ) वृक्षम्	(ii) तरुः
(ङ) समीहते	(i) वाञ्छति

रिक्तस्थानानि पूरयत्

4. अधोलिखिते कथांशे मञ्जूषातः उचितपदैः चित्वा रिक्तस्थानानि पूरयत।
(निम्नलिखित कथांश में मञ्जूषा से उचित पद चुनकर रिक्तस्थानों की पूर्ति कीजिए।)

(क) आसीत् कश्चित् (i) ··· नाम व्याधः/पक्षिमृगादीनां (ii) ··· सः स्वीयां (iii) ··· निर्वाहयति स्म। एकदा सः (iv) ··· जालं विस्तीर्य (v)··· आगतवान्। अन्यस्मिन् (vi) ··· प्रातः काले यदा चञ्चलः वनं गतवान् (vii) ··· सः दृष्टवान् यत् तेन विस्तारिते (viii) ··· दौर्भाग्याद् एकः (ix) ··· बद्धः (x) ···।

- **मञ्जूषा** आसीत्, व्याघ्रः, जाले, तदा, दिवसे, गृहम्, वने, जीविकां, गृहम्, चञ्चलो।

उत्तराणि

(i) चञ्चलो (ii) ग्रहणेन
(iii) जीविकां (iv) वने
(v) गृहम् (vi) दिवसे
(vii) तदा (viii) जाले
(ix) व्याघ्रः (x) आसीत्

(ख) चञ्चलः (i) ········ उपगम्य अपृच्छत्। (ii) ········ अवदत-मानवाः अस्माकं (iii) ········ विरमन्ति। अस्माकं (iv) ········ खादन्ति। पुनः प्रहृत्य (v) ········ सर्वदा (vi) ········ ददति।

- **मञ्जूषा** वृक्षम्, छायायाम्, कुठारैः, वृक्षः, फलानि, कष्टम्।

उत्तराणि

(i) वृक्षम् (ii) वृक्षः
(iii) छायायाम् (iv) फलानि
(v) कुठारैः (vi) कष्टम्

व्याकरणम्

5. अधोलिखितेषु वाक्येषु अव्ययपदानि चित्वा लिखत।
(निम्नलिखित वाक्यों में से अव्ययपद चुनकर लिखिए।)

(i) आसीत् कश्चित् चञ्चलो नाम व्याधः।
(ii) त्वया मिथ्या भणितम्।
(iii) साम्प्रतम् बुभुक्षितो अस्मि।
(iv) व्याधः व्याघ्रं जालात् बहिः निरसारयत्।
(v) व्याघ्रः जलं पीत्वा पुनः अवदत्।
(vi) परम् एषःमामेव खादितुम् इच्छति।
(vii) मानवः सर्वदा अस्मभ्यं कष्टं ददति।
(viii) सा सहसा चञ्चलम् उपसृत्य कथयति।

उत्तराणि

(i) कश्चित् (ii) मिथ्या
(iii) साम्प्रतम् (iv) बहि:
(v) पुन: (vi) परम्
(vii) सर्वदा (viii) सहसा

6. क:/का, कम्/काम् प्रति कथयति?
(कौन/किससे, कहता/कहती है?)

	क:/का	कम्/ काम् प्रति
(i) जना: मयि स्नानं कुर्वन्ति।	......	......
(ii) भो मानव: पिपासु अहम्।	......	......
(iii) त्वया मिथ्या भणितम्।	......	......
(iv) अहह मातृस्वस: अवसरे एवं समागतवती।	......	......

उत्तराणि

(i) नदीजलम् – चञ्चलम्
(ii) व्याघ्र: – चञ्चलम्
(iii) चञ्चल: – व्याघ्रम्
(iv) चञ्चल: – लोमशिकाम्

7. अधोलिखितानां पदानां सन्धि/सन्धि-विच्छेदं वा कुरुत।
(निम्नलिखित पदों की सन्धि अथवा सन्धि-विच्छेद कीजिए।)

(i) जलम् + आनीय ....
(ii) तथैव .... + ...
(iii) माम् + एव ....
(iv) किमपि .... + ...
(v) न्यवेदयत् .... + ...
(vi) भिक्षाम्+इव ....
(vii) सोऽवदत् ....

उत्तराणि

(i) जलमानीय (ii) तथा + एव
(iii) मामेव (iv) किम् + अपि
(v) नि + अवेदयत् (vi) भिक्षामिव
(vii) स: + अवदत्

8. अधोलिखितेषु वाक्येषु प्रदत्तविकल्पेभ्य: उचितं उत्तरं चित्वा वाक्यपूर्ति कुरुत।
(निम्नलिखित वाक्यों में दिए गए विकल्पों में से उचित उत्तर चुनकर वाक्यपूर्ति कीजिए।)

(i) त्वं ··· खादितुम् इच्छसि? (मां/मम/महय)
(ii) ··· क्लान्त: आसीत्। (व्याघ्र:/व्याध:/लोमशिका)
(iii) वस्तुत: ··· स्वार्थं समीहते। (सर्वे/सर्व:/सर्वम्)
(iv) भो मानव! ··· अहं। (पिपासु:/पिस्सु/पिपास्सु)
(v) चञ्चल: नदीजलम् ··· । (अपृच्छत/अवदत्/कथयत)
(vi) जना: ··· स्नानं कुर्वन्ति। (मयि/मम/मया)
(vii) त्वं ··· प्रसार्य। (जालं/वस्त्रं/जलम्)
(viii) चञ्चल: ··· उपगम्य अपृच्छत्। (वृक्षम्/वृक्षे/वृक्षात्)

उत्तराणि

(i) मां (ii) व्याघ्र:
(iii) सर्व: (iv) पिपासु:
(v) अपृच्छत् (vi) मयि
(vii) जालं (viii) वृक्षम्

भाग II

पठित-अवबोधनम्

1. अधोलिखितानां गद्यांश पठित्वा प्रश्नानाम् उत्तराणि लिखत।
(निम्नलिखित गद्यांशों को पढ़कर प्रश्नों के उत्तर लिखिए।)

(क) आसीत् कश्चित् चञ्चलो नाम व्याध:। पक्षिमृगादीनां ग्रहणेन स: स्वीयां जीविकां निर्वाहयति स्म। एकदा स: वने जालं विस्तीर्य गृहम् आगतवान्। अन्यस्मिन् दिवसे प्रात:काले यदा चञ्चल: वनं गतवान् तदा स: दृष्टवान् यत् तेन विस्तारिते जाले दौर्भाग्याद् एक: व्याघ्र: बद्ध: आसीत्।

I. अधोलिखितानां प्रश्नानाम् उत्तराणि एकपदेन लिखत।
(निम्नलिखित प्रश्नों के उत्तर एक पद में लिखिए।)

(i) व्याधस्य नाम किम् आसीत्?
(ii) जाले क: बद्ध: आसीत्?
(iii) क: प्रात:काले वनं अगच्छत?
(iv) स: केषां ग्रहणेन जीविकां निर्वाहयति स्म:?

II. अधोलिखितानां प्रश्नानाम् उत्तराणि पूर्णवाक्येन लिखत।
(निम्नलिखित प्रश्नों के उत्तर पूर्णवाक्य में लिखिए।)

(i) किं कृत्वा व्याध: गृहम् आगतवान्?
(ii) व्याध: स्वीयां जीविकां कथं निर्वाहयति स्म?

III. अधोलिखितानां प्रश्नानाम् उत्तराणि निर्देशानुसारम् लिखत।
(निम्नलिखित प्रश्नों के उत्तर निर्देशानुसार लिखिए।)

(i) 'एक: व्याघ्र:' अत्र विशेष्यपदं किम्?
(ii) 'तेन' अत्र का विभक्ति:?

IV. अधोलिखितानां प्रश्नानाम् उत्तराणि प्रदत्तविकल्पेभ्य: चित्वा लिखत। (निम्नलिखित प्रश्नों के उत्तर दिए गए विकल्पों में से चुनकर लिखिए।)

(i) 'सायं काले' इति पदस्य कृते विलोमपदं गद्यांशे किम्?
(अ) प्रात:काले (ब) दिवसे
(स) विस्तारिते (द) विस्तीर्य

(ii) 'आसीत्' इत्यस्मिन् क्रियापदे को लकार:?
(अ) लट् (ब) लङ्
(स) लृट् (द) लोट्

(iii) व्याध: जालं कुत्र विस्तारयत:?
(अ) वृक्ष (ब) वनं
(स) वने (द) बद्ध:

(iv) कस्मात् एक व्याध्र: बद्ध: आसीत्:
(अ) दौर्भाग्याद (ब) सस्वर
(स) भाग्याद (द) षष्ठी

उत्तराणि

I. (i) चञ्चलः (ii) व्याघ्रः
(iii) चञ्चलः (iv) पक्षिमृगादीनाम्

II. (i) व्याधः वने जालं विस्तीर्य गृहम् आगतवान्।
(ii) पक्षिमृगादीनां ग्रहणेन व्याधः स्वीयां जीविकां निर्वाहयति स्म।

III. (i) व्याघ्रः (ii) तृतीया

IV. (i) (अ) प्रातःकाले (ii) (ब) लङ्
(iii) (स) वने (iv) (अ) दौर्भाग्याद

(ख) सोऽचिन्तयत्, 'व्याघ्रः मां खादिष्यति अतएव पलायनं करणीयम्।' व्याघ्रः न्यवेदयत्-'भो मानव! कल्याणं भवतु ते। यदि त्वं मां मोचयिष्यसि तर्हि अहं त्वां न हनिष्यामि।' तदा सः व्याधः व्याघ्र जालात् बहिः निरसारयत्। व्याघ्रः क्लान्तः आसीत्।

I. अधोलिखितानां प्रश्नानाम् उत्तराणि एकपदेन लिखत।
(निम्नलिखित प्रश्नों के उत्तर एक पद में लिखिए।)

(i) व्याघ्रं जालात् बहिः कः निरसारयत्?
(ii) क्लान्तः कः आसीत्?
(iii) पलायनं करणीयं कः अचिन्तयत्?
(iv) भो मानव! कल्याणं भवतु ते न्यवेदयत् कः?

II. अधोलिखितानां प्रश्नानाम् उत्तराणि पूर्णवाक्येन लिखत।
(निम्नलिखित प्रश्नों के उत्तर पूर्णवाक्य में लिखिए।)

(i) व्याघ्रः कम् खादिष्यति?
(ii) भो मानव! कल्याणं भवतु ते-इति कः कथयति?

III. अधोलिखितानां प्रश्नानाम् उत्तराणि निर्देशानुसारम् लिखत।
(निम्नलिखित प्रश्नों के उत्तर निर्देशानुसार लिखिए।)

(i) 'खादिष्यति' इत्यस्मिन् क्रियापदे को लकारः?
(ii) 'व्याघ्रं जालात् बहिः निरसारयत्' इत्यस्मिन् वाक्ये अव्ययपदं किम्?

IV. अधोलिखितानां प्रश्नानाम् उत्तराणि प्रदत्तविकल्पेभ्यः चित्वा लिखत।
(निम्नलिखित प्रश्नों के उत्तर दिए गए विकल्पों में से चुनकर लिखिए।)

(i) 'करणीयम्' अत्र कः प्रत्ययः अस्ति?
(अ) ल्यप् (ब) तुमुन्
(स) अनीयर् (द) ङीप्

(ii) 'जालात्' अत्र का विभक्तिः?
(अ) षष्ठी (ब) चतुर्थी
(स) तृतीया (द) पञ्चमी

(iii) व्याधः व्याघ्र कस्मात् बहिः निरसारयत्?
(अ) जालेन (ब) जालम्
(स) जालात् (द) जलात्

उत्तराणि

I. (i) व्याधः (ii) व्याघ्रः
(iii) चञ्चल (iv) व्याघ्रः

II. (i) व्याघ्रः व्याधं (मां) खादिष्यति अतएव पलायनं करणीयम्।
(ii) 'भो मानव! कल्याणं भवतु ते' इति व्याघ्रः कथयति।

III. (i) लृट् लकारः (ii) बहिः

IV. (i) (स) अनीयर् (ii) (द) पञ्चमी
(iii) (स) जालात्

(ग) समीपे एका लोमशिका बदरी-गुल्मानां पृष्ठे निलीना एतां वार्तां शृणोति स्म। सा सहसा चञ्चलमुपसृत्य कथयति-"का वार्ता? माम् अपि विज्ञापय।" सः अवदत् "अहह मातृस्वसः! अवसरे त्वं समागतवती। मया अस्य व्याघ्रस्य प्राणाः रक्षिताः, परम् एषः मामेव खादितुम् इच्छति।" तदनन्तरं सः लोमशिकायै निखिलां कथां न्यवेदयत्।

I. अधोलिखितानां प्रश्नानाम् उत्तराणि एकपदेन लिखत।
(निम्नलिखित प्रश्नों के उत्तर एक पद में लिखिए।)

(i) का सहसा चञ्चलम् उपसृत्य कथयति?
(ii) चञ्चलः कस्मै निखिलां कथां न्यवेदयत्?
(iii) मया अस्य कस्य प्राणाः रक्षिताः?
(iv) परम् एषः मामेव कथम् इच्छति?

II. अधोलिखितानां प्रश्नानाम् उत्तराणि पूर्णवाक्येन लिखत।
(निम्नलिखित प्रश्नों के उत्तर पूर्णवाक्य में लिखिए।)

(i) लोमशिका केषाम् पृष्ठे निलीना वार्तां शृणोति स्म?
(ii) केन व्याघ्रस्य प्राणाः रक्षिता।

III. अधोलिखितानां प्रश्नानाम् उत्तराणि निर्देशानुसारम् लिखत।
(निम्नलिखित प्रश्नों के उत्तर निर्देशानुसार लिखिए।)

(i) अवसरे पदे विभक्तिः का?
(ii) शृणोति पदे कः लकारः?

IV. अधोलिखितानां प्रश्नानाम् उत्तराणि प्रदत्तविकल्पेभ्यः चित्वा लिखत। (निम्नलिखित प्रश्नों के उत्तर दिए गए विकल्पों में से चुनकर लिखिए।)

(i) 'विज्ञापय' इत्यस्मिन् पदे कः उपसर्गः?
(अ) विज्ञा (ब) वि
(स) पय (द) ज्ञापय

(ii) 'दूरे' इति पदस्य विलोमपदं गद्यांशे किं प्रयुक्तम्?
(अ) समीपे (ब) वार्तां
(स) लोमशिका (द) बदरी

(iii) 'खादितुम्' अत्र कः प्रत्ययः?
(अ) खातुम् (ब) तुम
(स) तुमुन् (द) खाद्

(iv) 'शृणोतिस्म' इति क्रियापदस्य कर्तृपदं किम्?
(अ) चञ्चलः (ब) लोमशिका
(स) व्याघ्रः (द) व्याधः

उत्तराणि

I. (i) लोमशिका (ii) लोमशिकायै
(iii) व्याघ्रस्य (iv) खादितुम्

II. (i) लोमशिका बदरी-गुल्मानां पृष्ठे निलीना वार्तां शृणोति स्म।
(ii) चञ्चलव्याधेन व्याघ्रस्य प्राणाः रक्षिता।

III. (i) सप्तमी, एकवचन (ii) लट्लकारः

IV. (i) (ब) वि (ii) (अ) समीपे
(iii) (स) तुमुन् (iv) (ब) लोमशिका

वाक्यानि रचयत्

3. अधोलिखितानां शब्दानां वाक्येषु प्रयोगं कुरुत। (निम्नलिखित शब्दों का वाक्यों में प्रयोग कीजिए।)

(i) व्याघ्रः .... (ii) क्लान्तः ....
(iii) उपगम्य .... (iv) व्याधः ....
(v) मातृस्वसः .... (vi) बद्धः ....

उत्तराणि

(i) **व्याघ्र:** बाघ:
वाक्य प्रयोग व्याघ्र: वने निवसति।

(ii) **क्लान्त:** परिश्रान्त:
वाक्य प्रयोग कूर्दनेन व्याघ्र: क्लान्त: आसीत्।

(iii) **उपगम्य** पार्श्वं
वाक्य प्रयोग स: माम्. उपगम्य पृच्छति।

(iv) **व्याध:** निहंता
वाक्य प्रयोग वने एक: व्याध: विचरति।

(v) **मातृस्वस:** मातृ: भगिनी
वाक्य प्रयोग विमला मम मातृस्वस: अस्ति।

(vi) **बद्ध:** बँधा हुआ
वाक्य प्रयोग व्याघ्र: जाले बद्ध: आसीत्।

घटनाक्रमेण प्रश्ना:

4. अधोलिखितानां वाक्यानां घटनाक्रमानुसारेण पुनः लिखत। (निम्नलिखित वाक्यों को घटनाक्रमानुसार पुनः लिखिए।)

(i) जाले दौर्भाग्याद् एकः व्याघ्रः बद्धः आसीत्।
(ii) व्याधः व्याघ्रं जालात् बहिः निरसारयत्।
(iii) साम्प्रतं बुभुक्षितोऽस्मि। इदानीम् अहं त्वां खादिष्यामि।
(iv) कश्चित् चञ्चलो नाम व्याधः आसीत्।
(v) यदि त्वं मां मोचयिष्यसि तर्हि अहं त्वां न हनिष्यामि।
(vi) व्याघ्रः क्लान्तः पिपासु चासीत्।
(vii) चञ्चलः वने जालं विस्तीर्य गृहम् आगतवान्।
(viii) व्याघ्रः जलं पीत्वा पुनः व्याधमवदत् शमय मे पिपासां।

उत्तराणि

(i) कश्चित् चञ्चलो नाम व्याध: आसीत्।
(ii) चञ्चल: वने जालं विस्तीर्य गृहम् आगतवान्।
(iii) जाले दौर्भाग्याद् एक: व्याघ्र: बद्ध: आसीत्।
(iv) यदि त्वं मां मोचयिष्यसि तर्हि अहं त्वां न हनिष्यामि।
(v) व्याध: व्याघ्रं जालात् बहि: निरसारयत्।
(vi) व्याघ्र: क्लान्त: पिपासु चासीत्।
(vii) व्याघ्र: जलं पीत्वा पुन: व्याधमवदत् शमय मे पिपासा।
(viii) साम्प्रतं बुभुक्षितोऽस्मि। इदानीम् अहं त्वां खादिष्यामि।

भावार्थ पूर्ति

5. समुचितपदेन रिक्तस्थानानि पूरयत, येन कथनानां भावः स्पष्टो भवेत्। (उचितपद से रिक्त स्थानों की पूर्ति कीजिए, जिससे कथनों का भाव स्पष्ट हो जाए।)

(i)
अरे मूर्ख! क्षुधार्ताय किमपि
अकार्यम् न भवति।
भावः
अरे .... (जनः) ...... किमापि अकार्यं न भवति।

(ii)
मातृस्वासः अवसरे त्वं समागतवती।
भावः .... त्वं उपर्युक्त समये ....।

उत्तराणि

(i) अरे मूढ: जन: बुभुक्षिताय किमपि अकार्यं न भवति।
(ii) मातृ: भगिनी त्वं उपयुक्त समये आगतवती।

अतिलघु उत्तरीया: प्रश्ना:

1. व्याध: जालं कुत्र विस्तारय?
2. व्याघ्र: कीदृश: आसीत्?
3. अनारतं कूर्दनेन व्याघ्र:कीदृश: अभवत्?

उत्तराणि

1. वने 2. बुभुक्षित: 3. क्लान्त:

लघु उत्तरीया: प्रश्ना:

1. क: पिपासित: आसीत?
2. चञ्चल: जलं नयार्थं कस्या: तटे अगच्छत्?
3. लोमशिका चञ्चलं किम् अवदत्?

उत्तराणि

1. व्याघ्र: पिपासित: आसीत्।
2. चञ्चल: जलं नयार्थं नद्या: तटे अगच्छत्।
3. लोमशिका चञ्चलं अवदत् का वार्ता माम् अपि विज्ञापय।

दीर्घ उत्तरीया: प्रश्ना:

1. नदी जलम् चञ्चलम् किम् अवदत्?
2. अन्ते लोमशिका व्याघ्रं किम् अवदत्?

उत्तराणि

1. नदी जलम् अवदत् एवमेव भवति। जना: स्नानं कुर्वन्ति, वस्त्राणि प्रक्षालयन्ति तथा च मल-मूत्रादिकं विसृज्य निर्वतन्ते। वस्तुत: सर्व: स्वार्थं समीहते।
2. अन्ते लोमशिका अवदत् सम्प्रति पुन: पुन: कूर्दनं कृत्वा दर्शय अनारतं कूर्दनेन स: श्रान्त: अभवत्।

गृहं शून्यं सुतां विना

(बेटी बिना घर सूना)

अध्याय 6

पाठ का सार यह पाठ कन्याओं की हत्या पर रोक और उनकी शिक्षा सुनिश्चित करने की प्रेरणा हेतु निर्मित है। समाज में लड़के और लड़कियों के बीच भेद-भाव की भावना आज भी यत्र-तत्र देखी जाती है, जिसे दूर किए जाने की आवश्यकता है। संवादात्मक शैली में इस बात को सरल संस्कृत में प्रस्तुत किया गया है।

पाठ का हिंदी अनुवाद

1. "शालिनी ग्रीष्मावकाशे पितृगृहम् आगच्छति। सर्वे प्रसन्नमनसा तस्याः स्वागतं कुर्वन्ति परं तस्याः भ्रातृजाया उदासीना इव दृश्यते"

शालिनी भ्रातृजाये! चिन्तिता इव प्रतीयते, सर्वं कुशलं खलु?

माला आम् शालिनि! कुशलिनी अहम्। त्वदर्थं किम् आनयानि, शीतलपेयं चायं वा?

शालिनी अधुना तु किमपि न वाञ्छामि। रात्रौ सर्वैः सह भोजनमेव करिष्यामि।

शब्दार्थाः ग्रीष्मावकाशे = गर्मी की छुट्टियों में, पितृगृहम् = पिता के घर, भ्रातृजाया = भाभी, उदासीना = उदास, इव = तरह, प्रतीयते = दिखाई पड़ रही है, कुशलं = कुशलतापूर्वक, खलु = निश्चय ही, त्वदर्थं = तुम्हारे लिए, शीतलपेयं = ठंडा पेय, अधुना = अब, वाञ्छामि = चाहती हूँ, सह = साथ।

संदर्भ प्रस्तुत नाट्यांश हमारी संस्कृत की पाठ्य-पुस्तक रुचिरा भाग-3 के षष्ठः पाठ 'गृहं शून्यं सुतां विना' से लिया गया है।

हिंदी अनुवाद शालिनी गर्मी की छुट्टियों में अपने पिता के घर आती है। सभी प्रसन्नतापूर्वक उसका स्वागत करते हैं, परंतु उसकी भाभी उदास सी दिखाई देती है।

शालिनी भाभी! तुम चिंतित-सी दिखाई पड़ रही हो, सब कुशल तो है?

माला हाँ शालिनी! मैं कुशल हूँ। तुम्हारे लिए क्या लाऊँ, चाय अथवा ठंडा?

शालिनी इस समय तो मैं कुछ भी नहीं चाहती हूँ। रात्रि के समय सभी के साथ भोजन करुँगी।

2. (भोजनकालेऽपि मालायाः मनोदशा स्वस्था न प्रतीयते स्म, परं सा मुखेन किमपि नोक्तवती)

राकेशः भगिनि शालिनि! दिष्ट्या त्वं समागता। अद्य मम कार्यालये एका महत्त्वपूर्णा गोष्ठी सहसैव निश्चिता। अद्यैव मालायाः चिकित्सिकया सह मेलनस्य समयः निर्धारितः त्वं मालाया सह चिकित्सिकां प्रति गच्छ, तस्याः परामर्शानुसारं यद्विधेयं तद् सम्पादय।

शालिनी किमभवत्? भ्रातृजायायाः स्वास्थ्यं समीचानं नास्ति? अहं तु ह्यः प्रभृति पश्यामि सा स्वस्था न प्रतिभाति इति प्रतीयते स्म।

शब्दार्थाः मनोदशा = मन की स्थिति, नोक्तवती = नहीं बोली, भगिनि = बहन, दिष्ट्या = भाग्य से, अद्य = आज, गोष्ठी = बैठक, सहसैव = अचानक, अद्यैव = आज ही, चिकित्सिकया = डॉक्टर के साथ, मेलनस्य = मिलने का, परामर्शानुसारं = परामर्श (सलाह) के अनुसार, यद्विधेयं = जो करने योग्य, समीचीनं = ठीक, ह्यः = बीता हुआ कल। सार्द्धम् = साथ उभे = दोनों।

हिंदी अनुवाद (भोजन के समय भी माला के मन की स्थिति स्वस्थ दिखाई नहीं पड़ रही थी, परंतु वह मुख से कुछ भी नहीं बोली।)

राकेश बहन शालिनी! भाग्य से तुम उचित समय पर आई हो। आज मेरे कार्यालय में अचानक एक महत्त्वपूर्ण बैठक निश्चित की गई है और आज ही माला का डॉक्टर के साथ मिलने का समय निर्धारित हुआ है। अतः तुम माला के साथ डॉक्टर के पास जाओ, उसके परामर्श (सलाह) के अनुसार जो करने योग्य है, वह करो।

शालिनी क्या हुआ? भाभी का स्वास्थ्य ठीक नहीं है क्या? मैं तो कल से ही देख रही हूँ कि वह रोज की भाँति स्वस्थ प्रतीत नहीं हो रही हैं।

3. **राकेशः** चिन्तायाः विषयः नास्ति। त्वं मालया सह गच्छ। मार्गे सा सर्वं ज्ञापयिष्यति। (माला शालिनी च चिकित्सिकां प्रति गच्छन्त्यौ वार्ता कुरुतः)

शालिनी किमभवत्? भ्रातृजाये! का समस्याऽस्ति?

माला शालिनी! अहं मासत्रयस्य गर्भं स्वकुक्षौ धारयामि। तव भ्रातुः आग्रहः अस्ति यत् अहं लिङ्गपरीक्षणं कारयेयं कुक्षौ कन्याऽस्ति चेत् गर्भं पातयेयम्। अहम् अतीव उद्विग्नाऽस्मि परं तव भ्राता वार्तामेव न शृणोति।

शब्दार्थाः ज्ञापयिष्यति = बता देगी, गच्छन्त्यौ = जाती हुई, वार्ता = बातचीत, मासत्रयस्य = तीन माह का, स्वकुक्षौ = अपनी कोख में, कारयेयं = करवा लूँ, चेत् = तो, गर्भं पातयेयम् = गर्भ गिरवा दूँ, उद्विग्ना = दुःखी हूँ (चिन्तित), वार्तामेव = बात ही, न शृणोति = नहीं सुनते हैं।

हिंदी अनुवाद

राकेश चिंता का विषय नहीं है। तुम माला के साथ जाओ। रास्ते में वह सब कुछ बता देगी।

(माला और शालिनी डॉक्टर के पास जाते हुए बातें करती हैं।)

शालिनी क्या हुआ? भाभी! क्या समस्या है?

माला शालिनी! मेरी कोख में तीन माह का गर्भ है। तुम्हारे भाई का आग्रह है कि मैं लिङ्ग परीक्षण करवा लूँ, यदि कोख में कन्या है, तो गर्भ से गिरवा दूँ। मैं बहुत दुःखी हूँ, परंतु तुम्हारे भाई मेरी बात ही नहीं सुनते हैं।

4. **शालिनी** भ्राता एवं चिन्तयितुमपि कथं प्रभवति? शिशुः कन्याऽस्ति चेत् वधार्हा? जघन्यं कृत्यमिदम्। त्वम् विरोधं न कृतवती। सः तव शरीरे स्थितस्य शिशोः वधार्थं चिन्तयति त्वम् तूष्णीम् तिष्ठसि? अधुनैव गृहं चल, नास्ति आवश्यकता लिङ्गपरीक्षणस्य। भ्राता यदा गृहम् आगमिष्यति अहम् वार्ता करिष्ये।

(सन्ध्याकाले भ्राता आगच्छति हस्तपादादिकं प्रक्षाल्य वस्त्राणि च परिवर्त्य पूजागृहं गत्वा दीपं प्रज्वालयति भवानीस्तुतिं चापि करोति। तदनन्तरं चायपानार्थम् सर्वेऽपि एकत्रिताः।)

शब्दार्थाः कथं = कैसे, वधार्हा = वध करने योग्य, जघन्यं = पाप कर्म, कृतवती = किया, तूष्णीम् = चुप-चाप, तिष्ठसि = बैठी हो, अधुनैव = अभी ही, सन्ध्याकाले = शाम के समय, प्रक्षाल्य = धोकर, परिवर्त्य = बदलकर, प्रज्वालयति = जलाता है, भवानीस्तुतिं = देवी की स्तुति, तदनन्तरं = इसके बाद, चायपानार्थम् = चाय पीने के लिए।

हिंदी अनुवाद शालिनी भाई ऐसा सोच भी कैसे सकते हैं कि शिशु कन्या है, तो वह हत्या करने योग्य है? यह तो बहुत बड़ा पाप कर्म है। तुमने विरोध नहीं किया? वह तुम्हारे शरीर में स्थित शिशु की हत्या के विषय में सोच रहें हैं और तुम चुपचाप बैठी हो? अभी घर चलो, लिङ्ग परीक्षण की आवश्यकता नहीं है। जब भाई घर आएगा तो मैं उससे बात करूँगी।

शाम के समय भाई आता है, हाथ-पैर आदि धोकर और वस्त्र बदलकर पूजा घर में जाकर दीपक जलाता है और देवी की प्रार्थना भी करता है। इसके बाद चाय पीने के लिए सभी एकत्रित होते हैं।)

5. **राकेशः** माले! त्वं चिकित्सिकां प्रति गतवती आसीः किम् अकथयत् सा?

(माला मौनमेवाश्रयति। तदैव क्रीडन्ती त्रिवर्षीया पुत्री अम्बिका पितुः क्रोडे उपविशति तस्मात् चाकलेहं च याचते। राकेशः अम्बिकां लालयति, चाकलेहं प्रदाय तां क्रोडात् अवतारयति। पुनः मालां प्रति प्रश्नवाचिकां दृष्टिं क्षिपति। शालिनी एतत् सर्वं दृष्ट्वा उत्तरं ददाति)

शालिनी-भ्रातः ! त्वं किं ज्ञातुमिच्छसि? तस्याः कुक्षि पुत्रः अस्ति पुत्री वा? किमर्थम्? ''षण्मासानन्तरं सर्वं स्पष्टं भविष्यति, समयात् पूर्वं किमर्थम् अयम् आयासः?

राकेशः भगिनि, त्वं तु जानासि एव अस्माकं गृहे अम्बिका पुत्रीरूपेण अस्त्येव अधुना एकस्य पुत्रस्य आवश्यकताऽस्ति तर्हि ...

शब्दार्थाः मौनमेवाश्रयति = चुप ही रहती है, तदैव = तभी, क्रीडन्ती = खेलती हुई, क्रोडे = गोद में, उपविशति = बैठ जाती है, याचते = माँगती है, प्रदाय = देकर, अवतारयति = उतार देता है, क्षिपति = डालता है, दृष्ट्वा = देखकर, षण्मासानन्तरं = छः महीने बाद। आयासः = प्रयास

हिंदी अनुवाद राकेश माला! तुम डॉक्टर के पास गई थीं। उसने क्या कहा?

(माला चुप ही रहती है। तभी तीन वर्ष की पुत्री अंबिका खेलती हुई पिता की गोद में बैठ जाती है और उससे चॉकलेट माँगती है। राकेश अंबिका को दुलारता है और चॉकलेट देकर गोद से उतार देता है। पुनः माला की ओर प्रश्नवाचक दृष्टि डालता है। यह सब देखकर शालिनी उत्तर देती है।)

शालिनी भाई तुम क्या जानना चाहते हो? उसकी कोख में पुत्र है अथवा पुत्री, किसलिए? छः मास के बाद सब स्पष्ट हो जाएगा, समय से पूर्व ही क्यों यह जानने का प्रयास कर रहे हो?

राकेश बहन तुम तो जानती ही हो कि हमारे घर में पुत्री के रूप में अंबिका तो है ही अब एक पुत्र की आवश्यकता है तो ...

6. **शालिनी** तर्हि कुक्षि पुत्री अस्ति चेत् हन्तव्या? (तीव्रस्वरेण) हत्यायाः पापं कर्तुं प्रवृत्तोऽसि त्वम्।

राकेशः न हत्या तु न...

शालिनी तर्हि किमस्ति निर्घृणं कृत्यमिदम्? सर्वथा विस्मृतवान् अस्माकं जनकः कदापि पुत्रीपुत्रयोः विभेदं न कृतवान्? सः सर्वदैव मनुस्मृतेः पंक्तिमिमाम् उद्धरति स्म "आत्मा वै जायते पुत्रः पुत्रेण दुहिता समा।" त्वमपि सायं प्रातः देवीस्तुतिं करोषि? किमर्थं सृष्टेः उत्पादिन्याः शक्त्याः तिरस्कारं करोषि? तव मनसि इयती कुत्सिता वृत्तिः आगता, इदं चिन्तयित्वैव अहं कुण्ठिताऽस्मि। तव शिक्षा वृथा...

शब्दार्था: हन्तव्या = मारना है, तीव्रस्वरेण = तेज आवाज में, प्रवृत्तोऽसि = तैयार हो, निर्घृणम् = घृणा योग्य, कृत्यम् = कार्य, विस्मृतवान् = भूल गए हो, कदापि = कभी भी, उद्धरति = उद्धृत करता है, जायते = उत्पन्न होता है, दुहिता = पुत्री, सृष्टेः = सृष्टि का, निधाय = रख कर, तिरस्कारं = अपमान, कुत्सिता = बुरी, वृत्तिः = सोच।

हिंदी अनुवाद शालिनी यदि कोख में पुत्री है, तो मार देना चाहिए? (तेज आवाज में) तुम हत्या जैसा पाप करने के लिए तैयार हो।

राकेश नहीं, हत्या नहीं ....

शालिनी तो यह क्रूर कार्य क्या है? तुम शायद भूल गए हो कि हमारे पिता ने कभी-भी पुत्र और पुत्री में अंतर (भेद-भाव) नहीं किया। वे हमेशा ही मनुस्मृति के इस वाक्य को बोलते थे "आत्मा ही पुत्र के रूप में उत्पन्न होती है, पुत्र और पुत्री दोनों समान हैं।" तुम भी सुबह-शाम देवी की पूजा करते हो, फिर किसलिए संसार को उत्पन्न करने वाली शक्ति का अपमान करते हो? तुम्हारे मन में इतनी बुरी विचारधारा कैसे आई, यह सोचकर ही मैं कुंठित (चिंतित) हूँ। तुम्हारी शिक्षा व्यर्थ है।

7. **राकेशः** भगिनि! विरम विरम। अहं स्वापराधं स्वीकरोमि लज्जितश्चास्मि। अद्यप्रभृति कदापि गर्हितमिदं कार्यं स्वप्नेऽपि न चिन्तयिष्यामि। यथैव अम्बिका मम हृदयस्य सम्पूर्णस्नेहस्य अधिकारिणी अस्ति, तथैव आगन्ता शिशुः अपि स्नेहाधिकारी भविष्यति पुत्रः भवतु पुत्री वा। अहं स्वगर्हितचिन्तनं प्रति पश्चात्तपमग्नः अस्मि, अहं कथं विस्मृतवान्

"यत्र नार्यस्तु पूज्यन्ते रमन्ते तत्र देवताः।
यत्रैताः न पूज्यन्ते सर्वास्तत्राफलाः क्रियाः।"

अथवा "पितुर्दशगुणा मातेति।" त्वया सन्मार्गः प्रदर्शितः भगिनि। कनिष्ठाऽपि त्वं मम गुरुरसि।

शब्दार्था: विरम = ठहरो, लज्जितश्चास्मि = शर्मिंदा हूँ, अद्यप्रभृति = आज से, गर्हितमिदं = यह निंदनीय, यथैव = जैसी, तथैव = वैसे ही, विस्मृतवान् = भूल गया, यत्र = जहाँ, पितुर्दशगुणा = पिता से दस गुना, सन्मार्ग = अच्छे मार्ग (रास्ते पर), गर्हितम् = निन्दित, कनिष्ठा = छोटी।

अन्वयः यत्र नार्यस्तु पूज्यन्ते, तत्र देवताः रमन्ते। यत्र एताः न पूज्यन्ते, तत्र सर्वाः क्रियाः अफलाः (भवन्ति)।

हिंदी अनुवाद राकेश बहन! ठहरो-ठहरो। मैं अपना अपराध स्वीकार करता हूँ, मैं शर्मिंदा हूँ। आज से लेकर कभी भी यह निंदनीय कार्य सपने में भी नहीं सोचूँगा। जैसे अंबिका मेरे हृदय के संपूर्ण प्रेम की अधिकारी है, वैसे ही आने वाला शिशु भी स्नेह का अधिकारी होगा। मैं अपनी छोटी सोच के प्रति पश्चाताप में डूबा हुआ हूँ। मैं कैसे भूल गया—

जहाँ नारियों की पूजा अर्थात् सम्मान होता है, वहाँ देवता निवास करते हैं तथा जहाँ इनका सम्मान (पूजा) नहीं होता है, वहाँ सभी प्रकार के कार्य असफल हो जाते हैं।

अथवा पिता से दस गुना अधिक माता सम्माननीय है। तुमने मुझे श्रेष्ठ मार्ग दिखाया है बहन। छोटी होते हुए भी तुम मेरी गुरु हो।

8. शालिनि-अलं पश्चात्तापेन। तव मनसः अन्धकारः अपगतः प्रसन्नतायाः विषयोऽयम्। भ्रातृजाये! आगच्छ! सर्वां चिन्तां त्यज आगन्तुः शिशोः स्वागताय च सन्नद्धा भव। भ्रातः त्वमपि प्रतिज्ञां कुरु-कन्यायाः रक्षणे, तस्याः पाठने दत्तचित्तः स्थास्यसि। "पुत्रीं रक्ष, पुत्रीं पाठय" इतिसर्वकारस्य घोषणेयं तदैव सार्थिका भविष्यति यदा वयं सर्वे मिलित्वा चिन्तनमिदं यथार्थरूपं करिष्यामः

या गार्गी श्रुतचिन्तने नृपनये पाञ्चालिका विक्रमे,
लक्ष्मीः शत्रुविदारणे गगनं विज्ञानाङ्गणे कल्पना।
इन्द्रोद्योगपथे च खेलजगति ख्याताभितः साइना,
सेयं स्त्री सकलासु दिक्षु सबला सर्वैः सदोत्साह्यताम्॥

शब्दार्था: अलं = बस (निषेध) करो, अपगतः = दूर हो गया, त्यज = त्याग दो, आगन्तुः = आने वाले, सन्नद्धा = तैयार, रक्षणे = रक्षा करने में, दत्तचित्तः = ध्यानयुक्त, सर्वकारस्य = सरकार की, श्रुतचिन्तने = तत्त्वों (ज्ञान) के चिंतन-मनन में नृपनये = राजनीति में, पाञ्चालि = द्रौपदी, शत्रुविदारणे = शत्रु का विनाश करने में, विज्ञानाङ्गणे = विज्ञान के आँगन में, खेल जगति = खेलजगत में, सकलासु = सभी, दिक्षु = दिशाओं में, सबला = बल से युक्त, उत्साह्यताम् = प्रोत्साहित करे।

अन्वयः श्रुतचिन्तने नृपनये या गार्गी, विक्रमे पाञ्चालिका, शत्रुविदारणे लक्ष्मीः, विज्ञानां विज्ञानाङ्गणे गणनं कल्पना, इन्द्रोद्योगपथे खेलजगति च अभितः ख्याता साइना, सा इयं स्त्री सकलासु दिक्षु सबला (अस्ति), (स्त्री) सर्वैः सदा उत्साह्यताम्।

हिंदी अनुवाद शालिनी पश्चाताप मत करो। तुम्हारे मन से अंधकार दूर हो गया है। यह प्रसन्नता का विषय है। भाभी ! आओ! सभी चिंताओं को छोड़कर आने वाले शिशु के स्वागत की तैयारी में लग जाओ। भाई तुम भी प्रतिज्ञा करो, कन्या की रक्षा और उसकी शिक्षा का ध्यान रखूँगा। "बेटी बचाओ, बेटी पढ़ाओ" सरकार की यह घोषणा/नारा तभी सार्थक होगी जब हम सब मिलकर वास्तविक रूप से इसका चिंतन करेंगे।

वेदों और शास्त्रों के चिंतन में तथा राजनीति में गार्गी, पराक्रम में द्रोपदी, शत्रुओं का विनाश करने में रानी लक्ष्मीबाई, विज्ञानरूपी आकाश के आँगन में कल्पना, इंद्र उद्योग के रास्ते तथा खेल जगत में साइना, ये प्रसिद्ध स्त्रियाँ सभी दिशाओं में बल से युक्त हैं। सभी के द्वारा इसे (कन्या को) सदैव प्रोत्साहित किया जाना चाहिए।

NCERT फोल्डर: पाठ्य-पुस्तक रुचिरा भाग-3 के प्रश्नोत्तर

प्र.1 अधोलिखितानां प्रश्नानाम् उत्तराणि संस्कृतभाषायाम् लिखत।
(निम्नलिखित प्रश्नों के उत्तर संस्कृत भाषा में लिखिए।)

(i) दिष्ट्या का समागता?
(ii) राकेशस्य कार्यालये का निश्चिता?
(iii) राकेशः शालिनीं कुत्र गन्तुं कथयति?
(iv) सायंकाले भ्राता कार्यालयात् आगत्य किं करोति?
(v) राकेशः कस्याः तिरस्कारं करोति?
(vi) शालिनी भ्रातरम् कां प्रतिज्ञां कर्तुं कथयति?
(vii) यत्र नार्यः न पूज्यन्ते तत्र किं भवति?

उत्तराणि

(i) दिष्ट्या भगिनि समागता।
(ii) राकेशस्य कार्यालये एका महत्त्वपूर्णा गोष्ठी निश्चिता।
(iii) राकेशः शालिनीं मालाया सह चिकित्सिकां प्रति गन्तुं कथयति।
(iv) सायंकाले भ्राता कार्यालयात् आगत्य देवीस्तुतिम् करोति।
(v) राकेशः कन्यायाः तिरस्कारं करोति।
(vi) शालिनी भ्रातरम् कन्यारक्षणार्थम् प्रतिज्ञां कर्तुं कथयति।
(vii) यत्र नार्यः न पूज्यन्ते तत्र सर्वा क्रिया अफलाः भवन्ति।

प्र.2 अधोलिखितपदानां संस्कृतरूपं (तत्समरूपं) लिखत।
(निम्नलिखित पदों के संस्कृत रूप (तत्सम रूप) लिखिए।)

(i) कोख ....
(ii) साथ ....
(iii) गोद ....
(iv) भाई ....
(v) कुआँ ....
(vi) दूध ....

उत्तराणि

(i) कोख—कुक्षि/कुक्षौ (ii) साथ—सह
(iii) गोद—क्रोडे (iv) भाई—भ्राता
(v) कुआँ—कूपः (vi) दूध—दुग्धः

प्र.3 उदाहरणमनुसृत्य कोष्ठकप्रदत्तेषु पदेषु तृतीया विभक्तिं प्रयुज्य रिक्तस्थानानि पूरयत। (उदाहरण के अनुसार कोष्ठक में दिए गए शब्दों की तृतीया विभक्ति चुनकर रिक्त स्थानों को पूरा कीजिए।)
यथा मात्रा सह पुत्री गच्छति। (मातृ)

(i) ··· विना विद्या न लभ्यते। (परिश्रम)
(ii) छात्रः ··· लिखति। (लेखनी)
(iii) सूरदासः ··· अन्धः आसीत्। (नेत्र)
(iv) सः ··· साकम् समयं यापयति। (मित्र)

उत्तराणि

(i) परिश्रमेण विना विद्या न लभ्यते।
(ii) छात्रः लेखन्या लिखति।
(iii) सूरदास नेत्राभ्याम् अन्धः आसीत्।
(iv) मित्रेण साकम् समयं यापयति।

प्र.4 'क' स्तम्भे विशेषणपदं दत्तम् 'ख' स्तम्भे च विशेष्यपदम्, तयोर्मेलनम् कुरुत। ('क' स्तम्भ में विशेषणपद और 'ख' स्तम्भ में विशेष्यपद लिखे हैं, उनका आपस में मिलान कीजिए।)

'क' स्तम्भः		'ख' स्तम्भः	
(क)	स्वस्थाः	(i)	कृत्यम्
(ख)	महत्त्वपूर्णा	(ii)	पुत्री
(ग)	जघन्यम्	(iii)	वृत्तिः
(घ)	क्रीडन्ती	(iv)	मनोदशा
(ङ)	कुत्सिता	(v)	गोष्ठी

उत्तराणि

'क' स्तम्भः		'ख' स्तम्भः
(क)	स्वस्था	(iv) मनोदशा
(ख)	महत्त्वपूर्णा	(v) गोष्ठी
(ग)	जघन्यम्	(i) कृत्यम्
(घ)	क्रीडन्ती	(ii) पुत्री
(ङ)	कुत्सिता	(iii) वृत्तिः

प्र.5 अधोलिखितानां पदानां विलोमपदं पाठात् चित्वा लिखत।
(निम्नलिखित पदों के विलोमपद पाठ से चुनकर लिखिए।)

(i) श्वः ....
(ii) प्रसन्ना ....
(iii) वरिष्ठा ....
(iv) प्रशंसितम् ....
(v) प्रकाशः ....
(vi) सफलाः ....
(vii) निरर्थकः ....

उत्तराणि

(i) श्वः—अद्य (ii) प्रसन्ना—उदासीना
(iii) वरिष्ठा—कनिष्ठा (iv) प्रशंसितम्—निर्घृणम्
(v) प्रकाशः—अन्धकारः (vi) सफलाः—अफलाः
(vii) निरर्थकः—सार्थकः

प्र.6 रेखाङ्कितपदमाधृत्य प्रश्ननिर्माणं कुरुत।
(रेखांकित पदों के आधार पर प्रश्नों का निर्माण कीजिए।)

(i) प्रसन्नतायाः विषयोऽयम्।
(ii) सर्वकारस्य घोषणा अस्ति।
(iii) अहम् स्वापराधं स्वीकरोमि।
(iv) समयात् पूर्वम् आयासं करोषि।
(v) अम्बिका क्रोडे उपविशति।

उत्तराणि

(i) कस्याः विषयोऽयम्?
(ii) कस्य घोषणा अस्ति?
(iii) अहं किं स्वीकरोमि?
(iv) कस्मात् पूर्वम् आयासं करोषि?
(v) अम्बिका कुत्र उपविशति?

प्र.7 अधोलिखिते सन्धिविच्छेदे रिक्त स्थानानि पूरयत।
(निम्नलिखित सन्धि विच्छेदों के रिक्त स्थानों को पूरा कीजिए।)

यथा	नोक्तवती		न		उक्तवती
(i)	सहसैव	=	सहसा	+	....
(ii)	परामर्शानुसारम्	=	....	+	अनुसारम्
(iii)	वधार्हा	=	....	+	अर्हा
(iv)	अधुनैव	=	अधुना	+	....
(v)	प्रवृत्तोऽपि	=	प्रवृत्तः	+	....

उत्तराणि

(i)	सहसैव	=	सहसा	+	एव
(ii)	परामर्शानुसारम्	=	परामर्श	+	अनुसारम्
(iii)	वधार्हा	=	वध	+	अर्हा
(iv)	अधुनैव	=	अधुना	+	एव
(v)	प्रवृत्तोऽपि	=	प्रवृत्तः	+	अपि

अभ्यास प्रश्नाः

पाठ्य-पुस्तक रुचिरा भाग-3 के प्रश्नोत्तर

भाग I

बहुविकल्पीय प्रश्नाः

1. (क) प्रदत्तविकल्पेभ्यः उचित पदं चित्वा रिक्तस्थानानि पूरयत।
(दिए गए विकल्पों में से उचित पद चुनकर रिक्त स्थानों को पूरा कीजिए।)

(i) यत्र नार्यस्तु पूज्यन्ते .... तत्र देवताः।
(अ) क्रीडन्ते (ब) रमन्ते
(स) पश्यन्ते (द) पठ्यन्ते

(ii) खेलजगति ख्याताभितः ....।
(अ) साइना (ब) कल्पना
(स) किरण (द) गार्गी

(iii) अस्माकं जनकः कदापि पुत्रीपुत्रयोः .... न कृतवान्।
(अ) पुत्री (ब) पुत्रेण
(स) विभेदं (द) दुहिता

(iv) पुत्रीं रक्ष पुत्रीं ....।
(अ) पाठय (ब) लेखय
(स) खादय (द) नृत्यः

उत्तराणि

(i) (ब) रमन्ते (ii) (अ) साइना
(iii) (स) विभेदं (iv) (अ) पाठय

(ख) रेखाङ्कितपदानां आधृत्य प्रदत्तविकल्पेभ्यः प्रश्नवाचकपदं चित्वा लिखत।
(रेखांकित पदों के आधार पर दिए गए विकल्पों में से प्रश्नवाचक पद चुनकर लिखिए।)

(i) राकेशः स्वापराधं स्वीकरोति।
(अ) किम् (ब) कः
(स) कौ (द) के

(ii) भोजनकाले मालायाः मनोदशा स्वस्था न प्रतीयते स्म।
(अ) कदा (ब) किम्
(स) कुत्र (द) कौ

(iii) राकेशः भगिनी शालिनी आसीत्।
(अ) किम् (ब) कौ
(स) का (द) के

(iv) त्वदर्थम् शीतलपेयं आनयामि।
(अ) कः (ब) कदा
(स) कस्मिन् (द) किम्

(v) माला मुखेन किमपि न कथयति।
(अ) केन (ब) कस्मिन्
(स) कदा (द) कुत्र

(vi) मार्गे माला सर्वं वार्तां शालिने कथयति।
(अ) काम् (ब) का (स) कया (द) कस्याः

(vii) माला अतीव उद्विग्ना अस्ति।
(अ) कीदृशी (ब) कस्मिन्
(स) कास्याम् (द) काभिः

उत्तराणि

(i) (ब) कः (ii) (अ) कदा
(iii) (स) का (iv) (द) किम्
(v) (अ) केन (vi) (ब) का
(vii) (अ) कीदृशी

सत्यं / असत्यं

2. (क) प्रदत्तविकल्पेभ्यः सत्यं/असत्यं उत्तरम् चित्वा लिखत। (दिए गए विकल्पों में से सत्य/असत्य उत्तर चुनकर लिखिए।)

(i) शालिनी ग्रीष्मावकाशे मातृगृहम् आगच्छति। (सत्यं/असत्यं)
(ii) तस्याः भ्रातृजाया उदासीना इव दृश्यते। (सत्यं/असत्यं)
(iii) रात्रौ सर्वैः सह भोजनमेव करिष्यामि। (सत्यं/असत्यं)
(iv) अतीव उद्विग्नाऽस्मि परं तव भ्राता वार्तामेव न करोति (सत्यं/असत्यं)
(v) यथैव अम्बिका मम हृदयस्य सम्पूर्णस्नेहस्य अधिकारिणी अस्ति। (सत्यं/असत्यं)
(vi) यत्रैताः न पूज्यन्ते सर्वास्तत्राफलाः क्रिया। (सत्यं/असत्यं)
(vii) सर्वां चिन्तां त्यज आगन्तुः शिशोः स्वागताय च सन्नद्धा भव। (सत्यं/असत्यं)

उत्तराणि

(i) असत्यं (ii) सत्यं
(iii) सत्यं (iv) असत्यं
(v) सत्यं (vi) सत्यं
(vii) सत्यं

(ख) अधोलिखितानां शुद्ध कथनानां समक्षं (✓) अशुद्ध कथनानां समक्षं (✗) च इति लिखत। (निम्नलिखित शुद्ध कथनों के सामने (✓) तथा अशुद्ध कथनों के सामने (✗) लिखिए।)

(i) ग्रीष्मावकाशे शालिनी पितृगृहम् आगच्छति।
(ii) तस्याः भ्रातृजाया प्रसन्नाः दृश्यते।
(iii) अधुना तु भोजनम् वाञ्छामि।
(iv) अद्य मम कार्यालये एका महत्त्वपूर्णा गोष्ठी सहसैव निश्चिता।
(v) भोजनकालेऽपि मालायाः मनोदशा स्वस्था प्रतीयते स्म।
(vi) राकेशः मालाया सह चिकित्सिकां प्रति गच्छति।
(vii) भ्राता यदा गृहम् आगमिष्यति अहम् वार्तां करिष्ये।

उत्तराणि

(i) (✓) (ii) (✗)
(iii) (✗) (iv) (✓)
(v) (✗) (vi) (✗)
(v) (✓)

मेलनं कुर्वन्तु

3. (क) अधोलिखितानां शब्दानां समक्षं प्रदत्तैः अर्थैः सह मेलनं कुरुत। (निम्नलिखित शब्दों के समक्ष दिए गए अर्थों का आपस में मिलान कीजिए।)

शब्दाः	अर्थाः
(क) पुत्रः	(i) पश्यति
(ख) सह	(ii) स्त्रयः
(ग) गृहे	(iii) भवने
(घ) नार्यः	(iv) सार्धं
(ङ) दृश्यते	(v) सुतः

उत्तराणि

शब्दाः	अर्थाः
(क) पुत्रः	(v) सुतः
(ख) सह	(iv) सार्धं
(ग) गृहे	(iii) भवने
(घ) नार्यः	(ii) स्त्रयः
(ङ) दृश्यते	(i) पश्यति

(ख) अधोलिखित खंड 'क' वाक्येन सह खंड 'ख' वाक्यानाम् योजयत। (निम्नलिखित खंड 'क' के वाक्यों के साथ खंड 'ख' के वाक्यों को जोड़िए।)

खंड 'अ'	खंड 'ब'
(क) भोजनकालेऽपि मालायाः मनोदशा	(i) स्वागतं कुर्वन्ति।
(ख) सर्वे प्रसन्नमनसा तस्याः	(ii) भोजनमेव करिष्यामि।
(ग) त्वम् मालाया सह गच्छ	(iii) महत्त्वपूर्णा गोष्ठी सहसैव निश्चिता।
(घ) रात्रौ सर्वै सह	(iv) स्वकुक्षौ धारयामि।
(ङ) अहम् मासत्रयस्य गर्भं	(v) मार्गे सा सर्वं ज्ञापयिष्यति।
(च) अद्य मम कार्यालये एका	(vi) स्वस्था न प्रतीयते स्म।

उत्तराणि

खंड 'अ'	खंड 'ब'
(क) भोजनकालेऽपि मालायाः मनोदशा	(vi) स्वस्था न प्रतीयते स्म।
(ख) सर्वे प्रसन्नमनसा तस्याः	(i) स्वागतं कुर्वन्ति।
(ग) त्वम् मालाया सह गच्छ	(v) मार्गे सा सर्वं ज्ञापयिष्यति।
(घ) रात्रौ सर्वै सह	(ii) भोजनमेव करिष्यामि।
(ङ) अहम् मासत्रयस्य गर्भं	(iv) स्वकुक्षौ धारयामि।
(च) अद्य मम कार्यालये एका	(iii) महत्त्वपूर्णा गोष्ठी सहसैव निश्चिता।

रिक्तस्थानं पूरयत

5. मञ्जूषातः उचित पदानि चित्वा अधोलिखिते सन्दर्भे रिक्तस्थानानि पूरयत। (मञ्जूषा से उचित शब्द चुनकर निम्नलिखित संदर्भ में रिक्त स्थानों की पूर्ति कीजिए।)

शालिनी (i) ··· पितृगृहम् (ii) ···। सर्वे (iii) ··· तस्याः (iv) ···कुर्वन्ति। परं तस्याः (v) ··· उदासीना इव (vi) ···। शालिनी भ्रातृजाये! (vii) ··· इव प्रतीयते, सर्वं (viii) ··· खलु?

- मञ्जूषाः कुशलं, चिन्तिता, दृश्यते, भ्रातृजाया, स्वागतं, प्रसन्नमनसा, आगच्छति, ग्रीष्मावकाशे।

उत्तराणि

(i) ग्रीष्मावकाशे (ii) आगच्छति
(iii) प्रसन्नमनसा (iv) स्वागतं
(v) भ्रातृजाया (vi) दृश्यते
(vii) चिन्तिता (viii) कुशलं

भाग II

पठित-अवबोधनम्

1. अधोलिखितानां गद्यांश पठित्वा प्रश्नानाम् उत्तराणि लिखत। (निम्नलिखित गद्यांशों को पढ़कर प्रश्नों के उत्तर लिखिए।)

(क) "शालिनी ग्रीष्मावकाशे पितृगृहम् आगच्छति।
सर्वे प्रसन्नमनसा तस्याः स्वागतं कुर्वन्ति परं तस्याः भ्रातृजाया उदासीना इव दृश्यते"

शालिनी–भ्रातृजाये! चिन्तिता इव प्रतीयसे, सर्वं कुशलं खलु?

माला–आम् शालिनी! कुशलिनी अहम्। त्वदर्थं किम् आनयानि, शीतलपेयं चायं वा?

शालिनी–अधुना तु किमपि न वाञ्छामि। रात्रौ सर्वैः सह भोजनमेव करिष्यामि।

I. अधोलिखितानां प्रश्नानाम् उत्तराणि एकपदेन लिखत। (निम्नलिखित प्रश्नों के उत्तर एक पद में लिखिए।)
(i) ग्रीष्मावकाशे पितृगृहम् का आगच्छति?
(ii) शालिनी का चिन्तिता इव प्रतीयते?
(iii) सर्वे प्रसन्न मनसा कस्या स्वागतं कुर्वन्ति?
(iv) शालिनी किम् वाञ्छति? चायं शीतलं पेय वा।

II. अधोलिखितानां प्रश्नानाम् उत्तराणि पूर्णवाक्येन लिखत। (निम्नलिखित प्रश्नों के उत्तर पूर्णवाक्य में लिखिए।)
(i) प्रसन्नमनसा सर्वे कस्याः स्वागतं कुर्वन्ति?
(ii) "आम् कुशलिनी अहम्" इति का कथयति?

III. अधोलिखितानां प्रश्नानाम् उत्तराणि निर्देशानुसारम् लिखत। (निम्नलिखित प्रश्नों के उत्तर निर्देशानुसार लिखिए।)
(i) भ्रातृजाये! चिन्तिता इव प्रतीयसे। अव्यय चित्वा लिखत।
(ii) अहं स्वापराध स्वीकरोमि। क्रिया पदे कः लकारः?

IV. अधोलिखितानां प्रश्नानाम् उत्तराणि प्रदत्तविकल्पेभ्यः चित्वा लिखत। (निम्नलिखित प्रश्नों के उत्तर दिए गए विकल्पों में से चुनकर लिखिए।)
(i) 'आगच्छति' क्रियापदस्य कर्तृपदं किम्?
(अ) पितृ (ब) शालिनी
(स) अवकाशे (द) ग्रीष्म
(ii) 'कुर्वन्ति' अत्र कः लकारः?
(अ) लृट् (ब) लट् (स) लोट् (द) लङ्
(iii) 'तस्याः' अत्र का विभक्तिः?
(अ) चतुर्थी (ब) पञ्चमी
(स) षष्ठी (द) सप्तमी
(iv) 'दिवसे' इति पदस्य विलोमपदं गद्यांशे किं प्रयुक्तम्?
(अ) रात्रौ (ब) सर्वे
(स) अहं (द) सह

उत्तराणि

I. (i) शालिनी (ii) भ्रातृजाया
(iii) शालिन्याः (iv) किमपि न वाञ्छति
II. (i) प्रसन्नमनसा सर्वे शालिन्याः स्वागतं कुर्वन्ति।
(ii) "आम् कुशलिनी अहम्" इति माला कथयति।
III. (i) इव (ii) लट्लकार
IV. (i) (ब) शालिनी (ii) (ब) लट्
(iii) (स) षष्ठी (iv) (अ) रात्रौ

(ख) माला मौनमेवाश्रयति। तदैव क्रीडन्ती त्रिवर्षीया पुत्री अम्बिका पितुः क्रोडे उपविशति तस्मात् चाकलेहं च याचते। राकेशः अम्बिकां लालयति, चाकलेहं प्रदाय तां क्रोडात् अवतारयति। पुनः मालां प्रति प्रश्नवाचिकां दृष्टिं क्षिपति। शालिनी एतत् सर्वं दृष्ट्वा उत्तरं ददाति।

शालिनी–भ्रातः! त्वं किं ज्ञातुमिच्छसि? तस्याः कुक्षि पुत्रः अस्ति पुत्री वा? किमर्थम्? " षण्मासानन्तरं सर्वं स्पष्टं भविष्यति, समयात् पूर्व किमर्थम् अयम् आयासः?

राकेशः–भगिनि, त्वं तु जानासि एव अस्माकं गृहे अम्बिका पुत्रीरूपेण अस्त्येव अधुना एकस्य पुत्रस्य आवश्यकताऽस्ति तर्हि ...।

I. अधोलिखितानां प्रश्नानाम् उत्तराणि एकपदेन लिखत। (निम्नलिखित प्रश्नों के उत्तर एक पद में लिखिए।)
(i) का मौनमेवाश्रयति?
(ii) कः अम्बिकां लालयति?
(iii) राकेशः अम्बिका किम् ददाति?
(iv) राकेशः कस्य आवश्यकता अनुभवः करोति?

II. अधोलिखितानां प्रश्नानाम् उत्तराणि पूर्णवाक्येन लिखत। (निम्नलिखित प्रश्नों के उत्तर पूर्णवाक्य में लिखिए।)
(i) अम्बिका कुत्र उपविशति?
(ii) कति मासानन्तरं सर्वं स्पष्टं भविष्यति?

III. अधोलिखितानां प्रश्नानाम् उत्तराणि निर्देशानुसारम् लिखत।
(निम्नलिखित प्रश्नों के उत्तर निर्देशानुसार लिखिए।)

(i) 'भविष्यति' अत्र कः लकारः?

(ii) 'अवतारयति' इति क्रियापदस्य कर्तृपदं किम्?

IV. अधोलिखितानां प्रश्नानाम् उत्तराणि प्रदत्तविकल्पेभ्यः चित्वा लिखत।
(निम्नलिखित प्रश्नों के उत्तर दिए गए विकल्पों में से चुनकर लिखिए।)

(i) 'दृष्ट्वा' अत्र कः प्रत्ययः?
(अ) क्त्वा (ब) ङीष्
(स) ल्यप् (द) टाप्

(ii) 'क्रोडात्' अत्र का विभक्ति?
(अ) पंचमी (ब) षष्ठी
(स) प्रथमा (द) द्वितीया

(iii) उद्विग्ना का अस्ति?
(अ) शालिनी (ब) माला
(स) राकेश (द) चिकित्सकः

(iv) माला कस्यैव आश्रयति
(अ) शान्तं (ब) वदनं
(स) मौनम् (द) कलान्तम्

उत्तराणि

I. (i) माला (ii) राकेशः
(iii) चाकलेहं (iv)पुत्रस्य

II. (i) अम्बिका पितुः क्रोडे उपविशति।
(ii) षण्मासानन्तरं सर्वं स्पष्टं भविष्यति।

III. (i) लृट् (ii) राकेशः

IV. (i) (अ) क्त्वा (ii) (अ) पंचमी
(iii) (ब) माला (iv) (स) मौनम्

(ग) राकेशः भगिनि! विरम विरम। अहं स्वापराधं स्वीकरोमि लज्जितश्चास्मि। अद्यप्रभृति कदापि गर्हितमिदं कार्यं स्वप्नेऽपि न चिन्तयिष्यामि। यथैव अम्बिका मम हृदये सम्पूर्णस्नेहस्य अधिकारिणी अस्ति, तथैव आगन्ता शिशुः अपि स्नेहाधिकारी भविष्यति पुत्रः भवतु पुत्री वा। अहं स्वगर्हितचिन्तनं प्रति पश्चात्तापमग्नः अस्मि, अहं कथं विस्मृतवान्

**"यत्र नार्यस्तु पूज्यन्ते रमन्ते तत्र देवताः।
यत्रैताः न पूज्यन्ते सर्वास्तत्राफलाः क्रियाः।"**

I. अधोलिखितानां प्रश्नानाम् उत्तराणि एकपदेन लिखत।
(निम्नलिखित प्रश्नों के उत्तर एक पद में लिखिए।)

(i) "भगिनि! विरम विरम" इति कः कथयति?

(ii) स्वापराधं कः स्वीकरोति?

(iii) अम्बिका हृदय कस्मिन् अधिकारिणी अस्तिः?

(iv) कदापि गर्हितमिंद कार्य किंमपि न चिन्तायष्यामि।

II. अधोलिखितानां प्रश्नानाम् उत्तराणि पूर्णवाक्येन लिखत।
(निम्नलिखित प्रश्नों के उत्तर पूर्णवाक्य में लिखिए।)

(i) यत्र नार्यस्तु पूज्यन्ते तत्र का रमन्ते?

(ii) सर्वा क्रियाः कुत्र अफलाः भवन्ति?

III. अधोलिखितानां प्रश्नानाम् उत्तराणि निर्देशानुसारम् लिखत।
(निम्नलिखित प्रश्नों के उत्तर निर्देशानुसार लिखिए।)

(i) स्वापराधं स्वीकरोमि लिज्जतश्चास्मि। रेखांकित पदे का सन्धि?

(ii) पश्चातापमग्नः अस्मि। क्रियापदे कः लकारः?

IV. अधोलिखितानां प्रश्नानाम् उत्तराणि प्रदत्तविकल्पेभ्यः चित्वा लिखत।
(निम्नलिखित प्रश्नों के उत्तर दिए गए विकल्पों में से चुनकर लिखिए।)

(i) 'स्वीकरोमि' इति क्रिया पदस्य कर्तृपदं किम्?
(अ) राकेशः (ब) शालिनी
(स) अपराधं (द) विरम

(ii) 'सुतः' इति पदस्य पर्यायपदं गद्यांशेद किम् प्रयुक्तम्?
(अ) भवतु (ब) पुत्री
(स) पुत्रः (द) भवती

(iii) 'भवतु' इत्यस्मिन् क्रियापदे कः लकारः?
(अ) लट् (ब) लोट्
(स) लृट् (द) लङ्

(iv) 'अहं' अत्र का विभक्तिः?
(अ) प्रथमा (ब) द्वितीया
(स) तृतीया (द) चतुर्थी

उत्तराणि

I. (i) राकेशः (ii) राकेशः
(iii) सम्पूर्णस्नेहस्य (iv) स्वप्नेऽपि

II. (i) यत्र नार्यस्तु पूज्यन्ते तत्र देवताः रमन्ते।
(ii) यत्र नार्यस्तु न पूज्यन्ते तत्र सर्वा क्रियाः अफलाः भवन्ति।

III. (i) विसर्गः दीर्घः च
(ii) लट्लकारः

IV. (i) (अ) राकेशः
(ii) (स) पुत्रः
(iii) (ब) लोट्
(iv) (अ) प्रथमा

प्रश्ननिर्माणं

2. अधोलिखितेषु वाक्येषु रेखाङ्कितपदानां आधृत्य प्रश्नवाचकपदं लिखत।
(निम्नलिखित वाक्यों में रेखांकित पदों के आधार पर प्रश्नवाचक पद लिखिए।)

(i) प्रसन्नमनसा सर्वे स्वागतं कुर्वन्ति।

(ii) तस्याः भ्रातृजाया उदासीना इव दृश्यते।

(iii) सा मुखेन किमपि न उक्तवती। (नोक्तवती)

(iv) कार्यालये महत्त्वपूर्णा गोष्ठी सुनिश्चिता।

(v) भ्रातृजायायाः स्वास्थ्यं समीचीनं नास्ति।

(vi) त्वम् मालया सह गच्छ।

(vii) सा स्वस्था न प्रतिभाति।

उत्तराणि

(i) किं (ii) का
(iii) केन (iv) कुत्र
(vi) कस्या: (vi) कया
(vii) कीदृशी

व्याकरणम्

3. अधोलिखितानां शब्दानां पर्यायपदं पाठात् चित्वा लिखत।
(निम्नलिखित शब्दों के पर्यायवाची पद पाठ से चुनकर लिखिए।)

(i) महिला: (ii) सम्मान्यन्ते
(iii) अद्यत: (iv) अनुजा
(v) अध्यापय (vi) व्याकुला
(vii) दैवेन (viii) सम्मेलनम्
(ix) मौनम् (x) ज्ञानविचारे
(xi) शोभनम्

उत्तराणि

(i) नार्य: (ii) पूज्यन्ते
(iii) अद्यप्रभृति (iv) कनिष्ठा
(v) पाठ्य (vi) उद्विग्ना
(vii) दिष्ट्या (viii) गोष्ठी
(ix) तूष्णीम् (x) श्रुतिचिन्तने
(xi) समीचीनं

4. अधोलिखितानां शब्दानां वाक्येषु प्रयोगं कुरुत।
(निम्नलिखित शब्दों का वाक्यों में प्रयोग कीजिए।)

(i) सह (ii) अहम्
(iii) स्वागतं (iv) शिशु:
(v) प्रति (vi) समीचीनं

उत्तराणि

(i) सह—पिता पुत्रेण सह ग्रामं गच्छति।
(ii) अहम्—अहं विद्यालयं गच्छामि।
(iii) स्वागतं—स्वागतं ते ऋतुराज:।
(iv) शिशु:—शिशु: उद्याने क्रीडति।
(v) प्रति—स: नगरम् प्रति गच्छति।
(vi) समीचीनं—मम स्वास्थ्य समीचीनं नास्ति।

घटनाक्रमानुसारं प्रश्ना:

5. अधोलिखितानां वाक्यानाम् घटनाक्रमानुसारेण पुन: लिखत।
(निम्नलिखित वाक्यों को घटनाक्रमानुसार पुन: लिखिए।)

(i) मालाया: चिकित्सिकया सह मेलनस्य समय: निर्धारित:।
(ii) अहम् मासत्रयस्य गर्भं स्वकुक्षौ धारयामि।
(iii) ग्रीष्मावकाशे शालिनी पितृगृहम् गच्छति।
(iv) माला शालिनी च चिकित्सिकां प्रति गच्छन्तयौ वार्तां कुरुत:।
(v) तव भ्रातु: आग्रह: अस्ति यत् अहं लिङ्गपरीक्षणं कारयेयम्।
(vi) प्रसन्नमनसा सर्वे गृहजना: तस्या: स्वागतं कुर्वन्ति।
(vii) किमभवत् भ्रातृजाये? का समस्याऽस्ति?
(viii) शालिने भ्रातृजाया उदासीना इव दृश्यते।

उत्तराणि

(i) ग्रीष्मावकाशे शालिनी पितृगृहम् गच्छति।
(ii) प्रसन्नमनसा सर्वे गृहजना: तस्या: स्वागतं कुर्वन्ति।
(iii) शालिने भ्रातृजाया उदासीना इव दृश्यते।
(iv) मालाया: चिकित्सिकया सह मेलनस्य समय: निर्धारित:।
(v) माला शालिनी च चिकित्सिकां प्रति गछन्त्यौ वार्तां कुरुत:।
(vi) किमभवत् भ्रातृजाये? का समस्याऽस्ति?
(vii) अहम् मासत्रयस्य गर्भं स्वकुक्षौ धारयामि।
(viii) तव भ्रातु: आग्रह: अस्ति यत् अहं लिङ्गपरीक्षणं कारयेयम्।

अतिलघु उत्तरीया: प्रश्ना:

1. शालिनी कुत्र आगच्छति?
2. राकेश: शालिन्या: क: अस्ति?
3. शालिनी माल्या सह कुत्र अगच्छत?

उत्तराणि

1. पितृगृहम्
2. भ्रात:
3. चिकित्सक: सकाशे

लघु उत्तरीया: प्रश्ना:

1. माला कीदृशी अस्ति?
2. राकेश: कार्यालयात् कथं न आगच्छत्?
3. यत्र नार्य: न पूज्यन्ते तत्र का भवति?

उत्तराणि

1. माला गर्भवती अस्ति।
2. राकेशस्य कार्यालये एका गोष्ठी निश्चिता।
3. यत्र नार्य: न पूज्यन्ते तत्र सर्वा क्रिया अफला: सन्ति।

दीर्घ उत्तरीया: प्रश्ना:

1. शालिनी राकेशम् किम् उपदिशति?
2. अन्ते शालिनी राकेश: किम् अकथयत्?

उत्तराणि

1. शालिनी उपदिशति किमस्ति निर्घृणं कृत्यामिदम्? सर्वथाविस्मृतवान् अस्माकं पिता कदापि पुत्री पुत्रमय: विभेदं न कृतवान्। स: सर्वदैव मनुस्मृति पंक्तियां उद्धरति स्म "आत्मा वै जायते पुत्र: पुत्रेण दुहिता समा"।
2. शालिनी अकथयत् अलं पश्चातापेन्। तव मनस: अन्धकार: अपगत: प्रसन्नताया: विषयोऽयम्। भ्रातृजाये! आगच्छ। सर्वां चिन्तां त्यज आगन्तु: शिशो: स्वागताय च सन्नद्धा भव।

भारतजनताऽहम्

(मैं भारत की जनता हूँ)

अध्याय 7

पाठ का सार प्रस्तुत कविता आधुनिक कविकुलशिरोमणि डॉ. रमाकांत शुक्ल द्वारा रचित काव्य 'भारतजनताऽहम्' से साभार उद्धृत है। इस कविता में कवि भारतीय जनता के सरोकारों, विविध कौशलों, विविध रुचियों आदि का उल्लेख करते हुए बताते हैं कि भारतीय जनता की क्या-क्या विशेषताएँ हैं।

पाठ का हिंदी अनुवाद

1. अभिमानधना विनयोपेता, शालीना भारतजनताऽहम्।
कुलिशादपि कठिना कुसुमादपि सुकुमारा भारतजनताऽहम्।।

शब्दार्थाः अभिमानधना = स्वाभिमान रूपी धन से युक्त, विनयोपेता = विनम्रता से युक्त (परिपूर्ण), शालीना = अच्छे व्यवहार से युक्त, भारतजनताऽहम् = मैं भारत की जनता हूँ, कुलिशादपि = वज्र से भी, कठिना = कठोर, कुसुमादपि = फूल से भी, सुकुमारा = अत्यंत कोमल।

संदर्भ प्रस्तुत पद्यांश हमारी पाठ्य-पुस्तक रुचिरा भाग-3 के सप्तम पाठ 'भारतजनताऽहम' से लिया गया है। इस पाठ के रचयिता आधुनिक कविकुलशिरोमणि डॉ. रमाकांत शुक्ल हैं।

अन्वयः अहं भारतजनता अभिमानधना विनयोपेता शालीना कुलिशादपि कठोरा कुसुमादपि सुकुमारा अस्मि।

हिंदी अनुवाद मैं भारत की जनता स्वाभिमान रूपी धन से युक्त (परिपूर्ण), विनम्रता और शालीनता अर्थात् अच्छे व्यवहार से युक्त हूँ। मैं वज्र से भी कठोर, फूलों से भी अत्यधिक कोमल भारत की जनता हूँ।

2. निवसामि समस्ते संसारे, मन्ये च कुटुम्बं वसुन्धराम्।
प्रेयः श्रेयः च चिनोम्युभयं, सुविवेका भारतजनताऽहम्।।

शब्दार्थाः निवसामि = निवास करती हूँ, मन्ये = मानती हूँ, कुटुम्बम् = परिवार, वसुन्धराम् = पृथ्वी को, प्रेयः = प्रिय (रुचिकर), श्रेयः = कल्याणकारी, चिनोमि = चुनती हूँ, उभयम् = दोनों को, सुविवेका = अच्छी बुद्धि वाली।

अन्वयः भारतजनता अहं समस्ते संसारे निवसामि, वसुन्धरां च कुटुम्बं मन्ये, सुविवेका, श्रेयः प्रेयः च उभयं चिनोमि।

हिंदी अनुवाद मैं भारत की जनता संपूर्ण विश्व में निवास करती हूँ तथा संपूर्ण पृथ्वी को अपना परिवार मानती हूँ। मैं अच्छे विचारों के साथ हितकारी और कल्याणकारी दोनों मार्गों का चयन करती हूँ।

3. विज्ञानधनाऽहं ज्ञानधना, साहित्यकला-सङ्गीतपरा।
अध्यात्मसुधातटिनी-स्नानैः, परिपूता भारतजनताऽहम्।।

शब्दार्थाः विज्ञानधना = विज्ञानरूपी धन से युक्त, ज्ञानधना = ज्ञानरूपी धन से युक्त, परा = निपुण/पारंगत, अध्यात्मसुधातटिनी-स्नानैः = अध्यात्मरूपी अमृतमयी नदी में स्नान करने से, परिपूता = पवित्र।

अन्वयः भारतजनता अहं विज्ञानधना ज्ञानधना (च अस्मि) साहित्यकला-सङ्गीतपरा अध्यात्मसुधातटिनी स्नानैः परिपूता (अस्मि)।

हिंदी अनुवाद मैं भारत की जनता विज्ञान तथा ज्ञान रूपी धन से युक्त हूँ। मैं साहित्य, संगीत तथा कला में भी पारंगत हूँ। मैं अध्यात्म के अमृत से युक्त हुँ अर्थात् मैं नदी में स्नान करने से भी अत्यधिक पवित्र हूँ।

4. मम गीतैर्मुग्धं समं जगत्, मम नृत्यैर्मुग्धं समं जगत्।
मम काव्यैर्मुग्धं समं जगत्, रसभरिता भारतजनताऽहम्।।

शब्दार्थाः मम = मेरे, गीतैः = गीतों से, मुग्धं = मोहित, समम् = संपूर्ण, जगत् = संसार, नृत्यैः = नृत्यों से, काव्यैः = काव्यों/कविताओं से, रसभरिता = रस से परिपूर्ण।

अन्वयः मम गीतै समं जगत् मुग्धम् (अस्ति), मम नृत्यैः समं जगत् मुग्धं (अस्ति), मम काव्यैः समं जगत् मुग्धं (अस्ति), अहं रसभरिता भारतजनता (अस्मि)।

हिंदी अनुवाद मेरे गीतों से संपूर्ण संसार मोहित होता है, मेरे नृत्यों से संपूर्ण संसार मोहित होता है, मेरे काव्यों से संपूर्ण संसार मोहित होता है, मैं आनंदरूपी रस से परिपूर्ण भारत की जनता हूँ।

5. उत्सवप्रियाऽहं श्रमप्रिया, पदयात्रा-देशाटन-प्रिया।
लोकक्रीडासक्ता वर्धेऽतिथिदेवा, भारतजनताऽहम्।।

शब्दार्था: उत्सवप्रिया = त्योहारों से प्रेम करने वाली, श्रमप्रिया = परिश्रम से प्रेम करने वाली, देशाटन = देश भ्रमण, लोक = जनता, क्रीडासक्ता = खेलों पर आकर्षित/प्रेम रखने वाली, वर्धे = बढ़ाती हूँ, अतिथि देवा = अतिथि (मेहमान) को देवता के समान मानने वाली।

अन्वयः अहम् उत्सवप्रिया, श्रमप्रिया, पदयात्रा-देशाटन-प्रिया च (अस्मि), भारतजनता अहं लोकक्रीडासक्ता, अतिथिदेवा वर्धे।

हिंदी अनुवाद मैं उत्सवों (त्योहारों) से प्रेम करने वाली, परिश्रम से प्रेम करने वाली, पदयात्राओं तथा देश भ्रमण से प्रेम करने वाली भारत की जनता हूँ। मैं जनता के खेलों पर आकर्षित होने वाली (प्रेम करने वाली), अतिथियों को देवता के समान मानकर वृद्धि को प्राप्त करने वाली भारत की जनता हूँ।

6. मैत्री मे सहजा प्रकृतिरस्ति, नो दुर्बलतायाः पर्यायः।
मित्रस्य चक्षुषा संसारं, पश्यन्ती भारतजनताऽहम्।।

शब्दार्था: मैत्री = मित्रता, मे = मेरी, सहजा = सामान्यतः/ सामान्य रूप से, प्रकृतिः = स्वभाव दुर्बलतायाः = कमजोरी का, पर्याय = अन्य/दूसरा, चक्षुषा = आँखों से, पश्यन्ती = देखती हुई।

अन्वयः मैत्री मे सहजा प्रकृतिः अस्ति, दुर्बलतायाः पर्यायः न (अस्ति)। भारतजनता अहं मित्रस्य चक्षुषा संसारं पश्यन्ति।

हिंदी अनुवाद मित्रता हमारी सामान्य स्वभाव प्रकृति है, यह मेरी दुर्बलता (कमजोरी) का पर्याय नहीं है। मैं संपूर्ण संसार को मित्रता की दृष्टि से देखती हुई भारत की जनता हूँ।

7. विश्वस्मिन् जगति गताहमस्मि, विश्वस्मिन् जगति सदा दृश्ये।
विश्वस्मिन् जगति करोमि कर्म, कर्मण्या भारतजनताऽहम्।।

शब्दार्था: विश्वस्मिन् = इस विश्व में, जगति = संसार में, गता = गई हुई, सदा = सदैव, दृश्ये = देखती हूँ, करोमि = करती हूँ, कर्म = कार्य को, कर्मण्या = कर्म से युक्त (कर्मवान)।

अन्वयः अस्मिन् विश्व जगति अहं गता अस्मि, सदा विश्व अस्मिन् जगति दृश्ये। विश्व अस्मिन् जगति कर्म करोमि, अहं भारतजनता कर्मण्या (अस्मि)।

हिंदी अनुवाद मैं इस संपूर्ण विश्व में घूमी हुई हूँ, मुझे इस संपूर्ण संसार में देखा जा सकता है। इस संपूर्ण विश्व में मैं कार्य करती हूँ, मैं कर्मशील भारत की जनता हूँ।

NCERT फोल्डर: पाठ्य-पुस्तक रुचिरा भाग-3 के प्रश्नोत्तर

प्र.1 पाठे दत्तानां पद्यानां सस्वरवाचनं कुरुत।
(पाठ में दिए गए पद्यों का सस्वर वाचन (गीत गाए) करें।)

उत्तराणि

छात्र सुस्वर में गीत गाएँ।

प्र.2 प्रश्नानाम् उत्तराणि एकपदेन लिखत।
(प्रश्नों के उत्तर एक पद में लिखिए।)

(i) अहं वसुन्धरां किं मन्ये?
(ii) मम सहजा प्रकृति का अस्ति?
(iii) अहं कस्मात् कठिना भारतजनताऽस्मि?
(iv) अहं मित्रस्य चक्षुषां किं पश्यन्ति भारतजनताऽस्मि?

उत्तराणि

(i) कुटुम्बम् (ii) मैत्री
(iii) कुलिशात् (iv) संसारम्

प्र.3 प्रश्नानाम् उत्तराणि पूर्णवाक्येन लिखत।
(प्रश्नों के उत्तर पूर्णवाक्य में लिखिए।)

(i) भारतजनताऽहम् कैः परिपूता अस्ति?
(ii) समं जगत् कथं मुग्धमस्ति?
(iii) अहं किं किं चिनोमि?
(iv) अहं कुत्र सदा दृश्ये?
(v) समं जगत् कैः कैः मुग्धम् अस्ति?

उत्तराणि

(i) भारतजनताऽहम् अध्यात्मसुधातटिनीस्नानैः परिपूता अस्ति।
(ii) समं जगत् गीतैः, नृत्यैः काव्यैश्च मुग्धमस्ति।
(iii) अहं प्रेयः श्रेयश्च उभयं चिनोमि।
(iv) अहं विश्वस्मिन् जगति सदा दृश्ये।
(v) समं जगत् नृत्यैः गीतैः काव्यैः च मुग्धमस्ति।

प्र.4 सन्धिविच्छेदं पूरयत।
(सन्धि विच्छेद को पूरा कीजिए।)

यथा विनयोपेता	=	विनय	+	उपेता
(i) कुसुमादपि	=	....	+	....
(ii) चिनोम्युभयम्	=	चिनोमि	+	....
(iii) नृत्यैर्मुग्धम्	=	....	+	मुग्धम्
(iv) प्रकृतिरस्ति	=	प्रकृतिः	+	....
(v) लोकक्रीडासक्ता	=	लोकक्रीडा	+	....

उत्तराणि

(i) कुसुमादपि = कुसुमात् + अपि
(ii) चिनोम्युभयम् = चिनोमि + उभयम्
(iii) नृत्यैर्मुग्धम् = नृत्यैः + मुग्धम्
(iv) प्रकृतिरस्ति = प्रकृतिः + अस्ति
(v) लोकक्रीडासक्ता = लोकक्रीडा + आसक्ता

प्र.5 विशेषण-विशेष्य पदानि मेलयत।
(विशेषण और विशेष्य पदों का मेल कीजिए।)

विशेषण-पदानि	विशेष्य-पदानि
(क) सुकुमारा	(i) जगत्
(ख) सहजा	(ii) संसारे
(ग) विश्वस्मिन्	(iii) भारतजनता
(घ) समम्	(iv) प्रकृति
(ङ) समस्ते	(v) जगति

उत्तराणि

विशेषण-पदानि	विशेष्य-पदानि
(क) सुकुमारा	(iii) भारतजनता
(ख) सहजा	(iv) प्रकृति
(ग) विश्वस्मिन्	(v) जगति
(घ) समम्	(i) जगत्
(ङ) समस्ते	(ii) संसारे

प्र.6 समानार्थकानि पदानि मेलयत।
(समानार्थक शब्दों को मिलाइए।)

पद	समानार्थक पद
(क) जगति	(i) नदी
(ख) कुलिशात्	(ii) पृथ्वीम्
(ग) प्रकृति	(iii) संसारे
(घ) चक्षुषा	(iv) स्वभावः
(ङ) तटिनी	(v) व्रजात्
(च) वसुन्धराम्	(vi) नेत्रेण

उत्तराणि

पद	समानार्थक पद
(क) जगति	(iii) संसारे
(ख) कुलिशात्	(v) वज्रात्
(ग) प्रकृति	(iv) स्वभावः
(घ) चक्षुषा	(vi) नेत्रेण
(ङ) तटिनी	(i) नदी
(च) वसुन्धराम्	(ii) पृथ्वीम्

प्र.7 उचितकथानां समक्षम् (आम्) अनुचितकथनानां समक्षं (न) च इति लिखत।

(उचित कथन के सामने (आम्) तथा अनुचित कथन के सामने (न) लिखिए।)

(i) अहं परिवारस्य चक्षुषा संसारं पश्यामि।
(ii) समं जगत् मम काव्यैः मुग्धमस्ति।
(iii) अहम् अविवेका भारतजनता अस्मि।
(iv) अहं वसुन्धरां कुटुम्बं न मन्ये।
(v) अहं विज्ञानधना ज्ञानधना चास्मि।

उत्तराणि

(i) आम्   (ii) आम्
(iii) न   (iv) न
(v) आम्

अभ्यास प्रश्नाः

पाठ्य-पुस्तक रुचिरा भाग-3 के प्रश्नोत्तर

भाग I

बहुविकल्पीयाः प्रश्नाः

1. (क) प्रदत्तविकल्पेभ्यः उचित पदं चित्वा रिक्तस्थानानि पूरयत। (दिए गए विकल्पों में से उचित पद चुनकर रिक्त स्थानों को पूरा कीजिए।)

(i) विश्वस्मिन् जगति .... दृश्ये।
(अ) सदा (ब) कदा
(स) यदा (द) तदा

(ii) प्रेयः .... च चिनोम्युभयं।
(अ) च (ब) श्रेयः
(स) मन्ये (द) संसारे

(iii) कुलिशादपि .... कुसुमादपि सुकुमारा भारतजनताऽहम्।
(अ) पदयात्रा (ब) प्रिया
(स) कठिना (द) कुटुम्बम्

(iv) विश्वस्मिन् .... करोमि कर्म।
(अ) जगति (ब) श्रमप्रिया
(स) शालीना (द) समं

उत्तराणि

(i) (अ) सदा (ii) (ब) श्रेयः
(iii) (स) कठिना (iv) (अ) जगति

(ख) अधोलिखितेषु वाक्येषु रेखाङ्कितपदानां आधृत्य प्रश्नवाचकं पदं चित्वा लिखत। (निम्नलिखित वाक्यों में रेखांकित पदों के आधार प्रश्नवाचक पद चुनकर लिखिए।)

(i) भारतजनता <u>वसुन्धरां</u> कुटुम्बं मन्यते।
(अ) के (ब) कां
(स) कानि (द) कौ

(ii) संसारे <u>भारतजनता</u> निवसति।
(अ) कुत्र (ब) कः
(स) का (द) किम्

(iii) <u>भारते</u> अतीथिन् देवाः मन्यते।
(अ) कदा (ब) कस्मिन्
(स) कः (द) कुत्र

(iv) <u>मित्रस्य</u> चक्षुषा संसारं पश्यति।
(अ) कस्य (ब) किम्
(स) कानि (द) कदा

(v) भारतजनता <u>सुकुमारा</u> अस्ति।
(अ) कानि (ब) का
(स) कीदृशी (द) कस्मै

(vi) भारतजनतायाः सहजा प्रकृतिः <u>मैत्री</u> अस्ति।
(अ) किम् (ब) कस्मै
(स) कस्य (द) का

उत्तराणि

(i) (ब) कां (ii) (स) का
(iii) (द) कुत्र (iv) (अ) कस्य
(v) (स) कीदृशी (vi) (द) का

सत्यं/असत्यं

2. प्रदत्तविकल्पेभ्यः सत्यम्/असत्यम् उत्तरम् चित्वा लिखत। (दिए गए विकल्पों में से सत्य/असत्य उत्तर चुनकर लिखिए।)

(i) अभिमानधना विनयोपेता, शालीना अहं भारतजनता (सत्यं/असत्यं)

(ii) समस्ते संसारे निवसामि मन्ये च कुटुम्बं नास्ति वसुन्धराम् (सत्यं/असत्यं)

(iii) अध्यात्मसुधातटिनी-स्नानैः परिपूता अहं भारतजनता (सत्यं/असत्यं)

(iv) अहं उत्सवप्रिया श्रमप्रिया, पदयात्रा-देशाटन-प्रिया (सत्यं/असत्यं)

(v) मैत्री में सहजा प्रकृति, नो दुर्बलतायाः पर्याय नास्ति (सत्यं/असत्यं)

(vi) मम काव्यैर्मुग्धं समं जगत्, भारतजनता रसभरिता नास्ति (सत्यं/असत्यं)

(vii) विश्वस्मिन् जगति गता सदा दृश्ये अस्मि (सत्यं/असत्यं)

उत्तराणि

(i) सत्यं (ii) असत्यं
(iii) सत्यं (iv) सत्यं
(v) असत्यं (vi) असत्यं
(vii) असत्यं

मेलनं कुर्वन्तु

3. (क) अधोलिखितानां पर्यायपदानां मेलनं कुरुत। (निम्नलिखित पर्यायपदों का मिलान कीजिए।)

खंड 'अ'	खंड 'ब'
(क) प्रेयः	(i) कर्मरता
(ख) परिपूता	(ii) पृथ्वीम्

(ग) मैत्री	(iii) सुकोमला
(घ) कर्मण्या	(iv) बन्धुता
(ङ) वसुन्धराम्	(v) पवित्रा
(च) सुकुमारा	(vi) स्नेहः

उत्तराणि

खंड 'अ'	खंड 'ब'
(क) प्रेयः	(vi) स्नेहः
(ख) परिपूता	(v) पवित्रा
(ग) मैत्री	(iv) बन्धुता
(घ) कर्मण्या	(i) कर्मरता
(ङ) वसुन्धराम्	(ii) पृथ्वीम्
(च) सुकुमारा	(iii) सुकोमला

(ख) अधोलिखितानां श्लोकानाम् 'क' भागस्य 'ख' भागेन सह मेलनं कुरुत। (निम्नलिखित श्लोकों के 'क' भाग का 'ख' भाग के साथ मिलान कीजिए।)

'अ'	'ब'
(क) कुलिशादपि कठिना कुसुमादपि	(i) पश्यन्ति भारतजनताऽहम्
(ख) अध्यात्मसुधातटिनी-स्नानैः	(ii) अतिथिदेवा, भारतजनताऽहम्
(ग) उत्सवप्रियाऽहं श्रमप्रिया	(iii) पदयात्रा-देशाटन प्रिया
(घ) लोकक्रीडासक्ता वर्धे	(iv) परिपूता भारतजनताऽहम्
(ङ) मित्रस्य चक्षुषा संसारं	(v) सुकुमारा भारतजनताऽहम्

उत्तराणि

'अ'	'ब'
(क) कुलिशादपि कठिना कुसुमादपि	(v) सुकुमारा भारतजनताऽहम्
(ख) अध्यात्मसुधातटिनी-स्नानैः	(iv) परिपूता भारतजनताऽहम्
(ग) उत्सवप्रियाऽहं श्रमप्रिया	(iii) पदयात्रा-देशाटन प्रिया
(घ) लोकक्रीडासक्ता वर्धे	(ii) अतिथिदेवा, भारतजनताऽहम्
(ङ) मित्रस्य चक्षुषा संसारं	(i) पश्यन्ति भारतजनताऽहम्

अन्वय पूर्ति

4. अधोलिखितानां श्लोकानाम् अन्वयपूर्ति मञ्जूषातः उचित शब्दं चित्वा कुरुत। (निम्नलिखित श्लोकों की अन्वयपूर्ति मञ्जूषा से उचित शब्द चुनकर कीजिए।)

(क) विज्ञानधनाऽहं ज्ञानधना, साहित्यकला-सङ्गीतपरा।
अध्यात्मसुधातटिनी-स्नानैः, परिपूता भारतजनताऽहम्।।

अन्वयः अहं (i) ....**विज्ञानधना** (ii) ....**साहित्यकला-सङ्गीतपरा** (iii)........**सुधातटिनी** (iv)........**परिपूता (अस्मि)।**

- मञ्जूषा स्नानैः, अध्यात्म, ज्ञानधना, भारतजनता।

(ख) मैत्री मे सहजा प्रकृतिरस्ति, नो दुर्बलतायाः पर्यायः।
मित्रस्य चक्षुषा संसारं, पश्यन्ति भारतजनताऽहम्।।

अन्वयः मैत्री मे सहजा (i) .... **अस्ति। नः** (ii) .... **पर्यायः।** (iii) .... **मित्रस्य चक्षुषा पश्यन्ती** (iv) .... **अहम्।**

- मञ्जूषा भारतजनता, संसारं, दुर्बलतायाः, प्रकृतिः।

(ग) मम गीतैर्मुग्धं समं जगत्, मम नृत्यैर्मुग्धं समं जगत्।
मम काव्यैर्मुग्धं समं जगत्, रसभरिता भारतजनताऽहम्।।

अन्वयः मम (i) .... **समं जगत्** (ii) ...., **मम नृत्यैः समं** (iii)........, **मम काव्यैः समं जगत् मुग्धम्** (iv)........**रसभरिता भारतजनता।**

- मञ्जूषा अहं, जगत्, मुग्धम्, गीतैः।

(घ) उत्सवप्रियाऽहं श्रमप्रिया, पदयात्रा-देशाटन-प्रिया।
लोकक्रीडासक्ता वर्धेऽतिथिदेवा, भारतजनताऽहम्।।

अन्वयः अहम् उत्सवप्रिया (i)........ **पदयात्रादेशाटन-प्रिया** (ii)........ **सक्ता, अतिथि** (iii)........**भारतजनता** (iv)........।

- मञ्जूषा देवा, लोकक्रीडा, श्रमप्रिया, वर्धे।

(ङ) अभिमानधना विनयोपेता, शालीना भारतजनताऽहम्।
कुलिशादपि कठिना कुसुमादपि, सुकुमारा भारतजनताऽहम्।।

अन्वयः अहं भारतजनता (i) .... **विनयोपेता** (ii) .... **कुलिशादपि** (iii) .... **कुसुमादपि** (iv) .... **(अस्मि)।**

- मञ्जूषा कठोरा, सुकुमारा, शालीना, अभिमानधना।

उत्तराणि

(क) (i) भारतजनता (ii) ज्ञानधना
(iii) अध्यात्म (iv) स्नानैः।

(ख) (i) प्रकृतिः (ii) दुर्बलतायाः
(iii) संसारं (iv) भारतजनता

(ग) (i) गीतैः (ii) मुग्धम्
(iii) जगत् (iv) अहं

(घ) (i) श्रमप्रिया (ii) लोकक्रीडा
(iii) देवा (iv) वर्धे

(ङ) (i) अभिमानधना (ii) शालीना
(iii) कठोरा (iv) सुकुमारा

भावार्थ पूर्ति

5. अधोलिखितानां श्लोकानां भावं मञ्जूषायाः उचितं पदं चित्वा लिखत। (निम्नलिखित श्लोकों का भाव मञ्जूषा से उचित पद चुनकर लिखिए।)

(क) उत्सवप्रियाऽहं श्रमप्रिया, पदयात्रा-देशाटन-प्रिया।
लोकक्रीडासक्ता वर्धेऽतिथिदेवा, भारतजनताऽहम।।

भावार्थः अहं भारतस्य (i) ...... **उत्सवप्रिया, परिश्रमी,** (ii) ...... **प्रिया, देश-देशान्तर** (iii) ...... **मे रोचते। सांसारिक क्रीडासु मम अनुरागः अस्ति। मम कृते तु अतिथि** (iv) ...... **रूपेण अस्ति।**

- मञ्जूषा देवता, भ्रमणं, पदयात्रा, जनता।

(ख) मैत्री मे सहजा प्रकृतिरस्ति, नो दुर्बलतायाः पर्यायः।
मित्रस्य चक्षुषा संसारं, पश्यन्ति भारतजनताऽहम्।।
भावार्थः मैत्री मे सामान्य (i) ...... अस्ति, अयं मम (ii) ...... पर्यायं नास्ति। अहं संसारं (iii) ...... दृष्ट्या पश्यन्ति भारतस्य (iv) ...... अस्मि।

- मञ्जूषा जनता, मित्रवत्, दुर्बलतायाः, स्वभावः।

(ग) मम गीतैर्मुग्धं समं जगत्, मम नृत्यैर्मुग्धं समं जगत्।
मम काव्यैर्मुग्धं समं जगत्, रसभरिता भारतजनताऽहम्।।
भावार्थः मम गीतैः संपूर्ण (i) ...... मुगधं अस्ति, मम (ii) ...... संपूर्णं संसारं मुग्धं अस्ति। मम (iii) ...... संपूर्णं संसारं मुग्धम् अस्ति। इति आनन्द (iv) ...... अहं भारतजनता अस्मि।

- मञ्जूषा रसपूरिता, काव्यैः, नृत्यैः, संसारम्।

उत्तराणि

(क) (i) जनता (ii) पदयात्रा
(iii) भ्रमणं (iv) देवता

(ख) (i) स्वभावः (ii) दुर्बलतायाः
(iii) मित्रवत् (iv) जनता

(ग) (i) संसारम् (ii) नृत्यैः
(iii) काव्यैः (iv) रसपूरित

भाग II

पठित-अवबोधनम्

1. अधोलिखितं श्लोकं पठित्वा प्रश्नानाम् उत्तराणि लिखत।
(निम्नलिखित श्लोक को पढ़कर प्रश्नों के उत्तर लिखिए।)

(क) अभिमानधना विनयोपेता, शालीना भारतजनताऽहम्।
कुलिशादपि कठिना कुसुमादपि, सुकुमारा भारतजनताऽहम्।।

I. **अधोलिखितानां प्रश्नानाम् उत्तराणि एकपदेन लिखत।**
(निम्नलिखित प्रश्नों के उत्तर एक पद में लिखिए।)
(i) भारतजनता कुलिशाद् अपि कीदृशी अस्ति?
(ii) कुसुमादपि कीदृशी भारतजनता?
(iii) कः अभिमान धना अस्ति?
(iv) भारतस्य जनता कस्मात् अपि कठोरा?

II. **अधोलिखितानां प्रश्नानाम् उत्तराणि पूर्णवाक्येन लिखत।**
(निम्नलिखित प्रश्नों के उत्तर पूर्णवाक्य में लिखिए।)
(i) कुलिशादपि कठिना कुसुमादपि सुकुमारा का?
(ii) का शालीना विनयोपेता अस्ति?

III. **अधोलिखितानां प्रश्नानाम् उत्तराणि निर्देशानुसारं लिखत।**
(निम्नलिखित प्रश्नों के उत्तर निर्देशानुसार लिखिए।)
(i) 'अभिमान घना' अत्र कः उपसर्गः?
(ii) 'कुसुमादपि' इत्यस्य पदे कः अव्ययः?

IV. **अधोलिखितानां प्रश्नानाम् उत्तराणि प्रदत्तविकल्पेभ्यः चित्वा लिखत। (निम्नलिखित प्रश्नों के उत्तर दिए गए विकल्पों में से चुनकर लिखिए।)**
(i) 'सुकुमारा' अत्र कः उपसर्गः?
(अ) सुकु (ब) कुमार
(स) सु (द) कुमार
(ii) 'सरला' इति पदस्य विलोमपदं श्लोके किम्?
(अ) कठिना (ब) कुसुमा
(स) कुशला (द) अहं
(iii) 'अहम्' अत्र का विभक्तिः?
(अ) प्रथमा (ब) द्वितीय
(स) तृतीया (द) चतुर्थी
(iv) 'पुष्पः' इति पदस्य समानार्थक पदं श्लोके किं प्रयुक्तम्?
(अ) विनयः (ब) कुसुमः
(स) शालीना (द) कठिन

उत्तराणि

I. (i) कठिना (ii) सुकुमारा
(iii) भारतस्य जनता (iv) कुलिशात्

II. (i) कुलिशादपि कठिना कुसुमादपि सुकुमारा भारतजनता।
(ii) भारतजनता शालीना विनयोपेता अस्ति।

III. (i) अभि (ii) अपि

IV. (i) (स) सु (ii) (अ) कठिना
(iii) (अ) प्रथमा (iv) (ब) कुसुमः

(ख) निवसामि समस्ते संसारे, मन्ये च कुटुम्बं वुसन्धराम्।
प्रेयः श्रेयः च चिनोम्युभयं, सुविवेका भारतजनताऽहम्।।

I. **अधोलिखितानां प्रश्नानाम् उत्तराणि एकपदेन लिखत।**
(निम्नलिखित प्रश्नों के उत्तर एक पद में लिखिए।)
(i) समस्ते संसारे का निवसति?
(ii) का वसुन्धराम् कुटुम्बं मन्यते?
(iii) अहम् कम् कुटुम्बं मन्ये?
(iv) समस्त संसारे का निवसन्ति?

II. **अधोलिखितानां प्रश्नानाम् उत्तराणि पूर्णवाक्येन लिखत।**
(निम्नलिखित प्रश्नों के उत्तर पूर्णवाक्य में लिखिए।)
(i) किं चिनोति भारतजनता?
(ii) कीदृशी भारतजनता?

III. **अधोलिखितानां प्रश्नानाम् उत्तराणि निर्देशानुसारं लिखत।**
(निम्नलिखित प्रश्नों के उत्तर निर्देशानुसार लिखिए।)
(i) 'भूमि' इति पदस्य पर्यायपदं श्लोके किं प्रयुक्तम्?
(ii) 'चिनोम्युभ्यं' इति पदे सन्धि-विच्छेद कुरुत?

IV. **अधोलिखितानां प्रश्नानाम् उत्तराणि प्रदत्तविकल्पेभ्यः चित्वा लिखत।**
(निम्नलिखित प्रश्नों के उत्तर दिए गए विकल्पों में से चुनकर लिखिए।)
(i) 'भूमि' इति पदस्य पर्यायपदं श्लोके किं प्रयुक्तम्?
(अ) च (ब) वसुन्धराम्
(स) मन्ये (द) संसारे

(ii) 'सुविवेका' अत्र कः उपसर्गः अस्ति?
(अ) सु (ब) अपि (स) आ (द) नी
(iii) 'निवसामि' अत्र कः लकारः?
(अ) लङ्ग (ब) लृट्
(स) लट् (द) लोट्
(iv) 'संसारे' अत्र का विभक्तिः?
(अ) पंचमी (ब) षष्ठी
(स) सप्तमी (द) तृतीया

उत्तराणि

I. (i) भारतजनता (ii) भारतजनता
(iii) वसुन्धराम् (iv) भारतीय जनता

II. (i) श्रेयःप्रेयः च चिनोति भारतजनता।
(ii) सुविवेका भारतजनता।

III. (i) वसुन्धराम् (ii) चिनोमि + उभयम्

IV. (i) (ब) वसुन्धराम् (ii) (अ) सु
(iii) (स) लट् (iv) (स) सप्तमी

**(ग) विश्वस्मिन् जगति गताहमस्मि, विश्वस्मिन् जगति सदा दृश्ये।
विश्वस्मिन् जगति करोमि कर्म, कर्मण्या भारतजनताऽहम्।।**

I. **अधोलिखितानां प्रश्नानाम् उत्तराणि एकपदेन लिखत।
(निम्नलिखित प्रश्नों के उत्तर एक पद में लिखिए।)**
(i) अहं कुत्र गता अस्मि?
(ii) विश्वस्मिन् जगति अहं किं करोमि?
(iii) अहं कस्मिन् जगति गता अस्मि?
(iv) सदा विश्वस्मिन् कः दृश्ये।

II. **अधोलिखितानां प्रश्नानाम् उत्तराणि पूर्णवाक्येन लिखत।
(निम्नलिखित प्रश्नों के उत्तर पूर्णवाक्य में लिखिए।)**
(i) कर्मण्या का अस्ति?
(ii) भारतजनता सदा कुत्र दृश्ये?

III. **अधोलिखितानां प्रश्नानाम् उत्तराणि निर्देशानुसारं लिखत।
(निम्नलिखित प्रश्नों के उत्तर निर्देशानुसार लिखिए।)**
(i) 'विश्वस्मिन्' इत्यस्मिन् पदे का विभक्ति?
(ii) जगति सदा दृश्यते। कः अव्ययः?

IV. **अधोलिखितानां प्रश्नानाम् उत्तराणि प्रदत्तविकल्पेभ्यः चित्वा लिखत। (निम्नलिखित प्रश्नों के उत्तर दिए गए विकल्पों में से चुनकर लिखिए।)**
(i) 'करोमि' अत्र कः पुरुषः?
(अ) उत्तम (ब) प्रथम
(स) मध्यम् (द) कोऽपि न
(ii) 'आगता' इति पदस्य विलोमपदं श्लोके किं प्रयुक्तम्?
(अ) जगति (ब) कर्म
(स) गता (द) सदा
(iii) 'जगति' अत्र का विभक्तिः?
(अ) द्वितीया (ब) सप्तमी
(स) षष्ठी (द) प्रथमा
(iv) 'दृश्ये' अत्र का धातुः?
(अ) दृश् (ब) चल
(स) हस् (द) दर्श

उत्तराणि

I. (i) विश्वस्मिन् जगति (ii) कर्म
(iii) विश्वस्मिन् (iv) जगति

II. (i) कर्मण्या भारतजनता अस्ति।
(ii) भारतजनता सदा विश्वस्मिन् जगति दृश्ये।

III. (i) सप्तमी (ii) सदा

IV. (i) (अ) उत्तम (ii) (स) गता
(iii) (ब) सप्तमी (iv) (अ) दृश्

अतिलघु उत्तरीयाः प्रश्नाः

1. कुसुमादपिसुकुमारा का?
2. कीदृशी धना भारत जनता?
3. कस्याम् परा भारत जनता?

उत्तराणि

1. भारतजनता
2. अभिमान धना
3. साहित्य संगीत परा

लघु उत्तरीयाः प्रश्नाः

1. भारत जनता कीदृशी शालीना?
2. अतिथि देवाः कुत्र भवन्ति?

उत्तराणि

1. अभिमान धना विनयोपेता च शालीना अस्ति भारत जनता।
2. अतिथि देवाः भारते एव भवन्ति।

दीर्घ उत्तरीयाः प्रश्नाः

1. भारत जनता कानि वस्तूनि प्रिया सन्ति?
2. भारत जनतायाः प्रकृतिः कीदृशी अस्ति?

उत्तराणि

1. भारत जनतां उत्सव, प्रिया, श्रम प्रिया, पदयात्रा, देशाटन प्रिया च सन्ति।
2. भारत जनतायाः प्रकृतिः मैत्रीपूर्णा सहजा च अस्ति। समस्त संसारं च मित्रस्य चक्षुसा पश्यति, किन्तु अस्या दुर्बलताः नास्ति अपितु इयं अस्या विशेषता अस्ति।

संसारसागरस्य नायकाः

(संसार रूपी सागर के नायक)

अध्याय 8

पाठ का सार प्रस्तुत पाठ अनुपम मिश्र की कृति 'आज भी खरे हैं' तालाब के संसार सागर के नायक नामक अध्याय से लिया गया है। इसमें विलुप्त होते जा रहे पारंपरिक ज्ञान, कौशल एवं शिल्प के धनी गजधर के संबंध में चर्चा की गई है। पानी के लिए मानव निर्मित तालाब, बावड़ी जैसे निर्माणों को लेखक ने यहाँ संसार सागर के रूप में चित्रित किया है।

पाठ का हिंदी अनुवाद

1. के आसन् ते अज्ञातनामानः?

शतशः सहस्रशः तडागाः सहसैव शून्यात् न प्रकटीभूताः। इमे एव तडागाः अत्र संसारसागराः इति। एतेषाम् आयोजनस्य नेपथ्ये निर्मापयितॄणाम् एककम्, निर्मातॄणां च दशकम् आसीत्। एतत् एककं दशकं च आहत्य शतकं सहस्रं वा रचयतः स्म। परं विगतेषु द्विशतवर्षेषु नूतनपद्धत्या समाजेन यत्किञ्चित् पठितम्। पठितेन तेन समाजेन एककं दशकं सहस्रकञ्च इत्येतानि शून्ये एव परिवर्तितानि। अस्य नूतनसमाजस्य मनसि इयमपि जिज्ञासा नैव उद्भूता यद् अस्मात्पूर्वम् एतावतः तडागान् के रचयन्ति स्म। एतादृशानि कार्याणि कर्तुं ज्ञानस्य यो नूतनः प्रविधिः विकसितः, तेन प्रविधिनाऽपि पूर्वं सम्पादितम् एतत्कार्यं मापयितुं न केनापि प्रयतितम्।

शब्दार्थाः अज्ञातनामानः = अज्ञात नाम वाले, शतशः = सैकड़ों सहस्रशः = हजारों, तडागाः = तालाब, सहसैव = अचानक (अकस्मात्), शून्यात् = आकाश से, प्रकटीभूताः = प्रकट हुए/दिखाई दिए, आयोजनस्य = निर्माण के, नेपथ्ये = पर्दे के पीछे, निर्मापयितॄणाम् = बनवाने वालों की, एककम् = इकाई, दशकम् = दहाई, आहत्य = मिलकर, शतकम् = सैकड़ा, सहस्त्रकम् = हजार, रचयतः स्म = बनाते थे, द्विशतवर्षेषु = दो सौ वर्षों में, जिज्ञासा = जानने की इच्छा, उद्भूता = उत्पन्न हुई/जाग्रत हुई, अस्मात्पूर्वम् = हमसे पहले, एतावतः = इतने, प्रविधिः = विधि/तरीका, मापयितुम् = मापने/नापने के लिए, प्रयतितम् = प्रयत्न किया।

संदर्भ प्रस्तुत गद्यांश हमारी पाठ्य-पुस्तक संस्कृत रुचिरा भाग-3 के पाठ अष्टम ''संसार सागरस्य नायकाः'' से संग्रहीत किया गया है। इस पाठ के रचयिता अनुपम-मिश्र हैं।

हिंदी अनुवाद वे अज्ञात नाम वाले कौन थे?

सैकड़ों, हजारों तालाब अचानक आकाश से प्रकट नहीं हुए हैं। ये तालाब ही यहाँ संसार-सागर हैं। इन तालाबों के निर्माण के पर्दे के पीछे बनवाने वालों की इकाई और बनाने वालों की दहाई थी। ये इकाई और दहाई दोनों मिलकर ही सैकड़े तथा हजार बनाते थे, परंतु विगत दो सौ वर्षों में नवीन पद्धति से समाज ने जो कुछ भी पढ़ा है, उस पढ़े हुए समाज ने इकाई, दहाई और हजार को शून्य में ही बदल दिया है। इस नवीन समाज के मन में यह भी जानने की इच्छा उत्पन्न नहीं हुई कि हमसे पहले इतने तालाबों को कौन बनाते थे? इस प्रकार के कार्य करने के लिए ज्ञान की जो नवीन विधि विकसित हुई है, उस विधि से भी पहले संपादित इस कार्य को मापने का किसी ने भी प्रयत्न नहीं किया है।

2. अद्य ये अज्ञातनामानः वर्तन्ते, पुरा ते बहुप्रथिताः आसन्। अशेषे हि देशे तडागाः निर्मीयन्ते स्म, निर्मातारोऽपि अशेषे देशे निवसन्ति स्म।

गजधरः इति सुन्दरः शब्दः तडागनिर्मातॄणां सादरं स्मरणार्थम्। राजस्थानस्य केषुचिद् भागेषु शब्दोऽयम् अद्यापि प्रचलति। कः गजधरः? यः गजपरिमाणं धारयति स गजधरः। गजपरिमाणम् एव मापनकार्ये उपयुज्यते। समाजे त्रिहस्त-परिमाणात्मिकीं लौहयष्टिं हस्ते गृहीत्वा चलन्तः गजधराः इदानीं शिल्पिरूपेण नैव समादृताः सन्ति। गजधरः, यः समाजस्य गाम्भीर्यं मापयेत् इत्यस्मिन् रूपे परिचितः।

शब्दार्थाः अद्य = आज, पुरा = पहले, बहुप्रथिताः = बहुत प्रसिद्ध, अशेषे = संपूर्ण, निर्मीयन्ते स्म = बनाए जाते थे, निर्मातारः = बनाने वाले, गजधरः = गज (लम्बाई, चौड़ाई, गहराई, मोटाई मापने की लोहे की छड़) को धारण करने वाला व्यक्ति, केषुचिद् = किन्हीं/कुछ में, उपयुज्यते = उपयोग किया जाता है, त्रिहस्तपरिमाणात्मिकीम् = तीन हाथ के नाप

की, लौहयष्टिम् = लोहे की छड़, चलन्तः = चलते हुए, समादृताः = आदर को प्राप्त सम्मानित, गाम्भीर्यम् = गहराई को।

हिंदी अनुवाद आज जो अज्ञात नाम वाले हैं, पहले वे बहुत प्रसिद्ध थे। संपूर्ण देश में तालाब बनाए जाते थे, निर्माण करने वाले भी संपूर्ण देश में रहते थे। 'गजधर' यह सुंदर शब्द तालाब का निर्माण करने वालों को आदरपूर्वक याद करने के लिए था। राजस्थान के कुछ भागों में यह शब्द आज भी प्रचलित है। गजधर कौन है? जो गज-परिमाण (लम्बाई, चौड़ाई, गहराई, मोटाई मापने की लोहे की छड़) को धारण करता है, वह 'गजधर' कहलाता है। गज माप को ही मापने के कार्य में उपयोग किया जाता है। समाज में तीन हाथ के नाप की लोहे की छड़ को हाथ में लेकर चलने वाले गजधर को इस समय शिल्पकार के रूप में आदर प्राप्त नहीं होता है। गजधर, जो समाज की गहराई को माप सके' इस रूप में जाना जाता है।

3. गजधराः वास्तुकाराः आसन्। कामं ग्रामीणसमाजो भवतु नागरसमाजो वा तस्य नव-निर्माणस्य सुरक्षाप्रबन्धनस्य च दायित्वं गजधराः निभालयन्ति स्म। नगरनियोजनात् लघुनिर्माणपर्यन्तं सर्वाणि कार्याणि एतेष्वेव आधृतानि आसन्। ते योजनां प्रस्तुत्वन्ति स्म, भाविव्ययम् आकलयन्ति स्म, उपकरणभारान् सङ्गृह्णन्ति स्म। प्रतिदाने ते न तद् याचन्ते स्म यद् दातुं तेषां स्वामिनः असमर्थाः भवेयुः। कार्यसमाप्तौ वेतनानि अतिरिच्य गजधरेभ्यः सम्मानमपि प्रदीयते स्म।

नमः एतादृशेभ्यः शिल्पिभ्यः।

शब्दार्थाः वास्तुकाराः = भवन आदि का निर्माण करने वाले, कामम् = चाहे/भले ही, निभालयन्ति स्म = निभाते थे, आधृतानि = आधारित, आकलयन्ति स्म = अनुमान करते थे, उपकरणभारान् = साधन सामग्री को, सङ्गृह्णन्ति स्म = संग्रह करते थे, प्रतिदाने = बदले में, याचन्ते स्म = माँगते थे, अतिरिच्य = अतिरिक्त, प्रदीयते स्म = दिया जाता था।

हिंदी अनुवाद गजधर वास्तुकार (भवन आदि का निर्माण करने वाले) थे। चाहे ग्रामीण समाज हो या शहरी समाज हो, उनके नव-निर्माण और सुरक्षा प्रबन्ध का दायित्व गजधर ही निभाते थे। नगर नियोजन से लेकर लघु निर्माण तक के सभी कार्य इन पर ही आधारित थे। वे योजना प्रस्तुत करते थे तथा होने वाले खर्च का अनुमान लगाते थे और साधन-सामग्री का संग्रह करते थे। बदले में वे इतना नहीं माँगते थे कि देने में उनके स्वामी असमर्थ हों। कार्य समाप्त होने पर वेतन के अतिरिक्त गजधरों को सम्मान भी दिया जाता था।

इस प्रकार के शिल्पकारों को नमन है।

NCERT फोल्डर: पाठ्य-पुस्तक रुचिरा भाग-3 के प्रश्नोत्तर

प्र.1 एकपदेन उत्तराणि लिखत।
(एक पद में उत्तर लिखिए।)

(i) कस्य राज्यस्य भागेषु गजधरः शब्दः प्रयुज्यते?
(ii) गजपरिमाणं कः धारयति?
(iii) कार्यसमाप्तौ वेतनानि अतिरिच्य गजधरेभ्यः किं प्रदीयते स्म?
(iv) के शिल्पिरूपेण न समादृताः भवन्ति?

उत्तराणि

(i) राजस्थानस्य (ii) गजधरः
(iii) सम्मानम् (iv) गजधराः

प्र.2 अधोलिखितानां प्रश्नानाम् उत्तराणि लिखत।
(निम्नलिखित प्रश्नों के उत्तर लिखिए।)

(i) तडागाः कुत्र निर्मीयन्ते स्म?
(ii) गजधराः कस्मिन् रूपे परिचिताः?
(iii) गजधराः किं कुर्वन्ति स्म?
(iv) के सम्माननीयाः?

उत्तराणि

(i) अशेषे हि देशे तडागाः निर्मीयन्ते स्म।
(ii) गजधरः समाजस्य गाम्भीर्यं मापयेत् इत्यस्मिन् रूपे परिचिताः।
(iii) गजधराः नगरनियोजनात् लघुनिर्माणपर्यन्तं सर्वाणि कार्याणि कुर्वन्ति स्म।
(iv) गजधराः सम्माननीयाः।

प्र.3 रेखाङ्कितानि पदानि आधृत्य प्रश्न-निर्माणं कुरुत।
(रेखांकित पदों के आधार पर प्रश्नों का निर्माण कीजिए।)

(i) <u>सुरक्षाप्रबन्धनस्य</u> दायित्वं गजधराः निभालयन्ति स्म।
(ii) <u>तेषां</u> स्वामिनः असमर्थाः सन्ति।
(iii) कार्यसमाप्तौ <u>वेतनानि</u> अतिरिच्य सम्मानमपि प्राप्नुवन्ति।
(iv) <u>गजधरः</u> सुन्दरः शब्दः अस्ति।
(v) <u>तडागाः</u> संसारसागरः कथ्यन्ते।

उत्तराणि

(i) <u>कस्य</u> दायित्वं गजधराः निभालयन्ति स्म?
(ii) <u>केषां</u> स्वामिनः असमर्थाः सन्ति?
(iii) कार्यसमाप्तौ <u>कानि</u> अतिरिच्य सम्मानमपि प्राप्नुवन्ति?
(iv) <u>कः</u> सुन्दरः शब्दः अस्ति?
(v) <u>के</u> संसारसागरः कथ्यन्ते?

प्र.4 अधोलिखितेषु यथापेक्षतं/सन्धिं/विच्छेदं कुरुत।
(निम्नलिखित पदों की सन्धि अथवा सन्धि-विच्छेद कीजिए।)

(i) अद्य + अपि = ...
(ii) .... + ... = स्मरणार्थम्
(iii) इति + अस्मिन् = ...
(iv) .... + ... = एतेष्वेव
(v) सहसा + एव = ...

उत्तराणि

(i) अद्य + अपि = अद्यापि
(ii) स्मरण + अर्थम् = स्मरणार्थम्
(iii) इति + अस्मिन् = इत्यस्मिन्
(iv) एतेषु + एव = एतेष्वेव
(v) सहसा + एव = सहसैव

प्र.5 मञ्जूषातः समुचितानि पदानि चित्वा रिक्तस्थानानि पूरयत।
(मञ्जूषा से समुचित शब्द चुनकर रिक्त स्थानों की पूर्ति कीजिए।)

(i) छात्राः पुस्तकानि .... विद्यालयं गच्छन्ति।
(ii) मालाकाराः पुष्पैः मालाः ....।
(iii) मम मनसि एका .... वर्तते।
(iv) रमेशः मित्रैः .... विद्यालयं गच्छति।
(v) .... बालिका तत्र अहसत।

• मञ्जूषा रचयन्ति, गृहीत्वा, सहसा, जिज्ञासा, सह।

उत्तराणि

(i) छात्रा पुस्तकानि गृहीत्वा विद्यालयं गच्छन्ति।
(ii) मालाकाराः पुष्पैः मालाः रचयन्ति।
(iii) मम मनसि एका जिज्ञासा वर्तते।
(iv) रमेशः मित्रैः सह विद्यालयं गच्छति।
(v) सहसा बालिका तत्र अहसत।

प्र.6 पदनिर्माणं कुरुत। *(पदों का निर्माण कीजिए।)*

	धातुः		प्रत्ययः		पदम्
यथा	कृ	+	तुमुन्	=	कर्तुम्
	हृ	+	तुमुन्	=	....
	तृ	+	तुमुन्	=	....
यथा	नम्	+	क्त्वा	=	नत्वा
	गम्	+	क्त्वा	=	....
	त्यज्	+	क्त्वा	=	....
	भुज्	+	क्त्वा	=	....

	उपसर्गः	धातुः	प्रत्ययः	पदम्
यथा	उप	गम्	ल्यप्	= उपगम्य
	सम्	पूज्	ल्यप्	= ....
	आ	नी	ल्यप्	= ....
	प्र	दा	ल्यप्	= ....

उत्तराणि

धातुः		प्रत्ययः		पदम्
हृ	+	तुमुन्	=	हर्तुम्
तृ	+	तुमुन्	=	तर्तुम्
गम्	+	क्त्वा	=	गत्वा
त्यज्	+	क्त्वा	=	त्यक्त्वा
भुज्	+	क्त्वा	=	भुक्त्वा

उपसर्गः	धातुः	प्रत्ययः	पदम्
सम्	पूज्	ल्यप्	= सम्पूज्य
आ	नी	ल्यप्	= आनीय
प्र	दा	ल्यप्	= प्रदाय

प्र.7 कोष्ठकेषु दत्तेषु शब्देषु समुचितां विभक्तिं योजयित्वा रिक्तस्थानानि पूरयत।
(कोष्ठक में दिए गए शब्दों में से समुचित विभक्ति का प्रयोग कर रिक्त स्थानों को पूरा कीजिए।)

यथा विद्यालयं परितः वृक्षाः सन्ति। (विद्यालय)
(i) .... उभयतः ग्रामाः सन्ति। (ग्राम)
(ii) .... सर्वतः अट्टालिकाः सन्ति। (नगर)
(iii) धिक् ....। (कापुरुष)

यथा मृगाः मृगैः सह धावन्ति। (मृग)
(i) बालकाः ....ः सह पठन्ति। (बालिका)
(ii) पुत्र .... सह आपणं गच्छति। (पितृ)
(iii) शिशुः .... सह क्रीडति। (मातृ)

उत्तराणि

(i) ग्रामम् उभयतः ग्रामाः सन्ति।
(ii) नगरम् सर्वतः अट्टालिकाः सन्ति।
(iii) धिक् कापुरुषम्।
(i) बालकाः बालिकाभिः सह पठन्ति।
(ii) पुत्र पित्रा सह आपणं गच्छति।
(iii) शिशुः मात्रा सह क्रीडति।

अभ्यास प्रश्ना:

पाठ्य-पुस्तक रुचिरा भाग-3
के प्रश्नोत्तर

भाग I

बहुविकल्पीया: प्रश्ना:

1. (क) प्रदत्तविकल्पेभ्यः उचित पदं चित्वा रिक्तस्थानानि पूरयत। (दिए गए विकल्पों में से उचित पद चुनकर रिक्त स्थानों को पूरा कीजिए।)

(i) के ·········· ते अज्ञातनामान:?

(अ) आसीत् (ब) आसताम्
(स) आसन् (द) अस्ति

(ii) अस्य नूतनसमाजस्य ·········· इयमपि जिज्ञासा नैव उद्भूता।

(अ) मनसि (ब) पठितम्
(स) तेन (द) अद्यैव

(iii) गजपरिमाणं धारयति स ··········।

(अ) तडागा: (ब) गजधर:
(स) समाज: (द) संसार

(iv) नमः एतादृशेभ्यः ··········।

(अ) शिल्पिभ्य: (ब) जनेभ्य:
(स) नगरेभ्य: (द) ग्रामेभ्य:

उत्तराणि

(i) (स) आसन् (ii) (अ) मनसि
(iii) (ब) गजधर: (iv) (अ) शिल्पिभ्य:

(ख) अधोलिखितेषु वाक्येषु रेखाङ्कितपदानां आधृत्य प्रश्नवाचक पदं चित्वा लिखत। (निम्नलिखित वाक्यों में रेखांकित पदों के आधार पर प्रश्नवाचक पद चुनकर लिखिए।)

(i) सहस्रशः तडागाः सहसैव शून्यात् न प्रकटीभूता।

(अ) कस्मात् (ब) के
(स) किम् (द) केषु

(ii) तडागान् गजधरा: रचयन्ति।

(अ) क: (ब) के
(स) कौ (द) कानि

(iii) गजधराः समाजस्य गाम्भीर्यं मापयेत्।

(अ) केषु (ब) कस्मात्
(स) कानि (द) कस्य

(iv) नमः एतादृशेभ्यः शिल्पिभ्यः।

(अ) कयो: (ब) केभ्य:
(स) कस्य (द) कस्मिन्

(v) गजधरः सुन्दरः शब्दः अस्ति।

(अ) कीदृश: (ब) के
(स) कौ (द) क:

(vi) वेतनानि अतिरिच्य गजधरेभ्यः सम्मानमपि प्रदीयते स्म।

(अ) का (ब) कयो:
(स) कस्मिन् (द) केभ्य:

उत्तराणि

(i) (अ) कस्मात् (ii) (ब) के
(iii) (द) कस्य (iv) (ब) केभ्य:
(v) (अ) कीदृश: (vi) (द) केभ्य:

सत्यं / असत्यं

2. (क) प्रदत्तविकल्पेभ्यः सत्यम्/असत्यम् उत्तरम् चित्वा लिखत। (दिए गए विकल्पों में सत्य/असत्य उत्तर चुनकर लिखिए।)

(i) शतशः सहस्रशः तडागाः सहसैव शून्यात् न प्रकटीभूताः।
(ii) अद्य ये अज्ञातनामानः वर्तन्ते पुरा ते बहुप्रथिताः नास्ति।
(iii) निर्मातारोऽपि अशेषे देशे निवसन्ति स्म।
(iv) यः गजपरिमाणं धारयति स गजधरः।
(v) यः समाजस्य गाम्भीर्यं मापयेत् इत्यस्मिन् रूपे नपरिचितः।
(vi) सर्वाणि कार्याणि एतेष्वेव आधृतानि न आसन्।
(vii) कार्यसमाप्तौ वेतनानि अतिरिच्य गजधरेभ्यः सम्मानमपि प्रदीयते स्म।

उत्तराणि

(i) सत्यं (ii) असत्यं
(iii) सत्यं (iv) सत्यं
(v) असत्यं (vi) असत्यं
(vii) सत्यं

(ख) अधोलिखितेषु शुद्धकथनानां समक्षं (✓) अशुद्धकथनानां समक्षं (✗) च चिह्नन् अंङ्कयत्। (निम्नलिखित शुद्ध कथनों के सामने (✓) तथा अशुद्ध कथनों के सामने (✗) चिह्न अंकित कीजिए।)

(i) तडागाः एव संसारसागराः सन्ति।
(ii) कार्यसमाप्तौ गजधरेभ्यः सम्मानं न दीयते।
(iii) यः गजपरिमाणं धारयति स गजधरः।
(iv) गजधराः योजनां न प्रस्तुत्वन्ति स्म।
(v) सहस्रशः तडागाः सहसैव शून्यात् न प्रकटीभूताः।
(vi) गजधराः वास्तुकाराः न आसन्।

उत्तराणि

(i) (✓)	(ii) (✗)
(iii) (✓)	(iv) (✗)
(v) (✓)	(vi) (✗)

मेलनं कुर्वन्तु

3. अधोलिखितानां शब्दानां समक्षं प्रदत्तैः अर्थैः सह मेलनम् कुरुत।
(निम्नलिखित शब्दों के समक्ष दिए गए अर्थों का आपस में मिलान कीजिए।)

शब्दाः	अर्थाः
(क) सहसा	(i) सम्मानिताः
(ख) अशेषे	(ii) सुविख्याताः
(ग) पूर्वम्	(iii) प्राक्
(घ) बहुप्रथिताः	(iv) समग्रे
(ङ) समादृताः	(v) अकस्मात्

उत्तराणि

शब्दाः	अर्थाः
(क) सहसा	(v) अकस्मात्
(ख) अशेषे	(iv) समग्रे
(ग) पूर्वम्	(iii) प्राक्
(घ) बहुप्रथिताः	(ii) सुविख्याताः
(ङ) समादृताः	(i) सम्मानिताः

व्याकरणम्

4. अधोलिखितेषु वाक्येषु प्रकृति प्रत्यय संयोज्य वियोज्य वा उचित विकल्पेन रिक्तस्थानानि पूरयत।
(निम्नलिखित वाक्यों में प्रकृति प्रत्यय को जोड़कर अथवा अलग करके उचित विकल्प से रिक्त स्थानों की पूर्ति कीजिए।)

(क) (i) भारते अनेकानि (दृश् + अनीयर्) ……… स्थानानि सन्ति। (दर्शनीय/द्रशनीय/दृशनीयर्)

(ii) एतत् सर्वं जनैः (कृ + तुमुन्) ……… शक्यते। (कृतुम्/कर्तुम्/करतुम्)

(iii) सेवकः (आ + गम् + ल्यप्)……… अध्यापकं निवेदितवान्। (आगत्य/आगतः/आगमत)

(iv) अहं विद्यालयं (गम् + क्त्वा) ……… पठामि। (गत्वा/गमत्वा/गच्छत्वा)

(v) देवालयः परिसरः अतीव (रम् + अनीयर्)……… अस्ति। (रमणीयः/रम्नीयर्/रमानीय)

उत्तराणि

(i) दर्शनीय	(ii) कर्तुम्
(iii) आगत्य	(iv) गत्वा
(v) रमणीयः.	

(ख) (i) प्र + नम् + ल्यप् = ……… (प्रणम्य/प्रणम/प्रणाम)

(ii) ज्ञा + तुमुन् = ……… (ज्ञातुम्/ज्ञातुमुन्/ज्ञातम)

(iii) आ + गम् + ल्यप् = ……… (आगम/आगत्य/अगच्छत्)

(iv) क्रीड् + तुमुन् = ……… (क्रिडतु/क्रीडितुम्/क्रिडतम्)

(v) गम् + क्त्वा = ……… (गत्वा/गमता/गमिता)

(vi) त्यज् + तुमुन् = ……… (त्यजतु/त्यक्तुम्/त्यज्तुम्)

उत्तराणि

(i) प्रणम्य	(ii) ज्ञातुम्
(iii) आगत्य	(iv) क्रीडितुम्
(v) गत्वा	(vi) त्यक्तुम्

5. अधोलिखितेषु पदेषु लिङ्ग–विभक्ति–वचनस्य निर्देशनं कुरुत।
(निम्नलिखित पदों में लिङ्ग–विभक्ति व वचन का निर्देशन कीजिए।)

	लिङ्ग	विभक्ति	वचन
(i) वर्षेषु	……	……	……
(ii) कार्याणि	……	……	……
(iii) निर्माणस्य	……	……	……
(iv) गजधरः	……	……	……
(v) वास्तुकाराः	……	……	……
(vi) मनसि	……	……	……

उत्तराणि

(i) नपुंसकलिङ्ग, सप्तमी, बहुवचनम्
(ii) नपुंसकलिङ्ग, प्रथमा/द्वितीया, बहुवचनम्
(iii) नपुंसकलिङ्ग, षष्ठी, एकवचनम्
(iv) पुल्लिग, प्रथमा, एकवचनम्
(v) पुल्लिग, प्रथमा, बहुवचनम्
(vi) नपुंसकलिङ्ग, सप्तमी, एकवचनम्

वाक्यपूर्ति

6. कोष्ठकदत्तेषुविकल्पेभ्यः उचितं पदं चित्वा वाक्यपूर्ति कुरुत।
(कोष्ठक में दिए गए विकल्पों में से उचित पद चुनकर वाक्यपूर्ति कीजिए।)

(i) गजधराः वास्तुकाराः……… । (आसीत्/आस्ताम्/आसन्)

(ii) नगरनियोजनात् लघुनिर्माणपर्यन्तम् ……… कार्याणि एतेष्वेव आधृतानि आसन्। (सर्वम्/सर्वे/सर्वाणि)

(iii) अशेषे हि देशे ……… निर्मीयन्ते स्म। (तडागः/तडागे/तडागाः)

(iv) पुरा ते बहुप्रथिताः ……… । (आसीत्/आसन्/आस्ताम्)

(v) कार्यसमाप्तौ ……… अतिरिच्य गजधरेभ्यः सम्मानमपि प्रदीयते स्म। (वेतनम्/वेतने/वेतनानि)

(vi) के ……… ते अज्ञातनामानः? (आस्ताम्/आसन्/आसीत्)

उत्तराणि

(i) आसन्	(ii) सर्वाणि
(iii) तडागाः	(iv) आसन्
(v) वेतनानि	(vi) आसन्

रिक्तस्थानं पूरयत

7. (क) मञ्जूषात: उचितपदानि चित्वा रिक्तस्थानानि पूरयत।
(मञ्जूषा से उचित शब्द चुनकर रिक्त स्थानों की पूर्ति कीजिए।)

(*i*) अद्य ये ········· वर्तन्ते।
(ii) पुरा ते ········· आसन्।
(iii) अशेषे हि देशे ········· निर्मीयन्ते स्म।
(iv) य: गजपरिमाणं ········· स: गजधर:।
(*v*) गजपरिमाणम् एव ········· उपयुज्यते।
(vi) गजधरा: इदानीं शिल्पीरूपेण नैव ········· सन्ति।
(vii) गजधरा:········· आसन्।

- मञ्जूषा वास्तुकारा:, समादृता:, मापनकार्ये, धारयति, तड़ागा:, बहुप्रथिता:, अज्ञातनामान:।

उत्तराणि

(i) अज्ञातनामाना: (ii) बहुप्रथिता:
(iii) तडागा: (iv) धारयति
(v) मापनकार्ये (vi) समादृता:
(vii) वास्तुकारा:

(ख) कोष्ठकदत्तस्य शब्दस्य उचितरूपेण रिक्तस्थानानि पूरयत।
(कोष्ठक में दिए गए शब्दों के उचित रूप से रिक्त स्थानों की पूर्ति कीजिए।)

(i) ········· अभित: वृक्षा: सन्ति। (ग्राम)
(ii) इमानि ········· मधुराणि सन्ति। (फल)
(iii) पिता ········· सह देवालयं गच्छति। (पुत्र)
(iv) बालक:········· विभेति। (सिंह)
(v) स:········· काण: अस्ति। (नेत्र)
(vi) ········· दुग्धं रोचते। (बालक)
(vii) ········· परित: वृक्षा: सन्ति। (विद्यालय)
(viii) इदं मम ········· । (पुस्तक)

उत्तराणि

(i) ग्रामम् (ii) फलानि
(iii) पुत्रेण (iv) सिंहात्
(v) नेत्रेण (vi) बालकाय
(vii) विद्यालयं (viii) पुस्तकम्

कथापूर्ति

8. मञ्जूषात: उचितपदानि चित्वा कथापूर्तिं कुरुत।
(मञ्जूषा से उचित शब्द चुनकर कथा की पूर्ति कीजिए।)

शतश: सहस्रश: (i) ······ सहसैव शून्यात् न (ii)·······। इमे एव तडागा: अत्र (iii) ······ इति। एतेषाम् आयोजनस्य (iv)······निर्मापयितृणाम् एककं, निर्मातृणां च (v) ······ आसीत्। एतत् एककं दशकं च आहत्य शतकं सहस्रं वा (vi) ······ स्म। परं विगतेषु (vii) ······ नूतनपद्धत्या समाजेन यत्किञ्चित् (viii) ....। पठितेन तेन (ix) ······ एककं दशकं सहस्रकञ्च इत्येतानि (x) ······ एव परिवर्तितानि।

- मञ्जूषा शून्ये, समाजेन, पठितम्, द्विशतवर्षेषु, रचयत:, दशकम्, नेपथ्ये, संसारसागरा:, प्रकटीभूता:, तडागा:।

उत्तराणि

(i) तडागा: (ii) प्रकटीभूता:
(iii) संसारसागरा: (iv) नेपथ्ये
(v) दशकम् (vi) रचयत:
(vii) द्विशतवर्षेषु (viii) पठितम्
(ix) समाजेन (x) शून्ये।

वाक्य प्रयोग:

9. अधोलिखितानां शब्दानां वाक्येषु प्रयोगं कुरुत।
(निम्नलिखित शब्दों का वाक्यों में प्रयोग कीजिए।)

(i) प्रतिदाने (ii) गजधर:
(iii) तडागा: (iv) अत्र
(v) मनसि (vi) देशे

उत्तराणि

(i) प्रतिदाने — स्वामिन: प्रतिदाने तेभ्य: सम्मानं दीयते।
(ii) गजधर: — गजधर: वस्तुकारा: आसन्।
(iii) तडागा: — सम्पूर्णे संसारे तडागा: सन्ति।
(iv) अत्र — अहं अत्र निवसामि।
(v) मनसि — मम मनसि एका जिज्ञासा उद्भूता।
(vi) देशे — सम्पूर्णे देशे गजधरा: तडागा: निर्मीयन्ते।

भाग II

पठित-अवबोधनम्

1. अधोलिखितानां गद्यांशानां पठित्वा एतदाधारितप्रश्नानाम् उत्तराणि लिखत। (निम्नलिखित गद्यांशों को पढ़कर इन पर आधारित प्रश्नों के उत्तर लिखिए।)

(क) शतश: सहस्रश: तडागा: सहसैव शून्यात् न प्रकटीभूता:। इमे एव तडागा: अत्र संसारसागरा: इति। एतेषाम् आयोजनस्य नेपथ्ये निर्मापयितृणाम् एककम्, निर्मातृणां च दशकम् आसीत्। एतत् एककं दशकं च आहत्य शतकं सहस्रं वा रचयत: स्म। परं विगतेषु द्विशतवर्षेषु नूतनपद्धत्या समाजेन यत्किञ्चित् पठितम्। पठितेन तेन समाजेन एककं दशकं सहस्रकञ्च इत्येतानि शून्ये एव परिवर्तितानि।

I. अधोलिखितानां प्रश्नानाम् उत्तराणि एकपदेन लिखत।
(निम्नलिखित प्रश्नों के उत्तर एक पद में लिखिए।)

(i) सहस्रश: तडागा: सहसैव कस्मात् न प्रकटीभूता:?
(ii) इमे एव के अत्र संसारसागरा:?
(iii) एतेषाम् आयोजनस्य कुत्र निर्मापयितृणाम् एककम्?
(iv) एककं दशकं च आहत्य शतकं कति वा रचयत: स्म?

II. अधोलिखितानां प्रश्नानाम् उत्तराणि पूर्णवाक्येन लिखत।
(निम्नलिखित प्रश्नों के उत्तर पूर्णवाक्य में लिखिए।)
(i) एककं दशकं च आहत्य किं रचयतः स्म?
(ii) केषां आयोजनस्य नेपथ्ये निर्मापयितृणां निर्मातृणां च दशकम् आसीत्?

III. अधोलिखितानां प्रश्नानाम् उत्तराणि निर्देशानुसारं लिखत।
(निम्नलिखित प्रश्नों के उत्तर निर्देशानुसार लिखिए।)
(i) कीदृशेन समाजेन एककं दशकं सहस्रकञ्च इत्येतानि शून्यं एवं परिवर्तितानि। संख्यावाचकं विशेषणं लिखत।
(ii) केषाम् आयोजनस्य नेपथ्ये निर्मापयितृणाम् एककम् च दशकं आसीत्।–सर्वनाम शब्दम् चित्वा लिखत।

IV. अधोलिखितानां प्रश्नानाम् उत्तराणि प्रदत्तविकल्पेभ्यः चित्वा लिखत। (निम्नलिखित प्रश्नों के उत्तर दिए गए विकल्पों में से चुनकर लिखिए।)
(i) 'विगतेषु' अत्र कः उपसर्गः?
(अ) वि (ब) परा
(स) नी (द) प्र
(ii) 'शून्यात्' अत्र का विभक्तिः?
(अ) सप्तमी (ब) पञ्चमी
(स) षष्ठी (द) चतुर्थी
(iii) 'प्राचीनपद्धत्या' इति पदस्य विलोमपदं गद्यांशे किं प्रयुक्तम्?
(अ) द्विशतवर्षेषु (ब) सहस्रं
(स) नवीनपद्धत्या (द) शतकं
(iv) 'सहसैव' इत्यस्मिन् पदे कः सन्धिः?
(अ) दीर्घ (ब) अनादि
(स) यण् (द) वृद्धिः

उत्तराणि

I. (i) शून्यात् (ii) तडागाः
(iii) नेपथ्ये (iv) सहस्त्रम्

II. (i) ~~एककं दशकं च आहत्य शतकं सहस्रं वा रचयतः स्म।~~
(ii) तडागानाम् आयोजनस्य नेपथ्ये निर्मापयितृणां एककम्, निर्मातृणां च दशकम् आसीत्।

III. (i) एककम् दशकम् सहस्त्रं च (ii) केषाम्

IV. (i) (अ) वि (ii) (ब) पञ्चमी
(iii) (स) नवीनपद्धत्या (iv) (द) वृद्धिः

(ख) गजधरः इति सुन्दरः शब्दः तडागनिर्मातृणां सादरं स्मरणार्थम्। राजस्थानस्य केषुचिद् भागेषु शब्दोऽयम् अद्यापि प्रचलति। कः गजधरः? यः गजपरिमाणं धारयति स गजधरः। गजपरिमाणम् एव मापनकार्ये उपयुज्यते। समाजे त्रिहस्त-परिमाणात्मिकीं लौहयष्टिं हस्ते गृहीत्वा चलन्तः गजधराः इदानीं शिल्पिरूपेण नैव समादृताः सन्ति। गजधरः, यः समाजस्य गाम्भीर्यं मापयेत् इत्यस्मिन् रूपे परिचितः।

I. अधोलिखितानां प्रश्नानाम् उत्तराणि एकपदेन लिखत।
(निम्नलिखित प्रश्नों के उत्तर एक पद में लिखिए।)
(i) गजपरिमाणम् एव कस्मिन् कार्ये उपयुज्यते?
(ii) कः सुन्दरः शब्दः तडागनिर्मातृणां सादरं स्मरणार्थम्?
(iii) गजधरः इति शब्दः केषां सादरं स्मरणार्थम्?
(iv) गजधराः इदानीम् केन रूपेण नैव समादृताः सन्ति?

II. अधोलिखितानां प्रश्नानाम् उत्तराणि पूर्णवाक्येन लिखत।
(निम्नलिखित प्रश्नों के उत्तर पूर्णवाक्य में लिखिए।)
(i) कः गजधरः?
(ii) गजधराः इदानीं केन रूपेण नैव समादृताः सन्ति?

III. अधोलिखितानां प्रश्नानाम् उत्तराणि निर्देशानुसारं लिखत।
(निम्नलिखित प्रश्नों के उत्तर निर्देशानुसार लिखिए।)
(i) गजधराः वास्तुकाराः आसन्। इत्यस्मिन् वाक्ये कर्तृपदं किम्?
(ii) सर्वाणि कार्याणि एतेष्वेव आधृतानि आसन्। रेखांकित पदे का सन्धिः?

IV. अधोलिखितानां प्रश्नानाम् उत्तराणि प्रदत्तविकल्पेभ्यः चित्वा लिखत। (निम्नलिखित प्रश्नों के उत्तर दिए गए विकल्पों में से चुनकर लिखिए।)
(i) 'अपरिचितः' इत्यस्य विलोमपदं गद्यांशे किं प्रयुक्तम्?
(अ) गजधरः (ब) परिचितः
(स) समाजः (द) सन्ति
(ii) 'धारयति' इति क्रियापदस्य कर्तृपदं किम्?
(अ) गजधरः (ब) शब्दः
(स) राजस्थानः (द) समाजः
(iii) 'भागेषु' अत्र का विभक्तिः?
(अ) चतुर्थी (ब) पञ्चमी (स) षष्ठी (द) सप्तमी
(iv) 'अद्यापि' अत्र कः सन्धिः?
(अ) दीर्घ (ब) गुण (स) यण् (द) अयादि

उत्तराणि

I. (i) मापनकार्ये (ii) गजधरः
(iii) तडागनिर्माणाम् (iv) शिल्पिरूपेण

II. (i) यः गजपरिमाणं धारयति सः गजधरः।
(ii) गजधराः इदानीं शिल्पिरूपेण नैव समादृताः सन्ति।

III. (i) गजधराः (ii) यण् सन्धि

IV. (i) (ब) परिचितः (ii) (अ) गजधरः
(iii) (द) सप्तमी (iv) (अ) दीर्घ

(ग) गजधराः वास्तुकाराः आसन्। कामं ग्रामीणसमाजो भवतु नागरसमाजो वा तस्य नव-निर्माणस्य सुरक्षाप्रबन्धनस्य च दायित्वं गजधराः निभालयन्ति स्म। नगरनियोजनात् लघुनिर्माणपर्यन्तं सर्वाणि कार्याणि एतेष्वेव आधृतानि आसन्। ते योजनां प्रस्तुत्वन्ति स्म, भाविव्ययम् आकलयन्ति स्म, उपकरणभारान् सङ्गृह्णन्ति स्म। प्रतिदाने ते न तद् याचन्ते स्म यद् दातुं तेषां स्वामिनः असमर्थाः भवेयुः। कार्यसमाप्तौ वेतनानि अतिरिच्य गजधरेभ्यः सम्मानमपि प्रदीयते स्म।

I. अधोलिखितानां प्रश्नानाम् उत्तराणि एकपदेन लिखत।
(निम्नलिखित प्रश्नों के उत्तर एक पद में लिखिए।)
(i) गजधराः के आसन्?
(ii) के योजनां प्रस्तुत्वन्ति स्म?
(iii) तस्य नव-निर्माणस्य कस्य च दायित्वं स्म?
(iv) तेषां कः असमर्थाः भवेयुः?

II. अधोलिखितानां प्रश्नानाम् उत्तराणि पूर्णवाक्येन लिखत।
(निम्नलिखित प्रश्नों के उत्तर पूर्णवाक्य में लिखिए।)

(i) समाजस्य नव-निर्माणस्य दायित्वं के निभालयन्ति स्म?

(ii) कार्यसमाप्तौ गजधरेभ्यः किं प्रदीयते स्म?

III. अधोलिखितानां प्रश्नानाम् उत्तराणि निर्देशानुसारं लिखत।
(निम्नलिखित प्रश्नों के उत्तर निर्देशानुसार लिखिए।)

(i) नगरनियोजनात् लघुनिर्माण कार्यमति गजधराः अकुर्वन पदानां रेखांकित का विभक्ति।

(ii) गजधेरभ्यः सम्मानामपि प्रदीपते स्मः। रेखांकित पदे कः उपसर्ग।

IV. अधोलिखितानां प्रश्नानाम् उत्तराणि प्रदत्तविकल्पेभ्यः चित्वा लिखत। (निम्नलिखित प्रश्नों के उत्तर दिए गए विकल्पों में से चुनकर लिखिए।)

(i) 'वृहत्त' इति पदस्य विलोमपदं गद्यांशे किं प्रयुक्तम्?
(अ) लघु (ब) आसन्
(स) योजनां (द) यद्

(ii) 'निभालयन्ति स्म' इति क्रियापदस्य कर्तृपदं किम्?
(अ) ग्रामीणा (ब) नगरा
(स) गजधराः (द) समाजः

(iii) 'आसन्' अत्र कः लकारः?
(अ) लट् (ब) लङ
(स) लृट् (द) लोट

(iv) 'तेषां' अत्र का विभक्तिः?
(अ) षष्ठी (ब) सप्तमी
(स) पञ्चमी (द) चतुर्थी

उत्तराणि

I. (i) वास्तुकाराः (ii) गजधराः
(iii) सुरक्षाप्रबन्धनस्य (iv) स्वामिनः

II. (i) समाजस्य नव-निर्माणस्य दायित्वं गजधराः निभालयन्ति स्म।
(ii) कार्यसमाप्तौ गजधरेभ्यः वेतनानि अतिरिच्य सम्मानमपि प्रदीयते स्म।

III. (i) पंचमी (ii) प्र

IV. (i) (अ) लघु (ii) (स) गजधराः
(iii) (ब) लङ् (iv) (अ) षष्ठी

घटनाक्रमेण प्रश्नाः

2. अधोलिखितानि वाक्यानि घटनाक्रमानुसारेण पुनः लिखत।
(निम्नलिखित वाक्यों को घटनाक्रमानुसार पुनः लिखिए।)

(i) अस्मात्पूर्वम् एतावतः तडागान् के रचयन्ति स्म।

(ii) अद्य ये अज्ञातनामानः वर्तन्ते।

(iii) शतशः सहस्रशः तडागाः सहसैव शून्यात् न प्रकटीभूताः।

(iv) यः गजपरिमाणं धारयति स गजधरः।

(v) के आसन् ते अज्ञातनामानः?

(vi) यः समाजस्य गाम्भीर्यं मापयेत् इत्यस्मिन रूपे परिचितः।

(vii) इमे एव तडागाः अत्र संसारसागराः इति।

(viii) ते पुरा बहुप्रथिताः आसन्।

उत्तराणि

(i) के आसन् ते अज्ञातनामानः?

(ii) शतशः सहस्रशः तडागाः सहसैव शून्यात् न प्रकटीभूताः।

(iii) इमे एव तडागाः अत्र संसारसागराः इति।

(iv) अस्मात्पूर्वम् एतावतः तडागान् के रचयन्ति स्म।

(v) अद्य ये अज्ञातनामानः वर्तन्ते।

(vi) ते पुरा बहुप्रथिताः आसन्।

(vii) यः गजपरिमाणं धारयति स गजधरः।

(viii) यः समाजस्य गाम्भीर्यं मापयेत् इत्यस्मिन परिचितः।

अतिलघु उत्तरीयाः प्रश्नाः

1. संसार सागराः कम् कथ्यन्ते?

2. गजधराः के आसन्?

3. गजधराः कस्य निर्माता अस्ति?

उत्तराणि

1. तडागान् 2. वास्तुकाराः 3. तडागानाम्

लघु उत्तरीयाः प्रश्नाः

1. गजधराः कस्य प्रदेशे सन्ति?

2. गजः किम् अस्ति?

3. गजस्य परिमाणम् किम् अस्ति?

उत्तराणि

1. गजधराः राजस्थान प्रदेशे निवसन्ति।
2. गजः लौहयष्टि अस्ति।
3. गजस्य परिमाणम् त्रिहस्तम् अस्ति।

दीर्घ उत्तरीयाः प्रश्नाः

1. गजधराणां विषये भवान् किम् कथयन्ति?

2. गजधराः किम् कुर्वन्ति स्म?

उत्तराणि

1. अद्य ये अज्ञातनामानः वर्तन्ते, पुरा ते बहुप्रथिताः आसन्। अशेषे हि देशे तडागाः निर्मीयन्ते स्म निर्मातारोऽपि अशेषे देशे निवसन्ति स्म।
2. गजधराः ग्रामीण समाजस्य नगर समाजो व नव निर्माणस्य सुरक्षा प्रबन्धस्य च दायित्वं निभालयन्ति स्म।

अध्याय 9

सप्तभगिन्य:

(सात बहनें)

पाठ का सार 'सप्तभगिनी' यह एक उपनाम है। उत्तर-पूर्व के सात राज्य विशेष को यह उपाधि दी गई है। इन राज्यों का प्राकृतिक सौंदर्य आकर्षित करने वाला है। इन्हीं के सांस्कृतिक और सामाजिक विशेषताओं को ध्यान में रखकर प्रस्तुत पाठ का सृजन किया गया है।

पाठ का हिंदी अनुवाद

1. **अध्यापिका**—सुप्रभातम्।

छात्राः—सुप्रभातम्। सुप्रभातम्।

अध्यापिका—भवतु। अद्य किं पठनीयम्?

छात्राः—वयं सर्वे स्वदेशस्य राज्यानां विषये ज्ञातुमिच्छामः।

अध्यापिका—शोभनम्। वदत, अस्माकं देशे कति राज्यानि सन्ति?

सायरा—चतुर्विंशतिः महोदये।

सिल्वी—न हि न हि महाभागे! पञ्चविंशतिः राज्यानि सन्ति।

अध्यापिका—अन्यः कोऽपि.....?

स्वरा—(मध्ये एव) महोदये! मे भगिनी कथयति यदस्माकं देशे नवविंशतिः (वर्तमानः अष्टाविंशति) राज्यानि सन्ति। एतदतिरिच्य सप्त (वर्तमानः अष्टः) केन्द्रशासितप्रदेशाः अपि सन्ति।

शब्दार्थाः सुप्रभातम् = सुबह की नमस्ते, भवतु = ठीक है, पठनीयम् = पढ़ना है, ज्ञातुम् = जानने के लिए, शोभनम् = सुंदर, कति = कितने, चतुर्विंशतिः = चौबीस, पञ्चविंशतिः = पच्चीस, मे = मेरी, भगिनी = बहन, नवविंशतिः = उनत्तीस, एतदतिरिच्य = इनके अतिरिक्त, एतद् = इनके, अतिरिच्य = अतिरिक्त, केन्द्रशासितप्रदेशाः = केन्द्र द्वारा शासित प्रदेश।

संदर्भ प्रस्तुत अभिनयांश हमारी पाठ्य-पुस्तक रुचिरा भाग- 3 के नवम् पाठ 'सप्तभगिन्यः' से लिया गया है। इसमें उत्तर-पूर्व के विशेष सात-राज्यों को दिए गए उपनाम 'सप्तभगिनी' के सांस्कृतिक व सामाजिक विशेषता का वर्णन किया गया है।

हिंदी अनुवाद

अध्यापिका सुबह की नमस्ते।

छात्राएँ सुबह की नमस्ते। सुबह की नमस्ते।

अध्यापिका ठीक है! आज क्या पढ़ना है?

छात्राएँ हम सब अपने देश के राज्यों के विषय में जानना चाहती हैं।

अध्यापिका बहुत अच्छा! बताओ, हमारे देश में कितने राज्य हैं?

सायरा महोदया! चौबीस।

सिल्वी नहीं, नहीं महोदया! पच्चीस राज्य हैं।

अध्यापिका और कोई?

स्वरा (बीच में ही) महोदया! मेरी बहन कहती है कि हमारे देश में उनत्तीस (वर्तमान में 28) राज्य हैं। इनके अतिरिक्त सात केन्द्रशासित प्रदेश (वर्तमान में 8) भी हैं।

2. **अध्यापिका**—सम्यग्जानाति ते भगिनी। भवतु, अपि जानीथ यूयं यदेतेषु राज्येषु सप्तराज्यानाम् एकः समवायोऽस्ति, यः सप्तभगिन्यः इति नाम्ना प्रथितोऽस्ति।

सर्वे—(साश्चर्यम् परस्परं पश्यन्तः) सप्तभगिन्यः? सप्तभगिन्यः?

निकोलसः—इमानि राज्यानि सप्तभगिन्यः इति किमर्थं कथ्यन्ते?

अध्यापिका—प्रयोगोऽयं प्रतीकात्मको वर्तते। कदाचित्

सामाजिक—सांस्कृतिक-परिदृश्यानां साम्याद् इमानि उक्तोपाधिना प्रथितानि।

समीक्षा—कौतूहलं मे न खलु शान्तिं गच्छति, श्रावयतु तावद् यत् कानि तानि राज्यानि?

अध्यापिका—शृणुत।

अद्वयं मत्रयं चैव न-त्रि-युक्तं तथा द्वयम्।
सप्तराज्यसमूहेऽयं भगिनीसप्तकं मतम्।।

इत्थं भगिनीसप्तके इमानि राज्यानि सन्ति-अरुणाचलप्रदेशः, असमः, मणिपुरम्, मिजोरमः, मेघालयः, नागालैंड, त्रिपुरा चेति। यद्यपि क्षेत्रपरिमाणैः इमानि लघूनि वर्तन्ते तथापि गुणगौरवदृष्ट्या बृहत्तराणि प्रतीयन्ते।

शब्दार्थाः सम्यक् = अच्छी प्रकार से, जानाति = जानती हो, भवतु = अच्छा, समवायः = समूह, प्रथितः = प्रसिद्ध, साश्चर्यम् = आश्चर्यपूर्वक,

प्रतीकात्मकः = सांकेतिक, कदाचित् = संभवतः, साम्याद् = समानता के कारण, उक्तोपाधिना = कही गई उपाधि के नाम से, श्रावयतु = सुनाइए, कानि = कौन-से, भगिनीसप्तकं = सात बहन, क्षेत्र परिमाणैः = क्षेत्रफल से, लघूनि = छोटे, गुणगौरवदृष्ट्या = गुण एवं गौरव की दृष्टि से, बृहत्तराणि = बड़े।

हिंदी अनुवाद

अध्यापिका तुम्हारी बहन बिल्कुल ठीक जानती है। ठीक है, क्या तुम जानते हो कि इन राज्यों में सात राज्यों का एक समूह है, जो 'सात बहन' के नाम से प्रसिद्ध है।

सभी (आश्चर्यपूर्वक आपस में देखते हुए) सात बहनें? सात बहनें?

निकोलस इन राज्यों को 'सात बहनें' ऐसा क्यों कहा जाता है?

अध्यापिका यह प्रयोग सांकेतिक है। संभवत: सामाजिक और सांस्कृतिक परिदृश्यों की समानता के कारण ये सात बहनें के नाम से प्रसिद्ध हैं।

समीक्षा मेरा कौतूहल शांत नहीं हो रहा है, यह सुनाइए (बताइए) कि वे सात राज्य कौन-से हैं?

अध्यापिका सुनिए। ('अ' अक्षर से शुरू होने वाले) दो अकार और ('म' अक्षर से शुरू होने वाले) तीन मकार तथा ('न' अक्षर से शुरू होने वाले एक नकार व ('त्रि' अक्षर से शुरू होने वाले) एक त्रिकार से युक्त सात राज्यों का समूह 'सात बहनें' माना गया है।

इस प्रकार 'सात बहनों' में ये राज्य हैं—अरुणाचल प्रदेश, असम, मणिपुर, मिजोरम, मेघालय, नागालैंड और त्रिपुरा। हालाँकि क्षेत्रफल की दृष्टि से ये छोटे राज्य हैं, फिर भी गुण एवं गौरव की दृष्टि से बड़े प्रतीत होते हैं।

3. **सर्वे** कथम्? कथम्?
अध्यापिका इमाः सप्तभगिन्यः स्वीये प्राचीनेतिहासे प्रायः स्वाधीनाः एवं दृष्टाः। न केनापि शासकेन इमाः स्वायत्तीकृताः। अनेक-संस्कृति-विशिष्टायां भारतभूमौ एतासां भगिनीनां संस्कृतिः महत्त्वाधायिनी इति।
तनवी अयं शब्दः सर्वप्रथमं कदा प्रयुक्तः?
अध्यापिका श्रुतमधुरशब्दोऽयं सर्वप्रथमं विगतशताब्दस्य द्विसप्ततितमे वर्षे त्रिपुराराज्यस्योद्घाटनक्रमे केनापि प्रवर्तितः। अस्मिन्नेव काले एतेषां राज्यानां पुनः सङ्घटनं विहितम्।

शब्दार्थाः स्वीये = अपने, स्वाधीनाः = स्वतंत्र, दृष्टाः = देखे गए, स्वायत्तीकृताः = अपने अधीन किए गए, महत्त्वाधायिनी = महत्त्व को रखने वाली/महत्त्वपूर्ण, श्रुतमधुरशब्दः = सुनने में मधुर शब्द, प्रवर्तितः = प्रारंभ किया गया, विहितम् = विधिपूर्वक किया गया।

हिंदी अनुवाद

सभी कैसे? कैसे?

अध्यापिका ये सात बहनें अपने प्राचीन इतिहास में प्राय: स्वतंत्र ही दिखाई दी हैं। किसी भी शासक के द्वारा इन्हें अपने अधीन नहीं किया गया। अनेक प्रकार की संस्कृतियों से विशिष्ट भारत देश में इन बहनों की संस्कृति महत्त्वपूर्ण है।

तनवी यह शब्द सर्वप्रथम कब प्रयुक्त (सुनने में आया) हुआ?

अध्यापिका सुनने में मधुर यह शब्द सबसे पहले विगत शताब्दी के 72वें वर्ष (1972) में त्रिपुरा राज्य के उद्घाटन कार्यक्रम में किसी के द्वारा प्रवर्तित किया गया। इसी समय में इन राज्यों का विधिपूर्वक पुनः संघटन किया गया।

4. **स्वरा** अन्यत् किमपि वैशिष्ट्यमस्ति एतेषाम्?
अध्यापिका नूनम् अस्ति एव। पर्वत-वृक्ष-पुष्प-प्रभृतिभिः प्राकृतिकसम्पद्भिः सुसमृद्धानि सन्ति इमानि राज्यानि। भारतवृक्षे च पुष्प-स्तबकसदृशानि विराजन्ते एतानि।
राजीव भवति! गृहे यथा सर्वाधिका रम्या मनोरमा च भगिनी भवति तथैव भारतगृहेऽपि सर्वाधिकाः रम्याः इमाः सप्तभगिन्यः सन्ति।

शब्दार्थाः वैशिष्ट्यम् = विशेषताएँ, नूनम् = निश्चय ही, प्रभृतिभिः = आदि से, प्राकृतिकसम्पद्भिः = प्राकृतिक संपदाओं से, सुसमृद्धानि = बहुत समृद्ध, भारतवृक्षे = भारतरूपी वृक्ष पर, पुष्प-स्तबकसदृशानि = फूलों के गुच्छों के समान, रम्या = रमणीय।

हिंदी अनुवाद

स्वरा क्या इनकी अन्य कुछ विशेषताएँ भी हैं?

अध्यापिका निश्चय ही हैं। ये राज्य पर्वत, वृक्ष, पुष्प आदि प्राकृतिक संपदाओं से बहुत समृद्ध हैं। भारतरूपी वृक्ष पर फूलों के गुच्छों के समान ये विराजमान हैं।

राजीव महोदया जी घर में जिस प्रकार बहनें सबसे अधिक रमणीय और मनोरम होती हैं, उसी प्रकार भारतरूपी घर में भी ये सात बहनें सबसे अधिक रमणीय हैं।

5. **अध्यापिका**—मनस्यागता ते इयं भावना परमकल्याणमयी परं सर्वे न तथा अवगच्छन्ति। अस्तु, अस्ति तावदेतेषां विषये किञ्चिद् वैशिष्ट्यमपि कथनीयम्। सावहितमनसा शृणुत—

जनजातिबहुलप्रदेशोऽयम्। गारो-खासी-नगा-मिजो-प्रभृतयः बहवः जनजातीयाः अत्र निवसन्ति। शरीरेण ऊर्जस्विनः एतत्प्रादेशिकाः बहुभाषाभिः समन्विताः, पर्वपरम्पराभिः परिपूरिताः स्वलीला-कलाभिश्च निष्णाताः सन्ति।

शब्दार्थाः मनस्यागता = मन में समा गई, अवगच्छन्ति = जानते हैं, सावहितमनसा = सावधान मन से, बहवः = बहुत-सी, ऊर्जस्विनः = ऊर्जायुक्त, पर्वपरम्पराभिः = पर्वों की परंपरा से, परिपूरिताः = पूर्ण/भरे-पूरे, निष्णाताः = निपुण।

हिंदी अनुवाद

अध्यापिका परमकल्याण से युक्त तुम्हारी यह भावना मन में समा गई है, किंतु सभी उस प्रकार से नहीं समझते (जानते) हैं। अच्छा इनके विषय में कुछ विशेषताएँ भी कहने योग्य हैं। सावधान मन से सुनो—
यह प्रदेश जनजातिबहुल है। यहाँ गारो, खासी, नगा, मिजो आदि बहुत-सी जनजातियाँ रहती हैं। शरीर से ऊर्जायुक्त इस प्रदेश के लोग अनेक भाषाओं से युक्त, पर्वों की परंपरा से परिपूर्ण और अपनी क्रिया एवं कलाओं में निपुण हैं।

6. **मालती** महोदये! तत्र तु वंशवृक्षा अपि प्राप्यन्ते?

अध्यापिका आम्। प्रदेशेऽस्मिन् हस्तशिल्पानां बाहुल्यं वर्तते। आवस्त्राभूषणेभ्यः गृहनिर्माणपर्यन्तं प्रायः वंशवृक्षनिर्मितानां वस्तूनाम् उपयोगः क्रियते। यतो हि अत्र वंशवृक्षाणां प्राचुर्यं विद्यते। साम्प्रतं वंशोद्योगोऽयं अन्तर्राष्ट्रीयख्यातिम् अवाप्तोऽस्ति।

अभिनवः— भगिनीप्रदेशोऽयं बह्वाकर्षकः इति प्रतीयते।

सलीमः— किं भ्रमणाय भगिनीप्रदेशोऽयं समीचीनः?

सर्वे छात्राः— (उच्चैः) महोदये! आगामिनि अवकाशे वयं तत्रैव गन्तुमिच्छामः।

स्वरा— भवत्यपि अस्माभिः सार्द्धं चलतु।

अध्यापिका— रोचते मेऽयं विचारः। एतानि राज्यानि तु भ्रमणार्थं स्वर्गसदृशानि इति।

शब्दार्थाः वंशवृक्षा = बाँस के पेड़, बाहुल्यं = अधिकता, आवस्त्राभूषणेभ्यः = वस्त्र और भूषणों से लेकर, वंशवृक्षनिर्मितानां = बाँस के वृक्षों से निर्मित, प्राचुर्यं = अत्यधिकता, अवाप्तः = प्राप्त, बह्वाकर्षकः = अत्यधिक आकर्षक, समीचीनः = बहुत अच्छा, सार्द्धं = साथ।

हिंदी अनुवाद

मालती महोदया! वहाँ तो बाँस के वृक्ष भी पाए जाते हैं?

अध्यापिका हाँ। इस प्रदेश में हस्तशिल्प/हस्तकला की अधिकता है। वस्त्र और भूषणों से लेकर गृह निर्माण तक में प्रायः बाँस के वृक्षों से निर्मित वस्तुओं का उपयोग किया जाता है, क्योंकि यहाँ बाँस के वृक्षों की अत्यधिकता है। इस समय यहाँ के बाँस उद्योग को अंतर्राष्ट्रीय प्रसिद्धि प्राप्त है।

अभिनव यह बहन-प्रदेश अत्यधिक आकर्षक प्रतीत होता है।

सलीम क्या भ्रमण करने (घूमने) के लिए यह बहन-प्रदेश उपयुक्त है?

सभी छात्र (जोर से) महोदया! आने वाले अवकाश में हम सब वहीं जाना चाहते हैं।

स्वरा आप भी हमारे साथ चलें।

अध्यापिका मुझे यह विचार अच्छा लगता है कि ये राज्य तो भ्रमण के लिए स्वर्ग के समान है

NCERT फोल्डर: पाठ्य-पुस्तक रुचिरा भाग-3 के प्रश्नोत्तर

प्र.1 उच्चारणं कुरुत। (उच्चारण कीजिए)

सुप्रभातम्	सप्तभगिन्यः
महत्त्वाधायिनी	प्रकृतिकसम्पद्भिः
पर्वपरम्पराभिः	वंशोद्योगोऽयम्
चतुर्विंशतिः	गुणगौरवदृष्ट्या
द्विसप्ततितमे	पुष्पस्तबकसदृशानि
वंशवृक्षनिर्मितानाम्	अन्ताराष्ट्रियख्यातिम्

उत्तराणि

छात्रः स्वमेव उच्चारणं करिष्यति।
(विद्यार्थी स्वयं उच्चारण करें।)

प्र.2 प्रश्नानाम् उत्तराणि एकपदेन लिखत।
(प्रश्नों के एक पद में उत्तर लिखिए।)

(i) अस्माकं देशे कति राज्यानि सन्ति?
(ii) प्राचीनेतिहासे काः स्वाधीनाः आसन्?
(iii) केषां समवायः 'सप्तभगिन्यः' इति कथ्यते?
(iv) अस्माकं देशे कति केन्द्रशासितप्रदेशाः सन्ति?
(v) सप्तभगिनी-प्रदेशे कः उद्योगः सर्वप्रमुखः?

उत्तराणि

(i) अष्टाविशतिः (ii) सप्तभगिन्यः
(iii) सप्तराज्यानाम् (iv) सप्त
(v) वंशोद्योगः/वंश-उद्योगः

प्र.3 पूर्णवाक्येन उत्तराणि लिखत। (पूर्णवाक्य में उत्तर लिखिए।)

(i) भगिनीसप्तके कानि राज्यानि सन्ति?
(ii) इमानि राज्यानि सप्तभगिन्यः इति किमर्थं कथ्यन्ते?
(iii) सप्तभगिनी-प्रदेशे के निवसन्ति?
(iv) एतत्प्रादेशिकाः कैः निष्णाताः सन्ति?
(v) वंशवृक्षवस्तूनाम् उपयोगः कुत्र क्रियते?

उत्तराणि

(i) भगिनीसप्तके अरुणाचलप्रदेशः, असमः, मणिपुरम्, मिजोरमः, मेघालयः, नागालैंड, त्रिपुरा च इति राज्यानि सन्ति।
(ii) अयं प्रयोगः प्रतीकात्मकः अस्ति। कदाचित् सामाजिक-सांस्कृतिक परिदृश्यानां साम्याद् इमानि उक्तोपाधिना प्रथितानि।
(iii) सप्तभगिनी प्रदेशे बहवः जनजातीयाः निवसन्ति।
(iv) एतत्प्रादेशिकाः स्वलीला-कलाभिश्च निष्णाताः सन्ति।
(v) वंशवृक्षवस्तूनाम् उपयोगः सप्तभगिनी-प्रदेशे क्रियते।

प्र.4 रेखाङ्कितपदमाधृत्य प्रश्ननिर्माणं कुरुत।
(रेखांकित पदों के आधार पर प्रश्नों का निर्माण कीजिए।)

(i) वयं स्वदेशस्य राज्यानां विषये ज्ञातुमिच्छामि?
(ii) सप्तभगिन्यः प्राचीनेतिहासे प्रायः स्वाधीनाः एव दृष्टाः?
(iii) प्रदेशेऽस्मिन् हस्तशिल्पानां बाहुल्यं वर्तते?
(iv) एतानि राज्यानि तु भ्रमणार्थं स्वर्गसदृशानि?

उत्तराणि

(i) वयं <u>कस्य</u> राज्यानां विषये ज्ञातुमिच्छामि?

(ii) <u>का:</u> प्राचीनेतिहासे प्राय: स्वाधीना: एव दृष्टा:?

(iii) प्रदेशेऽस्मिन् <u>केषाम्</u> बाहुल्यं वर्तते?

(iv) एतानि राज्यानि तु भ्रमणार्थं <u>कीदृशानि</u>?

प्र.5 **यथानिर्देशमुत्तरत**

(निर्देशानुसार प्रश्नों के उत्तर लिखिए।)

(i) **'महोदये! मे भगिनी कथयति'–अत्र 'मे' इति सर्वनामपदं कस्यै प्रयुक्तम्?**

(ii) **सामाजिक-सांस्कृतिक परिदृश्यानां साम्याद् इमानि उक्तोपाधिना प्रथितानि–अस्मिन् वाक्ये प्रथितानि इति क्रियापदस्य कर्तृपदं किम्?**

(iii) **एतेषां राज्यानां पुन: सङ्घटनम् विहितम्–अत्र 'सङ्घटनम्' इति कर्तृपदस्य क्रियापदं किम्?**

(iv) **अत्र वंशवृक्षाणां प्राचुर्यम् विद्यते–अस्मात् वाक्यात् 'अल्पता' इति पदस्य विपरीतार्थकं पदं चित्वा लिखत।**

(v) **'क्षेत्रपरिमाणै: इमानि लघूनि वर्तन्ते'–वाक्यात् 'सन्ति' इति क्रियापदस्य समानार्थकपदं चित्वा लिखत।**

उत्तराणि

(i) स्वरायै

(ii) इमानि

(iii) विहितम्

(iv) प्राचुर्यम्

(v) वर्तन्ते

प्र.6 **(क) पाठात् चित्वा तद्भवपदानां कृते संस्कृतपदानि लिखत।**

(पाठ से चुनकर तद्भव पदों के संस्कृत पद लिखिए।)

तद्भव-पदानि	संस्कृत-पदानि
यथा सात	सप्त
(i) बहिन	....
(ii) संगठन	....
(iii) बाँस	....
(iv) आज	....
(v) खेत	....

उत्तराणि

तद्भव-पदानि	संस्कृत-पदानि
(i) बहिन	भगिनी
(ii) संगठन	सङ्घटनम्
(iii) बाँस	वंशम्
(iv) आज	अद्य
(v) खेत	क्षेत्रम्

(ख) भिन्नप्रकृतिकं पदं चित्वा लिखत।

(भिन्न प्रकृति वाले पद चुनकर लिखिए।)

(i) गच्छति, पठति, धावति, अहसत्, क्रीडति।

(ii) छात्र:, सेवक:, शिक्षक:, लेखिका, क्रीडक:।

(iii) पत्रम्, मित्रम्, पुष्पम्, आम्र:, फलम्।

(iv) व्याघ्र:, भल्लूक:, गज:, कपोत:, शाखा, वृषभ:, सिंह:।

(v) पृथिवी, वसुन्धरा, धरित्री, यानम् वसुधा।

उत्तराणि

(i) अहसत् (ii) लेखिका (iii) आम्र:

(iv) शाखा (v) यानम्

प्र.7 **विशेष्य-विशेषणानाम् उचितं मेलनम् कुरुत।**

(विशेष्य-विशेषण का उचित मिलान कीजिए।)

विशेषण-पदानि	विशेष्य-पदानि
(क) अयम्	(i) संस्कृति:
(ख) संस्कृतिविशिष्टायाम्	(ii) इतिहासे
(ग) महत्त्वाधायिनी	(iii) प्रदेश:
(घ) प्राचीने	(iv) समवाय:
(ङ) एक:	(v) भारतभूमौ

उत्तराणि

विशेषण-पदानि	विशेष्य-पदानि
(क) अयम्	(iii) प्रदेश:
(ख) संस्कृतिविशिष्टायाम्	(v) भारतभूमौ
(ग) महत्त्वाधायिनी	(i) संस्कृति:
(घ) प्राचीने	(ii) इतिहासे
(ङ) एक:	(iv) समवाय:

अभ्यास प्रश्ना:

पाठ्य-पुस्तक रुचिरा भाग-3 के प्रश्नोत्तर

भाग I

बहुविकल्पीय प्रश्ना:

1. प्रदत्तविकल्पेभ्यः उचितं पदं चित्वा रिक्तस्थानानि पूरयत।
(दिए गए विकल्पों में से उचित पद चुनकर रिक्त स्थानों को पूरा कीजिए।)

(i) सर्वाधिकाः रम्याः ………… सप्तभगिन्यः सन्ति।
(अ) इयं (ब) इमाः
(स) इमे (द) इमानि

(ii) आगामिनि अवकाशे ………… तत्रैव गन्तुमिच्छामः।
(अ) वयं (ब) त्वं
(स) अहं (द) सः

(iii) ………… राज्यानि सप्तभगिन्यः इति कथ्यन्ते।
(अ) अयं (ब) इयं
(स) इमानि (द) सन्ति

(iv) अस्माकं देशे ………… राज्यानि सन्ति?
(अ) कति (ब) कदा
(स) कुतः (द) नूनम्

उत्तराणि

(i) (ब) इमाः (ii) (अ) वयं
(iii) (स) इमानि (iv) (अ) कति

सत्यं/असत्यं

2. अधोलिखितेषु वाक्येषु शुद्धकथनानां समक्षं (✓) अशुद्धकथानानां समक्षं (✗) च चिह्नेन अंङ्कयत्।

(निम्नलिखित वाक्यों में शुद्ध कथनों के सामने सही (✓) तथा अशुद्ध कथनों के सामने गलत (✗) का चिह्न लगाइए।)

(i) अस्माकं देशे पञ्चविंशति राज्यानि सन्ति।
(ii) अस्माकं देशे सप्त केन्द्रशासितप्रदेशाः सन्ति।
(iii) राज्येषु सप्तराज्यानाम् एकः समवायोऽस्ति।
(iv) अस्माकं देशे अष्टाविंशतिः राज्यानि सन्ति।
(v) अत्र वंशवृक्षाः न प्राप्यन्ते।
(vi) भ्रमणाय भगिनीप्रदेशोऽयं समीचीनं।
(vii) एतानि राज्यानि तु भ्रमणार्थं स्वर्गसदृशानि इति।

उत्तराणि

(i) (✗) (ii) (✓) (iii) (✓) (iv) (✓)
(v) (✗) (vi) (✓) (vii) (✓)

वाक्यानि रचयत्

3. अधोलिखितानां शब्दानां वाक्येषु प्रयोगः कुरुत।
(निम्नलिखित शब्दों का वाक्यों में प्रयोग कीजिए।)
(i) कति (ii) अपि (iii) अद्य (iv) इमानि (v) रम्याः (vi) सार्द्धं

उत्तराणि

(i) कति — अस्माकं देशे कति राज्यानि सन्ति?
(ii) अपि — अहम् अपि विद्यालयं गच्छामि।
(iii) अद्य — अद्य किं पठनीयम्?
(iv) इमानि — इमानि राज्यानि सप्तभगिन्यः इति कथ्यन्ते।
(v) रम्याः — इयं वाटिका रम्याः।
(vi) सार्द्धं — मम सार्द्धं चलतु।

मेलनं कुर्वन्तु

4. अधोलिखितानां शब्दानां समक्षं प्रदत्तैः अर्थः सह मेलनं कुरुत।
(निम्नलिखित शब्दों के समक्ष दिए गए अर्थों का आपस में मिलान कीजिए।)

शब्दाः	अर्थाः
(क) सार्द्धम्	(i) नामके
(ख) ज्ञातुम्	(ii) अन्यतः
(ग) स्वाधीनाः	(iii) स्वतंत्राः
(घ) अपरतः	(iv) अवगन्तुम्
(ङ) नाम्नि	(v) सह

उत्तराणि

शब्दाः	अर्थाः
(क) सार्द्धम्	(v) सह
(ख) ज्ञातुम्	(iv) अवगन्तुम्
(ग) स्वाधीनाः	(iii) स्वतंत्राः
(घ) अपरतः	(ii) अन्यतः
(ङ) नाम्नि	(i) नामके

रिक्तस्थानानि पूरयत्

5. मञ्जूषात: उचित पदं चित्वा अधोलिखित गद्यांशे वाक्यपूर्ति कुरुत। (मञ्जूषा से उचित शब्द चुनकर निम्नलिखित गद्यांश में वाक्यपूर्ति कीजिए।)

आम्। प्रदेशेऽस्मिन् हस्तशिल्पानां (i)......... वर्तते। आवस्त्राभूषणेभ्य: (ii)......प्राय: वंशवृक्षनिर्मितानां (iii)......उपयोग: क्रियते। (iv)......हि अत्र (v)....... प्राचुर्यं विद्यते। साम्प्रतं वंशोद्योगोऽयं (vi) ......अवाप्तोऽस्ति।

- मञ्जूषा अन्तर्राष्ट्रियख्यातिम्, वंशवृक्षाणां, यतो, वस्तूनाम्, गृहनिर्माणपर्यन्तं, बाहुल्यं।

उत्तराणि

(i) बाहुल्यं	(ii) गृहनिर्माणपर्यन्तं
(iii) वस्तूनाम्	(iv) यतो
(v) वंशवृक्षाणां	(vi) अन्तर्राष्ट्रीयख्यातिम्

व्याकरणम्

6. अधोलिखितानां पर्यायपदानां मेलनं कुरुत। (निम्नलिखित पर्यायपदों का मिलान कीजिए।)

पद	पर्याय पद
(क) बाढम्	(i) समाहार:
(ख) बृहत्तराणि	(ii) कुसुमम्
(ग) संशय:	(iii) अन्यत:
(घ) अपरत:	(iv) सन्देह:
(ङ) पुष्पम्	(v) विशालानि
(च) समवाय:	(vi) शोभनम्

उत्तराणि

पद	पर्यायपद
(क) बाढम्	(vi) शोभनम्
(ख) बृहत्तराणि	(v) विशालानि
(ग) संशय:	(iv) सन्देह:
(घ) अपरत:	(iii) अन्यत:
(ङ) पुष्पम्	(ii) कुसुमम्
(च) समवाय:	(i) समाहार:

प्रश्ननिर्माणं

7. अधोलिखितेषु वाक्येषु रेखाङ्कितपदानां आधृत्य प्रश्नवाचक पदं लिखत।) (निम्नलिखित वाक्यों में रेखांकित पदों के आधार पर प्रश्नवाचक पद लिखिए।)

(i) भारते सप्त केन्द्रशासितप्रदेशा: सन्ति।
(ii) अस्मिन् देशे बहव: जनजातीया: निवसन्ति।
(iii) अस्माकं देशे अष्टाविंशति: राज्यानि सन्ति।
(iv) सप्तभगिन्यां जनजाते: बहुलता सन्ति।
(v) भारत देशे सप्त केन्द्रशासितप्रदेशा: सन्ति।
(vi) अयं प्रयोग: प्रतीकात्मकं वर्तते।

उत्तराणि

(i) कति	(ii) के
(iii) कति	(iv) कुत्र
(v) कस्मिन्	(vi) कीदृशम्

भिन्न पदं चिनुत

8. अधोलिखितेषु पदेषु भिन्न प्रकृतिकं पदं चित्वा लिखत।) (निम्नलिखित पदों में से भिन्न प्रकृति वाले पद चुनकर लिखिए।)

(i) नूनम्, इत्थम्, अत्र, उच्चै:, अहम्
(ii) नागालैंड, त्रिपुरा, मिजोरम, मणिपुर, वंशवृक्षा
(iii) अहं, वयं, त्वं, मह्यं, साम्प्रतं
(iv) स्वरा, अध्यापिका, मालती, तनवी, अभिनव:
(v) चलति, गच्छति, वदति, हसति, अगच्छत्

उत्तराणि

(i) अहम् (अन्य सभी अव्यय हैं)
(ii) वंशवृक्षा (अन्य पद संज्ञा हैं)
(iii) साम्प्रतं (अन्य सभी सर्वनाम हैं)
(iv) अभिनव: (अन्य सभी स्त्रीलिङ्ग हैं)
(v) अगच्छत् (अन्य सभी लट् लकार के रूप हैं)

वाक्यपूर्ति

9. कोष्ठकदत्तेषुविकल्पेभ्य: उचितं पदं चित्वा वाक्यपूर्ति कुरुत। (कोष्ठक में दिए गए विकल्पों में से उचित पद चुनकर वाक्यपूर्ति कीजिए।)

(i) सर्वे छात्रा: स्वदेशस्य .... विषये ज्ञातुमिच्छन्ति। (राज्यानां/राज्यम्/राज्यस्य)
(ii) भवतु! अद्य किं .... ? (पठनीयम्/खादनम्/खेलनं)
(iii) य: सप्तभगिन्य: इति .... प्रथितोऽस्ति। (कर्मणा/धर्मणा/नाम्ना)।
(iv) प्रयोगोऽयं प्रतीकात्मको .... । (वर्तते/सन्ति/नास्ति)
(v) अस्माकं .... नवविंशति: राज्यानि सन्ति। (देशे/देशम्/देश:)।
(vi) क्षेत्र परिमाणै: इमानि .... वर्तन्ते। (लघूनि/वधूनि/बहूनि)
(vii) अस्मिन्नेव काले एतेषां .... पुन: सङ्घटनम् विहितम्। (राज्यानां/गृहणां/भागानां)
(viii) अयं शब्द: सर्वप्रथमं .... प्रयुक्त:? (कदा/यदा/तथा)
(ix) भारतगृहेऽपि सर्वाधिका: .... इमा: सप्तभगिन्य: सन्ति। (धन्या:/रम्या:/अन्या:)
(x) किं .... भगिनीप्रदेशोऽयं समीचीन:? (भ्रमणाय/गमनाय/खेलनाय)

उत्तराणि

(i) राज्यानां	(ii) पठनीयम्
(iii) नाम्ना	(iv) वर्तते
(v) देशे	(vi) लघूनि
(vii) राज्यानां	(viii) कदा
(ix) रम्या:	(x) भ्रमणाय

10. कोष्ठकेषु उचितं पद चित्वा रिक्तस्थानानि पूरयत।
(कोष्ठक में से उचित पद चुनकर रिक्त स्थानों की पूर्ति कीजिए।)

(i) इमानि राज्यानि सप्तभगिन्य: इति किमर्थं........? (कथ्यन्ते/वर्तते/अस्ति)

(ii) अस्माकं देशे कति राज्यानि ....। (सन्ति/अस्ति/वदति)

(iii) कौतूहलं मे न खलु शान्तिं ....। (गच्छति/गच्छतु/गच्छताम्)

(iv) भवत्यापि अस्माभिः सार्द्धं ....। (चलति/चलन्ति/चलतु)

(v) सुसमृद्धानि .... राज्यानि। (इदं/इमे/इमानि)

उत्तराणि

(i) कथ्यन्ते (ii) सन्ति
(iii) गच्छति (iv) चलतु
(v) इमानि।

व्याकरणम्

11. अधोलिखितेषु पदेषु सन्धिं/सन्धि-विच्छेदं वा कुरुत।

(i) उक्तोपाधिना = ...+......
(ii) केनापि = ...+......
(iii) राज्यस्य + उद्घाटनक्रमे = ...
(iv) प्रदेशः + अयम् = ...

उत्तराणि

(i) उक्त + उपाधिना
(ii) केन + अपि
(iii) राज्यस्योद्घाटन क्रमे
(iv) प्रदेशोऽयम्

भाग II

पठित अवबोधनम्

1. अधोलिखितानां गद्यांशानां पठित्वा एतदाधारित प्रश्नानाम् उत्तराणि लिखत। (निम्नलिखित गद्यांशों को पढ़कर इन पर आधारित प्रश्नों के उत्तर लिखिए।)

(क) अध्यापिका–सुप्रभातम्।
छात्राः–सुप्रभातम्। सुप्रभातम्।
अध्यापिका–भवतु। अद्य किं पठनीयम्?
छात्राः–वयं सर्वे स्वदेशस्य राज्यानां विषये ज्ञातुमिच्छामः।
अध्यापिका–शोभनम्। वदत। अस्माकं देशे कति राज्यानि सन्ति?
सायरा चतुर्विंशतिः महोदये!
सिल्वी–न हि न हि महोदये! पञ्चविंशतिः राज्यानि सन्ति।
अध्यापिका–अन्यः कोऽपि.....?
स्वरा–(मध्ये एव) महोदये! मे भगिनी कथयति यदस्माकं देशे नवविंशतिः राज्यानि सन्ति। एतदतिरिच्य सप्त केन्द्रशासितप्रदेशाः अपि सन्ति।
अध्यापिका–सम्यग्जानाति ते भगिनी। भवतु, अपि जानीथ यूयं यदेतेषु राज्येषु सप्तराज्यानाम् एकः समवायोऽस्ति यः सप्तभगिन्यः इति नाम्ना प्रथितोऽस्ति।

I. अधोलिखितानां प्रश्नानाम् उत्तराणि एकपदेन लिखत। (निम्नलिखित प्रश्नों के उत्तर एक पद में लिखिए।)

(i) 'अद्य किं पठनीयम्' इति का कथयति?
(ii) राज्यानां विषये काः ज्ञातुमिच्छन्ति?
(iii) भारत देशे राज्यानि संख्या 'चतुर्विंशतिः' का कथयति?
(iv) अस्माकम् देशे कति केन्द्रशासित प्रदेशाः सन्ति?

II. अधोलिखितानां प्रश्नानाम् उत्तराणि पूर्णवाक्येन लिखत। (निम्नलिखित प्रश्नों के उत्तर पूर्णवाक्य में लिखिए।)

(i) 'पञ्चविंशतिः' इति का कथयति?
(ii) सप्तराज्यानाम् एकः समवायः केन नाम्ना प्रथितोऽस्ति?

III. निर्देशानुसारं उत्तरत। (निर्देशानुसार उत्तर दीजिए।)

(i) 'भवतु' इति पदे कः लकारः?
(ii) 'एतदतिरिच्य' पदस्य संधि-विच्छेदम् कुरु।

IV. अधोलिखितानां प्रश्नानाम् उत्तराणि प्रदत्तविकल्पेभ्यः चित्वा लिखत। (निम्नलिखित प्रश्नों के उत्तर दिए गए विकल्पों में से चुनकर लिखिए।)

(i) 'पठनीयम्' अत्र कः प्रत्ययः?
(अ) तव्यत् (ब) अनीयर्
(स) क्त्वा (द) ल्यप्

(ii) 'राज्यानां' अत्र का विभक्तिः?
(अ) षष्ठी (ब) पञ्चमी
(स) सप्तमी (द) चतुर्थी

(iii) 'पञ्चविंशतिः राज्यानि सन्ति' अत्र क्रियापदं कः?
(अ) पञ्च (ब) विंशति
(स) सन्ति (द) राज्यम्

(iv) अस्माकम् देशे कति राज्यानि सन्ति?
(स) षट्विंशतिः (ब) सप्तविंशतिः
(स) अष्टाविंशतिः (द) नवविंशतिः

(v) कति राज्यानाम् समवायः सप्तभगिन्यः नाम्ना प्रथितोऽस्ति?
(अ) षट् (ब) सप्त
(स) अष्ट (द) सप्तदश

उत्तराणि

I. (i) अध्यापिका (ii) छात्राः
(iii) सायरा (iv) सप्त

II. (i) 'पञ्चविंशतिः' इति सिल्वी कथयति।
(ii) सप्तराज्यानाम् एकः समवायः 'सप्तभगिन्यः' इति नाम्ना प्रथितोऽस्ति।

III. (i) लोट् (ii) एतत् + अतिरिच्य

IV. (i) (ब) अनीयर् (ii) (अ) षष्ठी
(iii) (स) सन्ति (iv) (द) नवविंशतिः
(v) (ब) सप्त

(ख) मालती–महोदये! तत्र तु वंशवृक्षाः अपि प्राप्यन्ते?
अध्यापिका–आम्। प्रदेशेऽस्मिन् हस्तशिल्पानां बाहुल्यं वर्तते। आवस्त्राभूषणेभ्यः गृहनिर्माणपर्यन्तं प्रायः वंशवृक्षनिर्मितानां वस्तूनाम् उपयोगः क्रियते। यतो हि अत्र वंशवृक्षाणां प्राचुर्यं विद्यते। साम्प्रतं वंशोद्योगोऽयं अन्तर्राष्ट्रीयख्यातिम् अवाप्तोऽस्ति।
अभिनवः–भगिनीप्रदेशोऽयं बह्वाकर्षकः इति प्रतीयते।
सलीमः–किं भ्रमणाय भगिनीप्रदेशोऽयं समीचीनः?
सर्वे छात्राः–(उच्चैः) महोदये! आगामिनि अवकाशे वयं तत्रैव गन्तुमिच्छामः।
स्वरा–भवत्यपि अस्माभिः सार्द्धं चलतु।
अध्यापिका–रोचते मेऽयं विचारः। एतानि राज्यानि तु भ्रमणार्थं स्वर्गसदृशानि इति।

I. अधोलिखितानां प्रश्नानाम् उत्तराणि एकपदेन लिखत। (निम्नलिखित प्रश्नों के उत्तर एक पद में लिखिए।)
(i) प्रदेशेऽस्मिन् केषां बाहुल्यं वर्तते?
(ii) अत्र केषां प्राचुर्यं विद्यते?
(iii) सप्तभगिन्याम् प्रदेशे वस्त्राभूषणेभ्यः केषाम् निर्मितानां वस्तूनाम् उपयोगः क्रियते?
(iv) सप्तभगिनी राज्यानि भ्रमणार्थं कीदृशानि सन्ति?

II. अधोलिखितानां प्रश्नानाम् उत्तराणि पूर्णवाक्येन लिखत। (निम्नलिखित प्रश्नों के उत्तर पूर्णवाक्य में लिखिए।)
(i) कः प्रदेशः भ्रमणाय समीचीनः?
(ii) वंशवृक्षनिर्मितानां वस्तूनाम् उपयोगः कुत्र क्रियते?

III. निर्देशानुसारं उत्तरत। (निर्देशानुसार उत्तर दीजिए।)
(i) 'वंशवृक्षाणाम्' इत्यस्मिन् पदे का विभक्ति?
(ii) 'भवत्यपि अस्माभिः सार्द्धं चलतु' अस्मिन् वाक्ये क्रिया-पद किम् अस्ति?

IV. अधोलिखितानां प्रश्नानाम् उत्तराणि प्रदत्तविकल्पेभ्यः चित्वा लिखत। (निम्नलिखित प्रश्नों के उत्तर दिए गए विकल्पों में से चुनकर लिखिए।)
(i) 'तत्रैव' अत्र कः सन्धिः?
(अ) वृद्धिः (ब) गुण
(स) दीर्घः (द) अयादि
(ii) 'चलतु' अत्र कः लकारः?
(अ) लृट् (ब) लोट्
(स) लङ (द) लट्
(iii) 'गन्तुम्' इत्यस्मिन् पदे कः प्रत्यय?
(अ) अनीयर् (ब) ल्यप्
(स) तुमुन् (द) क्त्वा
(iv) सप्तभगिन्याः कः उद्योगः अन्तर्राष्ट्रीय ख्यातिम् अवाप्तोऽस्ति?
(अ) आभूषण उद्योगः (ब) गृह निर्माण उद्योगः
(स) वंशोद्योगः (द) क्रीडनकं उद्योगः
(v) सर्वे छात्राः कदा सप्तभगिनी प्रदेशं गन्तुम् इच्छन्ति?
(अ) अधुना
(ब) आगामिनि अवकाशे
(स) ग्रीष्मावकाशे
(द) शीतावकाशे

उत्तराणि
I. (i) हस्तशिल्पानां (ii) वंशवृक्षाणां
(iii) वंशवृक्षाणां (iv) स्वर्गसदृशानि
II. (i) भगिनीप्रदेशः भ्रमणाय समीचीनः।
(ii) वंशवृक्षनिर्मितानां वस्तूनाम् उपयोगः आवस्त्रा भूषणेभ्यः गृहनिर्माणपर्यन्तं क्रियते।
III. (i) षष्ठी (ii) चलतु
IV. (i) (अ) वृद्धिः (ii) (ब) लोट्
(iii) (स) तुमुन् (iv) (स) वंशोद्योगः
(v) (ब) आगामिनि अवकाशे

अतिलघु उत्तरीया प्रश्नः

1. सप्तभगिनी- राज्यानि स्वीये प्राचीनेतिहासे कीदृशाः दृष्टाः?
2. सप्तभगिनी शब्द कदा प्रयुक्तः?
3. कुत्र जनजातेः बहुलता सन्ति?
4. सप्त भगिन्यां केषाम् 'बाहुल्यम्' अस्ति?
5. कुत्र सप्त केन्द्रशासित प्रदेशाः सन्ति?

उत्तराणि
1. स्वाधीनाः 2. द्विसप्ततितमे वर्षे
3. सप्तभगिन्यः 4. हस्तशिल्पानां
5. भारते

लघु उत्तरीयाः प्रश्नाः

1. किम् कारणात् सप्तभगिनी राज्यानि 'सप्तभगिनी' इति उपाधिना प्रार्थितानि?
2. 'सप्तभगिनी' अयं शब्दः सर्वप्रथमं कुत्र प्रयुक्त?
3. कुत्र 'सप्तभगिनी' पुष्प-स्तबकसदृशानि विराजन्ते?
4. भारतगृहे सर्वाधिकाः रम्याः के सन्ति?

उत्तराणि
1. सांस्कृतिक-परिदृश्यानां साम्याद् सप्तभगिनी राज्यानि 'सप्तभगिनी' इति उपाधिना प्रार्थितानि।
2. 'सप्तभगिनी' अयं शब्दः सर्वप्रथमं त्रिपुराराज्यस्योद्‌घाटन क्रमे प्रयुक्तः।
3. भारतवृक्षे 'सप्तभगिनी' पुष्प-स्तबकसदृशानि विराजन्ते।
4. भारत गृहे सर्वाधिकाः रम्याः सप्तभगिन्यः सन्ति।

दीर्घ उत्तरीयाः प्रश्नाः

1. भगिनीसप्तके कानि राज्यानि सन्ति?
2. सप्तभगिन्याः वैशिष्ट्यम् किम् अस्ति?

उत्तराणि
1. भगिनीसप्तके अरुणाचल प्रदेशः, असमः, मणिपुरम्, मिजोरम्, मेघालयः, नागालैंड, त्रिपुरा च राज्यानि सन्ति।
2. सप्तभगिन्याः वैशिष्ट्यम् अस्ति यत् इमानि राज्यानि पर्वत-वृक्ष-पुष्प-प्रभृतिभिः प्राकृतिकसम्पद्भिः सुसमृद्धानि सन्ति।

नीतिनवनीतम्

(नीति नवीनतम्)

अध्याय 10

पाठ का सार प्रस्तुत पाठ 'मनुस्मृति' के कतिपय (कुछ) श्लोकों का संकलन है, जो सदाचार की दृष्टि से अत्यंत महत्त्वपूर्ण है। यहाँ माता-पिता तथा गुरुजनों को आदर और सेवा से प्रसन्न करने वाले अभिवादनशील मनुष्य को मिलने वाले लाभ की चर्चा की गई है। इसके अतिरिक्त सुख-दुख में समान रहना, अंतरात्मा को आनंदित करने वाले कार्य करना तथा इसके विपरीत कार्यों को त्यागना, सम्यक् विचारोपरांत तथा सत्यमार्ग का अनुसरण करते हुए कार्य करना आदि शिष्टाचारों का उल्लेख भी किया गया है।

पाठ का हिंदी अनुवाद

1. अभिवादनशीलस्य नित्यं वृद्धोपसेविनः।
   चत्वारि तस्य वर्धन्ते आयुर्विद्या यशो बलम्।।

शब्दार्थाः अभिवादनशीलस्य = प्रणाम करने वाले का, नित्यम् = प्रतिदिन/रोजाना, वृद्धोपसेविनः = वृद्धों की सेवा करने वाले, तस्य = उसकी, वर्धन्ते = बढ़ती है, यश = कीर्ति।

संदर्भ प्रस्तुत श्लोक हमारी संस्कृत की पाठ्य-पुस्तक रुचिरा भाग-3 के दशम् पाठ 'नीतिनवनीतम्' से लिया गया है। यह श्लोक मनुस्मृति से संकलित है।

अन्वयः (यः) अभिवादनशीलस्य नित्यं वृद्धोपसेविनः तस्य आयुर्विद्या यशोबलम् (एते) चत्वारि वर्धन्ते।

हिंदी अनुवाद अभिवादन (प्रणाम) करने वाले तथा नित्य वृद्धों (बड़ों) की सेवा करने वाले व्यक्ति की आयु, विद्या, यश (कीर्ति) और बल ये चारों निरंतर बढ़ते हैं।

2. यं मातापितरौ क्लेशं सहेते सम्भवे नृणाम्।
   न तस्य निष्कृतिः शक्या कर्तुं वर्षशतैरपि।।

शब्दार्थाः यं = जिसको, माता पितरौ = माता और पिता, क्लेशम् = कष्ट को, सहेते = सहन करते हैं, सम्भवे = जन्म देने में, नृणाम् = मनुष्यों को, निष्कृतिः = बदला, शक्या = की जा सकती है, वर्षशतैरपि = सौ वर्षों में भी, आयु = आयु (जीवन काल), विद्या = ज्ञान।

अन्वयः नृणां सम्भवे मातापितरौ यं क्लेशं सहेते, तस्य निष्कृतिः वर्षशतैःअपि कर्तुं न शक्या।

हिंदी अनुवाद माता-पिता संतान को जन्म देने तथा उनका पालन-पोषण करने में जिन कष्टों को सहन करते हैं, उन कष्टों का बदला सौ वर्षों तक प्रयत्न करके भी मनुष्य (संतान) द्वारा नहीं चुकाया जा सकता है।

3. तयोर्नित्यं प्रियं कुर्यादाचार्यस्य च सर्वदा।
   तेष्वेव त्रिषु तुष्टेषु तपः सर्वं समाप्यते।।

शब्दार्थाः तयोः = उन दोनों का, नित्यम् = रोजाना, कुर्यात् = करे, सर्वदा = हमेशा, त्रिषु = तीनों के, तुष्टेषु = प्रसन्न होने पर, तपः = तपस्या, सर्वं = संपूर्ण/सारी, समाप्यते = पूर्ण होती है।

अन्वयः नित्यम् तयोः आचार्यस्य च सर्वदा प्रियम् कुर्यात्। तेष्वेव त्रिषु तुष्टेषु सर्वं तपः समाप्यते।

हिंदी अनुवाद उन दोनों अर्थात् माता-पिता तथा गुरु के आदेशों का पालन करना चाहिए अर्थात् वैसा ही करना चाहिए जैसा उन्हें प्रिय हो। इनके (माता-पिता व गुरु) प्रसन्न हो जाने पर संपूर्ण तपस्या सिद्ध अर्थात् सार्थक हो जाती है।

4. सर्वं परवशं दुःखं सर्वमात्मवशं सुखम्।
   एतद्विद्यात्समासेन लक्षणं सुखदुःखयोः।।

शब्दार्थाः सर्वम् = सभी प्रकार से, परवशम् = दूसरे के वश में रहना (पराधीन), आत्मवशम् = अपने वश में रहना (स्वाधीन), एतत् = यह, द्विद्यात् = दोनों को जानना चाहिए, समासेन = संक्षेप में।

अन्वयः सर्वं परवशं दुःखं (भवति), सर्वं आत्मवशं सुखं (भवति)। एतत् द्विद्यासमासेन सुख दुःखयोः लक्षणम् (अस्ति)।

हिंदी अनुवाद सभी प्रकार से दूसरे के वश में रहना अर्थात् पराधीन रहना दुःख है तथा सभी प्रकार से अपने वश में रहना अर्थात् स्वाधीन रहना सुख है। संक्षेप में, इसे ही सुख और दुःख का लक्षण मानना चाहिए।

5\. यत्कर्म कुर्वतोऽस्य स्यात्परितोषोऽन्तरात्मनः।
तत्प्रयत्नेन कुर्वीत विपरीतं तु वर्जयेत्।।

शब्दार्थाः यत् = जो, कर्म = कार्य, कुर्वतः = करते हुए, परितोषः = संतोष, अन्तरात्मनः = हृदय को, अस्य = इसका, स्यात् = हो, प्रयत्नेन = प्रयत्नपूर्वक, कुर्वीत = करना चाहिए, वर्जयेत् = छोड़ देना चाहिए।

अन्वयः यत् कर्म कुर्वतः अस्य अन्तरात्मनः परितोषः स्यात्, तत् प्रयत्नेन कुर्वीत, विपरीतं तु वर्जयेत्।

हिंदी अनुवाद जिस कार्य को करने से हमारी अंतरात्मा को संतोष मिले ऐसा कार्य प्रयत्नपूर्वक करना चाहिए तथा इसके विपरीत जिस कार्य को करने में हमे संतुष्टि न मिले उसका (कार्य का) त्याग कर देना चाहिए।

6\. दृष्टिपूतं न्यसेत्पादं वस्त्रपूतं जलं पिबेत्।
सत्यपूतां वदेद्वाचं मनः पूतं समाचरेत्।।

शब्दार्थाः पूतम् = पवित्र, न्यसेत् = रखना चाहिए, वस्त्रपूतम् = वस्त्र से पवित्र (छानकर), पिबेत् = पीना चाहिए, सत्यपूताम् = सत्य से पवित्र, वाचम् = वाणी को, समाचरेत् = आचरण करना चाहिए।

अन्वयः दृष्टिपूतं पादं न्यसेत्, वस्त्रपूतं जलं पिबेत्, सत्यपूतां वाचं वदेत्, मनः पूतं समाचरेत्।

हिंदी अनुवाद दृष्टि से पवित्र करके अर्थात् भली-भाँति देखकर पैर रखना चाहिए, शुद्ध (साफ) कपड़े से छानकर जल पीना चाहिए, सत्य से युक्त वाणी बोलनी चाहिए तथा मन से पवित्र अर्थात् सही प्रकार से सोच-विचार करके आचरण करना चाहिए।

NCERT फोल्डर: पाठ्य-पुस्तक रुचिरा भाग-3 के प्रश्नोत्तर

प्र.1 अधोलिखितानां प्रश्नानाम् उत्तराणि एकपदेन लिखत।
(निम्नलिखित प्रश्नों के उत्तर एक पद में लिखिए।)

(i) नृणां सम्भवे कौ क्लेशं सहेते?
(ii) कीदृशं जलं पिबेत्?
(iii) दुःखं किं भवति?
(iv) आत्मवशं किं भवति?
(v) नीतिनवनीतं पाठः कस्मात् ग्रन्थात् सङ्कलितः?
(vi) कीदृशीं वाचं वदेत्?
(vii) कीदृशं कर्म समाचरेत्?

उत्तराणि

(i) मातापितरौ (ii) वस्त्रपूतम्
(iii) परवशम् (iv) सुखम्
(v) मनुस्मृतेः (vi) सत्यपूताम्
(vii) मनःपूतम्

प्र.2 अधोलिखितानां प्रश्नानाम् उत्तराणि पूर्णवाक्येन लिखत।
(निम्नलिखित प्रश्नों के उत्तर पूर्णवाक्य में लिखिए।)

(i) पाठेऽस्मिन् सुखदुःखयोः किं लक्षणम् उक्तम्?
(ii) वर्षशतैः अपि कस्य निष्कृतिः कर्तुं न शक्या?
(iii) "त्रिषु तुष्टेषु तपः समाप्यते" - वाक्येऽस्मिन् त्रयः के सन्ति?
(iv) अस्माभिः कीदृशं कर्म कर्त्तव्यम्।
(v) अभिवादनशीलस्य कानि वर्धन्ते?
(vi) सर्वदा केषां प्रियं कुर्यात्?

उत्तराणि

(i) सर्वं परवशं दुःखम्, सर्वं आत्मवशं सुखम् इति सुख दुःखयोः लक्षणम् उक्तम्।
(ii) मातापितरौ नृणां सम्भवे यं क्लेशं सहेते तस्य निष्कृतिः वर्षशतैः अपि कर्तुं न शक्या।
(iii) "त्रिषु तुष्टेषु तपः समाप्यते" वाक्येऽस्मिन् माता-पिता, आचार्यः एते त्रयः सन्ति।
(iv) यत् कर्म कुर्वतः आत्मनः परितोषः स्यात् अस्माभिः तादृशं कर्म कर्त्तव्यम्।
(v) अभिवादनशीलस्य आयुर्विद्या यशोबलम् एतानि वर्धन्ते।
(vi) सर्वदा माता-पिता, आचार्याणां च प्रियं कुर्यात्।

प्र.3 रेखाङ्कितपदानि आधृत्य प्रश्ननिर्माणं कुरुत।
(रेखांकित पदों के आधार पर प्रश्न निर्माण कीजिए।)

(i) <u>वृद्धोपसेविनः</u> आयुर्विद्या यशो बलं न वर्धन्ते।
(ii) मनुष्यः <u>सत्यपूतां</u> वाचं वदेत्।
(iii) त्रिषु तुष्टेषु सर्वं <u>तपः</u> समाप्यते?
(iv) <u>मातापितरौ</u> नृणां सम्भवे अकथनीयं क्लेशं सहेते।
(v) <u>तयोः</u> नित्यं प्रियं कुर्यात्।

उत्तराणि

(i) <u>कस्य</u> आयुर्विद्या यशो बलं न वर्धन्ते?
(ii) मनुष्य <u>कीदृशीम्</u> वाचे वदेत्?
(iii) त्रिषु तुष्टेषु सर्वं <u>किम्</u> समाप्यते?
(iv) <u>कौ</u> नृणां सम्भवे भाषया क्लेशं सहेते?
(v) <u>कयोः</u> नित्य प्रियं कुर्यात्?

प्र.4 संस्कृतभाषायां वाक्यप्रयोगं कुरुत।
(संस्कृत भाषा में वाक्य प्रयोग कीजिए।)

(i) विद्या (ii) तपः
(iii) समाचरेत् (iv) परितोषः
(v) नित्यम्

उत्तराणि

(i) विद्या—विद्या प्राप्त्यर्थं अहं गुरुकुलं गच्छामि।
(ii) तप—साधुः तपः करोति।
(iii) समाचरेत्—सर्वे बालकाः जीवने सत्यं समाचरेत्।
(iv) परितोष—अनुशासनेन परितोषः भवति।
(v) नित्यम्—नित्यम् देवालये गन्तव्यम्।

प्र.5 शुद्धवाक्यानां समक्षम् (आम्) अशुद्धवाक्यानां च समक्षं (न) इति लिखत। (शुद्ध वाक्यों के सामने (आम्) और अशुद्ध वाक्यों के सामने (न) लिखिए।)

(i) अभिवादनशीलस्य किमपि न वर्धते।
(ii) मातापितरौ नृणां सम्भवे कष्टं सहेते।
(iii) आत्मवशं तु सर्वमेव दुःखमस्ति।
(iv) येन पितरौ आचार्यः च सन्तुष्टाः तस्य सर्वं तपः समाप्यते।
(v) मनुष्यः सदैव मनः पूतं समाचरेत्।
(vi) मनुष्यः सदैव तदेव कर्म कुर्यात् येनान्तरात्मा तुष्यते।

उत्तराणि

(i) न	(ii) आम्
(iii) न	(iv) आम्
(v) आम्	(vi) आम्

प्र.6 कोष्ठक दत्तेषु विकल्पेभ्यः उचितं पदं चित्वा रिक्तस्थानानि पूरयत। (कोष्ठक में दिए गए विकल्पों में से उचित पद चुनकर रिक्त स्थानों को पूरा कीजिए।)

(i) मातापित्रोः तपसः निष्कृतिः ……… कर्तुंमशक्या। (दशवर्षैरपि/षष्टिः वर्षैरपि/वर्षशतैरपि)
(ii) नित्यं वृद्धोपसेविनः ……… वर्धन्ते। (चत्वारि/पञ्च/षट्)
(iii) त्रिषु तुष्टेषु ……… सर्वं समाप्यते। (जपः/तपः/कर्म)
(iv) एतत् विद्यात् ……… लक्षणं सुख-दुःखयोः। (शरीरेण/समासेन/विस्तारेण)
(v) दृष्टिपूतम् न्यसेत् ………। (हस्तम्/पादम्/मुखम्)
(vi) मनुष्यः मातापित्रोः आचार्यस्य च सर्वदा ……… कुर्यात्। (प्रियम्/अप्रियम्/अकार्यम्)

उत्तराणि

(i) वर्षशतैरपि	(ii) चत्वारि
(iii) तपः	(iv) समासेन
(v) पादम्	(vi) प्रियम्

प्र.7 मञ्जूषातः चित्वा उचिताव्ययेन वाक्यपूर्तिं कुरुत। (मञ्जूषा से उचित अव्यय चुनकर वाक्यपूर्ति कीजिए।)

(i) तयोः …… प्रियं कुर्यात्।
(ii) …… कर्म करिष्यसि। तादृशं फलं प्राप्स्यसि।
(iii) वर्षशतैः …… निष्कृतिः न कर्तुं शक्या।
(iv) तेषु …… त्रिषु तुष्टेषु तपः समाप्यते।
(v) …… राजा तथा प्रजा।
(vi) यावत् सफलः न भवति …… परिश्रमं कुरु।

- मञ्जूषा तावत् अपि, एव, यथा, नित्यं, यादृशम्।

उत्तराणि

(i) नित्यं	(ii) यादृशम्
(iii) अपि	(iv) एव
(v) यथा	(vi) तावत्

अभ्यास प्रश्नाः

पाठ्य-पुस्तक रुचिरा भाग-3 के प्रश्नोत्तर

भाग I

बहुविकल्पीय प्रश्नाः

1. (क) प्रदत्तविकल्पेभ्यः उचित पदं चित्वा रिक्तस्थानानि पूरयत। (दिए गए विकल्पों में से उचित पद चुनकर रिक्त स्थानों को पूरा कीजिए।)

(i) अभिवादनशीलस्य ………… वृद्धोपसेविनः।
(अ) बल (ब) नित्य (स) आयु (द) विद्या

(ii) ………… नृणां सम्भवे क्लेशं सहेते।
(अ) मातापितरौ (ब) भ्रातरौ
(स) जनौ (द) नरौ

(iii) सर्वं आत्म ………… सुखं भवति।
(अ) अस्ति (ब) न (स) वशं (द) दुःखं

(iv) जलं वस्त्रेण ………… पिबेत्।
(अ) पूतं (ब) कर्मं (स) मनः (द) पादं

उत्तराणि

(i) (ब) नित्य (ii) (अ) मातापितरौ
(iii) (स) वशं (iv) (अ) पूतं

(ख) अधोलिखितेषु वाक्येषु रेखाङ्कितपदानां आधृत्य प्रश्नवाचकपदं चित्वा लिखत। (निम्नलिखित वाक्यों में रेखांकित पदों के आधार पर प्रश्नवाचक पद चुनकर लिखिए।)

(i) मातापितरौ सन्तानोत्पतेः क्लेशं सहेते।
(अ) के (ब) का (स) किम् (द) कानि

(ii) सर्वं आत्मवशं सुखम्।
(अ) किम् (ब) कः (स) का (द) कस्य

(iii) एतत् समासेन सुख दुःखयोः लक्षणम् भवति।
(अ) कयोः (ब) केन (स) केषु (द) कस्मिन्

(iv) वस्त्रपूतं जलं पिबेत्।
(अ) कीदृशं (ब) कः (स) कौ (द) के

(v) प्रयत्नेन तत् कर्मं कुर्वीत।
(अ) कः (ब) केन (स) काः (द) कानि

(vi) आचार्यस्य प्रियं कुर्यात्।
(अ) कयोः (ब) कानि (स) किम् (द) कस्य

(vii) नृणाम् सम्भवे पितरौ क्लेशं सहेते।
(अ) केषां (ब) कस्मिन्
(स) कयोः (द) काः

(viii) सत्यपूतां वाचम् वदेत्।
(अ) कः (ब) कीदृशी (स) का (द) किम्

(ix) अभिवादनशीलस्य चत्वारि वर्धन्ते।
(अ) कस्य (ब) के (स) किम् (द) कः

(x) परवशं दुःखम् भवति।
(अ) के (ब) कौ (स) किम् (द) कः

उत्तराणि

(i) (स) किम् (ii) (अ) किम्?
(iii) (ब) केन (iv) (अ) कीदृशं
(v) (ब) केन (vi) (द) कस्य
(vii) (अ) केषां (viii) (ब) कीदृशी
(ix) (अ) कस्य (x) (स) किम्

मेलनं कुर्वन्तु

2. (क) अधोलिखितानां शब्दानां समक्षं प्रदत्तैः अर्थैः सह मेलनं कुरुत। (निम्नलिखित शब्दों के समक्ष दिए गए अर्थों का आपस में मिलान कीजिए।)

	शब्दाः	अर्थाः
(क)	सम्भवे	(i) सन्तोषः
(ख)	कुर्वीत	(ii) संक्षेपेण
(ग)	नृणाम्	(iii) मानवानाम्
(घ)	समासेन	(iv) करणीयम्
(ङ)	परितोषः	(v) जन्मनि

उत्तराणि

	शब्दाः	अर्थाः
(क)	सम्भवे	(v) जन्मनि
(ख)	कुर्वीत	(iv) करणीयम्
(ग)	नृणाम्	(iii) मानवानाम्
(घ)	समासेन	(ii) संक्षेपेण
(ङ)	परितोषः	(i) सन्तोषः

(ख) अधोलिखितानां पर्यायपदानां मेलनं कुरुत। (निम्नलिखित पर्यायवाची शब्दों का मिलान कीजिए।)

	पद	पर्याय पद
(क)	सर्वदा	(i) तोयम्
(ख)	शीलम्	(ii) उत्पन्ने
(ग)	दुःखम्	(iii) अवसादम्
(घ)	सम्भवे	(iv) चरित्रम्
(ङ)	जलम्	(v) सदा

उत्तराणि

पद	पर्याय पद
(क) सर्वदा	(v) सदा
(ख) शीलम्	(iv) चरित्रम्
(ग) दुःखम्	(iii) अवसादम्
(घ) सम्भवे	(ii) उत्पन्ने
(ङ) जलम्	(i) तोयम्

(ग) अधोलिखितानां श्लोकपंक्तिनां समुचितं मेलनं कुरुत।
(निम्नलिखित श्लोक पंक्तियों का उचित मिलान कीजिए।)

खंड (अ)	खंड (ब)
(क) चत्वारि तस्य वर्धन्ते	(i) सहेते सम्भवे नृणाम्
(ख) तयोनित्यं प्रियं कुर्यात्	(ii) वस्त्रपूतं जलं पिबेत्
(ग) सर्वं परवशं दुःखं	(iii) आचार्यस्य च सर्वदा
(घ) दृष्टिपूतं न्यसेत्पादं	(iv) सर्वं आत्मवशं सुखम्
(ङ) यं मातापितरौ क्लेशं	(v) आयुर्विद्या यशोबलम्

उत्तराणि

खंड (अ)	खंड (ब)
(क) चत्वारि तस्य वर्धन्ते	(v) आयुर्विद्या यशोबलम्।
(ख) तयोनित्यं प्रियं कुर्यात्	(iii) आचार्यस्य च सर्वदा।
(ग) सर्वं परवशं दुःखं	(iv) सर्वं आत्मवशं सुखम्।
(घ) दृष्टिपूतं न्यसेत्पादं	(ii) वस्त्रपूतं जलं पिबेत्।
(ङ) यं मातापितरौ क्लेशं	(i) सहेते सम्भवे नृणाम्।

सत्यं/असत्यं

3. अधोलिखितानां शुद्धकथनानां समक्षं (आम्) अशुद्धकथनानां च समक्षं (न) इति लिखत।
(निम्नलिखित शुद्ध कथनों के समक्ष (आम्) और अशुद्ध कथनों के समक्ष (न) लिखिए।)

(i) मातापितरौ नृणां सम्भवे क्लेशं न सेहते।
(ii) अभिवादनशीलस्य चत्वारि वर्धन्ते।
(iii) त्रिषु तुष्टेषु तपः सर्वं न समाप्यते।
(iv) सर्वं परवशं सुखं भवति।
(v) सर्वं आत्मवशं सुखं भवति।
(vi) वस्त्रपूतं जलं पिबेत्।

उत्तराणि

(i) न (ii) आम्
(iii) न (iv) न
(v) आम् (vi) आम

भाग II

पठित-अवबोधनम्

1. अधोलिखितानां श्लोकानां पठित्वा एतदाधारितप्रश्नानाम् उत्तराणि लिखत। (निम्नलिखित श्लोकों को पढ़कर इन पर आधारित प्रश्नों के उत्तर लिखिए।)

(क) अभिवादनशीलस्य नित्यं वृद्धोपसेविनः।
चत्वारि तस्य वर्धन्ते आयुर्विद्या यशोबलम् ।।

I. अधोलिखितानां प्रश्नानाम् उत्तराणि एकपदेन लिखत।
(निम्नलिखित प्रश्नों के उत्तर एक पद में लिखिए।)
(i) नित्यं केषां सेवा कुर्वन्ति?
(ii) चत्वारि कस्य वर्धन्ते?
(iii) कस्य आयुर्विद्या यशोबलम् वर्धन्ते?
(iv) कदा वृद्धोपसेविनः?

II. अधोलिखितानां प्रश्नानाम् उत्तराणि पूर्णवाक्येन लिखत।
(निम्नलिखित प्रश्नों के उत्तर पूर्णवाक्य मे लिखिए।)
(i) वृद्धोपसेविनः चत्वारि कानि वर्धन्ते?
(ii) अभिवादनशीलस्य कति वर्धन्ते?

III. अधोलिखितानां प्रश्नानाम् उत्तराणि निर्देशानुसारम् उत्तरत्।
(निम्नलिखित प्रश्नों के उत्तर निर्देशानुसार दीजिए।)
(i) 'प्रतिदिन' इति पदस्य पर्याय पदं श्लोके किं प्रयुक्तम?
(ii) 'अभिवादन' शीलस्य इति पदे का विभक्ति?

IV. अधोलिखितानां प्रश्नानाम् उत्तराणि प्रदत्तविकल्पेभ्यः चित्वा लिखत। (निम्नलिखित प्रश्नों के उत्तर दिए गए विकल्पों में से चुनकर लिखिए।)

(i) 'चत्वारि' अत्र कः लिङ्ग: अस्ति?
(अ) पुल्लिङ्ग'
(ब) स्त्रीलिङ्ग
(स) नपुंसकलिङ्गः
(द) कोऽपि न

(ii) 'तस्य' अत्र का विभक्तिः?
(अ) षष्ठी (ब) पञ्चमी
(स) चतुर्थी (द) सप्तमी

(iii) 'वर्धन्ते' अत्र कः लकारः?
(अ) लट् (ब) लोट्
(स) लृट् (द) लङ्ग

(iv) चत्वारि कानि-कानि सन्ति?
(अ) आयुः (ब) विद्या
(स) यशोबलम् (द) ये सर्वे

(v) वृद्धानाम् सेवाम् कदा कुर्युः?
(अ) प्रातकाले
(ब) मध्याह्ने
(स) निशायाम्
(द) नित्यम्

उत्तराणि

I. (i) वृद्धाणाम् (ii) अभिवादनशीलस्य
(iii) अभिवादनशीलस्य (iv) नित्यम्

II. (i) वृद्धोपसेविनः आयुः, विद्या, यश, बलम् च चत्वारि वर्धन्ते।
(ii) अभिवादनशीलस्य चत्वारि वर्धन्ते।

III. (i) नित्यम् (ii) षष्ठी

IV. (i) (स) नपुंसकलिङ्ग (ii) (अ) षष्ठी
(iii) (अ) लट् (iv) (द) ये सर्वे
(v) (द) नित्यम्

(ख) सर्वं परवशं दुःखं सर्वमात्मवशं सुखम् ।
एतद्विद्यात्समासेन लक्षणं सुखदुःखयोः ।।

I. अधोलिखितानां प्रश्नानाम् उत्तराणि एकपदेन लिखत।
(निम्नलिखित प्रश्नों के उत्तर एक पद में लिखिए।)
(i) सर्वं परवशं किम्?
(ii) सर्वं आत्मवशं किम्?
(iii) कस्य वशे दुःख भवति?
(iv) कस्य वशे सुखम् भवति?

II. अधोलिखितानां प्रश्नानाम् उत्तराणि पूर्णवाक्येन लिखत।
(निम्नलिखित प्रश्नों के उत्तर पूर्णवाक्य में लिखिए।)
(i) समासेन कस्य लक्षणम्?
(ii) सुख दुःखयोः लक्षणं किम्?

III. अधोलिखितानां प्रश्नानाम् उत्तराणि निर्देशानुसारम् उत्तरत्
(निम्नलिखित प्रश्नों के उत्तर निर्देशानुसार दीजिए।)
(i) 'स्वतन्त्रम्' इति पदस्य समानार्थी पदं श्लोके किमस्ति?
(ii) 'सुख-दुःखयोः' पदे कः वचनः?

IV. अधोलिखितानां प्रश्नानाम् उत्तराणि प्रदत्तविकल्पेभ्यः चित्वा लिखत। (निम्नलिखित प्रश्नों के उत्तर दिए गए विकल्पों में से चुनकर लिखिए।)
(i) 'पराधीनम्' इति पदस्य पर्यायपदं श्लोके किम्?
(अ) परवशं (ब) आत्मवशं
(स) समासं (द) सुखम्
(ii) 'समासेन' अत्र का विभक्तिः?
(अ) प्रथमा (ब) द्वितीया
(स) तृतीया (द) चतुर्थी
(iii) 'सुखम्' इति पदस्य विलोमपदं किम्?
(अ) सर्वं (ब) दुःखम्
(स) लक्षणं (द) वशम्
(iv) कः सुखस्य लक्षणं भवति?
(अ) परवश
(ब) आत्मवशं
(स) मित्रवशं
(द) गुरुवशं
(v) केन सुख-दुःखयोः लक्षणम्?
(अ) समासेन
(ब) विस्तृतेण
(स) बुर्ध्या
(द) मनसा

उत्तराणि

I. (i) दुःखम् (ii) सुखम्
(iii) परवशे (iv) आत्मवशे

II. (i) समासेन सुख दुःखयोः लक्षणम्।
(ii) सर्वं परवशं दुःखं सर्वं आत्मवशं सुखम् एतयोः समासेन सुखदुःखयोः लक्षणम् अस्ति।

III. (i) आत्मवशं (ii) द्विवचन

IV. (i) (अ) परवशं (ii) (स) तृतीया
(iii) (ब) दुःखम् (iv) (ब) आत्मवशं
(v) (अ) समासेन

(ग) दृष्टिपूतं न्यसेत्पादं वस्त्रपूतं जलं पिबेत्।
सत्यपूतां वदेद्वाचं मनः पूतं समाचरेत् ।।

I. अधोलिखितानां प्रश्नानाम् उत्तराणि एकपदेन लिखत।
(निम्नलिखित प्रश्नों के उत्तर एक पद में लिखिए।)
(i) दृष्टिपूतं कि न्यसेत्?
(ii) कीदृशं जलं पिबेत्?
(iii) सत्यपूता का वदेत्?
(iv) मन पूतं किम् कर्त्तव्यम्?

II. अधोलिखितानां प्रश्नानाम् उत्तराणि पूर्णवाक्येन लिखत।
(निम्नलिखित प्रश्नों के उत्तर पूर्णवाक्य मे लिखिए।)
(i) कीदृशं वाचं वदेत्?
(ii) कीदृशं समाचरेत्?

III. अधोलिखितानां प्रश्नानाम् उत्तराणि निर्देशानुसारम् उत्तरत्।
(निम्नलिखित प्रश्नों के उत्तर निर्देशानुसार दीजिए।)
(i) 'समाचरेत्' अत्र कः उपसर्ग?
(ii) सत्यपूतां अत्र कः लिङ्ग अस्ति?

IV. अधोलिखितानां प्रश्नानाम् उत्तराणि प्रदत्तविकल्पेभ्यः चित्वा लिखत। (निम्नलिखित प्रश्नों के उत्तर दिए गए विकल्पों में से चुनकर लिखिए।)
(i) 'पिबेत्' अत्र कः लकारः?
(अ) लट् (ब) लोट्
(स) विधिलिङ (द) लृट्
(ii) 'पवित्रम्' इति पदस्य किं पर्यायपदं श्लोके प्रयुक्तम्?
(अ) पूतम् (ब) मनः
(स) जलम् (द) पादम्
(iii) 'असत्यं' इति पदस्य विलोमपदं श्लोके किम्?
(अ) पिबेत् (ब) सत्यं
(स) पादं (द) जलंम
(iv) पादं कीदृशम् न्यसेत्?
(अ) दृष्टिपूतं (ब) वस्त्रपूतं
(स) सत्यपूतं (द) मनःपूतं
(v) वस्त्रपूतं किम् पिबेत्?
(अ) दुग्धम्
(ब) जलम्
(स) पेयम्
(द) दधिम्

उत्तराणि

I. (i) पादं (ii) वस्त्रपूतं
(iii) वाचं (iv) आचरणम्

II. (i) सत्यपूतां वाचं वदेत्।
(ii) मनः पूतं समाचरेत्।

III. (i) सम् (ii) स्त्रीलिङ्ग

IV. (i) (स) विधिलिङ्ग (ii) (अ) पूतम्
(iii) (ब) सत्यम् (iv) (अ) दृष्टिपूतं
(v) (ब) जलम्

अन्वयः पूरयत्

2. अधोलिखितानां श्लोकानां पठित्वा मञ्जूषायाः सहाय्येन अन्वय पूर्ति कुरुत। (निम्नलिखित श्लोकों को पढ़कर मञ्जूषा की सहायता से अन्वय को पूरा कीजिए।)

(क) अभिवादनशीलस्य नित्यं वृद्धोपसेविनः।
चत्वारि तस्य वर्धन्ते आयुर्विद्या यशोबलम् ।।
अन्वयः तस्य अभिवादनशीलस्य (i) ···
वृद्धोपसेविनः (च) (ii) ··· आयुः (iii) ··· यशः (iv) ···
(च) वर्धन्ते।

- मञ्जूषा बलम्, विद्या, चत्वारि, नित्यम्।

(ख) यं मातापितरौ क्लेशं सहेते सम्भवे नृणाम्।
न तस्य निष्कृतिः शक्या कर्तुं वर्षशतैरपि ।।
अन्वयः नृणाम् (i) ··· मातापितरौ यम् (ii) ··· सहेते तस्य निष्कृतिः (iii) ··· अपि कर्तुम् न (iv) ···।

- मञ्जूषा शक्या, वर्षशतैः, क्लेशम्, सम्भवे।

(ग) तयोर्नित्यं प्रियं कुर्यादाचार्यस्य च सर्वदा।
तेष्वेव त्रिषु तुष्टेषु तपः सर्वं समाप्यते ।।
अन्वयः (i) ··· तयोः (मातापित्रोः) (ii) ··· च सर्वदा प्रियम् (iii) ···। तेषु त्रिषु (iv) ···
एव सर्वम् तपः समाप्यते।

- मञ्जूषा तुष्टेषु, कुर्यात्, आचार्यस्य, नित्यम्।

(घ) सर्वं परवशं दुःखं सर्वमात्मवशं सुखम्।
एतद्विद्यात्समासेन लक्षणं सुखदुःखयोः ।।
अन्वयः सर्वम् (i) ··· परवशम् (भवति) सर्वम् (iii) ··· आत्मवशम् (भवति)। एतत् (iii) ···सुख दुःखयोः (iv) ··· विद्यात्।

- मञ्जूषा लक्षणम्, समासेन, सुखम्, दुःखम्।

उत्तराणि

(क) (i) नित्यम् (ii) चत्वारि
(iii) विद्या (iv) बलम्

(ख) (i) सम्भवे (ii) क्लेशम्
(iii) वर्षशतैः (iv) शक्या

(ग) (i) नित्यम् (ii) आचार्यस्य
(iii) कुर्यात् (iv) तुष्टेषु

(घ) (i) दुःखम् (ii) सुखम्
(iii) समासेन (iv) लक्षणम्

भावार्थं पूरयत्

3. मञ्जूषायाः सहायतया अधोलिखितानां श्लोकानां भावार्थं पूरयत। (मञ्जूषा की सहायता से निम्नलिखित श्लोकों के भावार्थ को पूरा कीजिए।)

(क) अभिवादनशीलस्य नित्यं वृद्धोपसेविनः।
चत्वारि तस्य वर्धन्ते आयुर्विद्या यशोबलम्।।
भावार्थः ये जनाः (i) ··· अन्यान् जनान्
प्रणमन्ति (ii) ··· च सेवाम् कुर्वन्ति।
तेषां जनानां सदैव आयु (iii) ··· यशः बलम्
च एतानि (iv) ··· गुणानि निरन्तरं वर्धन्ते।

- मञ्जूषा चत्वारि, विद्या, वृद्धानां, सदैव।

(ख) यं मातापितरौ क्लेशं सहेते सम्भवे नृणाम्।
न तस्य निष्कृतिः शक्या कर्तुं वर्षशतैरपि।।
भावार्थः माता च (i) ··· च सन्तान
उत्पत्तौ (ii) ··· च यत्
दुःखानि सहेते/तस्य (iii) ···
ऋणम् अवतारयितुं सः संततयः शतं
(iv) ··· प्रयत्नं कर्तुं अपि न शक्यन्ते।

- मञ्जूषा वर्षाणि, क्लेशस्य, पालने-पोषणे, पिता।

(ग) तयोर्नित्यं प्रियं कुर्यादाचार्यस्य च सर्वदा।
तेष्वेव त्रिषु तुष्टेषु तपः सर्वं समाप्यते।।
भावार्थः छात्रैः (i) ··· च सर्वदा नित्यं
माता-पिता (ii) ··· प्रियं कुर्यात्,
यत् तेषु (iii) ··· एव संतुष्टेषु
सन्तानानां (iv) ··· च सर्वं तपः सफलं भवति।

- मञ्जूषा शिष्याणां, त्रिषु, आचार्याणां, सन्तानैः।

(घ) सर्वं परवशं दुःखं सर्वमात्मवशं सुखम्।
एतद्विद्यात्समासेन लक्षणं सुख दुखयोः ।।
भावार्थः परतन्त्रतायां अस्मिन् (i) ···
दुःखमेव भवति, एवमेव सुखं तु
(ii) ··· भवति। एतत् संक्षेपेण एव (iii) ··· दुःखस्य च
(iv) ··· भवति।

- मञ्जूषा लक्षणं, सुखस्य स्वतन्त्रतायां, संसारे।

उत्तराणि

(क) (i) सदैव (ii) वृद्धानां
(iii) विद्या (iv) चत्वारि

(ख)	(i) पिता		(ii) पालने-पोषणे
	(iii) क्लेशस्य		(iv) वर्षाणि
(ग)	(i) सन्तानैः		(ii) आचार्याणां
	(iii) त्रिषु		(iv) शिष्याणां
(घ)	(i) संसारे		(ii) स्वतन्त्रतायां
	(iii) सुखस्य		(iv) लक्षणं

अतिलघु उत्तरीयाः प्रश्नाः

1. वयम् केषाम् आदरं कुर्यामः?

2. केषाम् सम्भवे पितरौ क्लेशं सहेते?

3. मातापित्रोः कदा प्रियं कुर्यात्?

4. केन कर्म कुर्वीत?

उत्तराणि

1. वृद्धानाम् 2. नृणाम्
3. नित्यम् 4. प्रयत्नेन

लघु उत्तरीयाः प्रश्नाः

1. नित्य वृद्धोपसेविनः नरस्य कानि वर्धन्ते?

2. कस्यः निष्कृतिः वर्षशतैः अपि कर्तुं न शक्य?

3. केषाम् तुष्टेषु तपः सर्वं समाप्यते?

4. कीदृशम् कार्यम् प्रयत्नपूर्वकं कुर्यात्?

उत्तराणि

1. नित्य वृद्धोपसेविनः नरस्य आयुर्विद्या यशो बलम् च वर्धन्ते।
2. मातापितरौ निष्कृतिः वर्षशतैः अपि कर्तुं न शक्य।
3. माता पिता आचार्याणाम् तुष्टेषु तपः सर्वं समाप्यते।
4. यत् कार्यम् कुर्वतः अन्तरात्मनः परितोषं स्यात्।

दीर्घ उत्तरीयाः प्रश्नाः

1. तृतीय श्लोके तयोः पदम् काम्याम् प्रयुक्तम् किमर्थम् च?

2. दुःखस्य सुखस्य च किम् लक्षणम्?

3. तत्प्रयत्नेन कुर्वीत विपरीतं तु वर्जयेत् श्लोकं पूर्वरूपेण लिखत्।

उत्तराणि

1. तृतीय श्लोके तयोः पदं मातृ-पित्रराभ्याम् गुरवेः च प्रयुक्तम्। नरः मातापितरौ आचार्यस्य च सर्वदा एव प्रियं कुर्यात्।
2. सर्वं परवशं दुःखस्य लक्षणम् अस्ति। सर्वं च आत्मंवश सुखस्य लक्षणम् अस्ति।
3. यत्कर्म कुर्वतोऽस्य स्यात्परितोषोऽन्तरात्मनः।
   तत्प्रयत्नेन कुर्वीत विपरीतं तु वर्जयेत्।।

सावित्री बाई फुले

अध्याय 11

पाठ का सार शिक्षा हमारा अधिकार है। हमारे समाज में अनेक समुदाय इससे लंबे समय तक वंचित रहे हैं। उन्हें इस अधिकार को पाने के लिए लंबा संघर्ष करना पड़ा है। लड़कियों को तो और अधिक अवरोध झेलना पड़ता रहा है। प्रस्तुत पाठ इस संघर्ष का नेतृत्व करने वाली प्रायः स्मरणीय एवं अनुकरणीय महिला शिरोमणि सावित्री बाई फुले के योगदान पर केंद्रित है।

पाठ का हिंदी अनुवाद

1. उपरि निर्मितं चित्रं पश्यत। इदं चित्रं कस्याश्चित् पाठशालायाः वर्तते। इयं सामान्या पाठशाला नास्ति। इयमस्ति महाराष्ट्रस्य प्रथमा कन्यापाठशाला। एका शिक्षिका गृहात् पुस्तकानि आदाय चलति। मार्गे कश्चित् तस्याः उपरि धूलिं कश्चित् च प्रस्तरखण्डान् क्षिपति। परं सा स्वदृढनिश्चयात् न विचलति। स्वविद्यालये कन्याभिः सविनोदम् आलपन्ती सा अध्यापने संलग्ना भवति। तस्याः स्वकीयम् अध्ययनमपि सहैव प्रचलति। केयं महिला? अपि यूयमिमां महिलां जानीथ? इयमेव महाराष्ट्रस्य प्रथमा महिला शिक्षिका सावित्री बाई फुले नामधेया।

शब्दार्थाः उपरि = ऊपर, निर्मित = बने हुए, कस्याश्चित् = किसी, आदाय = लेकर, धूलिम् = धूल, प्रस्तरखण्डान् = पत्थर के टुकड़ों को, क्षिपति = फेंकता है, न विचलति = विचलित नहीं होती है, कन्याभिः = कन्याओं के साथ, सविनोदम् = हँसी-मजाक के साथ, आलपन्ती = बात करती हुई, सहैव = साथ ही, प्रचलति = चलता है, जानीथ = जानते हो।

संदर्भ प्रस्तुत गद्यांश हमारी संस्कृत की पाठ्य-पुस्तक रुचिरा भाग-3 के एकादशः पाठ 'सावित्री बाई फुले' से लिया गया है। इसमें महाराष्ट्र की जुझारू महिला शिक्षिका सावित्री बाई फुले के जीवन-चरित्र का चित्रण किया गया है।

हिंदी अनुवाद ऊपर निर्मित चित्र को देखिए। यह चित्र किसी पाठशाला का है। यह सामान्य पाठशाला नहीं है। यह महाराष्ट्र की प्रथम कन्या पाठशाला है। एक शिक्षिका घर से पुस्तकें लेकर चलती है। मार्ग में कोई उसके ऊपर धूल और कोई पत्थर के टुकड़ों को फेंकता है, किंतु वह अपने दृढ़ निश्चय से विचलित नहीं होती है। वह अपने विद्यालय में बालिकाओं के साथ प्रसन्नतापूर्वक बात करते हुए अध्यापन कार्य में संलग्न रहती है। उसका स्वयं का अध्ययन भी साथ-साथ ही चलता है। यह महिला कौन है? क्या तुम इस महिला को जानते हो? यह महाराष्ट्र की प्रथम महिला शिक्षिका सावित्री बाई फुले है।

2. जनवरी मासस्य तृतीये दिवसे 1831 तमे ख्रिस्ताब्दे महाराष्ट्रस्य नायगाँव-नाम्नि स्थाने सावित्री अजायत। तस्याः माता लक्ष्मीबाई पिता च खण्डोजी इति अभिहितौ। नववर्षदेशीया सा ज्योतिबा-फुले-महोदयेन परिणीता। सोऽपि तदानीं त्रयोदशवर्षकल्पः एव आसीत्। यतोहि सः स्त्रीशिक्षायाः प्रबलः समर्थकः आसीत् अतः सावित्र्याः मनसि स्थिता अध्ययनाभिलाषा उत्साहं प्राप्तवती। इतः परं सा साग्रहम् आङ्ग्लभाषाया अपि अध्ययनं कृतवती।

शब्दार्थाः अजायत = पैदा हुई, अभिहितौ = कहे गए हैं, नववर्षदेशीया = नौ वर्ष की आयु वाली, परिणीता = ब्याही गई, तदानीम् = उस समय, यतोहि = क्योंकि, उत्साहम् = उत्साहपूर्वक, साग्रहम् = आग्रहपूर्वक, आङ्ग्लयाषायाः = अंग्रेजी भाषा का, कृतवती = किया।

हिंदी अनुवाद तीन जनवरी सन् 1831 को महाराष्ट्र के नायगाँव नामक स्थान पर सावित्री का जन्म हुआ। उनकी माता का नाम लक्ष्मीबाई और पिता का नाम खंडोजी, है। नौ वर्ष की आयु में उनका

(सावित्री) विवाह ज्योतिबा फुले महोदय के साथ हुआ। वह भी उस समय तेरह वर्ष की आयु के ही थे, क्योंकि वह स्त्री-शिक्षा के प्रबल समर्थक थे, इसलिए सावित्री के मन में स्थित अध्ययन की अभिलाषा उत्साहित होने लगी। इसके बाद उसने आग्रहपूर्वक अंग्रेजी भाषा का भी अध्ययन किया।

3. 1848 तमे ख्रिस्ताब्दे पुणेनगरे सावित्री ज्योतिबा महोदयेन सह कन्यानां कृते प्रदेशस्य प्रथमं विद्यालयम् आरभत। तदानीं सा केवलं सप्तदशवर्षीया आसीत्। 1851 तमे ख्रिस्ताब्दे अस्पृश्यत्वात् तिरस्कृतस्य समुदायस्य बालिकानां कृते पृथक्तया तया अपरः विद्यालयः प्रारब्धः।

शब्दार्थाः आरभतः = आरंभ किया, सप्तदशवर्षीया = सत्रह वर्ष की आयु वाली, अस्पृशयत्वात् = छुआछूत के कारण, पृथक्तया = अलग से, अपरः = अन्य (दूसरा), प्रारब्धः = प्रारंभ किया।

हिंदी अनुवाद 1848 ई. में पूणे नगर में सावित्री ने ज्योतिबा महोदय के साथ कन्याओं के लिए प्रदेश का प्रथम विद्यालय आरंभ किया। उस समय वह केवल सत्रह वर्ष की आयु की थी। 1851 ई. में छुआ-छूत के कारण निम्न समुदाय की बालिकाओं के लिए उनके द्वारा अलग से दूसरा विद्यालय आरंभ किया गया।

4. सामाजिककुरीतीनां सावित्री मुखरं विरोधम् अकरोत्। विधवानां शिरोमुण्डनस्य निराकरणाय सा साक्षात् नापितैः मिलिता। फलतः केचन् नापिताः अस्यां रूढौ सहभागिताम् अत्यजन्। एकदा सावित्र्या मार्गे दृष्टं यत् कूपं निकषा शीर्णवस्त्रावृताः तथाकथिताः निम्नजातीयाः काश्चित् नार्यः जलं पातुं याचन्ते स्म। उच्चवर्गीयाः उपहासं कुर्वन्त्यः कूपात् जलोद्धरणम् अवारयन्। सावित्री एतत् अपमानं सोढुं नाशक्नोत्। सा ताः स्त्रियः निजक्षेत्रं नीतवती। तत्र तडागं दर्शयित्वा अकथयत् च यत् यथेष्टं जलं नयत। सार्वजनिकोऽयं तडागः। अस्मात् जलग्रहणे नास्ति जातिबन्धनम्। तया मनुष्याणां समानतायाः स्वतन्त्रतायाश्च पक्षः सर्वदा सर्वथा समर्थितः।

शब्दार्थाः मुखरं = प्रबलता से, निराकरणाय = दूर करने के लिए, नापितैः = नाइयों से, रूढौ = रूढ़ि में/रिवाज में, अत्यजन् = छोड़ दिया, एकदा = एक बार, दृष्टम् = देखा, कूपम् = कुएँ के, निकषा = निकट, शीर्णवस्त्रावृताः = फटे-पुराने वस्त्र पहने हुई, नार्यः = स्त्रियाँ, पातुम् = पीने के लिए, याचन्ते स्म = याचना कर रही थीं, जलोद्धरणम् = जल निकालना, अवारयन् = मना कर दिया, सोढुम् = सहन करने में, नाशक्नोत् = समर्थ नहीं हुई, नीतवती = ले गई, तडागम् = तालाब को, दर्शयित्वा = दिखलाकर।

हिंदी अनुवाद सामाजिक कुरीतियों का सावित्री ने प्रबलता से विरोध किया। विधवाओं के शिर-मुंडन की प्रथा को दूर करने के लिए वह नाइयों से मिली। फलस्वरूप कुछ नाइयों ने इस रिवाज में साथ देना छोड़ दिया। एक बार सावित्री ने मार्ग में देखा कि कुएँ के निकट फटे-पुराने वस्त्र पहने हुई तथाकथित निम्न जाति की कुछ स्त्रियाँ जल पीने के लिए याचना कर रही थीं। परंतु उच्च वर्ग के लोग उपहास करते हुए कुएँ से जल निकालने के लिए मना कर रहे थे। सावित्री इस अपमान को सहन न कर सकीं। वह उन स्त्रियों को अपने घर ले गई और तालाब दिखाकर बोली कि इच्छानुसार जल ले जाओ। यह तालाब सार्वजनिक है। इससे जल ग्रहण करने में जाति का बंधन नहीं है। उनके द्वारा (सावित्री बाई) मनुष्यों की समानता और स्वतंत्रता के पक्ष का हमेशा सभी प्रकार से समर्थन किया गया।

5. 'महिला सेवामण्डल', 'शिशुहत्याप्रतिबन्धकगृहम्' इत्यादीनां संस्थानां स्थापनायां फुलेदम्पत्योः अवदानं महत्त्वपूर्णम्। सत्यशोधकमण्डलस्य गतिविधिषु अपि सावित्री अतीव सक्रिया आसीत्। अस्य मण्डलस्य उद्देश्यम् आसीत् उत्पीडितानां समुदायानां स्वाधिकारान् प्रति जागरणम् इति।

शब्दार्थाः अवदानम् = योगदान, अतीव = अत्यधिक, गतिविधिषु = गतिविधियों में उत्पीडतानाम् = सताए गए का, स्वाधिकारान् प्रति = अपने अधिकारों के प्रति।

हिंदी अनुवाद 'महिला सेवामंडल', 'शिशुहत्या प्रतिबंधक गृह' इत्यादि संस्थाओं की स्थापना में फुले दंपत्ती का योगदान महत्त्वपूर्ण है। सत्यशोधक मंडल की गतिविधियों में भी सावित्री अत्यधिक सक्रिय थीं। इस मंडल का उद्देश्य—सताए गए समुदायों को उनके अधिकारों के प्रति जगाना (जागृत करना) था।

6. सावित्री अनेकाः संस्थाः प्रशासनकौशलेन सञ्चालितवती। दुर्भिक्षकाले प्लेग-काले च सा पीड़ितजनानाम् अश्रान्तम् अविरतं च सेवाम् अकरोत्। सहायता-सामग्री-व्यवस्थायै सर्वथा प्रयासम् अकरोत्। महारोगप्रसारकाले सेवारता सा स्वयम् असाध्यरोगेण ग्रस्ताः 1897 तमे ख्रिस्ताब्दे दिवङ्गता।

शब्दार्थाः दुर्भिक्षकाले = अकाल के समय, प्लेग-काले = प्लेग (रोग) के समय, अश्रान्तम् = बिना थके हुए, अविरतम् = लगातार, महारोगप्रसारकाले = महामारी फैलने के समय में।

हिंदी अनुवाद सावित्री ने अनेक संस्थाओं का प्रशासनिक कौशल से संचालन किया। अकाल के समय और प्लेग के समय उन्होंने पीड़ित लोगों की बिना थके हुए और लगातार (निरंतर) सेवा की। सहायता सामग्री की व्यवस्था करने के लिए सभी प्रकार से प्रयास किए। महामारी फैलने के समय सेवा करते हुए स्वयं वह असाध्य रोग से पीड़ित होकर सन् 1897 में मृत्यु को प्राप्त हो गई।

7. साहित्यरचनया अपि सावित्री महीयते। तस्याः काव्यसङ्कलनद्वयं वर्तते 'काव्यफुले' 'सुबोधरत्नाकर' चेति। भारतदेशे महिलोत्थानस्य गहनाव बोधाय सावित्रीमहोदयायाः जीवनचरितम् अवश्यम् अध्येतव्यम्।

शब्दार्थाः महीयते = बढ़-चढ़कर है, गहनावबोधाय = गहराई से समझने के लिए, अध्येतव्यम् = अध्ययन करने योग्य है।

हिंदी अनुवाद साहित्य रचना में भी सावित्री बढ़-चढ़कर हैं। उसके दो काव्यसंकलन हैं—'काव्यफुले' और 'सुबोधरत्नाकर'। भारत देश में महिला-उत्थान को गहराई से समझने के लिए सावित्री महोदया के जीवन-चरित्र का भी अवश्य अध्ययन करना चाहिए।

NCERT फोल्डर: पाठ्य-पुस्तक रुचिरा भाग-3 के प्रश्नोत्तर

प्र.1 अधोलिखितानां प्रश्नानाम् उत्तराणि एकपदेन लिखत।
(निम्नलिखित प्रश्नों के उत्तर एक पद में लिखिए।)

(i) कीदृशीनां कुरीतीनां सावित्री मुखरं विरोधम् अकरोत्?
(ii) के कूपात् जलोद्धरणम् अवारयन्?
(iii) का स्वदृढनिश्चयात् न विचलति?
(iv) विधवानां शिरोमुण्डनस्य निराकरणाय सा कैः मिलिता?
(v) सा कासां कृते प्रदेशस्य प्रथमं विद्यालयम् आरभत?

उत्तराणि

(i) सामाजिककुरीतीनाम्
(ii) उच्चवर्गीयाः
(iii) सावित्री बाई फुले
(iv) नापितैः
(v) कन्यानाम्

प्र.2 अधोलिखितानां प्रश्नानाम् उत्तराणि पूर्णवाक्येन लिखत।
(निम्नलिखित प्रश्नों के उत्तर पूर्णवाक्य में लिखिए।)

(i) किं किं सहमाना सावित्रीबाई स्वदृढनिश्चयात् न विचलति?
(ii) सावित्रीबाईफुलेमहोदयायाः पित्रोः नाम किमासीत्?
(iii) विवाहानन्तरमपि सावित्र्याः मनसि अध्ययनाभिलाषा कथम् उत्साहं प्राप्तवती?
(iv) जलं पातुं निवार्यमाणाः नारीः सा कुत्र नीतवती किञ्चाकथयत्?
(v) कासां संस्थानां स्थापनायां फुलेदम्पत्योः अवदानं महत्त्वपूर्णम्?
(vi) सत्यशोधकमण्डलस्य उद्देश्यं किमासीत्?
(vii) तस्याः द्वयोः काव्यसङ्कलनयोः नामनी के?

उत्तराणि

(i) सावित्री बाई स्व उपरि धूलिं प्रस्तरखण्डान् च सहमाना स्वदृढनिश्चयात् न विचलति।
(ii) सावित्रीबाईफुलेमहोदयायाः मातुः नाम लक्ष्मीबाई पितुः नाम खंडोजी आस्ताम्।
(iii) विवाहानन्तरमपि सावित्र्याः मनसि अध्ययनाभिलाषा स्वपत्युः प्रत्यनेन उत्साहं प्राप्तवती।
(iv) जलं पातुं निवार्यमाणाः नारीः सा स्वगृहं नीतवती तथा यथेष्टं जलं नयत इति कथयति।
(v) 'महिला सेवामण्डल' 'शिशु हत्या प्रतिबन्धक गृह' इत्यादीनां संस्थानां स्थापनायां फुलेदम्पत्योः अवदानं महत्त्वपूर्णम् आसीत्।
(vi) उत्पीड़ितानां समुदायानां स्वाधिकारान् प्रति जागरणम् इति सत्यशोधक मण्डलस्य उद्देश्यम् आसीत्।
(vii) 'काव्यफुले' 'सुबोधरत्नाकर' इति तस्याः द्वयोः काव्यसंङ्कलन स्तः।

प्र.3 रेखाङ्कितपदानि अधिकृत्य प्रश्ननिर्माणं कुरुत।
(रेखांकित पदों के आधार पर प्रश्न निर्माण कीजिए।)

(i) सावित्रीबाई, <u>कन्याभिः</u> सविनोदम् आलपन्ती अध्यापने संलग्ना भवति स्म।
(ii) सा <u>महाराष्ट्रस्य</u> प्रथमा महिला शिक्षिका आसीत्।
(iii) सा स्वपतिना सह <u>कन्यानां</u> कृते प्रदेशस्य प्रथमं विद्यालयम् आरभत।
(iv) तया <u>मनुष्याणां</u> समानतायाः स्वतन्त्रतायाश्च पक्षः सर्वदा समर्थितः।
(v) साहित्यरचनया अपि <u>सावित्री</u> महीयते।

उत्तराणि

(i) सावित्रीबाई, <u>काभिः</u> सविनोदम् आलपन्ती अध्यापने संलग्ना भवति स्म?
(ii) सा <u>कस्य</u> प्रथमा महिला शिक्षिका आसीत्?
(iii) सा स्वपतिना सह <u>कासां</u> कृते प्रदेशस्य प्रथमं विद्यालयम् आरभत्?
(iv) तया <u>केषां</u> समानतायाः स्वतन्त्रतायाश्च पक्षः सर्वदा समर्थितः?
(v) साहित्यरचनया अपि <u>का</u> महीयते?

प्र.4 अधोलिखितानां प्रश्नानाम् उत्तराणि निर्देशानुसारम् लिखत।
(निम्नलिखित प्रश्नों के उत्तर निर्देशानुसार लिखिए।)

(i) इदं चित्रं पाठशालायाः वर्तते-अत्र 'वर्तते' इति क्रियापदस्य कर्तृपदं किम्?
(ii) तस्याः स्वकीयम् अध्ययनमपि सहैव प्रचलति-अस्मिन् वाक्ये विशेष्यपदं किम्?
(iii) अपि यूयमिमां महिलां जानीथ-अस्मिन् वाक्ये 'यूयम्' इति पदं केभ्यः प्रयुक्तम्?
(iv) सा ताः स्त्रियः निजगृहं नीतवती – अस्मिन् वाक्ये 'सा' इति सर्वनामपदं कस्यै प्रयुक्तम्?
(v) शीर्णवस्त्रावृताः तथाकथिताः निम्नजातीयाः काश्चित् नार्यः जलं पातुं याचन्ते स्म – अत्र 'नार्यः' इति पदस्य विशेषणपदानि कति सन्ति, कानि च इति लिखत?

उत्तराणि

(i) चित्रम्
(ii) अध्ययनम्
(iii) छात्रेभ्यः
(iv) सावित्री बाई महोदयायैः
(v) अत्र नार्यः पदस्य चत्वारि विशेषणानि सन्ति-शीर्णवस्त्रावृताः तथाकथिताः निम्नजातीयाः, कश्चित्

प्र.5 अधोलिखितानि पदानि आधृत्य वाक्यानि रचयत।
(निम्नलिखित पदों के आधार पर वाक्यों की रचना कीजिए।)

(i) स्वकीयम् – ....
(ii) सविनोदम् – ....
(iii) सक्रिया – ....
(iv) प्रदेशस्य – ....
(v) मुखरम् – ....
(vi) सर्वथा – ....

उत्तराणि

(i) स्वकीयं — स्वकीयं भोजनं खादतु।
(ii) सविनोदम् — बालिका सविनोदं नृत्यति।
(iii) सक्रिया — रमा नीतिशास्त्रे सक्रिया आसीत्।
(iv) प्रदेशस्य — राजस्थान प्रदेशस्य राज्य पशु उष्ट्र: अस्ति।
(v) मुखरम् — सा समाजे मुखरं कार्यम् कृतवती।
(vi) सर्वथा — मातृभूमि रक्षायै लक्ष्मी सर्वथा समर्पिता आसीत्।

प्र.6 (क) अधोलिखितानि पदानि आधृत्य वाक्यानि रचयत।
(निम्नलिखित पदों के आधार पर वाक्यों की रचना कीजिए।)

(*i*) उपरि — ....
(ii) आदानम् — ....
(iii) परकीयम् — ....
(iv) विषमता — ....
(v) व्यक्तिगतम् — ....
(vi) आरोह: — ....

उत्तराणि

(i) उपरि — भवनस्य उपरि कपोत: तिष्ठति।
(ii) आदानम् — वस्तूनां आदानं-प्रदान करणीयम्।
(iii) परकीयम् — इदं परकीयं धनम् अस्ति।
(iv) विषमता — अध्ययने विषमता न भवेत्।
(v) व्यक्तिगतम् — मम व्यक्तिगतं कर्त्तव्यम् अस्ति।
(vi) आरोह: — सावधानतया अश्वे आरोह: कर्त्तव्यम्।

(ख) अधोलिखितानां पदानां समानार्थकपदानि पाठात् चित्वा लिखत्।
(निम्नलिखित पदों के समानार्थक पद नीचे दिए गए पदों में से चुनकर लिखिए।)

(i) शिक्षणे — ....
(ii) पथि — ....
(iii) हृदये — ....
(iv) इच्छानुसारम् — ....
(v) योगदानम् — ....
(vi) निरन्तरम् — ....

• मञ्जूषा मार्गे, अविरतम, अध्यापने, अवदानम्, यथेष्टम्, मनसि।

उत्तराणि

(i) शिक्षणे — अध्यापने
(ii) पथि — मार्गे
(iii) हृदये — मनसि
(iv) इच्छानुसारम् — यथेष्टम्
(v) योगदानम् — अवदानम्
(vi) निरन्तरम् — अविरतम्

प्र.7 (क) अधोलिखितानां पदानां लिङ्ग, विभक्ति, वचनं च लिखत।
(निम्नलिखित पदों के लिंग, विभक्ति और वचन लिखिए।)

पदानि		लिङ्गम्	विभक्तिः	वचनम्
(i) धूलिम्	-	......	......	......
(ii) नाम्नि	-	......	......	......
(iii) अपर:	-	......	......	......
(iv) कन्यानाम्	-	......	......	......
(v) सहभागिता	-	......	......	......
(vi) नापितै:	-	......	......	......

उत्तराणि

पदानि	लिङ्गम्	विभक्तिः	वचनम्
(i) धूलिम्	स्त्री	द्वितीया	एकवचनम्
(ii) नाम्नि	नपु.	सप्तमी	एकवचनम्
(iii) अपर:	पु.	प्रथमा	एकवचनम्
(iv) कन्यानाम्	स्त्री.	षष्ठी	बहुवचनम्
(v) सहभागिता	स्त्री.	प्रथमा	एकवचनम्
(vi) नापितै:	पु.	तृतीया	बहुवचनम्

(ख) उदाहरणमनुसृत्य निर्देशानुसारं लकारपरिवर्तनं कुरुत।
(उदाहरण के आधार पर निर्देशानुसार लकार परिवर्तन कीजिए।)

यथा – सा शिक्षिका अस्ति। (लङ्लकार:) सा शिक्षिका आसीत्।

(i) सा अध्यापने संलग्ना भवति। (लृटलकार:)
(ii) स: त्रयोदशवर्षकल्प: अस्ति। (लङ्लकार:)
(iii) महिला: तडागात् जलं नयन्ति। (लोट्लकार:)
(iv) वयं प्रतिदिनं पाठं पठाम:। (विधिलिङ्ग:)
(v) यूयं किं विद्यालयं गच्छथ? (लृटलकार:)
(vi) ते बालका: विद्यालयात् गृहं गच्छन्ति। (लङ्लकार:)

उत्तराणि

(i) सा अध्यापने संलग्ना भविष्यति।
(ii) स: त्रयोदशवर्षकल्प: आसीत्।
(iii) महिला: तड़ागात् जलं नयन्तु।
(iv) वयं प्रतिदिनं पाठं पठेम।
(v) किं यूयं विद्यालयं गमिष्यथ?
(vi) ते बालका: विद्यालयात् गृहम् अगच्छन्।

अभ्यास प्रश्ना:

पाठ्य-पुस्तक रुचिरा भाग-3 के प्रश्नोत्तर

भाग I

बहुविकल्पीय प्रश्ना:

1. (क) प्रदत्तविकल्पेभ्यः उचितं पदं चित्वा रिक्तस्थानानि पूरयत। (दिए गए विकल्पों में से उचित पद चुनकर रिक्त स्थानों को पूरा कीजिए।)

(i) मार्गे तस्याः उपरि धूलिं प्रस्तरखण्डान् ....।
(अ) क्षिपति (ब) भवति
(स) अस्ति (द) वर्तते

(ii) सः स्त्रीशिक्षायाः .... समर्थकः आसीत्।
(अ) दुर्बलः (ब) प्रबलः
(स) सबलः (द) निर्बलः

(iii) सा साग्रहम् आङ्ग्लभाषाया अपि .... कृतवती।
(अ) अध्यापनं (ब) पाठनम्
(स) अध्ययनं (द) क्रीडनं

(iv) तस्याः स्वकीयम् अध्ययनम् अपि .... प्रचलति।
(अ) सहैव (ब) नैव
(स) न (द) कदापि

उत्तराणि

(i) (अ) क्षिपति (ii) (ब) प्रबलः
(iii) (स) अध्ययनं (iv) (अ) सहैव

(ख) अधोलिखितानां रेखाङ्कितपदानां आधृत्य प्रश्नवाचक पदं चित्वा लिखत। (निम्नलिखित रेखांकित पदों के आधार पर प्रश्नवाचक पद चुनकर लिखिए।)

(i) सावित्री <u>ज्योतिबामहोदयेन</u> सह परिणीता।
(अ) किम् (ब) केन (स) कः (द) कानि

(ii) <u>ज्योतिबा महोदयः</u> स्त्री शिक्षायाः प्रबलः समर्थकः आसीत्।
(अ) कः (ब) के (स) किम् (द) कस्य

(iii) साहित्यरचनाया अपि <u>सावित्री</u> महीयते।
(अ) कयोः (ब) कस्मिन् (स) का (द) कानि

(iv) सावित्री <u>असाध्य रोगेण</u> पीडिताः आसीत्।
(अ) कया (ब) का (स) कः (द) केन

(v) सा <u>प्रदेशस्य</u> प्रथमं विद्यालयम् आरभत्।
(अ) कस्य (ब) का (स) के (द) कम्

उत्तराणि

(i) (ब) केन (ii) (अ) कः
(iii) (स) का (iv) (द) केन
(v) (अ) कस्य

प्रश्ननिर्माणं

2. उचितं विकल्प प्रयुज्य प्रश्न निर्माणम् कुरुत।

(i) इयमेव <u>महाराष्ट्रस्य</u> प्रथमा महिला शिक्षिका सावित्री बाई फुले नामधेया। (कः, कस्य, कस्या)

(ii) सावित्र्याः मनसि स्थिता अध्ययनभिलाषा उत्साहं प्राप्तवती। (कस्मै, कस्मिन्, कस्य)

(iii) सामाजिक कुरीतीनां सावित्री मुखरं विरोधम् अकरोत्। (केषाम्, कासाम्, कस्याम्)

(iv) सावित्री निम्नजातीयाः स्त्रियः <u>निजक्षेत्रं</u> नीतवती। (कदा, कुत्र, कीदृशम्)

(v) सावित्री अनेकाः संस्थाः प्रशासन कौशलेन सञ्चालितवती। (काः, के, केषाम्)

उत्तराणि

(i) कस्य (ii) कस्मिन्
(iii) कासाम् (iv) कुत्र
(v) काः

रिक्तस्थानं पूर्ति

3. कोष्ठकेषु प्रदत्तविकल्पेभ्यः उचित पदं चित्वा रिक्तस्थानानि पूरयत। (कोष्ठक में दिए गए विकल्पों में से उचित शब्द चुनकर रिक्त स्थानों की पूर्ति कीजिए।)

(i) उपरि निर्मितं .... पश्यत। (चित्रं/चित्रे/चित्रा)

(ii) इयमस्ति महाराष्ट्रस्य .... कन्या पाठशाला। (द्वितीया/प्रथमा/तृतीया)

(iii) परं .... स्वदृढनिश्चयात् न विचलति। (सा/ते/ताः)

(iv) सः स्त्रीशिक्षयाः प्रबलः समर्थकः .... । (आसीत्/आस्ताम्/आसन्)

(v) एकदा मार्गे सा एकं ....दृष्टम्। (कूपे/कूपं/कूपानि)

(vi) सावित्री ....अपमानं सोढुं नाशक्नोत। (एतत्/एते/एतनि)

(vii) सा आङ्ग्लभाषाया अध्ययनम् .... कृतवती। (अपि/एव/सर्वतः)

(viii) साहित्यरचनाया .... महीयते। (सावित्री/ज्योतिबा/सः)

(ix) अस्मात् जलग्रहणे .... जातिबन्धनम्। (नास्ति/अस्ति/अस्मि)

(x) सा .... स्त्रियः निजक्षेत्रं नीतवती। (ताः/तानि/सा)

उत्तराणि

(i) चित्रं	(ii) प्रथमा
(iii) सा	(iv) आसीत्
(v) कूपं	(vi) एतत्
(vii) अपि	(viii) सावित्री
(ix) नास्ति	(x) ताः

सत्यं/असत्यं

4. अधोलिखितेषु वाक्येषु अशुद्धवाक्यानां समक्षं (न)शुद्धवाक्यानां च समक्षं (आम्) इति लिखत।
(निम्नलिखित वाक्यों में अशुद्ध वाक्यों के सामने (न) तथा शुद्ध वाक्यों के सामने (आम्) लिखिए।)

(i) सावित्र्याः जन्म फरवरी मासे अभवत्।
(ii) सावित्री पुस्तकानि आदाय गृहात् चलति।
(iii) सावित्री महाराष्ट्रस्य द्वितीया महिला शिक्षिका आसीत्।
(iv) तस्याः माता लक्ष्मीबाई पिता च खण्डोजी अभिहितौ।
(v) विवाह समये सावित्र्याः आयु पञ्चदशवर्षीया आसीत्।
(vi) सावित्री साग्रहम् आङ्ग्लभाषाया अध्ययनं कृतवती।

उत्तराणि

(i) न	(ii) आम्
(iii) न	(iv) आम्
(v) न	(vi) आम्

मेलनं कुर्वन्तु

5. (क) अधोलिखितानि विलोमपदानि परस्परं मेलयत।
(निम्नलिखित विलोमपदों का आपस में मिलान कीजिए।)

खंड (अ)	खंड (ब)
(क) स्वकीयम्	(i) विपक्षः
(ख) सामान्या	(ii) परतन्त्रतायाः
(ग) सम्मानम्	(iii) समर्थनम्
(घ) विरोधम्	(iv) अपमानम्
(ङ) स्वतन्त्रतायाः	(v) असामान्या
(च) पक्षः	(vi) परकीयम्

उत्तराणि

खंड (अ)	खंड (ब)
(क) स्वकीयम्	(vi) परकीयम्
(ख) सामान्या	(v) असामान्या
(ग) सम्मानम्	(iv) अपमानम्
(घ) विरोधम्	(iii) समर्थनम्
(ङ) स्वतन्त्रतायाः	(ii) परतन्त्रतायाः
(च) पक्षः	(i) विपक्षः

(ख) अधोलिखितानां शब्दानां समक्षं प्रदत्तैः अर्थः सह मेलनम् कुरुत।
(निम्नलिखित शब्दों के समक्ष दिए गए अर्थों का आपस में मिलान कीजिए।)

शब्दाः	अर्थाः
(क) निकषा	(i) प्रताडितानाम्
(ख) निधनम्	(ii) परम्परायाम्
(ग) प्रारब्धः	(iii) गृहीत्वा
(घ) परिणीता	(iv) पठितव्यम्
(ङ) अध्येतव्यम्	(v) विवाहिता
(च) आदाय	(vi) समारब्धः
(छ) रूढौ	(vii) मृत्युम्
(ज) उत्पीडितानाम्	(viii) समीपे

उत्तराणि

शब्दाः	अर्थाः
(क) निकषा	(viii) समीपे
(ख) निधनम्	(vii) मृत्युम्
(ग) प्रारब्धः	(vi) समारब्धः
(घ) परिणीता	(v) विवाहिता
(ङ) अध्येतव्यम्	(iv) पठितव्यम्
(च) आदाय	(iii) गृहीत्वा
(छ) रूढौ	(ii) परम्परायाम्
(ज) उत्पीडितानाम्	(i) प्रताडितानाम्

भाग II

पठित अवबोधनम्

1. अधोलिखितानां गद्यांशानां पठित्वा एतदाधारित प्रश्नानाम् उत्तराणि लिखत। (निम्नलिखित गद्यांशों को पढ़कर इन पर आधारित प्रश्नों के उत्तर लिखिए।)

(क) जनवरी मासस्य तृतीये दिवसे 1831 तमे ख्रिस्ताब्दे महाराष्ट्रस्य नायगाँव-नाम्नि स्थाने सावित्री अजायत। तस्याः माता लक्ष्मीबाई पिता च खण्डोजी इति अभिहितौ। नववर्षदेशीया सा ज्योतिबा-फुले-महोदयेन परिणीता। सोऽपि तदानीं त्रयोदशवर्षकल्पः एव आसीत्। यतोहि सः स्त्रीशिक्षायाः प्रबलः समर्थकः आसीत् अतः सावित्र्याः मनसि स्थिता अध्ययनाभिलाषा उत्साहं प्राप्तवती। इतःपरं सा साग्रहम् आङ्ग्लभाषाया अपि अध्ययनं कृतवती।

I. अधोलिखितानां प्रश्नानाम् उत्तराणि एकपदेन लिखत।
(निम्नलिखित प्रश्नों के उत्तर एक पद में लिखिए।)
(i) सावित्र्याः मातुः नाम किमासीत्?
(ii) ज्योतिबा फुले कस्य प्रबलः समर्थकः आसीत्?

(iii) सावित्र्याः मनसि स्थिता का उत्साहं प्राप्तवती?
(iv) सावित्री कस्मिन रिव्रताब्दे अजायत्।

II. अधोलिखितानां प्रश्नानाम् उत्तराणि पूर्णवाक्येन लिखत। (निम्नलिखित प्रश्नों के उत्तर पूर्णवाक्य में लिखिए।)
(i) कस्मिन् स्थाने सावित्री अजायत?
(ii) सावित्री केन परिणीता?

III. निर्देशानुसारम् लिखत! (निर्देशानुसार उत्तर लिखिए)
(i) समर्थकः आसीत् इत्यस्मिन् वाक्ये कर्तृपदं किम्?
(ii) 'विवाहम् अकरोत्' इत्यर्थे गद्यांशे किः पदं प्रयुक्तम्?

IV. अधोलिखितानां प्रश्नानाम् उत्तराणि प्रदत्तविकल्पेभ्यः चित्वा लिखत। (निम्नलिखित प्रश्नों के उत्तर दिए गए विकल्पों में से चुनकर लिखिए।)
(i) 'मासस्य' अत्र का विभक्तिः?
(अ) पञ्चमी (ब) चतुर्थी
(स) षष्ठी (द) सप्तमी
(ii) 'क्षीणः' इति पदस्य विलोमपदं गद्यांशे किम्?
(अ) प्रबलः (ब) दुर्बलः (स) स्थाने (द) अतः
(iii) 'आसीत्' अत्र कः लकारः?
(अ) लट् (ब) लङ (स) लोट् (द) लृट्
(iv) सावित्र्याः जन्म कस्मिन् मासे अभवत्?
(अ) जनवरी (ब) फरवरी
(स) नवम्बर (द) दिसम्बर
(v) सा साग्रहम् कस्याः भाषायाः अपि अध्ययनं अकरोत्?
(अ) हिंदी भाषायाः (ब) संस्कृत भाषायाः
(स) आङ्ग्ल भाषायाः (द) जर्मन भाषायाः

उत्तराणि

I. (i) लक्ष्मीबाई (ii) स्त्रीशिक्षायाः
(iii) अध्ययनाभिलाषा (iv) 1831 तमे

II. (i) महाराष्ट्रस्य नायगाँव-नाम्नि स्थाने सावित्री अजायत।
(ii) सावित्री ज्योतिबा फुले महोदयेन परिणीता।

III. (i) सः (ii) परिणीता

IV. (i) (स) षष्ठी (ii) (अ) प्रबलः
(iii) (ब) लङ् (iv) (अ) जनवरी
(v) (स) आङ्ग्ल भाषायाः

(ख) एकदा सावित्र्याः मार्गे दृष्टं यत् कूपं निकषा शीर्णवस्त्रावृताः तथाकथिताः निम्नजातीयाः काश्चित् नार्यः जलं पातुं याचन्ते स्म। उच्चवर्गीयाः उपहासं कुर्वन्त्यः कूपात् जलोद्धरणम् अवारयन्। सावित्री एतत् अपमानं सोढुं नाशक्नोत्। सा ताः स्त्रियः निजक्षेत्रं नीतवती तत्र। तडागं दर्शयित्वा अकथयत् च यत् यथेष्टं जलं नयत। सार्वजनिकोऽयं तडागः। अस्मात् जलग्रहणे नास्ति जातिबन्धनम्। तया मनुष्याणां समानतयाः स्वतन्त्रतायाश्च पक्षः सर्वदा सर्वथा समर्थितः।

I. अधोलिखितानां प्रश्नानाम् उत्तराणि एकपदेन लिखत। (निम्नलिखित प्रश्नों के उत्तर एक पद में लिखिए।)
(i) काश्चित् नार्यः किम् याचन्ते स्म?
(ii) अस्मात् तड़ागात् जलग्रहणे किम् नास्ति?
(iii) तडागः कीदृशः आसीत्?
(iv) सावित्री निम्न जातीयाः स्त्रियः कुत्र अनयत्?

II. अधोलिखितानां प्रश्नानाम् उत्तराणि पूर्णवाक्येन लिखत। (निम्नलिखित प्रश्नों के उत्तर पूर्णवाक्य में लिखिए।)
(i) के उपहासं कुर्वन्तः कूपात् जलोद्धरणम् अवारयन्?
(ii) सावित्री किम् सोढुं नाशक्नोत्?

III. अधोलिखितानां प्रश्नानाम् उत्तराणि निर्देशानुसारम् लिखत्। (निम्नलिखित प्रश्नों के उत्तर निर्देशानुसार लिखिए।)
(i) 'मार्गे' इत्यस्मिन् पदे का विभक्तिः?
(ii) 'सार्वजनिकाऽयं' पदस्य संधिविच्छेद कुरुत।

IV. अधोलिखितानां प्रश्नानाम् उत्तराणि प्रदत्तविकल्पेभ्यः चित्वा लिखत। (निम्नलिखित प्रश्नों के उत्तर दिए गए विकल्पों में से चुनकर लिखिए।)
(i) 'पातुं' अत्र कः प्रत्ययः?
(अ) तुमुन् (ब) क्त्वा
(स) ल्यप् (द) अनीयद्
(ii) 'निम्नवर्गीयाः' इत्यस्य विलोमपदं गद्यांशे किं प्रयुक्तम्?
(अ) उच्चवर्गीयाः (ब) सा
(स) उपहासं (द) नार्यः
(iii) 'स्वगृहं' इति पदस्य पर्यायपदं गद्यांशे किम्?
(अ) सर्वथा (ब) निजगृहं
(स) तया (द) सर्वदा
(iv) सावित्री मार्गे कीदृशी नार्यः अपश्यत्?
(अ) संभ्रान्त (ब) शीर्णवस्त्रावृत्ता
(स) उच्च जातीयाः (द) सामान्य जातीयाः
(v) सावित्री निम्न जातीयाः स्त्रियः स्व क्षेत्रं आनीय किम् अदर्शयत्?
(अ) कूपम् (ब) नदीम्
(स) तड़गम् (द) स्वगृहम्

उत्तराणि

I. (i) जलंपातुम् (ii) जातिबन्धनम्
(iii) सार्वजनिकम् (iv) निज क्षेत्रम्

II. (i) उच्चवर्गीयाः उपहासं कुर्वन्तः कूपात् जलोद्धरणम् अवारयन्।
(ii) सावित्री स्त्रीणाम् अपमानं सोढुं नाशक्नोत्।

III. (i) सप्तमी (ii) सार्वजनिक + अयं

IV. (i) (अ) तुमुन् (ii) (अ) उच्चवर्गीयाः
(iii) (ब) निजगृहं (iv) (ब) शीर्णवस्त्रावृत्ता
(v) (स) तड़गम्

रिक्तस्थानं पूर्ति

2. अधोलिखित कथांशे मञ्जूषायाः सहायतया रिक्तस्थानानि पूरयत। (निम्नलिखित कथांश में मञ्जूषा की सहायता से रिक्त स्थानों की पूर्ति कीजिए।)

इदं (i) ······ कस्याश्चित् (ii) ······ वर्तते। इयं (iii) ········· पाठशाला नास्ति। इयमस्ति महाराष्ट्रस्य (iv) ········· कन्यापाठशाला।

एका (v) ········· गृहात् (vi) ········· आदाय चलति। (vii) ········· कश्चित् तस्याः (viii) ········· धूलिं कश्चित् च (ix) ········· क्षिपति। परं सा स्वदृढ़निश्चयात् न (x) ·········।

- मञ्जूषा विचलति, प्रस्तरखण्डान्, उपरि, मार्गे, पुस्तकानि, शिक्षिका, प्रथमा, सामान्या, पाठशालायाः, चित्रं।

उत्तराणि

(i) चित्रं	(ii) पाठशालायाः
(iii) सामान्या	(iv) प्रथमा
(v) शिक्षिका	(vi) पुस्तकानि
(vii) मार्गे	(viii) उपरि
(ix) प्रस्तरखण्डान्	(x) विचलति

वाक्य प्रयोगः

3. अधोलिखितानां पदानां वाक्येषु प्रयोगं कुरुत।
(निम्नलिखित शब्दों का वाक्यों में प्रयोग कीजिए।)

(i) गृहात्	(ii) सा
(iii) मार्गे	(iv) आसीत्
(v) अपि	(vi) पातुम्
(vii) निकषा	(viii) उपहासं

उत्तराणि

(i) गृहात् — बालकः गृहात् विद्यालयं गच्छति।
(ii) सा — सा बालिका भोजनं पचति।
(iii) मार्गे — बालकाः मार्गे परस्परं वार्तालापं कुर्वन्ति।
(iv) आसीत् — सः स्त्रीशिक्षायाः प्रबलः समर्थकः आसीत्।
(v) अपि — अहमपि गृहं गच्छामि।
(vi) पातुम् — अहं जल पातुम् इच्छामि।
(vii) निकषा — गृहं निकषा सरोवरम् अस्ति।
(viii) उपहासं — बालकाः उपहासं कुर्वन्ति।

घटनाक्रमेण प्रश्नाः

4. अधोलिखितानां वाक्यानां कथाक्रमानुसारं पुनः लेखनीयानि।
(निम्नलिखित वाक्यों को कथाक्रमानुसार पुनः लिखिए।)

(i) सा अध्यापने संलग्ना भवति।
(ii) एका शिक्षिका गृहात् पुस्तकानि आदाय चलति।
(iii) इयमेव महाराष्ट्रस्य प्रथमा महिला शिक्षिका सवित्रीबाई नामधेया।
(iv) तस्याः स्वकीयम् अध्ययनम् सहैव प्रचलति।
(v) मार्गे कश्चित् तस्याः उपरि धूलिं कश्चित् च प्रस्तरखण्डान् क्षिपति।
(vi) केयं महिला?
(vii) परं सा स्वदृढ़निश्चयात् न विचलति।
(viii) अपि यूयमिमां महिलां जानीथ।

उत्तराणि

(i) एका शिक्षिका गृहात् पुस्तकानि आदाय चलति।
(ii) मार्गे कश्चित् तस्याः उपरि धूलिं कश्चित् च प्रस्तरखण्डान् क्षिपति।
(iii) परं सा स्वदृढ़निश्चयात् न विचलति।
(iv) सा अध्यापने संलग्ना भवति।
(v) तस्याः स्वकीयम् अध्ययनमपि सहैव प्रचलति।
(vi) केयं महिला?
(vii) अपि यूयमिमां महिलां जानीथ।
(viii) इयमेव महाराष्ट्रस्य प्रथमा महिला शिक्षिका सवित्री बाई फुले नामधेया।

अतिलघु उत्तरीयाः प्रश्नाः

1. सावित्री कुत्र कन्यानां कृते प्रदेशस्य प्रथम विद्यालयम् आरभत्।
2. सावित्री कासां मुखर विरोधम् अकरोत्?
3. सावित्री अनेकाः संस्थाः केन सञ्चालितवती।
4. 'महिला सेवामंडल' संस्थायाः स्थापनायाम् कयोः अवदान महत्त्वपूर्णम् आसीत्?

उत्तराणि

1. पुणे नगरे
2. सामाजिक कुरीतिनाम्
3. प्रशासन कौशलेन
4. फूले दम्पत्यौः

लघु उत्तरीयाः प्रश्नाः

1. कः स्त्री शिक्षायाः प्रबलः समर्थकः आसीत्?
2. कस्य निराकरणाय सावित्री नापितैः मिलिता?
3. सत्यशोधकमण्डलस्य गतिविधिषु का अतीव सक्रिया आसीत्?
4. दुर्भिक्ष काले सावित्री केषाम् अविरतम् सेवाम् अकरोत्?

उत्तराणि

1. ज्योतिबा-फुले-महोदयः स्त्री शिक्षायाः प्रबलः समर्थकः आसीत्।
2. विधवानां शिरोमुण्डस्य निराकरणायं सावित्री नापितै मिलिता।
3. सत्यशोधक मण्डलस्य गतिविधिषु सावित्री अतीव सक्रिया आसीत्।
4. दुर्भिक्ष काले सावित्री पीड़ित जनानाम् विरतम् सेवाम् अकरोत्।

दीर्घ उत्तरीयाः प्रश्नाः

1. पाठशालायाः मार्गे जनाः सावित्र्याः उपरि किम् अक्षिपत्?
2. सावित्र्याः पितरौ अभिधानम् किम् आसीत्?
3. सावित्री कदा किम् कारणात् च दिवङ्गता अभवत्?

उत्तराणि

1. पाठशालाया मार्गेः कश्चित् सावित्र्याः उपरि धूलि अक्षिपत् कश्चित् च प्रस्तर खण्डान् अक्षिपत्।
2. सावित्र्याः मातुः अभिधानम् लक्ष्मीबाई आसीत्। पितुः च अभिधानम खंडोजी आसीत्।
3. सावित्री महारोग प्रसार काले पीड़ित जनानाम् सेवारता स्वयं असाध्यरोगेण ग्रस्ता जाता/सा 1897 तमे ख्रिस्ताब्दे दिवङ्गता जाता।

कः रक्षति कः रक्षितः

(कौन किसकी रक्षा करता है।)

अध्याय **12**

पाठ का सार प्रस्तुत पाठ स्वच्छता तथा पर्यावरण सुधार को ध्यान में रखकर सरल संस्कृत में लिखा गया एक संवादात्मक पाठ है। हम अपने आस-पास के वातावरण को किस प्रकार स्वच्छ रखें तथा यह भी ध्यान रखें कि नदियों को प्रदूषित न करें, वृक्षो को न काटें, अपितु अधिकाधिक वृक्षारोपण करें और धरा को शस्यश्यामला बनाएँ। प्लास्टिक का प्रयोग कम करके पर्यावरण संरक्षण में योगदान दें। इन सभी बिंदुओं पर इस पाठ में चर्चा की गई है। पाठ का प्रारंभ कुछ मित्रों की बातचीत से होता है, जो सायंकाल में दिनभर की गर्मी से व्याकुल होकर घर से बाहर निकले हैं।

पाठ का हिंदी अनुवाद

1. (ग्रीष्मर्तौ सायंकाले विद्युदभावे प्रचण्डोष्मणा पीडितः वैभवः गृहात् निष्क्रामति)

वैभवः—अरे परमिन्दर्! अपि त्वमपि विद्युदभावेन पीडितः बहिरागतः?

परमिन्दर्—आम् मित्र! एकतः प्रचण्डातपकालः अन्यतश्च विद्युदभावः परं बहिरागत्यापि पश्यामि यत् वायुवेगः तु सर्वथाऽवरुद्धः। सत्यमेवोक्तम्

प्राणिति पवनेन जगत् सकलं, सृष्टिर्निखिला चैतन्यमयी।
क्षणमपि न जीव्यतेऽनेन विना, सर्वातिशायिमूल्यः पवनः।।

विनयः—अरे मित्र! शरीरात् न केवलं स्वेदबिन्दवः अपितु स्वेदधाराः इव प्रस्रवन्ति स्मृतिपथमायाति शुक्लमहोदयैः रचितः श्लोकः।

तप्तैर्वाताघातैरवितुं लोकान् नभसि मेघाः,
आरक्षिविभागजना इव समये नैव दृश्यन्ते।।

शब्दार्थाः ग्रीष्मर्तौ = गर्मी की ऋतु/मौसम, विद्युदभावे = बिजली के अभाव में, प्रचंड = तेज, ऊष्मणा = गर्मी से, गृहात् = घर से, निष्क्रामति = निकलता है, बहिरागतः = बाहर आ गए हो, आम् = हाँ, तपकालः = गर्मी का समय, अन्यतश्च = और दूसरा, वायुवेगः = हवा का झोंका, सर्वथा = पूर्णरूप से, अवरुद्धः = रुक गया है, सत्यमेवोक्तम् = सच ही कहा गया है, प्राणिति = साँस लेता है, जगत् = संसार, निखिला = संपूर्ण, चैतन्यमयी = चैतन्य से युक्त, जीव्यते = जीवित है, सर्वातिशायि = सबसे अधिक, स्वेदबिन्दवः = पसीने की बूँदें, प्रस्रवन्ति = बहती है, तप्तैः = गर्म, वाताघातैः = लू से, नभसि = आकाश में, मेघाः = बादल, आरक्षीविभागः = पुलिस विभाग, नैव = नहीं, दृश्यन्ते = दिखाई देते हैं।

संदर्भ प्रस्तुत नाट्यांश हमारी पाठ्य-पुस्तक रुचिरा भाग- 3 के द्वादश पाठ 'कः रक्षति कः रक्षितः' से लिया गया है। इसमें मित्रों के आपसी वार्तालाप के माध्यम से हमारे पर्यावरण को स्वच्छ रखने की महत्ता व इसके लिए किए जाने वाले उपायों को बताया गया है।

हिंदी अनुवाद गर्मी के मौसम में शाम के समय में बिजली न होने के कारण व तेज (अत्यधिक) गर्मी से परेशान होकर वैभव घर से बाहर निकलता है।

वैभव अरे परमिन्दर! क्या तुम भी बिजली न होने से पीड़ित होकर बाहर आ गए हो?

परमिन्दर हाँ मित्र! एक तो तेज गर्मी का समय है और दूसरा बिजली नहीं है, परंतु बाहर आकर देखता हूँ कि हवा की गति भी पूर्ण रूप से रुकी हुई है।

सत्य ही कहा गया है कि

संपूर्ण संसार हवा के द्वारा ही साँस ले रहा है तथा संपूर्ण पृथ्वी हवा से ही चेतनायुक्त है। इसके बिना क्षणभर भी जीवित नहीं रहा जा सकता। अतः हवा सर्वाधिक मूल्यवान है।

विनय अरे मित्र! शरीर से न केवल पसीने की बूँदें अपितु पसीने की धाराएँ बह रही हैं। शुक्लमहोदय द्वारा रचित एक श्लोक याद आ रहा है—

गर्म हवा (लू) से परेशान लोगों को आकाश में बादल उसी प्रकार नहीं दिखाई देते जिस प्रकार पुलिस विभाग के लोग समय पर दिखाई नहीं पड़ते हैं।

2. **परमिन्दर्**—आम् अद्य तु वस्तुतः एव
निदाघतापतप्तस्य, याति तालु हि शुष्कताम्।
पुंसो भयार्दितस्येव, स्वेदवज्जायते वपुः।।

जोसेफः—मित्राणि! यत्र-तत्र बहुभूमिकभवनानां, भूमिगतमार्गाणाम्, विशेषतः मैट्रोमार्गाणाम्, उपरिगामसेतुनाम् इत्यादीनां निर्माणाय वृक्षाः कर्त्यन्ते तर्हि अन्यत् किमपेक्ष्यते अस्माभिः? वयं तु विस्मृतवन्तः एव—

एकेन शुष्कवृक्षेण दह्यमानेन वह्निना।
दह्यते तद्वनं सर्व कुपुत्रेण कुलं यथा।।

परमिन्दर्—आम् एतदपि सर्वथा सत्यम्। आगच्छन्तु नदीतीरं गच्छामः। तत्र चेत् काञ्चित् शान्तिं प्राप्तुं शक्ष्येम्।

शब्दार्थाः अद्य = आज, वस्तुतः = वास्तव में,निदाघतापतप्तस्य = ग्रीष्म के ताप से दुःखी मनुष्य का, याति = प्राप्त होता है, हि = निश्चय ही, शुष्कताम् = सूखापन, पुंसो = मनुष्य का, भयार्दितस्येव = भयभीत, उपरिगामिसेतूनाम् = ऊर्ध्वगामी पुलों के, वपुः = शरीर, बहुभूमिक = बहुमंजिले, भूमिगतमार्गाणाम् = भूमि के नीचे मार्गों का, कर्त्यन्ते = काटे जाते हैं, तर्हि = तो, विस्मृतवन्तः = भूल गए, दह्यमानेन = जलाए जाते हुए, वह्निना = आग से, दह्यते = जलाया जाता है, चेत् = शायद, तद्वनम् = वह वन, शक्ष्येम = सकेंगे।

हिंदी अनुवाद

परमिन्दर् हाँ आज तो वास्तव में ही गर्मी के ताप से पीड़ित होकर मनुष्य का तालु सूख जाता है और भयभीत मनुष्य का शरीर पसीने से भीग जाता है।

जोसेफ मित्र! जहाँ-तहाँ बहुमंजिला भवनों के, भूमिगत मार्गों के, विशेष रूप से मेट्रोमार्गों के, ऊपर से गुजरने वाले पुलों आदि के निर्माण के लिए वृक्ष काटे जाते हैं, तो हमसे इससे अधिक दूसरी ओर क्या अपेक्षा की जाती है? यह तो हम सब भूल ही गए हैं—

एक सूखे वृक्ष के अग्नि में जलने से संपूर्ण वनक्षेत्र उसी प्रकार जल जाता है, जिस प्रकार एक कुपुत्र से संपूर्ण वंश नष्ट हो जाता है।

परमिन्दर् हाँ यह भी पूर्ण रूप से सत्य है। आओ नदी के किनारे चलते हैं। वहाँ शायद कुछ शांति मिल सकेगी।

3. (नदीतीरं गन्तुकामाः बालाः यत्र-तत्र अवकरभाण्डारं दृष्ट्वा वार्तालापं कुर्वन्ति।)

जोसेफः—पश्यन्तु मित्राणि! यत्र-तत्र प्लास्टिकस्यूतानि अन्यत् चावकरं प्रक्षिप्तमस्ति। कथ्यते यत् स्वच्छता स्वास्थ्यकारी परं वयं तु शिक्षिताः अपि अशिक्षित इवाचरामः अनेन प्रकारेण...

वैभवः—गृहाणि तु अस्माभिः नित्यं स्वच्छानि क्रियन्ते परं किमर्थं स्वपर्यावरणस्य स्वच्छतां प्रति ध्यानं न दीयते।

विनयः—पश्य-पश्य उपरितः इदानीमपि अवकरः मार्गे क्षिप्यते। (आहूय) महोदये! कृपां कुरु मार्गे एतत् तु सर्वथा अशोभनं कृत्यम्। अस्मद्सदृशेभ्यः बालेभ्यः भवतीसदृशैः एव संस्कारा देयाः।

रोजलिन्—आम् पुत्र! सर्वथा सत्यं वदसि। क्षम्यन्ताम्। इदानीमेवागच्छामि।

(रोजलिन् आगत्य बालैः साकं स्वक्षिप्तमवकरं मार्गे विकीर्णमन्यदवकरं चापि सङ्गृह्य अवकरकण्डोले पातयति)।

शब्दार्थाः नदीतारम् = नदी के किनारे, गन्तुकामाः = जाने की इच्छा वाले, अवकरभाण्डरम् = कचरे का ढेर, दृष्ट्वा = देखकर, वार्तालापम् = बातचीत, पश्यन्तु = देखो, यत्र = यहाँ, तत्र = वहाँ, प्लास्टिकस्यूतानि = प्लास्टिक के थैले, प्रक्षिप्तमस्ति = फेंके गए हैं, आचरामः = आचरण करते हैं, किमर्थं = किसलिए, उपरितः = ऊपर से, क्षिप्यते = फेंक देते हैं, आहूय = बुलाकर, कृत्यम् = कार्य, देयाः = देने योग्य, क्षम्यन्ताम् = क्षमा कीजिए, विकीर्ण = फैले हुए, सङ्गृह्य = इकट्ठा करके, कण्डोले = टोकरी में।

हिंदी अनुवाद (नदी के किनारे जाने के इच्छुक बालक जहाँ-तहाँ कूड़े के ढेर देखकर आपस में बातचीत करते हैं।)

जोसेफ मित्रो देखो! जहाँ-तहाँ प्लास्टिक की थैली तथा अन्य कूड़ा फेंका हुआ है। कहा जाता है कि स्वच्छता स्वास्थ्य लाभ देने वाली होती है, परंतु हम तो शिक्षित होते हुए भी अशिक्षितों की तरह आचरण (व्यवहार) करते हैं। इस तरह से.......

वैभव घर तो हमारे द्वारा प्रतिदिन साफ किए जाते हैं, परंतु हम अपने पर्यावरण की स्वच्छता की ओर ध्यान क्यों नहीं देते हैं।

विनय देखो, देखो! अब भी ऊपर से कूड़ा रास्ते में फेंका जा रहा है। (बुलाकर) देवी! मार्ग में घूमने वालों पर कृपा कीजिए। यह तो पूर्ण रूप से अशोभनीय कार्य है। हम जैसे बालकों को आपके जैसी महिलाओं द्वारा ही संस्कार दिए जाने चाहिए।

रोजलिन् हाँ पुत्र! तुम ठीक कहते हो। क्षमा करना। अभी आ रही हूँ।

(रोजलिन् आकर बच्चों के साथ अपने द्वारा फेंके गए कूड़े तथा मार्ग पर बिखरे हुए अन्य कूड़े को भी इकट्ठा करके कूड़ेदान में डालती है।)

4. **बालाः** एवमेव जागरूकतया एव प्रधानमन्त्रिमहोदयानां स्वच्छताऽभियानमपि गतिं प्राप्स्यति।

विनयः पश्य पश्य तत्र धेनुः
शाकफलानामावरणैः सह
प्लास्टिकस्यूतमपि खादति।
यथाकथञ्चित् निवारणीया एषा।

(मार्गे कदलीफलविक्रेतारं दृष्ट्वा बालाः कदलीफलानि क्रीत्वा धेनुमाह्वयन्ति भोजयन्ति च, मार्गात् प्लास्टिकस्यूतानि चापसार्य पिहिते अवकरकण्डोले क्षिपन्ति।)

शब्दार्थाः एवमेव = इसी प्रकार, जागरूकतया = जागरूकता से, प्राप्स्यति = प्राप्त करेगा, शाकफलानामावरणैः सह = सब्जियों और फलों के छिलकों के साथ, शाक = सब्जी, निवारणीया = रोकना चाहिए, कदलीफल = केले का फल, दृष्ट्वा = देखकर, क्रीत्वा = खरीदकर, धेनुमाह्वयन्ति = गाय को बुलाते हैं, चापसार्य = हटाकर, पिहिते = ढके हुए, अवकरकण्डोले = कूड़ेदान में, क्षिपन्ति = फेंकते हैं।

हिंदी अनुवाद

बालक इसी प्रकार जागरूकता से ही प्रधानमंत्री महोदय का स्वच्छता अभियान भी गति प्राप्त करेगा।

विनय देखो, देखो! वहाँ गाय, सब्जी व फलों के छिलकों के साथ प्लास्टिक की थैली को भी खा रही है। इसे किसी भी प्रकार से रोकना चाहिए।

(रास्ते में केले बेचने वालों को देखकर बालक केले खरीदकर गाय को बुलाते हैं और खिलाते हैं तथा रास्ते से प्लास्टिक की थैलियों को हटाकर कूड़ेदान में डालते हैं।)

5. **परमिन्दर्**—प्लास्टिकस्य मृत्तिकायां लयाभवात् अस्माकं पर्यावरणस्य कृते महती क्षतिः भवति। पूर्वं तु कार्पासेन, चर्मणा, लौहेन, लाक्षया, मृत्तिकया, काष्ठेन वा निर्मितानि वस्तूनि एव प्राप्यन्ते स्म। अधुना तत्स्थाने प्लास्टिकनिर्मितानि वस्तूनि एव प्राप्यन्ते।

वैभव: आम् घटिपट्टिका, अन्यानि बहुविधानि पात्राणि, कलमेत्यादीनि सर्वाणि तु प्लास्टिकनिर्मितानि भवन्ति।

जोसेफ: आम् अस्माभिः पित्रौः शिक्षकाणां सहयोगेन प्लास्टिकस्य विविधपक्षाः विचारणीयः। पर्यावरणेन सह पशवः अपि रक्षणीयाः। (एवमेवालपन्तः सर्वे नदीतीरं प्राप्ताः नदीजले निमज्जिताः भवन्ति गायन्ति च—

सुपर्यावरणेनास्ति जगतः
सुस्थितिः सखे।
जगति जायमानानां सम्भवः
सम्भवो भुवि।।

सर्वे—अतीवानन्दप्रदोऽयं जलविहारः।

शब्दार्थाः मृत्तिकायाम् = मिट्टी में, लयाभवात् = न मिलने के कारण, क्षतिः = हानि, कार्पासेन = कपास से, चर्मणा = चमड़े से, लौहेन = लोहे से, लाक्षया = लाख से, काष्ठेन = लकड़ी से, निर्मितानि = बनाए गए, घटिपट्टिका = घड़ी की पट्टी, पात्राणि = बर्तन, विचारणीयाः = विचार करने योग्य, रक्षणीयाः = रक्षा करने योग्य, आलपन्तः = बातचीत करते हुए, गायन्ति = गाते हैं, सुपर्यावरणेन = अच्छे पर्यावरण से, जगति = संसार में, जायमानानाम् = जन्म लेने वालों का, भुवि = पृथ्वी पर।

हिंदी अनुवाद

परमिन्दर् प्लास्टिक का मिट्टी में न मिलने के कारण हमारे पर्यावरण को बहुत हानि होती है। पहले तो कपास से, चमड़े से, लोहे से, लाख से, मिट्टी से और लकड़ी से बनी हुई वस्तुएँ ही मिलती थीं। अब उनके स्थान पर प्लास्टिक से निर्मित वस्तुएँ ही मिलती हैं।

वैभव हाँ! घड़ी की पट्टी, अन्य बहुत प्रकार के बर्तन, कलम इत्यादि सभी तो प्लास्टिक से निर्मित होते हैं।

जोसेफ हाँ! हमें भी माता-पिता और शिक्षकों के सहयोग से प्लास्टिक के विभिन्न पक्षों पर विचार करना चाहिए। पर्यावरण के साथ पशुओं की भी सुरक्षा करनी चाहिए।

(इस प्रकार बातचीत करते हुए सभी नदी किनारे पहुँच जाते हैं, नदी के जल में डुबकी लगाते हैं और गाते हैं।)

हे मित्र! अच्छे पर्यावरण से इस संसार की स्थिति अच्छी (सुंदर) होती है। संसार में जन्म लेने वालों का अच्छा (स्वस्थ) रहना ही वास्तव में धरती पर रहना है।

सभी यह जलक्रीड़ा बहुत ही आनंद देने वाली है।

NCERT फोल्डर: पाठ्य-पुस्तक रुचिरा भाग-3 के प्रश्नोत्तर

प्र.1 प्रश्नानामुत्तराणि एकपदेन लिखत।
(प्रश्नों के उत्तर एक पद में लिखिए।)

(i) केन पीडितः वैभवः बहिरागतः?
(ii) भवनेत्यादीनां निर्माणाय के कर्त्यन्ते?
(iii) मार्गे किं दृष्ट्वा बालाः परस्परं वार्तालापं कुर्वन्ति?
(iv) वयं शिक्षिताः अपि कथमाचरामः?
(v) प्लास्टिकस्य मृत्तिकायां लयाभावात् कस्य कृते महती क्षतिः भवति?
(vi) अद्य निदाघतापतप्तस्य किं शुष्कतां याति?

उत्तराणि

(i) विद्युदभावेप्रचण्डोष्मणा (ii) वृक्षाः
(iii) अवकरभाण्डारम् (iv) अशिक्षिताः इव
(v) पर्यावरणस्य (vi) तालुः

प्र.2 पूर्णवाक्येन उत्तराणि लिखत। (पूर्णवाक्य में उत्तर लिखिए।)

(i) परमिन्दर् गृहात् बहिरागत्य किं पश्यति?
(ii) अस्माभिः केषां निर्माणाय वृक्षाः कर्त्यन्ते?
(iii) विनयः रोजलिनम्माहूय किं वदति?
(iv) रोजलिन् आगत्य किं करोति?
(v) अन्ते जोसेफः पर्यावरणरक्षायैः कः उपायः बोधयति?

उत्तराणि

(i) परमिन्दर् गृहात् बहिरागत्य पश्यति यत् वायुवेगः अवरुद्धम् अस्ति।
(ii) यत्र-तत्र बहुभूमिकभवनानां, भूमिगतमार्गाणाम्, विशेषतः मैट्रोमार्गाणां, उपरिगामिसेतूनाम् मार्गेत्यादीनां निर्माणाय अस्माभिः वृक्षाः कर्त्यन्ते।
(iii) विनयः रोजलिनम्माहूय कथयति 'महोदये! कृपां कुरु मार्गे भ्रमद्भ्यः' इति वदति।
(iv) रोजलिन् आगत्य बालैः साकं स्वक्षिप्तमवकरं मार्गे विकीर्णमन्यदवकरं चापि सङ्गृह्य अवकरकण्डोले पातयति।
(v) अन्ते जोसेफः पर्यावरणरक्षायै 'पर्यावरणेन सह पशवः अपि रक्षणीयाः' इति उपायः बोधयति।

प्र.3 रेखाङ्कितपदमाधृत्य प्रश्ननिर्माणं कुरुत।
(रेखांकित पदों के आधार पर प्रश्न निर्माण कीजिए।)

(i) <u>जागरुकतया</u> एव स्वच्छताऽभियानमपि गतिं प्राप्स्यति।
(ii) धेनुः <u>शाकफलानामावरणैः</u> सह प्लास्टिकस्यूतमपि खादति स्म।
(iii) <u>वायुवेगः</u> सर्वथाऽवरुद्धः आसीत्।
(iv) सर्वे अवकरं सङ्गृह्य <u>अवकरकण्डोले</u> पातयन्ति।
(v) अधुना प्लास्टिकनिर्मितानि <u>वस्तूनि</u> प्रायः प्राप्यन्ते।
(vi) सर्वे <u>नदीतीरं</u> प्राप्ताः प्रसन्नाः भवन्ति।

उत्तराणि

(i) <u>कया</u> एव स्वच्छताऽभियानमपि गतिं प्राप्स्यति?
(ii) धेनुः <u>कैः</u> सह प्लास्टिकस्यूतमपि खादति स्म?
(iii) <u>कः</u> सर्वथाऽवरूद्धः आसीत्?
(iv) सर्वे अवकरं सङ्गृह्य <u>कस्मिन्</u> पातयन्ति?
(v) अधुना प्लास्टिक निर्मितानि <u>कानि</u> प्राप्यः प्राप्यन्ते?
(vi) सर्वे <u>कम्</u> प्राप्ताः प्रसन्नाः भवन्ति?

प्र.4 अधोलिखितानां पदानां सन्धिविच्छेदं कुरुत।
(निम्नलिखित पदों में सन्धि-विच्छेद कीजिए।)

पद	सन्धि-विच्छेद
(i) ग्रीष्मर्तौ	– ……… + ऋतौ
(ii) बहिरागत्य	– बहिः + ………
(iii) काञ्चित्	– ……… + चित्
(iv) तद्वनम्	– ……… + वनम्
(v) कलमेत्यादीनि	– कलम + ………
(vi) अतीवानन्दप्रदोऽयम्	– ……… + आनन्दप्रदः + ………

उत्तराणि

(i) ग्रीष्मर्तौ	– ग्रीष्म + ऋतौ
(ii) बहिरागत्य	– बहिः + आगत्य
(iii) काञ्चित्	– काम् + चित्
(iv) तद्वनम्	– तत् + वनम्
(v) कलमेत्यादीनि	– कलम + इत्यादीनि
(vi) अतीवानन्दप्रदोऽयम्	– अतीव + आनन्दप्रदः + अयम्

प्र.5 विशेषणपदैः सह विशेष्यपदानि मेलनं कुरुत।
(विशेषण पदों का विशेष्य पदों के साथ मिलान कीजिए।)

विशेषण पद	विशेष्य पद
(क) काञ्चित्	(i) अवकरम्
(ख) स्वच्छानि	(ii) स्वास्थ्यकारी
(ग) पिहिते	(iii) क्षतिः
(घ) स्वच्छता	(iv) शान्तिम्
(ङ) गच्छन्ति	(v) गृहाणि
(च) अन्यत्	(vi) अवकरकण्डोले
(छ) महती	(vii) मित्राणि

उत्तराणि

विशेषण पद	विशेष्य पद
(क) काञ्चित्	(iv) शान्तिम्
(ख) स्वच्छानि	(v) गृहाणि
(ग) पिहिते	(vi) अवकरकण्डोले
(घ) स्वच्छता	(ii) स्वास्थ्यकारी
(ङ) गच्छन्ति	(vii) मित्राणि
(च) अन्यत्	(i) अवकरम्
(छ) महती	(iii) क्षतिः

प्र.6 अधोलिखितानां शुद्धकथनानां समक्षं (आम्) अशुद्धकथनानां च समक्षं (न) इति लिखत। (निम्नलिखित शुद्ध कथनों के समक्ष (आम्) और अशुद्ध कथनों के समक्ष (न) लिखिए।)

(i) प्रचण्डोष्मणा पीडिताः बालाः सायंकाले एकैकं कृत्वा गृहाभ्यन्तरं गताः।
(ii) मार्गे मित्राणि अवकरभाण्डारं यत्र-तत्र विकीर्णं दृष्ट्वा वार्तालापं कुर्वन्ति।
(iii) अस्माभिः पर्यावरणस्वच्छतां प्रति प्रायः ध्यानं न दीयते।
(iv) वायुं विना क्षणमपि जीवितुं न शक्यते।
(v) रोजलिन् अवकरम् इतस्ततः प्रक्षेपणात् अवरोधयति बालकान्।
(vi) एकेन शुष्कवृक्षेण दह्यमानेन वनं सुपुत्रेण कुलमिव दह्यते।
(vii) बालकाः धेनुं कदलीफलानि भोजयन्ति।
(viii) नदीजले निमज्जिताः बालाः प्रसन्नाः भवन्ति।

उत्तराणि

(i) न	(ii) आम्
(iii) आम्	(iv) आम्
(v) न	(vi) आम्
(vii) आम्	(viii) आम्।

प्र.7 अधोलिखितानां वाक्यानां घटनाक्रमानुसारं पुनः लिखत।
(निम्नलिखित वाक्यों को घटनाक्रम के अनुसार पुनः लिखिए।)

(i) उपरितः अवकरं क्षेप्तुम् उद्यतां रोजलिन् बालाः प्रबोधयन्ति।
(ii) प्लास्टिकस्य विविधान् पक्षान् विचारयितुं पर्यावरणसंरक्षणेन पशूनेत्यादीन् रक्षितुं बालाः कृतनिश्चयाः भवन्ति।
(iii) गृहे प्रचण्डोष्मणा पीडितानि मित्राणि एकैकं कृत्वा गृहात् बहिरागच्छन्ति।
(iv) अन्ते बालाः जलविहारं कृत्वा प्रसीदन्ति।
(v) शाकफलानामावरणैः सह प्लास्टिकस्यूतमपि खादन्तीं धेनुं बालकाः कदलीफलानि भोजयन्ति।
(vi) वृक्षाणां निरन्तरं कर्तनेन, ऊष्मावर्धनेन च दुःखिताः बाला, नदीतीरं गन्तुं प्रवृत्ताः भवन्ति।
(vii) बालैः सह रोजलिन् अपि मार्गे विकीर्णमवकरं यथास्थानं प्रक्षिपति।
(viii) मार्गे यत्र-तत्र विकीर्णमवकरं दृष्ट्वा पर्यावरणविषये चिन्तिताः बालाः परस्परं विचारयन्ति।

उत्तराणि

(i) गृहे प्रचण्डोष्णया पीडितानि मित्राणि एकैकं कृत्वा गृहात् बहिरागच्छन्ति।

(ii) वृक्षाणां निरन्तरं कर्तनेन, ऊष्मावर्धनेन च दुःखिताः बाला नदीतीरं गन्तुं प्रवृत्ताः भवन्ति।

(iii) मार्गे यत्र-तत्र विकीर्णमवकरं दृष्ट्वा पर्यावरणविषये चिन्तिताः बालाः परस्परं विचारयन्ति।

(iv) उपरितः अवकरं क्षेप्तुम् उद्यता रोजलिन् बालाः प्रबोधयन्ति।

(v) बालैः सह रोजलिन् अपि मार्गे विकीर्णमवकरं यथास्थानं प्रक्षिप्रति।

(vi) शाकफलानामावरणैः सह प्लास्टिकस्यूतमपि खादन्तीं धेनुं बालकाः कदलीफलानि भोजयन्ति।

(vii) प्लास्टिकस्य विविधान् पक्षान् विचारयितुं पर्यावरणसंरक्षणेन पशूनेत्यादीन् रक्षितुं बालाः कृतनिश्चयाः भवन्ति।

(viii) अन्ते बालाः जलविहारं कृत्वा प्रसीदन्ति।

अभ्यास प्रश्नाः

पाठ्य-पुस्तक रुचिरा भाग-3 के प्रश्नोत्तर

भाग I

बहुविकल्पीय प्रश्नाः

1. (क) प्रदत्तविकल्पेभ्यः उचित पदं चित्वा लिखत।
(दिए गए विकल्पों में से उचित पद चुनकर लिखिए।)

(i) कृपां कुरु मार्गे एतत् तु सर्वथा ………… कृत्यम्।
(अ) अशोभनं (ब) शोभनं
(स) एव (द) प्रयोजनं

(ii) आम् परमिन्दर एतदपि सर्वथा …………।
(अ) असत्यं (ब) सत्यम्
(स) तीरं (द) तत्र

(iii) प्रचण्डोष्मणा पीडितः वैभवः ………… निष्क्रमति।
(अ) गृहात् (ब) नगरात्
(स) विद्यालयात् (द) देवालयात्

(iv) बहिरागत्यापि पश्यामि यत् ………… तु सर्वथाऽवरुद्धः।
(अ) विद्युतवेगः (ब) वायुवेगः
(स) जलवेगः (द) तीव्रवेगः

(v) मार्गे विकीर्णमन्यदवकरं सङ्गृह्य रोजलिन् कुत्र पातयति?
(अ) सड़क मार्गे (ब) कूपे
(स) भवनस्य समीपे (द) अवकरकण्डोले

(vi) केषाम् कर्तनम् पर्यावरणाय हानिकरः भवति?
(अ) भवनानाम् (ब) वृक्षाणाम्
(स) मार्गानाम् (द) गृहाणाम्

(vii) 'मार्गे अवकरस्य क्षेपणम् शोभनं न अस्ति' इति काम आहूय विनयः कथयति?
(अ) रोजलिनाम् (ब) मालाम्
(स) संगीताम् (द) नेहाम्

(viii) कः शाकफलानामावरणैः सह प्लास्टिक स्यूतानि अपि खादति स्म?
(अ) गर्दभः (ब) कुक्कुरः
(स) बलीवर्दः (द) धेनुः

(ix) कस्य रक्षायै जोसेफः उपाय बोधयति?
(अ) पर्यावरणस्य (ब) उद्यानस्य
(स) तड़ागस्य (द) गृहस्य

उत्तराणि

(i) (अ) अशोभनं (ii) (ब) सत्यम्
(iii) (अ) गृहात् (iv) (ब) वायुवेगः
(v) (द) अवकरकण्डोले (vi) (ब) वृक्षाणाम्
(vii) (अ) रोजलिनाम् (viii) (द) धेनुः
(ix) (अ) पर्यावरणस्य

(ख) अधोलिखितेषु वाक्येषु रेखाङ्कितपदानां आधृत्य प्रश्नवाचक पदं चित्वा लिखत। (निम्नलिखित वाक्यों में रेखांकित पदों के आधार पर प्रश्नवाचक पद चुनकर लिखिए।)

(i) वैभवः विद्युतभावेन पीडितः बहिरागतः।
(अ) के (ब) कः
(स) किम् (द) कानि

(ii) शरीरात् स्वेदबिन्दवः प्रस्रवन्ति।
(अ) कस्मात् (ब) कया
(स) कस्य (द) किम्

(iii) निखिला सृष्टिः पवनेन प्राणिति।
(अ) कस्य (ब) किम्
(स) केन (द) का

(iv) अहं बहिः आगत्य पश्यामि।
(अ) कुत्र (ब) कः
(स) केन (द) केभ्यः

(v) रोजलिन् मार्गे अवकरं क्षिपति।
(अ) कस्मात् (ब) कस्य
(स) कुत्र (द) कदा

(vi) बालाः नदी जले स्नानं कुर्वन्ति।
(अ) किम् (ब) के (स) कः (द) कौ

(vii) बालाः धेनुं कदलीफलानि भोजयन्ति।
(अ) कः (ब) का (स) के (द) काम्

(viii) सर्वेभ्यः जलविहारं रोचते।
(अ) केभ्यः (ब) काभ्यां (स) केन (द) कयोः

(ix) निर्माणकार्यार्थम् वृक्षाणां कर्तनं भवति।
(अ) कानि (ब) केषां (स) के (द) कस्य

(x) निदाघतापेन मनुष्यस्य तालुः शुष्कताम् याति।
(अ) कस्य (ब) किम् (स) कः (द) कौ

उत्तराणि

(i) (ब) कः (ii) (अ) कस्मात्
(iii) (स) केन (iv) (अ) कुत्र
(v) (स) कुत्र (vi) (ब) के
(vii) (द) काम् (viii) (अ) केभ्यः
(ix) (ब) केषां (x) (अ) कस्य

2. कोष्ठककेषु प्रदत्त विकल्पेभ्य उचितपदं चित्वा रिक्तस्थानानि पूरयत। (कोष्ठक में दिए गए विकल्पों में से उचित पद चुनकर रिक्त स्थानों की पूर्ति कीजिए।)

(i) निखिला सृष्टि ······ प्राणिति। (पवनेन/पवनं/पवनस्य)
(ii) भवनानां निर्माणाय ······ कर्त्यन्ते। (वृक्षः/वक्षौ/वृक्षाः)
(iii) आगच्छन्तु नदीतीरं ·······। (गच्छामः/गच्छति/गच्छामि)
(iv) त्वं सर्वथा सत्यं ······। (वदति/वदतः/वदसि)
(v) कृपां कुरू ······ भ्रमद्भ्यः। (मार्गे/मार्गं/मार्गस्य)
(vi) धेनुः शाकफलानामावरणैः सह प्लास्टिकस्यूतानि अपि ······। (खादति/खादतः/खादन्ति)
(vii) पर्यावरणेन सह ······· अपि रक्षणीया। (पशु/पशवः/पशुम्)

उत्तराणि

(i) पवनेन (ii) वृक्षाः
(iii) गच्छामः (iv) वदसि
(v) मार्गे (vi) खादति
(vii) पशवः

मेलनं कुर्वन्तु

3. अधोलिखितानां शब्दानां समक्षं प्रदत्तै अर्थैः सह मेलनं कुरुत। (निम्नलिखित शब्दों के समक्ष दिए गए अर्थों का आपस में मिलान कीजिए।)

शब्दाः	अर्थाः
(क) वह्निना	(i) तीव्रं
(ख) वपुः	(ii) आवृत्त
(ग) कृत्यम्	(iii) कार्यम्
(घ) पिहितं	(iv) शरीरम्
(ङ) प्रचण्डं	(v) अग्निना

उत्तराणि

शब्दाः	अर्थाः
(क) वह्निना	(v) अग्निना
(ख) वपुः	(iv) शरीरम्
(ग) कृत्यम्	(iii) कार्यम्
(घ) पिहितं	(ii) आवृत्तं
(ङ) प्रचण्डं	(i) तीव्रं

सत्यं / असत्यं

4. अधोलिखितेषु शुद्धकथनानां समक्षं (✓) चिह्नेन अशुद्धकथनानां (✗) चिह्नेन अङ्कयत। (निम्नलिखित शुद्ध कथनों के सामने (✓) तथा अशुद्ध कथनों के सामने (✗) का चिह्न अंकित कीजिए।)

(i) प्रचण्डोष्मणा पीडितः विनयः गृहात् निष्क्रामति।
(ii) सर्वे बालकाः नदीतीरं गच्छन्ति।
(iii) अस्माभिः गृहाणि स्वच्छानि क्रियन्ते।
(iv) उपरितः इदानीमपि अवकरः मार्गे न क्षिप्यते।
(v) जागरूकतया प्रधानमंत्रिमहोदयानां स्वच्छताऽभियानमपि गतिं प्राप्स्यति।
(vi) बालाः कदलीफलानि क्रीत्वा धेनुमाह्वयन्ति।
(vii) पर्यावरणेन सह पशवः अपि न रक्षणीयाः।

उत्तराणि

(i) (✗) (ii) (✓)
(iii) (✓) (iv) (✗)
(v) (✓) (vi) (✓)
(vii) (✗)

कथापूर्ति

5. मञ्जूषातः उचितपदानि चित्वा कथापूर्तिः कुरुत। (मञ्जूषा से उचित पद चुनकर कथा की पूर्ति कीजिए।)

प्लास्टिकस्य (i)······लयाभवात् अस्माकं (ii)······कृते महती (iii)······ भवति। पूर्वं तु (iv)······चर्मणा, लौहेन (v)······मृत्तिकया, काष्ठेन वा (vi)······वस्तूनि एव प्राप्यन्ते स्म। अधुना (vii)······ प्लास्टिकनिर्मितानि (viii)······एव प्राप्यन्ते।

- मञ्जूषा वस्तूनि, तत्स्थाने, निर्मितानि, लाक्षया, कर्पासेन, क्षतिः, पर्यावरणस्य, मृत्तिकायां।

उत्तराणि

(i) मृत्तिकायां (ii) पर्यावरणस्य
(iii) क्षतिः (iv) कर्पासेन
(v) लाक्षया (vi) निर्मितानि
(vii) तत्स्थाने (viii) वस्तूनि

व्याकरणम्

6. अधोलिखितेषु पदेषु सन्धिं/सन्धि-विच्छेदं वा कुरुत। (निम्नलिखित पदों की संनि/संधि विच्छेद कीजिए।)

(i) चावकरम् = ...+......

(ii) इदानी मेवागच्छामि = ...+......+......

(iii) स्वच्छता + अभियान = ...

(iv) एक + एकम् = ...

उत्तराणि

(i) च + अवकरम्

(ii) इदानीम् + एव + अवगच्छामि

(iii) स्वच्छता अभियान

(iv) एकैकम्

भाग II

पठित-अवबोधनम्

1. अधोलिखितानां नाट्यांशं पठित्वा एतदाधारित प्रश्नानाम् उत्तराणि लिखत। (निम्नलिखित नाट्यांश को पढ़कर इन पर आधारित प्रश्नों के उत्तर लिखिए।)

(क) (मार्गे कदलीफलविक्रेतारं दृष्ट्वा बालाः कदलीफलानि क्रीत्वा धेनुमाह्वयन्ति भोजयन्ति च, मार्गात् प्लास्टिकस्यूतानि चापसार्य पिहिते अवकरकण्डोले क्षिपन्ति।)

परमिन्दर् प्लास्टिकस्य मृत्तिकायां लयाभवात् अस्माकं पर्यावरणस्य कृते महती क्षतिः भवति। पूर्वं तु कार्पासेन, चर्मणा, लौहेन, लाक्षया, मृत्तिकया, काष्ठेन वा निर्मितानि वस्तूनि एव प्राप्यन्ते स्म। अधुना तत्स्थाने प्लास्टिकनिर्मितानि वस्तूनि एव प्राप्यन्ते।

वैभवः आम् घट्पिट्टका, अन्यानि बहुविधानि पात्राणि, कलमेत्यादीनि सर्वाणि तु प्लास्टिकनिर्मितानि भवन्ति।

I. अधोलिखितानां प्रश्नानाम् उत्तराणि एकपदेन लिखत। (निम्नलिखित प्रश्नों के उत्तर एक पद में लिखिए।)

(i) बालाः कदलीफलविक्रेतारं कुत्र पश्यति?

(ii) कदलीफलानि क्रीत्वा बालाः काम् आह्वायन्ति?

(iii) अधुना मृत्तिकायाः स्थाने केन निर्मितानि वस्तुनि प्राप्यन्ते?

(iv) अधुना कलमानि केन निर्मितानि भवन्ति।

II. अधोलिखितानां प्रश्नानाम् उत्तराणि पूर्णवाक्येन लिखत। (निम्नलिखित प्रश्नों के उत्तर पूर्णवाक्य में लिखिए।)

(i) मार्गात् प्लास्टिकस्यूतानि अपसार्य कुत्र क्षिपन्ति?

(ii) कस्मात् अस्माकं पर्यावरणस्य कृते महती क्षतिः भवति?

III. निर्देशानुसारं उत्तरत। (निर्देशानुसार उत्तर दीजिए।)

(i) 'क्षिपन्ति' अत्र कः लकारः?

(ii) 'कदली फल विक्रेतारं' अत्र कः विशेषणम्?

IV. अधोलिखितानां प्रश्नानाम् उत्तराणि प्रदत्तविकल्पेभ्यः चित्वा लिखत। (निम्नलिखित प्रश्नों के उत्तर दिए गए विकल्पों में से चुनकर लिखिए।)

(i) 'दृष्ट्वा' इत्यस्मिन् पदे प्रत्यय अस्ति।
(अ) क्त्वा (ब) ल्यप् (स) तुमुन् (द) शतृ

(ii) 'मार्गात्' अत्र का विभक्तिः?
(अ) चतुर्थी (ब) पञ्चमी (स) षष्ठी (द) सप्तमी

(iii) 'प्लास्टिक निर्मितानि भवन्ति' अस्मिन् वाक्ये क्रियापदं किम्?
(अ) निर्मितानि (ब) प्लास्टिक
(स) भवन्ति (द) बहूनि

(iv) बालाः मार्गात् कानि अपसार्य अवकर कण्डोले क्षिपन्ति?
(अ) मृत्तिका स्यूतानि (ब) प्लास्टिक स्यूतानि
(स) कार्पास स्यूतानि (द) काष्ठ स्यूतानि

(v) पूर्व केन निर्मितानि वस्तुनि प्राप्यन्ते स्म?
(अ) कार्पासेन (ब) चर्मणा
(स) मृत्तिकया (द) इमे सर्वे

उत्तराणि

I. (i) मार्गे (ii) धेनुम्
(iii) प्लास्टिकेन (iv) प्लास्टिकेन

II. (i) मार्गात् प्लास्टिकस्यूतानि अपसार्य अवकरकण्डोले क्षिपन्ति।
(ii) प्लास्टिकस्य मृत्तिकायां लयाभवात् अस्माकं पर्यावरणस्य कृते महती क्षतिः भवति।

III. (i) लट् (ii) कदली फलम्

IV. (i) (अ) क्त्वा (ii) (ब) पञ्चमी
(iii) (स) भवन्ति (iv) (ब) प्लास्टिक स्यूतानि
(v) (द) इमे सर्वे

(ख) (नदीतीरं गन्तुकामाः बालाः यत्र-तत्र अवकरभाण्डारं दृष्ट्वा वार्तालापं कुर्वन्ति)

जोसेफः पश्यन्तु मित्राणि यत्र-तत्र प्लास्टिकस्यूतानि अन्यत् चावकरं प्रक्षिप्तमस्ति। कथ्यते यत् स्वच्छता स्वास्थ्यकारी परं वयं तु शिक्षिताः अपि अशिक्षित इवाचरामः अनेन प्रकारेण....

वैभवः गृहाणि तु अस्माभिः नित्यं स्वच्छानि क्रियन्ते परं किमर्थं स्वपर्यावरणस्य स्वच्छतां प्रति ध्यानं न दीयते।

विनयः पश्य-पश्य उपरितः इदानीमपि अवकरः मार्गे क्षिप्यते। (आहूय) महोदेय! कृपां कुरु मार्गे एतत् तु सर्वथा अशोभनं कृत्यम्। अस्मद्सदृशेभ्यः बालेभ्यः भवतीसदृशैः एव संस्कारा देयाः।

I. अधोलिखितानां प्रश्नानाम् उत्तराणि एकपदेन लिखत। (निम्नलिखित प्रश्नों के उत्तर एक पद में लिखिए।)

(i) बालाः कुत्र गन्तुकामाः?

(ii) बालाः यत्र-तत्र कं दृष्ट्वा वार्तालापं कुर्वन्ति?

(iii) वयं शिक्षिताः अपि कीदृशाः इवाचरामः?

(iv) उपरितः कः मार्गे क्षिप्यते?

II. अधोलिखितानां प्रश्नानाम् उत्तराणि पूर्णवाक्येन लिखत। (निम्नलिखित प्रश्नों के उत्तर पूर्णवाक्य में लिखिए।)

(i) अस्माभिः नित्यं कानि स्वच्छानि क्रियन्ते?

(ii) का स्वास्थ्यकारी भवति?

III. निर्देशानुसार उत्तरत। (निर्देशानुसार उत्तर दीजिए।)

(i) अस्माभिः अत्र का विभक्तिः?

(ii) 'क्रियन्ते' अत्र कः लकारः?

IV. अधोलिखितानां प्रश्नानाम् उत्तराणि प्रदत्तविकल्पेभ्यः चित्वा लिखत। (निम्नलिखित प्रश्नों के उत्तर दिए गए विकल्पों में से चुनकर लिखिए।)

(i) 'शोभनं' इति पदस्य विलोमपदं गद्यांशे किम्?

(अ) कृपाम् (ब) अशोभनम्

(स) मार्गम् (द) परम्

(ii) 'प्लास्टिकस्यूतानि' अनयोः पदयोः विशेषणपदं किम्?

(अ) प्लास्टिक (ब) स्यूतानि

(स) अवकरं (द) अन्यत्

(iii) 'स्वच्छतां प्रति ध्यानं न दीयते' अस्मिन् वाक्ये क्रियापदं किम्?

(अ) प्रति (ब) ध्यानं

(स) दीयते (द) न

(iv) यत्र-तत्र प्लास्टिकस्यूतानि अन्यत च किम् प्रक्षिप्त अस्ति?

(अ) कदली फलम् (ब) आवरणम्

(स) अवकरम् (द) जलम्

(v) कस्य स्वच्छतां प्रति अस्माभिः ध्यानं न दीयते?

(अ) स्वपर्यावरणस्य (ब) स्वगृहस्य

(स) स्व विद्यालस्य (द) स्वोद्यानस्य

उत्तराणि

I. (i) नदीतीरम्

(ii) अवकरभाण्डारम्

(iii) अशिक्षिताः

(iv) अवकरः

II. (i) अस्माभिः नित्यं गृहाणि स्वच्छानि क्रियन्ते।

(ii) स्वच्छता स्वास्थ्यकारी भवति।

III. (i) तृतीया (iv) लट्

IV. (i) (ब) अशोभनम् (ii) (अ) प्लास्टिक

(iii) (स) दीयते (iv) (स) अवकरम्

(v) (अ) स्वपर्यावरणस्य

अन्वय पूर्ति

2. मञ्जूषायाः सहायतया अधोलिखितेषु श्लोकेषु अन्वयपूर्तिं कुरुत। (मञ्जूषा की सहायता से निम्नलिखित श्लोकों में अन्वयपूर्ति कीजिए।)

(क) प्राणिति पवनेन जगत् सकलं, सृष्टिर्निखिला चैतन्यमयी।
क्षणमपि न जीव्यतेऽनेन विना, सर्वातिशायिमूल्यः पवनः।।

अन्वयः इदम् जगत् (i) ……चैतन्यमयी निखिला (ii)……पवनेन प्राणिति। अनेन विना (iii)……न जीव्यते। (iv)……सर्वातिशायिमूल्यः।

• मञ्जूषा पवनः, क्षणमपि, सृष्टि, सकलं।

(ख) तप्तैर्वाताघातैरवितुं लोकान् नभसि मेघाः,
आरक्षिविभागजना इव समये नैव दृश्यन्ते।।

अन्वयः तप्तैः (i)……लोकान् अवितुं (ii)……नभसि आरक्षि (iii)……इव समये नैव (iv)……।

• मञ्जूषा दृश्यन्ते, विभागजना, मेघाः, वाताघातैः।

(ग) एकेन शुष्कवृक्षेण दह्यमानेन वह्निना।
दह्यते तद्वनं सर्व कुपुत्रेण कुलं यथा।।

अन्वयः वह्निना (i)…… एकेन शुष्क (ii)…… सर्वं तद्वनं (iii)…… यथा कुपुत्रेण (iv)……।

• मञ्जूषा कुलम्, दह्यते, वृक्षेण, दह्यमानेन।

(घ) निदाघतापतप्तस्य, याति तालु हि शुष्कताम्।
पुंसो भयार्दितस्येव, स्वेदवज्जायते वपुः।।

अन्वयः निदाघताप (i)…… (जनस्य) तालुः (ii)…… याति। पुंसः भयार्दितस्येव (iii)…… स्वेदवत् (iv)……।

• मञ्जूषा जायते, वपुः, शुष्कतां, तप्तस्य।

उत्तराणि

(क) (i) सकला (ii) सृष्टिः
(iii) क्षणमपि (iv) पवनः

(ख) (i) वाताघातैः (ii) मेघाः
(iii) विभागजना (iv) दृश्यन्ते

(ग) (i) दह्यमानेन (ii) वृक्षेण
(iii) दह्यते (iv) कुलम्

(घ) (i) तप्तस्य (ii) शुष्कतां
(iii) वपुः (iv) जायते

वाक्य प्रयोगः

3. अधोलिखितानां शब्दानां वाक्येषु प्रयोगं कुरुत। (निम्नलिखित शब्दों का वाक्यों में प्रयोग कीजिए।)

(i) सर्वे (ii) अस्माकं (iii) सर्वथा (iv) नभसि
(v) स्वच्छता (vi) दृष्ट्वा

उत्तराणि

(i) सर्वे - सर्वे नदीतीरं प्राप्ता।

(ii) अस्माकं - अस्माकं पर्यावरणस्य कृते महती क्षतिः भवति।

(iii) सर्वथा - आम् एतदपि सर्वथा सत्यम्।

(iv) नभसि - इदानीं नभसि मेघाः दृश्यन्ते।

(v) स्वच्छता - स्वच्छता स्वास्थ्यकारी भवति।

(vi) दृष्ट्वा - बालाः अवकरभाण्डारं दृष्ट्वा वार्तालापं कुर्वन्ति।

घटनाक्रमेण प्रश्नाः

4. अधोलिखितानां वाक्यानां घटनाक्रमानुसारेण पुनः लिखत। (निम्नलिखित वाक्यों को घटनाक्रमानुसार पुनः लिखिए।)

(i) आगच्छन्तु नदीतीरं गच्छामः।
(ii) सायंकाले विद्युदभावे पीडितः वैभवः गृहात् निष्क्रामति।
(iii) बालाः यत्र-तत्र अवकरभाण्डारं दृष्ट्वा वार्तालापं कुर्वन्ति।
(iv) वायुवेगः तु सर्वथाऽवरूद्धः दृश्यते।
(v) स्वच्छता स्वास्थ्यकारी भवति।
(vi) शरीरात् न केवलं स्वेदबिन्दवः अपितु स्वेदधाराः प्रस्रवन्ति।
(vii) तत्र चेत् काञ्चित् शान्तिं प्राप्तुं शक्ष्येम्।
(viii) यत्र-तत्र प्लास्टिकस्यूतानि अन्यत् चावकरं प्रक्षिप्तमस्ति।

उत्तराणि

(i) सायंकाले विद्युदभावे पीडितः वैभवः गृहात् निष्क्रामति।
(ii) वायुवेगः तु सर्वथाऽवरूद्धः दृश्यते।
(iii) शरीरात् न केवलं स्वेदबिन्दवः अपितु स्वेदधाराः प्रस्रवन्ति।
(iv) आगच्छन्तु नदीतीरं गच्छामः।
(v) तत्र चेत् काञ्चित् शान्तिं प्राप्तुं शक्ष्येम्।
(vi) बालाः यत्र-तत्र अवकरभाण्डारं दृष्ट्वा वार्तालापं कुर्वन्ति।
(vii) यत्र-तत्र प्लास्टिकस्यूतानि अन्यत् चावकरं प्रक्षिप्तमस्ति।
(viii) स्वच्छता स्वास्थ्यकारी भवति।

भावार्थं पूर्ति

5. अधोलिखितेषु श्लोकेषु मञ्जूषातः उचित पदानि चित्वा भावं पूरयत। (निम्नलिखित श्लोकों में मञ्जूषा से उचित पद चुनकर भावार्थ पूरा कीजिए।)

(क) प्राणिति पवनेन जगत् सकलं, सृष्टिर्निखिला चैतन्यमयी।
क्षणमपि न जीव्यतेऽनेन विना, सर्वातिशायिमूल्यः पवनः।।
भावार्थः अस्य श्लोकस्य भावं अस्ति यत् इदम् सकलं जगत् एवं (i)····· इयं निखिला (ii)····· पवनेन प्राणिति। अनेन विना (iii)····· मनुष्यः न जीव्यते। अतएव सर्वातिशायिमूल्यवान् (iv)····· अस्ति।

- मञ्जूषा पवनः, क्षणमपि, सृष्टिः, चैतन्यपूर्णं।

(ख) तप्तैर्वाताघातैरवितुं लोकान् नभसि मेघाः,
आरक्षिविभागजना इव समये नैव दृश्यन्ते।।
भावार्थः अस्य श्लोकस्य भावम् अस्ति यत् अस्मिन् ग्रीष्मऋतौ (i)·····तप्तैः वायुराघातैः (ii)·····गगने पश्यन्ति परन्तु (iii)······आरक्षिविभागस्य जनान् इव उचित अवसरे (समये) (iv)······न दृश्यन्ते।

- मञ्जूषा कदापि, मेघाः, रक्षार्थं, जनाः।

(ग) निदाघतापतप्तस्य, याति तालु हि शुष्कताम्।
पुंसो भयार्दितस्येव, स्वेदवज्जायते वपुः।।
भावार्थः अस्य श्लोकस्य भावम् अस्ति यत् अस्मिन् ग्रीष्म समये (i)····· तप्तस्य जनस्य तालुः शुष्कतां (ii)·····। एवमेव हि ग्रीष्मस्य भयात् (iii)····· शरीरं (iv)····· युक्तं जायते।

- मञ्जूषा स्वेद, मनुष्यस्य, याति, निदाघताप।

(घ) एकेन शुष्कवृक्षेण दह्यमानेन वह्निना।
दह्यते तद्वनं सर्वं कुपुत्रेण कुलं यथा।।
भावार्थः अस्य श्लोकस्य भावम् अस्ति यत् वह्निना (*i*)·····शुष्क वृक्षेण दाह्यमानेन एव सर्वं (*ii*)·····क्षेत्रं दह्यते। तादृशं (iii)·····सर्व कुलम् (*iv*)·····। अर्थात् नष्टं भवति।

- मञ्जूषा दह्यते, कुपुत्रेण, वन, एकेन।

उत्तराणि

(क)	(i) चैतन्यपूर्णं	(ii) सृष्टिः
	(iii) क्षणमपि	(iv) पवनः
(ख)	(i) जनाः	(ii) रक्षार्थं
	(iii) मेघाः	(iv) कदापि
(ग)	(i) निदाघताप	(ii) याति
	(iii) मनुष्यस्य	(iv) स्वेद
(घ)	(i) एकेन	(ii) वन
	(iii) कुपुत्रेण	(iv) दह्यते।

अतिलघु उत्तरीयाः प्रश्नाः

1. परमिन्दरः केन पीडितः बहिरागतः?
2. सकलं जगत् केन प्राणिति?
3. निदाघताप तप्तस्य किं शुष्कताम् याति?
4. रोजलिन् कुत्र अवकरं क्षिपति?

उत्तराणि

1. विद्युतभावेन
2. पवनेन
3. तालु
4. मार्गे

लघु उत्तरीयाः प्रश्नाः

1. शरीरात् के प्रस्रवन्ति?
2. के नदी जले स्नानं कुर्वन्ति?
3. किमर्थम् वृक्षाणां कर्तनं भवति?
4. धेनुः कैः सह प्लास्टिक स्यूतानि अपि खादति?

उत्तराणि

1. शरीरात् स्वेदबिन्दवः प्रस्रवन्ति।
2. बालाः नदी जले स्नानं कुर्वन्ति।
3. निर्माणकार्यार्थम् वृक्षाणां कर्तनं भवति।
4. धेनु शाकफलानामावरणैः सह प्लास्टिक स्यूतानि अपि खादति।

दीर्घ उत्तरीयाः प्रश्नाः

1. बालाः किमर्थम् कृतनिश्चयाः भवन्ति?
2. केन दुःखिता बालाः नदीतीरं गन्तुं प्रवृत्ताः भवन्ति?

उत्तराणि

1. बालाः प्लास्टिकस्य विविधान पक्षान् विचारयितुं पर्यावरण संरक्षणेन पशूनेत्यादीन् रक्षितुं कृतनिश्चयाः भवन्ति।
2. उष्मावर्धनेन दुखिताः बालाः नदीतीरं गन्तुं प्रवृत्ताः भवन्ति।

क्षितौ राजते भारतस्वर्णभूमिः
(पृथ्वी पर भारत की स्वर्ण भूमि शोभामय है)

अध्याय 13

पाठ का सार प्रस्तुत पाठ्यांश डॉ. कृष्णचंद्र त्रिपाठी द्वारा रचित है, जिसमें भारत के गौरव का गुणगान है। इसमें देश की खाद्यान्न संपन्नता, कलानुराग, प्राविधिक प्रवीणता, वन एवं सामरिक शक्ति की महनीयता को दर्शाया गया है। प्राचीन परंपरा, संस्कृति, आधुनिक मिसाइल क्षमता एवं परमाणु शक्ति संपन्नता के गीत द्वारा कवि ने देश की सामर्थ्यशक्ति का वर्णन किया है। छात्र संस्कृत के इन श्लोकों का सस्वर गायन करें तथा देश के गौरव को महसूस करें, इसी उद्देश्य से इन्हें यहाँ संकलित किया गया है।

पाठ का हिंदी अनुवाद

1. सुपूर्णं सदैवास्ति खाद्यान्नभाण्डं
नदीनां जलं यत्र पीयूषतुल्यम्।
इयं स्वर्णवद् भाति शस्यैर्धरेयं
क्षितौ राजते भारतस्वर्णभूमिः।।

शब्दार्थाः सुपूर्णं = भरा हुआ, सदैव = सदा/हमेशा, खाद्यान्नभाण्डम् = अन्न का भंडार, पीयूषतुल्यम् = अमृत के तुल्य, स्वर्णवद् = सोने के समान, भाति = सुशोभित, धरेयम् = यह पृथ्वी, शस्यैः = फसलों द्वारा, क्षितौ = धरती पर, राजते = शोभायमान।

संदर्भ प्रस्तुत श्लोक हमारी पाठ्य-पुस्तक रुचिरा भाग- 3 के त्रयोदश पाठ क्षितौ राजते भारतस्वर्णभूमिः से लिया गया है। इसके रचयिता डॉ. कृष्णचंद्र त्रिपाठी हैं। इसमें भारत के गौरव का गुणगान किया गया है।

अन्वयः इयं (धरा) सदैव खाद्यान्नभाण्डं सुपूर्णम् अस्ति। नदीनां जलं यत्र पीयूषतुल्यम् (अस्ति) इयं (धरा) शस्यैः स्वर्णवत् भाति, इयं भारत स्वर्णभूमिः क्षितौ राजते।

हिंदी अनुवाद जहाँ सदा ही अन्न का भंडार भरा रहता है, नदियों का जल जहाँ अमृत के समान है। यह भारत भूमि फसलों द्वारा सोने के समान सुशोभित है। यह भारत की स्वर्णभूमि इस धरती पर शोभायमान है।

2. त्रिशूलाग्निनागैः पृथिव्यास्त्रघोरैः
अणूनां महाशक्तिभिः पूरितेयम्।
सदा राष्ट्ररक्षारतानां धरेयम्
क्षितौ राजते भारतस्वर्णभूमिः।।

शब्दार्थाः त्रिशूलाग्निनागैः = त्रिशूल, अग्नि, नाग से, अस्त्रै = अस्त्रों से, घोरैः = भयंकर, अणूनाम् = परमाणु की, महाशक्तिभिः = महा शक्तियों से, पूरिता = परिपूर्ण, राष्ट्ररक्षारतानाम् = राष्ट्र की सेवा में लगे हुए।

अन्वयः इयं (धरा) घोरै-त्रिशूल-अग्नि, नागैः पृथिवी अस्त्रै अणूनां महाशक्तिभिः पूरिता। इयं सदा राष्ट्ररक्षारतानाम् धरा (अस्ति)। भारतस्वर्णभूमिः क्षितौ राजते।

हिंदी अनुवाद यह भारत भूमि त्रिशूल, अग्नि, नाग तथा पृथ्वी आदि भयंकर अस्त्रों के द्वारा परमाणु महाशक्ति से परिपूर्ण है। यह हमेशा राष्ट्र की रक्षा में लगे हुए वीरों की भूमि है। पृथ्वी पर भारत स्वर्णभूमि सुशोभित है।

3. इयं वीरभोग्या तथा कर्मसेव्या
जगद्वन्दनीया च भूः देवगेया।
सदा पर्वणामुत्सवानां धरेयं
क्षितौ राजते भारतस्वर्णभूमिः।।

शब्दार्थाः वीरभोग्या = वीरों द्वारा भोगी गई, कर्मसेव्या = कर्मों द्वारा सेवनीय, वन्दनीया = वंदना करने योग्य, देवगेया = देवताओं द्वारा गाने योग्य, पर्वाणाम् = त्योहारों का, उत्सवानाम् = उत्सवों की।

अन्वयः इयं (धरा) वीरभोग्या तथा कर्मसेव्या, जगत् वन्दनीया च देवगेया भूः (अस्ति)। सदा पर्वणामुत्सवानाम् इयं धरा क्षितौ भारतस्वर्णभूमिः राजते।

हिंदी अनुवाद यह भारत भूमि वीरों के द्वारा भोगी जाने वाली, कर्म के द्वारा सेवा की जाने वाली, संपूर्ण विश्व द्वारा स्तुति की जाने वाली तथा देवताओं द्वारा गाई जाने वाली है। यह भूमि सदैव त्योहारों और उत्सवों की भूमि है। भारत स्वर्णभूमि पृथ्वी पर शोभायमान है।

4. इयं ज्ञानिनां चैव वैज्ञानिकानां
विपश्चिज्जनानामियं संस्कृतानाम्।
बहूनां मतानां जनानां धरेयं
क्षितौ राजते भारतस्वर्णभूमिः।।

शब्दार्थाः ज्ञानिनाम् = ज्ञानियों की, वैज्ञानिकानाम् = वैज्ञानिकों की, विपश्चित् = विद्वान, संस्कृतानाम् = संस्कारित लोगों की, बहूनाम् = बहुत से, मतानाम् = मतों/विचारों को, क्षितौ = पृथ्वी पर।

अन्वयः इयं (धरा) ज्ञानिनां वैज्ञानिकानां संस्कृतानाम् चैव विपश्चिज्जानां (अस्ति)। इयं बहूनां मतानां जनानां धरा (अस्ति) क्षितौ भारतस्वर्णभूमिः राजते।

हिंदी अनुवाद यह भारतभूमि ज्ञानियों, वैज्ञानिकों, विद्वानों तथा सुसंस्कृत लोगों की भूमि है। यह अनेक मतों को मानने वाले लोगों की भूमि है। पृथ्वी पर भारत स्वर्णभूमि सुशोभित है।

5. इयं शिल्पिनां यन्त्रविद्याधराणां
भिषक्शास्त्रिणां भूः प्रबन्धे युतानाम्।
नटानां नटीनां कवीनां धरेयं
क्षितौ राजते भारतस्वर्णभूमिः।।

शब्दार्थाः शिल्पिनाम् = शिल्पकारों (कारीगरों) की, यन्त्रविद्याधराणाम् = यंत्रों को जानने वाले (इंजीनियरों की), भिषक्शास्त्रिणाम् = औषध शास्त्री (डॉक्टरों की), युतानाम् = लगे हुए, नटानाम् = अभिनेताओं की, नटीनाम् = अभिनेत्रियों की, कवीनाम् = कवियों की।

अन्वयः इयं (धरा) शिल्पिनां यन्त्रविद्याधराणां भिषक् शास्त्रिणां भूः प्रबन्धे युतानां (अस्ति)। नटानां नटीनां कवीनां इयं धरा क्षितौ भारतस्वर्णभूमिः राजते।

हिंदी अनुवाद यह भारतभूमि शिल्पकारों (कारीगरों) के यंत्रों को जानने वाले अभियन्ताओं, वैद्यों, शास्त्रों को जानने वालों, प्रबंधन में लगे हुए लोगों, अभिनेता, अभिनेत्रियों तथा कवियों की है। पृथ्वी पर भारत स्वर्णभूमि सुशोभित है।

6. वने दिग्गजानां तथा केसरीणां
तटीनामियं वर्तते भूधराणाम्।
शिखीनां शुकानां पिकानां धरेयं
क्षितौ राजते भारतस्वर्णभूमिः।।

शब्दार्थाः वने = वन में, दिग्गजानां = हाथियों की, केसरीणां = सिंहों की, तटीनां = नदियों की, भूधराणाम् = पर्वतों की, शिखीनाम् = मयूरों की, शुकानां = तोतों की, पिकानाम् = कोयलों की।

अन्वयः इयं (धरा) वने दिग्गजानां केसरीणाम् तथा भूधराणां तटीनां शिखिनां, शुकानां, पिकानां (अस्ति) क्षितौ भारतस्वर्णभूमिः राजते।

हिंदी अनुवाद यह भारत भूमि वन में रहने वाले हाथियों की, सिंहों की, नदियों की, पर्वतों की, मोरों की, तोतों की तथा कोयलों की है। पृथ्वी पर भारत स्वर्णभूमि सुशोभित है।

NCERT फोल्डर: पाठ्य-पुस्तक रुचिरा भाग-3 के प्रश्नोत्तर

प्र.1 अधोलिखितानां प्रश्नानाम् उत्तराणि एकपदेन लिखत।
(निम्नलिखित प्रश्नों के उत्तर एक पद में लिखिए।)

(i) इयं धरा कैः स्वर्णवद् भाति?
(ii) भारतस्वर्णभूमिः कुत्र राजते?
(iii) इयं केषां महाशक्तिभिः पूरिता?
(iv) इयं भूः कस्मिन् युतानाम् अस्ति?
(v) अत्र किं सदैव सुपूर्णमस्ति?

उत्तराणि
(i) शस्यैः (ii) क्षितौ
(iii) अणूनाम् (iv) प्रबन्धे
(v) खाद्यान्नभाण्डम्

प्र.2 समानार्थकपदानि पाठात् चित्वा लिखत।
(समानार्थक पद पाठ से चुनकर लिखिए।)

(i) पृथिव्याम् ………… (क्षितौ/पर्वतेषु/त्रिलोक्याम्)
(ii) सुशोभते ………… (लिखते/भाति/पिबति)
(iii) बुद्धिमताम् ………… (पर्वणाम्/उत्सवानाम्/विपश्चिज्जनानाम्)
(iv) मयूराणाम् ………… (शिखीनाम्/शुकानाम्/पिकानाम्)
(v) अनेकेषाम् ………… (जनानाम्/वैज्ञानिकानाम्/बहूनाम्)

उत्तराणि
(i) पृथिव्याम् क्षितौ (ii) सुशोभते भाति
(iii) बुद्धिमताम् विपश्चिज्जनानाम्
(iv) मयूराणाम् शिखीनाम् (v) अनेकेषाम् बहूनाम्

प्र.3 श्लोकांशमेलनं कृत्वा लिखत।(श्लोकों का मिलान करके लिखिए।)

खंड (अ)	खंड (ब)
(क) त्रिशूलाग्निनागैः/ पृथिव्यास्त्रघोरैः	(i) नदीनां जलं यत्र पीयूषतुल्यम्
(ख) सदा पर्वणामुत्सवानां धरेयम्	(ii) जगद्वन्दनीया च भूः देवगेया
(ग) वने दिग्गजानां तथा केसरीणाम्	(iii) क्षितौ राजते भारतस्वर्णभूमिः

(घ) सुपूर्णं सदैवास्ति खाद्यान्नभाण्डम्	(iv) अणूनां महाशक्तिभिः पूरितेयम्
(ङ) इयं वीरभोग्या तथा कर्मसेव्या	(v) तटीनामियं वर्तते भूधराणाम्

उत्तराणि

खंड (अ)	खंड (ब)
(क) त्रिशूलाग्निनागैः/ पृथिव्यास्त्रघोरैः	(iv) अणूनां महाशक्तिभिः पूरितेयम्
(ख) सदा पर्वणामुत्सवानां धरेयम्	(iii) क्षितौ राजते भारतस्वर्णभूमिः
(ग) वने दिग्गजानां तथा केसरीणाम्	(v) तटीनामियं वर्तते भूधराणाम्
(घ) सुपूर्णं सदैवास्ति खाद्यान्नभाण्डम्	(i) नदीनां जलं यत्र पीयूषतुल्यम्
(ङ) इयं वीरभोग्या तथा कर्मसेव्या	(ii) जगद्वन्दनीया च भूः देवगेया

प्र.4 चित्रं दृष्ट्वा पाठात् उपयुक्तपदानि गृहीत्वा वाक्यपूर्तिं कुरुत। (चित्र को देखकर पाठ से उपयुक्त पद चुनकर वाक्यपूर्ति कीजिए।)

(i) **अस्मिन् चित्रे एका .... वहति।**
(ii) **नदी .... निःसरति।**
(iii) **नद्याः जलं .... भवति।**
(iv) **............. शस्यसेचनं भवति।**
(v) **भारतः .... भूमिः अस्ति।**

उत्तराणि

(i) अस्मिन् चित्रे एका नदी वहति।
(ii) नदी पर्वतात् निःसरति।
(iii) नद्याः जलं पीयूषतुल्यं भवति।
(iv) नदीजलेन शस्यसेचनं भवति।
(v) भारतः कर्मवीराणां भूमिः अस्ति।

प्र.5 चित्रं दृष्ट्वा मञ्जूषात् उपयुक्तपदानि गृहीत्वा वाक्यपूर्तिं कुरुत। (चित्र को देखकर मञ्जूषा से उपयुक्त पदों को चुनकर वाक्यपूर्ति कीजिए।)

(i) **अस्मिन् चित्रे .... दृश्यन्ते।**
(ii) **एतेषाम् अस्त्राणां .... युद्धे भवति।**
(iii) **भारतः एतादृशानां .... प्रयोगेण विकसितदेशः मन्यते।**
(iv) **अत्र परमाणुशक्तिप्रयोगः अपि ....।**
(v) **आधुनिकैः अस्त्रैः .... अस्मान् शत्रुभ्यः रक्षन्ति।**
(vi) **............... सहायतया बहूनि कार्याणि भवन्ति।**

- मञ्जूषा अस्त्राणाम्, भवति, अस्त्राणि, सैनिकाः, प्रयोगः, उपग्रहणां।

उत्तराणि

(i) अस्मिन् चित्रे अस्त्राणि दृश्यन्ते।
(ii) एतेषाम् अस्त्राणां प्रयोगः युद्धे भवति।
(iii) भारतः एतादृशानां अस्त्राणाम् प्रयोगेण विकसितदेशः मन्यते।
(iv) अत्र परमाणुशक्तिप्रयोगः अपि भवति।
(v) आधुनिकैः अस्त्रैः सैनिकाः अस्मान् शत्रुभ्यः रक्षन्ति।
(vi) उपग्रहाणां सहायतया बहूनि कार्याणि भवन्ति।

प्र.6 (क) चित्रं दृष्ट्वा संस्कृते पञ्चवाक्यानि लिखत। (चित्र देखकर संस्कृत में पाँच वाक्य लिखिए।)

(i) ....
(ii) ....
(iii) ....
(iv) ....
(v) ....

उत्तराणि

(i) अस्मिन् चित्रे दीपमालिका पर्वं दृश्यते।
(ii) माता पुत्री च दीपान् प्रज्वालयतः।
(iii) सर्वे नूतनानि परिधानानि धारयन्ति।
(iv) भवनमपि सुसज्जितं दृश्यते।
(v) अस्मिन् उत्सवे सर्वे प्रसन्नाः भवन्ति।

(ख) चित्रं दृष्ट्वा संस्कृते पञ्चवाक्यानि लिखत।
(चित्र देखकर संस्कृत में पाँच वाक्य लिखिए।)

(i) ....

(ii) ....

(iii) ....

(iv) ....

(v) ....

उत्तराणि

(i) इदं चित्रं रक्षा-बन्धनोत्सवस्य वर्तते।
(ii) रक्षाबन्धनं प्रतिवर्षं श्रावणमासस्य पूर्णिमायां तिथौ भवति।
(iii) अस्मिन् दिवसे भगिनी भ्रातुः हस्ते रक्षासूत्रं बध्नाति।
(iv) भ्राता भगिन्यै उपहारं ददाति।
(v) रक्षाबन्धनं भ्रातृभगिन्योः प्रेम्णः दिवसः वर्तते।

प्र.7 अत्र चित्रं दृष्ट्वा संस्कृतभाषया पञ्चवाक्येषु प्रकृतेः वर्णनं कुरुत।
(यहाँ चित्र देखकर संस्कृत भाषा में पाँच वाक्यों में प्रकृति का वर्णन कीजिए।)

(i) ....

(ii) ....

(iii) ....

(iv) ....

(v) ....

उत्तराणि

(i) इदं वनक्षेत्रस्य चित्रम् अस्ति।
(ii) अत्र बहवः वृक्षाः सन्ति।
(iii) वृक्षस्य अधः एकः मृगः उपविशति।
(iv) एकः मयूरः अपि भ्रमति।
(v) इदं चित्रं रमणीयम् अस्ति।

अभ्यास प्रश्नाः

पाठ्य-पुस्तक रुचिरा भाग-3 के प्रश्नोत्तर

भाग I

बहुविकल्पीय प्रश्नाः

1. (क) अधोलिखितेषु वाक्येषु रेखांङ्कितपदानि आधृत्य प्रश्नवाचक पदं चित्वा लिखत। (निम्नलिखित वाक्यों में रेखांकित पदों के आधार पर प्रश्नवाचक पद चुनकर लिखिए।)

(i) अत्र नदीनां जलं <u>पीयूषतुल्यम्</u> अस्ति।
(अ) कीदृशम् (ब) किम्
(स) के (द) कानि

(ii) भारतस्वर्णभूमिः <u>क्षितौ</u> राजते।
(अ) कः (ब) कुत्र
(स) कौ (द) के

(iii) इयं सदा <u>राष्ट्ररतानां</u> धरा अस्ति।
(अ) कस्य (ब) कानि
(स) केषां (द) कौ

(iv) इयं भूमिः <u>अणुशक्तिभिः</u> पूरिता:।
(अ) कयोः (ब) कस्य
(स) के (द) काभिः

(v) पृथिव्यां <u>भारतस्वर्णभूमिः</u> राजते।
(अ) के (ब) का (स) कस्य (द) कया

(vi) इयं <u>वने</u> दिग्गजानां भूमिः अस्ति।
(अ) कुत्र (ब) कदा (स) कः (द) काः

(vii) इयं धरा <u>भिषक्शास्त्रिणां</u> अस्ति।
(अ) कया (ब) कः
(स) केषाम् (द) कस्याः

(viii) इयं <u>नटीनां</u> धरा अस्ति।
(अ) कासाम् (ब) कौ
(स) केषाम् (द) कस्य

(ix) अत्र खाद्यान्नभाण्डं सदैव सुपूर्णम् अस्ति।
(अ) क: (ब) कीदृशम् (स) कानि (द) किम्

(x) बहूनां मतानां जनानां धरेयं।
(अ) केषां (ब) क: (स) कौ (द) के

(xi) इयं धरा महाशक्तिभिः पूरिता अस्ति।
(अ) कस्य (ब) काभिः
(स) कया (द) केषां

उत्तराणि

(i) (अ) कीदृशम् (ii) (ब) कुत्र
(iii) (स) केषाम् (iv) (द) काभिः
(v) (ब) का (vi) (अ) कुत्र
(vii) (स) केषाम् (viii) (अ) कासाम्
(ix) (ब) कीदृशम् (x) (अ) केषां
(xi) (ब) काभिः

(ख) प्रदत्तविकल्पेभ्यः उचित पदं चित्वा लिखत्।
(दिए गए विकल्पों में से उचित पद चुनकर लिखिए।)

(i) कैः भारतभूमिः स्वर्णवद् भाति?
(अ) शस्यै (ब) अस्त्रैः (स) नागैः (द) पर्वतैः

(ii) कुत्र भारतभूमि राजते?
(अ) आकाशे (ब) विदेशे (स) भूतले (द) क्षितौ

(iii) इयं धरा केषाम् महाशक्तिभिः पूरिता?
(अ) पृथिव्यस्त्राणाम् (ब) त्रिशूलाग्निनागानाम्
(स) अधूनाम् (द) राष्ट्ररक्षा रतानाम्

(iv) इयं धरा (भारत भूमि) कीदृशी अस्ति?
(अ) वीरभोग्या (ब) देववन्दनीया
(स) जगद् गेया (द) कर्मभोग्या

(v) इयं......मतानां जनानां धरा अस्ति।
(अ) ज्ञानिनाम् (ब) मतानाम्
(स) वैज्ञानिकानाम् (द) विपश्चिज्जानाम्

(vi) नदीनां..........अत्र पीयूषतुल्यं अस्ति।
(अ) जलं (ब) थलं
(स) वातम् (द) स्वर्णं

(vii) इयं .... अन्नभाण्डेन पूरितं अस्ति।
(अ) नदीना (ब) धरा (स) जनाः (द) लता

(viii) सदा पर्वाणां .... च इयं भूमिः।
(अ) गतानां (ब) नृत्यानां
(स) उत्सवानां (द) भवनानां

(ix) इयं भूमि वीरभोग्या .... सेव्याः च अस्ति।
(अ) कर्म (ब) धर्म (स) यत्र (द) तत्र

उत्तराणि

(i) (अ) शस्यै (ii) (द) क्षितौ
(iii) (स) अनूनाम् (iv) (अ) वीरभोग्या
(v) (अ) ज्ञानिनाम् (vi) (अ) जलम्
(vii) (ब) धरा (viii) (स) उत्सवानां
(ix) (अ) कर्म

सत्यं / असत्यं

2. अधोलिखितेषु शुद्धकथनानां समक्षं (✓) अशुद्धकथनानां च समक्षं (✗) चिह्नेन अङ्कयत। (निम्नलिखित शुद्ध कथनों के समक्ष (✓) तथा अशुद्ध कथनों के समक्ष (✗) का चिह्न अंकित कीजिए।)

(i) नदीनां जलं यत्र पीयूषतुल्यम् अस्ति।
(ii) इयं सदा पर्वणामुत्सवानां धरेयम्।
(iii) इयं धरा वीरभोग्या नास्ति।
(iv) अत्र खाद्यान्नभाण्डम् रिक्तम् अस्ति।
(v) वने दिग्गजानां केसरीणां च भूमिः अस्ति।
(vi) इयं भूमि तटीनां भूधराणां वर्तते।
(vii) इयं भू जगद्वन्दनीया नास्ति।
(viii) अणूनां महाशक्तिभिः पूरितेयम् धरेयम्।

उत्तराणि

(i) (✓) (ii) (✓)
(iii) (✗) (iv) (✗)
(v) (✓) (vi) (✓)
(vii) (✗) (viii) (✓)

मेलनं कुर्वन्तु

3. (क) अधोलिखितानां शब्दानां समक्षं प्रदत्तैः अर्थैः सह मेलनं कुरुत। (निम्नलिखित शब्दों के समक्ष दिए गए अर्थों का आपस में मिलान कीजिए।)

शब्दाः	अर्थाः
(क) भूधराणाम्	(i) उत्सवानाम्
(ख) भाति	(ii) धरायाम्
(ग) शिखीनाम्	(iii) मयूराणाम्
(घ) क्षितौ	(iv) शोभते
(ङ) पर्वाणाम्	(v) पर्वतानाम्

उत्तराणि

शब्दाः	अर्थाः
(क) भूधराणाम्	(v) पर्वतानाम्
(ख) भाति	(iv) शोभते
(ग) शिखीनाम्	(iii) मयूराणाम्
(घ) क्षितौ	(ii) धरायाम्
(ङ) पर्वाणाम्	(i) उत्सवानाम्

(ख) अधोलिखितानां श्लोकानां मेलनं कुरुत।
(निम्नलिखित श्लोकों का मिलान कीजिए।)

खंड (अ)	खंड (ब)
(क) इयं वीरभोग्या तथा	(i) पीयूषतुल्यम्
(ख) अणूनां महाशक्तिभिः	(ii) जनानां धरेयं
(ग) नदीनां जलं यत्र	(iii) कर्मसेव्या
(घ) बहूनां मतानां	(iv) पूरितेयम्
(ङ) नटानां नटीनां	(v) कवीनां धरेयं

उत्तराणि

खंड (अ)	खंड (ब)
(क) इयं वीरभोग्या तथा	(iii) कर्मसेव्या
(ख) अणूनां महाशक्तिभिः	(iv) पूरितेयम्
(ग) नदीनां जलं यत्र	(i) पीयूषतुल्यम्
(घ) बहूनां मतानां	(ii) जनानां धरेयं
(ङ) नटानां नटीनां	(v) कवीनां धरेयं

(ख) अधोलिखितानां पर्यायपदानां मेलनं कुरुत।
(निम्नलिखित पर्यायपदों का मिलान कीजिए।)

पद	पर्यायपद
(क) पृथिव्याम्	(i) राजते
(ख) पीयूषतुल्यम्	(ii) भण्डारम्
(ग) स्वर्णवनम्	(iii) काञ्चनवनम्
(घ) सुशोभते	(iv) सुधातुल्यम्
(ङ) भाण्डम्	(v) क्षितौ

उत्तराणि

पद	पर्यायपद
(क) पृथिव्याम्	(v) क्षितौ
(ख) पीयूषतुल्यम्	(iv) सुधातुल्यम्
(ग) स्वर्णवनम्	(iii) काञ्चनवनम्
(घ) सुशोभते	(i) राजते
(ङ) भाण्डम्	(ii) भण्डारम्

रिक्तस्थानं पूर्ति

4. कोष्ठकेषु प्रदत्त विकल्पेभ्यः उचितपदं चित्वा रिक्तस्थानानि पूरयत। (कोष्ठक में दिए गए विकल्पों से उचित पद चुनकर रिक्त स्थानों की पूर्ति कीजिए।)

(i) शिखीनां शुकानां ……… धरेयं। (पिकानां/पिकयोः/पिकेषु)
(ii) क्षितौ ……… भारतस्वर्णभूमिः। (राजाते/राजते/राजताम्)
(iii) बहूनां ……… जनानां धरेयं। (मतस्य/मते/मतानां)
(iv) नदीनां ……… यत्र पीयूषतुल्यम्। (जलं/जले/जलानि)
(v) तटीनामियं ……… भूधराणाम्। (वर्तते/वर्तेते/वर्तन्ते)
(vi) नटानां नटीनां ……… धरेयं। (कवौ/कवीषु/कवीनां)
(vii) इयं ……… चैव वैज्ञानिकानां भूमिः। (ज्ञानिनां/ज्ञानीना/ज्ञानेनां)

उत्तराणि

(i) पिकानां (ii) राजते
(iii) मतानां (iv) जलं
(v) वर्तते (vi) कवीनां
(vii) ज्ञानिनां

भाग II

पठित-अवबोधनम्

1. अधोलिखितानां श्लोकानां पठित्वा एतदाधारित प्रश्नानाम् उत्तराणि लिखत। (निम्नलिखित श्लोकों को पढ़कर इन पर आधारित प्रश्नों के उत्तर लिखिए।)

(क) इयं ज्ञानिनां चैव वैज्ञानिकानां
विपश्चिज्जनानामियं संस्कृतानाम्।
बहूनां मतानां जनानां धरेयं
क्षितौ राजते भारतस्वर्णभूमिः।।

I. अधोलिखितानां प्रश्नानाम् उत्तराणि एकपदेन लिखत। (निम्नलिखित प्रश्नों के उत्तर एक पद में लिखिए।)
(i) बहूनां मतानां केषां धरेयं?
(ii) भारतस्वर्णभूमिः कुत्र राजते?
(iii) विपश्चिज्जनानाम् भूमिः का अस्ति?
(iv) कीदृशी भारत भूमि क्षितौ राजते?

II. अधोलिखितानां प्रश्नानाम् उत्तराणि पूर्णवाक्येन लिखत। (निम्नलिखित प्रश्नों के उत्तर पूर्णवाक्य में लिखिए।)
(i) ज्ञानिनां वैज्ञानिकानां च भूमिः का?
(ii) क्षितौ का राजते?

III. निर्देशानुसारं उत्तरत। (निर्देशानुसार उत्तर दीजिए।)
(i) 'पृथ्वी' इति पदस्य पर्यायपदम् किम् अस्ति?
(ii) 'क्षितौ' राजते भारत स्वर्ण भूमिः, अस्मिन क्रिया पदं किम् अस्ति?

IV. अधोलिखितानां प्रश्नानाम् उत्तराणि प्रदत्तविकल्पेभ्यः चित्वा लिखत।
(निम्नलिखित प्रश्नों के उत्तर दिए गए विकल्पों में से चुनकर लिखिए।)

(i) 'जनानां' अत्र का विभक्तिः?
(अ) पञ्चमी (ब) षष्ठी
(स) सप्तमी (द) प्रथमा

(ii) 'चैव' इत्यस्मिन् पदे सन्धिः अस्ति
(अ) गुण (ब) वृद्धि
(स) अयादि (द) दीर्घ

(iii) 'मूर्खाणां' इति पदस्य विलोमपदं श्लोके किं प्रयुक्तम्?
(अ) ज्ञानिनां (ब) जनानां
(स) इयं (द) मतानां

(iv) संस्कृतानां धरा का अस्ति?
(अ) भारत भूमिः (ब) संसारस्य भूमिः
(स) आंग्लदेशस्य भूमिः (द) देवानाम् भूमिः

(v) अस्याम् धरायां भारत कस्य तुल्यं राजते?
(अ) आभूषणवद् (ब) देवभूमेः
(स) स्वर्णभूमेः (द) संपन्नता सदृश

उत्तराणि

I. (i) जनानां (ii) क्षितौ
(iii) भारतभूमिः (iv) स्वर्ण भूमिः

II. (i) ज्ञानिनां वैज्ञानिकानां च भूमिः भारतभूमिः अस्ति।
(ii) क्षितौ भारतस्वर्णभूमिः राजते।

III. (i) भूमि (ii) राजते

IV. (i) (ब) षष्ठी (ii) (ब) वृद्धि
(iii) (अ) ज्ञानिनां (iv) (अ) भारत भूमिः
(v) (स) स्वर्णभूमेः

(ख) **इयं शिल्पिनां यन्त्रविद्याधराणां**
भिषक्शास्त्रिणां भूः प्रबन्धे युतानाम्।
नटानां नटीनां कवीनां धरेयं
क्षितौ राजते भारतस्वर्णभूमिः।।

I. अधोलिखितानां प्रश्नानाम् उत्तराणि एकपदेन लिखत।
(निम्नलिखित प्रश्नों के उत्तर एक पद में लिखिए।)
(i) शिल्पिनां भूमिः का अस्ति?
(ii) भूः प्रबन्धे युतानां भूमिः का अस्ति?
(iii) यंत्र विद्या धराणां भूमिः का अस्ति?
(iv) का भिषक् शास्त्रिणां अस्ति?

II. अधोलिखितानां प्रश्नानाम् उत्तराणि पूर्णवाक्येन लिखत।
(निम्नलिखित प्रश्नों के उत्तर पूर्णवाक्य में लिखिए।)
(i) इयं भूमिः केषाम् अस्ति?
(ii) नटानां नटीनां च का भूमिः अस्ति?

III. निर्देशानुसारं उत्तरत्। (निर्देशानुसार उत्तर दीजिए।)
(i) 'कवीनां' अत्र का विभक्ति?
(ii) 'यंत्र विद्या धराणां' पदे विशेषण पदं किम् अस्ति?

IV. अधोलिखितानां प्रश्नानाम् उत्तराणि प्रदत्तविकल्पेभ्यः चित्वा लिखत।
(निम्नलिखित प्रश्नों के उत्तर दिए गए विकल्पों में से चुनकर लिखिए।)
(i) 'वैद्यानां' इत्यस्य पर्यायपदं श्लोके किं प्रयुक्तम्?
(अ) भिषक्शास्त्रिणां (ब) नटानां
(स) नटीनां (द) कवीनां
(ii) 'धरेयं' अत्र सन्धिविच्छेदः अस्ति
(अ) धरा + इयं (ब) धरे + यं
(स) धरा + ये (द) धरे + यम्
(iii) 'कवयित्रिनां' इति पदस्य विलोमपदं श्लोके किं प्रयुक्तम्?
(अ) युतानाम् (ब) कवीनां
(स) नटानां (द) शिल्पिनां
(iv) कस्य प्रबन्धे युतानाम् भारत भूमिः अस्ति?
(अ) जलस्य (ब) भूः
(स) नद्याः (द) सागरस्य

(v) अभिनयम् कर्तारः जनः किम् कथ्यते?
(अ) नरः (ब) नारी
(स) कवि (द) कवयित्री

उत्तराणि

I. (i) भारत भूमिः (ii) भारत भूमिः
(iii) भारत भूमिः (iv) भारत भूमिः

II. (i) इयं शिल्पिनां, यन्त्रविद्याधराणां, भिषक्शास्त्रिणां, भूः प्रबन्धे युतानाम्, नटानां, नटीनां, कवीनां च भूमिः अस्ति।
(ii) नटानां नटीनां च भारतभूमिः अस्ति।

III. (i) षष्ठी (ii) यंत्र विद्या

IV. (i) (अ) भिषक्शास्त्रिणां (ii) (अ) धरा + इयं
(iii) (ब) कवीनां (iv) (ब) भूः
(v) (अ) नटः

(ग) **वने दिग्गजानां तथा केसरीणां**
तटीनामियं वर्तते भूधराणाम्।
शिखीनां शुकानां पिकानां धरेयं
क्षितौ राजते भारतस्वर्णभूमिः।।

I. अधोलिखितानां प्रश्नानाम् उत्तराणि एकपदेन लिखत।
(निम्नलिखित प्रश्नों के उत्तर एक पद में लिखिए।)
(i) इयं भूमिदिग्गजानां कुत्र अस्ति?
(ii) शुकानां पिकानां च भूमिः का अस्ति?
(iii) भारत भूमेः मयूराः कुत्र निवसन्ति?
(iv) कुत्र भारतभूमिः स्वर्ण भूमि इव सुशोभते?

II. अधोलिखितानां प्रश्नानाम् उत्तराणि पूर्णवाक्येन लिखत।
(निम्नलिखित प्रश्नों के उत्तर पूर्णवाक्य में लिखिए।)
(i) भारतभूमिः वने केषाम् अस्ति?
(ii) तटीनां भूधराणां च का भूमिः अस्ति?

III. निर्देशानुसारम् उत्तरत्। (निर्देशानुसार उत्तर दीजिए।)
(i) 'सिहानां' इत्यस्य पर्यायपदं श्लोके किं प्रयुक्तम्?
(ii) 'धरेय' अत्र विशेष्य पदं किं अस्ति?

IV. अधोलिखितानां प्रश्नानाम् उत्तराणि प्रदत्तविकल्पेभ्यः चित्वा लिखत।
(निम्नलिखित प्रश्नों के उत्तर दिए गए विकल्पों में से चुनकर लिखिए।)
(i) 'वने' अत्र का विभक्तिः?
(अ) सप्तमी (ब) षष्ठी
(स) पञ्चमी (द) चतुर्थी
(ii) 'तटीनामियं वर्तते भूधराणाम्' अस्मिन् वाक्ये क्रियापदं किम्?
(अ) वर्तते (ब) भूधराणाम्
(स) तटीनां (द) इयं
(iii) 'मयूराणां' इत्यस्य समानार्थक पदं श्लोके किम्?
(अ) तटीनां (ब) शुकानां
(स) शिखीनां (द) पिकानां
(iv) भारत भूमौ वने के हिंसकः पशवः वसन्ति?
(अ) दिग्गजा (ब) सिंहः
(स) शुकाः (द) पिकाः

(v) भारत भूमिः कैः पक्षिणैः सुशोभिते?
(अ) मयूरैः (ब) पिकैः (स) शुकैः (द) सर्वैः

उत्तराणि

I. (i) वने (ii) भारतभूमिः
(iii) वने (iv) धरायाम्

II. (i) भारतभूमिः वने दिग्गजानां, केसरीणां च भूमि अस्ति।
(ii) तटीनां भूधराणां च भारतभूमिः अस्ति।

III. (i) केसरीणाम् (ii) धरा

IV. (i) (अ) सप्तमी (ii) (अ) वर्तते
(iii) (स) शिखीनां (iv) (ब) सिंहः
(v) (स) सर्वैः

अन्वयः पूरयत

2. मञ्जूषायाः सहायतया अधोलिखितानां श्लोकानां अन्वयपूर्तिं कुरुत। (मञ्जूषा की सहायता से निम्नलिखित श्लोकों के अन्वय को पूरा कीजिए।)

(क) सुपूर्णं सदैवास्ति खाद्यान्नभाण्डं
नदीनां जलं यत्र पीयूषतुल्यम्।
इयं स्वर्णवद् भाति शस्यैर्धरेयं
क्षितौ राजते भारतस्वर्णभूमिः।।

अन्वयः इयं धरा (i)········ सुपूर्णम् अस्ति। यत्र (ii)········ जलं पीयूषतुल्यम् (अस्ति), इयं शस्यैः (iii)········ भाति, इयं भारतस्वर्णभूमिः (iv)········ राजते।

• मञ्जूषा क्षितौ, स्वर्णवत्, नदीनां, खाद्यान्नभाण्डं।

(ख) त्रिशूलाग्निनागैः पृथिव्यस्त्रघोरैः
अणूनां महाशक्तिभिः पूरितेयम्।
सदा राष्ट्ररक्षारतानां धरेयम्
क्षितौ राजते भारतस्वर्णभूमिः।।

अन्वयः इयं घोरैः (i)········ अग्नि-नागैः पृथ्वी (ii)········ राष्ट्ररक्षारतानां (iii)········ महाशक्तिभिः पूरिता (अस्ति), इयं भारतस्वर्णभूमिः सदा क्षितौ (iv) ········।

• मञ्जूषा राजते, अणूनाम्, अस्त्रैः, त्रिशूल।

(ग) इयं वीरभोग्या तथा कर्मसेव्या
जगद्वन्दनीया च भूः देवगेया।
सदा पर्वणामुत्सवानां धरेयं
क्षितौ राजते भारतस्वर्णभूमिः।।

अन्वयः इयं (i)········ कर्मसेव्या तथा जगत (ii)········ देवगेयाः च भूः (अस्ति) (iii)········ उत्सवानाम् इयम् (iv)········ क्षितौ राजते।

• मञ्जूषा भारतस्वर्णभूमिः, पर्वणां, वन्दनीया, वीरभोग्याः।

(घ) इयं ज्ञानिनां चैव वैज्ञानिकानां
विपश्चिज्जनानामियं संस्कृतानाम्।
बहूनां मतानां जनानां धरेयं
क्षितौ राजते भारतस्वर्णभूमिः।।

अन्वयः इयं धरा (i).......विपश्चिज्जनानां ज्ञानिनां (ii)......च एव, इयम् (iii)........मतानां जनानां भारत (iv)......क्षितौ राजते।

• मञ्जूषा स्वर्णभूमिः, बहूनां, वैज्ञानिकानां, संस्कृतानां।

उत्तराणि

(क) (i) खाद्यान्नभाण्डम् (ii) नदीनां
(iii) स्वर्णवत् (iv) क्षितौ

(ख) (i) त्रिशूल (ii) अस्त्रैः
(iii) अणूनां (iv) राजते

(ग) (i) वीरभोग्याः (ii) वन्दनीया
(iii) पर्वाणां (iv) भारतस्वर्णभूमिः

(घ) (i) संस्कृतानां (ii) वैज्ञानिकानां
(iii) बहूनां (iv) स्वर्णभूमिः

वाक्य प्रयोगः

3. अधोलिखितानां शब्दानां वाक्येषु प्रयोगं कुरुत। (निम्नलिखित शब्दों का वाक्यों में प्रयोग कीजिए।)

(i) सदा (ii) यत्र (iii) वर्तते
(iv) इयं (v) जनानाम् (vi) राजते

उत्तराणि

(i) सदा — भारतभूमिः सदा वन्दनीया अस्ति।
(ii) यत्र — यत्र नदीनां जलं पीयूषतुल्यम् अस्ति।
(iii) वर्तते — इयं भूधराणां भूमिः वर्तते।
(iv) इयं — इयं धरा वैज्ञानिकानां वर्तते।
(v) जनानाम् — इयं बहूनां मतानां जनानां भूमिः अस्ति।
(vi) राजते — क्षितौ राजते भारतस्वर्णभूमिः।

भावार्थं पूरयत

4. अधोलिखितेषु श्लोकेषु मञ्जूषातः उचित पदेन भावार्थं पूरयत। (निम्नलिखित श्लोकों में मञ्जूषा के उचित शब्दों से भावार्थ को पूरा कीजिए।)

(क) सुपूर्णं सदैवास्ति खाद्यान्नभाण्डं
नदीनां जलं यत्र पीयूषतुल्यम्।
इयं स्वर्णवद् भाति शस्यैर्धरेयं
क्षितौ राजते भारतस्वर्णभूमिः।।

भावार्थः अस्य श्लोकस्य आशयम् अस्ति यत् इयं भारतभूमि सदैव (i)·······सुपूर्णम् अस्ति। नदीनां जलं यत्र (ii)·······अस्ति। इयं धरा सदैव (iii)·····स्वर्णवद् भाति। अतएव क्षितौ भारतस्वर्णभूमिः (iv)····।

• मञ्जूषा शस्यैः, राजते, खाद्यान्नभाण्डं, पीयूषतुल्यं।

(ख) त्रिशूलाग्निनागैः पृथिव्यस्त्रघोरैः
अणूनां महाशक्तिभिः पूरितेयम्।
सदा राष्ट्ररक्षारतानां धरेयम्
क्षितौ राजते भारतस्वर्णभूमिः।।

भावार्थः श्लोकस्य आशयम् अस्ति यत् इयं भारत भूमि त्रिशूल, अग्नि (i)....... पृथ्वी इत्यादयः अणूनां (ii)....... पूरिता। इयं धरा सदा राष्ट्रस्य (iii)....... अस्ति। पृथिव्यां इदृशी (iv)....... क्षितौ राजते।

- मञ्जूषा भारतस्वर्णभूमिः, रक्षारतानाम्, महाशक्तिभिः, नागैः।

(ग) इयं वीरभोग्य तथा कर्मसेव्या
जगद्वन्दनीया च भूः देवगेया।
सदा पर्वणामुत्सवानां धरेयं
क्षितौ राजते भारतस्वर्णभूमिः।।

भावार्थः श्लोकस्य आशयम् अस्ति यत् इयं धरा (i).......कर्मसेव्या, जगद्वन्दनीया (ii).......च भूः अस्ति। इयं भू सदा (iii)....... उत्सवानां (iv).......अस्ति। पृथिव्यां भारतरूपस्वर्णभूमि सुशोभिता वर्तते।

- मञ्जूषा धरा, पर्वणाम्, देवगेया, वीरभोग्या।

(घ) इयं ज्ञानिनां चैव वैज्ञानिकानां
विपश्चिज्जनानामियं संस्कृतानाम्।
बहूनां मतानां जनानां धरेयं
क्षितौ राजते भारतस्वर्णभूमिः।।

भावार्थः अस्य श्लोकस्य भावम् अस्ति यत् इयं भारत भूमिः ज्ञानिनां (i)....... विपश्चिज्जनानां (ii)....... (धरा) अस्ति। इयं भूः बहूनां (iii)....... जनानां धरा अस्ति। (iv)....... भारतस्वर्णभूमिः राजते।

- मञ्जूषा क्षितौ, मतानां, संस्कृतानाम्, वैज्ञानिकानां।

उत्तराणि

(क) (i) खाद्यान्नभाण्डं (ii) पीयूषतुल्यं
(iii) शस्यैः (iv) राजते

(ख) (i) नागैः (ii) महाशक्तिभिः
(iii) रक्षारतानाम् (iv) भारतस्वर्णभूमिः

(ग) (i) वीरभोग्या (ii) देवगेया
(iii) पर्वणाम् (iv) धरा

(घ) (i) वैज्ञानिकानां (ii) संस्कृतानाम्
(iii) मतानां (iv) क्षितौ

व्याकरणम्

5. अधोलिखित पदेषु संधिं/संधि-विच्छेदं वा कुरुत।
(निम्नलिखित पदों की संधिं/संधि-विच्छेद कीजिए।)

(i) पूरितेयम् = ... + ...
(ii) जगत् + वन्दनीया = ...
(iii) त्रिशूलाग्नि नागैः = ... + ...
(iv) सदा + एव + अस्ति = ...

उत्तराणि

(i) पूरिता + इयम्
(ii) जगत्वन्दनीया
(iii) त्रिशूल + अग्निनागैः
(iv) सदैवास्ति

अतिलघु उत्तरीयाः प्रश्नाः

1. भारत भूमौ केषाम् जलं पीयूष तुल्यम् अस्ति?
2. भारत भूमिः काभिः पूरिताः?
3. पृथिव्यां भारत भूमिः कीदृशी राजते?
4. भारत भूमि केन भोग्या अस्ति?
5. भारत भूमि कथम् सेव्या अस्ति?

उत्तराणि

1. नदीनाम्
2. अणुशक्तिभिः
3. स्वर्णभूमिः
4. वीरभोग्या
5. कर्मेण

लघु उत्तरीयाः प्रश्नाः

1. जगत् वन्दनीया का अस्ति?
2. जगति भारतभूमिः कीदृशी अस्ति?
3. भारतभूमिः कैः सुपूर्णम अस्ति?
4. देव गेया का अस्ति?

उत्तराणि

1. जगत् वन्दनीया भारत भूमि अस्ति।
2. जगति भारत भूमिः वन्दनीया अस्ति।
3. भारत भूमि खाद्यान्नभाण्डैः सुपूर्णम् अस्ति।
4. देव गेया भारत भूमिः अस्ति।

दीर्घ उत्तरीयाः प्रश्नाः

1. भारत-भूमिः कैः अस्त्रैः सुशोभिता अस्ति?
2. पञ्चश्लोकस्य अनुसारेण इयं धरा केषाम् अस्ति?

उत्तराणि

1. भारत भूमि त्रिशूल-अग्नि-नागैः, पृथिवी-अस्त्रैः सुशोभिता अस्ति।
2. पञ्चश्लोकस्य अनुसारेण इयं धरा शिल्पिनां, यंत्रविद्याधराणाम्, भिषक्शास्त्रिणां, भूःप्रबन्धे युतानां, नटानां, नटीनां, कवीनां च अस्ति।

आर्यभटः
(आर्यभट)

अध्याय 14

पाठ का सार ज्ञान एवं विज्ञान के प्राचीन प्रतिपादित सिद्धांत भारतवर्ष की अमूल्य निधि हैं। इन्हें अनेक ज्ञानियों तथा विद्वानों द्वारा प्रतिपादित किया गया। इन्हीं विद्वानों में आर्यभट भी महत्त्वपूर्ण स्थान रखते हैं। आर्यभट ने दशमलव पद्धति का प्रतिपादन करके गणित को नई दिशा प्रदान की। इन्होंने और इनके सिद्धांतों ने तत्कालिक रूढ़िवादियों के विरोध का सामना किया। आर्यभट गणित को विज्ञान बनाने वाले व गणितीय पद्धति द्वारा आकाशीय पिंडों की गति का अध्ययन करने वाले प्रथम आचार्य थे। अतः प्रस्तुत पाठ में आचार्य आर्यभट द्वारा प्रतिपादित सिद्धांतों का संक्षिप्त वर्णन किया गया है।

पाठ का हिंदी अनुवाद

1. पूर्वदिशायाम् उदेति सूर्यः पश्चिमदिशायां च अस्तं गच्छति इति दृश्यते हि लोके। परं न अनेन अवबोध्यमस्ति यत्सूर्यो गतिशील इति। सूर्योऽचलः पृथिवी च चला या स्वकीये अक्षे घूर्णति इति साम्प्रतं सुस्थापितः सिद्धान्तः। सिद्धान्तोऽयं प्राथम्येन येन प्रवर्तितः, स आसीत् महान् गणितज्ञः ज्योतिर्विच्चः आर्यभटः। पृथिवी स्थिरा वर्तते इति परम्परया प्रचलिता रूढ़िः तेन प्रत्यादिष्टा। तेन उदाहृतं यद् गतिशीलायां नौकायाम् उपविष्टः मानवः नौकां स्थिरामनुभवति, अन्यान् च पदार्थान् गतिशीलान् अवगच्छति। एवमेव गतिशीलायां पृथिव्याम् अवस्थितः मानवः पृथिवी स्थिरामनुभवति सूर्यादिग्रहान् च गतिशीलान् वेत्ति।

शब्दार्थाः उदेति = उदय होता है, लोके = संसार में, अवबोध्यम् = समझने योग्य/जानना चाहिए, अचलः = स्थिर/गतिहीन, चला = अस्थिर/गतिशील, स्वकीये = अपने, अक्षे = धुरी पर, घूर्णति = घूमती है, सुस्थापितः = भली-भाँति स्थापित, प्राथम्येन = सर्वप्रथम, ज्योतिर्विद् = ज्योतिषी, रूढ़िः = प्रथा/रिवाज, प्रत्यादिष्टा = खंडन किया, उदाहृतम् = उदाहरण दिया, नौकायाम् = नाव में, उपविष्टः = बैठा हुआ, अवगच्छति = जानता है, अवस्थितः = स्थित, वेत्ति = जानता है।

संदर्भ प्रस्तुत गद्यांश हमारी पाठ्य-पुस्तक रुचिरा भाग-3 के चतुर्दश पाठ 'आर्यभटः' से लिया गया है। आर्यभट दशमलव पद्धति के प्रारंभिक प्रयोक्ता थे। इसमें इनके द्वारा प्रतिपादित सिद्धांतों को बताया गया है।

हिंदी अनुवाद सूर्य पूर्व दिशा में उदय होता है और पश्चिम दिशा में अस्त होता है, ऐसा संसार में दिखाई देता है, परंतु इससे यह नहीं समझना चाहिए कि सूर्य गतिशील है। सूर्य स्थिर है और पृथ्वी अस्थिर है, जो अपनी धुरी पर घूमती रहती है, यह सिद्धांत इस समय भली-भाँति स्थापित हो चुका है। यह सिद्धांत सर्वप्रथम जिसने स्थापित किया है, वह महान गणितज्ञ और ज्योतिषी आर्यभट थे। पृथ्वी स्थिर है, उन्होंने इस परंपरा से प्रचलित प्रथा का खंडन किया। उन्होंने उदाहरण दिया कि गतिशील नाव में बैठा हुआ मनुष्य नाव को स्थिर समझता है तथा अन्य पदार्थों को गतिशील समझता है। इसी प्रकार गतिशील पृथ्वी पर स्थित मनुष्य पृथ्वी में स्थिरता का अनुभव करता है और सूर्य आदि ग्रहों को गतिशील समझता है।

2. 476 तमे ख्रिस्ताब्दे (षट्सप्तत्यधिकचतुःशततमे वर्षे) आर्यभटः जन्म लब्धवानिति तेनैव विरचिते 'आर्यभटीयम्' इत्यस्मिन् ग्रन्थे उल्लिखितम्। ग्रन्थोऽयं तेन त्रयोविंशतितमे वयसि विरचितः। ऐतिहासिकस्रोतोभिः ज्ञायते यत् पाटलिपुत्रं निकषा आर्यभटस्य वेधशाला आसीत्। अनेन इदम् अनुमीयते यत् तस्य कर्मभूमिः पाटलिपुत्रमेव आसीत्।

शब्दार्थाः ख्रिस्ताब्दे = ईस्वी में, षट्सप्ततिः = छिहत्तर, लब्धवान् = प्राप्त किया, वयसि = आयु में, निकषा = निकट, वेधशाला = ग्रह-नक्षत्रों को जानने की प्रयोगशाला, अनुमीयते = अनुमान किया जाता है।

हिंदी अनुवाद 476 ई. में आर्यभट ने जन्म लिया ऐसा उनके द्वारा ही लिखित 'आर्यभटीयम्' नामक ग्रंथ में उल्लेख किया गया है। यह ग्रंथ उनके द्वारा तेईस वर्ष की आयु में लिखा गया था। ऐतिहासिक स्रोतों से ज्ञात होता है कि पाटलिपुत्र के निकट आर्यभट की वेधशाला थी। इससे यह अनुमान लगाया जाता है कि उनकी कर्मभूमि पाटलिपुत्र (पटना) ही थी।

3. आर्यभटस्य योगदानं गणितज्योतिषा सम्बद्धं वर्तते यत्र संख्यानाम् आकलनं महत्त्वम् आदधाति। आर्यभटः फलितज्योतिषशास्त्रे न विश्वसिति स्म। गणितीयपद्धत्या कृतम् आकलनमाधृत्य एव तेन प्रतिपादितं यद् ग्रहणे राहु-केतुनामकौ दानवौ नास्ति कारणम्। तत्र तु सूर्यचन्द्रपृथिवी इति त्रीणि एव कारणानि। सूर्यं परितः भ्रमन्त्याः पृथिव्याः, चन्द्रस्य परिक्रमापथेन संयोगाद् ग्रहणं भवति। यदा पृथिव्याः छायापातेन चन्द्रस्य प्रकाशः अवरुध्यते तदा चन्द्रग्रहणं भवति। तथैव पृथ्वीसूर्ययोः मध्ये समागतस्य चन्द्रस्य छायापातेन सूर्यग्रहणं दृश्यते।

शब्दार्थाः आकलनम् = गणना, आदधाति = रखता है, न विश्वसिति स्म = विश्वास नहीं करता था, भ्रमन्त्याः = घूमती हुई, पथेन = मार्ग से, छायापातेन = छाया पड़ने से, अवरुध्यते = रुक जाता है, समागतस्य = आए हुए का, दृश्यते = दिखाई देता है।

हिंदी अनुवाद आर्यभट का योगदान गणित ज्योतिष से संबद्ध है, जिसमें संख्याओं की गणना महत्त्व रखती है। आर्यभट फलित ज्योतिषशास्त्र में विश्वास नहीं रखते थे। गणितीय पद्धति से की गई गणना को आधार मानकर ही उन्होंने प्रतिपादित किया कि ग्रहण लगने में राहु और केतु नामक दानव कारण नहीं हैं। उसके तो सूर्य, चंद्रमा और पृथ्वी-ये तीन ही कारण हैं। सूर्य के चारों ओर घूमती हुई पृथ्वी का चंद्रमा के परिक्रमा-मार्ग से संयोग होने के कारण ग्रहण होता है। जब पृथ्वी की छाया पड़ने से चंद्रमा का प्रकाश रुक जाता है, तब चंद्रग्रहण होता है। उसी प्रकार पृथ्वी और सूर्य के मध्य में आए हुए चंद्रमा की छाया पड़ने पर सूर्यग्रहण दिखाई देता है।

4. समाजे नूतनानां विचाराणां स्वीकरणे प्रायः सामान्यजनाः काठिन्यमनुभवन्ति। भारतीयज्योतिःशास्त्रे तथैव आर्यभटस्यापि विरोधः अभवत्। तस्य सिद्धान्ताः उपेक्षिताः। स पण्डितम्मन्यानाम् उपहासपात्रं जातः। पुनरपि तस्य दृष्टिः कालातिगामिनी दृष्टा। आधुनिकैः वैज्ञानिकैः तस्मिन्, तस्य च सिद्धान्ते समादरः प्रकटितः। अस्मादेव कारणाद् अस्माकं प्रथमोपग्रहस्य नाम आर्यभटः इति कृतम्।
वस्तुतः भारतीयायाः गणितपरम्परायाः अथ च विज्ञानपरम्परायाः असौ एकः शिखरपुरुषः आसीत्।

शब्दार्थाः काठिन्यम् = कठिनता का, पण्डितम्मन्यानाम् = स्वयं को ऊँचा विद्वान मानने वालों का, पुनरपि = फिर भी, कालातिगामिनी = समय को लाँघने वाली, दृष्टा = देखी गई, कृतम् = किया गया, असौ = वह।

हिंदी अनुवाद समाज में नवीन विचारों को स्वीकार करने में प्रायः सामान्य लोग कठिनता का अनुभव करते हैं। उसी प्रकार भारतीय ज्योतिषशास्त्र में आर्यभट का भी विरोध हुआ। उनके सिद्धांतों की उपेक्षा की गई। वह उन लोगों के उपहास का पात्र बने, जो स्वयं को उच्च विद्वान मानते थे। फिर भी उनकी दृष्टि समय को लाँघने वाली देखी गई। आधुनिक वैज्ञानिकों ने उनके और उनके सिद्धांत के प्रति आदर प्रकट किया। इसी कारण हमारे प्रथम उपग्रह का नाम 'आर्यभट' रखा गया।

वास्तव में भारतीय गणित-परंपरा और विज्ञान-परंपरा के वह एक शिखर पुरुष थे।

NCERT फोल्डर: पाठ्य-पुस्तक रुचिरा भाग-3 के प्रश्नोत्तर

प्र.1 अधोलिखितानां प्रश्नानाम् उत्तराणि एकपदेन लिखत।
(निम्नलिखित प्रश्नों के उत्तर एक पद में लिखिए।)

(i) सूर्यः कस्यां दिशायाम् उदेति?
(ii) आर्यभटस्य वेधशाला कुत्र आसीत्?
(iii) महान् गणितज्ञः ज्योतिर्विच्च: कः अस्ति?
(iv) आर्यभटेन कः ग्रन्थः रचितः?
(v) अस्माकं प्रथमोपग्रहस्य नाम किम् अस्ति?

उत्तराणि

(i) पूर्वदिशायाम्
(ii) पाटलिपुत्रे
(iii) आर्यभटः
(iv) आर्यभटीयम्
(v) आर्यभटः

प्र.2 अधोलिखितानां प्रश्नानाम् उत्तराणि पूर्णवाक्येन लिखत।
(निम्नलिखित प्रश्नों के उत्तर पूर्णवाक्य में लिखिए।)

(i) कः सुस्थापितः सिद्धान्तः?
(ii) चन्द्रग्रहणं कथं भवति?
(iii) सूर्यग्रहणं कथं दृश्यते?
(iv) आर्यभटस्य विरोधः किमर्थमभवत्?
(v) प्रथमोपग्रहस्य नाम आर्यभटः इति कथं कृतम्?

उत्तराणि

(i) सूर्योऽचलः पृथिवी च चलति इति सुस्थापितः सिद्धान्तः।
(ii) यदा पृथिव्याः छायापातेन चन्द्रस्य प्रकाशः अवरुध्यते, अस्मिन् स्थितौ चन्द्रग्रहणं भवति।
(iii) यदा चन्द्रस्य छायापातेन सूर्यस्य प्रकाशः अवरुध्यते, अस्मिन् स्थितौ सूर्यग्रहणं दृश्यते।

(*iv*) समाजे नूतनानां विचाराणां स्थापनया आर्यभटस्य विरोधः अभवत्।
(*v*) आधुनिकैः वैज्ञानिकैः आर्यभटस्य सिद्धान्ते समादरः प्रकटितः। अस्मात् कारणात् अस्माकं प्रथमोपग्रहस्य नाम आर्यभट इति कृतम्।

प्र.3 रेखाङ्कितपदानि आधृत्य प्रश्ननिर्माणं कुरुत।
(रेखांकित पदों के आधार पर प्रश्नों का निर्माण कीजिए।)

(i) सूर्यः पश्चिमायां दिशायाम् अस्तं गच्छति।
(ii) पृथिवी स्थिरा वर्तते इति परम्परया प्रचलिता रूढिः।
(iii) आर्यभटस्य योगदानं गणितज्योतिष-सम्बद्धं वर्तते।
(iv) समाजे नूतनविचाराणां स्वीकरणे प्रायः सामान्यजनाः काठिन्यमनुभवन्ति।
(v) पृथ्वीसूर्ययोः मध्ये चन्द्रस्य छायापातेन सूर्य-ग्रहणं भवति।

उत्तराणि
(i) सूर्यः कस्यां दिशायाम् अस्तं गच्छति?
(ii) पृथिवी स्थिरा वर्तते इति कया प्रचलिता रूढिः?
(iii) आर्यभटस्य योगदानं केन सम्बद्धं वर्तते?
(iv) समाजे नूतनविचाराणां स्वीकरणे प्रायः कैः काठिन्यमनुभवन्ति?
(v) कयोः मध्ये चन्द्रस्य छायापातेन सूर्यग्रहणं भवति?

प्र.4 मञ्जूषातः पदानि चित्वा रिक्तस्थानानि पूरयत।
(मञ्जूषा से शब्दों को चुनकर रिक्त स्थानों की पूर्ति कीजिए।)

(i) सूर्यः पूर्वदिशायाम् उदेति पश्चिमदिशायां च .... गच्छति।
(ii) सूर्यः अचलः पृथिवी च ....।
(iii) .... स्वकीये अक्षे घूर्णति।
(iv) यदा पृथिव्याः छायापातेन चन्द्रस्य प्रकाशः अवरुध्यते .... चन्द्रग्रहणं भवति।
(v) नौकायाम् उपविष्टः मानवः .... स्थिरामनुभवति।

• मञ्जूषाः नौकाम्, पृथिवी, तदा, चला, अस्तं।

उत्तराणि
(i) सूर्यः पूर्वदिशायाम् उदेति पश्चिमदिशायां च अस्तं गच्छति।
(ii) सूर्यः अचलः पृथिवी च चला।
(iii) पृथिवी स्वकीये अक्षे घूर्णति।
(iv) यदा पृथिव्याः छायापातेन चन्द्रस्य प्रकाशः अवरुध्यते तदा चन्द्रग्रहणं भवति।
(v) नौकायाम् उपविष्टः मानवः नौकां स्थिरामनुभवति।

प्र.5 अधोलिखितेषु पदेषु सन्धिविच्छेदं कुरुत।
(निम्नलिखित पदों में सन्धि-विच्छेद कीजिए।)

पद		सन्धि विच्छेदं
(i) ग्रन्थोऽयम्	–	.... + ...
(ii) सूर्याचलः	–	.... + ...
(iii) तथैव	–	.... + ...
(iv) कालातिगामिनी	–	.... + ...
(v) प्रथमोपग्रहस्य	–	.... + ...

उत्तराणि

पद		सन्धि विच्छेदं
(i) ग्रन्थोऽयम्	–	ग्रन्थः + अयम्
(ii) सूर्याचलः	–	सूर्य + अचलः
(iii) तथैव	–	तथा + एव
(iv) कालातिगामिनी	–	काल + अतिगामिनी
(v) प्रथमोपग्रहस्य	–	प्रथम + उपग्रहस्य

प्र.6 (क) अधोलिखितानां पदानां विपरीतार्थकपदानि लिखत।
(निम्नलिखित पदों के विपरीतार्थक पद लिखिए।)

पद	विपरीतार्थक पद
(i) उदयः	....
(ii) अचलः	....
(iii) अन्धकारः	....
(iv) स्थिरः	....
(v) समादरः	....
(vi) आकाशस्य	....

उत्तराणि

पद	विपरीतार्थक पद
(i) उदयः	अस्तः
(ii) अचलः	चलः
(iii) अन्धकारः	प्रकाशः
(iv) स्थिरः	गतिशीलः
(v) समादरः	निरादरः
(vi) आकाशस्य	पातालस्य

(ख) अधोलिखितानां पदानां समानार्थकपदानि पाठात् चित्वा लिखत।
(निम्नलिखित शब्दों के समान शब्द पाठ से चुनकर लिखिए।)

पद	विपरीतार्थक पद
(i) संसारे	....
(ii) इदानीम्	....
(iii) वसुन्धरा	....
(iv) समीपम्	....
(v) गणनम्	....
(vi) राक्षसौ	....

उत्तराणि

पद	समानार्थक पद
(i) संसारे	लोके
(ii) इदानीम्	साम्प्रतम्
(iii) वसुन्धरा	पृथिवी
(iv) समीपम्	निकषा
(v) गणनम्	आकलनम्
(vi) राक्षसौ	दानवौ

प्र.7 अधोलिखितानां पदानां वाक्येषु प्रयोगं कुरुत।
(निम्नलिखित शब्दों का वाक्यों में प्रयोग कीजिए।)

पद		वाक्य प्रयोग
(i) साम्प्रतम्	–	....
(ii) निकषा	–	....
(iii) परित:	–	....
(iv) उपविष्ट:	–	....
(v) कर्मभूमि:	–	....
(vi) वैज्ञानिक:	–	....

उत्तराणि

पद		वाक्य प्रयोग
(i) साम्प्रतम्	—	साम्प्रतं गृहगमनं सरलं जातम्।
(ii) निकषा	—	गृहं निकषा उद्यानम् अस्ति।
(iii) परित:	—	शिक्षकं परित: छात्रा: सन्ति।
(iv) उपविष्ट:	—	राम: तटे: उपविष्ट:।
(v) कर्मभूमि:	—	जयपुरं मम कर्मभूमि: वर्तते।
(vi) वैज्ञानिक:	—	अब्दुलकलाम: महान् वैज्ञानिक: आसीत्।

अभ्यास प्रश्ना:

पाठ्य-पुस्तक रुचिरा भाग-3
के प्रश्नोत्तर

भाग I

बहुविकल्पीय प्रश्ना:

1. (क) अधोलिखितानां प्रश्नानां कृते सम्यक् विकल्पं चिनुत।
(निम्नलिखित प्रश्नों के लिए सही विकल्प चुनिए।)

(i) सूर्योऽचल: पृथिवी च चला था स्वकीये अक्षे घूर्णति इति साम्प्रतं कीदृश: सिद्धान्त:?
(अ) नियम: (ब) सिद्धान्त:
(स) सुस्थापित: सिद्धान्त: (द) विचारधारा

(ii) आर्यभटस्य जन्म कस्मिन ख्रिस्ताब्दे अभवत्?
(अ) 647 तमे ख्रिस्ताब्दे (ब) 476 तमे ख्रिस्ताब्दे
(स) 764 तमे ख्रिस्ताब्दे (द) 467 तमे ख्रिस्ताब्दे

(iii) आर्यभटस्य योगदानं केन सम्बद्ध अस्ति?
(अ) गणितेन (ब) ज्योतिषया
(स) समाज शास्त्रेन (द) गणित ज्योतिषया

(iv) पृथ्वीसूर्ययो: मध्ये समागतस्य चन्द्रस्य छायापातेन......दृश्यते
(अ) सूर्यग्रहणं (ब) चन्द्रग्रहणं (स) घूर्णनं (द) अन्धकारं

(v) अस्माकम् प्रथमोपग्रहस्यं नाम किम् आसीत्
(अ) आर्यभटीयम् (ब) आर्यभटेन
(स) आर्यभटात् (द) आर्यभट:

उत्तराणि

(i) (स) सुस्थापित: सिद्धान्त:
(ii) (ब) 476 तमे ख्रिस्ताब्दे
(iii) (द) गणित ज्योतिषया
(iv) (अ) सूर्यग्रहणं
(v) (द) आर्यभट:

(ख) अधोलिखितेषु वाक्येषु रेखाङ्कितपदानि आधृत्य प्रश्नवाचक पदं चित्वा लिखत। (निम्नलिखित वाक्यों में रेखांकित पदों के आधार पर प्रश्नवाचक पद चुनकर लिखिए।)

(i) <u>चन्द्रस्य</u> छायापातेन सूर्यग्रहणं दृश्यते।
(अ) कस्य (ब) क:
(स) का (द) के

(ii) <u>पाटलिपुत्रे</u> आर्यभटस्य वेधशाला अस्ति।
(अ) क: (ब) कुत्र
(स) किम् (द) के

(iii) <u>पूर्वस्यां</u> दिशायां सूर्य: उदेति।
(अ) कयो: (ब) का
(स) कस्यां (द) कुत्र

(iv) सूर्यग्रहणं चन्द्रस्य <u>छायापातेन</u> भवति।
(अ) कानि (ब) किम्
(स) केन (द) क:

(v) तत्र सूर्यचन्द्रपृथिवी इति <u>त्रीणि</u> एव कारणानि सन्ति।
(अ) कति (ब) कुत:
(स) कदा (द) कानि

(vi) <u>पृथिवी</u> स्वकीये अक्षे घूर्णति।
(अ) कयो: (ब) कदा
(स) क: (द) का

(vii) नौकायां उपविष्ट: मानव: <u>नौकां</u> स्थिरामनुभवति।
(अ) काम् (ब) क:
(स) कानि (द) कस्मिन्

(viii) ग्रहणे राहुकेतुनामकौ दानवौ नास्ति कारणम्।

(अ) का (ब) कौ

(स) काम् (द) के

(ix) सः पण्डितानां उपहासपात्रं जातम्।

(अ) को (ब) कः

(स) केषां (द) कस्य

(x) आर्यभटः एकः शिखरपुरुषः आसीत्।

(अ) के (ब) कानि

(स) का (द) कः

उत्तराणि

(i) (अ) कस्य (ii) (ब) कुत्र

(iii) (स) कस्यां (iv) (स) केन

(v) (अ) कति (vi) (द) का

(vii) (अ) काम् (viii) (ब) कौ

(ix) (स) केषां (x) (द) कः

(ग) अधोलिखितेषु भावार्थेषु समुचितभावार्थं लिखत।
(निम्नलिखित भावार्थों में से उचित भावार्थ लिखिए।)

(क) पूर्वदिशायाम् उदेति सूर्यः।

भावार्थः-

(i) सूर्यः पूर्वस्यां दिशायाम् उदेति।

(ii) उदेति सूर्य दिशाम्।

(iii) दिशाम् सूर्य उदयति।

(ख) सूर्योऽचलः पृथ्वी च चला।

भावार्थः-

(i) पृथ्वी चला अस्ति।

(ii) पृथ्वी चलायमानम् अस्ति सूर्यश्च अचलः।

(iii) सूर्यः अचलः अस्ति।

उत्तराणि

(क) (i) सूर्यः पूर्वस्यां दिशायाम् उदेति।

(ख) (ii) पृथ्वी चलायमानम् अस्ति सूर्यश्च अचलः।

सत्यं / असत्यं

2. अधोलिखितेषु कथनेषु शुद्धकथनानां समक्षं (आम्) अशुद्धकथनानां च समक्षं (न) इति लिखत।
(निम्नलिखित कथनों में शुद्ध कथनों के सामने (आम्) तथा अशुद्ध कथनों के सामने (न) लिखिए।)

(i) सूर्यः पश्चिमदिशायां उदेति।

(ii) सूर्यः पूर्वदिशायां अस्तं गच्छति।

(iii) सूर्योऽचलः पृथिवी च चला।

(iv) आर्यभटः महान् गणितज्ञः ज्योतिर्विच्चः आसीत्।

(v) आर्यभटस्य विरचित ग्रन्थस्य नाम 'आर्यभटीयम्'।

(vi) आर्यभटः पञ्चविंशतितमे वयसि 'आर्यभटीयम्' विरचितम्।

उत्तराणि

(i) न (ii) न

(iii) आम् (iv) आम्

(v) आम् (vi) न

रिक्तस्थानं पूर्ति

3. (क) अधोलिखितेषु वाक्येषु प्रदत्तविकल्पेभ्यः उचितम् उत्तरं चित्वा लिखत।
(निम्नलिखित वाक्यों में दिए गए विकल्पों में से उचित उत्तर चुनकर लिखिए।)

(i) अस्मादेव ······ अस्माकं प्रथमोपग्रहस्य नाम आर्यभटः इति कृतम्। (कारणाद्/कारणम्/कारणे)

(ii) सूर्यः पूर्वस्यां दिशायां ······। (उदयति/उदेति/उदति)

(iii) सः महान् गणितज्ञः ······। (आसीत्/आस्ताम्/आसन्)

(iv) पृथिवी स्वकीये ······ घूर्णति। (अक्षम्/अक्षे/अक्षाणि)

(v) तस्य कर्मभूमि पाटलिपुत्रम् ······ आसीत्। (एव/अपि/न)

(vi) चन्द्रस्य ······ सूर्यग्रहणं दृश्यते। (छायापातेन/छायम्/छायान्)

(vii) आर्यभटस्य योगदानं गणितज्योतिषा ······ वर्तते। (सम्बद्धं/सम्बन्ध/समबन्धा)

(viii) पाटलिपुत्रं ······ आर्यभटस्य वेधशाला आसीत्। (निकटा/निकषा/प्रकटा)

(ix) चन्द्रस्य परिक्रमापथेन संयोगाद् ······ भवति। (ग्रहणं/गृहणे/गृहण)

(x) यत्र संख्यानाम् ······ महत्त्वम् आदधाति। (आकलनं/लेखनं/पठनं)

उत्तराणि

(i) कारणाद् (ii) उदेति

(iii) आसीत् (iv) अक्षे

(v) एव (vi) छायापातेन

(vii) सम्बद्धं (viii) निकषा

(ix) ग्रहणं (x) आकलनं

(ख) कोष्ठकेषु प्रदतैः उचित धातुरूपेण रिक्तस्थानानि पूरयत।
(कोष्ठक में दिए गए उचित धातुरूप से रिक्त स्थानों की पूर्ति कीजिए।)

(i) भू + लृट् + प्रथम + बहुवचन = ······ (भविष्यति/भविष्यतः/भविष्यन्ति)

(ii) गम् + विधिलिङ्ग + मध्यम + एकवचन = ······ (गच्छे/गच्छेतम्/गच्छेत)

(iii) दृश् + लट् + प्रथम + एकवचन = ······ (पश्यति/पश्यतः/पश्यन्ति)

(iv) पठ् + लङ्ग + उत्तम + एकवचन = ······ (अपठम्/अपठाव/अपठाम)

(v) हस् + लोट् + उत्तम + एकवचन = ······
(हसानि/हसाव:/हसाम:)

(vi) वद् + लट् + प्रथम + बहुवचन = ······
(वदति/वदत:/वदन्ति)

उत्तराणि

(i) भविष्यन्ति (ii) गच्छे
(iii) पश्यति (iv) अपठम्
(v) हसानि (vi) वदन्ति

(ग) **शब्दस्य उचितरूपं चित्वा रिक्तस्थानानि पूरयत।**
(शब्दों के उचित रूप को चुनकर रिक्त स्थानों की पूर्ति कीजिए।)

(i) अस्मद् – षष्ठी – बहुवचन = ······
(मम/आवयो:/अस्माकं)

(ii) नूतन – षष्ठी – बहुवचन = ······ (नूतनानां/नूतने/नूतनेषु)

(iii) दानव – द्वितीय – द्विवचन = ······ (दानवं/दानवौ/दानवा:)

(iv) आर्यभट – षष्ठी – एकवचन = ······
(आर्यभटस्य/आर्यभटेन/आर्यभट:)

(v) युष्मद् – प्रथमा – बहुवचन = ······ (त्वम्/युवाम्/यूयम्)

उत्तराणि

(i) अस्माकं (ii) नूतनानां
(iii) दानवौ (iv) आर्यभटस्य
(v) यूयम्

मेलनं कुर्वन्तु

4. अधोलिखितानां शब्दानां समक्षं प्रदत्तै: अर्थै: सह मेलनं कुरुत।
(निम्नलिखित शब्दों के समक्ष दिए गए अर्थों का आपस में मिलान कीजिए।)

शब्दा:	अर्था:
(क) लोके	(i) स्थिर:
(ख) रूढ़ि	(ii) गतिशीला
(ग) निकषा	(iii) निकटे
(घ) चला	(iv) प्रथा
(ङ) अचल:	(v) संसारे

उत्तराणि

शब्दा:	अर्था:
(क) लोके	(v) संसारे
(ख) रूढ़ि	(iv) प्रथा
(ग) निकषा	(iii) निकटे
(घ) चला	(ii) गतिशीला
(ङ) अचल:	(i) स्थिर:

व्याकरणम्

5. अधोलिखितानां पदानां विपरीतार्थक पदानि लिखत

(i) चल: – ······
(ii) प्रकटित: – ······
(iii) प्रकाश: – ······
(iv) गतिशीला – ······
(v) निकषा – ······

उत्तराणि

(i) अचल: (ii) अदृश्य/ तिरोहित
(iii) अन्धकार: (iv) स्थिरा
(v) दूरे

6. अधोलिखितानां पदानां लिङ्ग–विभक्ति–वचनानां निर्देशनं कुरुत। (पदपरिचयं) (निम्नलिखित शब्दों में लिङ्ग–विभक्ति–वचन का निर्देशन कीजिए।)

शब्द	लिङ्गम्	विभक्ति:	वचनम्
(i) इदम्	·····	·····	·····
(ii) मानव:	·····	·····	·····
(iii) नौकां	······	······	······
(iv) चन्द्रस्य	·····	·······	······
(v) तेन	·····	·····	·······
(vi) आर्यभट:	······	······	·····
(vii) आधुनिकै:	······	······	·····
(viii) तस्मिन्	·····	·······	·······
(ix) कारणाद्	·······	·····	······
(x) त्रीणि	······	······	······

उत्तराणि

शब्द	लिङ्गम्	विभक्ति	वचनम्
(i) इदम्	नपुंसकलिङ्ग	प्रथमा/द्वितीया	एकवचनम्
(ii) मानव:	पुल्लिङ्ग	प्रथमा	एकवचनम्
(iii) नौका	स्त्रीलिङ्ग	द्वितीया	एकवचनम्
(iv) चन्द्रस्य	पुल्लिङ्ग	षष्ठी	एकवचनम्
(v) तेन	पुल्लिङ्ग	तृतीया	एकवचनम्
(vi) आर्यभट:	पुल्लिङ्ग	प्रथमा	एकवचनम्
(vii) आधुनिकै:	नपुंसकलिङ्ग	तृतीया	बहुवचनम्
(viii) तस्मिन्	पुल्लिङ्ग	सप्तमी	एकवचनम्
(ix) कारणाद्	नपुंसकलिङ्ग	पञ्चमी	एकवचनम्
(x) त्रीणि	नपुंसकलिङ्ग	प्रथमा/द्वितीया	बहुवचनम्

अनुच्छेदस्य पूर्ति

7. अधोलिखित अनुच्छेदस्य पूर्तिं मञ्जूषाः सहायतया कुरुत। (निम्नलिखित अनुच्छेद की पूर्ति मञ्जूषा की सहायता से कीजिए।)

आर्यभटस्य (i)....... गणितज्योतिषा (ii)....... वर्तते यत्र संख्यानाम् (iii)....... महत्त्वम् आदधाति। आर्यभटः फलितज्योतिषशास्त्रे न (iv)....... स्म। गणितीयपद्धत्या कृतम् आकलनमाधृत्य एव तेन (v)....... यद् ग्रहणे राहुकेतुनामकौ (vi).......नास्ति (vii).......। तत्र तु सूर्य (viii)....... पृथिवी इति (ix)....... एव (x).......।

- मञ्जूषा कारणानि, त्रीणि, चन्द्र, कारणम्, दानवौ, प्रतिपादितं, विश्वसिति, आकलनं, सम्बद्धं, योगदानं।

उत्तराणि

(i) योगदानं (ii) सम्बद्धं
(iii) आकलनं (iv) विश्वसिति
(v) प्रतिपादितं (vi) दानवौ
(vii) कारणम् (viii) चन्द्र
(ix) त्रीणि (x) कारणानि।

भाग II

पठित-अवबोधनम्

1. अधोलिखितानां गद्यांशानां पठित्वा एतदाधारितं प्रश्नानाम् उत्तराणि लिखत। (निम्नलिखित गद्यांशों को पढ़कर इन पर आधारित प्रश्नों के उत्तर लिखिए।)

(क) पूर्वदिशायाम् उदेति सूर्यः पश्चिमदिशायां च अस्तं गच्छति इति दृश्यते हि लोके। परं न अनेन अवबोध्यमस्ति यत्सूर्यो गतिशीलः इति। सूर्योऽचलः पृथिवी च चला या स्वकीये अक्षे घूर्णति इति साम्प्रतं सुस्थापितः सिद्धान्तः। सिद्धान्तोऽयं प्राथम्येन येन प्रवर्तितः, स आसीत् महान् गणितज्ञः ज्योतिर्विच्चः आर्यभटः। पृथिवी स्थिरा वर्तते इति परम्परया प्रचलिता रूढिः तेन प्रत्यादिष्टा।

I. अधोलिखितानां प्रश्नानाम् उत्तराणि एकपदेन लिखत। (निम्नलिखित प्रश्नों के उत्तर एक पद में लिखिए।)
(i) कः महान् गणितज्ञः ज्योतिर्विच्चः आसीत्?
(ii) सूर्यः कुत्र उदेति?
(iii) सूर्यः कस्याम् दिशायाम् अस्तं गच्छति?
(iv) पृथ्वी स्वकीये अक्षे किम् करोति?

II. अधोलिखितानां प्रश्नानाम् उत्तराणि पूर्णवाक्येन लिखत। (निम्नलिखित प्रश्नों के उत्तर पूर्णवाक्य में लिखिए।)
(i) का परम्परया प्रचलिता रूढिः आर्यभट्टेन प्रत्यादिष्टा?
(ii) सूर्य कीदृशः पृथिवी च कीदृशी?

III. निर्देशानुसारम् उत्तरत। (निर्देशानुसार उत्तर दीजिए।)
(i) 'गच्छति' इत्यस्मिन् क्रियापदे कः लकार?
(ii) 'सूर्योऽचलः' इति पदस्य संधि-विच्छेदम् कुरु।

IV. अधोलिखितानां प्रश्नानाम् उत्तराणि प्रदत्तविकल्पेभ्यः चित्वा लिखत। (निम्नलिखित प्रश्नों के उत्तर दिए गए विकल्पों में से चुनकर लिखिए।)
(i) 'अक्षे' अत्र का विभक्तिः?
(अ) पञ्चमी (ब) षष्ठी
(स) सप्तमी (द) द्वितीया

(ii) 'आसीत्' इति क्रियापदस्य कर्तृपदं किम्?
(अ) आर्यभटः (ब) साम्प्रतम्
(स) रूढि (द) इति

(iii) 'चलायमानः' इति पदस्य पर्यायपदं गद्यांशे किं प्रयुक्तम्?
(अ) गच्छति (ब) गतिशीलः
(स) दृश्यते (द) लोके

(iv) लोके अवबोध्यमस्ति यत् सूर्यः......अस्ति।
(अ) गतिशीलः (ब) स्थिरः
(स) उपग्रह (द) ग्रह

(v) पृथ्वी स्वकीये अक्षे घूर्णनम् करोति। इति केन प्रतिपादितः?
(अ) वैज्ञानिकेन (ब) ज्योतिषेन
(स) आर्यभटेन (द) न केनापि

उत्तराणि

I. (i) आर्यभटः (ii) पूर्वदिशायाम्
(iii) पश्चिम दिशायाम् (iv) घूर्णति

II. (i) पृथिवी स्थिरा वर्तते इति परम्परया प्रचलिता रूढिः आर्यभटेन प्रत्यादिष्टा।
(ii) सूर्योऽचलः पृथिवी च चला।

III. (i) लट्लकार (ii) सूर्य + अचलः

IV. (i) (स) सप्तमी (ii) (अ) आर्यभटः
(iii) (ब) गतिशीलः (iv) (अ) गतिशीलः
(v) (स) आर्यभटेन

(ख) समाजे नूतनानां विचाराणां स्वीकरणे प्रायः सामान्यजनाः काठिन्यमनुभवन्ति। भारतीयज्योतिःशास्त्रे तथैव आर्यभटस्यापि विरोधः अभवत्। तस्य सिद्धान्ताः उपेक्षिताः। स पण्डितम्मन्यानाम् उपहासपात्रं जातः। पुनरपि तस्य दृष्टिः कालातिगामिनी दृष्टा। आधुनिकैः वैज्ञानिकैः तस्मिन्, तस्य च सिद्धान्ते समादरः प्रकटितः। अस्मादेव कारणाद् अस्माकं प्रथमोपग्रहस्य नाम आर्यभट इति कृतम्।

I. अधोलिखितानां प्रश्नानाम् उत्तराणि एकपदेन लिखत।
(निम्नलिखित प्रश्नों के उत्तर एक पद में लिखिए।)
(i) अस्माकं प्रथमोपग्रहस्य नाम किम्?
(ii) कस्य सिद्धान्ता: उपेक्षिता:?
(iii) समाजे नूतन विचाराणां स्वीकरणे के काठिन्यमनुभवन्ति?
(iv) कस्य दृष्टि: कालातिगामिनी दृष्टा?

II. अधोलिखितानां प्रश्नानाम् उत्तराणि पूर्णवाक्येन लिखत।
(निम्नलिखित प्रश्नों के उत्तर पूर्णवाक्य में लिखिए।)
(i) आधुनिकै: वैज्ञानिकै: कुत्र समादर: प्रकटित:?
(ii) कुत्र आर्यभटस्यापि विरोध: अभवत्?

III. निर्देशानुसारम् उत्तरत। (निर्देशानुसार उत्तर दीजिए।)
(i) विशिष्टजना: इति पदस्य विलोम पदं गद्यांशे किम् प्रयुक्तम्।
(ii) 'तस्य सिद्धान्ता: उपेक्षिता:।' अत्र क्रियापदं किम् अस्ति?

IV. अधोलिखितानां प्रश्नानाम् उत्तराणि प्रदत्तविकल्पेभ्य: चित्वा लिखत। (निम्नलिखित प्रश्नों के उत्तर दिए गए विकल्पों में से चुनकर लिखिए।)
(i) 'आधुनिकै: वैज्ञानिकै: अत्र विशेष्यपदं किम्?
(अ) आधुनिकै: (ब) वैज्ञानिकै:
(स) विरोध: (द) तथैव
(ii) 'कारणात्' अत्र का विभक्ति:?
(अ) प्रथमा (ब) तृतीया
(स) चतुर्थी (द) पञ्चमी
(iii) 'तथैव' अत्र का सन्धि:?
(अ) गुण (ब) वृद्धि
(स) दीर्घ (द) अयादि
(iv) कै: आर्यभटस्य सिद्धान्ते समादर: प्रकतित:?
(अ) वैज्ञानिकै: (ब) ज्योतिषै:
(स) गणितज्ञै: (द) आधुनिक वैज्ञानिकै:
(v) समाजे कीदृशानाम् विचाराणाम् स्वीकरणे प्राय: सामान्यजना: काठिन्यमनुभवति?
(अ) नूतनानाम् (ब) प्राचीनानाम्
(स) वैज्ञानिकानाम् (द) ज्योतिषानाम्

उत्तराणि

I. (i) आर्यभट: (ii) आर्यभटस्य
(iii) सामान्यजना: (iv) आर्यभटस्य

II. (i) आधुनिकै: वैज्ञानिकै: आर्यभटे:, तस्य च सिद्धान्ते समादर: प्रकटित:।
(ii) भारतीय ज्योति: शास्त्रे आर्यभटस्यापि विरोध: अभवत्।

III. (i) सामान्यजना:
(ii) उपेक्षिता:

IV. (i) (ब) वैज्ञानिकै: (ii) (द) पञ्चमी
(iii) (ब) वृद्धि (iv) (द) आधुनिक वैज्ञानिकै:
(v) (अ) नूतनानाम्

वाक्य प्रयोग:

2. अधोलिखितानां शब्दानां वाक्येषु प्रयोगं कुरुत।
(निम्नलिखित शब्दों का वाक्यों में प्रयोग कीजिए।)
(i) गच्छति (ii) स्वकीये
(iii) इदम् (iv) कर्मभूमि
(v) वयसि (vi) दृष्टि:

उत्तराणि

(i) गच्छति – बालक: विद्यालयं गच्छति।
(ii) स्वीकीये – अहं स्वकीये गृहे निवसामि।
(iii) इदम् – इदम् मम पुस्तकम् अस्ति।
(iv) कर्मभूमि – पाटलिपुत्रम् आर्यभटस्य कर्मभूमि आसीत्।
(v) वयसि – आर्यभटेन त्रयोविंशतितमे वयसि ग्रन्थं विरचितवान्।
(vi) दृष्टि: – तस्य दृष्टि: कालातिगामिनी आसीत्।

घटनाक्रमेण प्रश्ना:

3. अधोलिखितानां वाक्यानां घटनाक्रमानुसारं पुन: लेखनीयानि।
(निम्नलिखित वाक्यों को घटनाक्रमानुसार पुन: लिखिए।)
(i) आर्यभट: इति सिद्धान्तं प्राथम्येन प्रवर्तित:।
(ii) सूर्य: पूर्वदिशायां उदेति।
(iii) आर्यभट: महान् गणितज्ञ: ज्योतिर्विच्च: आसीत्।
(iv) पश्चिमदिशायां च अस्तं गच्छति।
(v) पृथिवी स्थिरा वर्तते इति परम्परया रूढि: तेन प्रत्यादिष्टा।
(vi) सूर्योऽचल: पृथिवी च चला।
(vii) मानव: पृथिवीं स्थिरामनुभवति सूर्यादिग्रहान् च गतिशीलान् वेत्ति।
(viii) पृथिवी स्वकीये अक्षे घूर्णति: इति सुस्थापित: सिद्धान्त:।

उत्तराणि

(i) सूर्य: पूर्वदिशायां उदेति।
(ii) पश्चिमदिशायां च अस्तं गच्छति।
(iii) सूर्योऽचल: पृथिवी च चला।
(iv) पृथिवी स्वकीये अक्षे घूर्णति: इति सुस्थापित: सिद्धान्त:
(v) आर्यभट: इति सिद्धान्तं प्राथम्येन प्रवर्तित:।
(vi) आर्यभट: महान् गणितज्ञ: ज्योतिर्विच्च: आसीत्।
(vii) पृथिवी स्थिरा वर्तते इति परम्परया रूढि: तेन प्रत्यादिष्टा।
(viii) मानव: पृथिवीं स्थिरामनुभवति सूर्यादिग्रहान् च गतिशीलान् वेत्ति।

सन्धि/सन्धिः विच्छेदः

4. अधोलिखितेषु पदेषु सन्धि/सन्धिः विच्छेदः वा कुरुत।
(निम्नलिखित शब्दों में सन्धि अथवा सन्धि विच्छेद कीजिए।)

(i) तथैव = ...
(ii) ख्रिस्त + अब्दे = ...
(iii) सूर्योऽचलः = ...
(iv) इति + अस्मिन् = ...
(v) पुनः + अपि = ...
(vi) तेनैव = ...
(vii) ग्रन्थोऽयम् = ...

उत्तराणि

पद		सन्धि/सन्धि विच्छेद
(i) तथैव	–	तथा + एव
(ii) ख्रिस्त + अब्दे	–	ख्रिस्ताब्दे
(iii) सूर्योऽचलः	–	सूर्य + अचलः
(iv) इति + अस्मिन्	–	इत्यस्मिन्
(v) पुनः + अपि	–	पुनरपि
(vi) तेनैव	–	तेन + एव
(vii) ग्रन्थोऽयम्	–	ग्रन्थः + अयम्।

अतिलघु उत्तरीयाः प्रश्नाः

1. कस्य छायातापेन सूर्यग्रहणं दृश्यते?
2. आर्यभटस्य वेधशाला कुत्र आसीत्?
3. का स्वकीये अक्षे घूर्णति?
4. नौकायां उपविष्टः मानवः काम् स्थिरामनुभवति?
5. आर्यभटः केषाम् उपहासपात्रं जातम्?

उत्तराणि

1. चन्द्रस्य
2. पाटलिपुत्रे
3. पृथ्वी
4. नौकाम्
5. पण्डितानाम्

लघु उत्तरीयाः प्रश्नाः

1. ग्रहणे कानित्रीणि कारणानि सन्ति?
2. कः एकः शिखर पुरुषः आसीत्?
3. आर्यभटस्य जन्म विषये कस्य ग्रन्थे उल्लिखितम् अस्ति?
4. आर्यभटस्य वेधशालाया विषये काभिः ज्ञायते?

उत्तराणि

1. ग्रहणे सूर्यचन्द्र पृथिवी इति त्रीणि कारणानि सन्ति।
2. आर्यभटः एकः शिखर पुरुषः आसीत्।
3. आर्यभटस्य जन्म विषये 'आर्यभटीयम्' ग्रन्थे उल्लिखितम् अस्ति।
4. आर्यभटस्य वेधशालाया विषये ऐतिहासिकस्रोतोभिः ज्ञायते।

दीर्घ उत्तरीयाः प्रश्नाः

1. कस्य पद्धत्या आकलनमाधृत्य किम् च आर्यभटेन ग्रहणस्य विषये प्रतिपादितम्?

2. कयोः मध्ये समागतस्य कस्य च छायातापेन सूर्यग्रहणं दृश्यते?

उत्तराणि

1. गणितीयपद्धत्या आकलन माधृत्य आर्यभटेन ग्रहणस्य विषये प्रतिपादितम् यत् ग्रहणे राहु-केतुनामकौ दानवौ कारणम् नास्ति।
2. पृथ्वीसूर्ययोः मध्ये समागतस्य चन्द्रस्य छायातापेन सूर्यग्रहणं दृश्यते।

प्रतिदर्श प्रश्न-पत्र 1 (हल सहित)

संस्कृत

समय : सार्द्धद्वयम्होरा	पूर्णाङ्का : 80

सामान्यनिर्देशा:

1. अस्मिन् प्रश्न-पत्रे चत्वारि खण्डानि सन्ति।
   - खंड 'क' अपठित-अवबोधनम् 10 अङ्का:, खंड 'ख' रचनात्मक-कार्यम् 15 अङ्का: खंड 'ग' अनुप्रयुक्त-व्याकरणम् 25 अङ्का: खंड 'घ' पठित-अवबोधनम् 30 अङ्का:
2. प्रत्येकं खण्डम् अधिकृत्य उत्तराणि एकस्मिन् स्थाने क्रमेण लेखनीयानि।
3. उत्तरलेखनात् पूर्वं प्रश्नस्य क्रमाङ्कः अवश्यं लेखनीय:।
4. सर्वेषां प्रश्नानां उत्तराणि संस्कृतेन लेखनीयानि।

खंड क : अपठित-अवबोधनम्

1. अधोलिखितं गद्यांशं पठित्वा प्रदत्तप्रश्नानाम् उत्तराणि संस्कृतेन लिखत। (निम्नलिखित गद्यांश को पढ़कर दिए गए प्रश्नों के उत्तर संस्कृत में लिखिए।) (10 अंका:)

'संस्कृत भाषाया: वैज्ञानिकतां विचार्य एव सङ्गणक-विशेषज्ञा: कथयन्ति यत् संस्कृतम् एव सङ्गणकस्य कृते सर्वोत्तमा भाषा विद्यते। कालिदास सदृशानां विश्व कवीनां काव्य सौन्दर्यम् अनुपमम्। चाणक्य रचितम् अर्थशास्त्रं जगति प्रसिद्धमस्ति। गणितशास्त्रे शून्यस्य प्रतिपादनं सर्वप्रथमं भास्कराचार्य: अकरोत् भारत सर्वकारस्य सर्वे विभागेषु सूक्तय: ध्येयवाक्यरूपेण स्वीकृता: सन्ति। भारत सर्वकारस्य राजचिह्ने प्रयुक्तां सूक्तिं— 'सत्यमेव जयते' सर्वे जानन्ति।'

I. **एकपदेन उत्तरत। (केवलं प्रश्नत्रयम्)** (1×3=3)
(एक पद में उत्तर दीजिए।) (केवल तीन प्रश्न)

(i) अर्थशास्त्रं केन रचितम्?

(ii) भारत सर्वकारस्य राजचिह्नं किमस्ति?

(iii) कस्य कृते संस्कृतमेव सर्वोत्तमा भाषा विद्यते?

(iv) शून्यस्य प्रतिपादनं सर्वप्रथमं भास्कराचार्य: कुत्र अकरोत्?

II. **पूर्णवाक्येन उत्तरत। (केवलं प्रश्नएकम्)** (2×1=2)
(पूर्ण वाक्य में उत्तर दीजिए।) (केवल एक प्रश्न)

(i) केषां कविनां काव्य सौन्दर्यम् अनुपमम्?

(ii) किम् जगति प्रसिद्धमस्ति?

III. **यथानिर्देशम् उत्तराणि लिखत। (केवलं प्रश्नएकम्)** (1×1=1)
(निर्देशानुसार उत्तर लिखिए।) (केवल एक प्रश्न)

(i) अकरोत् = ········ धातु:, ········ लकार:, ········ पुरुष:, ········ वचनम् ।

(ii) विभागेषु = ········ विभक्ति, ········ वचनम् ।

IV. **बहुविकल्पात्मक प्रश्ना:। (केवलं प्रश्नद्वयम्)** (2×1=2)
(बहुविकल्पीय प्रश्न।) (केवल दो प्रश्न)

(i) 'विद्वाना:' इति पदस्य क: पर्याय अनुच्छेदे आगत:?
(अ) वैज्ञानिकता (ब) विशेषज्ञा:
(स) सङ्गणक (द) कवीनां

(ii) 'अविचार्य:' इति पदस्य विलोम पदं किम् अस्ति?
(अ) विचार्य: (ब) चिन्तय
(स) चिन्ताग्रस्त: (द) करणीय:

(iii) 'सत्यमेव जयते सर्वे जानन्ति।' अस्मिन वाक्ये कर्तृपदम् किम् अस्ति?
(अ) सत्यम् (ब) एव
(स) जानन्ति (द) सर्वे

V. **अस्य गद्यांशस्य कृते समुचितं शीर्षकं लिखत।** (2)
(इस गद्यांश का उचित शीर्षक लिखिए।)

उत्तराणि

I. (i) चाणक्येन (ii) सत्यमेव जयते
(iii) सङ्गणकस्य (iv) गणितशास्त्रे

II. (i) कालिदास: सदृशानां कविनां काव्य सौन्दर्यम् अनुपमम्।
(ii) चाणक्य रचितम् अर्थशास्त्रं जगति प्रसिद्धमस्ति।

III. (i) कृ = धातु:, लङ् = लकार:, प्रथम = पुरुष:, एकवचनम्
(ii) सप्तमी = विभक्ति, बहुवचनम्

IV. (i) (ब) विशेषज्ञा:
(ii) (अ) विचार्य:
(iii) (द) सर्वे

V. संस्कृतस्यमाहात्म्यम्

खंड ख : रचनात्मकं-कार्यम्

2. स्वप्रधानाचार्य अस्वस्थतायाः कारणात् दिवसत्रयस्य अवकाशार्थं लिखिते प्रार्थनापत्रं मञ्जूषायाम् उचितै पदैः चित्वा पूरयत्। (5 अङ्काः)

(अस्वस्थ होने के कारण अपने प्रधानाचार्य को अवकाश हेतु लिखे गए प्रार्थना पत्र को मञ्जूषा से उचित शब्द चुनकर पूरा कीजिए।)

परीक्षाभवनात्

नव दिल्लीतः।

दिनाङ्क 20-7-20XX

सेवायाम्,

श्रीमन्तः प्रधानाध्यापक महोदयः,

रा. उ. प्रा. विद्यालयः,

(i)....................।

विषय दिनत्रयस्य अवकाशार्थं प्रार्थना-पत्रम्।

महोदयः,

सविनयं (ii)........ यद् अहं शीतज्वरेण पीडितोऽस्मि। अस्मात् कारणात् दिनत्रय यावत् (iii)........ उपस्थातुं न शक्नोमि। अतः प्रार्थये यत् दिनाङ्कः 20-07-20XX तः 22-7-20XX यावत दिनत्रयस्य अवकाशं स्वीकृत्य माम् अनुगृहीष्यन्ति (iv) ....।

धन्यवादः

भवदाज्ञाकारी शिष्यः

(v) ....

कक्षा 8

- **मञ्जूषा** सुदर्शनः, विद्यालये, भवन्तः, भरतपुरम्, निवेदयामि।

उत्तराणि

(i) भरतपुरम् (ii) निवेदयामि
(iii) विद्यालये (iv) भवन्तः
(v) सुदर्शनः

3. मञ्जूषायां प्रदत्तशब्दानां सहायतया चित्रं दृष्ट्वा पञ्चवाक्यानि संस्कृतेन लिखत। (5 अङ्काः)

(मञ्जूषा में दिए गए शब्दों की सहायता से चित्र को देखकर पाँच वाक्य संस्कृत में लिखिए।)

उत्तराणि

(i) अस्मिन् चित्रे हंसौ एकं काष्ठखंडम् स्वचञ्चुभ्याम् धृत्वा कच्छपं नयतः।
(ii) कच्छपः काष्ठखंडम् मुखेन गृह्णाति।
(iii) अधः द्वे बालिके कच्छपं नयन्तौ हंसौ पश्यतः।
(iv) चित्रे एकः वृक्षः अपि दृश्यते।
(v) गृहात् बहिः एकः सरोवरः अस्ति।

अथवा

मञ्जूषायां प्रदत्तशब्दानां सहायतया 'मम् विद्यालय' इति विषयम् अधिकृत्य पञ्चभिः संस्कृतवाक्यैः एकम् अनुच्छेदं लिखत। (5 अङ्काः)

(मञ्जूषा में दिए गए शब्दों की सहायता से 'मम् विद्यालय' इस विषय पर पाँच वाक्यों का अनुच्छेद संस्कृत में लिखिए।)

- **मञ्जूषा** आदर्शः, विद्यालयः, श्रेष्ठः, प्राचार्यः, अनेके शिक्षकाः, अत्र, विषयान्, पञ्च-सहस्रछात्राः, छात्राः, प्रसिद्ध, नगरे, पंक्तिबद्धाः, प्रार्थयन्ति, मम, आदर्शः, वर्तते, पठन्ति, अस्य, च, सर्वे, निपुणः कुशलः, नगरस्य, अपि, योग्याः, सन्ति, ईश्वरं भूत्वा, प्रतिदिनं, प्रातः।

उत्तराणि

(i) मम विद्यालयः नगरस्य आदर्शः विद्यालयः वर्तते।
(ii) अत्र पञ्च-सहस्रछात्राः पठन्ति।
(iii) अस्य प्राचार्यः निपुणः कुशलः च वर्तते।
(iv) सर्वे शिक्षकाः अपि योग्याः सन्ति।
(v) छात्राः प्रतिदिनं प्रातः पंक्तिबद्धाः भूत्वा ईश्वरं प्रार्थयन्ति।

4. मञ्जूषायां प्रदत्तानां पदानां सहायतया अधोदत्तान् संवादान् पूरयत। (5 अङ्काः)

(मञ्जूषा में दिए गए शब्दों की सहायता से नीचे दिए गए संवादों को पूरा कीजिए।)

श्यामः (i)...... **नाम किम्?**
गोविन्दः मम नाम (ii)...... ।
श्यामः भवान् (iii)...... **आगच्छति?**
गोविन्दः अहं गृहतः (iv)...... ।
श्यामः भवान् कदा (v)...... **गच्छति।**
गोविन्दः अहं प्रातः (vi)...... **विद्यालयं गच्छामि।**
श्यामः विद्यालये किं किं (vii) ...... ?
गोविन्दः (viii)...... **गणितं, विज्ञानं संस्कृतादिविषयान् पठामि।**

- **मञ्जूषा** अहं, पठति, सप्तवादने, विद्यालयं, आगच्छामि, कुतः, गोविन्दः, भवतः।

उत्तराणि

(i) भवतः (ii) गोविन्दः
(iii) कुतः (iv) आगच्छामि
(v) विद्यालयं (vi) सप्तवादने
(vii) पठति (viii) अहं

खंड ग : अनुप्रयुक्त-व्याकरणम्

5. अधोलिखितेषु वर्णानां संयोगं पूरयत। (केवलं प्रश्नत्रयम्) (1 × 3 = 3)

(निम्नलिखित में वर्ण संयोग पूरा कीजिए।) (केवल तीन प्रश्न)

(i) र् + आ + म् + अः = ………।

(ii) ग् + ओ + प् + आ + ल् + अः = ………।

(iii) क् + ऋ + ष् + ण् + अः = …………।

(iv) स् + ई + त् + आ = ……….।

(v) स् + इ + न् + ह् + अः = ………।

उत्तराणि

(i) रामः (ii) गोपालः (iii) कृष्णः (iv) सीता (v) सिंहः

6. कोष्ठकात् उचितपदं चित्वा रिक्तस्थानानि पूरयत।(केवलं प्रश्नत्रयम्) (1×3=3)

(कोष्ठक से उचित पद चुनकर रिक्त स्थानों की पूर्ति कीजिए।) (केवल तीन प्रश्न)

(i) मातृ + आज्ञा = …… (मात्राज्ञा/मतृज्ञा/मातृाज्ञा)

(ii) चन्द्र + उदयः = …… (चन्द्रुदय/चन्द्रोदयः/चन्द्रयः)

(iii) पितृ + ऋणम् = …… (पितृणम्/पित्रणम्/पितृणाम्)

(iv) प्रति + एकम् = …… (प्रतीकम्/प्रतेकम्/प्रत्येकम्)

(v) इति + अलम् = …… (इत्यलम्/इतीलम्/इतिलम्)

उत्तराणि

(i) मात्राज्ञा (ii) चन्द्रोदयः (iii) पितृणम्
(iv) प्रत्येकम् (v) इत्यलम्

7. कोष्ठकात् उचित संख्यावाचकपदानि चित्वा रिक्तस्थानानि पूरयत। (केवलं प्रश्नत्रयम्) (1 × 3 = 3)

(कोष्ठक से उचित संख्यावाचक पद चुनकर रिक्त स्थानों की पूर्ति कीजिए।) (केवल तीन प्रश्न)

(i) (2)…… बालिके। (द्वौ/द्वे/द्वय)

(ii) (3)…… स्त्रियः। (तिस्त्रः/त्रयः/त्रीणि)

(iii) (4)…… आम्र फलानि। (चत्वारः/चतस्त्रः/चत्वारि)

(iv) (1)…… मनुष्यः गच्छति। (एकः/एका/एकम्)

(v) (5)…… कपोताः तिष्ठन्ति। (पञ्च/पञ्चन्/पञ्चम्)

उत्तराणि

(i) द्वे (ii) तिस्रः (iii) चत्वारि
(iv) एकः (v) पञ्च

8. कोष्ठक प्रदत्तेषु उचितं विभक्तिं प्रयुज्य वाक्यानि पूरयत। (केवलं प्रश्नत्रयम्) (1 × 3 = 3)

(कोष्ठक में दी गई उचित विभक्तियों का प्रयोग करके वाक्य पूरा कीजिए।) (केवल तीन प्रश्न)

(i) ……… नरस्य संसारे गौरवं वर्धते। (विद्या)

(ii) ……… मा विलपत। (युष्मद्)

(iii) ……… किं नाम? (युष्मद्)

(iv) भोजः ……… आदिशत्। (सेवक)

(v) अहम् ……… अत्रास्मि। (गुरु)

उत्तराणि

(i) विद्यया (ii) यूयम् (iii) तव
(iv) सेवकान् (v) हे गुरो।

9. अधोलिखितेषु वाक्येषु क्रियापदेन रिक्तस्थानानि पूरयत।(केवलं प्रश्नत्रयम्) (1 × 3 = 3)

(निम्नलिखित वाक्यों के क्रिया पद चुनकर रिक्त स्थानों की पूर्ति करें।) (केवल तीन प्रश्न)

(i) त्वम् शिक्षकं प्रश्नं ………। (पृच्छ्-लोट लकारे)

(ii) अहम् तु गृहम् ……। (गम्-लृट लकारे)

(iii) वयं सदा अध्यापकानाम् आज्ञापालनं ……। (कृ-विधिलिङ्)

(iv) ये परिश्रमं कुर्वन्ति ते सफलतां ……। (लभ्-लट् लकारे)

(v) अम्बा भोजनम् ……। (पच्-लङ् लकारे)

उत्तराणि

(i) पृच्छ (ii) गमिष्यामि (iii) कुर्याम
(iv) लभन्ते (v) अपचत्।

10. मञ्जूषातः उचितानि पदानि चित्वा रिक्तस्थानानि पूरयत। (केवलं प्रश्नत्रयम्) (1×3=3)

(मञ्जूषा से उचित शब्द चुनकर रिक्त स्थानों की पूर्ति कीजिए।) (केवल तीन प्रश्न)

(i) सः ………… उद्याने गच्छति।

(ii) बालिका चलचित्रं ………… इच्छति।

(iii) अहं पत्रं ………… इच्छामि।

(iv) सा देवालये ईश्वरं ………… गच्छति।

(v) जलं विना ………… न शक्नोति।

- **मञ्जूषा** कर्तुम्, गत्वा, जीवितुम्, प्रणम्य, लेखितुम्, दृष्टुम्, क्रीडितुम्।

उत्तराणि

(i) क्रीडितुम् (ii) दृष्टुम् (iii) लेखितुम्
(iv) प्रणम्य (v) जीवितुम्

11. उचितेन-समस्तेन पदेन रिक्तस्थानानि पूरयत। (केवलं प्रश्नत्रयम्) (1 × 3 = 3)

(उचित समस्त पदों से रिक्त स्थानों को पूरा कीजिए।) (केवल तीन प्रश्न)

(i) ………. गच्छतः। (रामलक्ष्मणौ/रामलक्षणम्)

(ii) कृष्णः ………. अस्ति। (घनश्यामः/घनश्यामम्)

(iii) ………. वाल्मीकिः अवदत्। (महर्षिः/महर्षिणा)

(iv) ……… कैलाशे वसति। (चन्द्रशेखरः/चन्द्रशेखरम्)

(v) अहम् ……… पठामि। (प्रतिदिनं/प्रतिदिने)

उत्तराणि

(*i*) रामलक्ष्मणौ (*ii*) घनश्याम: (*iii*) महर्षि:
(*iv*) चन्द्रशेखर: (*v*) प्रतिदिनं

12. **घटिकां दृष्ट्वा बसयानस्य प्रस्थानं समयं लिखत। (केवलं प्रश्नद्वयम्)** (1×2=2)
(घड़ी को देखकर बस के प्रस्थान का समय लिखिए।) (केवल दो प्रश्न)

(i)  (9:30 AM) प्रातः .... वादने।

(ii)  (5:15 PM) सायं .... वादने।

(iii)  (11:00 AM) प्रातः .... वादने।

(iv)  (3:45 PM) सायं .... वादने।

उत्तराणि

(i) सार्धनव (ii) सपादपञ्च
(iii) एकादश (iv) पादोनचतुर्

13. **कोष्ठकात् उचितं क्रियापदं चित्वा रिक्तस्थानानि पूरयत। (केवलं प्रश्नद्वयम्)** (1×2=2)
(कोष्ठक से उचित क्रियापद चुनकर रिक्त स्थानों की पूर्ति कीजिए।) *(केवल दो प्रश्न)*

(i) अहम् आपणं .... । (गच्छामि/गच्छावः/गच्छामः)
(ii) सा गीतं .... । (गायतः/गायन्ति/गायति)
(iii) रामः श्वः भरतपुरं........ । (गमिष्यति/गमिष्यतः/गमिष्यन्ति)
(iv) मालाकारः मालाम् .... । (आनयतः/आनयति/आनयन्ति)

उत्तराणि

(i) गच्छामि
(ii) गायति
(iii) गमिष्यति
(iv) आनयति

खंड घ : पठित-अवबोधनम्

14. **अधोलिखितं पद्यांशं पठित्वा प्रदत्तप्रश्नानाम् उत्तराणि संस्कृतेन लिखत।** (5 अङ्काः)
(निम्नलिखित पद्यांश को पढ़कर दिए गए प्रश्नों के उत्तर संस्कृत में लिखिए।)

पुष्पपत्रफलच्छायामूलवल्कलदारुभिः।
धन्या महीरुहाः येषां विमुखं यान्ति नार्थिनः।।

I. **एकपदेन उत्तरत लिखत। (केवलं प्रश्नद्वयम्)** (1/2×2=1)
(एक पद में उत्तर लिखिए।) (केवल दो प्रश्न)
(i) महीरुहाः कीदृशाः?
(ii) महीरुहाः कीदृशं न यान्ति?
(iii) महीरुहाः किम् किम् कुर्वन्ति?
(iv) येषा कं यान्ति?

II. **पूर्णवाक्येन उत्तरत लिखत। (केवलं प्रश्नएकम्)** (2×1=2)
(पूर्णवाक्य में उत्तर लिखिए।) (केवल एक प्रश्न)
(i) महीरुहाः किम्-किम् यच्छन्ति?
(ii) केषाम् महीरुहाः धन्या?

III. **निर्देशानुसारं उत्तरत लिखत। (केवलं प्रश्नएकम्)** (1×1=1)
(निर्देशानुसार उत्तर लिखिए।) (केवल एक प्रश्न)
(i) 'वृक्षाः' इति पदस्य कः लिङ्ग प्रयुक्तः?
(ii) नार्थिनः पदं वचनं लिखत।

IV. **अधोलिखितानां प्रश्नानाम् उत्तराणि प्रदत्तविकल्पेभ्यः चित्वा लिखत। (केवलं प्रश्नद्वयम्)** (1/2×2=1)
(निम्नलिखित प्रश्नों के उत्तर दिए गए विकल्पों में से चुनकर लिखिए।) (केवल दो प्रश्न)

(i) 'येषां' पदे का विभक्ति प्रयुक्ताः?
(अ) षष्ठी (ब) सप्तमी
(स) चतुर्थी (द) द्वितीया

(ii) महीरुहाः किं यच्छन्ति?
(अ) पुष्पफलं (ब) नर्थिनः
(स) अर्थिनः (द) याचकः

(iii) येषाम् पदस्य मूल शब्दः कः?
(अ) अस्मद् (ब) युष्मद्
(स) इदम् (द) अहस्

(iv) महीरुहा किं न यच्छन्ति।
(अ) धूपम् (ब) छाया
(स) फलम् (द) पुष्पम्

उत्तराणि

I. (i) धन्याः
(ii) विमुखम्
(iii) पुष्पपत्रफलच्छायामूलवल्कलदारुभिः
(iv) विमुखम्

II. (i) पत्र, पुष्प, फल-छाया, मूलवत्कल-दारुभिः इत्यादीनि महीरुहाः यच्छन्ति।
(ii) महीरुहाः धन्या येषां अर्थिनः विमुखः न यान्ति।

III. (i) पुल्लिंग (ii) बहुवचनं

IV. (i) (अ) षष्ठी (ii) (अ) पुष्पफलं
(iii) (ब) युष्मद् (iv) (अ) धूपम्

15. अधोलिखितं गद्यांशं पठित्वा प्रदत्तप्रश्नानाम् उत्तराणि संस्कृतेन लिखत। (5 अङ्का:)

(निम्नलिखित गद्यांश को पढ़कर दिए गए प्रश्नों के उत्तर संस्कृत में लिखिए।)

तदहम् अस्य आह्वानं करोमि। एवं स: बिले प्रविश्य मे भोज्यं भविष्यति। इत्थं विचार्य सिंह: सहसा शृगालस्य आह्वानमकरोत्। सिंहस्य उच्चगर्जन-प्रतिध्वनिना सा गुहा उच्चै: शृगालम् आह्वयत्। अनेन अन्येऽपि पशव: भयभीता: अभवन्। शृगालोऽपि तत: दूरं पलायमान:।

I. **एकपदेन उत्तरत लिखत। (केवलं प्रश्नद्वयम्)** (1/2×2=1)
(एक पद में उत्तर लिखिए।) (केवल दो प्रश्न)
(i) सिंह: सहसा कस्य आह्वानमकरोत्?
(ii) सा गुहा उच्चै: कम् आह्वायत्?
(iii) प्रतिध्वनि: क: अकरोत्?
(iv) किं सिंह: मूर्खताम् अकरोत्?

II. **पूर्णवाक्येन उत्तरत लिखत। (केवलं प्रश्नएकम्)** (2×1=2)
(पूर्णवाक्य में उत्तर लिखिए।) (केवल एक प्रश्न)
(i) सिंहस्य गर्जनेन अन्ये पशव: कीदृश: अभवन्।
(ii) सिंह गर्जनां श्रुत्वा क: तत: दूरं पलायमान:?

III. **निर्देशानुसारं उत्तरत लिखत। (केवलं प्रश्नएकम्)** (1×1=1)
(निर्देशानुसार उत्तर लिखिए।) (केवल एक प्रश्न)
(i) 'करोमि' इति पदे क: धातु:?
(ii) 'अकस्मात्' इति पदस्य समानार्थकं पदं गद्यांशे किमस्ति?

IV. **अधोलिखितानां प्रश्नानाम् उत्तराणि प्रदत्तविकल्पेभ्य: चित्वा लिखत। (केवलं प्रश्नद्वयम्)** (1/2×2=1)
(निम्नलिखित प्रश्नों के उत्तर दिए गए विकल्पों में से चुनकर लिखिए।) (केवल दो प्रश्न)
(i) 'मे भोज्यं भविष्यति' अत्र 'मे' पदस्य संज्ञा पदं किम्?
(अ) सिंह: (ब) शृगाल:
(स) गुहा (द) प्रतिध्वनि
(ii) 'भविष्यति' इत्यस्मिन् क्रियापदे क: लकार: अस्ति?
(अ) लङ् (ब) लोट्
(स) लृट् (द) लट्
(iii) 'सिंहस्य' इत्यस्मिन् पदे विभक्ति: अस्ति।
(अ) पंचमी (ब) षष्ठी
(स) सप्तमी (द) द्वितीया
(iv) बिले प्रविश्य कस्य भोज्यं भविष्यति?
(अ) जनस्य (ब) जीवस्य
(स) शृगालस्य (द) सिंहस्य

उत्तराणि

I. (i) शृगालस्य (ii) शृगालम्
(iii) सिंह: (iv) आम्

II. (i) सिंहस्य गर्जनेन अन्ये पशव: भयभीत: अभवन्।
(ii) सिंह गर्जनां श्रुत्वा शृगाल: तत: दूरं पलायित:।

III. (i) कृ धातु: (ii) सहसा

IV. (i) (अ) सिंह: (ii) (स) लृट्
(iii) (ब) षष्ठी (iv) (द) सिंहस्य

16. अधोलिखितं नाट्यांशं पठित्वा प्रदत्तप्रश्नानाम् उत्तराणि संस्कृतेन लिखत। (5 अङ्का)

(निम्नलिखित नाट्यांश को पढ़कर दिए गए प्रश्नों के उत्तर संस्कृत में लिखिए।)

राकेश: भगिनि! विरम विरम। अहं स्वापराधं स्वीकरोमि लिज्जतश्चास्मि। अद्यप्रभृति कदापि गर्हितमिदं कार्यं स्वप्नेऽपि न चिन्तयिष्यामि। यथैव अम्बिका मम हृदये सम्पूर्णस्नेहस्य अधिकारिणी अस्ति, तथैव आगन्ता शिशु: अपि स्नेहाधिकारी भविष्यति पुत्र: भवतु पुत्री वा। अहं स्वगर्हितचिन्तनं प्रति पश्चात्तापमग्न: अस्मि, अहं कथं विस्मृतवान्

"यत्र नार्यस्तु पूज्यन्ते रमन्ते तत्र देवता:।
यत्रैता: न पूज्यन्ते सर्वास्तत्राफला: क्रिया:।"

I. **एकपदेन उत्तरत लिखत। (केवलं प्रश्नद्वयम्)** (1/2×2=1)
(एक पद में उत्तर लिखिए।) (केवल दो प्रश्न)
(i) "भगिनि! विरम विरम" इति क: कथयति?
(ii) स्वापराधं क: स्वीकरोति?
(iii) अम्बिका हृदय कस्मिन् अधिकारिणी अस्ति:?
(iv) कदापि गर्हितमिंद कार्य किंमपि न चिन्तायष्यामि।

II. **पूर्णवाक्येन उत्तरत लिखत। (केवलं प्रश्नएकम्)** (2×1=2)
(पूर्णवाक्य में उत्तर लिखिए।) (केवल एक प्रश्न)
(i) यत्र नार्यस्तु पूज्यन्ते तत्र का रमन्ते?
(ii) सर्वा क्रिया: कुत्र अफला: भवन्ति?

III. **निर्देशानुसारं उत्तरत लिखत। (केवलं प्रश्नएकम्)** (1×1=1)
(निर्देशानुसार उत्तर लिखिए।) (केवल एक प्रश्न)
(i) स्वापराधं स्वीकरोमि लिज्जतश्चास्मि। रेखांकित पदे का सन्धि?
(ii) पश्चातापमग्न: अस्मि। क्रियापदे क: लकार:?

IV. **अधोलिखितानां प्रश्नानाम् उत्तराणि प्रदत्तविकल्पेभ्य: चित्वा लिखत। (केवलं प्रश्नद्वयम्)** (1/2×2=1)
(निम्नलिखित प्रश्नों के उत्तर दिए गए विकल्पों में से चुनकर लिखिए।) (केवल दो प्रश्न)
(i) 'स्वीकरोमि' इति क्रिया पदस्य कर्तृपदं किम्?
(अ) राकेश: (ब) शालिनी
(स) अपराधं (द) विरम
(ii) 'सुत:' इति पदस्य पर्यायपदं गद्यांशेदं किम् प्रयुक्तम्?
(अ) भवतु (ब) पुत्री
(स) पुत्र: (द) भवती
(iii) 'भवतु' इत्यस्मिन् क्रियापदे क: लकार:?
(अ) लट् (ब) लोट्
(स) लृट् (द) लङ्
(iv) 'अहं' अत्र का विभक्ति:?
(अ) प्रथमा (ब) द्वितीया
(स) तृतीया (द) चतुर्थी

उत्तराणि

I. (i) राकेशः (ii) राकेशः
(iii) सम्पूर्णस्नेहस्य (iv) स्वप्नेऽपि

II. (i) यत्र नार्यस्तु पूज्यन्ते तत्र देवताः रमन्ते।
(ii) यत्र नार्यस्तु न पूज्यन्ते तत्र सर्वा क्रियाः अफलाः भवन्ति।

III. (i) दीर्घः विसर्गः च
(ii) लट्लकारः

IV. (i) (अ) राकेशः (ii) (स) पुत्रः
(iii) (ब) लोट् (iv) (अ) प्रथमा

17. मञ्जूषातः पदानि चित्वा श्लोकेषु अन्वयपूर्तिं कुरुत। (4 अङ्काः)
(मञ्जूषा से शब्द चुनकर श्लोकों में अन्वय कि पूर्ति कीजिए।)

गिरिशिखरे ननु निजनिकेतनम्।
विनैव यानं नगारोहणम्।।
बलं स्वकीयं भवति साधनम्।
सदैव पुरतो ………।।

अन्वयः ननु गिरिशिखरे (i) ………, यानं विना एव (ii) ……… स्वकीयं बलं (iii) ……… भवति, सदैव पुरतः (iv) ……… निधेहि।

- **मञ्जूषा** चरणम्, साधनम्, नगारोहणम्, निजनिकेतनम्।

उत्तराणि

(i) निजनिकेतनम् (ii) नगारोहणम्
(iii) साधनम् (iv) चरणम्

अथवा

मम गीतैर्मुग्धं समं जगत्, मम नृत्यैर्मुग्धं समं जगत्।
मम काव्यैर्मुग्धं समं जगत्, रसभरिता भारतजनताऽहम्।।

अन्वयः मम (i) ……… समं जगत् (ii) ………, मम नृत्यैः समं (iii)………, मम काव्यैः समं जगत् मुग्धम् (iv)………रसभरिता भारतजनता।

- **मञ्जूषा** अहं, जगत्, मुग्धम्, गीतैः।

उत्तराणि

(i) गीतैः (ii) मुग्धम् (ग्ग) जगत् (iv) अहं

18. रेखाङ्कितपदमाधृत्य प्रश्ननिर्माणं कुरुत। (केवलं प्रश्नचतुष्ट्यम्) (4 अङ्काः)
(रेखांकित पदों के आधार पर प्रश्न निर्माण कीजिए।)
(केवल चार प्रश्न)

(i) व्याधः व्याघ्रं <u>जालात्</u> बहिः निरसारयत्।
(ii) चञ्चलः <u>वृक्षम्</u> उपगम्य अपृच्छत्।
(iii) व्याघ्रः <u>लोमशिकायै</u> निखिलां कथां न्यवेदयत्।
(iv) मानवाः <u>वृक्षाणां</u> छायायां विरमन्ति।
(v) व्याघ्रः <u>नद्याः</u> जलेन व्याधस्य पिपासामशमयत्।

उत्तराणि

(i) व्याधः व्याघ्रं <u>कस्मात्</u> बहिः निरसारयत्?
(ii) चञ्चलः <u>कम्</u> उपगम्य अपृच्छत्?
(iii) व्याघ्रः <u>कस्यै</u> निखिलां कथां न्यवेदयत्?
(iv) मानवाः <u>केषाम्</u> छायायां विरमन्ति?
(v) व्याघ्रः <u>कस्याः</u> जलेन व्याधस्य पिपासामशमयत्?

19. अधोलिखितानि वाक्यानि घटनाक्रमानुसारेण पुनः लिखत। (4 अङ्काः)
(निम्नलिखित वाक्यों को घटनाक्रमानुसार पुनः लिखिए।)

(i) अस्मात्पूर्वम् एतावतः तडागान् के रचयन्ति स्म।
(ii) अद्य ये अज्ञातनामानः वर्तन्ते।
(iii) शतशः सहस्रशः तडागाः सहसैव शून्यात् न प्रकटीभूताः।
(iv) यः गजपरिमाणं धारयति स गजधरः।
(v) के आसन् ते अज्ञातनामानः?
(vi) यः समाजस्य गाम्भीर्यं मापयेत् इत्यस्मिन रूपे परिचितः।
(vii) इमे एव तडागाः अत्र संसारसागराः इति।
(viii) ते पुरा बहुप्रथिताः आसन्।

उत्तराणि

(i) के आसन् ते अज्ञातनामानः?
(ii) शतशः सहस्रशः तडागाः सहसैव शून्यात् न प्रकटीभूताः।
(iii) इमे एव तडागाः अत्र संसारसागराः इति।
(iv) अस्मात्पूर्वम् एतावतः तडागान् के रचयन्ति स्म।
(v) अद्य ये अज्ञातनामानः वर्तन्ते।
(vi) ते पुरा बहुप्रथिताः आसन्।
(vii) यः गजपरिमाणं धारयति स गजधरः।
(viii) यः समाजस्य गाम्भीर्यं मापयेत् इत्यस्मिन् रूपे परिचितः।

20. अधोलिखितानां शब्दानां समक्षं प्रदत्तैः अर्थैः सह मेलनम् कुरुत। (3 अङ्काः)
(निम्नलिखित शब्दों के समक्ष दिए गए अर्थों का आपस में मिलान कीजिए।)

शब्दाः	अर्थाः
(क) सहसा	(i) सम्मानिताः
(ख) अशेषे	(ii) सुविख्याताः
(ग) पूर्वम्	(iii) प्राक्
(घ) बहुप्रथिताः	(iv) समग्रे
(ङ) समादृताः	(v) अकस्मात्

उत्तराणि

शब्दाः	अर्थाः
(क) सहसा	(v) अकस्मात्
(ख) अशेषे	(iv) समग्रे
(ग) पूर्वम्	(iii) प्राक्
(घ) बहुप्रथिताः	(ii) सुविख्याताः
(ङ) समादृताः	(i) सम्मानिताः

प्रतिदर्श प्रश्न–पत्र 2 (हल रहित)

संस्कृत

समय : सार्द्धद्वयम्होरा	पूर्णाङ्का : 80

सामान्यनिर्देशा:

1. अस्मिन् प्रश्न–पत्रे चत्वारि खण्डानि सन्ति।
   - खंड 'क' अपठित–अवबोधनम् 10 अङ्का:, खंड 'ख' रचनात्मक–कार्यम् 15 अङ्का: खंड 'ग' अनुप्रयुक्त–व्याकरणम् 25 अङ्का: खंड 'घ' पठित–अवबोधनम् 30 अङ्का:
2. प्रत्येकं खण्डम् अधिकृत्य उत्तराणि एकस्मिन् स्थाने क्रमेण लेखनीयानि।
3. उत्तरलेखनात् पूर्वं प्रश्नस्य क्रमाङ्क: अवश्यं लेखनीय:।
4. सर्वेषां प्रश्नानां उत्तराणि संस्कृतेन लेखनीयानि।

खंड क : अपठित–अवबोधनम्

1. अधोलिखितं गद्यांशं पठित्वा प्रदत्तप्रश्नानाम् उत्तराणि संस्कृतेन लिखत। (निम्नलिखित गद्यांश को पढ़कर दिए गए प्रश्नों के उत्तर संस्कृत में लिखिए।) (10 अंका:)

स्वामी विवेकानन्दस्य जन्म कोलकातानगरे अभवत्। तस्य पिता विश्वनाथदत्त: माता च भुवनेश्वरी देवी आस्ताम्। तस्य प्रथमं नाम नरेन्द्रनाथ: आसीत्। नरेन्द्र: बाल्याद् एव क्रीडापटु:, दयालु:, विचारशील: च आसीत्। 'ईश्वर: अस्ति न वा इति शङ्का आसीत्। शास्त्राणम् अध्ययनेन बहूनां साधूनां च समीपं गत्वा अपि शङ्का परिहार: न अभवत्। अन्ते च श्री रामकृष्ण परमहंसस्य सकाशात् तस्य सन्देह–परिहार: अभवत्। परमहंसस्य दिव्य प्रभावेण आकृष्ट: स: तस्य शिष्य: अभवत्। स: विश्वधर्म सम्मेलने भागं ग्रहीतुम् अमेरिका देशस्य शिकागो नगरं गतवान्। तत्र विविधदेशीयान् जनानुद्दिश्य हिन्दू–धर्म–विषये भाषणं कृतवान। स: भारतीयान् 'उत्तिष्ठ जाग्रत, दीनदेवो भव, दरिद्र देवोभव'—इति संबोधितवान्। अमूल्या: तस्योपदेशा:।

I. एकपदेन उत्तरत। (केवलं प्रश्नत्रयम्) (1×3=3)
(एक पद में उत्तर दीजिए।) (केवल तीन प्रश्न)

(i) विवेकानन्दस्य जन्म कुत्र अभवत्?
(ii) विवेकानन्दस्य प्रथमं नाम किम् आसीत्?
(iii) नरेन्द्र: कस्य प्रभावेण आकृष्ट: अभवत्?
(iv) विश्वधर्म सम्मेलन: कुत्र आयोजित:?

II. पूर्णवाक्येन उत्तरत। (केवलं प्रश्नएकम्) (2×1=2)
(पूर्ण वाक्य में उत्तर दीजिए।) (केवल एक प्रश्न)

(i) शिकागोनगरे विश्वधर्मसम्मेलने भारतस्य प्रतिनिधि: क: अभवत्?
(ii) विवेकानन्द: भारतीयमान् कथम् संबोधितवान्?

III. यथानिर्देशम् उत्तराणि लिखत। (केवलं प्रश्नएकम्) (1×1=1)
(निर्देशानुसार उत्तर लिखिए।) (केवल एक प्रश्न)

(i) आसीत् = ……… धातु: ……… लकार:, ……… पुरुष:, ……… वचनम्।
(ii) देशस्य = ……… विभक्ति, ……… वचनम्।

IV. बहुविकल्पात्मक प्रश्ना:। (केवलं प्रश्नद्वयम्) (2×1=2)
(बहुविकल्पीय प्रश्न।) (केवल दो प्रश्न)

(i) विवेकानन्दस्य पिता क: आसीत्?
(अ) विश्वनाथदत्त: (ब) विश्वनाथ शर्मण:
(स) रामकृष्ण (द) परम हंस:

(ii) नरेन्द्रस्य मनसि कस्य विषये शंङ्का आसीत्?
(अ) धर्मस्य (ब) ईश्वरस्य
(स) संसारस्य (द) मानवस्य

(iii) 'अमूल्या: तस्य उपदेशा:' अत्र 'तस्य' सर्वनाम पदम् कस्मै प्रयुक्तम्?
(अ) विश्वनाथाय (ब) परमहंसाय
(स) विवेकानन्दस्य (द) ईश्वराय

V. अस्य गद्यांशस्य कृते समुचितं शीर्षकं लिखत। (2)
(इस गद्यांश का उचित शीर्षक लिखिए।)

खंड ख : रचनात्मकं-कार्यम्

2. समाजसेवार्थं ग्रामगमनं निवेदयितुं मातरं प्रति लिखिते पत्रे मञ्जूषा उचित पदैः चित्वा पूरयत्। (5 अङ्काः)

(समाजसेवा के लिए गाँव जाने के अनुरोध हेतु माँ को लिखे गए पत्र को मञ्जूषा से उचित शब्द चुनकर पूरा कीजिए।)

छात्रावास:

नव दिल्ली।

दिनाङ्क: 2-4-20XX

विषय समाज सेवार्थं निवेदयितुं मातरं प्रति पत्रम्।

पूजनीया (i)......

सादरं प्रणतिः।

अत्र कुशलं तत्रास्तु।

आगामिनि शरदवकाशे अहं गृहम् (ii)........ न शक्नोमि। यतो हि विद्यालयस्य समाजसेवासमितेः सदस्याः ग्राम-विकास-योजना कार्यस्य कृते (iii)........ गच्छन्ति। अहमपि तैः सह गमिष्यामि। (iv)........ कार्य मह्यम् अतीव रोचते। (v)........ मम प्रणामाः। शेष पुनः लेखिष्यामि।

भवदीय पुत्रः

मयंकः

- **मञ्जूषा** ग्रामसेवा, पितृचरणयोः, मातृचरणाः, आगन्तुं, रामपुर ग्रामं।

3. मञ्जूषायां प्रदत्तशब्दानां सहायतया चित्रं दृष्ट्वा पञ्चवाक्यानि संस्कृतेन लिखत। (5 अङ्काः)

(मञ्जूषा में दिए गए शब्दों की सहायता से चित्र को देखकर पाँच वाक्य संस्कृत में लिखिए।)

- **मञ्जूषा** क्रीडन्ति, पुष्पाणि, आगच्छन्ति, पवित्रा, उद्याने, विकसन्ति, जनाः, वातावरणं, उद्यानस्य इदं, अस्ति, अनेकाः, बालकाः, बालिकाः, अत्र, अनेकानि, भ्रमणाय, शुद्धं, भवति।

अथवा

निम्नलिखितं विषयम् अधिकृत्य मञ्जूषाप्रदत्तशब्दानां साहाय्येन न्यूनातिन्यूनं पञ्चभिः संस्कृतेवाक्यैः एकम् अनुच्छेदं लिखत। (5 अङ्काः)

(निम्नलिखित विषय पर मञ्जूषा में दिए गए शब्दों की सहायता से कम-से-कम पाँच संस्कृत वाक्यों में एक अनुच्छेद लिखिए।)

'अस्माकं भारतम्' (हमारा भारत)

- **मञ्जूषा** प्राचीन देशः, बहुविधाः, आचाराः विचाराः, अनेकाः भाषाः, विविधानि, एकसूत्र बद्धाः सुदृढ़ भावना, सांस्कृतिक एकता, निवसन्ति, भारतम्, अस्ति, मतानि, अनेके धर्माः, जनाः, भेदं, विहाय, परस्परं, प्रेमपूर्वकं, सर्वत्र, दृश्यते, नागरिकेषु, मनसि, वयं, प्रथमम्, भवति।

4. प्रदत्तः मञ्जूषायाः सहायतया अधोलिखित निबन्ध लेखनम् रिक्तस्थानानि पूरयत। (5 अङ्काः)

(दिए गए मञ्जूषा की सहायता से निम्नलिखित निबन्ध लेखन के रिक्त स्थानों को पूरा कीजिए।)

एतत् कथ्यते शरीरमाद्यं (i).......... धर्मसाधनम्। स्वस्थशरीरेण एव धर्माचरणं कर्तुं प्रभवति नरः कस्मात् प्राप्येत। अस्य स्वास्थ्य (ii).......... साधनानि सन्ति। तेषु (iii)'..........' इति महत्त्वपूर्णं साधनमस्ति। यदि मनुष्यः (iv).......... वाञ्छति, तर्हि तेन नियमित व्यायाम (v).......... । स्वास्थ्य रक्षायै व्यायामः अतीव आवश्यकः अस्ति। नियमित व्यायामनैव शरीरं (vi).......... जायते। व्यायामस्य अनेके लाभाः सन्ति। अनेन बलं वर्धते, शरीरस्य सर्वेषां अंगानां विकासो भवति। (vii).......... रुधिरं संचारः सम्यक् भवति। (viii).......... वायुः प्रदूषणरहितः अस्ति। अतः प्रतिदिनं व्यायामेन (ix).......... लभते। स्वस्थ शरीरं मानवः (x).......... भवति। स्वस्थ जीवनं वाञ्छन्ति तैः व्यायामः अवश्यमेव करणीयः। स्वस्थे शरीरे एवं स्वस्थं (xi) .... भवति। देशसेवां स्वस्थे एव (xii) .... कुर्वन्ति। आरोग्यं परमं (xiii) .... स्वास्थ्यं सर्वार्भसाधनम्।

- **मञ्जूषा** व्यायाम, स्वस्थ शरीरं, खलु, अनेकानि, कार्यकुशलः, दीर्घायु, करणीयः, शरीरे, निरोगं, अवश्यमेव, नागरिकाः, मस्तिकं, भाग्यं।

खंड ग : अनुप्रयुक्त–व्याकरणम्

5. अधोलिखितेषु वर्ण विन्यासं पूरयत। (केवलं प्रश्नत्रयम्) (1×3=3)
(निम्नलिखित में वर्ण विन्यास पूरा कीजिए।) (केवल तीन प्रश्न)

(i) व्याकरण = ...।
(ii) संस्कृतम् = ...।
(iii) ज्ञानी = ...।
(iv) विद्यालय: = ...।
(v) परोपकार: = ...।

6. अधोलिखित पदानां सन्धिः कृत्वा प्रयुक्त सन्धेः नामपि लिखत। (केवलं प्रश्नत्रयम्) (1×3=3)
(निम्नलिखित पदों की सन्धि करके प्रयुक्त सन्धि का नाम लिखिए।) (केवल तीन प्रश्न)

		सन्धि	सन्धि का नाम
(i) पौ + अक:	=	....	....
(ii) गङ्गा + ओघ:	=	....	....
(iii) पितृ + आदेश:	=	....	....
(iv) पाठ + आरम्भ:	=	....	....
(v) तथा + एव	=	....	....

7. कोष्ठकदत्तस्य सर्वनाम-शब्दस्य उचितं रूपं निर्दिष्ट स्थानेषु पुनः लिखत। (केवलं प्रश्नत्रयम्) (1×3=3)
(कोष्ठक में दिए गए सर्वनाम शब्दों का उचित रूप निश्चित स्थान पर पुनः लिखिए।) (केवल तीन प्रश्न)

(i) व्याघ्र: ...... शृगालम् अपृच्छत्। (तत्)
(ii) अहं ...... वचनेन एवं प्रीत: अस्मि। (युष्मद्)
(iii) ...... भूगोलस्य ज्ञानं भवति। (इदम्)
(iv) ...... दुग्धं रोचते। (अस्मद्)।
(v) ...... छात्र: अहर्निशम् पठति। (इदम)

8. अधोलिखितेषु क्रियापदेषु बहुवचनान्त रूपाणि लिखतं।(केवलं प्रश्नत्रयम्) (1×3=3)
(निम्नलिखित क्रियापदों के बहुवचन रूप लिखिए।) (केवल तीन प्रश्न)

(i) गच्छति = ... (ii) पास्यामि = ...
(iii) पश्यसि = ... (iv) खादाव: = ...
(v) क्रीडेत् = ...

9. निम्नलिखितेषु शब्देषु उपसर्गान् धातु च पृथक् कृत्वा लिखत। (1×3=3)
(नीचे लिखे शब्दों के उपसर्ग व धातु को अलग करके लिखिए।)

(i) अधिपति = ... + ...
(ii) व्यवहरति = ... + ...
(iii) अपनयति = ... + ...
(iv) अधिरोहति = ... + ...
(v) आगच्छति = ... + ...

10. अधोलिखित रेखाङ्कित पदेषु समास-विग्रहं कृत्वा लिखत। (1×3=3)
(निम्नलिखित रेखांकित पदों का समास-विग्रह करके लिखिए।)

(i) पश्यतु इदं <u>सचित्रं</u> पुस्तकम्।
(ii) <u>नीलकण्ठ:</u> हिमालये वसति।
(iii) बालक: <u>अष्टाध्यायीं</u> स्मरति।
(iv) <u>चक्रपाणि</u> सागरे शेते।
(v) अयं संसार: <u>मरणशील:</u> अस्ति।

11. प्रदत्त विकल्पेभ्यः उचितं विकल्पं चित्वा रिक्त स्थानानि पूरयत। (1×3=3)
(दिए गए विकल्पों में से उचित विकल्प चुनकर रिक्त स्थानों को पूरा कीजिए।)

(i) राजकुमार: (5:30) .... वादने वनं गच्छति।
(अ) पञ्चसार्ध (ब) सार्द्धपञ्च
(स) पञ्चन् (द) सार्धपञ्चन्

(ii) (7:15) .... वादने सा भोजनं पचति।
(अ) सपादसप्त (ब) सप्तम्
(स) सपासप्त (द) सप्ते

(iii) अहं (9:45) .... वादने ग्रामं गमिष्यामि।
(अ) पादोननव (ब) पादोनदश
(स) नव (द) पादोनव

(iv) स: (1:00) .... वादने पादकन्दुकेन क्रीडति।
(अ) पादोनैक (ब) एकम्
(स) एक (द) एका

12. अधोलिखित उपपद शब्दानां योगे प्रयुक्त विभक्तिं लिखत। (1/2×4=2)
(निम्नलिखित उपपद शब्दों के योग में प्रयुक्त विभक्ति लिखिए।)

(i) ऋते = ... (ii) प्रवीण: = ...
(iii) पुरत: = ... (iv) पूर्वम् = ...

13. मञ्जूषातः उचित अव्ययपदानि चित्वा रिक्तस्थानानि पूरयत। (1/2×4=2)
(मञ्जूषा से उचित अव्यय पदों को चुनकर रिक्त स्थानों की पूर्ति कीजिए।)

(i) सिंह: वृक्षस्य ...... तिष्ठति।
(ii) सा ग्रामात् ...... अगच्छत्।
(iii) कपोता: वृक्षस्य ...... तिष्ठन्ति।
(iv) असत्यं ...... मा वद।

- **मञ्जूषा** अन्तः, उच्चै, कदापि, उपरि, बहिः, अधः।

खंड घ : पठित-अवबोधनम्

14. अधोलिखितं पद्यांशं पठित्वा प्रदत्तप्रश्नानाम् उत्तराणि संस्कृतेन लिखत। (5 अङ्काः)

(निम्नलिखित पद्यांश को पढ़कर दिए गए प्रश्नों के उत्तर संस्कृत में लिखिए।)

जहीहि भीतिं भज-भज शक्तिम्।
विधेहि राष्ट्रे तथाऽनुरक्तिम्॥
कुरु कुरु सततं ध्येये-स्मरणम्।
सदैव पुरतो ....॥

I. एकपदेन उत्तरत लिखत। (केवलं प्रश्नद्वयम्) (1/2×2=1)
(एक पद में उत्तर लिखिए।) (केवल दो प्रश्न)
(i) सततं किं स्मरणम्?
(ii) किं जहीहि?
(iii) काम् भज?
(iv) विधेहि केन तथा अनुरक्तिम्?

II. पूर्णवाक्येन उत्तरत लिखत। (केवलं प्रश्नएकम्) (2×1=2)
(पूर्णवाक्य में उत्तर लिखिए।) (केवल एक प्रश्न)
(i) राष्ट्रे किं विधेहि?
(ii) किं भज-भज जहीहि भीतिं?

III. निर्देशानुसारं उत्तरत लिखत। (केवलं प्रश्नएकम्) (1×1=1)
(निर्देशानुसार उत्तर लिखिए।) (केवल एक प्रश्न)
(i) 'कुरु कुरु सततं ध्येयस्मरणम्' इति वाक्ये कः अव्ययः प्रयुक्तः?
(ii) '<u>सदैव</u>' पुरतो निधेहि चरणम्' इति वाक्ये रेखाङ्कित पदे संधि विच्छेदं कुरुत।

IV. अधोलिखितानां प्रश्नानाम् उत्तराणि प्रदत्तविकल्पेभ्यः चित्वा लिखत। (केवलं प्रश्नद्वयम्) (1/2×2=1)
(निम्नलिखित प्रश्नों के उत्तर दिए गए विकल्पों में से चुनकर लिखिए।) (केवल दो प्रश्न)
(i) 'बलं' इति पदस्य पर्यायपदं पद्यांशे किं प्रयुक्तम्?
(अ) भज (ब) शक्तिम्
(स) भीतिं (द) जहीहि
(ii) 'राष्ट्रे' अत्र का विभक्तिः?
(अ) पञ्चमी (ब) षष्ठी
(स) सप्तमी (द) चतुर्थी
(iii) 'सदैव पुरतो ......।' इत्यस्मिन् वाक्ये अव्यय पदं किम्?
(अ) चरणम् (ब) सदैव
(स) निधेहि (द) कोऽपि न
(iv) भीतिं किम् कुरु?
(अ) जहीहि (ब) परिहरं (स) विधेहि (द) त्यागना

15. अधोलिखितं गद्यांशं पठित्वा प्रदत्तप्रश्नानाम् उत्तराणि संस्कृतेन लिखत। (5 अङ्काः)

(निम्नलिखित गद्यांश को पढ़कर दिए गए प्रश्नों के उत्तर संस्कृत में लिखिए)

समीपे एका लोमशिका बदरी-गुल्मानां पृष्ठे निलीना एतां वार्तां शृणोति स्म। सा सहसा चञ्चलमुपसृत्य कथयति-"का वार्ता? माम् अपि विज्ञापय।" सः अवदत् "अहह मातृस्वसः! अवसरे त्वं समागतवती। मया अस्य व्याघ्रस्य प्राणाः रक्षिताः, परम् एषः मामेव खादितुम् इच्छति।" तदनन्तरं सः लोमशिकायै निखिलां कथां न्यवेदयत्।

I. एकपदेन उत्तरत लिखत। (केवलं प्रश्नद्वयम्) (1/2×2=1)
(एक पद में उत्तर लिखिए।) (केवल दो प्रश्न)
(i) का सहसा चञ्चलम् उपसृत्य कथयति?
(ii) चञ्चलः कस्मै निखिलां कथां न्यवेदयत्?
(iii) मया अस्य कस्य प्राणाः रक्षिताः?
(iv) परम् एषः मामेव कथम् इच्छति?

II. पूर्णवाक्येन उत्तरत लिखत। (केवलं प्रश्नएकम्) (2×1=2)
(पूर्णवाक्य में उत्तर लिखिए।) (केवल एक प्रश्न)
(i) लोमशिका पदे पृष्ठे निलीना वार्तां शृणोति स्म?
(ii) केन व्याघ्रस्य प्राणाः रक्षिता।

III. निर्देशानुसारं उत्तरत लिखत। (केवलं प्रश्नएकम्) (1×1=1)
(निर्देशानुसार उत्तर लिखिए।) (केवल एक प्रश्न)
(i) अवसरे पदे विभक्तिः का?
(ii) शृणोति पदे कः लकारः?

IV. अधोलिखितानां प्रश्नानाम् उत्तराणि प्रदत्तविकल्पेभ्यः चित्वा लिखत। (केवलं प्रश्नद्वयम्) (1/2×2=1)
(निम्नलिखित प्रश्नों के उत्तर दिए गए विकल्पों में से चुनकर लिखिए।) (केवल दो प्रश्न)
(i) 'विज्ञापय' इत्यस्मिन् पदे कः उपसर्गः?
(अ) विज्ञा (ब) वि (स) पय (द) ज्ञापय
(ii) 'दूरे' इति पदस्य विलोमपदं गद्यांशे किं प्रयुक्तम्?
(अ) समीपे (ब) वार्तां
(स) लोमशिका (द) बदरी
(iii) 'खादितुम्' अत्र कः प्रत्ययः?
(अ) खातुम् (ब) तुम (स) तुमुन् (द) खाद्
(iv) 'शृणोतिस्म' इति क्रियापदस्य कर्तृपदं किम्?
(अ) चञ्चलः (ब) लोमशिका
(स) व्याघ्रः (द) व्याधः

16. अधोलिखितं नाट्यांशं पठित्वा प्रदत्तप्रश्नानाम् उत्तराणि संस्कृतेन लिखत। (5 अङ्का)

(निम्नलिखित नाट्यांश को पढ़कर दिए गए प्रश्नों के उत्तर संस्कृत में लिखिए)

(नदीतीरं गन्तुकामाः बालाः यत्र-तत्र अवकरभाण्डारं दृष्ट्वा वार्तालापं कुर्वन्ति)

जोसेफः पश्यन्तु मित्राणि यत्र-तत्र प्लास्टिकस्यूतानि अन्यत् चावकरं प्रक्षिप्तमस्ति। कथ्यते यत् स्वच्छता स्वास्थ्यकारी परं वयं तु शिक्षिताः अपि अशिक्षित इवाचरामः अनेन प्रकारेण....

वैभवः गृहाणि तु अस्माभिः नित्यं स्वच्छानि क्रियन्ते परं किमर्थं स्वपर्यावरणस्य स्वच्छतां प्रति ध्यानं न दीयते।

विनयः पश्य-पश्य उपरितः इदानीमपि अवकरः मार्गे क्षिप्यते। (आहूय) महोदेय! कृपां कुरु मार्गे

एतत् तु सर्वथा अशोभनं कृत्यम्। अस्मद्सदृशेभ्यः बालेभ्यः भवतीसदृशैः एव संस्कारा देयाः।

I. एकपदेन उत्तरत लिखत। (केवलं प्रश्नद्वयम्) (1/2×2=1)
(एक पद में उत्तर लिखिए।) (केवल दो प्रश्न)
(i) बालाः कुत्र गन्तुकामाः?
(ii) बालाः यत्र-तत्र कं दृष्ट्वा वार्तालापं कुर्वन्ति?
(iii) वयं शिक्षिताः अपि कीदृशाः इवाचरामः?
(iv) उपरितः कः मार्गे क्षिप्यते?

II. पूर्णवाक्येन उत्तरत लिखत। (केवलं प्रश्नएकम्) (2×1=2)
(पूर्णवाक्य में उत्तर लिखिए।) (केवल एक प्रश्न)
(i) अस्माभिः नित्यं कानि स्वच्छानि क्रियन्ते?
(ii) का स्वास्थ्यकारी भवति?

III. निर्देशानुसारं उत्तरत लिखत। (केवलं प्रश्नएकम्) (1×1=1)
(निर्देशानुसार उत्तर लिखिए।) (केवल एक प्रश्न)
(i) अस्माभिः अत्र का विभक्तिः?
(ii) 'क्रियन्ते' अत्र कः लकारः?

IV. अधोलिखितानां प्रश्नानाम् उत्तराणि प्रदत्तविकल्पेभ्यः चित्वा लिखत। (केवलं प्रश्नद्वयम्) (1/2×2=1)
(निम्नलिखित प्रश्नों के उत्तर दिए गए विकल्पों में से चुनकर लिखिए।) (केवल दो प्रश्न)
(i) 'शोभनं' इति पदस्य विलोमपदं गद्यांशे किम्?
(अ) कृपाम् (ब) अशोभनम्
(स) मार्गम् (द) परम्
(ii) 'प्लास्टिकस्यूतानि' अनयोः पदयोः विशेषणपदं किम्?
(अ) प्लास्टिक (ब) स्यूतानि
(स) अवकरं (द) अन्यत्
(iii) 'स्वच्छतां प्रति ध्यानं न दीयते' अस्मिन् वाक्ये क्रियापदं किम्?
(अ) प्रति (ब) ध्यानं
(स) दीयते (द) न
(iv) यत्र-तत्र प्लास्टिकस्यूतानि अन्यत च किम् प्रक्षिप्त अस्ति?
(अ) कदली फलम् (ब) आवरणम्
(स) अवकरम् (द) जलम्

17. मञ्जूषातः पदानि चित्वा श्लोकेषु अन्वयपूर्तिं कुरुत। (4 अङ्काः)
(मञ्जूषा से शब्द चुनकर श्लोकों में अन्वय कि पूर्ति कीजिए।)

पथि पाषाणाः विषमाः प्रखराः।
हिंस्राः पशवः परितो घोराः।।
सुदुष्करं खलु यद्यपि गमनम्।
सदैव पुरतो ....।

अन्वयः पथि विषमाः (i) .... च पाषाणाः, परितः हिंस्रा घोराः (ii) .... भ्रमन्ति। यद्यपि गमनम् (iii) ....खलु अस्ति, सदैव पुरतः चरणम् (iv) .... ।

- **मञ्जूषा** निधेहि, सुदुष्करं, पशवः प्रखराः।

अथवा

जहीहि भीतिं भज-भज शक्तिम्।
विधेहि राष्ट्रे तथाऽनुरक्तिम्।।
कुरु कुरु सततं ध्येय-स्मरणम्।
सदैव पुरतो........।।

अन्वयः भीतिं जहीहि (i) .... भज तथा राष्ट्रे (ii) .... विधेहि। सततं ध्येय (iii) .... कुरु कुरु, (iv) .... पुरतः चरणम् निधेहि।

- **मञ्जूषा** स्मरणम्, अनुरक्तिम्, शक्तिम्, सदैव।

18. रेखाङ्कितपदमाधृत्य प्रश्ननिर्माणं कुरुत। (केवलं प्रश्नचतुष्टयम्) (4 अङ्काः)
(रेखांकित पदों के आधार पर प्रश्न निर्माण कीजिए।) (केवल चार प्रश्न)
(i) प्रसन्नतायाः विषयोऽयम्।
(ii) सर्वकारस्य घोषणा अस्ति।
(iii) अहम् स्वापराधं स्वीकरोमि।
(iv) समयात् पूर्वम् आयासं करोषि।
(v) अम्बिका क्रोडे उपविशति।

19. अधोलिखितानि वाक्यानि घटनाक्रमानुसारेण पुनः लिखत। (4 अङ्काः)
(निम्नलिखित वाक्यों को घटनाक्रमानुसार पुनः लिखिए।)
(i) सा अध्यापने संलग्ना भवति।
(ii) एका शिक्षिका गृहात् पुस्तकानि आदाय चलति।
(iii) इयमेव महाराष्ट्रस्य प्रथमा महिला शिक्षिका सवित्रीबाई नामधेया।
(iv) तस्याः स्वकीयम् अध्ययनम् सहैव प्रचलति।
(v) मार्गे कश्चित् तस्याः उपरि धूलिं कश्चित् च प्रस्तरखण्डान् क्षिपति।
(vi) केयं महिला?
(vii) परं सा स्वदृढनिश्चयात् न विचलति।
(viii) अपि यूयमिमां महिलां जानीथ।

20. अधोलिखितानां शब्दानां समक्षं प्रदत्तैः अर्थैः सह मेलनम् कुरुत। (3 अङ्काः)
(निम्नलिखित शब्दों के समक्ष दिए गए अर्थों का आपस में मिलान कीजिए।)

शब्दाः	अर्थाः
(क) विस्तीर्य	(i) वाञ्छति
(ख) क्षुधार्ताय	(ii) तरुः
(ग) व्याघ्रः	(iii) सिंहः
(घ) वृक्षम्	(iv) बुभुक्षिताय
(ङ) समीहते	(v) विस्तृतं कृत्वा

प्रतिदर्श प्रश्न-पत्र 3 (हल रहित)

संस्कृत

समय : सार्द्धद्वयम्होरा | पूर्णाङ्का : 80

सामान्यनिर्देशाः

1. अस्मिन् प्रश्न-पत्रे चत्वारि खण्डानि सन्ति।
   - खंड 'क' अपठित-अवबोधनम् 10 अङ्काः, खंड 'ख' रचनात्मक-कार्यम् 15 अङ्काः खंड 'ग' अनुप्रयुक्त-व्याकरणम् 25 अङ्काः खंड 'घ' पठित-अवबोधनम् 30 अङ्काः
2. प्रत्येकं खण्डम् अधिकृत्य उत्तराणि एकस्मिन् स्थाने क्रमेण लेखनीयानि।
3. उत्तरलेखनात् पूर्वं प्रश्नस्य क्रमाङ्कः अवश्यं लेखनीयः।
4. सर्वेषां प्रश्नानां उत्तराणि संस्कृतेन लेखनीयानि।

खंड क : अपठित-अवबोधनम्

1. अधोलिखितं गद्यांशं पठित्वा प्रदत्तप्रश्नानाम् उत्तराणि संस्कृतेन लिखत। (निम्नलिखित गद्यांश को पढ़कर दिए गए प्रश्नों के उत्तर संस्कृत में लिखिए।) (10 अंकाः)

अस्मिन् जगति विद्यायाः अतिमहत्त्वम् अस्ति। विधत्ते सदसद्ज्ञानम्, सा हि विद्या कथ्यते। विद्या विनयं ददाति। अतः विद्यायुक्ताः मानवाः विनीताः भवन्ति। मानवाः विनयात् पात्रतां प्राप्नुवन्ति। पात्रत्वात् धनं प्राप्यते। ततः च सुखम् इति। कथञ्च या विद्या सा विमुक्तये विद्यया एव कारणात् अस्माकं देशस्य महिमा जगति विख्यातमस्ति अनेन कारणेनः एषः राष्ट्रः विश्वगुरुं उपाधिं प्राप्तवान्। अस्य देशस्य विद्वांसः, संसारे अतीव विख्याताः सन्ति महान् विद्वान् चाणक्यः अस्यैव देशस्य सुविख्यात् प्रधानमन्त्री आसीत्।

I. एकपदेन उत्तरत। (केवलं प्रश्नत्रयम्) (1×3=3)
(एक पद में उत्तर दीजिए।) (केवल तीन प्रश्न)

(i) अस्मिन् जगति कस्याः महत्त्वम् अस्ति?
(ii) विद्या किम् ददाति?
(iii) विद्यायुक्ताः मानवाः कीदृशाः भवन्ति?
(iv) मानवाः विनयात् किं प्राप्नुवन्ति?

II. पूर्णवाक्येन उत्तरत। (केवलं प्रश्नएकम्) (2×1=2)
(पूर्ण वाक्य में उत्तर दीजिए।) (केवल एक प्रश्न)

(i) 'विद्या' का अस्ति?
(ii) पात्रत्वात् किम् प्राप्यते?

III. यथानिर्देशम् उत्तराणि लिखत। (केवलं प्रश्नएकम्) (1×1=1)
(निर्देशानुसार उत्तर लिखिए।) (केवल एक प्रश्न)

(i) ददाति = ... धातुः, ... लकारः .... पुरुषः, ... वचनम्।
(ii) जगति = ... विभक्ति, ... वचनम्।

IV. बहुविकल्पात्मक प्रश्नाः। (केवलं प्रश्नद्वयम्) (2×1=2)
(बहुविकल्पीय प्रश्न।) (केवल दो प्रश्न)

(i) कस्मात् सुखम् भवति?
(अ) विनयात् (ब) पात्रत्वात्
(स) धनात् (द) विद्याया

(ii) केन युक्ताः मानवः विनीताः भवन्ति?
(अ) विद्यायाः
(ब) परोपकारेण
(स) सुखेन
(द) धनेन

(iii) 'संसारे' इत्यस्य पदस्य कः पर्यायः गद्यांशे प्रयुक्तम्?
(अ) प्राप्यते (ब) जगति
(स) अस्मिन् (द) पात्रता

V. अस्य गद्यांशस्य कृते समुचितं शीर्षकं लिखत। (2)
(इस गद्यांश का उचित शीर्षक लिखिए।)

खंड ख : रचनात्मकं-कार्यम्

2. शैक्षिकं-शिविरस्य आयोजनार्थं प्रधानाचार्याय लिखिते प्रार्थना पत्रं मञ्जूषायै उचितै पदैः चित्वा पूरयत्। (5 अङ्काः)

(शैक्षिक-शिविर को आयोजन करने के लिए प्रधानाचार्य को लिखे गए पत्र को मञ्जूषा से उचित शब्द चुनकर पूरा कीजिए।)

सेवायाम्,
श्रीमन्तः प्रधानाध्यापक महोदयः,
रा. उ. मा. विद्यालयः,
नव दिल्ली।
दिनाङ्कः 18-6-20XX
भवदाज्ञाकारी शिष्यः
विषय शैक्षिक शिविरस्य आयोजनार्थं प्रार्थना-पत्रम्।
महोदयः,
(i)........ निवेदनम् अस्ति यत् अस्मद् विद्यालये शिक्षणव्यवस्था (ii)........ वर्तते। तथापि अस्माकं ज्ञान पिपासा (iii)........ न एति। अतः प्रार्थयामो वयं यद् अस्मद्-कृते 15 दिनात्मकम् एकं शैक्षिक-शिविरम् (iv)........ अनुग्रहणन्तु श्रीमन्तः।
धन्यवादः
(v)......
कक्षा 8

- **मञ्जूषा** मोहनः, आयोजनेन, पूर्ति, सविनय, समीचीना।

3. मञ्जूषायां प्रदत्तशब्दानां सहायतया चित्रं दृष्ट्वा पञ्चवाक्यानि संस्कृतेन लिखत। (5 अङ्काः)

(मञ्जूषा में दिए गए शब्दों की सहायता से चित्र को देखकर पाँच वाक्य संस्कृत में लिखिए।)

- **मञ्जूषा** एतत्, चित्रं, पुष्पधानम्, जलपात्रम्, महिला, कार्यं, बालिका, मार्जनम्, गृहस्य, अस्मिन्, स्वच्छतां, क्रोधेन, करोति, अपि, सम्बोधयति, गृहम्, उत्पीठिकायां, अस्ति।

अथवा

निम्नलिखितं विषयम् अधिकृत्य मञ्जूषायां प्रदत्तशब्दानां साहाय्येन न्यूनातिन्यूनं पञ्चभिः संस्कृत वाक्यैः एकम् अनुच्छेदं लिखत। (1 × 5 = 5 अङ्काः)

(निम्नलिखित विषय को आधार मानकर मञ्जूषा में दिए गए शब्दों की सहायता से पाँच वाक्य संस्कृत में लिखिए।)

जलप्लावनस्य दृश्यम्
(बाढ़ का दृश्य)

- **मञ्जूषा** वर्षतौ, कारणात्, तरन्ति, जलेन, आप्लाविताः, व्याकुलाः, बालिकाः, नौकायानेन, जीवनं, संकटयुक्तं, धनस्य, जनाः, अतिवृष्टिः, च, जलप्लावनम्, भवति, गृहाणि, भवन्ति, पशवः, जले, बालकाः, सन्ति, हानिः, इतस्ततः, गच्छन्ति।

4. मञ्जूषायां प्रदत्तानां पदानां सहायतया अधोदत्तान् संवादान् पूरयत। (5 अङ्काः)

(मञ्जूषा में दिए गए शब्दों की सहायता से नीचे दिए गए संवादों को पूरा कीजिए।)

राघवः एतत् उपवनम् (i) ...... **वृक्षाः शोभन्ते।?**

शिवायः पश्य, अत्र बालकाः (ii)...... **क्रीडन्ति।**

मेधावी आम्, तत्र एका कन्या अपि (iii)...... **सह क्रीडति।**

कुनालः अत्र केचन जनाः तु (iv)...... **भ्रमन्ति केचित् च शीघ्रं चलन्ति?**

भास्करः पश्य, एकतः मालाकारः (v)...... **खनति बीजं च** (vi)...... ।

मनोहरः सर्वत्र केदारेषु अनेकवर्णानि (vii)...... ।

मनीषा पुष्पैः सह (viii)...... **अपि भवन्ति, किन्तु** (ix)...... **तानि सदा प्रसन्नाः एव भवन्ति।**

राघव वयं अपि पुष्पाणि इव सदा (x)...... **भवेम।**

- **मञ्जूषा** प्रसन्नाः, परितः, वपति, सखीभिः, कण्टकानि, पादकन्दुकेन, प्रसन्नचित्तानि, शनैः-शनैः, पुष्पाणि, विकसन्ति, खनित्रेण भूमिं।

खंड ग : अनुप्रयुक्त-व्याकरणम्

5. कोष्ठकात् उचितं विकल्पं चित्वा रिक्तस्थानानि पूरयत। (केवलं प्रश्नत्रयम्) (1×3=3)
(कोष्ठक से उचित विकल्प चुनकर रिक्त स्थानों को पूरा कीजिए।) (केवल तीन प्रश्न)

(i) 'प्' .... का व्यंजन है। (ओष्ठ, नासिका, मूर्धा)
(ii) अयोगवाह में .... होता है। (र्, क्, :)
(iii) 'श्, ष्, ह्' .... वर्ण हैं। (ऊष्म, अन्तःस्थ, स्पर्श)
(iv) संस्कृत में स्वरों की संख्या .... हैं। (12, 13, 14)

6. अधोलिखितेषु वर्णानां संयोगं पूरयत। (केवलं प्रश्नत्रयम्) (1×3=3)
(निम्नलिखित में वर्ण संयोग पूरा कीजिए।) (केवल तीन प्रश्न)

		सन्धि	सन्धि का नाम
(i) पौ + अकः	=	....	....
(ii) गङ्गा + ओघः	=	....	....
(iii) पितृ + आदेशः	=	....	....
(iv) पाठ + आरम्भः	=	....	....
(v) तथा + एव	=	....	....

7. कोष्ठके प्रदत्तेषु विकल्पेषु उचित रूपेण रिक्तस्थानानि पूरयत। (केवलं प्रश्नत्रयम्) (1×3=3)
(कोष्ठक में दिए गए विकल्पों के उचित रूप से रिक्त स्थानों की पूर्ति कीजिए।) (केवल तीन प्रश्न)

(i) इमे .... विद्यालये पठन्ति। (बालकाः/बालके/बालकः)
(ii) अस्यै .... पुष्पं रोचते। (रमायाः/रमायै/रमया)
(iii) .... किं रोचते। (तुभ्यम्/त्वत्/तव)
(iv) रामः....... पठति। (वेदः/वेदम्/वेदाय)
(v) रामः .... सह गच्छति। (सीतया/सीता/सीताः)

8. अधोलिखितेषु वाक्येषु लृट्कारस्य उचित रूपेण रिक्तस्थानानि पूरयत। (केवलं प्रश्नत्रयम्) (1×3=3)
(निम्नलिखित वाक्यों में लृट्लकार के उचित रूप से रिक्त स्थानों को पूरा कीजिए।) (केवल तीन प्रश्न)

(i) अहं श्वः हरिद्वारं ....। (गम्)
(ii) किं त्वं भोजनं न ....? (खाद्)
(iii) बालकाः उद्याने ....। (क्रीड्)
(iv) सः भोजनं ....। (कृ)
(v) अहं सूर्योदयं ....। (दृश्)

9. निम्नलिखितार्थेषु के उपसर्गाः प्रयोक्तव्याः।(केवलं प्रश्नत्रयम्) (1/2×6=3)
(निम्नलिखित अर्थों में कौन-से उपसर्ग प्रयुक्त किए जाते हैं।) (केवल तीन प्रश्न)

(i) समीप (ii) चारों ओर
(iii) विपरीत (iv) ऊपर
(v) अच्छा (vi) अधिक

10. अधोलिखितेषु रेखाङ्कितपदेषु समासः कृत्वा लिखत। (केवलं प्रश्नत्रयम्) (1×3=3)
(निम्नलिखित रेखांकित पदों के समास करके लिखिए) (केवल तीन प्रश्न)

(i) युष्माकं विद्यालये महान् उत्सवः कदा अस्ति?
(ii) त्वं समयम् अनतिक्रम्य विद्यालयं गच्छसि।
(iii) सः एव धन्यः यः शरणम् आगतस्य रक्षां करोति।
(iv) जनाः देशस्य भक्तान् पूजयन्ति।
(v) माता च पिता च आगच्छतः।

11. अधोलिखितेषु वाक्येषु लकार दृष्ट्या अशुद्धवाक्यानि शुद्धं कृत्वा लिखत। (केवलं प्रश्नत्रयम्) (1×3=3)
(निम्नलिखित वाक्यों में लकार की दृष्टि से अशुद्ध वाक्यों को शुद्ध करके लिखिए।) (केवल तीन प्रश्न)

(i) अहं गृहं गच्छिष्यामि।
(ii) यः सत्यं भाषते सः सुखं लभति।
(iii) घृतेन आयुः वर्धति।
(iv) सा जलं पिबिष्यति।
(v) ते बालकाः तत्र अद्य न तिष्ठियन्ति।

12. निम्नलिखितानाम् अव्ययानाम् अर्थान् निर्देश्य वाक्यानि रचयत। (केवलं प्रश्न चतुष्ट्यम्) (1×1/2 = 2)
(निम्नलिखित अव्ययों का अर्थ बताकर वाक्य बनाओ।) (केवल चार प्रश्न)

(i) उच्चैः (ii) सहसा (iii) कदापि
(iv) श्वः (v) बहिः

13. अधोदत्तानां वाक्यांशानां संस्कृत अनुवादं कुरुत।
(निम्नलिखित दिए हुए वाक्यों का संस्कृत में अनुवाद कीजिए।) (1×2=2)

(i) मोर बाग में नाचते हैं।
(ii) मैं विद्यालय जाता हूँ।
(iii) बालक पुस्तक पढ़ता है।
(iv) हम सूर्य की प्रार्थना करते हैं।
(v) छात्र पत्र लिखें।

खंड घ : पठित-अवबोधनम्

14. अधोलिखितं पद्यांश पठित्वा प्रदत्तप्रश्नानाम् उत्तराणि संस्कृतेन लिखत। (5 अङ्काः)

(निम्नलिखित पद्यांश को पढ़कर दिए गए प्रश्नों के उत्तर संस्कृत में लिखिए।)

विश्वस्मिन् जगति गताहमस्मि, विश्वस्मिन् जगति सदा दृश्ये।
विश्वस्मिन् जगति करोमि कर्म, कर्मण्या भारतजनताऽहम्।।

I. एकपदेन उत्तरत लिखत। (केवलं प्रश्नद्वयम्) (1/2×2=1)
(एक पद में उत्तर लिखिए।) (केवल दो प्रश्न)
(i) अहं कुत्र गता अस्मि?
(ii) विश्वस्मिन् जगति अहं किं करोमि?
(iii) अहं कस्मिन् जगति गता अस्मि?
(iv) सदा विश्वस्मिन् कः दृश्ये।

II. पूर्णवाक्येन उत्तरत लिखत। (केवलं प्रश्नएकम्) (2×1=2)
(पूर्णवाक्य में उत्तर लिखिए।) (केवल एक प्रश्न)
(i) कर्मण्या का अस्ति?
(ii) भारतजनता सदा कुत्र दृश्ये?

III. निर्देशानुसारं उत्तरत लिखत। (केवलं प्रश्नएकम्) (1×1=1)
(निर्देशानुसार उत्तर लिखिए।) (केवल एक प्रश्न)
(i) 'विश्वस्मिन्' इत्यस्मिन् पदे का विभक्ति?
(ii) जगति सदा दृश्यते। कः अव्ययः?

IV. अधोलिखितानां प्रश्नानाम् उत्तराणि प्रदत्तविकल्पेभ्यः चित्वा लिखत। (केवलं प्रश्नद्वयम्) (1/2×2=1)
(निम्नलिखित प्रश्नों के उत्तर दिए गए विकल्पों में से चुनकर लिखिए।) (केवल दो प्रश्न)
(i) 'करोमि' अत्र कः पुरुषः?
(अ) उत्तम (ब) प्रथम
(स) मध्यम् (द) कोऽपि न
(ii) 'आगता' इति पदस्य विलोमपदं श्लोके किं प्रयुक्तम्?
(अ) जगति (ब) कर्म
(स) गता (द) सदा
(iii) 'जगति' अत्र का विभक्तिः?
(अ) द्वितीया (ब) सप्तमी
(स) षष्ठी (द) प्रथमा
(iv) 'दृश्ये' अत्र का धातुः?
(अ) दृश् (ब) चल
(स) हस् (द) दर्श

15. अधोलिखितं गद्यांशं पठित्वा प्रदत्तप्रश्नानाम् उत्तराणि संस्कृतेन लिखत। (5 अङ्काः)

(निम्नलिखित गद्यांश को पढ़कर दिए गए प्रश्नों के उत्तर संस्कृत में लिखिए।)

तद्दिनं नातिदूरम् यदा वयम् हस्ते एकमात्रं चलदूरभाषयन्त्रमादाय सर्वाणि कार्याणि साधयितुं समर्थाः भविष्यामः। वस्त्रपुटके रूप्यकाणाम् आवश्यकता न भविष्यति। 'पासबुक, चैकबुक' इत्यनयोः आवश्यकता न भविष्यति। पठनार्थं पुस्तकानां समाचारपत्राणाम् अनिवार्यता समाप्तप्राया भविष्यति। लेखनार्थम् अभ्यासपुस्तिकायाः कर्गदस्य वा, नूतनज्ञानान्वेषणार्थं शब्दकोशस्याऽपि आवश्यकता न भविष्यति। अपरिचित-मार्गस्य ज्ञानार्थं मार्गदर्शकस्य मानचित्रस्य आवश्यकतायाः अनुभूतिः अपि न भविष्यति। एतत् सर्वं एकेनेव यन्त्रेण कर्तुं, शक्यते।

I. एकपदेन उत्तरत लिखत। (केवलं प्रश्नद्वयम्) (1/2×2=1)
(एक पद में उत्तर लिखिए।) (केवल दो प्रश्न)
(i) वयम् हस्ते किमादाय सर्वाणि कार्याणि साधयितुं समर्थाः भविष्यामः?
(ii) वस्त्रपुटके केषां आवश्यकता न भविष्यति?
(iii) ज्ञानार्थं मार्गदर्शकस्य कस्य आवश्यकतापि न भविष्यति?
(iv) कयोः आवश्यकता न भविष्यतः?

II. पूर्णवाक्येन उत्तरत लिखत। (केवलं प्रश्नएकम्) (2×1=2)
(पूर्णवाक्य में उत्तर लिखिए।) (केवल एक प्रश्न)
(i) पठनार्थं केषां अनिवार्यता समाप्तप्राया भविष्यति?
(ii) लेखनार्थं कस्य आवश्यकता न भविष्यति?

III. निर्देशानुसारं उत्तरत लिखत। (केवलं प्रश्नएकम्) (1×1=1)
(निर्देशानुसार उत्तर लिखिए।) (केवल एक प्रश्न)
(i) 'साधयितुम्' इत्यत्र कः प्रत्ययः?
(ii) 'मार्गस्य' इत्यस्मिन् पदे का विभक्तिः?

IV. अधोलिखितानां प्रश्नानाम् उत्तराणि प्रदत्तविकल्पेभ्यः चित्वा लिखत। (केवलं प्रश्नद्वयम्) (1/2×2=1)
(निम्नलिखित प्रश्नों के उत्तर दिए गए विकल्पों में से चुनकर लिखिए।) (केवल दो प्रश्न)
(i) 'परिचित' इति शब्दस्य विलोमपदं गद्यांशे किं प्रयुक्तम्?
(अ) अपरिचित (ब) समानः
(स) अनभिज्ञ (द) अज्ञात
(ii) 'भविष्यति' इत्यस्मिन् क्रियापदे कः लकारः?
(अ) लृट लकारः (ब) लोट लकारः
(स) लङ लकारः (द) लट् लकारः
(iii) सर्वं एकेनेव केन् कर्तुं शक्यते?
(अ) यन्त्रेण (ब) अनुभूतिः
(स) क्रमेण (द) यन्त्रो
(iv) कस्य अन्वेषणार्थम् शब्दोशस्य आवश्यकता न भविष्यति।
(अ) नूतनज्ञानस्य (ब) ज्ञानस्य
(स) मौखिकस्य (द) लेखनस्य

16. अधोलिखितं नाट्यांशं पठित्वा प्रदत्तप्रश्नानाम् उत्तराणि संस्कृतेन लिखत। (5 अङ्का)

(निम्नलिखित नाट्यांश को पढ़कर दिए गए प्रश्नों के उत्तर संस्कृत में लिखिए)

मालती—महोदये! तत्र तु वंशवृक्षाः अपि प्राप्यन्ते?

अध्यापिका—आम्। प्रदेशेऽस्मिन् हस्तशिल्पानां बाहुल्यं वर्तते। आवस्त्राभूषणेभ्यः गृहनिर्माणपर्यन्तं प्रायः वंशवृक्षनिर्मितानां

वस्तूनाम् उपयोगः क्रियते। यतो हि अत्र वंशवृक्षाणां प्राचुर्यं विद्यते। साम्प्रतं वंशोद्योगोऽयं अन्तर्राष्ट्रीयख्यातिम् अवाप्तोऽस्ति।

अभिनवः—भगिनीप्रदेशोऽयं बह्वाकर्षकः इति प्रतीयते।

सलीमः—किं भ्रमणाय भगिनीप्रदेशोऽयं समीचीनः?

सर्वे छात्राः—(उच्चैः) महोदये! आगामिनि अवकाशे वयं तत्रैव गन्तुमिच्छामः।

स्वरा—भवत्यपि अस्माभिः सार्द्धं चलतु।

अध्यापिका—रोचते मेऽयं विचारः। एतानि राज्यानि तु भ्रमणार्थं स्वर्गसदृशानि इति।

I. एकपदेन उत्तरत लिखत। (केवलं प्रश्नद्वयम्) (1/2×2=1)
(एक पद में उत्तर लिखिए।) (केवल दो प्रश्न)
(i) प्रदेशेऽस्मिन् केषां बाहुल्यं वर्तते?
(ii) अत्र केषां प्राचुर्यं विद्यते?
(iii) सप्तभगिन्याम् प्रदेशे वस्त्राभूषणेभ्यः केषाम् निर्मितानां वस्तूनाम् उपयोगः क्रियते?
(iv) सप्तभगिनी राज्यानि भ्रमणार्थं कीदृशानि सन्ति?

II. पूर्णवाक्येन उत्तरत लिखत। (केवलं प्रश्नएकम्) (2×1=2)
(पूर्णवाक्य में उत्तर लिखिए।) (केवल एक प्रश्न)
(i) कः प्रदेशः भ्रमणाय समीचीनः?
(ii) वंशवृक्षनिर्मितानां वस्तूनाम् उपयोगः कुत्र क्रियते?

III. निर्देशानुसारं उत्तरत लिखत। (केवलं प्रश्नएकम्) (1×1=1)
(निर्देशानुसार उत्तर लिखिए।) (केवल एक प्रश्न)
(i) 'वंशवृक्षाणाम्' इत्यस्मिन् पदे का विभक्तिः?
(ii) 'भवत्यपि अस्माभिः सार्द्धं चलतु' अस्मिन् वाक्ये क्रिया-पद किम् अस्ति?

IV. अधोलिखितानां प्रश्नानाम् उत्तराणि प्रदत्तविकल्पेभ्यः चित्वा लिखत। (केवलं प्रश्नद्वयम्) (1/2×2=1)
(निम्नलिखित प्रश्नों के उत्तर दिए गए विकल्पों में से चुनकर लिखिए।) (केवल दो प्रश्न)
(i) 'तत्रैव' अत्र कः सन्धिः?
(अ) वृद्धिः (ब) गुण (स) दीर्घः (द) अयादि
(ii) 'चलतु' अत्र कः लकारः?
(अ) लृट् (ब) लोट् (स) लङ (द) लट्
(iii) 'गन्तुम्' इत्यस्मिन् पदे कः प्रत्ययः?
(अ) अनीयर् (ब) ल्यप् (स) तुमुन् (द) क्त्वा
(iv) सप्तभगिन्याः कः उद्योगः अन्तर्राष्ट्रीय ख्यातिम् अवाप्तोऽस्ति?
(अ) आभूषण उद्योगः (ब) गृह निर्माण उद्योगः
(स) वंशोद्योगः (द) क्रीडनकं उद्योगः

17. मञ्जूषातः पदानि चित्वा श्लोकेषु अन्वयपूर्तिं कुरुत। (4 अङ्काः)
(मञ्जूषा से शब्द चुनकर श्लोकों में अन्वय की पूर्ति कीजिए।)

जहीहि भीतिं भज-भज शक्तिम्।
विधेहि राष्ट्रे तथाऽनुरक्तिम्॥
कुरु कुरु सततं ध्येय-स्मरणम्।
सदैव पुरतो········॥

अन्वयः भीतिं जहीहि (i) ········ भज तथा राष्ट्रे (ii) ········ विधेहि। सततं ध्येय (iii) ········ कुरु कुरु, (iv) ········ पुरतः चरणम् निधेहि।

• **मञ्जूषा** स्मरणम्, अनुरक्तिम्, शक्तिम्, सदैव।

अथवा

अभिमानधना विनयोपेता, शालीना भारतजनताऽहम्।
कुलिशादपि कठिना कुसुमादपि, सुकुमारा भारतजनताऽहम्॥

अन्वयः अहं भारतजनता (i) ········ विनयोपेता (ii) ········ कुलिशादपि (iii) ········ कुसुमादपि (iv) ········ (अस्मि)।

• **मञ्जूषा** कठोरा, सुकुमारा, शालीना, अभिमानधना।

18. रेखाङ्कितपदानि आधृत्य प्रश्ननिर्माणं कुरुत। (5 अङ्काः)
(रेखांकित पदों के आधार पर प्रश्न निर्माण कीजिए।)
(i) क्षुधार्तः सिंहः कुत्रापि आहारं न प्राप्तवान्?
(ii) दधिपुच्छः नाम शृगालः गुहायाः स्वामी आसीत्?
(iii) एषा गुहा स्वामिनः सदा आह्वानं करोति?
(iv) भयसन्त्रस्तमनसां हस्तपादादिकाः क्रियाः न प्रवर्तन्ते?
(v) आह्वानेन शृगालः बिले प्रविश्य सिंहस्य भोज्यं भविष्यति?

19. अधोलिखितानां वाक्यानि घटनाक्रमानुसारेण पुनः लिखत। (केवलं प्रश्नचतुष्टयम्) (4 अङ्काः)
(निम्नलिखित वाक्यों को घटनाक्रमानुसार पुनः लिखिए।) (केवल चार प्रश्न)
(i) आगच्छन्तु नदीतीरं गच्छामः।
(ii) सायंकाले विद्युदभावे पीडितः वैभवः गृहात् निष्क्रामति।
(iii) बालाः यत्र-तत्र अवकरभाण्डारं दृष्ट्वा वार्तालापं कुर्वन्ति।
(iv) वायुवेगः तु सर्वथाऽवरूद्धः दृश्यते।
(v) स्वच्छता स्वास्थ्यकारी भवति।
(vi) शरीरात् न केवलं स्वेदबिन्दवः अपितु स्वेदधाराः प्रस्रवन्ति।
(vii) तत्र चेत् काञ्चित् शान्तिं प्राप्तुं शक्ष्येम्।
(viii) यत्र-तत्र प्लास्टिकस्यूतानि अन्यत् चावकरं प्रक्षिप्तमस्ति।

20. अधोलिखितानां शब्दानां समक्षं प्रदत्तैः अर्थैः सह मेलनम् कुरुत। (4 अङ्काः)
(निम्नलिखित शब्दों के समक्ष दिए गए अर्थों का आपस में मिलान कीजिए।)

शब्दाः	अर्थाः
(क) दारुभिः	(i) काकाः
(ख) वायसाः	(ii) अग्नि
(ग) वह्निना	(iii) वृक्षाः
(घ) समुद्रं	(iv) वहन्ति
(ङ) प्रभवन्ति	(v) सागरं